北京市法学会
市级法学研究课题
成果汇编

2020－2021

北京市法学会　主编

中国政法大学出版社

2022·北京

图书在版编目（CIP）数据

北京市法学会市级法学研究课题成果汇编.2020—2021/北京市法学会主编. —北京:中国政法大学出版社，2022.12
ISBN 978-7-5764-0823-2

Ⅰ.①北…　Ⅱ.①北…　Ⅲ.①法学－文集　Ⅳ.①D90-53

中国国家版本馆CIP数据核字(2023)第016955号

出 版 者	中国政法大学出版社
地　　址	北京市海淀区西土城路 25 号
邮寄地址	北京 100088 信箱 8034 分箱　邮编 100088
网　　址	http://www.cuplpress.com (网络实名: 中国政法大学出版社)
电　　话	010-58908289(编辑部) 58908334(邮购部)
承　　印	北京九州迅驰传媒文化有限公司
开　　本	720mm×960mm　1/16
印　　张	38.5
字　　数	735 千字
版　　次	2022 年 12 月第 1 版
印　　次	2022 年 12 月第 1 次印刷
定　　价	170.00 元

前言

Preface

　　北京市法学会组织实施的法学研究课题，是经中共北京市委政法委批准设立的市级法学科研项目，由市财政提供必要的经费支持。主要分为重点课题、一般课题和青年课题，研究期限为一年。市法学会在广泛征集选题建议的基础上，围绕当年首都中心工作、首都法治建设、首都政法工作中的重点、难点、热点问题确定课题指南并报市委政法委批准，通过招标和委托方式确定课题主持人。课题组按照课题计划完成研究任务，向市法学会提交研究成果。市法学会邀请相关领域专家对课题成果进行评审，通过评审验收的予以结项。市法学会对课题结项成果结集出版。

　　本书汇编了2020—2021年度市级法学研究课题结项成果42篇，包括重点课题7篇、一般课题25篇、青年课题10篇。鉴于篇幅有限，青年课题主要为核心成果摘要。上述研究成果涉及立法、执法、司法、法治社会建设等各个领域，旨在为首都法治实践提供法学理论支持，为领导决策提供参考依据，为从事法学研究的各界人士搭建交流平台，为法治建设发挥积极作用。

　　课题成果具有三个鲜明特征：一是政治性。始终坚持正确的政治方向，在课题研究开展过程中，以习近平新时代中国特色社会主义思想为指导，深入贯彻习近平法治思想，走中国特色社会主义法治道路。二是实践性。选题来源于法治实践，坚持问题意识，研究首都法治建设中面临的问题，破解难题，提出对策建议，服务首都法治实践。三是前瞻性。通过研究具体问题，提炼出共性问题，阐明法理，为首都法治建设的长远发展提供法学理论支持。

　　借此机会，对课题主持人和课题组成员严谨的科研精神和辛勤的劳动付出致以敬意！对关心支持市法学会工作的有关部门和专家学者表示衷心的感谢！

由于时间、精力、能力等方面的限制，本书的编写难免会出现疏漏，请读者批评指正。

北京市法学会

2022 年 10 月

目录
Contents

附 录 青年课题核心成果

第一编

重点课题

平战结合创新加强市域社会治理现代化

汪先永*

　　党的十八大以来，习近平总书记就推进国家治理体系和治理能力现代化提出一系列新理念新思想新战略，为加快推进社会治理现代化提供了遵循。党的十九大报告中指出："打造共建共治共享的社会治理格局。加强社会治理制度建设，完善党委领导、政府负责、社会协同、公众参与、法治保障的社会治理体制，提高社会治理社会化、法治化、智能化、专业化水平。"这是对新时代推进有中国特色的社会治理现代化新征程的总体要求。加快推进市域社会治理现代化，是推进社会治理现代化的关键环节。积极探索新时代市域社会治理现代化创新的路径，是推进国家治理体系与治理能力现代化实践中亟待解决的现实课题。

一、当前中央关于加强和创新市域社会治理现代化的重要精神

　　党的十九届四中全会在关于"构建基层社会治理新格局"的部署中，明确提出了"加快推进市域社会治理现代化"的行动目标，为新时代进一步有效推进社会治理现代化指明了方向。这是党中央在全会报告中首次提及此命题，也意味着它已正式被纳入构建和完善国家治理体系的重要议程之中，并在党的十九届五中全会得到进一步强调，"加强和创新市域社会治理，推进市域社会治理现代化"。"十四五"时期是我国全面建成小康社会、实现第一个百年奋斗目标之后，乘势而上开启全面建设社会主义现代化国家新征程、向第二个百年奋斗目标进军的第一个五年。市域范围内以地市级政府为统筹，县（区）—乡镇（街道）政府为主体，村（社区）、网格为依托的基层社会治理新格局，将在国家治理现代化进程中发挥着重要作用。

　　"市域社会治理现代化"作为新时代社会治理的关键动力，是在地方治理实践探索基础上提出的。2018 年 6 月 4 日，中央政法委秘书长陈一新在中国延安干部学院新任地市级党委政法委书记培训示范班开班式上首次正式提出"市域社会

＊　课题主持人：汪先永，中共北京市委政法委副书记。立项编号：BLS（2020）A001。结项等级：优秀。

治理现代化"的概念，认为市域社会治理是国家治理在市域范围的具体实施，是国家治理的重要基石。市域在国家治理体系中处于承上启下的关键地位，具有较完备的社会治理体系，具有解决重大矛盾问题的资源能力和统筹能力。因此，市域社会治理既包含国家治理意志表达与转换的功能，同时也包含微观治理行为的执行功能。也就是说，市域社会治理是国家治理在市域范围的具体实施，是将风险隐患化解在萌芽、解决在基层的最直接、最有效力的社会治理层级，处于推进基层现代化的前线位置。他进而指出要在市域社会治理理念、治理体系和治理能力方面实现现代化。在治理理念方面要树立"五个导向"，在治理体系方面优化"四个体系"，在治理能力方面提升"七个能力"。将市域社会治理现代化作为社会治理现代化的切入点和突破点，努力打造新时代"枫桥经验"城市版，力争把重大矛盾风险化解在市域，积极探索市域社会治理现代化新模式。2019 年 5月，陈一新同志在系统阐述了市域社会治理现代化的新做法后，提出应以"五化"为指导思想构建市域治理新体系。2019 年 12 月 3 日，全国市域社会治理现代化工作会议召开，强调以开展市域社会治理现代化试点为抓手，探索具有中国特色、市域特点、时代特征的社会治理新模式，推动平安中国建设迈上新台阶，从而直接奠定了市域社会治理现代化作为重要战略抓手和重要内容的基调。

2020 年初新冠肺炎疫情暴发，新冠肺炎疫情应对中所暴露出的问题表明，当前市域社会治理能力的潜力尚未被充分挖掘出来，而这势必倒逼政府加快改革步伐。2020 年 3 月 10 日，习近平总书记在湖北考察新冠肺炎疫情防控工作时指出，城市是生命体、有机体，要敬畏城市、善待城市，树立"全周期管理"意识，努力探索超大城市现代化治理新路子。同时中央试图把发源于浙江桐乡的"枫桥经验"迁移到市域社会治理中来，以确保矛盾最终在市域层面得以解决。这既体现了中央统筹城乡发展的决心，也是市域社会与乡村社会融合发展的现实要求。因此，无论是急迫的现实需求还是党中央的政策意旨，皆表明市域社会治理现代化建设迫在眉睫。

二、学术界关于加强和创新市域社会治理现代化研究的主要观点

作为社会治理领域的新概念，理论界从市域社会治理范畴探讨市域社会治理现代化的研究尚处于起步阶段。现有研究主要集中在社会治理现代化、市域社会治理概念的界定，市域社会治理现代化属性以及加强市域社会治理现代化途径等领域的探讨。

（一）关于社会治理现代化的研究

有学者认为科学认识社会治理现代化的理论蕴含，是加快推进市域治理现代化的理论前提和逻辑起点，并对社会治理现代化的概念进行了梳理。有学者对社会治理现代化面临的不足进行了探讨。有学者从政府治理现代化角度进行了分析，强调我国政府治理现代化要紧跟社会整体现代化的发展趋势，不断适应总体进程，主张应该循序渐进地推动政府改革。还有学者认为社会组织是社会治理的重要组成部分，应充分发挥社会组织的功能，推动社会治理的进一步发展。

（二）关于市域社会治理现代化的研究

关于市域社会治理现代化概念的研究。一方面，完全秉承陈一新的观点，认为市域社会治理现代化就是"三个现代化"。另一方面，在原有的基础上的发展性观点，认为市域社会治理现代化是以设区市为主要治理载体，以治理理念现代化、治理体系现代化、治理能力现代化为重点内容，加快提升社会治理的社会化、法治化、智能化、专业化水平的发展过程。还有学者围绕市域的内涵和外延展开论述。

关于市域社会治理现代化属性和要素的研究。认为市域社会治理应从空间维度、主体层级维度、机制维度和价值维度四个维度着手，并且具备集成性、双重性、联动性、枢纽性等特点。

关于市域社会治理现代化地方实践的研究。我国一些地区结合本地实际，进行了有效探索，形成了具有市域特色的社会治理案例。学者们对北京"街巷吹哨、部门报到"、浙江省衢州市提升市域社会治理现代化做法、新时代"枫桥经验"与市域社会治理高度契合等方面取得的成效进行了分析。

关于加强市域社会治理现代化途径的研究。学者们从多轨道治理的角度建构了韧性市域治理现代化的分析框架，从理念层、目标层、主体层、机制层、内容层和手段层六个层面构建出兼具系统性和综合性的韧性市域社会治理现代化的实现路径。

综上可见，当前聚焦于市域社会治理现代化的研究成果较少，学术界对加强创新市域社会治理现代化的研究还处于探索阶段，对其理论内蕴和路径构建还需进一步深入。在当前中央相关重要精神和国内主要学术观点梳理基础上，本报告对市域社会治理现代化试点面临的形势与风险进行系统全面识别和分析，归纳评价首都市域社会治理现代化试点实践的做法与成效，继而深度剖析当前市域社会治理工作不适应平战结合要求的短板和问题，在此基础上，建构出兼具系统性和综合性的平战结合是加强创新市域社会治理现代化的实现路径。

三、当前市域社会治理现代化面临的形势与风险

推进市域社会治理现代化，要深刻认识我国社会发展面临的国际国内形势，以及市域社会治理面临的各种潜在的风险，才能掌握市域社会治理的主动权，推动建立"平时"和"战时"无缝衔接的市域社会治理现代化体系，化解各种风险和矛盾，维护社会安全稳定。

（一）当前市域社会治理现代化面临的形势

1. 世界百年未有之大变局加速演变

一是世界格局正在加速演变。近代以来一直由欧美国家所主导的世界政治正在发生"东升西降"的历史性巨变，并由此带来了整个国际体系和国际规则的深刻调整，这不能不说是一场"全球大变局"。二是经济全球化在推动全球治理加快变革。全球气候变化、生态环境灾害、大规模传染性疾病、极端主义和恐怖主义、移民难民等问题在全球范围内不断扩散。三是新一轮科技革命加快了对世界的重塑。"目前以人工智能、大数据、量子信息、生物技术等为代表的新一轮科技革命和产业变革正在积聚力量，这必将导致世界经济新旧动能的转换，不仅会给全球发展和人类生产生活带来巨大变化，还会给国际格局重塑带来不可估量的影响。"

2. 中国特色社会主义进入新时代

一是我国社会主要矛盾发生了新变化。"我国社会主要矛盾已经转化为人民日益增长的美好生活需要和不平衡不充分的发展之间的矛盾。"二是我国的国际地位发生了新变化。我国同发达国家的差距在不断缩小，综合国力进入世界前列，开始逐渐走近世界舞台中央。三是党和国家绘制了新的远景目标。从 2020 年到 21 世纪中叶可以分两个阶段来安排：第一阶段，从 2020 年到 2035 年，基本实现社会主义现代化；第二阶段，从 2035 年到 21 世纪中叶，把我国建成富强民主文明和谐美丽的社会主义现代化强国。

3. 城市社会治理问题凸显

一是人口过度膨胀。城市由于资源的集聚，吸引了大量人口的流入，加大了对社会秩序、社会治安的影响，给社会治理带来很大的困难。二是城乡发展不均衡。城乡二元结构体制造成了我国城乡发展的不均衡，收入分配差距较大，给社会稳定带来潜在的隐患。三是城市居民需求升级。居民需求从量向质转变，且需求的范围越来越广。四是新冠肺炎疫情对市域社会治理提出新挑战。新冠肺炎疫情改变了人类的社会交往方式、生活方式等，对市域社会治理提出了新挑战。

（二）当前市域社会治理现代化面临的风险

当今世界进入了风险社会，各种不稳定的风险因素更加多样和复杂。在国际形势云谲波诡、国内社会结构和经济结构深刻变革的背景下，我国社会发展以及社会治理面临许多风险。

1. 复杂严峻的政治领域风险

一是"颜色革命"的风险。以美国为首的西方资本主义国家，经常通过经济制裁、邻国矛盾等来触发我国的政治危机。甚至有一些西方敌对势力变本加厉，企图通过颜色革命颠覆我国政权。二是暴力恐怖袭击的风险。当今世界范围内的暴力恐怖袭击事件不断发生。城市作为人员密集场所，尤其是特大型城市，极易成为暴力恐怖袭击的对象。三是意识形态的风险。西方敌对势力通过文化渗透、网络言论等输送西方文化和价值观，长期对我国意识形态问题进行攻击。

2. 逐渐加大的公共安全风险

一是新冠肺炎疫情反弹的风险。我国疫情防控在外防输入中面临十分严峻的局势。二是一些重点行业领域及新兴行业的安全风险。危化物品、公共交通、物流寄递等重点行业领域安全隐患点多面广，极易发生影响城市社会安全稳定的重大事故。三是一些新型犯罪频发的风险。随着科技的发展，除了传统的违法犯罪行为，还出现了一些电话诈骗、网络金融诈骗等新型的违法犯罪行为。

3. 更加凸显的网络安全风险

一是网络渗透风险。网络日益成为西方反华势力利用的"软武器"，网络空间成为舆论斗争的"主战场"。二是网络基础设施风险。一些基础设施包括电力、铁路、银行等系统的运行，一旦出现安全漏洞，遭遇木马、病毒等恶意程序的攻击，将会具有很大的破坏性和杀伤力。三是网络舆情风险。不良信息及恐慌情绪的扩散，各种揣测、情绪化表达和极端言论在网络散播，很容易引发网络舆情风险。四是个人信息泄露风险。别有用心之人利用个人信息进行违法犯罪，对社会秩序和社会稳定造成了一定的影响。

4. 长期存在的社会安全风险

一是涉众型案件引发群体访风险。许多非法集资、网络传销等涉众型犯罪高发频发，极易引发群体访。二是城市化进程中结构性社会问题风险。一些历史遗留问题涉及人员较多，利益关系复杂，解决难度较大，存在一定的风险。三是个人极端案、事件偶发风险。部分民众因心理失衡，为了泄私愤而采用极端暴力手段报复社会。

四、各地推进市域社会治理现代化的经验启示

自市域社会治理现代化试点工作开展以来，杭州、深圳、成都、兰州等地在推进市域社会治理中创造了鲜活的实践经验，并取得了一定成效。通过对市域社会治理现代化实践的分析，可以总结出以下几点经验启示：

（一）树立核心理念：坚持以人民为中心

人民城市人民建，人民城市为人民。坚持以人民为根本的出发点和落脚点是推进市域社会治理现代化的重要经验。一是坚持人民群众的主体地位。各地在推进市域社会治理现代化过程中注重在顶层设计、工作谋划中坚持以人为本，以广大人民群众的根本利益为出发点，以满足人民群众需求为根本目的。二是坚持依靠人民群众的主体力量。各地充分调动人民群众的积极性、主动性和创造性，让人民群众成为市域社会治理的主力军。三是坚持维护人民群众的主体利益。着力解决人民群众最关切、最现实的利益诉求，使人民群众共享社会治理成果，不断提高人民群众的"获得感、幸福感、安全感"。

（二）建立治理机制：统筹推进市域社会治理

从实践看，各地都非常重视加强市域社会治理现代化的治理体系建设，从顶层加强市域社会治理现代化的统筹推进。一是建立组织领导机制。建立党委"统领"、政府负责的组织领导机制，牢牢掌握社会治理的主导权。二是建立健全运行机制。建立健全各项工作机制，形成区域联动、部门协作的齐抓共管的局面。三是建立健全保障机制。要建立健全保障机制，保持推进市域社会治理现代化各项举措的稳定性和长期性发展，确保市域社会治理现代化能够顺利推进。

（三）加强力量整合：打造社会治理共同体

党的十九届四中全会通过的《中共中央关于坚持和完善中国特色社会主义制度、推进国家治理体系和治理能力现代化若干重大问题的决定》明确指出："必须加强和创新社会治理，完善党委领导、政府负责、民主协商、社会协同、公众参与、法治保障、科技支撑的社会治理体系，建设人人有责、人人尽责、人人享有的社会治理共同体。"从各地实践来看，推进多元参与、主体参与，加强力量整合，推动形成社会治理共同体，是加快推进市域社会治理现代化的重要经验。一是协调整合基层政府力量。推进市域社会治理现代化首先要从纵向上整合基层政府部门资源，形成强大的中坚力量。二是积极发挥社会组织力量。社会组织与政府在社会治理中形成互补关系。各地在推进市域社会治理现代化中，通过各种方式让社会组织的微治理在市域社会治理中释放大能量。三是激发壮大志愿服务力量。各地不断激发壮大广大人民群众力量，壮大志愿者队伍，推动形成人人参与的社会治理局面。

（四）融合治理方式：推进治理能力现代化

政治、法治、德治、自治、智治是推进市域社会治理现代化的有效方式，具有重大的理论创新、实践创新、时代创新意义。一是坚持"政治"引领。推进市域社会治理现代化要坚持党的领导，发挥政治引领作用，引领正确的政治方向，引领构建全社会共同参与治理的同心圆。二是突出"法治"保障。推进市域社会治理现代化要"优化市域社会治理的法治体系，加快构建系统完备、科学规范、集约高效的市域社会治理法治体系，实现社会治理制度化、规范化、程序化。"三是加强"德治"教化。法治是一种外化的强制约束力。仅仅依靠法治不能达到治理最优效果，还要发挥道德教育的作用，使道德标准内化为人们内在的约束力，形成一种内化于心的软法，达到"法治"和"德治"共治，才能实现更好的社会效果。四是强化"自治"基础。"自治"是社会治理现代化的目标，也是实现社会治理现代化的途径。只有创新加强基层自治，才能推进市域社会治理现代化。五是深化"智治"支撑。科技力量独特的潜能和优势，有力地提升了社会治理的整体效能，以及社会治理的精细化水平，在社会治理中的支撑作用越来越重要。各地加强科技手段的开发深度应用，充分发挥"智治"的作用，加快推进市域社会治理现代化。

五、当前市域社会治理工作不适应平战结合要求的表现及短板

十九届五中全会通过的《中共中央关于制定国民经济和社会发展第十四个五年规划和二〇三五年远景目标的建议》中，明确要加强和创新社会治理。此次抗击新冠疫情期间，市域社会治理的重要性得到充分体现。然而，当前市域社会治理存在着组织动员、协调配合、应急处置等方面的短板弱项，从平时转为战时极不适应。

（一）市域社会治理机制与"平时""战时"衔接转换不适应

市域社会治理机制在应对新冠疫情这类重大突发事件时，尚未形成比较完备的"平时"向"战时"转换的机制，在对事件的发展趋势作出快速、准确的研判、大量收集事件变化的动态信息、及时向公众发布预警信号，动员民众采取"临战"措施等方面，源头治理、动态管理和应急处置的联动机制有所欠缺。从2020年新冠疫情防控情况看，市域社会治理组织动员、协调配合、应急处置等方面还存在短板弱项，预案存在针对性不强、操作性不足等问题，从平时转为战时的适应性较差。

（二）现有法律规范与"紧急状态"下国家行政权力不适应

地方政府在紧急情境作出的决策往往并非基于相关法律或规范，这导致法律缺位下行政资源错配和权力失衡问题。当前政府在应对非常规重大突发事件中行使国家紧急权力时会面临"无法可依"的困境。地方政府虽通过密集的行政命令满足危机管理的整体动员需要，但现实中又往往出现"扎堆行政"与"空白行政"并存的情形。在非常规重大突发事件"全面应急"中，公民个人信息的大数据开放极大地提高了应急管理的精准性和针对性，但也可能因数据的无序共享使公民隐私权缺乏充分保护，进而产生新问题。如何摆脱非常规重大突发事件"紧急行政"中面临的"集体与个体、安全与隐私"平衡困境，是"平战结合"在市域社会治理的法治建设中需要思考的重要问题。

（三）治理能力与"平战结合"的要求不适应

一是快速决策能力不足，难以及时回应由"平时"向"战时"快速转换的需求。我国集中统一、快速高效的应急体制有其突出的制度优势，但在"平时"向"战时"快速转换，以及从"战时"向"平时"恢复时，统一、协调、高效的决策指挥体制仍不够健全，多头指挥、令出多门的现象时有发生。二是精细治理能力比较薄弱，如在疫情初期部分地区出现的仓库内捐赠物资堆积而前线物资短缺的十万火急的情况，还有一些地方干部不能因地制宜开展工作，稳稳当当"等安排、抄作业"，或不根据本地疫情实际简单粗暴升级防控等级，与中央"精准防控"精神相悖。三是风险社会和应急管理的理解不系统。部分基层干部将应对突发公共事件视为常态管理的一种方式，对突发公共事件的紧急程度和威胁性认识不够，对风险事件的发生概率与影响存在侥幸心理，放松对突发事件的预案准备而导致比较严重的社会后果。四是舆论引导和信息发布能力不强，与公共和媒体的沟通意识不到位，信息共享能力不足。

（四）协同创新机制与"平战结合"要求的基层社会治理格局不适应

一是应对重大公共安全风险的人才、团队储备明显不足。对应对重大公共风险的人才"家底""家当"缺乏全面把握，缺少涉及重大公共安全风险相关人才的战略储备机制和储备计划。二是应对重大公共安全风险的载体平台、物资设备储备不够。缺少专门针对应对公共安全风险的学科设置、专业分类，在知识建构、能力培养、人才开发上的准备不足。三是在重大突发事件应对中还没有成熟的社会动员和社会参与机制。政府还不习惯也不善于在重大突发事件应对中调动社会力量，疫情大考中社会组织也暴露出其在制度、管理和经验上的不足。

（五）应急物资储备及配置体系与"平战结合"要求不适应

一是缺乏应急物流的整体协调和多方联系响应机制。中央有关部门之间、中央与地方之间以及中央、地方和有关企业之间联动的组织机制尚未形成。二是缺乏应急物流管理的政策保障和配套制度。应急物流法规呈碎片化同时仍存在大量空白，立法层次低，缺乏整体规划。三是缺乏专业化应急队伍。政府领导干部对应急物流理解较少，专、兼职专家队伍也有待建立，专业化的物流企业和志愿者队伍数量不足。

六、平战结合创新加强市域社会治理现代化的对策建议

在充分总结当前市域社会治理体系机制中不适应"平战结合"要求的短板和问题的基础上，为打造"全链条式"风险防控和"平战结合"的治理体制机制，本文提出以下若干对策建议。

（一）以完善平战结合体制机制为核心，着力夯实市域社会治理根基

一是贯彻党总揽全局、协调各方的根本要求，健全完善党委领导社会治理体制机制。推进市、区两级政府职能体系优化协同高效，健全完善信息互通、资源共享、工作联动机制。充分发挥基层党组织政治引领、组织引领、机制引领作用。二是细化治理目标，明确"平""战"各阶段工作重点，将突发事件治理关口前移，注重资源在"平时"和"战时"之间的科学调配。三是推动平战结合中的"政民融合"，促进公众权利与政府权力的良性互动。这不仅需要政府在"平时"服务中树立起权威，获得民众信任，还需要"战时"政府对公民权利的

尊重。四是在政府主导下形成政府、企业、社会组织、公众多方互动有机联结的行动机制，将专业社会工作充分纳入社会治理体系中，依托社会工作专业力量设计各类危机干预和应急处置响应机制，提升应急状态下的应对能力。

（二）以风险防控为底线，提升首都平安建设现代化水平

一是完善社会风险评估预警机制，建立风险隐患处置程序。深入贯彻总体国家安全观，不断完善重大决策社会稳定风险评估机制，扩大重大事项社会稳定风险评估的社会参与，组建多学科背景的专家组开展重大事项社会稳定风险评估，畅通民意表达的渠道。二是防范化解重点领域风险，加强社会矛盾源头治理。围绕贯彻新发展理念、推动高质量发展、构建新发展格局，健全执法、司法、法律服务衔接配套的综合服务保障体系。结合首都北京在社会稳定和公共安全方面的特殊性，深入开展矛盾风险动态排查、防范化解，加强风险评估研判，努力把各类不稳定因素解决在萌芽、化解在基层。三是防范化解个人极端风险，建立健全社会心理服务疏导和预警干预机制，及时疏导重点人群心理健康问题，培育社会积极心态，鼓励各种社会组织和公众积极参与。

（三）以科技创新为驱动，提升市域社会治理"平战转换"效能

一是打造智治模式，从"经验决策"向"大数据决策"转变。加快推进应急管理的数字化转型工作，通过互联网、物联网对重大危险源进行精确标识和动态监控，还要特别关注对网络舆情大数据的监测和研判，进一步筑牢维护首都"平战结合"安全稳定的智慧防控屏障。二是建立应急管理大数据集成平台，改变当前各政府部门间信息不互通，基础数据库难以共享，数据碎片化、标准不一致等"顽疾"，加强政法委系统各有关单位的数据集成和收集汇总，通过应急管事中的大数据应用，把制度优势转化为治理效能。三是深化智慧平安小区建设，打造市域社会治理首都样板。依托"城市大脑"建设，将城市管理下沉至社区、园区等微单元，实现城市的智能化、立体化、精准化治理。

（四）以人才培养为增量，加快建立平战结合人才创新机制

一是加大人才、团队战略储备，建立人才清单制度，迅速形成战斗力，同时储备一批战略人才及团队和战略项目，形成"平战结合"的人才培养机制。二是建立应对重大公共风险的专业人才培养和应急响应机制，需探索建立密切配合的协同创新、科研攻关机制。三是加强应对重大公共风险专业人才培养的组织领导，进一步强化政策激励，在重大科技创新项目、技术创新研发项目、人才计划申报方面予以倾斜。

（五）以物资储备为抓手，建设平战结合的应急物资保障体系

一是完善国家和地方应急物资管理法规和体系建设。理顺应急物资管理体制机制。明确主管或牵头部门，统一组织指挥；完善相关法规标准，建立健全多部

门协同联席会议、需求对接更新、军民融合保障、社会力量动员及补偿、常态化演练及考核评估等机制。二是建设一套"政企协同、军民融合"的平战结合应急物流长效响应机制。基于高效协同的应急联动响应机制，确保在面对各类突发重大紧急事件时，有能力迅速组建专业应急物流团队，确保政府、企业、铁路管理部门以及军队之间的应急协同配合。三是优化重大风险的应急战略储备和策略。以着眼未来的眼光布局当下工作，提升应急物资储备和保障水平。依托丰富的在京高校、科研院所和企事业单位资源，储备建设一批应对重大公共安全风险的研究基地、测试基地、成果转化生产基地。注重结合北京本地易发生灾害特点确定储备资源重点，进一步优化储备方式和应急策略。

中美贸易摩擦背景下知识产权审判趋势

萧有茂　张晓鸣　李晓欧*

随着经济社会的不断发展，知识产权越发成为决定企业竞争力的核心要素，我国也明确提出要建立知识产权强国的目标，并取得一系列成就。但我国知识产权体系建立起步较晚，各项法律法规及配套措施还不够成熟和完善，国家与企业对知识产权体系建设的经验仍然比较欠缺。在这种情况下，深入研究世界其他国家的知识产权体系，对我们进一步落实知识产权法治化、现代化，切实加强知识产权保护，完善知识产权体系，促进知识产权发挥更大经济价值，具有重要的时代意义。

一、中国知识产权保护现状

改革开放以后，为与国际接轨，清除知识产权保护不周导致的开放之路上的阻碍，我国积极参与制定与知识产权相关的双边协议。此后，知识产权的保护推动了版权、专利等创新领域的快速发展。根据 2019 年世界知识产权组织的数据统计，2019 年中国总共申请了近 5.9 万件国际专利申请合作协定（PCT）专利申请，成为当年 PCT 专利申请量第一的国家。PCT 专利申请量被国际公认是重要发明专利的国际申请量的重要代表，自 1978 年 7 月创立 PCT 申请制度以来，中国首次超越长居首位的美国成为申请世界第一，具有十分值得纪念的意义。国家知识产权局与国家统计局联合发布的全国专利密集型产业增加值数据显示，2018年我国专利密集型产业增加值达 10.7 万亿元，占 GDP 比重达 11.6%，具备了一定规模，对 GDP 增长的贡献率达到 15.7%，成为经济高质量发展的重要支撑。[1]根据 2021 年 10 月发布的最新的《2020 年中国知识产权发展状况评价报告》（以下简称《报告》），2020 年应用发明专利使用授权量达到 43.4 万件、应用商标注册登记量为 545.1 万件、应用著作权专利登记量则达到 503.9 万件，上述几项

---

* 课题主持人：萧有茂，市法学会党组书记、专职副会长；张晓鸣，司法部国际合作局原副局长；李晓欧，对外经济贸易大学副教授。立项编号：BLS（2020）A003。结项等级：合格。

〔1〕 王淇：《专利法第四次修改概述》，载《中国市场监管研究》2021 年第 1 期，第 34 页。

知识产权授权登记量与上一年同期相比具有较为明显的增加。除了常见的三项知识产权外，应用植物医药新品种使用权利和授权量、应用集成电路及分布图工程设计专利登记和可发证文件数量等其他知识产权也得到了较好的发展，不仅在数量上明显增加，与上一年同期相比增长比例更是可观。

根据《报告》中的数据，在专利创造质量方面，2020年发明专利平均维持年限为6.7年，较上年增长0.1年；PCT国际发明专利申请案件受理量平均为6.6万件，较上年增长18.5%。从质量与数量两组数据中可见，虽然我国相关知识产权创新的体量已经相当可观，即我国已经在知识产权的申请量上占到相当大的数量优势，但我国的创新指数并不如申请量那样可观，也就是说，我国当下设定建设"知识产权强国"的目标是十分有必要的。

在发明创造效率方面我国也有一定的进步与成就。在专利相关的数据中，2020年每万人口发明专利拥有量为15.8件，较上年同期增长2.5件；每千万元研发经费的发明专利授权量为2.0件，较上年同期增长0.2件；在商标注册中，全年每百户市场主体的有效注册商标量件数为19.9件，较上年同期增长1.4件；每万人口新兴软件注册登记量为12.3件，较上年增长1.7件。[1]在效率方面，我国的增长较为平缓，还有相当大的进步空间。

知识产权对于企业的竞争力和未来发展具有至关重要的意义，所以企业创新程度与相关专利商标的持有量也是衡量我国知识产权发展状况的重要标准。近年来我国制造业、高新技术产业发展迅猛，在国内国际占领了相当大的市场，如华为、中兴等高新技术企业已经从过去的技术引进走到如今的自主研发，成为足以让其他科技强国所忌惮的企业。虽然中国制造业总体产业规模和技术水平已经有了显著的提升，但在相当多的领域还是要受到其他科技强国技术方面的限制，即使是在国内已经属于技术十分强大的华为公司，也因为美国芯片出口的限制停止了相关业务。除了部分高新技术产业的知识产权指数较高，其他相当一部分企业也还停留在低质量的创新水平，整个产业创新潜力还有相当大的激发空间。

根据《报告》中的数据统计与分析计算，2020年度全国知识产权发展保护指数为339.9，较上年增长8.0%，保持稳定向好的增长趋势。在司法保护方面，自知识产权侵权纠纷案件出现起，以知识产权纠纷为案由的案件数量呈现持续增长的态势，自2015年起知识产权纠纷案件数量更是直线上升，甚至2015年也被称作"版权元年"。根据《报告》显示，2020年知识产权民事审判、知识产权行政审判、知识产权刑事审判的保护指数与去年同期相比均有增长，且增长率基本在7%~10%，除三大领域之外，知识产权检察监督指数也较上年增长3.5%。在

---

〔1〕 国家知识产权局知识产权发展研究中心：《2020年中国知识产权发展状况评价报告》。

行政保护方面，保护指数与保护效果保持较好的增长态势。2020 年专利行政保护指数较上年增长 9.8%；商标行政保护的发展进步力度较大，保护指数较上年增长 88.4%；版权行政保护指数较上年增长 28.9%；保护效果方面的增长趋于平缓，可能是未来知识产权行政保护需要进一步完善和设法增强的部分。2019 年研发投入强度为 2.2%，比上年提高 0.1%；规模以上工业企业申请专利比例为 26.0%，较上年同期增长 3.7%。知识产权保护社会满意度为 80.1 分，较上年增长 1.4%。2019 年知识产权使用费进出口额为 410.3 亿元，与上年基本持平。[1] 总体而言，我国对知识产权保护的力度和效果都有显著的提升，虽仍有部分项目存在停滞与其他相关问题，但以进步和提升为主要方面。

二、美国知识产权制度概览

美国联邦政府是研发（R&D）活动的主要参与者，既是资金来源，也是研究伙伴，[2] 每年支出约 1500 亿美元。[3] 许多政府部门和机构资助并开展研究，国防部（DOD）、能源部（DOE）和美国国家航空航天局（NASA）占 2018 财年联邦 R&D 总支出的 60% 左右。美国国立卫生研究院（NIH）占近 25%，美国农业部以 2% 的比例位居前五名。[4] 联邦政府是美国基础研究的最大支持者，2014 年资助了 45.4% 的基础研究。[5] 虽然企业是应用 R&D 的主要资助者，但 2014 年联邦政府资助了 36% 的应用研究和 16% 的开发。[6] 大学近 50% 的 R&D 由联邦政府资助。[7]

联邦政府的 R&D 预算既包括联邦机构或其承包商在政府所有的设施中进行

---

[1] 专利行政保护指数、商标行政保护指数和版权行政保护指数是指相应知识产权类型的行政裁决、执法案件量、罚款金额等反映知识产权保护工作情况的指标数据，通过去量纲后等权重加总获得的综合指数。

[2] 国家科学基金会、国家科学委员会：《2018 年科学与工程指标》，载 https://NSF. gov/statistics/2018/nsb 20181/report/sections/research and developmentustrendand-international comparison/recent trendsinsrdp-performance。Aline C. Flower, *Intellectual Property Technology Transfer*, New York, Bloomberg BNA, 2014, pp. 13–15.

[3] 参见总统管理议程，跨机构优先目标（CAP）14，"改善从实验室到市场的联邦资助技术的转移"，引用分析观点，美国政府预算，2019 财年，图 18，载 https://www. GPO. gov/fdsys/pkg/BUDGET 2019 PER/pdf/BUDGET 2019 PER. pdf.

[4] 参见由美国科学进步协会和国家科学基金会汇编的数据，载 https://www. aaas. org/page/historical-trends-federal-rd 和 https://www. nsf. gov/statistics/2018/nsf18311/。

[5] 参见联邦研发基金：2018 财政年度，国会研究服务报告，2018 年 1 月 25 日，载 https://fas. org/sgp/crs/misc/r44888. pdf，引用 CRS 对国家科学基金数据的分析，国家研发资源模式：2014—2015 年数据更新，2017 年 3 月 14 日。

[6] 参见联邦研发基金：2018 财政年度，国会研究服务报告，2018 年 1 月 25 日，载 https://fas. org/sgp/crs/misc/r44888. pdf，引用 crs 对国家科学基金数据的分析，国家研发资源模式：2014—2015 年数据更新，2017 年 3 月 14 日。

[7] 参见 https://www. aaas. org/sites/default/files/201811/UniSource1. jpg。

的研究（"内部"研究），也包括大学和其他承包商根据资助协议进行的研究[1]（"外部"研究）。[2]

政府有各种机制来执行内部 R&D，政府有不同程度的参与和控制。联邦机构拥有大量的 R&D 设施，或称"联邦实验室"。[3]"联邦实验室"一词由法规定义为包括"任何实验室、任何联邦资助的研发中心或任何由联邦机构拥有、租赁或以其他方式使用并由联邦政府资助的中心，无论是由政府还是承包商运营。"[4]因此，联邦实验室包括政府所有的、政府经营（GOGO）的设施；政府所有承包经营（GOCO）的设施；以及联邦政府资助的研发中心（FFRDC），他们是 GOCOs 的一个子集。大约 310 个联邦实验室中的每一个都有特定的使命，它满足不同用户的需求，并追求不同技术和产品的开发。由于美国政府被禁止在市场上与私营企业竞争，技术转移成为完成实验室使命的重要工具。[5]

联邦政府在 R&D 的投资对美国的创新、竞争力和经济繁荣至关重要。研究表明，政府在 R&D 的投资为美国经济带来了可观的回报。例如，农业研究每支出 1 美元，就能产生约 20 美元的经济活动。[6]美国创新框架的本质包括与私营部门合作，进一步开发联邦科技投资产生的发明，并将其推向市场。保护知识产权对于吸引额外的私人投资和产品开发资源至关重要，这是早期研究产品完全商业化所必需的。[7]

决定政府雇员发明权利的主要法律来源是杜鲁门总统于 1950 年发布的第 10096 号行政命令，[8]这是司法部 1947 年对政府专利政策及其对美国竞争力的影响进行研究的结果。[9]第 10096 号行政命令旨在首次为源自联邦研发工作的发明提供一致的政策处理。它规定，联邦政府雇员的所有发明都必须向联邦政府披

---

[1] 这包括拨款、合作协议、奖励等，请参阅《美国法典》第 35 编第 201 节第 b 项 "资助协议" 的定义。

[2] 参见 https://www.nsf.gov/statistics/2018/nsf18311/。

[3] 这些机构包括美国农业部、商务部、国防部、能源部、卫生和公众服务部、国土安全部、内政部、交通部、退伍军人事务部、环境保护局和美国国家航空航天局。

[4] 参见《美国法典》第 15 篇第 3703（4）条。

[5] 参见知识产权技术转移 3-109-3-110，联邦实验室技术转移总结报告，载 https://www.nist.gov/tpo/federal-laboratory-interagency-technology-transfer-summary-reports。

[6] Alston, J. M.：《农业研究与发展、创新和生产力增长的益处》，经合组织 2010 年版。

[7] 有关联邦实验室技术转移的摘要报告，载 https://www.nist.gov/tpo/federal-laboratory-interagency-technology-transfer-summary-reports。

[8] 1950 年《联邦法规》第 3 篇第 292 页，载 https://www.archives.gov/federal-register/codication/executive-order/10096.html；第 10096 号行政命令经 1961 年 3 月 24 日第 10930 号行政命令进一步修订，并在 37 C.F.R. § 501 中实施。

[9] 在知识产权技术转移 1-54-1-55 中引用。

露，联邦政府应保留知识产权的全部权利。[1]这包括联邦雇员在工作时间利用政府设备，利用服务期间获得的政府信息进行的发明，或与雇员的官方职责有直接关系的发明。[2]在某些情况下，如果政府对一项发明的贡献不足以证明将该项发明的全部权利转让给政府的要求是合理的，或者如果政府对该项发明没有足够的兴趣，政府将授予雇员该项发明的所有权。[3]但是，联邦政府将保留出于执行所有政府目的的非排他性、不可撤销和免使用费的许可权利。这项权利必须通过将其纳入可能为该项发明颁发的任何专利中来加以保护。[4]

三、当代中国知识产权保护的不足

中国专利年申请量已连续几年跃居世界首位，中国已事实上成为知识产权强国，但要实现"量"到"质"的变化仍需对各知识产权保护的现存问题进行适当梳理，以促进社会创新的发展。知识产权包括专利权、商标权、著作权，其中对于社会创新发展最具影响，最有含金量的当属专利权。信息技术是现代生活不可或缺的要素，同时也是科技发展的核心动力，而这一切都离不开计算机算法的支持，因此"要健全大数据、人工智能、基因技术等新领域新业态知识产权保护制度"。[5]算法是将输入转换成输出的计算步骤的序列，是求解计算问题的工具。[6]《中华人民共和国专利法》（以下简称《专利法》）对算法进行保护的一大前提就是算法是可专利的。为了回应这一问题，国家知识产权局在《关于修改〈专利审查指南〉的公告（第343号）》（以下简称"343公告"）中单独设立了"包含算法特征或商业规则和方法特征的发明专利申请审查相关规定"，[7]对算法的可专利性审查作出了明确的规定，对于激励算法创新有积极意义，然而却也反映出对基础性算法进行保护的犹疑态度。343公告确立了算法专利审查的"三关卡"判断标准。

第一步中对算法的技术特征进行审查，涉及抽象思想和商业规则的，若不包含技术特征则属于《专利法》第25条第1款第2项规定的"智力活动的规则和方法"，不授予专利权。

---

〔1〕 第10096号行政命令第1（a）段第2条；另见37 C.F.R.§501.6（a）（1）（i）－（iii）。

〔2〕 第10096号行政命令第1（a）段。

〔3〕 第10096号行政命令第1（b）段。

〔4〕 第10096号行政命令第1（b）段。

〔5〕 参见习近平：《全面加强知识产权保护工作 激发创新活力推动构建新发展格局》，载《当代党员》2021年第4期，第8页。

〔6〕 参见 ［美］Thomas H. Cormen、Charles E. Leiserson、Ronald L. Rivest、Clifford Stein：《算法导论》，殷建平等译，机械工业出版社2020年版，第6页。

〔7〕 《国家知识产权局关于修改〈专利审查指南〉的公告（第343号）》，载中国政府网：http://www.gov.cn/zhengce/zhengceku/2019-12/31/content_5465485.htm。

第二步判断权利要求是不是《专利法》第2条第2款所述的技术方案。

第三步对权利要求的创造性和新颖性进行评估判断。

综上不难看出，算法专利审查仍是从专利适格性出发，提出专利是不是可专利的这一问题的"问题思维"模式。其根源在于立法者仍保留着算法不应纳入的专利的惯性思维，《专利法》自制定之初就对计算机程序进行了排除，认为算法属于数学方法的一种，《欧洲专利公约》第52条第2、3款排除了数学、商业方法、计算机程序等对象本身，依据是其不属于发明。诚然，《专利法》对于抽象思想的排除防止了权利保护范围过宽，从而引起"专利丛林"扼杀创新，但不应简单将算法归纳为"抽象思想"和"基础理论"。随着信息时代的发展，旧机械工业时代所认为的计算机程序与可以实用的技术方案有很大距离的判断已发生了根本性改变，大量的基础算法成了现实技术的"零部件"，能够在打包集合后直接进行商业利用，从而创造价值。此时，仍维持专利适格性的问题判断必造成算法专利保护现实需求上的巨大缺失，在很大程度上限制了算法专利的实践创新。

（一）专利授权——简评《专利法》第50条至第52条（专利开放许可）的制度设计不足

第四次《专利法》修正引入了专利开放许可制度，至此专利授权的方式从先前的专利自愿许可和专利强制许可增加为三种。相较于其他两个传统的专利授权方式，专利开放许可制度削弱了专利权的排他性，只要专利权人声明自愿开放许可授权便无从对被授权人的许可与否进行决定，任何人只要向专利权人发出通知并支付专利的使用对价即可使用专利，即使专利实施人未经许可，亦可在事后寻求许可且专利权人不可拒绝。不难看出，对于那些潜在被许可人较多，操作难度低，无需权利人协助，且价值易于确定（即专利许可费用不难确定）的专利而言，专利开放许可制度能极大提升交易的便捷性和传播度，给权利人以丰厚的利益回报。统计指出英国专利局每年收到的针对专利进行开放许可登记的数量，约占全年授权专利数量的3%~4%，[1]而其中大部分是信息网络和智能技术产业领域的专利。故此专利开放许可对我国实现创新驱动发展战略有着一定的价值激励，不过学界对该制度在定价及后续产生的许可费用纠纷中的问题仍有争议。

（二）司法保护权利救济实效之不足

无救济无权利。在知识产权日益发展的今天，除了要关注知识产权的实际应用，在其受到侵害后的救济同样也是知识产权法的重要核心内容。专利诉讼即权

---

〔1〕 参见易继明：《专利法的转型：从二元结构到三元结构——评〈专利法修订草案（送审稿）〉第8章及修改条文建议》，载《法学杂志》2017年第7期，第45页。

利救济的核心手段，近年来为顺应国际贸易的需要和国内需求，我国正逐步加强专利权保护，尤其体现在《专利法》不断"加重侵权赔偿"，第四次《专利法》修正引入"惩罚性赔偿"并"提高法定赔偿额度"。这一立法思路固然在形式上加强了专利侵权的成本，但如果不能在实质上促使"侵权人不堪容忍侵权的最小风险，投机性的仿冒行为即无法遏阻"。[1]

（三）专利无效宣告制度——司法和行政效率的双重延滞

按照专利合同理论，专利权是一种发明人与社会公众达成的协议，其本质在于发明人以公开发明成果为对价，向以国家为代表的社会公众换取一定时间内的专门享有。因此，若不符合专利法规定的成果也取得了专利授权，即成立虚假合同，损害社会公众利益。[2]由此出发，为纠正专利授权错误，维护社会公共利益，社会公众中的任何一人都有申请专利审查的权利，专利无效宣告制度即在此基础上建立。

专利无效宣告制度是否定或肯定已授权专利有效性的唯一路径。[3]其包含专利无效宣告程序和就审查结果发生争议产生的专利无效宣告诉讼两部分。依《中华人民共和国专利法实施细则》（2010 年修订）专利无效宣告程序的流程大致为：除专利权人外的任何主体（包括单位或个人）向专利复审委员会（以下简称"复审委"）提交专利无效宣告申请，复审委确认符合受理条件的应当受理，启动受理后复审委会对申请人提交的申请书进行形式要件审查，认定符合法律规范后，复审委会通知专利权人进行实质审查，审理结束会对专利权效力产生三种结果：完全否定、部分否定和确认有效。当事人对结果不服的可以向法院提起行政诉讼，被告方为复审委，另一方当事人作为与判决结果有利害关系的第三人同样参与诉讼。审理过程中法院对行政行为的合法性和合理性进行审查，由复审委承担举证责任。若法院判决具体行政行为合法的，则驳回原告诉讼请求，维持具体行政行为；若法院认为行政决定存在瑕疵，也无法直接就专利权效力作出裁定，而只能判决复审委重新作出行政决定。[4]

（四）专利保护网之漏洞

一项发明要想落入专利法保护之范围，必须将其公布，且其公布后就转为无形信息能被大众了解知晓，这一特点使之难以像有体物一样让权利人通过"占

---

〔1〕 参见李明德：《关于〈专利法修订草案（送审稿）〉的几点思考》，载《知识产权》2013 年第 9 期，第 6~7 页。

〔2〕 参见李明德：《知识产权法》（第二版），法律出版社 2014 年版，第 111~112 页。

〔3〕 参见李晓鸣：《我国专利无效宣告制度的不足及其完善》，载《法律科学（西北政法大学学报）》2021 年第 1 期。

〔4〕 参见宁立志、叶紫薇：《专利效力之否定：法理、制度与问题》，载《中国发明与专利》2018 年第 4 期。

有"直接进行有效控制防止受到侵害，所以专利权人对专利权的占有、控制和管理很多时候都靠"事后救济"来体现。[1]而在信息化时代的今天，信息获取的高度便利，使专利信息的获取难度大大下降，专利侵权行为呈现零散性的特征，专利权人的维权难度增大。如前所述，《专利法》第四次修正将法定赔偿的额度范围由1万元到100万元大幅提升至3万元到500万元，并引入了可以倍数赔偿的"惩罚性赔偿"制度，这在一定程度上顺应了时代发展的要求——加强对专利权的保护，但是专利权作为财产权的一种，更需要的是一种"秩序行政权+法院诉讼+刑事责任"的网络化保护模式，[2]仅提高赔偿额度似有些头重脚轻，难免造成专利权保护的片段化。此外赔偿额度的大幅提高还可能诱使部分专利权人将专利权打包专事诉讼，假借维权获取高额赔偿来实施"专利劫持行为"，给本就脆弱的创新秩序造成沉重打击。

（五）标准必要专利——禁令救济滥用的规制不足

标准必要专利是指要达到一项标准所必须使用，且在商业或技术上没有替代方案的专利技术。当前，由于通信、半导体等高新技术领域的蓬勃发展，许多最新、最优的技术都已申请专利，而标准化进程相对滞后，致使标准化组织在制定标准时，为保证技术的更新和社会进步，不得不将该领域内的最优专利与标准结合，因此产生了标准必要专利。[3]标准设置的目的，是要统一技术要求，保证产品质量，增进消费者福利，具有天然的"公属性"；专利则是发明者为弥补自身研发过程的成本，并进一步追求利润所设，有着很强的"私属性"，因此标准必要专利本身便是矛盾的。标准的设置给发明者在专利市场中赋予了极大的市场力量。潜在竞争者若想进入市场，必须先取得标准必要专利许可，若不采用该专利又会因为不符合标准而完全失去市场和消费者，由此可以看出标准必要专利有着强大的"锁定效力"。此外，一项标准一般不会只由一项专利构成，通常涵盖了好几项专利，这些专利组成了一个标准化的网，使标准必要专利又具有一定的"网络效力"。因此，若不加限制，标准必要专利人想要通过不法手段实施"专利劫持"将变得轻而易举，其中就包括滥用禁令救济。专利权人利用禁令救济，在谈判中胁迫相对方接受不合理的许可条件，支付高昂的许可费，甚至阻止专利实施人实施专利，这显然会扰乱市场秩序，损害公共利益，所以需要对其进行限制。

---

[1] 参见刘少谷：《非法实施发明专利入罪的认识误区及克服》，载《西南政法大学学报》2021年第2期。

[2] 参见董涛：《专利权保护网之漏洞及其弥补手段研究》，载《现代法学》2016年第2期。

[3] 参见马海生：《技术标准中的"必要专利"问题研究》，载《知识产权》2009年第2期。

四、中国知识产权制度的完善措施

21世纪以来，世界政治经济局势错综复杂，国际竞争激烈，国家安全面临时刻变化的多方威胁。2020年11月30日，习近平总书记在主持中央政治局第二十五次集体学习时强调，"要维护知识产权领域国家安全"，进一步强调了知识产权体系的完善要立根于国家安全，回应世界局势和中国国情的具体实际，瞄准中国经济的持续健康发展。我们在审视知识产权制度时，必须认识到世界经济发展的支撑引擎和运行逻辑也在不断变化。随着现代工业体系在各国的完善和国际物流通道的日益发达，曾为早期欧洲国家带来巨大利益的原材料货物交易在现代世界经济中的决定性作用正在式微；依靠大规模、低成本的生产条件取胜的工厂模式也在产业转移的浪潮中逐渐被淘汰。知识产权所具有引起技术革新的潜能，正在使它快速成为各国经济发展的新高地。在讨论完知识产权的安全属性以后，我们需要关注知识产权的生命力所在——它的流动性。在现代社会背景下，仅仅保证知识产权的安全性和流动性，只能在其产生和交换的过程确保知识产权体系发挥积极作用，而知识产权的市场化是实现其最终社会价值和经济价值的重要一步。就知识产权市场化而言，由于知识产权保护的基础与环境不同，加之相异的科学研究体系、经济发展模式以及产权法治观念，各国在实践中都产生了植根于本国国情的具体经验和理论，其中观点不乏可参考借鉴之处。自改革开放以来，我国加紧知识产权立法，通过了《中华人民共和国商标法》《中华人民共和国著作权法》《中华人民共和国专利法》等一系列旨在保护知识产权的法律，国内知识产权环境有了明显改善。但我们仍然要看到我国知识产权制度存在诸多不足。立足于新时代，积极吸收其他国家知识产权制度建设的有益经验，以我为主，为我所用，才能促进我国知识产权制度的不断完善，在激烈的国际市场竞争中取得主动地位。

（一）持续推动知识产权立法

要在现有法律法规的基础上，继续推动知识产权立法，组建完整严密的知识产权法律体系。同时，在立法过程中要体现加强对知识产权人权利保护和推动知识产权创造经济价值相结合的思路，结合我国具体国情，根据实际情况逐步推动立法完善。[1]

（二）优化知识产权转移机制

高等教育的不断发展推动了我国科技创新水平的极大提高。高校作为我国科研事业的排头兵，应当积极构建专利研发和市场应用体系，探索出适合本国国情的知识产权转移机制，推动科技成果更快更好转化为现实生产力，推动我国生产

---

[1] 曹文泽、王迁：《中国知识产权法制四十年：历程、特征与展望》，载《法学》2018年第11期。

转型升级，发挥知识产权对经济社会的促进作用。

（三）加快我国知识产权保护标准化进程

知识产权保护的标准化有利于构建成体系的知识产权保护、审查、应用和争议解决，为参与各方提供快捷高效的制度支持。同时，加快知识产权保护标准化有利于我国进一步与国际社会进行对接，促进知识产权的国际交流和高新技术的引入，同时鼓励国内企业加快创新，提高综合竞争力。

（四）推动知识产权与贸易相结合，加强我国国际话语权

经济全球化是世界经济发展的大势所趋，要借助我国"一带一路"等开放贸易政策的优势，建立以我国为中心的知识产权体系。我国应在扩大开放、加强与其他国家贸易往来的同时，通过签订贸易协定等方式初步建立我国知识产权制度在国际上的话语权，推动我国产品贸易与知识产权市场互相促进、良性发展。

区块链管理中依法治网问题

李 宁 杨 东[*]

第一章 序 言

一、以数为纲：政府管理的新动能

当下的中国已逐渐成为"数字中国"，各方力量都逐渐开始重视数据的效能。身处数据时代，所有网络行为都被记录在数据中，而政府因其社会治理职能的不断扩张而获取了极大规模的政务数据。然而，尽管掌握着如此大规模的数据生产要素，现行政府体系却没有很好地用数据创造出价值。因此，当下社会各界广泛关注的焦点是如何解决数据这种生产资料浪费的问题。

政府是国家权力的实际执行者，其行为应是民意的体现，以宪法与法律为准绳执行其社会管理职能。在执行其职能的过程中，无论是管理工作还是服务工作，都需要围绕着基础政务数据信息来开展。

来自公民自身权利的让渡是国家权力与政府的起源，通过汇集这些让渡的权利来实现社会的稳定与秩序。这种现象背后的逻辑是社会公民需要一个可信赖的权威力量。进一步来说，人类社会各项活动的秩序都与记录、使用信息有着密不可分的关系。随着社会活动的内容越来越复杂，仅仅靠降低信誉这种道德约束已很难使社会关系中的主体相互信任，基于此原因整个社会就有了对信任中介的需要，政府这种历史产物也就随之产生。

如果以数据作为出发点去理解政府，其性质是一种社会层面上处理数据的机器，其功能是获取、分配以及处理社会特定需求的信息。追溯历史，这种机制最早的记载是出现在苏美尔文明的"抄书吏"，这些抄书吏在石板上记录社会中的各种交易信息，以此来建立社会信任体系。接下来把视角转向中国的历史，数字账目的管理一直是传统封建社会体系内部的"病根"，然而受制于当时的技术，

* 课题主持人：李宁，北京市法学会党组成员、专职副会长；杨东，中国人民大学法学院教授。立项编号：BLS（2020）A004。结项等级：优秀。

顶层的统治者无法获得庞大帝国的各项准确数据，因此各项政策只能停留在宏观指导方针这个层面，而无法提供具体、合适的政策，这也就导致了"天高皇帝远"的治理真空地带。

随着现代科技的高速发展，全球每天所产生的数据量呈指数态增长，数据已经有了成为管理技术基础的势头。着眼于中国的电子政务系统，其发展已逐渐纵向深化，随之而来的就是由公民产生的极大规模的数据资源。然而数据作为一种生产资料，如果不对其加以开发利用，其自身是无法创造出价值的。

电子化还是数字化？

当下中国的电子政务工作仍是建立在中心化权威机构之上，其相较于传统模式的改变仅仅是将纸面上的数据记录在电子系统中。而政府的电子系统相较于公权力的权威性是具有瑕疵的，政府系统可能被黑客攻击，甚至某些政府的电子信息系统严重老化，完全跟不上技术的进步导致政务工作的效率严重低下。当社会对政府工作进行评价时，是以政务工作的实际效果为衡量尺度，而并不是政府采用的政务工作形式。传统政务工作体系存在着安全性较低、管控能力较弱等诸多问题，而区块链技术的去中心化、可靠性等特性可以很好地解决这些问题。政府从获取到利用数据资源是一个持续性的动态过程，接下来的论述将从数据的生命周期这个角度去研究数据化政务中存在的问题。

数据产生、数据存储与数据销毁是数据生命周期的三个阶段，其中数据存储阶段还可以细分为使用共享与归档两个阶段。在数据的整个生命周期之中，质量问题、共享效果和安全性一直是数据应用的三个疑难问题，并且这三个问题互相迭代存在于数据生命周期的各个阶段，因此如果某个问题没有得到有效解决，其产生的影响将会一直持续直到数据销毁。

数据质量：数据作为一种载体所记载的信息是否与客观现实相符，记载方式是否统一且稳定进而有助于数据共享是数据质量关注的两大主要问题。在当下的政务工作中，传统体系与已更新的新体系同时存在，各系统之间没有连接的桥梁，逻辑结构复杂烦琐且不稳定，这种种弊端导致了数据传递的效率低下。

数据共享：产权的清晰界定与较低成本的流通可以为激发财产价值提供有效保障，而数据共享机制的不完善严重阻碍了生产要素价值的释放和数字经济的纵向发展。现如今，存在某些大体量的数字共享平台通过种种手段（例如控制搜索、限制竞争等），阻碍了数据共享与开放的通道。而在政府层面，数据共享程度低也会在一定程度上致使某些部门由于缺少与其他部门的竞争和公共舆论的监督而跟不上社会发展的步伐。有序、高效的管理要求条块畅达、系统有序、指令清晰、执行有力。而分层制使得政务数据被各职能部门的壁垒所阻隔，无法畅通共享。2016 年 5 月，李克强在全国推进简政放权放管结合优化服务改革电视电话会议上的讲话中指出政府所存在的数据信息开放与共享不足的问题。同年国务院印发《"互联网+政务服务"技术体系建设指南》，指出要实现"三融五跨"，即发挥政务在外网的基础设施价值与作用，同时支撑技术、业务、数据融合，建成跨地域、跨层级、跨部门、跨系统的政务协同服务和管理。学术界也认为建立数据共享机制是克服政务数据化建设中存在的各种问题的关键所在。

数据安全：在数字时代的大环境下，个人、社会、国家利益与政务数据紧密捆绑在一起，因此政府政务数据系统承担着巨大的安全风险，一旦出现问题，造成的后果会因政府的特殊地位而被放大好几倍。因此可以利用区块链技术推动政府工作方式改革，其根本目的就是为了解决上述疑难问题，达成政务数据全控制、监管。

二、政府管理与区块链的结合

目前学术界在区块链技术与政务结合这方面的研究中存在着过分夸大区块链技术治理能效的不良风气，其症结的关键在于理想化地将区块链技术应用到政府治理的各个场景，例如金融监管、数字身份登记、产品防伪溯源等，却因此而没有重视电子政务工作对区块链技术的真正需求是什么，以及区块链核心技术能为政务工作带来什么样的积极效果。在进行政务体系改革时，要兼顾效果与成本，有些场景下，采用区块链技术的成本过高，甚至其本身特性与区块链技术相排斥。除此之外，在许多场景中，区块链技术并非核心技术而仅仅是技术手段中的一环，需要与其他技术相配合而发挥作用，因此过分夸大区块链技术的作用往往会产生不利于现实实务的效果。当前学术界通常以区块链技术自身的路线去进行拓展研究，其中央行发行的法定数字货币（DCEP）就是一个重要的研究对象，然而央行并没有将区块链技术作为预设的根本技术路线，而采取了技术中立的态度。由此可见，对待区块链技术的多场景应用需要保持更加理性、客观、中立的态度。

区块链技术是多种技术累加并演进形成的一种综合技术，而并非一种全新且独立的技术。它是点对点传输、分布式数据存储等已存在的计算机技术的新型应用方式，为在不依赖中心化第三方的条件下建立数据信任提供了可能。区块链技术的基本运行原理如下：创建者首先要建立一个"创世区块"又称"原区块"（Genesis Block），创世区块建立后，当其他主体想要进行对数据的处理（Transaction）时，该数据处理行为便会向P2P网络中其他所有的参与者发布，当其他主体认可该数据处理行为时，该行为就会被记录在创世区块中，成为其一部分，之后类似的每一个行为都会如之前所述被记录在区块中，进而形成一种链式数据库，区块链也就此被建立。

根据上述原理可知，区块链可以保证数据上链后的完整性（即每一个有关数据处理的行为都将被记录）却不能保证数据在被记录之前的真实性。另外，区块链技术的分布式记账特点使得每一个请求都需要被链上其他所有主体所认可才能继续，这无疑大大降低了数据处理的效率。由此可见，如果数据在上链之前就被篡改，那么区块链所维持的数据完整性也就失去了意义，其作用也仅仅是担保链上的数据安全。在区块链技术的应用场景中，如果各单位都各自为政单独开发结合区块链技术的业务系统就必然会导致各个系统之间兼容性低下的情况出现。可见各部门所建立的系统需要一个统一的标准体系和访问途径。然而，区块链技术自身还并不具备一个完整统一的标准体系，其中就包括业务、应用、方法、过程等关键方面的标准，存在诸如此类的问题将会导致各部门之间的数据交互活动变得效率低下，给数据整合处理工作带来巨大的不便。综上所述，区块链政务系统在开发初期成本太高的症结在于仍缺乏一个统一的区块链应用平台和应用标准。

在当前阶段，各级地方政府对于"区块链+政务"的探索工作是发散的，这种"广撒网"的策略的存在为区块链技术的成熟应用提供了广袤的土壤。但如果着眼于未来，这种不计成本的发散式技术开发必然会导致政府资源的浪费，因此区块链政务系统能否有一个统一的标准体系取决于信息基础设施的建设者。区块链尤其是无许可链总是依附于信息基础设施，然而其标准体系的建设更多的是非技术因素所支配的。

从数据共享这个角度来看，国内外理论界对阻碍数据共享机制的不同因素做出了总结与归纳，其中就包括在数据存续周期这个维度对各个阶段的数据共享中存在的障碍进行了分析。针对中国当前的政务工作环境，导致数据共享障碍的症结在于激励不足，而并非技术不达标，即利益与责任不相称，作为政务去中心化改革的推动者，政府在"有效激励"的这个方面的工作是与现实需求不匹配的。分层体制的确有利于信息从上到下的贯彻与落实，却很难有效地保证基层信息的及时反馈。在分层制的模式下，下级政府之间的协同配合往往是被动的，从这个角度来说，区块链技术能够真正落实于实务是离不开有效的数据共享机制的。除此之外，在区块链政务工作中插入数据共享激励机制也是一条可行的道路，比如"共票（Coken）"等数据权益凭证，以此为凭证对数据的共享者给予相应的激励，为数据"明码标价"，进而提升区块链政务的效率，以达到优化政务的目的。或者可以把各级政府的数据共享程度纳入绩效考核体系，以不同的形式为数据赋能。

导致数据共享通道不通畅的原因除了激励措施不足之外，没有很好地把握数据共享关系中主体的供需情况也是一个值得关注的不良因素。政府各部门之间各司其职，其对数据的需求也是多元的，泛泛地去谈论数据共享很难去满足实际的需要。以上所论述的造成数据共享障碍的两点因素都是非技术性的，是区块链技术自身无法解决的，更需要着眼于技术之外的体制问题，才能更好地发挥区块链技术的功能。

从数据安全角度来看，政务信息往往与个人隐私、商业机密紧密捆绑，因此政务数据的安全问题一直是政府关注的焦点，也是上级政府没有全面推行数据共享的原因所在。只要数据存在，政府就有相应的保障其安全性的义务，因为数据安全性是区块链技术的本质特征。区块链被称为信任与事实机器，链上数据可以被信任的原因，是其技术核心在于保障数据的安全性与完整性。第一，每一次对数据的处理行为都会以时间顺序记录在区块链上，使每一个行为都被记录在案，具有可追溯性，非法行为因此而不能被抹去。第二，区块链技术建立在 P2P 网络之上，每笔交易都是点对点的数据传输，因此在区块链中，单一的某个节点出现故障无碍于整体。第三，参与主体要取得区块链的信任，需要获得工作量证明（Pow）等共识算法，这将使得想要破坏区块链的主体需要付出极大的工作量，进而失去破坏区块链的必要性。第四，区块链采用非对称加密、数字签名、零知识证明等技术手段对参与主体的涉密信息进行加密保护，同时可以根据主体的需要进行权限区分，使得参与主体的涉密信息得到有效的保护。

笔者曾多次率团队参与地方政府开展区块链政务建设工作，例如深圳市区块链智慧政务体系建设，北京市区块链不动产登记，贵阳市的区块链金融应用等。在众多成果之中，湖南省娄底市的区块链政务现实应用，是发展较早且成果颇丰的一例。娄底市人民政府于 2016 年开始，就在密切关注着区块链政务的应用情况，并投入资金展开相关调查研究。经过缜密的考察、研究，娄底市人民政府于2018 年 11 月 13 日利用区块链技术发放了全球首张不动产电子凭证，且该凭证与传统不动产凭证一样可与其他部门互认。法律规定纳税人需先缴税后才能进行商品房备案，然而不动产的交易往往涉及多个部门，因此存在着政务数据传递与验证等相关问题。为解决此问题，娄底市人民政府筑建了以区块链作为基础技术的智慧政务系统（四网互通），这样既能够保证先税后备案，同时实现各部门之间的政务数据共享，保证数据的安全性与完整性。

娄底市智慧政务系统在投入运营后针对企业备案、信息网络备案等全面实行"一表申请、一套材料、加载一码、无一遗漏"。在下一步计划中，还将综合税务、工商等部门协同打造娄底市区块链"智慧政府"体系，建设成"食品药品安全城市应用、诚信体系区块链应用示范、区块链场外股权流转网络、区块链锑金所"四个区块链政务优秀示范平台。

三、政府的角色定位反思：去中心化技术与集权

部委的集权会带来目标之间存在的悖论，进而造成制度供给质量下降。本部门利益最大化与社会产出最大化是部委制定规则的两个目标，但是这两者有时也存在矛盾。这就不难发现我国不少制度是妥协的产物，也可以发现我国一些规则或政策的制定总是带有相关利益集团的痕迹，从而会大幅度地降低制度供给的质量。[1]

"去中心化"是区块链技术的最大特色，也正是因为这一特点，在目前处于中心地位的政府部门开始对其传统的优势地位感到忧虑。对于天然具有较好信誉的政府机构，区块链最核心的特征是"去信任"，但是对政府机构来说这一点有时并非刚需。反而，区块链系统的附带特点"账本共享""信息共享"机制可以应用于公共服务中的很多关键领域，如数据存储、共享与溯源，与政府运行所强调的日益公开化、透明化目标高度一致，可以有效解决现代政府治理过程中面临的诸多棘手问题，包括腐败问题、政府信息公开问题、社会福利问题、税收问题等。[2]

除政府之外，一些无政府主义者与密码朋克也聚焦于区块链技术的应用，其认为可以借助区块链技术去取代现代官僚体制，瓦解这种最具主导性且最精细的中心化社会组织。这些"去中心化"的支持者认为区块链技术与官僚体系有着密切的联系与相似之处：①都是一种社会信任体系；②都是在处理社会信息；③都由规则设立并设定预先的规则。区块链技术的应用还不够成熟，因此仍需更加理性的目光去看待去中心化所产生的效果。虽然去中心化有更好的安全性和鲁棒性（Robustness），但同时也会降低数据共识的效率，因此就目前来说，区块链技术还很难被广泛推广，尤其是应用于关系国家民生的领域。政府作为区块链技术的实际操作者，必须更加注重引导与监管，而不能一味地放任其发展。

"不可能三角"与"三元悖论"一直是限制区块链整体功能的两大因素。就目前技术应用水平来看，数字货币在应用时无法同时兼顾中心化、环保与安全。这一问题还可以从另一角度解释为去中心化、安全性与可扩展性不可兼顾。从理论上来说，"三元悖论"与"不可能三角"其本身并不是根据现代化理论研究所总结出来的客观理论，而是各应用主体通过对其过去应用效果的总结（以 BTC、EOS、ETH 为主）。而 Eric Brewer 从概括的层次提出了分区容忍性、可用性、一致性不能兼顾的猜想，业内称其为 CAP 定理。[3]

根据对以上各概念的论述，笔者旨在说明当下如果想要达到去中心化的目的

---

〔1〕 卢现祥：《转变制度供给方式，降低制度性交易成本》，载《学术界》2017 年第 10 期，第 36～49 页。

〔2〕 汤道生等：《产业区块链：中国核心技术自主创新的重要突破口》，中信出版社 2020 年版。

〔3〕 CAP 原则，又称 CAP 定理，指的是在一个分布式系统中，Consistency（一致性）、Availability（可用性）、Partition tolerance（分区容错性），三者不可得兼。CAP 原则的精髓就是要么 AP，要么 CP，要么 AC，但是不存在 CAP。如果在某个分布式系统中数据无副本，那么系统必然满足强一致性条件，因为只有独一数据，不会出现数据不一致的情况，此时 C 和 P 两要素具备，但是如果系统发生了网络分区状况或者宕机，必然导致某些数据不可以访问，此时可用性条件就不能被满足，即在此情况下获得了 CP 系统，但是 CAP 不可同时满足。

就必须以降低效率为代价，然而降低效率显然是与政府工作目标相违背的，这也是类似比特币这种纯粹的公有链难以被广泛应用的原因。考虑到这一问题，想要实现区块链政务、区块链司法就必须依靠多中心化的（甚至是全中心化的）私有链和联盟链。区块链技术由于其去中心化特性，必然在应用时会产生去中心化的效果，此种效果就会在一定程度上与作为中心化机构的政府产生矛盾。然而当行政机关作为行政关系的主体时（例如行政协议），就不存在去中心化的应用空间。

根据前文所述，区块链技术可以为参与主体提供方案以解决信任问题，但对其改造、发起、维护工作仍然需要政府去实施并同时对技术应用所产生的不利后果承担相应的法律责任。这是因为参与主体需要一个实体的责任承担者而区块链本身无法满足此需求，即代码之治不能完全替代法治与人治。另外，区块链技术所筑建的信任系统是一种自动化系统，该系统并不能保证绝对的错误与公正，但目前存在的法律并没有跟上技术的进步，即现有法律体系无法很好地约束区块链信任体系，因此需要人为措施去保证其可控性。

比特币、以太坊等区块链技术应用案例已经证实了区块链自身容易受到攻击、操纵等不良行为的干扰，仅仅依靠代码去维持体系的安全是不现实的，因此政府作为社会的管理者必须承担管控、监管的责任。如前文所述，区块链应用系统需要借助外部力量来保证自身系统的安全，然而不同外部力量各自为战的情况层出不穷，这使得政府需要以其权威力量来扮演领导者的角色。区块链政务系统必须由特定的主体来设计、实施、监管，外部政务数据信息录入区块链也须通过可信赖主体实施，很明显，这个主体必须，也只能是政府，即使额外引入其他企业作为第三方技术提供者。

政府引入区块链技术来推动政务工作变革的原因是为适应数字时代的大趋势以及重大公共安全事件所带来的非常态化管理风险。具体来说，是利用技术去改革传统政府管理体制，筑建平台政府和双维管理体系。归根结底，区块链技术所带来的社会体系演进过程仍要以政府为主导，其他主体为重要组成部分，共同作用保证社会以持续稳定的态势前进。

第二章　区块链：构建数字经济背景下的司法信用体系

一、司法的"数据滞留"困境

（一）人力资源错配与技术补强

司法审判中的事务工作繁重，并且与司法工作如影随形，其根本原因就是司法文书的送达成本很高，证据验证和审查很复杂，司法执法阻力大，大量的司法资源被投入到包括传票填写、证据识别、起草文书、送达文书、归档等琐碎的程序性事务中。其中最典型的就是法律文书的送达问题，因为我国是一个大国，国土面积大且人口流动大，这就使法院的文书相关工作压力巨大。司法文书传递的实质是信息的传递，如果在司法过程中能够以多种方式获取数据，就足以填补传统人力资源错配的困境。促进司法中数据的功能补位是当前各类区块链司法创新的实质。现有的区块链司法创新主要可以分为两种类型，一类以北京互联网法院、杭州互联网法院和广州互联网法院为代表，它们通过区块链技术保证各种电子数据的真实性；另一类以宁波市中级人民法院的"移动微法庭"为代表，把线下的诉讼转移到线上进行，使审判等司法活动可以借助现有的通信技术摆脱空间障碍，诸如广州互联网法院推出了"网通法链"，其依靠智慧司法政务云、百度超级链，并联合"法院+检察院+仲裁+公证"多主体数据调用方，集聚"运营商+金融机构+企业"的跨域数据提供者，为智慧信用生态系统的建设提供了多方可查、安全可控，中立可信，负载均衡的区块链技术支持；区块链技术在"移动微法院"的应用，可以在线验证标准签名并确认各方当事人身份。上述法院积极将区块链等新技术运用至司法审判创新中，确保了数据的真实性和可访问性，部分完成了司法程序的优化，实现了司法数据的功能补位。

（二）数据滞流处，没有价值

从数据承载主体之间的关系的角度，可以将数据流动分为纵向流动与横向流动。由于纵向的数据流动往往发生在具有上下级关系的机构之间，所以数据流动较为顺畅。如最高人民法院先后建立的中国审判流程信息公开网、中国裁判文书网、中国庭审公开网及中国执行信息公开网等司法信息公开系统，"移动微法院"诉讼平台和以互联网法院为代表的专业法院建设，均是对构建全流程在线审理机制的有益探索，其有效解决了法院系统内的数据纵向流通问题。而横向数据流动往往发生在互不存在隶属关系的机构或平台之间，往往会出现"全频带阻塞"。

由于长期缺乏共同激励等原因，非市场机构之间的横向数据流动十分困难。非市场机构往往是行政或者司法机构，其缺乏横向数据流动的主要原因是：一是出于信息安全的考虑而拒绝共享，数据共享导致的信息泄露往往会导致相关机构承担责任；二是数据本身质量参差不齐，数据共享会暴露出组织机构对数据库的管理问题；三是也是最根本的原因是缺乏激励机制。数据存储在不同机构的集中数据库中，向外传送出去的数据将会成为对其他数据库的"无偿贡献"。市场手段方法往往很难在相互不关联的机构之间数据共享的正向激励，无论是司法还是行政机关，其最大的激励手段是行政晋升。[1]这就使得数据共享往往流于形式，

---

〔1〕 周飞舟：《政府行为与中国社会发展——社会学的研究发现及范式演变》，载《中国社会科学》2019年第3期。

停留于"运动式治理"状态，〔1〕也因此难以形成数据流动的长效机制。

沉疴需猛药，司法资源配置不当需要从根本上解决"数据滞流"背后的激励机制的构建问题。而在传统路径乏力的背景下，有必要寻找一种新的方法来解决"数据滞流"之痼疾；选择以区块链技术为核心的数据治理方式可能成为解决司法数据访问难题的另一选择。

二、司法系统数据内外循环流动

"移动微法院"和以互联网法院为代表的专业法院建设，在构建全程在线审理机制方面进行了有益探索，从数据真实性角度有效解决了司法数据纵向流通问题。无论是以三大互联网法院为代表的区块链存证创新，还是以"移动微法院"为代表的诉讼程序的创新，都只是在有限的民法领域内对相关证据规则和司法程序的优化，由于法院与当事人的关系相对简单，在这个过程中不需要涉及其他司法或行政机关。然而，在这一类以后的刑事甚至行政领域还缺乏具体的场景应用，仍需进一步的探索。

根据区块链的开放程度，可以将其分为公有链、私有链和联盟链。公有链的参与门槛低、参与者数量多，只要具备一定的资质便可加入，其在数字货币领域大量应用，例如比特币（BTC）和以太坊（ETH）。私有链则是组织内部使用的，不向外界开放的区块链，因而具有速度快的优势。而联盟链则是介于公有链和私有链之间的区块链，其偏向于私有链的范畴。联盟链主要有以下特点：①不完全分布式；②可控性较强；③数据的有限访问；④交易速度快。当前大型跨国金融机构对联盟链青睐有加，较为著名的有 R3 区块链联盟、超级账本（Hyperledger）和俄罗斯区块链联盟。

联盟链在技术上可以实现节点之间的完全平等。联盟链更类似于分布式的数据库技术，联盟链与公有链的不同之处在于它只对特定的组织开放，因此联盟链的共识过程是由预选节点控制的。换句话说，联盟链上的所有节点都受到一定资格限制。简单来说，联盟链上的信息对每个人来说都是只读的，只有节点有权验证或发布交易，这些节点形成了一个联盟，如果普通用户想发布或者验证交易，则需获得联盟的许可。

在联盟链中，许多机构可以在联盟链的基础上平等地工作，并且每个节点的数据库也是一致的。许多参与机构将接受统一的数据标准并在多个数据库之间同步记录，这将减少不同机构之间的数据录入成本。如果数据记录不准确，则还可以在联盟链上提出"异议"，以通过比较多个数据和"投票"机制来更正数据库记录。与传统的集中式数据库之间数据流动的"零和游戏"形成对照，联盟链

〔1〕 周雪光：《寻找中国国家治理的历史线索》，载《中国社会科学》2019 年第 1 期。

之间的数据库结构改变了传统的集中式数据库数据有去无回的数据共享方式，理论上可以实现"1+1≥2"的效果。

联盟链可以兼顾数据开放和信息保密，满足司法数据的保密性要求。首先，数据的开放性往往与信息的保密性不可兼得，但在联盟链上可以设置相应权限，只能读取、上传和修改联盟链上的节点数据库。其次，是在数据库中应用"零知识证明"，可以实现最小泄露证明的过程。具体来说，联盟链中的每个节点都有自己的私钥，每个节点生成的数据仅为该节点知道。如果需要在节点之间进行信息和数据交换，就必须知道对方节点的私钥，这样既可以在保证信息的流通，又可以避免节点隐私泄露的问题。最后，私钥的获取可以通过相应的法律法规进行规范，甚至可以在满足必要条件的情况下通过"智能合约"自动获取，这在司法等领域具有极高的价值，并且具有一定的保密性。

三、重构数据时代的信任机制

信任问题是人类社会的基本问题，没有信任就不会有社会，[1]而区块链被视为数字经济改变信任的"工具"，它将带来一种新的生活方式、交往习惯和社会形态。互联网作为一种信息渠道，已经联系了全球超过 70 亿人类，极大地提高了人类生活的便利性；而区块链、大数据、人工智能、云计算、5G、物联网和其他技术变革正在逐渐渗透到经济和社会生活的各个方面，极大地改变了人类生活和思维方式。信任的建立和维护也经历了瓦解与重构，纯粹的信息互联网已经发展成为人们可以互相信任的有价值的互联网。

（一）区块链存证是构建司法信任机制的先声

法律和技术都是解决问题的手段，在许多领域中，它们是可替代的。[2]由于篡改和伪造电子数据，仅仅是电子化的证据无法自证其"真"，数字化仍需要区块链技术来实现证据的不可篡改性。正如单个人无法篡改微信群聊天记录一样，区块链也通过众多"节点"形式的数据库保存了记录，防止数据在上传之后被篡改，保证了电子数据的真实性。天平链的技术架构分为应用层、管理层、服务层、核心层和基础层。其中，应用层即为天平链电子存证平台，主要有用户功能、业务功能和管理功能。在管理层有访问和接入功能节点功能，北京互联网法院积极与司法鉴定中心、公证处、行业组织、大型央企、大型金融机构、大型互联网平台等合作，使其作为"天平链"的节点基于区块链可以实现去中介化认证，大量区块链存证如雨后春笋般出现。比如法大大、法链存证等区块链存证平台都在分布式记账的基础上保持节点的相对数量，既提高了司法存证的共识效

---

〔1〕 翟学伟：《从社会流动看中国信任结构的变迁》，载《探索与争鸣》2019 年第 6 期。
〔2〕 龚祥瑞、李克强：《法律工作的计算机化》，载《法学杂志》1983 年第 3 期。

率，又保证了司法存证内容的可信度；不同机构间的数据同步有效解决了传统流程复杂、公信力不足、信息不对称、传递效率低的痛点。例如，北京互联网法院建设的"天平链"，利用区块链技术多方参与、防篡改、可追溯的特点，实现了数据生成、数据存证、数据取证、数据采集的全流程上链，解决了审判中电子证据难以获取、储存和识别的"三难困境"，是区块链技术在司法领域的典型应用。

如图1所示，广州互联网法院的"网通法链"的事前存证、自动验证系统也实现了证据全流程的数字可信化。具体来说，在这种情况下，司法区块链、广州互联网法院电子证据平台、互联网应用平台、广州互联网法院诉讼平台之间，通过合同和相关证据的事前保存，在诉讼发生时，迅速提取司法区块链上存证的证据，实现了快速无争议的证据提取、验证，通过九个步骤的无缝衔接，从根本上有效地提高了司法效率。

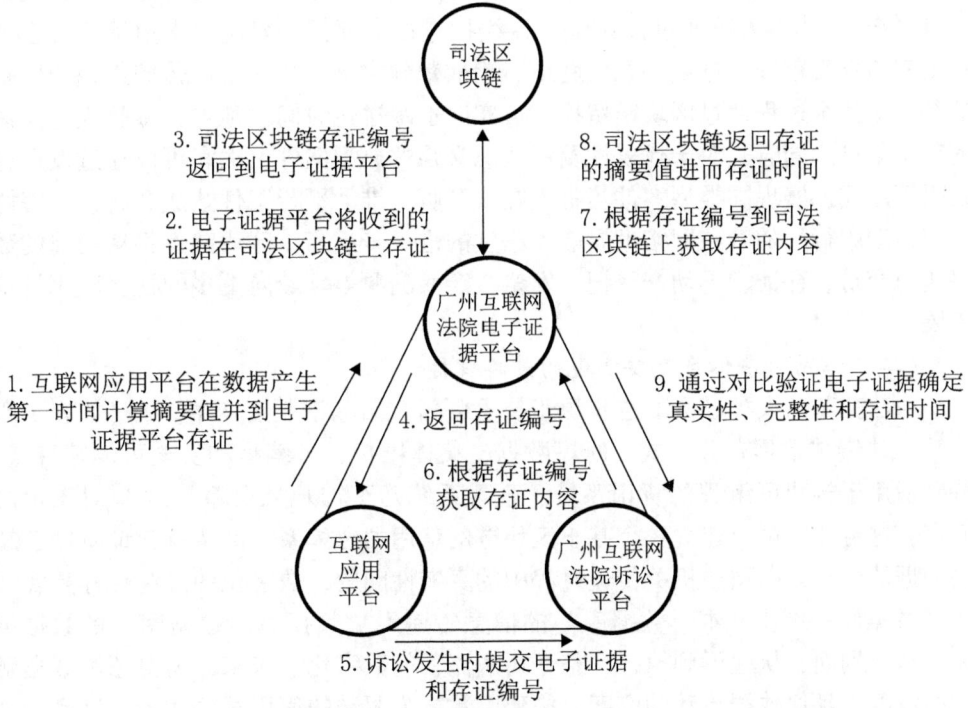

图1　广州互联网法院的"网通法链"的事前存证、自动验证系统

区块链存证的应用改变了传统的证据结构，也促使最高人民法院通过司法解释方式承认了区块链证据的合法性。[1]在民事诉讼中当事人通过私力取证获得

---

[1]　季卫东：《人工智能时代的司法权之变》，载《社会科学文摘》2018年第3期。

的电子证据往往要对真实性、关联性、合法性进行全面解释，而电子证据的技术化程度越高，由于当事人缺乏相应的技术和专业水平，其取证难度也越高，以至于民事诉讼中电子证据虽种类繁多却难以自证其效力，[1]尤其是证据符合"真实性"审查的法律要求，通常要求法官消耗大量时间进行甄别和判断。而就登记在区块链上的证据而言，其真实性不需要其他证据补强和链式论证，本身就具有了真实性。因此在 2018 年 9 月 7 日，最高人民法院发布《关于互联网法院审理案件若干问题的规定》，确认了在符合真实性的条件下，区块链存储的电子证据可以作为有效证据被法院直接采纳。

区块链存证开启了司法数字化的先河，提高了个人与审判机关之间的数据流动的效率，使得证据的"真实性"在诉讼中不必纠结，这意味着一套合适的诉讼系统足以"解放"繁重的事务性工作中的人力资源。广州互联网法院在 2019 年 8 月探索了"互联网+"纠纷解决机制创新，并成功研发在线纠纷"类案批量智审系统"。当事人可通过该系统，在线批量提交证据、发起立案申请。法官可批量实施立案审查、排期、在线庭审、生成裁判文书、送达。与传统送达相区别的是，送达全过程通过区块链留痕，可实时追踪送达时间、地点、签收人等关键的节点信息。同时，对于代表性及示范意义强的典型案件，法官可以通过发送邀请码等形式，实现同类型案件当事人在线旁听，推动平行案件达成和解、调解协议或自动履行。随着在网络世界嵌入程度的进一步提高，区块链也将从当前的数字货币交易、存证、不动产登记、发票、产品溯源等领域向更多的社会应用场景扩展。

（二）信用司法体系是要实现的最终目标

司法变革与人类社会的进步源于技术创新，滥觞于制度变革。[2]（如表 1 所示）区块链技术具有分布式、时序数据、集体维护、可编程和安全可信等特点，特别适用于构建可编程的货币系统、金融系统乃至宏观社会系统。[3]对于司法而言，这意味着可以建立一个基于区块链的信用司法体系。区块链存证有助于解决数据从当事人向司法机关传递过程中的真实性问题，数字化的最终目标是实现从"数据库→纸质文本→数据库"的信息传递到"数据库→数据库"的数据传输，从点到面，从起诉到执行，整个司法流程的数字化。未来，需要拓展数据触达的深度，延伸数据流动的广度，构建以数据为驱动的信用司法体系，这是未来司法建设的主要方向。

---

[1]　郑戈：《区块链与未来法治》，载《东方法学》2018 年第 3 期。
[2]　杨东：《论金融领域的颠覆创新与监管重构》，载《人民论坛·学术前沿》2016 年第 11 期。
[3]　袁勇、王飞跃：《区块链技术发展现状与展望》，载《自动化学报》2016 年第 4 期。

表 1　司法时代与载体（以中国为例、以载体划分）

	竹简司法时代	纸司法时代	电子司法时代	数字司法时代
载体与授信	竹简、帛、鼎等	纸+印章	中心数据库+可查询	区块链+密码技术
技术应用	刀笔	印刷术	计算机与互联网	区块链、人工智能、云计算
司法目标	法律原则标准化	从业人员标准化	个案规则标准化	裁判自动化
组织结构	依附行政（司寇、廷尉等专职司法官员开始出现）	科层制、官僚制（三法司-机构健全）	专门化（知识产权法院、互联网法院）	平台化（互联网法院）
代表成就	成文法（铸刑鼎）	法典（大清律例）	裁判文书公开网	智能合约
时代名言	法不可知则威不可测	春秋决狱	案子不在系统里	待定

区块链的 2.0 形式——智能合约被视为数字世界运行的齿轮，和一种可以在未来信用系统中运行的诉源治理新模式。[1]智能合约最初由 Nick Szabo 博士提出，它被认为是可以自动执行条款的以数字形式定义的合约。[2]在未来，大量的合同可以转移到区块链上，对于违反合同条款的行为一般可以通过智能合约直接处理，只有出现智能合约无法处理的纠纷时，法院才会进行干预。

可以假设这样的一种场景，当事人对智能合约中约定的事项存在争议，无法通过预设条款解决，那么法院将介入处理，而后在整个网络上"广播"判决结果，并直接在区块链上执行诉讼标的。2019 年 10 月 24 日，杭州互联网法院正式上线了区块链智能合约司法应用，构建"自愿签署—自动履约—履行不能智能立案—智能审判—智能执行"的闭环司法体系，这一体系旨在高效处理违约行为，并通过智能合约减少了不可控因素的发生，排除了人为因素的干扰，实现数据可信化全记录。多部门协作，全节点见证，是智能合约在信用司法体系应用的先驱。

智能合同在司法系统中的广泛应用取决于相关成就条件的"上链"——广泛的有形资产的数字化和法律行为的数字化。目前区块链已应用于不动产、学历登记、农产品溯源、遗嘱、发票、门票、债券发行、身份验证、遗嘱继承、合同

---

〔1〕　杜前：《智能合约，让纠纷解决更高效》，载《光明日报》2019 年 11 月 17 日，第 7 版。

〔2〕　Nick Szabo，"Smart Contract：Building Blocks for Digital Markets"，Phonetic Sciences（Dec. 4，2019），http://www. fon. hum. uva. nl/rob/Courses/InformationInSpeech/CDOM/Literature/LOTwinterschool2006/szabo. best. vwh. net/smart. contracts. html.

订立等领域。以娄底市不动产区块链信息共享平台为例，传统的法院判决与执行之间存在一定时滞，为诉讼对象的产权转移提供了违法操作的余地。特别是在现有的各个独立的数据库系统分割的状态下，房管部门与法院的不动产登记记录不一致，甚至可能现实情况和登记情况也存在不一致，在执行中不动产的过程发现产权已经转移。区块链不动产登记就是在这种情况下，打通了不动产的数据登记，解决了执行中存在的标的不符状况。

要因地制宜，构建多元统一的信用司法体系。区块链技术在我国各地的应用有快有慢，特别是在证据的提取和执行层面需要社会治理手段的配合，每一个区域也会因本地化色彩而产生创新的"地方特色"，在不同地域之间形成一定差异的信用司法生态。例如，广州互联网法院利用区块链技术，形成了以保证数据可信度和真实性为基础的"五色信用"评价体系、"网通法链"智慧信用生态系统、"E 法亭"便民诉讼服务设施、"E 链智执"执行工作平台等立足于广东地区的信用司法小生态。

有必要鼓励司法与基层治理创新有机结合，在证据保存提取、执行财产网络处置等方面形成多元并存、良性促进的格局，最后在互补的基础上建立一个延伸至全国乃至世界范围的信用司法体系。在可预见的将来，传统的司法体系与建立在区块链技术基础上的信用司法体系将同时并存，对于这两种体系的长期并存而言，司法创新将继续发挥"扬弃"的作用，从而在整体上推动中国司法制度的革新，而两者的动态变化最终将孕育生成契约化的法治秩序。[1]

第三章　区块链：数据利益分享机制的完善途径

一、构建数据利益分享机制的关键

（一）数据作为生产要素

在平台等新经济主体发展的背景下，数据的价值日益凸显。在数字时代的背景下平台正逐步整合企业和市场的功能，成为组织的主导形式，在资源配置和经济组织中发挥着越来越重要的作用。在区块链、人工大数据、云计算、智能、大数网、云技术型条件的主导下，集企业和市场功能于一体的数字经济平台最终将站在舞台的中心，数据从辅助地位走向价值创造。在最初的发展阶段，数据仅仅是用于简单的分析，以帮助决策者作出更好的生产决策。因此，当时数据并没有价值创造的过程，故不被视为生产要素。而当下，数据资源已经能够直接参与创造价值的过程。由于数据分析技术的进步，数据解读更加精准；大数据的巨量、快速、多元等特色也为大数据带来了价值创造能力。数据能够赋予相关产业极高

---

〔1〕　梁平、冯兆蕙：《基层治理的法治秩序与生成路径》，载《河北法学》2017 年第 6 期。

的附加价值。

数据难以用传统生产要素来代表。相比传统的生产要素而言，数据的特征与价值实现方式具有很大的不同。数据具备虚拟性，可复制、可共享，以网络效应为价值创造形式，没有任何一个生产要素可以代表数据。数据对当前的数字经济形态具有重要非凡的意义。数据被誉为新时代的"石油"，蕴藏着巨大潜力和能量等待挖掘，并不断推动人类社会进入全新的数字经济时代。相比其他生产要素，数据资源打破了自然资源的有限性，又为经济的持续增长提供了可能。因此，数字经济发展的关键生产要素是数据。数据对于经济而言的重要程度不亚于任何一个传统生产的要素。

数据作为一种新的生产要素具有一定的时代性。而数据财政的实现可以有两条路径：一是通过传统的数据归集，通过对相应政府的数据质量、数量进行标准评价，进而实现财政转移支付；二是通过打开政策缺口，容许地方政府实验性地对部分数据进行有偿开放，将其作为地方税收的重要补充，浙江省和湖南娄底已经展开了相应的实践。[1]截至 2020 年 5 月 28 日，浙江省全省共开放 7248 个数据集（含 3670 个 API 接口）、32 808 项数据项，共 71 839.37 万条数据，通过开放数据，鼓励企业发展，通过企业的纳税实现税收增长。

（二）数据要素价值产生、分享的原理与规律

在一个大的数据集合中，存在各种格式的数据类型，对其进行分类、加工，过滤掉不相关的数据，挖掘出相关数据之间的逻辑关系，进而提炼出有意义的语义信息，是对数据的初次利用；被过滤掉的数据则封存暂时进入休眠，当其与其他数据相遇或组合，在新的条件下会有所发现或突破，是为对数据的再利用。对数据利用和再利用、提取有用信息的过程就是实现数据价值的过程。例如借助大数据和云计算，互联网金融公司可以以比传统金融机构更低的成本、更高效、更可靠地处理信息，也可以更深入地分析更多的客户。根据从这些数据中提取出的有用信息，金融平台更有可能销售客户所期望的产品，从而使他们免受过度风险的影响，如此数据便产生了其价值。再进一步说，若欲完全实现数据的价值，则不止于此，还需要完成数据利益的分享，充分活跃数据作为生产价值的功能。具体而言，还需做到数据的确权、定价、共享与开放，使数据之间充分组合，达到

---

〔1〕 娄底市的区块链应用打破了部门层级的障碍，构建了一个联盟链的体系，并以联盟链模式来取代原有的中心化机构，这不仅促进了各个领域中心机构的数据共享与赋能，更实现了数据在多领域、多部门之间的无障碍数据流通。自 2018 年 11 月 13 日上线以来，娄底市全市 15 万户、35 万套不动产完成上链登记，新增不动产登记全部实时上链，已经为法院、公积金中心、银行提供不动产信息共享服务，群众可以直接在银行办理不动产抵押登记业务，办理时间从 5 个工作日缩短到 6 个小时以内，正在为纪委、工商、民政、水、电、气、中介机构等部门实现数据共享；全面推行区块链电子凭证，实现银行政府机构间以电子凭证流转，不再以纸质形式归档和移交。

"1+1>2"的效果，由此打破数据垄断，还数权于民，带给公众更多数据价值的利益回报。

比如，以北京市不动产登记为例，北京市积极在全市推动"三联办""两联办"模式：通过税务部门、住建部门等在不动产登记中心派驻人员开设综合窗口，将普通民众的不动产登记负担转移到后台工作人员身上，工作人员短时间内需要完成的复审事项多，且人工比对易出错，大幅增加了工作人员工作量。并且北京市部分不动产数据通过"日报"甚至"月报"的形式上传共享数据供其他部门使用。而不动产登记中部门单位资产价值相对较大，对需要校验的数据的实时性、准确性要求很高，非实时性共享数据的参考价值大打折扣，限制了数据价值利用的方式。若税务部门、住建部门等部门已经对房屋信息利用区块链进行数据采集，并推动数据共享开放，则可以有效解决不动产登记中心的重复采集负担，并且在保证实时数据价值的同时，促进房地产数据与其他数据融合，充分挖掘数据的价值。

由此可见，根据数据价值产生与分享的机理，利益分享机制构建应当注意以下两点：一是数据的确权。只有数据的权属被确认了，其主体才能从数据中获得利益，并向法律寻求权利保护；反之即使数据实现了其价值，利益归属无法确认，也无法做到真的分享。二是数据的开放与共享。数据价值的实现在于其巨量带来的数据与数据之间的相遇或组合。在数据的利用与再利用中，才能提取出更多有用的信息，使数据产生更高的价值。

二、当前数据利益共享困境

（一）数据权利内涵不清

在数据利益的分享机制中，根源问题在于，作为基础的数据权利内涵并不够清晰，明确数据利益分享的第一个流程——确权上即存在不足之处。数据极有可能打破权利的边界，对现有社会经济体制带来颠覆性的变革。因此对数据的一系列揽子会产生带来法律客体、法律主体的法律关系，现行法律也将面临调整。而目前，数据质量、权利内容、权属等诸多方面存在问题，这些问题的存在使得数据利益分享受阻，个人信息权利难以得到完善的保护，企业发展数据的动力也被削弱。

一方面，数据权利的性质与内容并不明确。2020年5月28日通过的《中华人民共和国民法典》（以下简称《民法典》）对数据权利做了相关的规定。在总则中，第111条对自然人的个人信息权进行了规定，且内容相对较为明晰；第127条则是有关数据与网络虚拟财产，但其具体内容交给了其他法律另行规定。同时，在人格权编中也专章规定了隐私权和个人信息保护，构建了完整的个人信息权内容，赋予了数据处理者对于依法取得和加工的数据的权益，并明确了对于数据的处分规则，为数据要素在市场中稳定有序的发展夯实了法律基础。由此可见，法律对数据作为生产要素作出了积极回应，充分保护了个人信息权，为数据权利确定了原则性的大方向。但为了进一步完善数据利益的分享机制，还应当在《民法典》的基础上对权利进行细化，确定个人数据可携带权与企业数据财产权等相关权利。由于数据权利内容的不确定，作为能够实现数据价值的企业，往往其数据利益难以得到全面的法律保护，容易引发数据纠纷。不仅损害了数据企业的权益，也使得中国数据市场的秩序和社会秩序都处于巨大的动荡风波之下。

另一方面，数据权属的确定亦有一定的难度。确权是权属确认的指引，是确认权利主体、权利内容，以及划定相对义务人的基础。只有明确了权利的归属，才能构筑起清晰的权责体系，保障各方主体的合法权益，并推进完善大数据交易秩序。目前来看，从技术上来说，对数据的发掘追踪、权属确认存在一定的难度，应当发展区块链技术对其进行完善；从制度上来说，数据权的归属在法律上并未明确规定。这不仅造成了一定程度上交易秩序的混乱，也不利于企业与作为数据产生方的个人之间的数据收益分享。

（二）数据价值难以被识别

在定价环节中，数据价值往往难以被精准定价。在利用数据这一生产要素的同时，往往需要数据的集中。在集中时，冗杂的、构化的数据容易导致信息的堆积，不仅导致资源的占用与信息的错误，甚至会使关键数据和结构化数据难以被识别。传统的数据交易往往追求"量"，标的均为海量的数据甚至是整个数据库或其查询的端口。虽然大数据的特点之一即为"巨量"，但主要问题在于关键数据难以进行精确定价。进而言之，根据当下的技术与制度，部分重要的数据难以被定位与发掘，从而造成了数据价值实现的不充分。若数据的价值难以被识别发现，遑论充分发挥数据所带来的生产力，实现数据利益的分享。因此，需要一种理论与技术，使某段数据能够单独被标识，从而对数据进行准确定价，实现数据价值发现的功能。

（三）数据孤岛现象严重

数据孤岛现象严重也是阻碍数据利益分享机制的关键问题，削弱了数据的开放与共享环节。数据的价值不仅在于带来流动，消除信息不对称，重点还在于"1+1>2"的数据共享，实现生产要素的升值。目前，中国大数据的巨大价值还没有被充分利用，具有价值的数据有很大一部分被集中掌控在政府、垄断国企以及互联网巨头之中；而企业之间、企业与政府之间往往不愿意共享数据，相互之间数据封闭，形成数据孤岛。分散的数据又不能发掘出大数据的巨大潜力，反而难以推动数据经济蓬勃发展。

究其原因，可以分为政府和企业两个层面。在政府层面，首先，因为部分政府部门长期以来都习惯于各自为政，把对自身所掌握的数据进行开放当成一项权力，主观上并不会采取积极的态度来共享部门数据。其次，在数据共享开放领域存在法规制度缺失问题。因此，政府机关人员担心将有关政务的数据对外共享开放，会引发一系列的网络信息安全问题，造成重要数据泄密，对国家和社会利益造成无法挽回的损失，故对于数据共享开放具有强烈的抵触。最后，目前尚未制定对数据共享开放的方式格式以及质量标准等作出规制的相关法律，致使政府部门以及其他机构的海量数据无法进行开放与共享。即便开放了数据，其共享开放能力较弱、数据质量不甚理想，制约了大数据作为数字经济时代重要的国家基础性战略资源的发展应用和价值实现。

就企业而言，企业在一定程度上对自身利益进行了仔细考量，并不愿意将自己收集与掌握的数据进行开放与共享，却反过来想要在数据层面实施垄断。近十年来，由数据争夺点燃的平台纷争屡见不鲜，从早期的"3Q大战"、菜鸟顺丰数据纠纷到如今的平台二选一、"头腾大战"、微信与飞书纠纷。这些数据的背后隐藏的实际上都是和数据的开放与拒绝使用相关的问题。此外，社会信用机制仍不健全，企业与政府之间缺乏信任基础，政府与企业之间数据共享不顺畅。目前主流的数据例如有限公司股权的占比、公司研发机构的科研数据都是价值密度比较高的数据。围绕着共享这一核心，政府、企业与个人之间想达到亲密无间的合作关系，必须建立在一定的信用基础之上。在实践中，监管部门对于数据监管存在盲区，数据在共享开放方面存在较多障碍、在数据隐私泄露后无法及时惩处，政府与企业在信息的开放共享中存在较大责任风险等问题非常普遍。政府与企业之间缺乏最基本的信任，互相之间无法触达数据，无法对双方有一个更加客观全面的了解，因而就无法判断出企业是否可信，也难以监控企业是否合理使用数据，是否存在侵犯数据安全和隐私权的行为。基于上述考虑，监管部门一般采取严监管和强监管，导致大量企业更不愿意开放共享自身数据。

三、"共票（Coken）"理论完善数据利益分享机制

数据具有的特殊性，包括数据信息化、结构化、代码化以及数据存储、收集、分析和规范化数据开发利用的场景，数据采集标准化等方面，数据还有高初始固定成本、零边际成本、累积溢出效应三大特点。这几大特点决定了数据和传统工业经济时代的土地、石油煤矿、劳动力、技术、资本等生产要素之间存在明显的差异，如同工业经济过程中需要集合上述要素去实现工业化大生产，但数据生产要素的大规模集合共享和价值实现极为复杂，除了数据性质，个人、企业事业单位、行业协会公益组织甚至国家也会成为数据的权利主体或者是利益共享主体。更要考虑如何才能通过更高效率、更低成本、更佳组织方式和利益分配机制来实现数据的利益分享。

（一）构建数据利益分享机制的关键：数据确权、开放与共享

若要完善数据的利益分享机制，首先需要对基础的数据权利问题进行完善。只有从制度上明确了数据权，才能充分发挥数字经济下数据的经济推动作用，实现数据利益的分享。具体而言，应当完善数据确权以及构建公正的数据权利义务规则。

第一，完善数据确权。应当对数据的权属予以明确，即确定数据的权利主体，进而促进其主体充分利用数据创造价值。例如，在相关的法律规范中可以对个人数据可携带权[1]予以明确，将数据的权利赋予数据来源的主体，确定个人与企业之间的权利与职责。[2]然而，值得注意的是，数据可携带权的实现需要建立通用的数据传输格式，因此需要耗费较高的成本。如果将其不加区分地实施于整个行业，那么小规模企业的合规成本较高，将导致其竞争劣势。所以，应提前调查相关行业的市场集中度，并根据调查结果落实数据可携带原则，推动企业向个人分享数据收益。此制度在技术层面也具备可行度。可以通过区块链、大数据、云计算等新技术和概念范式，依托科技共识与信任来满足数据权利确认的需求。当前，区块链的线下权益、线上确权、交易等都有实际案例。未来我们可以探索在区块链上标记数据的相关权属和利益，以便于数据利益共享和交易。

第二，构建公正的数据权利义务规则。应当建立起一套公正的权利义务法律体系。数据的价值难以进行评估的特征会使得数据在交易中出现权责不明的现象，如果分别进行谈判可能会造成高额的交易费用，因此与数据相关联的交易通常不会表现出活跃的态势，进而导致数据形成封锁的局面。因此建立一套明确公正的权利义务体系是非常有必要的。在数据的出现、搜集和利用的过程中，通常会涉及两类主体：个人与企业。因此，应当有效维持个人与企业在数据问题上的平衡。这就要求我们一方面要对公民个人信息的相关权利予以全面维护，另一方面也要对企业的各种数据相关权利进行合理设置，对数据转让时的权责体系予以明确，进而带动企业发展数字经济、开发数据利益的积极性。

第三，鼓励数据产业链和数据商业模式先行。在技术与法律等方面，对于数据权利的界定是存在一定争议的，如果盲目地将确权作为数据共享的前提无异于故步自封。因此，在数据产业的发展中可以暂时将数据边界或所有权放置一旁，

---

[1] 个人数据可携带权是欧盟《通用数据保护条例》对数据主体的一项创新权利规定，简而言之是指数据主体针对已经向数据控制者提供的个人数据，有权向数据控制者处获取结构化、通用化和可机读的上述数据；同时，数据主体有权将这些数据转移给其他数据控制者。

[2] 个人数据可携带权的引入能够加快企业间的数据流动，促进数据利益共享。当个人拥有数据可携带权后，个人则可以获得个性化定制服务，同时该权利还可以促进数据的共享以及企业间的竞争。欧盟《通用数据保护条例》就是很好的参考范例。

而是关注谁能够将数据进行共享、整合、加工，形成一个自有的数据集合，以推动中国数据产业链和数据商业模式的先行，并进一步为数据权利的界定提供现实的技术支持与模式。

（二）以区块链作为数据利益分享机制的底层技术

在数字经济的生产关系变革中，区块链起到了至关重要的作用。以区块链作为数据利益分享机制的底层技术，可以使数据利益分享存在技术上的可行性，并使分享更加高效公平。

第一，区块链能在技术上实现数据的共享。传统的中介化信用模式从根本上被区块链技术所改变。区块链通过一套基于共识的数据算法，在各参与系统的节点之间建立起"信任"基础。在这一算法下，节点之间就可以进行数据交换，而无须重新建立信任，提高了数据的处理效率；并且可以同步记录数据，同时该记录无法篡改。因此，在区块链技术下，可以实现数据的分布式共享。就具体实践而言，可以结合区块链技术，联合数字经济平台建立双向信息沟通机制，可以促进政府向社会技术发布信息，提高信息的权威性和及时性，充分发掘信息的价值，尤其在重大突发事件中能产生很好的应用效果。

第二，区块链技术能够实现数据的确权、定价、交互。区块链技术能够对数据的权利来源进行记录和定价，在节点之间基于共识发生数据交互，将创造的价值在不同主体之间分配。区块链技术能够用以调整人与人之间的利益分配关系，并且能够改变以往由股东垄断利润的局面，更加合理地将利益分配给各类提供数据的主体，这充分体现了基于区块链技术运行的利益分配机制的公平性和平等性。简而言之，区块链技术使得数据得以和土地一样具备获得回报的特征，区块链的理论在完善数据利益分配机制的过程中起着举足轻重的作用，因此，应当将区块链技术作为一种底层技术来看待。

第三，最为关键的是"以链治链"，建立起"法链"，依托区块链技术来对相关行业实施监管。例如政府部门可以运用区块链等新技术来进行监管方式的创新，提高监管效率，降低监管成本，提升管理和服务能力。换言之，应在现行数据管理的法律监管维度外增之以科技维度，形成法律与科技的双维监管体系，如此能够更好地在数字经济时代的背景之下妥当应对数据之中潜在的风险及其带来的相应的监管层面的挑战。

（三）构建数据利益分享的中国范式——"共票（Coken）"

如前所述，区块链应当作为数据利益分享的底层技术，但是目前区块链理论仍需要进一步完善。中国区块链技术位于世界前列，我们应当有理论自信与制度自信，既要研究国外区块链理论的精华部分，也要摒弃与中国国情不相符合的部分，从而构建中国的理论范式。

在区块链的应用与实务之中，经常会用到"Token"一词。但正是因为对"Token"一词的错误认识与错误翻译，在中国造成了在区块链应用方面的误解。因此，为了借助众筹制度引导区块链行业健康发展，笔者提出"共票（Coken）"[1]理论。"共票"一词意指区块链层面上的共享新权益，可用英文翻译为"Coken"。这是对"Token"一词的承继与发展，同时也确立了区块链正确的发展导向，在理念上可以引导区块链应用转向正轨，消除对区块链的误解，让数据利益真正惠及大众。

"共票（Coken）"具有共享、共治、共识的特点，同时也是基于数据价值确权的利益分配的机制。"共票（Coken）"表明过去由股东垄断利润的不利局面是可以改变的，更多的包括消费者、普通的劳动者等在内的提供数据的主体也能够借此获取相应的利益分配。这一变革也将利益分配机制的公平性和平等性体现得淋漓尽致，同时更能体现社会主义的共享性与优越性。"共票（Coken）"理论是基于中国实践而创造的，是符合中国国情的。中国应当根据国情建立起带有中国特色的数据利益分享机制，促进数据应用归根溯源，并通过"共票（Coken）"这一新范式挖掘数据经济和制度创新的内在潜能，数据也得以在实质意义上成为数字经济时代最重要的生产要素，分享数据利益。就该点具体展开，"共票（Coken）"理论主要可以在以下几方面完善数据的利益分享机制：

第一，以"共票（Coken）"理论对数据赋能。"共票（Coken）"为数据赋予动能，促进社会群众分享数据经济带来的红利。一方面，可以利用"共票（Coken）"机制来对数据确权。长期以来，由于技术与制度上这两层原因，数据权属配置、交易制度设计等方面一直是社会争议的焦点，这就使数据的流动分享机制构建受到阻碍。而"共票（Coken）"可以从技术上解决这一问题，对数据赋权、确权，作为大众参与数据流转活动的对价，并可以完善处理个人与企业双方的数据相关权利之间的平衡，赋予以数据为核心的数字经济以新动能。另一方面，"共票（Coken）"理论能够解决数据价值难以准确和及时地被发现的难题。"共票（Coken）"能够与数据嵌合，并标识某一段数据。在不断使用与交换的循环过程中，"共票（Coken）"被当作一种定价的工具。因此，在公开的交易市场中，"共票（Coken）"可以实现其发现价值的功能，也可以进一步锁定高价值的特殊数据。

第二，以"共票（Coken）"机制加强数据使用的透明度。区块链中的"共票（Coken）"机制，能够随时发现、收集、跟踪数据。"共票（Coken）"的智

---

[1] "共票（Coken）"包含具有以下功能：①红利分享的功能，以吸引系统外部参与并贡献内部系统；②流通消费的功能，以便利系统上资源配置优化；③权益证明的功能，是凝聚系统共识的机制与手段。

能合约机制与区块链的记录是不可篡改的，这一性质使得数据串能够进行一对一匹配，进而实现数据的追踪。简而言之，"共票（Coken）"机制可以使数据使用更为公开和透明。数据使用的公开化和透明化也有助于监管机关更好地监管各类数据企业，数据企业也因此会更加规范地利用数据，在此过程中数据权属方面的个人利益也能够获得保障；与此同时，数据的开放与共享，充分激发了新型生产要素——数据的活跃度，这也有助于共享数据利益的进行。

第三，以"共票（Coken）"论激励数据共享。"共票（Coken）"理论能够解决如何推动数据拥有者主动、积极共享数据的问题。数据企业往往不愿意进行数据共享。一方面可能是出于商业利益而不愿意与其他企业共享数据，另一方面也可能是由于与监管机关之间缺乏信任基础。在规制这一命题中，规制对象往往会为了获得最大利益而规避监管，而不论其是否真的存在违规操作。如果提供更加真实全面的数据，被规制对象可能相应的会受到更加严格的规制，这样反而增加数据利用的成本。所以，若想从根本上解决数据孤岛问题，就要使数据拥有者共享数据时所获得的利益大于垄断数据时所获得的利益。利用"共票（Coken）"理论，则可以构建出数据共享的激励机制，以充分实现数据价值的挖掘与分享。通过赋予数据分享与再分享，"共票（Coken）"能够让数据不再是无价值的物品或者一次性的交易品，同时通过"共票（Coken）"能够在不断的分享中增值来回报对其的初始贡献者。只有共享数据，才能在社会中充分发现和分享数据的利益。

总而言之，中国应当首先为数据确权，并构筑起以区块链为底层技术、以"共票（Coken）"为核心的数据利益分享制度，借此来规范完善数据的确权、定价、共享、开放过程，并在最大程度上推动数据创造价值，激发其动能。除此之外，数据利益分享机制依旧需要有一定的法律制度来与之相匹配。例如可以在《中华人民共和国反垄断法》中引入必要设施原则，在一定情况下将数据界定为必要设施，要求数据拥有者需要以公平、合理且不歧视的交易条件，开放数据供竞争者使用，从而避免数据垄断，促进数据的流通与共享。[1]

---

〔1〕 但不加区分地将数据界定为必要设施是一种误导和错误，按照传统反垄断法理论，判断数据是否构成必要设施需要满足如下条件：垄断者必须控制并拒绝获取原告寻求的数据；没有数据竞争一定会失败；原告必须缺乏复制数据的手段；垄断者必须有分享数据的手段；原告必须证明被告在反垄断市场上的垄断力。但在数字时代下如果固守传统判例法的适用标准则势必会加重举证责任，不利于保护弱者。

民事诉讼程序繁简分流

雷建权　徐　卉*

2019 年，习近平总书记在中央政法工作会议上指出："要深化诉讼制度改革，推进案件繁简分流、轻重分离、快慢分道。"[1]党的十九届四中全会对完善正确处理新形势下人民内部矛盾有效机制作出部署，要求完善人民调解、行政调解、司法调解联动工作体系，完善社会矛盾纠纷多元预防调处化解综合机制，努力将矛盾化解在基层。[2]习近平总书记和党中央对深化诉讼制度改革、完善矛盾纠纷化解机制提出了明确要求，指明了方向。为进一步从诉讼制度和机制层面提升司法效能，满足信息化时代人民群众高效、便捷、公正解决纠纷的需求，有必要改进和完善部分民事诉讼程序规则。[3]2019 年 12 月，十三届全国人大常委会通过《关于授权最高人民法院在部分地区开展民事诉讼程序繁简分流改革试点工作的决定》。随着 2020 年 1 月最高人民法院印发《民事诉讼程序繁简分流改革试点方案》（以下简称《试点方案》），并据此制定了《民事诉讼程序繁简分流改革试点实施办法》（以下简称《实施办法》），为期两年的"试点"正式启动，而该机制在法院如何构建已成为深化民事诉讼制度改革重大理论与实践课题。

实际上，民事程序繁简分流在我国已有诸多理论积累和实践探索，但仍存不足。包括非诉讼解纷机制运行不畅，效能不足；繁简甄别标准模糊；小额诉讼门槛过高；简易程序适用不合理；电子诉讼未适应信息化发展等问题。理论研究

---

* 课题主持人：雷建权，北京市法学会党组成员、专职副会长兼秘书长；徐卉，中国社会科学院法学研究所教授。立项编号：BLS（2020）A005。结项等级：合格。
[1] 《对〈关于授权在部分地区开展民事诉讼程序繁简分流改革试点工作的决定（草案）〉的说明》，载中国人大网：http://www.npc.gov.cn/npc/c30834/201912/d610dc027bd74271afa7c7ba2c70af74.shtml。
[2] 《周强向全国人大常委会作关于开展民事诉讼程序繁简分流改革试点工作的说明：推进繁简分流改革 满足人民群众多元司法需求》，载《人民法院报》2019 年 12 月 24 日。
[3] 《对〈关于授权在部分地区开展民事诉讼程序繁简分流改革试点工作的决定（草案）〉的说明》，载中国人大网：http://www.npc.gov.cn/npc/c30834/201912/d610dc027bd74271afa7c7ba2c70af74.shtml。

上，视角依旧延承"个别问题"，无法形成有效的理论分析框架；实证研究中持续样本研究较少；方法上偏重理念梳理，缺乏精细实证；内容上倾于观点阐释，构建方案创新不强，等等。此种状况，既干扰了对研究的整体把握与客观判断，又影响了结论的针对性与准确性。

作为北京市法学会重点课题，本课题以"民事诉讼程序繁简分流机制"为研究对象，于 2020 年 10 月到 2021 年 6 月进行了为期 9 个月的研究工作，主要围绕司法确认、完善小额诉讼程序、完善简易程序规则、扩大独任制适用范围、健全电子诉讼在北京法院的试点改革推进为主要研究内容展开。旨在通过实证研究，全面梳理北京法院繁简分流改革试点的实践，系统总结北京法院民事诉讼程序繁简分流改革所取得的阶段性成果，提炼总结北京样本中的制度创新与经验，并对试点改革中存在的问题及完善路径进行分析，以期有所裨益于未来关于民事诉讼法修改和诉讼制度改革的研究。

一、北京法院民事诉讼程序繁简分流改革的"1+6+1"模式

作为民事诉讼程序繁简分流改革的全域试点地区之一，[1] 在遵循最高人民法院的部署安排下，北京法院以"让人民群众更加公正、高效、便捷、低成本地解决纠纷"为目标，全市 5 家中级法院，17 家基层法院同步启动、一体推进改革试点，在"优化司法确认程序、完善小额诉讼程序、完善简易程序规则、扩大独任制适用范围、健全电子诉讼规则"这 5 个重点领域，构建起了 1 个贯彻落实的工作方案、6 个配套实施细则和 1 套信息系统的"1+6+1"改革试点模式。

北京市高级人民法院在实施方案的制定上，全面总结吸收本地以及各地法院近年推进案件繁简分流、优化司法资源配置的经验做法，特别注重新程序运行的规范性，尽可能通过实施细则使程序的适用标准明确化，对各重要环节和关键节点作出标识，并在流程和转化机制等方面作出细化规定。整体看来，对民事诉讼程序规则的完善展开了一系列开创性的探索。

（一）优化司法确认程序的规则与适用

调解协议的司法确认是一个极具中国特色的非讼程序，旨在通过有效促使调解协议的落实以达到降低民事诉讼率的作用。但是，现行民事诉讼法的规定，将商事调解和行业调解等排除在司法确认程序的适用范围之外，且由于受理法院的

---

〔1〕 根据第十三届全国人大常委会第十五次会议作出的《关于授权最高人民法院在部分地区开展民事诉讼程序繁简分流改革试点工作的决定》，授权在全国 15 个省（区、市）的 20 个城市开展试点工作，具体为北京、上海市辖区内中级人民法院、基层人民法院；南京、苏州、杭州、宁波、合肥、福州、厦门、济南、郑州、洛阳、武汉、广州、深圳、成都、贵阳、昆明、西安、银川市中级人民法院及其辖区内基层人民法院；北京、上海、广州知识产权法院；上海金融法院；北京、杭州、广州互联网法院开展试点工作。

层级过低，未能发挥多元非诉解纷机制所起到的作用。

北京法院在试点改革中，明确扩大了调解协议司法确认程序的适用范围，充分运用现代信息技术助力该程序实现快速解纷的功能。北京法院将建立特邀调解名册作为刚性任务，各级人民法院均会同司法行政机关、相关行政机关、行业协会等共同建立特邀调解名册并对名册进行管理，建立特邀调解组织和特邀调解员的考核、退出、辞退及惩戒机制。

根据北京方案实施细则的规定，法院可以通过"北京法院分调裁一体化平台"在线上接受当事人提交的申请材料，并通过平台的在线司法确认功能办理立案审查、询问当事人、进行司法确认、送达裁判文书等事项。对于法院委派调解的案件、在调解过程中法院予以指导的案件以及双方当事人同时到法院申请司法确认的，法院可以当即作出是否确认的裁定。经审查符合确认条件的，法院应当裁定确认调解协议效力。裁定书送达双方当事人后发生法律效力。一方当事人拒绝履行或者未全部履行的，对方当事人可以向法院申请执行。

在救济程序上，对法院作出的确认调解协议的裁定，当事人、利害关系人认为有错误的，可以向作出该裁定的人民法院提出异议。法院可以将调解协议确认的情况、存在的问题和意见建议等定期或者不定期通报同级司法行政机关、相关行政机关和人民调解委员会，以促进司法确认工作的协调沟通，保障调解协议和司法确认工作的质量。

（二）强化小额诉讼程序的优势

作为 2012 年民事诉讼法修改增设的重要程序之一，小额诉讼程序在实践中的适用状况并不理想。为充分发挥小额诉讼程序的优势，北京法院对其适用范围、审理方式、裁判文书、审理期限等作了调整和完善。规定基层人民法院审理的事实清楚、权利义务关系明确、争议不大的标的额在人民币 5 万元以下的简单金钱给付类民事案件，应当适用小额诉讼程序，标的额超过 5 万元、在 10 万元以下的简单金钱给付类民事案件，双方当事人可以约定适用小额诉讼程序；没有约定的，承办法官应当征求双方当事人的意见，并记入笔录。立案法官在立案登记时，对于应当适用小额诉讼程序的案件在管理系统中作出标记，进行程序分流。

适用小额诉讼程序的案件原则上应一次开庭审结，经双方当事人同意，可用庭审录音录像替代书记员庭审笔录。法官当庭裁判的案件，裁判过程经庭审录音录像或者庭审笔录完整记录的，在制作裁判文书时可以不再载明裁判理由。在审理期限上，均应在立案之日起 2 个月内审结，经本院院长批准，有特殊情况的可以延长 1 个月。对于小额诉讼案件出现复杂情形，需要适用普通程序，并由前端立案速裁团队转入后端审判团队审理的，承办法官应当在转程事由出现 2 个工作日内提出转程申请，报本院院长审批。经审批后裁定转为简易程序或者普通程序的，应在审判管理系统中作出标识。

北京市高级人民法院要求，基层人民法院必须组建相应审判团队，集中审理小额诉讼案件。适用小额诉讼程序的案件，诉讼费用按《诉讼费用交纳办法》第 16 条的规定减半收取。小额诉讼程序适用率现已作为法院和法官审判业绩的重要指标。

（三）完善民事诉讼简易程序实施

为扩大简易程序适用率，用足用好简易程序，北京法院在试点改革中，扩大了简易程序的适用范围，确定下列案件，可以适用简易程序：①同类案件已有生效示范裁判的；②事实清楚、权利义务关系明确、争议不大的简单民事案件需要公告送达的；③事实清楚、权利义务关系明确、因需确定赔偿标准、财产价值而进行鉴定评估的。示范裁判，是指法院在处理群体性民事纠纷中，选取在事实争点和法律争点方面具有共通性和代表性的案件先行审理，并作出的对同类案件具有示范性和引领性的裁判。

同时，北京法院优化简易程序的适用规则，明确将简易程序案件的审限延长时间从 3 个月缩短为 1 个月。在转程时限上，适用简易程序审理的案件，法院可以根据具体情形决定延长审限或者裁定转为普通程序审理，应在转换程序事由出现后 5 日内，或至迟在审限届满 7 日前作出相应决定。简易程序案件出现复杂情形，需要适用普通程序由前端速裁团队转入后端审判团队审理的，承办法官应当在转程事由出现 2 个工作日内提出转程申请，报本院院长审批。决定延长审限或裁定转为普通程序审理的，延长审限决定应及时向当事人公开。

（四）扩大独任制的适用范围

长期以来，合议制"合而不议"在司法实践中一直是个痼疾，这不仅是对司法资源的巨大浪费，而且也无法使司法责任制改革走向纵深。因此，从优化司法资源配置、保证公正审判的目标出发，在繁简分流改革中，北京法院在民事诉讼程序中扩大独任制适用范围，明确规定基层法院审理的以下案件，可以由法官一人适用普通程序独任审理：①事实需经评估、鉴定、审计、调查取证等耗时较长的程序，但法律适用明确的简单案件；②因送达等程序性事项超过审限而转为普通程序审理的简单案件；③其他事实不易查明，但法律适用明确的案件。

当事人对审判组织形式享有异议权。当事人对法官一人独任审理提出异议的，应当于案件开庭前书面提出异议申请，由独任法官进行审查。当审理的案件出现涉及国家利益、公共利益等不得由法官一人独任审理的情形时，法院应当裁定组成合议庭进行审理，原独任法官继续参加案件审理。院庭长根据审判管理和监督职责，认为案件存在不得由法官独任审理的情形时，经本院院长批准后，可以转换审判组织，必要时院庭长应当参与案件审理。

关于审判组织的转换，法院应当作出书面裁定。对审判组织转换的裁定不得提起上诉。审判组织发生转换的案件，审理期限自法院立案之日起计算，已经作出的诉讼行为继续有效。根据北京市高级人民法院的相关规定，各院应加强独任制审判团队建设，建立健全可以适用独任制的速裁快审机制。同时，按照目标责任制考核要求，完善法官一人独任审理第二审案件的考核权重和考核标准。在推进扩大独任制适用范围改革试点中，严格落实执行北京市高级人民法院《关于促进法律适用统一的实施办法（试行）》等规范，确保独任制适用范围扩大与裁判尺度统一相结合。并根据北京市高级人民法院《关于建立专业法官会议制度的意见》，细化完善独任法官提请专业法官会议讨论的工作机制，确保为独任法官审理案件准确适用法律提供指导和参考。

（五）推进集约送达工作

为优化资源配置，保障当事人诉讼权利，北京市法院充分运用信息技术，建设"北京法院集约送达一体化平台"（以下简称"集约送达平台"），全面开展了推进集约送达工作。送达人员通过"集约送达平台"开展窗口预约送达、电子送达、法院专递送达、外出直接送达、公告送达、委托送达、转交送达和公证参与送达。法院诉讼服务部门通过设立送达窗口、成立集中送达组、引入第三方驻点、购买社会服务等形式完成送达事务。并且，利用"集约送达平台"收集、整合、汇总当事人送达地址信息，形成北京法院送达地址信息库，逐步实现全市共享。

同时，建立送达地址确认制度。北京市法院制作了统一的《送达地址确认书》，当事人确认的送达地址适用于第一审程序、第二审程序和执行程序。确认节点在原告起诉时，被告应诉答辩或向其首次送达时，第三人或其他诉讼参与人参加诉讼或向其首次送达时，人民法院即要求其确认送达地址并引导受送达人选择电子送达方式。经受送达人明确表示同意，人民法院可以电子送达判决书、裁定书、调解书等裁判文书。作为重点推广的送达方式，北京市高级人民法院与北京市律协签订了合作协议，经北京市注册律师同意，优先适用电子送达。并规定，经国家行政机关、银行、保险以及其他企业等机构同意，优先适用电子送达。

在生效标准上，对当事人主动提供或主动确认的电子地址，适用"到达主义"，送达信息到达其电子地址即为有效送达；对于受送达人同意电子送达但未主动提供或者确认电子地址，法院向能够获取的受送达人电子地址进行送达的，根据下列情形确定是否完成送达：①受送达人回复已收到送达材料，或者根据送达内容作出相应诉讼行为的，视为完成有效送达；②受送达人的电子地址所在系统反馈受送达人已阅知，或者有其他证据可以证明受送达人已经收悉的，推定完成有效送达，但受送达人能够证明存在系统错误、送达地址非本人使用或者非本人阅知等未收悉送达内容的情形除外。对于采用电子送达方式完成有效送达的，法院应当制作包含发送地址信息、受送达人名称、接收地址信息、发送时间、诉讼文书名称等内容的电子送达凭证，存卷备查。电子送达凭证具有送达回证效力。

（六）健全电子诉讼规则

为充分发挥"互联网+司法"的创新功能，北京法院在试点改革中，结合电子诉讼特点以及北京法院电子诉讼实际，从多个维度健全了电子诉讼规则。

根据实施细则的规定，当事人、其他诉讼参与人使用诉讼平台实施诉讼行为的，应当在诉讼平台上完成实名注册后取得登录诉讼平台的专用账号，并通过证件证照比对、生物特征识别、国家统一身份认证平台认证等方式在线完成身份认证。法院可以综合案件情况、诉讼事项的重要性、诉讼事项对当事人权利的影响等因素，在相关诉讼活动中采用短信验证、二维码扫描、人脸识别等方式进行身份验证。当事人及其他诉讼参与人在线提交诉讼材料和证据材料，经法院审核通过后，可以直接在诉讼中使用，不再提交原件。对方当事人对上述材料真实性有异议且有合理理由的或者法院根据案件审理需要，要求提供材料原件的，当事人应当提供。

诉讼平台提供诉讼指南、诉讼问答、诉讼工具等自助服务，推送法律法规、指导性案例、北京法院参阅案例等资料，完善类案智能推送、案件中立评估等功能。当事人、诉讼代理人可以通过诉讼平台、北京法院审判信息网、北京移动微法院等查询案件审判流程信息。当事人、诉讼代理人可以在线查阅调查取证、勘验、询问、庭前会议、庭审、宣判等诉讼活动的笔录，可以在线申请查阅庭审录音录像、电子卷宗、电子档案。

诉讼平台与北京法院分调裁一体化平台对接，通过"系统算法+人工识别"的智能案件分流模式，实现案件繁简分流的自动识别。法官可以根据案件实际情况，在诉讼平台上组织当事人召开庭前会议，通过视频、语音、文字等形式完成明确诉辩意见、证据交换、归纳争议焦点、组织调解等诉讼活动。对于仅一方当事人选择在线庭审的，法院可以根据案件情况，采用一方当事人在线、另一方当事人线下的方式开庭。在线庭审实行全程录音录像。经当事人同意，简易程序案件庭审录音录像可以替代庭审笔录。在线庭审使用语音识别技术，同步将庭审录音录像转化为庭审笔录，庭审结束后，由当事人、其他诉讼参与人、法官、书记员等确认。适用普通程序审理的案件，法官可以在诉讼平台上随时、随地、多人同时阅卷，开展在线合议，通过诉讼平台生成合议笔录，由合议庭成员确认。

对于诉讼平台智能生成裁判文书部分或者全部内容，由法官修改形成裁判文书。案件事实清楚、当事人对法律适用无争议或者争议不大的案件，法官可以在诉讼平台上当庭宣判。未当庭宣判的案件，法官可以在诉讼平台上定期宣判。法官宣判时，通过诉讼平台生成宣判笔录，告知当事人上诉权利、上诉期限和上诉法院。当事人可以通过诉讼平台在线提交上诉状。二审法院建立与一审法院对接的诉讼平台，当事人对于一审法院采用电子诉讼方式审理的案件提起上诉的，二审法院原则上参照本细则采取电子诉讼方式审理，在线完成卷宗移转、受理、送达、调解、证据交换、庭前准备、庭审、宣判等诉讼环节。

（七）建立民事诉讼程序繁简分流改革试点数据统计系统

根据试点改革内容，北京市高级人民法院审管办明确数据分析指标、口径、算法和展现方式后，根据信息化项目管理规范要求，成立相关数据分析专班进行统计系统研发，建立科学有效的试点成效检视系统，确保改革试点的各项指标数据客观及时、实时呈现，便于即时提取和统计分析，为进一步确保试点顺利落地见效提供信息化、可视化的系统支撑。

二、繁简分流改革的北京经验：实践与成效

民事诉讼程序繁简分流改革作为北京市全市法院重大政治任务和优化营商环境的重要抓手，已于2020年纳入北京市委全面深化改革委员会工作要点。自2020年1月开展改革试点以来，北京法院充分发挥"全域"改革试点主体多元、层级丰富的优势，取得了令人满意的成果。

（一）构建高效运转的多元调解+速裁的纠纷化解新体系

扩大司法确认、小额诉讼、简易程序和独任制的适用作为繁简分流改革中的重点和难点工作，相关规则的优化和完善适用是一个方面，而更重要的是，将这些增效提速的程序机制纳入到多元解纷体系中，实现系统集成的一体化推进，才能真正使司法在资源配置上实现合理优化，增进人民群众在公平正义中的获得感和实现感。

在这方面，北京法院将民事繁简分流的改革任务与"多元调解+速裁"工作进行无缝衔接，健全"分调裁审"衔接机制，通过普遍在法院建立运行良好的速裁、独任法官快审团队，在试点改革运行的第一阶段就取得了明显收效。2020年1月至5月，全市基层法院调解成功案件与速裁结案共71 210件，占同期民事结案量的64.5%，用19.7%的民事员额法官化解了64.5%的民商事纠纷；同时，在各中级法院均设立独任审判团队，在二审上诉的独任制适用率上超过25%，平均审理时限为30天左右，相较于改革前增效提速明显。[1]2020全年，北京法院通过"多元调解+速裁"机制结案324 395件，全市法院新收案件多年来首次出

---

[1] 资料来源：北京市高级人民法院。

现下降，降幅达 14.7%，用 21.1% 的民事员额法官化解了 69.5% 的民事纠纷。[1] 前端速裁案件平均审理天数为 49 天，较后端相比平均审理时间缩短了 29 天。对于容易形成批量案件的物业服务、民间借贷纠纷案件，则分别下降 65.2%、31.5%。[2] 在实践中，各法院均结合本辖区的案件特点，实施了多种有针对性的创新举措，借此构建起对矛盾纠纷分层过滤并实现层层递进化解的诉讼机制，这些创新工作机制作为"北京经验"在全国法院得到认可和推广。

1. 加强特邀调解规范管理和培训

北京市高级人民法院建立全市统一的特邀调解名册，覆盖金融、知识产权、互联网、物业、道交等 20 余个领域，印发《北京法院特邀调解员培训办法》，构建调解员党建、廉政、培训、管理一体化培育机制，开展年度"十佳特邀调解员""优秀特邀调解员"评选活动，表彰激励先进，打造履职高效的调解员队伍。在北京法院的在线调解系统中，提供了多种供暖合同、物业合同以及民间借贷、买卖等典型、常见案件的资料，包括典型案例、调解技巧、审查重点、司法确认要点等，不仅便利调解员们随时查询参考，而且有助于保证调解的质量和调解活动的规范化。

在管理机制上，西城法院对调解名册实行动态管理，确定最长 60 日案件运行周期、45 日调解期时限节点。[3] 海淀法院建立特邀调解组织、特邀调解员电子档案，按照业务范围、擅长调解案件类型、是否常驻法院等实行分类管理，增强匹配性和针对性。同时，海淀法院充分发挥担任区人大代表、政协委员的特邀调解员的"身份公信"，着力在物业纠纷、婚姻家庭纠纷等类案中加强调解，效果明显。[4] 房山法院与区司法局、市场监督管理局共同制定《消费领域纠纷调解协议"一站式"司法确认工作规则》，确立消费领域纠纷调解协议司法确认工作各项机制。[5]

2. 实行类案专业化调解机制

北京西城法院基于辖区内金融机构众多的特点，深入开展金融纠纷诉调对接工作，进行了调解组织专业化、证据审查规范化、确认程序模块化升级。[6] 海淀法院重点推进律师参与类型案件调解，提升知识产权纠纷、行政纠纷等类型化

[1] 《北京发布多元调解"十大典型案例"近七成民事纠纷快速化解》，载北京法院网：http://bjgy.chinacourt.gov.cn/article/detail/2021/01/id/5713734.shtml；徐伟伦、王元义、孙伟：《北京高院通报"多元调解+速裁"工作情况》，载《法治日报》2021 年 1 月 15 日。
[2] 李瑞：《多元调解+速裁一站式解纷的"北京模式"》，载《中国审判》2021 年第 2 期。
[3] 资料来源：北京市西城区人民法院。
[4] 资料来源：北京市海淀区人民法院。
[5] 资料来源：北京市房山区人民法院。
[6] 资料来源：北京市西城区人民法院。

案件调解成功率，在诉前调解程序中设置类型化小额案件模块，在搜狐和网易的多重相互诉讼案件中，促使双方建立起"企业间版权协调机制和通知绿色通道"，提前使双方间的3000多个纠纷得到了有效化解。[1]

在证券投资领域，早在2017年，北京市第一中级人民法院就与证券专业调解组织建立了合作机制。在繁简分流改革中，北京市第一中级人民法院与投保基金公司开展深度合作，特别针对"一对多"证券期货虚假陈述类型的责任纠纷，探索建立"示范判决+委托调解+共管账户"的调解模式，在推进证券纠纷多元化解方面取得了良好的成效。已成功调解多家上市公司涉虚假陈述责任纠纷案件共计约550件，经调解赔偿投资者的金额达8500余万元。[2]2020年疫情期间，有机构投资者诉某上市公司虚假陈述请求赔偿，北京市第一中级人民法院根据双方当事人的诉请及其实际情况，指导投资者保护基金公司进行在线调解，最终，北京市第一中级人民法院于2020年5月以双方当事人初步达成的调解协议为依据，出具了生效调解书，投资者成功获赔1050万元。这是北京法院通过证券期货纠纷在线调解机制成功解决的第一起案件，为畅通投资者维权渠道提供了新的机制和实践经验，构建投资者司法保护的新路径。[3]

3. 建立顺畅的诉调审衔接机制

2020年初，北京市高级人民法院对近几年间北京法院出台的共25个涉及"多元调解+速裁"机制的文件开展了整合汇编工作，在此基础上，制定了《北京法院民事案件"多元调解+速裁"机制工作规范》，该规范共有190条规定和12个附件，旨在进一步巩固、深化前期已建立的前后端审判格局所取得的成果，指导分调裁审全流程，实现分流程序、调解、速裁和精审各阶段环节的有机衔接。[4]

在建立外部联结机制方面，北京市高级人民法院与北京证监局、中国人民银行营业管理部、市住建委、市知识产权局、市委网信办、市交管局等6个部门建立了诉调对接关系；与央行管理部、北京银保监局共建金融纠纷多元解纷机制，实现了金融调解协议一站式司法确认；与北京银保监局共同下发《关于推进金融纠纷多元化解机制建设的意见》；与市知识产权局、市司法局等8部门共同印发《加强知识产权纠纷多元调解工作的意见》；以北京市昌平区人民法院为试点，

〔1〕 资料来源：北京市海淀区人民法院。

〔2〕 王红：《探索实践"示范判决+委托调解+共管账户"模式 投保基金公司成功调解案件千余件》，载《上海证券报》2020年5月16日，第4版。

〔3〕 资料来源：北京市第一中级人民法院。《获赔1050万元！北京法院首例在线诉调对接 降低投资者维权成本》，载《经济日报》2020年5月28日。

〔4〕 资料来源：北京市高级人民法院。

探索建立物业公司信用动态评价体系。

在北京法院系统中，对于当事人不接受调解或者调解未成功的简单案件，将直接进入速裁环节，速裁法官可以根据从当事人在系统中填写的案件情况登记表中提取的要素信息，直接进行要素式审判。依托睿核知识提供的知识图谱，依据北京市高级人民法院立案庭发布的《关于民事案件繁简分流和诉调对接工作流程管理规定》《速裁案件要素式审判若干规定》，北京市高级人民法院通过与信息技术部门共同研发，实现了多种案由进行要素式审理，并制作出要素式裁判文书，包括：机动车交通事故责任纠纷；物业服务合同纠纷；买卖合同纠纷；继承纠纷；离婚纠纷；金融借款纠纷；信用卡纠纷；民间借贷纠纷；供用热力合同纠纷等。在编写文书时，系统可自动生成裁判文书，使法院的审理裁判效率得到明显提升。例如，北京知识产权法院通过组建速裁团队、改革审理方式以及简化裁判文书等举措，对事实清楚、权利义务关系明确的民事二审案件及部分一审案件进行集中审理，平均审理期限缩短至 30 天。2020 年，由 11 个速裁法官团队负责的前端共结案 49 452 件，在同期结案总数中占比 72.59%。[1]

4. 设置小额诉讼程序和简易程序的长效激励与管理机制

北京市高级人民法院印发《关于贯彻落实民事诉讼程序繁简分流改革试点精神全面加强小额诉讼程序适用的通知》，坚决防止出现"该用不用""任意转换"等情况。各法院普遍建立小额案件甄别标志机制，强化诉前提示引导，组建小额速裁团队，探索通过快审快执、诉讼费用激励机制等途径，引导当事人和法官优先选择适用小额诉讼程序。例如，西城法院对小额诉讼程序案件实行"预执行"登记。丰台法院构建以"快立、快分、快调、快送、快审、快裁、权利救济"等七块为核心的小额诉讼便捷通道。昌平区人民法院建立小额诉讼裁判异议审查机制，避免大量小额诉讼案件直接涌向再审。通州法院建立"双复核"工作机制，通过程序异议复核机制、裁判结果复核机制，促进当事人选择适用小额诉讼程序。房山法院打造小额诉讼"集先锋"速裁团队，开通绿色通道对小额诉讼案件进行优先送达。互联网法院探索"三三"速裁工作机制，对简案进行三次分流，并在涉网著作权侵权案件中集中试点推行小额诉讼，探索"焦点化+要素式"庭审方式，将适用小额诉讼程序的案件庭审时长控制在 10 分钟至 15 分钟。案件流转效率得到大幅提升。[2]

2020 年，北京全市基层法院适用小额诉讼程序审结民商事案件[3]4.6 万件，同比上升234%，占全部一审民商事结案数的 11.49%，平均审理时间 29.5 天。

---

〔1〕 资料来源：北京知识产权法院。

〔2〕 资料来源：北京市高级人民法院。

〔3〕 含知识产权案件，不含执行案件和破产案件。

全市基层法院适用简易程序审结一审民商事案件 26.4 万件，占全部一审民商事结案数的 64.83%，平均审理时间 42 天，其中公告送达案件适用简易程序 1.8 万件，公告送达案件简易程序适用率 41.37%。[1]

5. 扩大独任制改革与健全速裁快审机制协同推进

在这方面，北京市第二中级人民法院探索出一套行之有效的模式。其做法主要是，加强对案件进行"简案"和"繁案"的甄别，在此基础上适配合理的审判组织模式，从而实现司法资源的优化配置。在具体的操作模式上，建立起了案件甄别系统→立案庭统筹管理→二审独任审判团队速裁的全流程机制。北京市第二中级人民法院专门制定了《适用二审独任制案件选案指引与分案办法》，采用了"客观性标准与主观性标准相结合、正向列举与反向排除相结合的方式"，对二审独任制的案件适用标准加以明确，由系统自动完成 80% 的案件识别，保证"应纳尽纳"，避免"人为选择"。[2]组建速裁专业化审判团队，由立案庭统筹管理，独任审判团队负责二审独任制案件的集中审理，辅之以各业务庭作适当补充，对案件进行统一的管理监督。同时，以"双模"团队实行人案适配，即建立嵌于速裁团队内的独任制团队，以"3+3+3"的"法官+法官助理+书记员"结构组成，可根据案件状况在独任审理和固定合议庭两种形式之间做到切换自如。在团队法官配置方面，要求独任法官至少具备 5 年审判经验或 3 年办理相关案件的经历，从而满足人案适配的专业化需求。[3]

为确保法律适用的统一，北京市第二中级人民法院一方面归纳编撰了 31 项类案的办理规范和裁判规则，同时保持每年 1 至 2 个的数量扩容，这些办案规范都内嵌于办案系统中，便于法官在裁判时获得统一的规范指引；另一方面要求独任法官应对当事人提交的类案检索报告作出有效回应，回应情况将纳入案件评查。[4]北京市第二中级人民法院专门制定了《拟发回改判案件监督管理办法》，该办法规定，拟发改案件一般应交专业法官会议讨论后决定。根据二审独任制审理的案件特点，对发回重审的标准实行严格把关，凡不属于严重违反法定程序的案件，应审慎作出发回裁判，以便充分发挥二审的定分止争功能。同时，对维持原判类案件适用"智能偏离度分析"监管。即针对适合二审独任制的 13 种类案在本院 5 年间的发改率、维持率等指标进行统计分析，结合试点一年来速裁机制的运行状况，在系统中按季度实行自动比对监控并及时预警，对那些严重偏离阈

〔1〕 资料来源：北京市高级人民法院。

〔2〕 资料来源：北京市高级人民法院。《人民法院司法改革案例选编（九）：改革案例第 144 号》，载中国法院网 https://www.chinacourt.org/article/detail/2020/07/id/5348724.shtml。

〔3〕 资料来源：北京市高级人民法院。

〔4〕 资料来源：北京市高级人民法院。

值区间的类案需实行案件复查，复查有庭内互查和审管办重点评查两种方式。自改革试点以来，北京市第二中级人民法院的二审独任制案件调撤率为4.7%，发改率2.3%，均处于合理区间内，且当事人的满意度较高，信访率在全院平均水平以下。[1]

在二审法院推行独任制改革中，北京市第一中级人民法院采用"两筛查工作法"促进案件繁简分流的分类处置，书记员收案后首先查看一审裁判文书，对一审适用简易程序的案件卷宗进行标记；法官在庭前阅卷撰写阅卷笔录时，对案件是否满足"事实清楚、权利义务关系明确、争议不大"的实体要件进行初步判断，进而决定是否采用独任制进行审理。同时，各部门通过对独任制适用案件中拟改判、发回重审的案件和拟转为合议制审理的案件向庭长汇报或提交法官会议讨论，加强庭级层面对独任制案件质量的监督管理。[2]在这方面，北京市第三中级人民法院的做法是通过归纳、总结类案审判要件，以详列类案应查明的事实重点和法律适用要点的方式，推进二审独任制审判标准化建设。以二审案件繁简分流改革为基础，建立"系统分流+人工识别"的二审独任制案件甄别方式。通过综合一审审理方式、时限以及案件类型等因素通过系统算法划定适用二审独任制审理的"简案"范围；在人工识别方面，则基于法官庭前阅卷等方式来了解当事人诉求、具体判断是否在事实认定、法律适用或审理效果上存在应考虑的特殊情形。北京市第三中级人民法院制定了《二审独任制实施细则》和《二审程序运行流程图》，对审判组织的转换标准、启动主体、决定流程和告知形式等予以明确规范。在转换标准的设定上，从法律适用规则、案涉利益层面及案件影响范围等多方面进行评估，区分应当转合议庭审理的案件和可以转合议庭审理的情形，其中前者具体细化为10种情形，后者包括3种情形。在启动主体上，明确了由当事人提起、主审法官提起和院庭长依职权监督提起这三种组织转换方式。[3]

（二）推进"互联网+司法"的深度融合

繁简分流改革要实现减员增效、解决案多人少的矛盾，必须充分运用现代科技手段，通过科技赋能司法，使科技发展的成果与诉讼制度的改革成果深入融合，这方面北京法院积累了较多可复制可推广的有效经验。

1. 健全电子诉讼全流程机制

北京法院高度重视信息化平台的应用，全部工作程序和制度都融入操作系统，实现了从网上立案、繁简分流、多元调解、诉调对接全流程的线上流转、线

〔1〕 资料来源：北京市高级人民法院。
〔2〕 资料来源：北京市高级人民法院。
〔3〕 资料来源：北京市高级人民法院。

上管理。[1]

一是强化电子卷宗深度应用。北京市高级人民法院制定了《关于推行电子卷宗随案同步生成和深度应用的实施方案》，推进实现电子卷宗全业务办理。北京市第一中级人民法院建立电子卷宗随办案节点进程同步生成流转模式，探索建立电子诉讼档案集中保存、统一管理模式。西城法院建立电子卷宗生成中心，所有诉讼材料通过该中心完成集中收转、扫描、加工、保管、借阅、整理，[2]从而实现"一次扫描、全程使用、一键归档"。[3]海淀法院强化电子卷宗深度应用，联合北京知识产权法院共同启动电子卷宗"一键上诉"。

二是创新在线庭审方式。北京市第二中级人民法院尝试分离式在线庭审，由审判员在法庭内主持庭审，书记员异地远程记录。海淀区人民法院运行全市首个"执行和解监管平台"，推动提升在线执行工作水平。互联网法院开通外网办案系统，搭建云上"虚拟法庭"。通州区人民法院探索"异步审理"模式，对于当事人不便同步审理，合意选择异步审理的，依托北京移动微法院掌上法庭，指导当事人在信息对称的情况下，非同步完成各诉讼环节，提升当事人的诉讼体验。

三是探索在线司法辅助工作机制。北京市第二中级人民法院创新在线勘验模式，庭审中调取涉案工程电子街景地图，展示施工过程中特定节点的现场状况。北京市第四中级人民法院制定《电子诉讼规则》，进一步细化证人线上出庭作证的方式。东城区人民法院创设"天坛小秘书"公共微信接收当事人材料，提高审判效率。朝阳法院探索规范知识产权民事案件证物的"在线质证"程序。海淀区人民法院探索在线鉴定模式，组织当事人在线完成鉴定机构选择、风险告知、无争议电子材料质证等事项。

四是完善电子送达机制。为缩短送达周期，北京法院在全国率先成立集约送达中心，建立电子送达数据库，通过市场主体送达地址确认制度的建立，使得2020年北京法院民商事案件的电子送达率提升至58.3%。知识产权法院探索向涉外企业公示的电子邮箱进行电子送达，用足用好法律规定的送达方式。海淀区人民法院针对电子送达裁判文书送达比率较低的问题，加大外包力量，为后端庭室派驻临时送达员，配合各业务庭推进电子送达工作。顺义区人民法院细化"视为地址"的具体适用规则，锁定有效送达地址的途径。[4]

2. 分调裁一体化平台、移动微法院、云法庭等信息系统的有机适用

在繁简分流改革中，北京法院特别注重加强分调裁一体化平台、移动微法

---

[1] 资料来源：北京市高级人民法院。

[2] 资料来源：北京市高级人民法院。

[3] 资料来源：北京市高级人民法院。

[4] 资料来源：北京市高级人民法院。

院、云法庭等信息技术平台和系统的集成建设使用。实现了在线预约立案、繁简案件分流、多元调解纠纷案件管理、线上调解及自动生成要素式裁判文书等多种功能，从而达到帮助法官和调解员高效、公正办理案件，帮助当事人实现便捷、快速解决纠纷的目的。

北京法院分调裁一体化平台的特点主要有：一是内外网信息的互联互通。平台不仅将审判信息网上的立案信息导入法院内网的立案系统中，而且能够快速将需要调解的案件从内网立案系统中提取出来并转至外网上的调解组织，供其进行在线调解，完成在线的诉调对接。二是利用音频视像等技术提供多方在线的视频调解，调解平台系统可以对调解过程进行全程留痕，所有调解文件和音视频材料都保留在平台上，不仅诉调活动不受时空限制，而且当事人可以利用碎片时间参与诉调活动，极大地便利了当事人，这种模式代表着未来诉调机制的发展趋向。三是在立案阶段，由系统对案件进行智能评分，通过对起诉信息系统评估实行案件繁简分流的智能化。四是充分运用实体识别引擎、OCR 等图像识别技术和大数据分析，对案件的实体材料实现智能提取、类案推送和分析，为法官办案提供智能化支持，并通过系统算法，将所提取的案件信息与文书智能编写相结合，自动生成裁判文书，为法官切实减轻工作负担。[1]

3. 构建当事人友好型智能司法服务

在分调裁平台电脑端上线应用后，为方便当事人的使用，手机端小程序"北京移动微法院"也投入使用，它内嵌于微信小程序中，当事人无须下载安装APP，一步一引导，一案一空间，当事人和法官无需同时在线，具有"易普及、全流程、易操作、易升级、可推广"的特点。现在，当事人只要动动手指就能在家中完成诉讼活动，当事人通过北京法院诉讼服务微信公众号就可进行微信预约立案。根据案情选择受理法院，然后填写案由、标的金额、原被告信息及送达地址信息，在线提交起诉书、证据材料、要素信息表后提交预约申请。受诉法院审核通过申请后，会给当事人发送短信，告知其预约立案申请已经通过，通知当事人带相关材料到法院办理立案手续。对于预约立案，北京各法院都设有快速办理通道，当事人只要去一次就可以完成立案手续办理。[2]

同时，北京移动微法院还面向当事人专门开发了诉讼风险评估系统。通过当事人选填基本案情，由系统进行诉讼风险评估，引导当事人合理维权，并提供多种工具，如道交试算工具，进行理赔试算，统一理赔标准，最小化赔偿争议。

---

[1] 《〈法制信息化蓝皮书〉：北京法院分调裁一体化平台 构建便民高效现代化诉讼服务体系》，载经济日报-中国经济网：http://www.ce.cn/cysc/zljd/gzd/202006/03/t20200603_35038679.shtml，最后访问日期：2022 年 6 月 24 日。

[2] 资料来源：北京市高级人民法院。

(三) 通过繁简分流改革，深化诉源治理

繁简分流作为诉讼程序机制改革，提升审判质效、解决案多人少的矛盾只是改革的目标之一，而至为重要的，是通过机制、体制的变革，实现诉源治理。在这方面，北京法院开展了多方面的努力并取得了明显的成效。

2020年，北京法院系统建立了统一的诉源治理平台，对接北京市党建的"街乡吹哨、部门报到"改革，提供诉源治理服务共计1.5万人次。[1]针对在基层高发频发的物业纠纷，朝阳区人民法院探索和行政主管部门共同建立物业公司信用等级动态评价机制，以督促辖区内的物业公司提升服务水平、及时进行整改，在源头上减少物业类批量案件。2020年，朝阳区人民法院受理的物业纠纷案件量下降了60%以上；与此同时，朝阳区几大物业公司中业主拖欠物业费的清缴率均得到明显提高。[2]

朝阳区人民法院辖区内的涉众型案件一直较多，在解决涉及人数众多的纠纷问题上，充足的沟通空间一直是一个难题。就法院自身而言，很难提供适合上百人聚集谈判的场所，线上谈话又面临端口不足的问题，为此，朝阳区人民法院善用"互联网+司法"，通过微信小程序开发了专门的"案件空间系统"，既保障了上百人聚集谈判、交流陈述的权利，法官、调解员、管理员又可以通过"禁言"等功能维持对话秩序，不仅解决了场地受限交流不畅的问题，而且由于应用轻便、流程透明，全程留痕且方便随时倒查，为众多当事人及时解决纠纷提供了便捷、优质、理性的沟通渠道的解决途径。该系统自上线以来，累计用户9759人，已使用了27 837次。

在案件空间系统的应用过程中，朝阳区人民法院还不断对之进行升级，拓展出了多种应用场景，包括咨询问答、典型案例、网络直播板块等。针对案件量大且事关民生的劳动争议、金融借贷、物业供暖等纠纷，法官开通直播，用户扫码观看，其间法官进行类案答疑、讲座互动，不仅有效回应了基层群众的司法服务需求，以生动、具象的方式增进了人民群众尊法、守法的意识，而且提升了街乡社区运用法治思维和法治方式预防解决纠纷的能力，形成"智慧诉源治理"模式，走出法院参与基层社会治理的新路径。[3]

在诉源治理领域，北京互联网法院实行的"e版权"诉非"云联"机制也非常具有典型意义。作为全国首个由法院和行政机构共建的"诉讼与非诉调解线上

---

〔1〕 王俊：《北京市法院去年新收案件83万件 多年来首次出现下降》，载《新京报》2021年1月25日。

〔2〕 资料来源：北京朝阳区人民法院。

〔3〕 资料来源：北京朝阳区人民法院；《人民法院司法改革案例选编（十一）：改革案例第168号》，载中国法院网：https://www.chinacourt.org/index.php/article/detail/2021/06/id/6099334.shtml，最后访问日期：2022年6月24日。

线下衔接联动工作机制"，根据该机制，北京互联网法院与首都版权协会将双方各自的调解平台和服务热线实行云对接，以"自动推荐+人工咨询"的方式对纠纷进行引流。同时，北京互联网法院与首都版权协会将当事人自动履行调解协议的情况纳入诚信评价体系，引导版权协会各会员单位主动履行，使调解真正发挥了诉前解决纠纷的功能，将大量纠纷切实在诉前得到了化解。

该机制结合了诉讼与多元调解等非诉纠纷解决机制，通过采取分层递进、衔接配套的体系化机制，消化纠纷存量并从源头上减少诉讼增量。[1]将当事人导向最适合的争议解决方式。在这种云联机制下，当事人和调解员都可随时通过网络开展调解，特别是"法官线上参与指导调解""和解协议优先在线司法确认"等创新机制的适用，不仅有效提高了版权调解工作的效率，而且增强了版权专业化调解的权威性。该机制的运行，解决了在版权领域长期存在的授权不清、虚假授权等乱象问题，并且用司法裁判的标准规范并重塑了行政机构的版权授权流程，从源头上解决了未来发生侵权纠纷的可能性，真正体现了通过司法实现社会治理、全面推进法治化的改革目标。[2]

三、展望与思考：完善民事诉讼程序繁简分流改革的建议

北京法院进行的民事诉讼程序繁简分流试点改革，深入探索并开展了一系列可复制可推广的创新举措，取得了明显的成效。但是，改革不是一蹴而就的事情，从改革实践运行的效果来看，改革试点实施中仍然存在操作规则不明、实践做法不一的问题，小额诉讼和简易程序适用率离各85%的目标定位也还有一定的距离，改革仍呈现追求指标效应的功利化取向。为此，对标试点改革的目的，应从以下方面作进一步的研究、探索与完善。

（一）进一步明确并细化操作规则

繁简分流试点改革作为对现行民事诉讼法的突破，与小额诉讼程序、简易程序、普通程序等相关的法律规定都因试点而停止适用，转为对最高人民法院《实施办法》和北京市高级人民法院实施方案与细则的适用。然而在对《实施办法》和实施方案的理解与适用上，由于对相关民事诉讼法规定的调整适用幅度很大，而办法与实施方案的制定出台并不能涵盖实践中所遇到的种种问题，导致法院在规则的理解和适用上均存在不明确的问题。

因此，相关规范标准明确化必须作为重要的基础制度建设给予高度重视，建议最高人民法院进一步明确相关改革试点举措的具体规则。在这方面，最高人民法院应更加关注在实践中细化具体的规则，包括加强沟通反馈等配套机制的建

---

〔1〕 资料来源：北京互联网法院。
〔2〕 资料来源：北京互联网法院。

设，及时出台改革试点的最新口径解答，加强对普通程序独任审理的受案指导，明确基层法院普通程序适用独任制的具体类型，明确审判组织转换的具体规则，统一一审、二审法院对小额诉讼程序及独任制适用的条件与排除情况，避免因一二审认识差异导致出现程序违法，规范二审独任制适用以及程序转换的标准和流程。统一程序要素式审判工作流程、文书模板，研究出台全国统一的裁判文书样式，包括小额诉讼程序和简易程序要素式审判裁判文书主要内容，制定独任制普通程序案件适用、审判组织转换等的统一文书样式。强化电子诉讼中有关在线质证、证人出庭等方面的技术升级规范，优化目前改革试点数据的统计口径和数据提取机理，进一步明确、统一基础数据采集的标准，等等。

（二）摆脱指标依赖，切实落实以人民群众需求为导向的繁简分流改革

繁简分流改革的牵涉面广，涉及的程序内容繁多且时间紧迫。实际上，要在短时间内迅速改变法官长期以来形成的行为模式和惯性绝非易事，法官需要一个理解、磨合与适应的过程。但是，试点改革的时间紧任务重，要想在短期内迅速实施改革方案且呈现出明显的效果，那么势必只能动用指标考核作为重要的落实手段。如前所述，北京市高级人民法院为此调整了法院目标责任制考核的重点指标及分值，并设定了主要改革内容的达标要求。

应当说，通过指标考核来落实改革要求是一个有效的"雷霆手段"，借此能够"压实任务倒排工期按期"完成试点改革目标，但是数据上的好看不等于已经改变了制度和程序惯性并且真正获得了改革成效和收益；并且，指标本身就具有古德哈特效应（Goodhart effect），即当一个指标成为用以指引制度或行动的既定目标时，则该指标就会丧失其原本具有的价值而在实际应用中呈现出功利化的价值取向。更何况，某些指标的设置与构成还缺乏一定的明确性和科学性，如在数据统计上，最高人民法院《关于民事诉讼程序繁简分流改革试点数据指标设置及统计口径的说明》未对"基础数据"项下项目予以定义，目前人工统计阶段仍存在认识不统一问题，后期抓取数据的时候也存在可实现性问题。用这些本身就不够明确的指标来约束、指引试点改革的实践，其适用效果与改革的目标实现之间也必然存在一定的差距。

习近平总书记强调，"司法体制改革必须为了人民、依靠人民、造福人民"。[1] 民事诉讼程序繁简分流作为深化司法体制与诉讼制度改革的一个重要组成部分，其根本目标在于"全面提升司法质量、效率和公信力，努力让人民群众在每一个司法案件中感受到公平正义"，坚持把以人民为中心的发展思想贯穿试点改革全过程，就应摒弃数据式治理方式带来的法院因追求短期绩效而产生功能错位的指

---

[1] 《司法体制改革必须为了人民、依靠人民、造福人民》，载《紫光阁》2015 年第 5 期。

标依赖，回归繁简分流改革的"初心"。

为此，应高度重视通过改革实现民事纠纷解决机制的结构优化。与人们通常使用的民事诉讼中法官—双方当事人的等腰三角形结构一样，民事纠纷解决机制的需求结构是如下图的一个等腰三角形（如图1所示）。

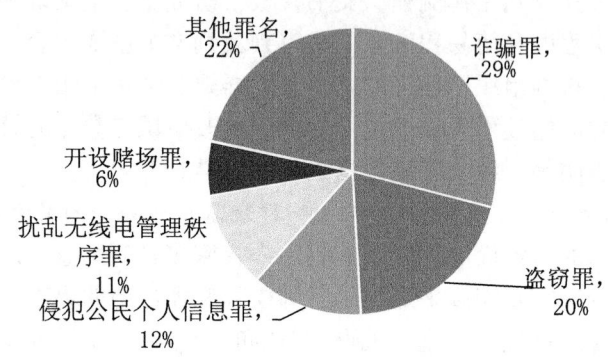

图1　民事纠纷解决的需求结构图

从这个需求结构图来看，目前的诸多繁简分流改革举措主要集中在作为三角形底边的"方便快捷"上，包括提供各种在线调解、在线诉讼机制、集约送达平台等，对于三角形的另外两边关注得不多。而实际上，要满足人民群众对完善纠纷解决机制的需求，必须聚焦于对专业与信任的机制建设上。

从专业化纠纷解决机制的提供来看，目前法院指导下的特邀调解组织和特邀调解员的队伍建设必须大力向专业化方向发展。在这方面，北京互联网法院走在了最前列，其调解员的专业化水平和门槛都较高，这些调解员多作为专业律师、法务，任职于北京版权调解中心或腾讯、美团等大的互联网平台，他们不仅调解经验丰富，而且专业化程度和调解能力都保持在一个非常高的水平上。反观其他法院的特邀调解员队伍，尽管从名册上看起来具有相当的专业化程度，但实际上基本是驻院特邀调解员发挥作用更多，而驻院特邀调解员往往是年龄偏大、专业水平不高但调解经验丰富。在计件式量化指标和津贴激励机制下，他们的工作模式就是走量，追求在最短的工作时间里处理更多的调解案件，其结果是，调解在质量上并未能满足当事人对于纠纷解决的需求，而且通过这种方式分流到后端用于"精审"的案件其实仍有相当的本可在前端调解解决的空间，并未真正实现分流的目标。

而另一方面，从信任机制的提供来看，大量通过驻院特邀调解员在前端发挥作用，在实践中带来的结果就是当事人对调解员的不信任。在司法确认上，有法院反映部分当事人对委派调解组织及调解员表示质疑，希望由法官直接承办案件，出具裁判文书。扩大调解协议司法确认的改革要真正发挥繁简分流的作用，必须更多地关注信任机制的建设。

（三）进一步深化科技赋能司法，全面改善非诉讼纠纷解决的生态机制

在繁简分流试点改革过程中，"互联网+司法"的运用对于提高效率和降低成本发挥了很大作用，但从技术创新的能力和潜力的角度看，还远未真正用到技术赋能所带来的收益。

实际上，与传统的非诉纠纷解决机制相比，在线调解明显具有三个不同的特征：第一，缺乏面对面的互动机制；第二，系统能够自动记录全部纠纷解决过程；第三，可以依靠智能系统帮助解决。这三个显著的区别，可以说既是缺点也是优点：第一，缺乏面对面的交流降低了沟通的丰富性，但方便了那些希望采用异步沟通的人群，因为他们更看重在答复之前预留时间进行咨询或研究；第二，采用过程式的记录形式与采用私下对话形式相比，在沟通的质量方面属于好坏参半，好的方面在于有据可查，坏的方面在于无法做到传统的面对面调解可能达到的推心置腹的坦诚程度；第三，智能系统要真正发挥智能作用，需要有配套的及时反馈、深度学习和运维机制，而这些都是要花费大量的人力和资源投入的。

从机器学习和应用的角度说，在线调解最适合的是通过系统短时间内处理大量的小额批量纠纷。针对这类纠纷，其实不应再模仿依靠调解员等中立第三人主持的线下程序，而是主要依靠系统技术辅助解决纠纷，用软件取代调解员的调解程序。国外已有这样成熟的运用实例，例如，SquareTrade 将调解过程拆解成若干操作步骤，利用技术辅助谈判模式，承担并执行调解员的众多职责，而且很容易就可以快速解决大量的纠纷。这些操作程序步骤包括：①确定纠纷类型；②当事人陈述请求；③询问双方立场；④重建各方需求；⑤提供解决方案的建议；⑥允许调整解决方案；⑦建立纠纷解决时间轴；⑧保持及时沟通；⑨将纠纷分解为若干问题；⑩找到解决问题的方法；⑪起草协议。这种从各方当事人提取、解析和处理信息的方式，使 SquareTrade 创建了一个基于互联网的纠纷解决系统，每年处理数百万件纠纷。[1]

在"互联网+司法"的时代，互联网不应仅作为工具意义起到提升效率的作用，更为重要的是在线非诉讼纠纷解决系统，其生成的数据能够反映纠纷的核心事实与法律争议，在促成当事人达成协议方面起到调解员所不具备的令人信服的

---

〔1〕 ［美］伊森·凯什、［以色列］奥娜·拉比诺维奇·艾尼：《数字正义：当纠纷解决遇见互联网科技》，赵蕾、赵精武、曹建峰译，法律出版社 2019 年版，第 46~47 页。

说服能力及对未来纠纷的预防作用。预防需要理解行为和实践模式，而这些只有通过数据路径才能发现。因此，通过技术赋能民事诉讼繁简分流改革，需要开发运用技术以提供更多的信息和新工具，解决传统的非诉讼纠纷解决程序中存在着信息交换无效、低效以及信任度不足的问题，而不只是把线下的调解程序、诉讼程序搬到线上那么简单，这需要对技术和现行的非诉机制有更为深刻的理解与制度设计、安排。

在线沟通与在线调解、调解协议确认程序、在线诉讼的结合，不仅可以提高效率还应能提升公平，通过交互性的提高、协作性的增强，培育程序性的信任，提高纠纷解决的一致性和过程的透明度，在线诉非机制应改变既有的权力关系和行为范式，创造一个全新参与方、全新互动模式及全新的相互关系的诉讼生态，促进程序正义和实体正义的双重实现。只有这样，才能真正实现繁简分流改革所要达到的目标。

多元调解在诉源治理中作用发挥

贾沫微　肖建华[*]

经过多年的实践探索，北京法院推行的"多元调解+速裁"机制已经取得了显著的成果，展现出诸多传统调裁格局所不具备的制度优势，成为全国诉源治理工作大格局中的优秀范例，可谓"枫桥经验"在新时代的首都升级版。在调研中，也发现当前实践中存在着一定的不足，影响着"多元调+速裁"机制的顺畅运行与功能发挥，为此应当采取合理的措施予以缝补。

一、"多元调解+速裁"机制面临的现实困境

从现有的改革实际成效出发，"多元调解+速裁"模式在提高调解成功率、推进简案快审等方面均有其积极意义。正如吉尔茨所言，法律是一种"地方知识"，对于北京目前所推行的这一模式的评判无法脱离现有的立法与司法环境单独考察。在我国立法与司法的双重语境下，这种模式无可避免地面临着立法保障不到位与实践问题频现两大方面的现实困境。

（一）"多元调解+速裁"机制的立法困境

1. 法院的体系定位有待调整

在当前的"多元调解+速裁"机制的工作格局中，不难发现北京法院处于主导性地位，承担了大量的工作。从前端的资源整合、团队搭建、培训指导，到前后端的诉调对接、司法确认与速裁等，均由法院作为主要推动者与实施者。据某庭室法官反馈，该庭室的多元调解加速裁团队在 2020 年共分流 80%的案件、结案率达到 58%、调撤案件比例达到 52%。之所以能取得这些成果，主要还是因为把全庭之力都集中到了前端。

在社会纠纷解决体系中，法院的定位本应是"最后一道防线"，具有消极中立性。在目前的整个"多元调解+速裁"体系，乃至整个多元化纠纷解决体系中，法院都是"冲在最前头"的，多数的纠纷解决职能由法院承担。诚然，此

* 课题主持人：贾沫微，北京市法学会一级巡视员；肖建华，中国政法大学教授。立项编号：BLS（2020）A006。结项等级：合格。

种多元调解模式对于缓和解纷压力具有相当积极意义，已在实践中取得不俗的成果，但并非"诉源治理""多元共治"的理想状态。有必要对整个多元调解体系的定位分工进行调整，将更多的纠纷解决职能逐步向法院以外的其他调解主体倾斜，使法院从体系前端抽离出来，最终回归"纠纷解决最后一道防线"的基本定位。

2. 多元调解的活动规范有待加强

在多元调解工作中，律师调解等专业性调解主体发挥了重要作用。相比于普通调解员，具有专业性法律知识和丰富工作经验的律师调解员，调解成功率和调解质效明显更高。执业律师作为特邀调解员进入法院参与开展调解工作，若同时又代理该法院的其他诉讼案件，则容易出现"纠纷处理人"与"纠纷代理人"的身份冲突问题。受法院办公硬件条件所限，目前北京法院的特邀调解员与法官的办公场所并未完全分离，需要共用调解室、合议室等办公空间。调解员卷宗与法官卷宗虽然在不同的地方保存，尚无法实现物理上的完全隔离。如何保证法院审判纪律、协调律师业务活动、避免当事人误解以及规避竞业禁止、保密义务等方面的客观风险，都缺乏明确的规范。为应对这个问题，在当前的法院实践中通常是劝导律师暂缓代理本院诉讼案件或暂不委派调解，如此一来很多具有调解意愿和调解能力的律师调解员便被排除在外，反而限制了律师等专业性调解力量的作用发挥。

3. 诉前先行调解范围难以明晰

对案件进行分流，确定究竟哪些案件可以分流为程序的前端，化解于立案之前，是诉调对接机制建设的重要内容。《中华人民共和国民事诉讼法》（以下简称《民事诉讼法》）虽将先行调解写入法律条文，使诉前调解有明确法律依据，但对于案件的适用范围未作规定。《民事诉讼法》第 122 条仅用"适宜调解的"作为标准，这一范畴太过笼统，对于实践操作并无太大的指导意义。所适用的案件范围因程序所处阶段的不同而应当有所差异，最高人民法院《关于民商事案件繁简分流和调解速裁操作规程（试行）》中虽对委托调解的案件范围进行了规定，但委托调解所处阶段为立案之后，不同程序阶段的规定不能混同，其规定并不能当然适用于诉前调解。制定法律的目的在于指导、规范实践，适用范围的上位法缺位增加了各地司法实践工作的开展难度。各地法院只能摸着石头过河，根据当地实际状况进行探索。

以北京市高级人民法院和陕西省丹凤县人民法院出台的规范性文件为例，北京市高级人民法院在《北京法院关于民事案件繁简分流和诉调对接工作流程管理规定（试行）》中对立案前委派调解的案件范围作了如下规定：对家事类，相邻关系类，消费者权益保护类，物业服务类，小额债务类，机动车交通事故责任纠纷，劳务纠纷，供用水、电、气、热力纠纷等 8 类案件可以由程序分流员引导当事人选择立案前的委派调解。陕西省丹凤县人民法院在《进一步加强和规范诉前调解工作的意见（试行）》中规定对于婚姻家庭纠纷中除身份关系以外的纠纷，财产纠纷，继承纠纷，宅基地纠纷，涉及群体利益、人数众多的共同诉讼、集团诉讼纠纷，案情复杂、当事人之间情绪严重对立，且双方都难以形成优势证据的纠纷等 11 类案件可以进行诉前调解。对比各地法院的规范性文件可知，各地法院在案件类型的规定上出入较大，其对案件类型的表述具有较大的开放性与不确定性，这直接导致该具体个案是否适用诉前调解程序取决于法官的自由裁量权。

4. 诉前调解的程序设置不够周全

诉前调解程序不但面临着适用范围不明的难题，而且还承受着程序事项设置缺位的困境。对诉前调解程序内容规定的上位法缺失，直接导致了诉前调解程序开展过程的随意性与不规范性。虽然说灵活便利是调解程序的优点所在，但灵活便利不等同于可以脱离程序的规制而自发地进行。各地法院在实践中不一的做法，造成了诉前调解程序运行的混乱局面。

具体来说，对于诉前调解应当以多久为最长时限，关系到诉前调解实施的效率与分流的目的。若案件在诉前调解阶段经过太长的时间，说明双方当事人通过调解无法顺利解决纠纷，不对时间加以规定不利于纠纷的解决，会使得部分人钻法律的空子，故意借助诉前调解来拖延程序进程。此外，对于调解员的挑选方式与人数的规定至关重要。若由法官指定调解员，则有对诉前调解的司法过度干预之嫌；若由双方当事人共同挑选，就需要将调解员的回避纳入考量的范畴。对于诉前调解进行的方式，法律并未进行明文的规定。在案件数量爆炸的今天，已经使得法院的审判庭的使用陷入非常紧张的状态，办公时间基本不会有空闲的审判庭，诉前调解无法实现全部在法院内部完成，那么对于需要自行确定调解地点的诉前调解，调解中有无强制调解等不规范的因素存在，对其监督与记录机制需要进行深入思考。诉前调解的程序缺位造成了各地法院程序适用的混乱状况。

最高人民法院在 2016 年发布的《关于人民法院特邀调解的规定》（以下简称《特邀调解规定》）对人民法院特邀调解的工作进行了规定，旨在通过在各法院建立特邀组织和特邀调解员名册的方式开展立案前委派调解、立案后委托调解。对调解组织的管理，调解员的选任与培训，调解的时间限制，调解结果与诉讼的对接路径等程序性问题进行了细化规定，一定程度上对诉前调解的相关程序建设提供了司法解释性质的依据。在司法实践中，各地诉调对接机制建设的进度差别较大，有些城市根据该司法解释制定本地的规范性文件，规范诉前调解的程序。很多诉调对接工作进程较慢的城市，尚未建立特邀调解的模式，其对诉讼外调解组织的规范较为松散，对该司法解释在实践中实际应用的效果不应过于乐观。对于诉前调解程序的专门性立法具有现实的紧迫性。

5. 司法确认程序适用的案件范围有限

根据现有法律的规定，适用司法确认程序的范围尚处于较为有限的境遇，尚没有专门的法律对可以予以确认的案件类型作出列举式的规定。司法实践揭示，扩大司法确认程序的适用范围已在相当程度上具有可操作性与现实紧迫性。在法院大力推进诉源治理的背景之下，通过司法确认程序为调解协议注入司法的效力已经成为增进调解质效的重要方式，多地法院在事实上已经部分突破了现行法律的相关规定，将除了人民调解组织所达成的调解协议之外的部分调解协议纳入了司法确认程序的适用范围之中。只是在国家层面缺乏统一且明确的安排与部署，各地法院在司法确认程序适用范围上依然存在着差异较为明显的自主性做法，长此以往将不利于司法确认程序的现代化发展。

6. 司法确认程序欠缺清晰的审查方式

对于司法确认程序以何种方式、以何种标准以及进行何种程度的审查，除了事关诉调能否有效转化与衔接的效率，更关涉到如何避免同一案件进入调解和诉讼重复处理浪费资源的问题。长期以来，学界对于这一问题存在着不同的观点。对调解协议进行形式审查抑或是实质审查的观点均得到了不同程度的支持，前者主要从提高司法确认程序的效率、维护当事人自治等角度对该观点进行证立，后者则从维护社会公共利益、保护案外人的合法权益等角度论证实质审查的必要性。从当前的司法实践出发，为了确保司法确认程序的严谨性，大多数法官倾向于采取更为严格与谨慎的方式对涉案信息进行总体上的把握，此种方式对于遏制虚假调解等不诚信诉讼行为确有可取之处。但是，在未来的程序设计中，如何在维系司法确认程序应有的公正性的同时促使这一程序更为简捷且高效亦成为我们不可忽视的重要方面。

（二）"多元调解+速裁"机制的实践困境

1. 平台折射数字治理的固有局限

近年来，人工智能、大数据等技术手段正在以愈发广泛的态势进入社会生活的诸多领域，司法与社会治理领域亦概莫能外。在纠纷的治理过程之中，政府、法院等已经不再是唯一的主体，其与特邀调解人员、委派调解组织等专业性群体在协同治理的基础上共同追求社会公共价值的具象化实现，此种过程与数字化治理所追求的广泛平等的目标具有相似性，因而以数字化治理的典型进路为社会治理赋能成为现今时代的新趋向。尽管数字化技术为全体社会公众提供了接近于使用的可能性，在表面上看似为全体平等的实现增添了无限可能，其实数字时代个体之间的差距正在以一种悄无声息的方式逐渐拉大，一个明显的例证即越来越多的数字信息被单一个人或部分个体所掌控。故此，数字治理时代天然所裹挟着的新的数据不平等问题、数据壁垒问题值得我们重视。

以"多元调解+速裁"模式为例，北京法院在探索与深化这一模式的过程中，建立了在本地区适用的线上平台，在此平台中设立了相应的调解人员与调解组织名录。其运作流程大致如下：当立案庭收到当事人起诉的案件后，在原告同意的情况下将可以调解的案件通过该平台分配到调解法官名下，再将此部分案件通过调解法官转送到对应的调解员，推送到调解员的系统之中，材料的转递等流程均在这一平台内进行。由此可见，北京法院所创设的这一调解平台由于法院在这一过程中发挥了引领作用，其更类似于一种法院调解的延续，主要依托委派调解的方式展开。但是，案件流转全程通过自建平台会造成跨平台间的流转存有一定难度。尽管，北京市高级人民法院所推出的这一平台已经实现了与最高人民法院"绩效2.0评估体系"与人民调解平台的数据联通，却未与司法部下设的人民调解平台等实现全方位的数据贯通。此外，北京法院所依托的此种模式在性质上更类似于法院调解，其与行政调解、行业调解等调解手段之间并未在该系统上实现完全整合与互通，在与行政机关、行业协会的系统对接方面依然存在着一定的阻滞与困难。

事实上，因平台林立所引发的数据壁垒等现象只是其固有局限的一个侧面，依靠平台所进行的司法与社会治理能够有效展开的前提即平台本身的优化与完善。纵观目前我国多地所创设的调解平台，其本身依然存在着稳定性欠缺等固有问题。

第一，平台所依赖的音视频调解方式存在不稳定性。若在调解的过程中，当事人在加入平台后由于网络等原因导致黑屏、卡顿等情况发生，则存在当事人放弃调解的可能性，调解的顺利进行则会受到巨大影响。

第二，依托平台所进行的调解加大了对主体真实性核验的难度。在纠纷解决中需要公正程序，当事人适格是程序正义的首要条件。那么，在缺乏亲历性的情况下，识别当事人适格即当事人是否就是实际纠纷的主体或者代理人是在线调解面临的一大挑战。纠纷解决需要当事人亲历性，从实体法层面而言，我国对于在线调解及其当事人适格在立法上均没有明确规定，亟须法律的明确规定。

第三，调解平台加剧了证据核实方面的难度。在线调解是通过互联网技术进行远程调解，大部分在线调解平台无法实现证据原件核实、材料亲自交换等功能，尤其是针对案情复杂的纠纷，调解员或调解组织无法依照传统线下调解的证据材料核实方法对在线调解的纠纷进行事实确认。一方面，在线调解存在当事人证据信息造假风险。当前在线矛盾纠纷多元化解平台在证据方面的相关规则规定"自己对所发布的信息承担全部责任；自行判断对方信息的真伪"，普遍倾向当事人自负其责，给当事人证据信息造假留下了空间。另一方面，在线调解中一般通过网络查明案情事实真相，证据往往以电子数据形式存在。虽然《民事诉讼法》及其司法解释对电子证据已有初步规定，但对电子证据的形成、保存、固定等并不成熟，为法官在证据认定方面带来较大难度。《中华人民共和国电子签名法》《中华人民共和国电子商务法》亦未能很好地解决在线调解中关于电子证据合法性、客观性和关联性的认定问题。

2. 在线调解适用比例不高

当前，与制度建设层面的"热"相比，实际使用率则相对较低。当前法院在推行在线调解时仍然面临诸多困境，在线调解的使用率不高成为其中一大重要挑战。数字鸿沟的存在导致当事人无法正常流畅进行在线调解。第 47 次《中国互联网络发展状况统计报告》显示，截至 2020 年 12 月，我国网民规模达 9.89 亿，互联网普及率达 70.4%。我国互联网的普及已经达到较高水平。相伴随的中西部经济发展不均衡与老龄化人口比例增加等问题均会导致数字鸿沟——相当一部分当事人对于互联网平台、智能手机的正常使用还是存在一定障碍。在实际操作中，亦存在当事人由于手机设备不支持进入在线调解平台、操作过程中嫌弃操作复杂麻烦等而要求撤回在线调解申请。

同时，当事人对于在线调解协议的效力以及能否正常履行仍然存在不信任问题。不能履行对调解当事人而言意味着前功尽弃。在实践中，存在部分在线确认调解协议的案例，但大量非诉调解协议并不属于可适用司法确认程序的范围，司法确认程序对非诉讼纠纷解决渠道的支撑力度还不够。这种情况往往导致"老赖"不执行、执行难等风险存在，迫使另一方当事人重新选择诉讼途径。在线调解结果不能履行，拖延了纠纷的有效解决。

在实际调研的过程中，不少法官反映这一模式虽然在实践中已经取得了一定的成效，但是依然存在着诸多当事人对这种模式欠缺必要的了解，在受众的知晓程度等方面还存在着很大的提高空间。在实践中，不少当事人对这种模式的了解途径主要限于法官的指导与释明，在调解率等考核"指挥棒"的指引下，部分地方法院甚至会鼓吹当事人选择调解方式来化解纠纷，存在着变相强制调解的风险。

3. 不同庭室之间调解效果差距明显

以北京市朝阳区人民法院为例，民商事案件审理的不同庭室在多元调解的成功率方面有所差异。以民一庭为例，其主要审理诸如劳动争议、医疗纠纷、婚姻家庭等传统民事纠纷，这几类案件的调解成功率相对较高。以劳动争议案件为例，其占该庭案件受理总量的六成到七成，调解成功率维持在 50% 左右。对于这类案件，劳动争议仲裁委员会囿于自身客观情况等原因时常作出不予受理的裁决，如此一来则导致了这些被仲裁委不予受理的案件涌入法院，给法院系统造成了巨大的压力。在这一方面，朝阳区人民法院积极与仲裁委以及区总工会进行沟通，创设了"融调解"工作机制，将法官等专业调解队伍的力量在仲裁委作出仲裁之前即及时下沉，促使矛盾纠纷在仲裁阶段得以有效化解。此后再安排专门人员对这部分仲裁所达成的调解协议及时进行司法确认，有效提升了该类型案件的调解效果。

民事审判三庭受理的案件主要集中于金融类案件，包括借款合同纠纷、信用卡纠纷、融资租赁理财、与担保有关的纠纷，等等。在金融类案件中，存在一个突出的问题是与被告的联系较为困难，这一显著特点制约了调解实效的发挥。尽管民事审判三庭通过借用北京市金融调解委员会等专业性的调解组织开展调解工作，在部分案件调解率的提升上有所推动，但是诸如保险纠纷、委托理财纠纷、融资租赁合同纠纷等案件的调解成功率依然较为有限。

4. 诉调对接标准化、规范化有所欠缺

对于诉前调解案件范围，各地法院的规定并不统一。根据民事诉讼法"适宜调解的"诉前调解案件标准，各地结合自身司法实践状况对案件的类型作出具体的规定。由于各地立法状况不同，法官在立案前对材料进行审核时，不同法官个体间认知性的差异，其对"适宜调解"必然有不同的理解。即便以当地规范性文件对于类型的规定为依据，因具体个案标的额的大小、当事人之间的对抗性等因素的不同，法官仍会作出截然不同的判断。法官的自由裁量在程序的适用上起关键性作用有违司法权威，造成了很大的任意性与不安定性。同时，各地法院对案件类型的规定有所出入，导致同一类型案件在不同地区采用不同的方式处理，有的以诉前调解的方式处理，有的则直接进入审判程序。各地法院司法实践难以统一，这对于今后诉调对接机制进行统一化和规范化建设造成了很大的阻碍。当前诉调对接工作在全国各地火热开展，有些法官可能出于对诉前调解工作成效等因素的考虑而进行强制调解，将不适宜调解的案件强行委派，不仅无益于纠纷的解决，调解不成的要转入审判庭处理，空走程序，反而增加了司法的负担。案件繁简分流标准的不一直接导致了部分司法实践状况较为混乱，调解的随意性较大亦直接导致了调解与诉讼衔接的混乱。

调解工作的规范化欠缺较为明显地体现在不同庭室调解团队管理的差异化之中。以朝阳区人民法院为例，目前各个庭室在调解和审判团队的融合管理上主要存在两种运作模式。第一种是庭室集约，即在庭室内安排专门的联络人员负责与调解团队的工作对接，这一专门的联络人员负责案件在调解队伍与速裁法官之间的流转。此种模式的好处便是能够免去速裁法官在团队管理等事务性工作上的精力消耗，促使其能够集中精力投入案件的审判工作。这一模式亦会产生相应的问题，比如当调解人员在专业问题等方面遇到阻碍需要寻求咨询意见时，因其无法与团队中的速裁法官直接取得联系，可能会导致指导及咨询的滞后，降低调解工作的实效。第二种是将调解人员编入审判团队，由专门的法官负责整个团队的管理。如此一来实现了调解力量与审判力量之间的有效沟通与对接，但亦不可避免地产生法官在管理、培训、指导等事务性工作上分摊过多精力的弊端。

5. 亟待构建有效的经费保障机制

在诉调对接机制建设的过程中，涉及的层面较广，相关的保障机制主要分为人员保障与经费保障两大方面。首先，在人员保障问题上，对调解人员的激励保障是保持诉调对接机制长久顺利运行的重要方面。当前存在着多元调解经费无统一标准，难以激发其工作积极性的问题。对于人民调解员从事调解工作的补贴问题，《中华人民共和国人民调解法》（以下简称《人民调解法》）第16条作出了相应的规定，但并未对专职调解员与兼职调解员进行区分，对兼职人民调解员的补贴标准、专职调解员工资发放标准均未作详细说明。有些地方根据本地经济发展水平制定了相应的补贴标准，如北京市司法局与北京市财政局联合印发了《关于进一步做好基层人民调解案件补贴工作的指导意见》。该文件本着"一案一补"的工作方针，对补贴标准及数额、发放流程等进行了规定。在司法实践中还是存在着调解经费发放不及时的问题。人民调解员的队伍中有很多工作经验丰富的各行业优秀人才，但其选择人民调解工作而放弃了其他高薪的职位，一定程度上是出于工作使命感和社会责任感，本就微薄的补贴收入还不能及时发放到位，严重影响了调解员的工作积极性。对于调解员的补贴保障机制存在着落实不到位的问题，原因在于审批流程较为随意，相关审批领导未对此事产生高度重视，缺乏统一的监管与追踪机制，不能对补助发放的实际情况进行监督。在调解主体，尤其是专业性特邀调解人员方面，存在激励机制难以形成足够吸引力的问题。目前，特邀调解人员的工作报酬以调解补贴为主，实行"一案一补"，特邀调解员每调解成功一个案件通常给予450元补贴。整体来看具有一定吸引力，但是对于律师等专业性调解人员来说，激励作用较为有限。而此类专业性调解人员通常具有较强的调解工作能力，调解成功率相对更高。一刀切的补贴做法并不符合调解工作实际状况，难以形成合理的吸引力，应细化规则，构建更为充分、灵活、具有层次性和针对性的激励体系，以充分发掘专业性人才的解纷潜能。

其次，在经费保障问题上，场地建设、人员培训、机构新设、部门配合等维持整个诉调对接体系运转所必需的开支，各地存在着缺乏统一报批途径、经费落实不到位的情况，一定程度上延误了工作开展的进程。建设独立的诉调对接中心、对人民调解员的专业技能进行培训、定期组织诉调对接工作经验分享交流会、法院与各调解组织保持密切合作等都需要经费的支持，要想使诉调对接工成为顺畅运行的长效机制，必须做到由专人管理经费报批事宜，并追踪经费落实情况。当前各地实践不一，有些地方法院未与政府、财政部门形成良好的沟通，未做好财政预算，相关部门审批不及时，经费下发不及时，造成了诉调对接工作效率的低下。

从实践调研的情况来看，保障机制欠缺所导致的最为明显的问题是调解队伍乃至法院队伍的不稳定。据调研法院反馈，近年来法院内部人员流失严重，在速裁团队中频繁出现"新人"工作能力逐渐提升而难以提供匹配待遇诱发的离职潮，导致法院一直处于"招聘—培训—磨合—招聘"的循环窘境之中，速裁团队难以稳定已经成为"多元调解+速裁"工作顺畅开展的一大阻力。法院长期处于一种"不停培训，不断找人"的尴尬局面，在组建相应的调解与审判团队之后，对这一团队进行了较为科学的人员配比，亦在团队的管理、培训等方面耗费了诸多心思与精力，但是调解人员或者审判人员因保障机制不到位等因素处于一种不断流失的状态，致使前期为组建相应团队所付出的努力付诸东流。故此，在制度经费等方面进行有效的保障，促使相应的调解与审判团队能够长期稳定在各自岗位上各司其职成了不得不解决的一个重要问题。

二、"多元调解+速裁"模式的优化路径

（一）"多元调解+速裁"模式在立法层面的优化进路

1. 推进多元调解立法明确员额法官的多重身份

多元调解的建设应给予必要的立法支持。[1]随着我国社会主要矛盾的转变，人民群众的法律意识由自发到自觉，诉求也逐渐多元化。有限的司法资源难以满足人民的需求，非诉纠纷解决方式以便捷和低廉的优势拓宽了群众维护自身合法权益的渠道。为此，应当加快推进非诉讼纠纷解决机制的立法工作。通过制定一部综合性法律，制定一系列的规范性条例，确保有章可循，有法可依。目前，仅有的这些非诉讼纠纷解决机制远远不能满足社会发展的需要。在社会治理的格局中，单靠一个部门法或一部法律很难从全局多角度地对社会进行综合治理，推进多元化纠纷解决机制的发展。

在立法时，应当坚持把非诉讼纠纷解决机制作为优先选项，构建起分层递进、衔接配套的纠纷解决体系，实现从源头上减少诉讼增量。具体可以将大量属地性、民生性纠纷，依靠基层人民调解组织化解；对于专业性强的类型化纠纷，应当充分利用行业性、专业性调解组织或仲裁机构的专业优势化解；对于重大敏感的群体性纠纷，应当借助基层党政机关的力量，通过行政调解等方式处置。在

---

[1] 参见徐楠轩、陶丽琴：《电子商务领域诉源治理机制的反思与重构》，载《法律适用》2021年第2期，第24~30页。

这个过程中，既引导群众发挥主体作用，选择非诉讼纠纷解决方式来解决纠纷，化解矛盾，明确非诉讼纠纷化解程序，并让当事人选择适宜途径解决纠纷。所以，应当制定一部综合法明确多元化纠纷解决的基本内容和当事人的行为程序，充分调动相关部门的积极性，在分工明确的基础上相互协调、相互配合，使各个部门之间实现有效的联动和紧密衔接，形成一部多元化纠纷解决机制法律规范，才能促进多元化纠纷解决机制改革在法治轨道上健康发展。

更为关键的是，在北京法院的"多元调解+速裁"机制中，员额法官呈现出多重身份。在"1+2+N"的多元化调解机制中，1代表着员额法官，2代表着法官助理和书记员，N代表着人民调解员、特邀调解员、律师调解员等非常广泛的可能参与到诉源治理过程中的调解人。员额法官、法官助理、书记员、人民调解员以及特邀调解员等这些主体共同组成分工合理、协调有序的诉源治理团队。毫无疑问，员额法官是这个诉源治理团队的主导者，已经不仅仅是单纯的裁判者或者调解人，亦须承担着对这个诉源治理团队的组织者和管理者的职责。在这个有机团队中，员额法官是当之无愧的组织者，案件筛选、调解开展、多方协商、方案达成等主要靠员额法官来推动。不仅如此，员额法官亦是这个团队的管理者，法官助理和调解员的遴选和培训、推进调解程序的深度开展以及提供合理的调解方案等均离不开员额法官的努力。遗憾的是，现行法律尚未对员额法官的这种多重身份加以明确规定。为保证多元化纠纷解决机制与诉源治理的深入发展，应当通过法律明确规定员额法官的多重身份。具体而言，在未来修改《中华人民共和国法官法》的过程中，可以对员额法官的身份予以全面细致的规定。

2. 借鉴"枫桥经验"实现诉源治理

我国现有调解范式中最具代表性的便是"枫桥经验"，就地化解矛盾是"枫桥经验"的基本价值遵循。[1]法律的生命在于实践，再完美的制度如果不能良好的付诸实践将形同虚设。人民调解制度的实践要依靠广大人民调解员去落实。在实践中人民调解却存在专业性人才缺乏，调解工作难以开展的难题。基层人民调解委员会的调解员法律知识欠缺，法律实务经验也很缺乏。在采用少数民族语言盛行的地区，精通汉语和少数民族语言的专业法律人士人数更少，调解员的结构单一化趋势非常明显，主要的依靠还是政府力量，其他社会力量比如志愿者和公益组织等力量弱小。调解员的法律专业性欠缺还表现在缺乏劳动纠纷、婚姻家庭纠纷、交通事故纠纷、医疗纠纷等专门纠纷调解委员会。专业性建设是调解委员会走向权威性的必要前提，亦是调解达到最佳效果的基石。为大力提高人民调

---

[1] 参见四川省成都市中级人民法院课题组、郭彦：《内外共治：成都法院推进"诉源治理"的新路径》，载《法律适用》2019年第19期，第15~23页。

解员的业务能力，我国政府积极组织开展了人民调解员业务培训系列课程。但是该培训存在以下缺陷：①侧重于抽象的法律和政策分析，缺乏调解经验分享。②培训内容缺乏实用性，培训形式单调，不能调动学员积极性。③培训效果难以保障，流于形式。为了弥补培训效果的不足，应该对人民调解员的遴选制度加以完善。人民调解员的专业化建设需要从以下几个方面进行：

第一，引进法律专业人才。法律背景的人才引进，主要包括法律专业毕业生、律师、有法律背景的医生、劳动仲裁委人员等。针对案件当事人遇到的纠纷，具有法律背景和其他相关专业背景的人可以给予当事人积极的法律咨询，当事人在得到专业解答后可以预测到案件最后的结果，从而加快纠纷的解决。人民调解委员会引进专业人才除了完善自身的人才管理策略外，还需要政府力量和社会力量的合力作用。譬如高校加大对人民调解委员会的宣传，增加学生对人民调解制度的认识和了解。高校可以将学生在人民调解委员会的实习经验作为实践内容的重要参考，增加学生去基层人民调解委员会学习实践的活动，增强学生对人民调解制度的认同感。律师协会应该在律师从业者中加大对公益事业以及基层调解制度的宣传力度，增设调解律师荣誉评选机制，通过积极鼓励的方式加大律师从事调解业务的积极性和主动性。

第二，细化专业分工。法律分为很多方向，要提高案件的调解结案率需要专业性更强的调解员加入，譬如在婚姻家庭类的纠纷中，需要有精通婚姻法、继承法的调解员。在民间纠纷中，处理婚姻家庭纠纷采用人民调解方式一般要比通过诉讼加以解决更为妥帖。民间一般认为"家丑不可外扬"，除非矛盾激化到了不可调和的地步，一般都具有调解的空间。在一个稳定的社区内，人民调解员能够在最短的时间内接触到纠纷案件的细枝末节，可能在听当事人一方倾诉的过程中就能将调解工作做到位。再比如多发的交通事故纠纷，尤其当纠纷发生在一个相熟识的当事人之间，当事人一般不愿采取对簿公堂的方式进行。受害方碍于情面，不愿追究过错方责任，过错方也没有认错态度。如果此时没有第三人加以调停，从中给过错方做工作，这一看似了解的交通事故纠纷可能为双方关系的进展埋下隐患。

第三，加强与社会公益组织的协作。人民调解员的流动性较其他岗位要大很多，加强与社会公益组织比如律师协会等的协作，可以在人民调解员处于短缺状态及时调动。人民调解制度的长期发展离不开经验交流和工作总结。社会公益组织和人民调解委员会可以通过友好合作会议、相关调解论坛等形式加强经验沟通交流，促进人民调解制度的良性发展。

3. 厘清诉前调解的案件范围

是否适用诉前调解，必须注重尊重当事人的意愿，避免产生强制转调现象。

对于先行调解之外的案件，法院启动多元调解程序，要处理好诉讼程序与非诉讼调解之间的关系。应该充分尊重当事人的调解意愿，只要不属于法律禁止调解的事由、不属于法律禁止调解的阶段，法院均应准许当事人调解并给予时间上、提供调解主体上的方便。

我国目前尚未出台法律对诉前调解案件的适用范围加以明确规定。课题组认为可以参照此前所出台的可以适用调解或者不能适用调解的案件范围作出一定的规定，解决因立法缺失所造成的实践困境。详言之，可以从应进行诉前调解、不应进行诉前调解两个维度进行范围的界定。

第一，应当进行诉前调解的案件。一是标的数额较小，这在一定程度上可以说明案件相对简单，无须动用严格的诉讼程序即可查清事实；二是对于家事、相邻关系等纠纷，其实质是熟人之间的争议，对簿公堂会加剧双方的对抗性；三是对于交通事故、工伤、物业、消费者保护类型的案件，其权利义务关系较为清晰，案件事实一目了然，只需对赔偿问题达成一致即可。这几类案件亦是近年来高频发生的，可以将此类型案件进行集中化的调解，提高程序适用的效率。2010年《人民调解法》已经施行，短期内对调解制度的单独立法并不现实，但可以通过司法解释性文件的形式对诉前调解的范围进行大致的规定。对于诉前调解的案件范围的确定，可以将现有的两规定进行交叉合并，即除了家事类、劳动争议类、相邻关系类和交通事故类四类案件之外，合伙协议类、物业类、医疗类、消费者权益保护类以及小额纠纷均可纳入诉前调解的案件范围，在条文的规定中应当留有开放性的余地，以供未来填补与发展。

第二，不能进行诉前调解的案件。最高人民法院于 2004 年公布的《关于人民法院民事调解工作若干问题的规定》规定了对于婚姻关系、身份关系确认类案件，以及适用特别程序、督促、公示催告、破产还债程序的案件不能进行调解。有学者认为，除上述法律规定案件类型外，确认之诉与基本事实存在重大争议的案件均不适宜进行诉前调解。原因在于，对于确认之诉，"从当事人来说，期待法院给出一个明确的结论，要么是所有人、要么不是所有人，要么合同有效、要么合同无效，要么构成侵权、要么不构成侵权，要么是公司的股东、要么不是公司的股东，因而一刀两断、黑白分明的判决适合用于处理此类诉讼，而模糊性的调解则无力解此类纠纷。"[1]对不适宜诉前调解的第二类案件，若对案件事实存在都有重大争议，就必须交由审判庭通过普通的诉讼程序来查明事实，其必然不属于可以诉前调解的范畴。

通过以上分析，今后对于诉前调解案件范围的立法工作，可以参照已有规

---

[1] 李浩：《先行调解制度研究》，载《江海学刊》2013 年第 3 期，第 142 页。

定，根据司法实践及时增加案件类型，对应当与不应当均进行列举性的立法，补充开放性的条款。可采用"其他适宜进行诉前调解的纠纷，可以引导当事人选择诉前调解程序"的表述，作为对列举立法的补充。亦应允许各地方结合自身实际，制定相应的规范性文件，赋予各地方一定的灵活变通权。

4. 推动诉前调解程序的规范化

当前法律并未对诉前调解的程序进行规定，但对程序性事项进行立法具有现实的紧迫性，能够起到规制诉前调解程序、规范各地法院诉前调解的司法实践的重大作用。最高人民法院《特邀调解规定》对特邀调解的相关工作进行了比较全面的规定。从诉外调解的居中主体来看，特邀调解吸纳行业调解、人民调解、行政调解、商事调解的组织与个人，对《人民调解法》、最高人民法院《关于人民调解协议司法确认程序的若干规定》（以下简称《司法确认规定》）所规定的主体进行了扩充，可以看作是对最高人民法院《关于建立健全诉讼与非诉讼相衔接的矛盾纠纷解决机制的若干意见》（以下简称《衔接机制意见》）更为纵深与全面的发展。最高人民法院发布《特邀调解规定》意在对诉外调解与衔接机制加以统筹性的规定，以特邀调解的形式来规范司法实践中的立案前委派调解、立案后委托调解。换言之，将调解员与调解组织进一步规范化，通过设立特邀调解员与特邀调解组织名册的方式，对诉外调解的主体进行统一的规范化管理，对调解进行的程序及与诉讼相衔接的方式一并进行规范。

《特邀调解规定》包含着对立案前委派调解相关内容的规定，包括在个案中选定特邀调解员的方式，特邀调解员的选任、培训、业绩的考核与评估，特邀调解员的回避情形，调解成功或不成功与诉讼程序的衔接方式，适用委派调解的具体期限等，较为全面地规定了程序设置上的相关内容。结合我国的司法实践现状，诉前调解不仅包括立案前委派调解，还存在着主要依托于人民调解组织的法院附设型诉前调解。应当看到，各地法院开展特邀调解工作的进展差别较大，部分法院并未实际推行特邀调解制度，甚至很少借助社会力量解决纠纷。故此，特邀调解制度在全国范围内的推行与统一工作将会经历一个漫长的过程。我们认为，对于诉前调解程序的规定可以参照《特邀调解规定》来适用。

5. 明确司法确认程序的案件范围与审查方式

明确司法确认程序所适用的案件范围是与诉前调解以及整个非诉调解制度相衔接的重要问题。司法确认程序虽为特别程序，但明确案件范围对于理顺"调"与"诉"的关系、理顺诉调对接机制的脉络有重大的意义。对于司法确认程序的案件范围的确定，仍要从应予适用与不应适用两方面进行明确。

首先，应当适用司法确认程序的案件。《衔接机制意见》将行政调解、行业调解等组织达成的调解协议均纳入司法确认的案件范围，但《人民调解法》《司法确认规定》等却仅以人民调解协议作为司法确认的对象，《衔接机制意见》之后的几部立法看似缩小了对司法确认案件范围的规定，仅就人民调解进行立法性规定是由于人民调解在我国诉讼外调解中的广泛性与主导性的现实基础。其实，司法解释已经将证券期货调解协议〔1〕、律师调解协议〔2〕和生态环境损害赔偿协议〔3〕纳入司法确认的范围。但是，采用司法解释拓展司法确认的案件范围并不符合司法确认的单行法立法模式。〔4〕为此，应当在单行法中明确授权法院可对商事调解组织、行业调解组织调解达成的证券期货调解协议、律师调解协议、生态环境损害赔偿协议以及其他调解协议加以司法确认。透过司法确认程序赋予这些调解协议以强制执行力，"能够有效帮助当事人避免诉讼程序的烦冗与漫长。调解成功后通过法定的司法确认程序赋予调解协议以强制执行力和调解失败后诉讼程序的无缝衔接、迅速跟进，这两条路径双向度的对接同等重要，不可偏废"。〔5〕

其次，对于不应当适用司法确认制度的案件范围，《司法确认规定》第4条与2020年最高人民法院《关于适用〈中华人民共和国民事诉讼法〉民的解释》（以下简称《民诉法解释》）第357条的规定有所不同，《民诉法解释》在《司法确认规定》的基础上进行条文的合并，新增加了涉及物权、知识产权确权等类型的案件。《民诉法解释》是结合司法实践经验与出现的问题，直接将其反映于法条之中，进行法条的完善。因此，在适用中应以《民诉法解释》第357条的规定为准。

最后，对于调解协议的司法确认程序，应当分情况进行讨论。司法确认制度是对于非诉调解所达成调解协议之衔接制度，而非诉调解又因其所处阶段与开展

---

〔1〕 最高人民法院和中国证券监督管理委员会在2018年联合发布的《关于全面推进证券期货纠纷多元化解机制建设的意见》第11条规定：调解协议的司法确认制度。经调解组织主持调解达成的调解协议，具有民事合同性质。经调解员和调解组织签字盖章后，当事人可以申请有管辖权的人民法院确认其效力。当事人申请确认调解协议的案件，按照《中华人民共和国民事诉讼法》第十五章第六节和相关司法解释的规定执行。经人民法院确认有效的具有明确给付主体和给付内容的调解协议，一方拒绝履行的，对方当事人可以申请人民法院强制执行。

〔2〕 最高人民法院和司法部在2017年联合发布的《关于开展律师调解试点工作的意见》的第12条明确规定：完善调解协议司法确认程序。经律师调解工作室或律师调解中心调解达成的具有民事合同性质的协议，当事人可以向律师调解工作室或律师调解中心所在地基层人民法院或者人民法庭申请确认其效力，人民法院应当依法确认调解协议效力。

〔3〕 最高人民法院在2019年发布的《关于审理生态环境损害赔偿案件的若干规定（试行）》第20条明确规定：经磋商达成生态环境损害赔偿协议的，当事人可以向人民法院申请司法确认。

〔4〕 参见王胜明主编：《中华人民共和国民事诉讼法释义》（最新修正版），法律出版社2012年版，第458页。

〔5〕 陈佳文、唐玉富：《律师调解协议的效力及其制度保障——以杭州、舟山两地律师调解试点为镜鉴》，载《浙江海洋大学学报（人文科学版）》2020年第2期，第48页。

方式的不同，而使该调解程序中法官参与度不同。按照法官参与度进行排序，附设型诉前调解较强，立案后的委托调解次之，立案前的委派调解最弱。

在附设型诉前调解中，法官有时会对调解的方案和技巧进行指导，处于这一调解类型中的法官对于案件存在一定的了解，当此类案件调解所达成之调解协议，其实已经过法官的一次把关，若存在不适宜调解或调解过程中显露出虚假倾向、有损国家利益或社会公共利益情形的，法官会示意调解员及时停止调解进程。调解成功进行司法确认的，此时审判法官可以主要进行形式审查，无须再将案件全盘审阅。

对于委派调解与委托调解的案件，该调解协议的达成主要依靠调解员的居中作用，法官并不参与其中。当调解成功达成调解协议后申请司法确认的，法官可以根据案情的繁简与标的额的大小等予以综合判断。调解中法官参与度小的案件，司法确认程序中宜并用形式审查与实质审查，保证调解结果的公正性，避免因出现不予确认事由而导致的程序反复。

（二）"多元调解+速裁" 模式在实践层面的优化进路

1. 加强 "多元调解+速裁" 机制的深度推广

"多元调解+速裁" 机制作为北京法院探索诉源治理的一种创新模式，在形式上与传统的民事诉讼存在较大的差别。在当前的多元调解与速裁实践中，纠纷当事人对此机制往往不理解，相关的工作人员需要进行细致的介绍说明。对于北京法院为当事人便利所提供的 "北京法院分调裁一体化平台" "北京法院微诉讼平台" "无讼朝阳" 等在线平台，当事人往往不了解，致使相关平台的效用大打折扣。有必要加大对 "多元调解+速裁" 机制的宣传普及，提升当事人的认可接受度。

这种依托当事人合意才能启动诉前多元调解程序的模式增加了立案阶段的工作量，限制了多元调解机制的适用。北京法院曾尝试将一些类型化案件强制导入诉前多元调解程序，若当事人坚持反对，法院只能将案件转入常规立案流程。诉前调解是当事人意愿的真实反映，但没有约束力的权利行使，有可能面临被滥用的危险。从国际趋势来看，针对一些类型的纠纷中设置强制性调解逐渐成为主流做法。美国法在婚姻家庭、邻里纠纷、小额或简单纠纷以及其解决必须借助其他已经设立的 ADR 机构及专家的专门性纠纷，设置调解前置程序，对其他类型案件，法院可提供调解提议而允许当事人在特定时间内拒绝。这样的程序设置，使得先行调解的利用率和效率提高，案件处理更加顺畅。[1] 故此，适度限制当事人在特定类型纠纷中的选择权、提高多元调解机制的适用率是北京法院今后值得重视的课题。

---

[1] 参见赵蕾：《先行调解案件的类型化研究》，载《法律适用》2016 年第 10 期。

在多元化纠纷解决机制的现代化与国际化的大趋势下，应当不断加强"多元调解+速裁"模式的宣传普及率。政府和法院可以针对多元调解的科普介绍、如何使用、流程步骤等必要知识，运用互联网技术在官方网站、短视频平台、微信公众号、微博讨论区等公众触达率较高的平台进行积极宣传推广。除此之外，传统的报纸、杂志、电视台等媒体渠道亦应多多利用，甚至可以制作有关公益广告等在公共场合轮番播放，以此加大公众对在线调解的普遍认识了解，消除因为不了解和不会操作而产生的排斥感。

2. 以技术迭代补足平台的固有缺陷

第一，除了各个平台之间容易形成数据壁垒之外，纠纷在各个部门之间流转时亦容易导致数据隔阂的产生，各个服务板块之间可以通过人案关联技术形成融合联动的解纷效应。当矛盾纠纷进入矛调中心后，由系统自动生成专属的纠纷信息，并将这一信息与诉前阶段的调解、仲裁等进行充分关联，在上一阶段纠纷处理取得的相关成果可以自动进入下一阶段并成为重要的辅助信息。在纠纷进入矛调中心的初始阶段，可以通过人案关联技术将当前纠纷与当事人在此前产生的纠纷以及纠纷处理的过程进行关联，通过对既往纠纷处理过程的透视分析该当事人在调解、仲裁等方式上的偏向性，在实现精准分流的同时助推各个窗口与部门之间的数据融通，真正助推诉源治理实现"最多跑一地"。概言之，在运用人案关联技术实现同一个中心内案件信息自由流转的基础上，亦应注重不同地方之间解纷平台的数据整合。各地已经建立的解纷平台要尽快完成与最高人民法院调解平台、司法厅人民调解大数据管理平台等的对接工作，最大限度消除数据壁垒所带来的消极影响。

第二，建立当事人多种身份认证机制。在线调解是化解当事人矛盾纠纷的有效路径，应该以当事人真实身份为基础，需要通过技术手段和调解组织的职权行为来进行认证核查。技术层面应建立当事人的多种身份认证机制。可以借助手机号码实名认证技术，在当事人注册或登录在线调解平台时，提示用户通过个人真实手机号码进行注册或绑定，从而对当事人进行实名认证。或者借助公安部门的公民信息系统与在线调解平台进行联合，通过人脸识别或者个人指纹识别等技术进行当事人身份认证。亦可以借助微信、支付宝等已经认证的身份信息来绑定当事人身份信息，确定当事人真实身份，还可以通过电子签名进行字迹核对认证，确保当事人亲自参与调解的真实性。

第三，在证据查验方面积极运用区块链等新兴技术保证电子证据不可篡改。最高人民法院于2018年发布的《关于互联网法院审理案件若干问题的规定》第11条明确规定，当事人提交的电子数据，通过电子签名、可信时间戳、哈希值校验、区块链等证据收集、固定和防篡改的技术手段或者通过电子取证存证平台认证，能够证明其真实性的，互联网法院应当确认。运用区块链技术使调解全流程自动记录，做到多节点司法见证，利用去中心化和加密技术，做到记录不可篡改，确保在线调解的证据切实可信。

3. 完善"互联网技术+调解"的在线调解模式

迅猛发展的互联网技术深入到社会的各个方面，社会治理领域也不例外。科技手段在纠纷化解过程中扮演着越来越重要的角色。在线调解突破了以往调解模式的空间、时间上的束缚，降低了当事人纠纷解决的成本，有利于繁简分流的实现和诉讼效率提高。尤其是新冠疫情以来，增加在线解决纠纷的客观需要，为在线调解模式的发展和完善提供了契机。不过，我们需要清醒地认识到在线调解虽作为新兴的解决方式而备受推崇，但缺乏必要的理论支撑和制度设计。

在线调解的出现打破了以往熟人社会模式。传统调解多基于调解员或者调解机构的身份权威或信任，在线调解则不然，其打破空间、时间的束缚。在线调解应当更加注重调解的技术权威。调解员或者调解机构不再处于神秘的地位，更为公开透明。在线调解设置相应的信息反馈机制，[1]并非适用所有的案件类型，可从调解类型、案件类型等角度设置在线调解的范围。

以朝阳区人民法院为例，人民调解平台采用"多元调解+速裁"的模式。在立案时，根据案件繁简分流规则，对于符合起诉条件并适合调解的案件，由立案法官进行登记并立"调"字号，确定速裁法官，并向当事人送达调解告知书，告知调解的优势、程序、法律效力和诉讼费减免等相关事宜。经当事人同意后，案件进入人民调解平台，由纳入相应速裁团队管理的调解员或其他调解组织负责诉前调解工作。案件进入调解系统后，调解员可通过外网进入人民调解平台，在选择需要调解的案件、设置好调解时间、参与调解的当事人后即可通过平台以短信形式向参与调解的当事人发送有关参与线上调解的通知。在线调解系统具备云端提交证据、批注、签阅笔录等功能，减少了当事人因参与诉讼、需往返法院而需支出的时间和交通等成本，减轻了当事人的诉累，提高了简易案件特别是小额案件的诉讼效率。在线上调解中，对于达成调解的案件，由调解员制作调解笔录并在速裁法官指导下拟定调解协议，随即由速裁法官出具调解书；对于调解不成的案件，由调解员按照规定完成当事人起诉材料送达工作后，案件依法进入法官审判系统，由法官根据调解员制作的调解笔录所载的案件进展有计划地安排下一步工作。

为此，应当确保在线调解协议的法律效力。当事人在调解组织或调解员的协

---

[1] 参见廖永安、张培：《论我国在线调解的路径优化——以技术—组织互构理论为分析视角》，载《烟台大学学报（哲学社会科学版）》2021年第3期，第10~19页。

助下，在双方友好协商基础上达成的调解协议，是当事人双方合意的表达，应该跟传统线下调解达成的调解协议效力同样受法律保护。当事人可以就调解协议申请司法确认，有关人民法院收到申请后，应该依法审查，进行司法确认与否的答复。一旦法院对通过在线调解达成的调解协议进行司法确认，意味着基于调解协议所制作的司法确认裁定书产生强制执行力。如此一来，若一方当事人不想履约，对方当事人凭借司法确认裁定书可以依法申请法院进行强制执行。亦应建立调审无缝对接机制，一旦调解不成功，当事人可以立刻在平台申请在线立案，做到审调对接，方便当事人纠纷解决。很多国家的法院附设调解制度明确规定调审衔接机制。以德国为例，当事人启动调解后，3个月内没有达成调解协议的，则意味着调解失败。当事人从法院开具调解失败的证明，进入下一步诉讼流程，进而维护自身的正当权益。

应当充分利用电子送达方式。2021年《民事诉讼法》第90条规定：经受送达人同意，人民法院可以采用能够确认其收悉的电子方式送达诉讼文书。通过电子方式送达的判决书、裁定书、调解书，受送达人提出需要纸质文书的，人民法院应当提供。为确保在线调解协议尽快取得当事人同意和确认，应实现电子送达方式为当事人送达调解协议。网络环境下调解书可以采取"一键送达"，在线调解平台可以考虑专门设置"是否同意以电子方式送达调解书"板块。此外，还应设置电子送达推定制度。推定制度是防止当事人滥用异议权否定电子送达的必要手段，不因受送达人的否认而使电子送达无效。推定有两种形式：一是当事人使用电子法院的事实推定，当事人要在电子法院注册，而注册行为本身就构成了使用电子诉讼的推定，视为同意使用电子送达方式。二是电子送达的事实推定，通过邮件系统生成记录和保留记录，形成不可否认的法律事实。

最高人民法院《关于进一步推进案件繁简分流优化司法资源配置的若干意见》提出完善送达程序与送达方式要充分利用中国审判流程信息公开网，建立全国统一的电子送达平台。在线送达平台应以中国审判流程信息公开网为基本，让电子送达在实现高效快捷的同时，免除当事人对调解协议网络传送途径安全问题的后顾之忧。同时，探索电子送达新模式，完善相关规则。第一，在线平台可凭借简单的电子签名或告知书获得用户对平台电子送达方式的同意。这种方法可以简洁明了的方式与当事人达成合意，便于对便捷的电子送达进行利用。第二，平台可以尝试扩大电子送达法律文书范围至判决书、裁定书和调解书。随着以在线方式进行诉讼业务普遍性会越来越高，对判决书、裁定书和调解书的电子送达方式的限制必将会带来不便，所以在以书面形式征得当事人同意后，可以允许当事人自主选择以在线方式接收。第三，在电子送达新模式的经验总结之上推动电子送达的平台规则制定以及成熟条件下的修法工作。在司法改革中，有必要采取立法的方式保障和巩固改革的成果，这种立法应当充分囊括改革过程中的积极成果，并且上升为法律。[1]统一规则和立法的推动有助于合理规范新模式。

还要建立调解结果不履行的事前防范。可以在自愿达成的调解协议中设置一些条款来降低调解结果不履行的风险。根据我国的规范性文件，在线非诉调解协议具有合同属性，可以在调解结果中加入违约条款性质的约定降低不履行风险，在线诉讼调解协议中同亦可如此。针对在线非诉调解协议可以设置"调解—仲裁"条款，通过调解协议接裁程序，把在线非诉调解协议转化成具有执行力的仲裁裁决书。可以采用"末端警告"的方式促使其履约，考虑借鉴美国的做法，引入"诉讼费用"帮助履行。在法律中明确规定，当事人一方在调解结束后反悔而不愿意履行进入诉讼程序，假若当事人没有获得比调解协议更有利的审判结果，那么该方当事人应当支付相应的诉讼费用，促使其正常履行调解结果。

"把非诉纠纷解决机制挺在前面"是推进社会治理体系和治理能力现代化的重要措施。发挥多元调解在诉源治理的作用不宜采用"一刀切"的统一范式。可针对案件本身，立足专业、分类施策。对适宜调解的相对疑难复杂案件或重大影响案件，委派人民调解委员会或律师调解工作室进行诉前调解。对具有调解基础的事实简单的案件交由人民调解员、律师调解员进行诉前调解，充分发挥该专业资源与优势。加快建成专门的诉调对接管理和服务软件，实现网上网下无缝衔接，迈出智慧化法院建设的步伐，使纠纷在诉前调解的过程中得到解决。如果在诉前纠纷得不到解决，可以通过专门的诉调对接的服务软件，让人们足不出户就可以在软件上通过诉讼解决纠纷。充分发挥互联网时代大数据的优势，除了诉讼前的调解外，还应尝试将其进一步扩展到诉讼中、诉讼后的调解，以便可以将其整合到整个诉讼活动中。亦可进一步整合资源优势，推进人民法院在线调解平台与地方各级法院实现纵向联通，推进各地方法院与各地方有关政府部门、政务服务中心、居委会、村委会和专业调解组织实现横向联通，做到数据共享、资源共用、纠纷共解、全面实现矛盾调解跨时间、跨空间、跨部门的优化配置。在法治社会矛盾多元、纠纷复杂的时代背景下，诉讼不再是化解纠纷的唯一手段，坚持和传承"枫桥经验"，完善多元化的纠纷解决机制，实现多元主体参与社会治理，构建和谐稳定的社会是时代发展的必然要求。通过坚持和传承"枫桥经验"，借鉴其他国家纠纷解决机制方面的优秀经验，完善法律法规和相关的配套设施，深化"分调裁审"机制改革，深化司法改革，创新工作机制，建立专业的调解队伍，创新"互联网+枫桥经验"的网上调解模式，从而形成一套我们自己的有效解决各类矛盾纠纷的机制，满足人民群众的新需求，及时发现矛盾纠

---

[1] 参见陈卫东：《十八大以来司法体制改革的回顾与展望》，载《法学》2017 年第 10 期，第 17 页。

纷，及时化解矛盾纠纷，实现社会和谐稳定发展。

4. 探索类型化的纠纷调处机制

根据纠纷发生频繁领域设置不同的多元调解机制，纠纷多发领域主要涉及交通事故纠纷、医疗事故纠纷、保险赔偿争议、金融领域等，对应相关的行政机关、行业组织，这些领域的行政机关和行业组织应加强与法院合作，设立专门的诉调对接机制，处理法院与特定组织之间诉调衔接案件。上述领域因争议案件较多均设有以调解为主的独立的争议解决部门，亦因其专业性经常成为法院委托调解或邀请调解的主体。因此，对于这些特殊类型的非诉讼纠纷解决组织应设置区别于一般争议解决组织的衔接制度。此外，充分发挥行业性专业性组织对批量的类型化案件的解纷作用。"随着市场经济的发展，单纯依托地域组织的解纷机制已无法满足社会需求。当代社会还需要根据纠纷的类型、行业管理的特点，建立多种类型化、行业性及专门性的纠纷解决机制。"[1]各城市可以效仿北京多元调解发展促进会，建立多元调解联合会，充分发挥行业协会、行业性专业性调解组织平台的作用。法院可以联合政府、司法局等部门加强对促进会等组织平台的扶持、指导和规范，进一步提升行业性专业性调解组织防控专业重大风险的能力。

5. 建构合理的经费保障机制

调解工作离不开经费支持。以人民调解为例，《人民调解法》第 4 条、第 6 条、第 16 条规定了调解不收取任何费用。政府对人民调解工作的必要经费需要给予支持和保障，对调解员给予误工补贴。然而，经费保障和误工补贴在实践中未落到实处，实施效果欠佳。改善人民调解员的补贴待遇以及工作环境尽管能够提高人民调解员的工作积极性，但是为使人民调解制度走向良性运作的轨道，还需要加强对人民调解委员会的监管。缺乏监管的组织机构，容易出现在职人员的不作为，造成在职人员消极怠工，不采取最佳方案调解矛盾，反而导致案件矛盾激化。

第一，要完善对调解人员的保障。对于调解员的补贴和工资的发放，北京市高级人民法院应当联合司法行政部门、财政部门制定科学合理的发放标准与发放流程。在执行的过程当中，各审批部门应当认识到，调解员依靠调解获得的收入并不算高，大多调解员本着对工作的热爱与对法律的信仰坚守在工作岗位上。为此，应当按月及时、足额发放调解补贴，加深同调解员的密切联系，充分调动起调解员的工作积极性与主动性，避免人为降低经费标准，拖延补贴的发放。同时，可以采用以下具体措施：一是实行"底薪加提升"机制。在保障基本经费

---

[1] 范愉：《社会转型中的人民调解制度——以上海市长宁区人民调解组织改革的经验为视点》，载《中国司法》2004 年第 10 期，第 57 页。

支出的前提下，根据调解员调解纠纷案件的数量增加物质奖励，从而提高调解员的工作积极性，提升岗位的吸引力。二是定期评选乡村（社区）最佳人民调解员。具体为采用逐级遴选的"金字塔"结构的评选模式。先在乡村（社区）最小一级单位进行同一人民调解委员会内部的推优，进而进行乡村（社区）间的评选。通过此种评选活动可以满足人民调解员的荣誉感，同时宣传了人民调解制度。

第二，要完善对诉调对接机制建设的经费保障。应当建立好组织领导体系，对于诉调对接工作的开展，可以由政府牵头统筹，协调各方关系，由法院主导具体的工作建设。对于具体工作开展所需要的经费，例如培训调解员、开展经验交流会、建设诉调对接中心等，由法院设专人负责制定预算，与政府财政部门进行对接，畅通财政审批渠道，保障经费及时到位。政府亦应设专人监督各专项经费的具体落实情况，以确保诉调对接工作能够高效、有序进行。监管制度建设要从以下两个方面入手。一是设置人民调解委员会内部监督机构。监督机构人员从不担任人民调解员的村民代表中选举产生，对人民调解员进行业务监督。二是完善对人民调解委员会的外部监督机制。通过开通人民调解委员会热线电话的方式，让广大群众通过有效途径进行实时举报。县级以上政府可以设立相关巡视小组定期到基层了解情况，听取工作汇报，通过人民和政府双层外部监督的方式加强人民调解员的调解工作有效开展。

新冠肺炎疫情对北京市营商环境影响

刘朝茂　邓　恒[*]

一、绪论

（一）后疫情的环境与背景概述

2019 春节来临前，新型冠状病毒肺炎疫情（COVID-19，以下简称"新冠疫情"）突然开始在全世界蔓延。这世界性的流行病辐射规模极广，对全球各国来说都属于严重危机。我国在以习近平同志为核心的党中央坚强领导下，通过采取强有力的防控措施使疫情得到有效控制。目前生产生活基本恢复正常，经济状况逐渐走出疫情影响，但全球抗疫形势依然不容乐观。

伴随新冠疫情在我国的形势日渐缓和，我国率先步入一个特殊时期——"后疫情时代"。后疫情时代给营商环境的构建与改善带来诸多挑战，当然也带来新的机遇。新冠疫情对于社会经济所造成的负面影响是显著的，疫情也拖慢了经济全球化的脚步，想要在后疫情时代保持经济持续增长，面临着更巨大的挑战。从全球治理的视角看，我国对于世界经济"再全球化"的实现有着极为重要的作用。在后疫情时代背景下，防控措施常态化与发展社会经济二者需要统筹协调，后疫情时代的全球治理中营商环境的建设更应慎之又慎。[1]本研究报告就是应时代发生的新变化，围绕后疫情时代北京市营商环境建设问题所做的前瞻性思考，以期引起各方的重视和讨论。

（二）营商环境的概念与内容

世界银行集团国际金融公司（IFC）在 2002 年首次提出"营商环境"一词，建立了企业营商环境指标体系，调查评估各国（地区）中小企业存在周期内的商业监管环境，并发布《营商环境报告》。目前学界对于营商环境的定义并不统一。简单地说，如果某个区域没有良好的营商环境，那么它就无法有效地与其他

---

　*　课题主持人：刘朝茂，北京市法学会二级巡视员；邓恒，北方工业大学副教授。立项编号：BLS
　　（2020）A007。结项等级：合格。

〔1〕　参见易继明：《后疫情时代"再全球化"进程中的知识产权博弈》，载《环球法律评论》2020 年第 5
　　期，第 163~177 页。

区域进行交流、展开合作，也不具备与其他国家或地区竞争的资格。营商环境状况是一个区域整体经济实力状况的重要体现。宏观上看，营商环境也能够反映一个区域政府执行法律法规的效率和执政能力的创新程度。

2019 年 10 月，中央人民政府发布首部改善营商环境范畴的系统性行政法规，即《优化营商环境条例》。[1]它的出台补足了我国法律法规在营商环境方面的立法缺失，象征着在健全营商环境领域的全新突破和发展。我国《优化营商环境条例》也对营商环境一词作出概括，认为营商环境是指以企业为代表的从事交易活动的组织和个人在市场经济活动中牵涉到的规则制度性因素，以及各要素之间的结构关系和运行方式、存在与发展的影响因素。[2]

如今我国经济发展处于转型阶段，即从高速增长阶段向高质量发展阶段转变。高质量发展是一种经济社会效益更好的发展状态，是进行社会生产经营活动时所需要的各种社会资源投入少、资源配置效率高的质量型发展。没有优质的营商环境，就无法实现高质量发展。而目前我国对于营商环境的评价主要方面就是便利化、国际化和法治化。一方面，优质营商环境的重要标志之一就是法治化程度；另一方面，法治化程度也是监测和评价营商环境的重要观察点。营商环境的本质是企业的营商成长环境，因此评估一个地方经济环境是否良好的最简单也最根本的一个标准是企业用行动表达在这里投资和经营的意愿。[3]营商环境是法人或其他社会经济组织在整个生命周期中赖以生存的行政环境、法律环境、市场环境和社会文化环境概括起来的名称，这是市场活动当事人投资决策的依据，也是其经营发展依赖性元素。[4]它伴随企业从诞生、成长到死亡整个生命历程的各种存在、发展的影响因素、状态等的集合，包括企业日常运作与投资活动所涉及的经济指导原则和措施、规范性文件、政治价值取向模式以及生存和发展的具体环境。营商环境的复杂程度可见一斑。

优质的法治化营商环境可以起到为企业经营活动保驾护航的作用，提高其经营效率，也是区域聚集人才、技术、资金的基础条件。世界银行发布的《全球营商环境报告2020》中可以看到，我国营商环境在全世界中排名与2019年相比，整整上升了15位，排名第31位，接连两年都是全世界营商环境排名变动最大的

---

〔1〕《优化营商环境条例》（中华人民共和国国务院令第 722 号）已经 2019 年 10 月 8 日国务院第 66 次常务会议通过，自 2020 年 1 月 1 日起施行。

〔2〕《优化营商环境条例》第 2 条规定：本条例所称营商环境，是指企业等市场主体在市场经济活动中所涉及的体制机制性因素和条件。

〔3〕参见谢红星：《营商环境法治评价的中国思路和体系——基于法治化视角》，载《湖北社会科学》2019 年第 3 期，第 140~149 页。

〔4〕参见任保平、文丰安：《新时代中国高质量发展的判断标准、决定因素与实现途径》，载《改革》2018 年第 4 期，第 5~18 页。

经济体前 10 名。[1]排名的提升，很大程度上可以说明我国营商环境在各方面取得的进步。法治化进程有序推进，也从侧面肯定了各级政府的努力付出与成就。

（三）良好营商环境对经济高质量发展的意义

总结我国区域层面实践经验可发现并证明良好的营商环境能够增强企业活力、刺激创业行为，进而起到促进区域经济良性发展的效果。另外，企业活跃度高也可吸引更多投资，稳定就业形势。营商环境是经济社会发展的决定性变量，营商制度的完善程度对经济发展、就业和社会稳定产生重大影响。[2]在新的时代背景下，市场经济正经历着阶段性变化和系统性调整，法治化营商环境建设在国家战略决策中的重要地位日益凸显，被赋予更深层次的内涵与要求。优质营商环境建设是政府与市场协同共治的综合治理过程，是推动国家经济体制改革、建设现代化经济体系的重要基础，是推进国家治理现代化的有力保障。国家治理法治化是国家治理现代化的必由之路。[3]研究新冠疫情对我国乃至全球营商环境产生的负面或正面的作用，及时提出科学合理的应对方案，已成为在复杂的国际政治、经济形势和后疫情时代背景下亟待解决的问题。

对我国而言，疫情期间出口形势进一步恶化，传统的出口导向型发展模式受到挑战，迫切需要找到经济增长的新动能。因此，优化营商环境、开释经济潜力，全方位、多角度、深层次地建立开放型经济新模式，成为促进我国经济不断更新进步的重要政策选择。我国经济已由高速增长阶段转向高质量发展阶段，需要不断创建和完善制度环境。[4]营商环境法治化构建成为推动我国经济发展的有效制度保证。

党的十九届四中全会明确指出，要通过简政放权、放管结合、优化服务等方式，改善营商环境，激发市场主体活力。可以看出在我国发展新的历史方位中，创造优异的、令人满意的营商环境，对于我国推进经济高质量发展具有重大意义的主要政策重点着手之处。在当下经济增速放缓的大环境下，进一步优化营商环境，为经济主体提供更多的发展产业、激励创业和更好的经营、投资环境，更是刻不容缓。我国应对标营商环境排名靠前的经济体，借鉴贸易、投资、人才等相关经验并进行推广，国内营商环境落后的城市也应向改革成效显著的城市如深圳、上海等看齐。只有政务环境、市场环境、法治环境、人文环境等不断改善，

---

[1] 参见丁邡、周海川：《我国优化营商环境成效评估与建议》，载《宏观经济管理》2020 年第 2 期，第 7 页。

[2] 阳军、刘鹏：《营商环境制度完善与路径优化：基于第三方视角》，载《重庆社会科学》2019 年第 2 期，第 35 页。

[3] 张文显：《法治与国家治理现代化》，载《中国检察官》2014 年第 23 期，第 16 页。

[4] 参见贺大兴、王静：《营商环境与经济高质量发展：指标体系与实证研究》，载《上海对外经贸大学学报》2020 年第 6 期，第 51~62 页。

才能形成推动高质量发展的合力，助力我国经济向高质量转型升级。

二、后疫情背景下营商环境问题分析

新冠疫情对我国社会经济发展造成的深刻影响目前仍远未消除，经济向下趋势的压力也未完全消失。公共卫生事件致使经济行为者对于未来的经济状况尤其是收益与损失的分布范围以及状态不能确知的程度上升，直接影响到企业成本投入与收益的预期能否实现，进而影响或改变企业的投资决策。也就是说，疫情或将继续增大企业所面临的经营压力，这些压力引起企业的现金流紧张，进而对企业发展预期产生诸多影响，比如企业维持现金流量、违约金等问题的压力。

（一）疫情对市场经济的影响分析

这次疫情对我国产业链和供应链中的产品或服务输送等诸多重要环节产生了不利的冲击，增加了企业成本，改变了区域经济原本的发展进程和路线。为控制疫情蔓延，我国放弃了部分经济发展作为代价。疫情期间诸多省域出现停运停工情况，直接提高了运输成本，使得贸易量迅速下滑。

对于新冠疫情的影响进行分析不能只看到进出口贸易中最常见的最终消费品，用于生产其他商品和服务的产品以及企业用于生产的机器设备的进出口情况变动，对全球产业链和供应链产生的冲击也应当得到重视。从出口的角度来看，多年来我国的制造业已成为世界产业供应链中不可或缺的重要组成部分，疫情暴发导致许多贸易出口受到影响，疫情防控采取的停运、停工措施使我国出口和中间货物无法及时供应，势必会牵连甚至斩断所在的全球产业链条。

疫情的发生同时降低了贸易的供给和需求，使全球贸易收缩。2020 年，全球出口占 GDP 的比重约为 15%，跟 2019 年的 21.6% 相比，下降了 7 个百分点。[1]全年货物贸易量增速约下降 9.2%，几乎等于全球 GDP 下降幅度的 2 倍；全球服务贸易迅速衰退，旅游业和交通运输业的跌幅是 2008 年国际金融危机以来最大的。世贸组织预测 2021 年全球贸易可能出现平稳复苏，增幅约为 7.2%，但买卖或交易行为的规模仍然远远低于疫情发生之前的水平。贸易收缩带来了全球跨国投资的低迷。即便是在新冠肺炎的猛烈冲击的情况下，我国在 2020 年仍然突破以往的进口与出口规模，创造了新的历史纪录。在遭遇到严厉、严重又繁杂、纷乱的国内外环境发展状况和突发公共卫生危机的双重困境中，在以习近平同志为核心的党中央坚强的指导下，我国达到了经济正增长的状态，这在全世界的主要经济体中是绝无仅有的。国际进出口买卖或交易的成绩要比预期好上一些，也打破了对外贸易规模的最高纪录，达到一个新的高度。这一表现向全世界直接显示

---

[1] 参见刘晓光、刘元春、闫衍：《疫情冲击、修复调整与基础再造的中国宏观经济》，载《经济理论与经济管理》2020 年第 8 期，第 12~31 页。

出我国对外贸易坚固不可轻易摧毁的韧性，以及竞争中体现出来的综合能力。在做到了保障经济平稳增长的基础上，还进一步提高了质量。

疫情状态下，全球许多国家和地区对防护、控制疫情所需要的医疗资源非常紧缺，需求量随疫情暴发猛增，但许多国家和地区没有能力生产或供应不能满足突然上升的医疗需求，使我国在疫情期间的进出口贸易有所增长，也就是说突如其来的国际防控需求是实现出口的重要因素。另外，我国对疫情的迅速反应，采取的诸多相关措施也起到了稳定外贸、稳定外资的杰出效果，也发挥了重要、及时的作用。在疫情趋于平缓、常态化的情况下，国外疫情也逐渐得到控制的情况下，我国在 2021 年的外贸如何保持增长，能否再创历史佳绩，值得期待。总之，后疫情时代如何保持中国出口增长，以支撑进口和就业增长，平稳产业链，仍是亟须探讨和回答的现实问题。

（二）疫情对新经济形态的影响分析

重大突发公共卫生事件的暴发，既影响着传统产业，也催生和发展着新业态新产业，应抓住这一机遇，在"危"中寻"机"。疫情期间，人均可支配时间大大增加，文娱板块是受此益处最为明显的方向之一。疫情高温不下，根据 Newzoo 的研究成果，2019 年至 2023 年，全球游戏市场收入规模增速将达到 8.3%。医疗健康、金融和教育是当下资本市场的三大热点，同时也论证了，疫情期间在线教育与医疗健康对于 C 端用户需求的关联性。

当前疫情已由暴发期向控制期过渡，我国生产生活秩序有序恢复，进入疫情防控常态化的"后疫情时代"，我国健康管理产业发展进入新的发展机遇期。后疫情时代，居民将更易对健康高度关注，向往更健康的生活方式，追求更高质的医疗服务。这契合了健康管理产业促进和维护健康的先进理念，通过健康风险评估，将风险人群分层，在保障基本医疗卫生服务的前提下，创新服务项目，升级传统业态，满足人民群众对健康的高质量、多层次需求。随着科学技术的迅猛发展、医学大数据的深度应用、信息手段的持续优化，互联网与传统行业融合度不断加深，"互联网+"会推动传统产业升级。教育一直都是线下进行，而疫情让很多人实现了线上学习。而且持续的疫情让人们已经习惯了线上学习，线上学习的费用要远远低于线下，这将改变一贯的教育与学习方式。未来会有更多的线上学习平台上线。新冠疫情重塑了整个教育行业，对产品、服务、营销、师训等各方面都带来显著改变。同时疫情也倒逼着教育行业发展迅速网络化、数字化，促进了教育领域的进步与革新。疫情暴发以来，全球教育面临着从"线下为主"向"线上模式"的转变，数以亿计的学生在家里完成了相当一段时间的远程学习。总的来看，疫情带来的行业思考不仅在于教育模式中行为方式的转变，其核心更在于教育供给的升级和需求的重新定位。[1]未来线上教育与线下融合是必然趋势，呈现出规模化、云端化、协同化、工具化和一体化的关系模式特征。

（三）疫情对城市治理的影响分析

疫情对规范城市发展建设，研究城市的未来发展带来巨大影响，疫情推动了信息时代的发展，城市治理智能化、信息化程度大幅提高，诸多数字化高新技术被大范围地适用于提高政府工作效率和满足人民群众的日常生活需要中。疫情状态下首先受到检验的显然是城市或区域的医疗卫生系统，主要考验应对突然发生的需要紧急处理的事件的能力，其次是预警机制，最后则是危机治理。

自从进入 21 世纪以来，全球暴发过三次特别严重的公共卫生安全事件，其中两次对中国的冲击大，即 2003 年非典疫情及本次新冠肺炎疫情。对此，要从体制机制上进行完善。要健全应对公共卫生危机的应急管理机制，中国疾病预防控制中心（CCDC）应隶属国务院直接领导，各地方疾病预防中心应由中国疾病预防中心垂直管理，同时各级政府建立相关责任部门和公共危机预警系统，加强应对社会突发公共卫生危机的训练和准备，及时修复公共危机造成的社会信任损失。[2]

十八大以来，社会治理上升为执政主题，推动社区治理、回应社区居民需求、加强社区服务是其重要政策内容，这就要求政府职能部门强化社区管理在政府与社区之间的联系和中介作用，更好地回应社情民意。同时，基于执政安全考虑，维护社会稳定也是政府主导下的社会治理极为看重的方面，因而基层政府不断强化网格化管理，覆盖社区，社区管理融合自治性与行政性，顺应了社会治理这些方面的要求。社区管理法律规范体系尚不健全，需要行政力量介入。相较于社区治理的复杂实践，相关法律体系建设却相对滞后，导致社区管理的运行缺乏明确法律依据或保障。譬如以《物业管理条例》为例，大部分条款不够细化，易造成物业公司违规成本较低、社区居民维权困难、物业公司对违约业主惩戒困难等问题。与此同时，社区居民存在较强的流动性以及就职单位的多样性，因此较难通过资格剥夺、待遇升降、舆论机制规范居民行为，这些因素也造成社区管理往往引入行政力量发挥其调处与监督作用。

在此次新冠肺炎疫情冲击下，城市治理凸显出系统性、智能化、基层专业化、社会化、协同性不足等问题。[3]但通过此次疫情，全国城市普遍强化新技

---

[1] 参见杨金勇等：《疫情期间在线教学实践与经验》，载《中国电化教育》2020 年第 4 期，第 29～41 页。

[2] 参见李燕凌、苏青松、王珺：《多方博弈视角下动物疫情公共危机的社会信任修复策略》，载《管理评论》2016 年第 8 期，第 250～259 页。

[3] 参见陈迪宇、张旭东：《疫情防控下的城市治理现代化》，载《宏观经济管理》2020 年第 9 期，第 28 页。

术手段应用，增强城市智慧治理能力，全面优化城市运营管理综合大数据平台建设智慧城市，应用云计算、大数据、物联网等新技术，推动不同部门和行业的数据信息共联共享，充分发挥大数据平台在各项风险灾害监测预警、应急指挥、统计核查、资源调度、信息服务等方面的作用，全面推行线上政务服务。整合各类服务应用终端，打造涵盖全类型管理服务的线上端口，实现政务服务一网通办、一端通办，提高政府服务效率、保障社会运行秩序。

（四）疫情对民营企业的影响分析

各国政府都期望营造出有利的营商环境，让企业和社会蓬勃发展，其中的核心工作就是需要培养出负责任、可持续发展的企业。尽管知识产权行业的春天让相关领域的人等了一年又一年，但在中美贸易战、新冠疫情这些特殊外力的作用下，知识产权行业整体的优化与提高是肉眼可见的，良性发展的历史趋势必然是不可逆转的。变化是潜移默化、日积月累的，一段时间之后，人们会发现，我国的知识产权状况在不知不觉间发生了翻天覆地的变化。可以说，在后疫情时代，强化知识产权保护，完善各项制度，从建设创新型国家的目标来看，仍然是符合我国自身发展的内在需要与长远利益的。

疫情之下，中小民营企业发展面临着诸多困难，这需要通过全面深入的分析找到影响民营经济高质量发展的关键点和重难点，并开展对策研究。比如执法不够精细，以环保执法为例，即使民营企业生产设备环保达标，遇到上级检查或空气质量下降时，仍会被强制关停设备，且没有结合企业实际生产给出合理化建议，对部分企业的正常生产经营造成影响。另外选择性执法问题也值得重视，在现实当中某些行政执法部门在执法过程中，会对处于相对弱势的民营企业采取选择性执法和逐利性执法，这无疑对民营企业的合法权利造成损害。

三、北京市营商环境政策及相关文件的梳理

疫情发生以后，我国从中央到地方无不认真研究针对疫情防控状态下经济发展动向并进行预判，有重点地出台相应对策，以有效应对新情况。各部门在应对疫情冲击所做的应急政策，能够在较大程度上对疫情的不利影响起到对冲作用。下面对与北京市相关的部分重点法规、政策、文件进行梳理与归纳。

（一）优化营商环境的党中央相关精神和法规政策

在以习近平同志为核心的党中央坚强领导下，人民法院不改变不动摇，始终如一满足整体局势需要，坚持司法为民、公正司法，依法稳妥完善审查和处理一批具有重要意义的知识产权案件。最近过去的几年，党中央、国务院对优化营商环境非常重视，并且出台一系列政策、文件严肃对待优化营商环境问题。

表 1　全国部分优化营商环境相关文件及法规政策

政策文件名	发文字号	主要内容
《国家知识产权局关于深化知识产权领域"放管服"改革优化创新环境和营商环境的通知》	国知发服字〔2021〕10 号	从六个方面提出 16 条具体方案，落实《优化营商环境条例》，推动知识产权高质量发展，优化创新环境和营商环境。
《国务院办公厅关于印发全国深化"放管服"改革优化营商环境电视电话会议重点任务分工方案的通知》	国办发〔2020〕43 号	从五个方面提出重点方案，意在通过促进"放管服"改革，增强市场主体活力和发展内生动力，使我国营商环境实现市场化、法治化、国际化。
《最高人民法院关于人民法院为北京市国家服务业扩大开放综合示范区、中国（北京）自由贸易试验区建设提供司法服务和保障的意见》	法发〔2021〕11 号	分六个部分共 26 条，明确了人民法院服务和保障北京"两区"建设的总体要求和重点领域的具体举措。
《市场监管总局等六部门关于进一步优化企业开办服务的通知》	国市监注〔2020〕129 号	切实提升企业开办标准化、规范化水平，优化企业开办服务、做到企业开办全程网上办理。
《国务院办公厅关于进一步优化营商环境更好服务市场主体的实施意义》	国办发〔2020〕24 号	指出受新冠肺炎疫情等影响，企业困难凸显，亟需进一步聚焦市场主体关切，对标国际先进水平，强化为市场主体服务，加快打造市场化法治化国际化营商环境。
《国务院关于促进国家高新技术产业开发区高质量发展的若干意见》	国办发〔2020〕7 号	围绕产业链部署创新链，围绕创新链布局产业链，培育发展新动能，提升产业发展现代化水平，将国家高新区建设成为创新驱动发展示范区和高质量发展先行区。
《关于支持产业态新模式健康发展激活消费市场带动扩大就业的意见》	发改高技〔2020〕1157 号	提出 15 个新业态、新模式，我国将以重大项目为抓手创造新的需求，培育新的就业形态，带动多元投资，形成强大国内市场，推动构建现代化经济体系，实现经济高质量发展。
《保障中小企业款项支付条例》	国令第 728 号	重点在规范合同订立及资金保障、规范支付行为、加强信用监督和服务保障等方面作出明确规定。

政策文件名	发文字号	主要内容
《国务院关于做好自由贸易试验区第六批改革试点经验复制推广工作的通知》	国函〔2020〕96 号	主要内容涵盖"投资管理领域""贸易便利化领域""金融开放创新领域""事中事后监管措施"以及"人力资源领域"。
中共中央办公厅国务院办公厅印发《关于强化知识产权保护的意见》		意见共 99 条,并明确提出,力争到 2022 年,侵权易发多发现象得到有效遏制,权利人维权"举证难、周期长、成本高、赔偿低"的局面明显改观;到 2025 年,知识产权保护社会满意度达到并保持较高水平,保护能力有效提升,保护体系更加完善。
《国务院关于进一步做好利用外资工作的意见》	国发〔2019〕23 号	提出四个方面共 20 条政策措施:一是深化对外开放;二是加大投资促进力度;三是深化投资便利化改革;四是保护外商投资合法权益。
《优化营商环境条例》	国令第 722 号	在总体思路上主要把握了以下四个方面:一是总结我国优化营商环境的经验和做法,固化其中实践证明行之有效、人民群众满意、市场主体支持的改革举措。二是找准立法切入点,重点针对我国营商环境的突出短板和市场主体反映强烈的痛点难点堵点问题。三是对标国际先进水平。四是把握好条例作为优化营商环境基础性行政法规的定位。
《国务院办公厅关于做好优化营商环境改革举措复制推广借鉴工作的通知》	国办函〔2019〕89 号	要求将北京和上海在优化营商环境方面形成的 13 项典型经验做法在全国复制推广,另有 23 项改革举措供全国借鉴。

（二）优化营商环境的司法政策

在贯彻《优化营商环境条例》文件精神的基础上,各级司法机关和各有关部门要切实提出司法解释、政策,优化司法服务的协助和法治化营商环境建设,使新形势下营商环境公正、透明、可预测。

表 2　北京市部分优化营商环境的司法政策

文件名称	发文字号	内容简介
《北京市高级人民法院北京市市场监督管理局关于推进企业等市场主体法律文书送达地址承诺确认工作的实施意见（试行）》		企业等市场主体在本市市场监督管理部门办理设立、变更、备案等登记业务时，其登记的住所为依法以默示方式承诺确认的法律文书送达地址。企业等市场主体可以在北京市企业登记 e 窗通服务平台"法律文书送达地址"专栏中另行填报其他地址，作为承诺确认的法律文书送达地址的，人民法院优先向其自行填报的地址进行送达。
北京市高级人民法院印发《北京市高级人民法院关于提高执行工作质效为优化首都营商环境提供司法保障的意见（试行）》的通知	京高法发〔2020〕101 号	为提高执行工作质效，充分发挥执行工作职能作用，为市场主体提供公平公正、高效便捷的司法服务，根据民事诉讼法及相关司法解释等规定，结合北京市法院执行工作实际，制定本意见。
北京市高级人民法院关于印发《北京市高级人民法院关于规范民商事案件延期开庭审理等事项的规定（试行）》的通知	京高法发〔2020〕102 号	为规范民商事案件延期开庭审理，科学压缩审理周期，维护诉讼当事人合法权益，优化首都营商环境，根据《中华人民共和国民事诉讼法》《最高人民法院关于严格规范民商事案件延长审限和延期开庭问题的规定（2019 年修正）》等规定，结合北京法院审判工作实际，制定本规定。
《北京市高级人民法院关于进一步推进网上立案工作的通知》	京高法发〔2020〕96 号	将网上直接立案的适用范围由目前的一审买卖合同纠纷、借款合同纠纷、金融借款合同纠纷、承揽合同纠纷、委托合同纠纷的商事案件扩展到全市三级法院管辖的所有一审民商事案件、知识产权案件和执行实施案件。
北京市高级人民法院关于印发《北京市高级人民法院关于民事诉讼程序繁简分流改革试点的工作办法》的通知	京高法发〔2020〕59 号	优化司法确认程序、完善小额诉讼程序、完善简易程序规则、扩大独任制适用范围、健全电子诉讼规则。
北京市高级人民法院于印发《北京市高级人民法院关于全面推行"接诉即答""接单即办"联系法官工作机制的意见》的通知	京高法发〔2020〕26 号	推出"接诉即答""接单即办"诉讼服务工作新机制。

续表

文件名称	发文字号	内容简介
北京市地方金融监督管理局中国人民银行营业管理部中国银行保险监督管理委员会北京监管局关于印发《关于加快优化金融信贷营商环境的意见》的通知	京金融〔2020〕31号	共分为四个部分：一是推动解决民营、小微企业融资难问题；二是推动解决民营、小微企业融资贵问题；三是推动解决民营、小微企业融资慢问题；四是加大对受疫情影响企业的信贷支持力度。
《国家税务总局北京市税务局等十二部门关于推进纳税缴费便利化改革优化税收营商环境若干措施的通知》	京税发〔2020〕131号	从四个大方面推进纳税缴费便利化改革。
《北京市市场监督管理局关于印发优化营商环境更好服务市场主体工作方案的通知》	京市监发〔2021〕31号	重点举措：一是统筹推进"证照分离"改革；二是进一步深化市场主体登记制度改革；三是持续提升企业注销便利度；四是持续推进北京市市场监管部门行政审批事项告知承诺制改革；五是探索"证照联办"新模式。
《北京市高级人民法院中国人民银行营业管理部中国银行保险监督管理委员会北京监管局关于破产管理人办理人民币银行结算账户及征信相关业务的联合通知》	京高法发〔2020〕146号	推进破产案件依法高效审理，协助人民法院在破产案件中依法指定的破产管理人履行法定职责。
《国家税务总局北京市税务局关于进一步推进破产便利化优化营商环境的公告》	2020年第4号	以问题为导向，对管理人反映强烈的问题逐一明确，主要有六部分内容：一是进一步明确了查询破产企业涉税信息的相关手续；二是简化了解除非正常手续；三是优化了发票领用；四是明确重整企业申请纳税信用修复的相关程序；五是优化税务注销程序；六是进入破产程序的纳税人提出房产税、城镇土地使用税减免税申请的，房产税由税务机关核实情况、提出处理意见并报市政府批准减征或免征；城镇土地使用税由区（地区）税务机关依法核准。

　　另外，全国各级人民法院根据相关法律及司法解释规定精神，结合本区域法院执行工作实际，制定诸多政策、法规、意见。

　　（三）北京市优化营商环境的相关法规与政策

　　在后疫情时代，除了遵循现有政策，还需落实公平有序市场机制和竞争中性原则，进一步营造市场化、法治化的营商环境，加强营商环境对企业的吸引力，这既是中短期民营企业应对各种冲击、保持经营活力、维持经济向好势头的最佳途径，[1]也是提高民营经济增长质量的关键。

表 3　北京市部分营商环境相关政策

文件名称	发文字号	主要内容简介
《北京市市场监督管理局等七部门关于深入推进企业开办便利化深化企业开办一网通办的通知》	京市监发〔2021〕23 号	企业开办实行一次申报、统一受理、统一反馈、一天免费办结。
《北京市市场监督管理局 北京市人民政府行政审批制度改革办公室关于印发北京市开展"证照分离"改革全覆盖试点工作方案的通知》	京市监发〔2020〕98 号	在全市范围内对所有涉企经营许可事项实行全覆盖清单管理，北京市范围内的企业按照直接取消审批、审批改为备案、实行告知承诺、优化审批服务等四种方式分类推进"证照分离"改革全覆盖试点改革。
北京市市场监督管理局 北京市人民政府行政审批制度改革办公室关于印发《北京市市场主体登记告知承诺制度实施意见（试行）》的通知	京市监发〔2020〕50 号	市场主体登记告知承诺制度，是指市场主体登记机关根据申请人的申请和信用承诺办理登记，通过登记确认市场主体资格和一般经营项目经营资格并予以公示的制度。
《国家税务总局 北京市税务局关于推行增值税电子发票公共服务平台（优化版）的通告》	通告2020 年第 4 号	为进一步深化税务系统"放管服"改革，优化税收营商环境，提升企业开办效率，降低企业开办成本，按照国家税务总局统一部署，在前期增值税电子发票公共服务平台的基础上，推行使用公共服务平台（优化版）。
北京市人民政府办公厅关于印发《北京市新一轮深化"放管服"改革优化营商环境重点任务》的通知	京政办发〔2019〕19 号	对标国际前沿和国内最好水平，力争在关键环节和难点问题、"互联网+政务服务"、综合窗口建设、事中事后监管等七个方面取得突破。
《北京市工商行政管理局 北京市国家税务局 北京市地方税务局 北京市公安局关于进一步优化营商环境提高企业开办效率的通知》	京工商发〔2018〕9 号	实现企业开办"五天全办好"。

如表 3 所示，目前已有一系列政策密集出台以支持广大民营企业渡过难关，

---

〔1〕 参见于文超、梁平汉：《不确定性、营商环境与民营企业经营活力》，载《中国工业经济》2019 年第 11 期。

在这些利好政策的激励下，只要企业本身具备一定抗风险能力、能够跟上时代步伐，就可以紧抓利好信号，完成转型升级，不断向高质量发展之路迈进。对于本身抗风险能力较弱，受疫情影响较大的企业，一方面政府出台一些针对性强的政策，激励企业修复抗风险能力；另一方面发挥市场机制作用，引导企业向良性方向发展，政府要对企业予以援手，企业也要及时改正偏向或偏差。[1]各地政府部门及行业协会采取数字化、智能化措施帮助企业整合海内外资源、对接海内外市场，从而降低企业经营成本，有效降低风险。尽管各地各部门为营商环境建设做了大量努力，发布诸多文件、政策、法规，但这些政策文件之间在整体性、协调性方面仍有提高空间，未形成完整稳定的规范体系。

四、后疫情背景下纾解北京市营商环境问题的建议与对策

（一）加强知识产权保护，助力良好创新的营商环境

良好的营商环境离不开产权保护，尤其是知识产权保护，是优化营商环境的重要环节。我国目前从制造大国向创新大国转型，创新驱动发展是新的时代主题，创新经济发展进入常态，良好的营商环境是创新发展的必要前提，而创新背景下的营商环境需要知识产权制度的支撑与保障。现阶段，市场环境下还未形成完全匹配国家创新发展战略的尊重创新意识，在保护企业知识产权方面仍存在许多不足。加强企业知识产权保护可以切实有效地提高企业所在地区的经济创新发展速度以及整体竞争力，这是由于企业是重要的市场活动承载主体，其知识产权的保护直接关系到营商环境的良性塑造。关于加强知识产权保护有如下建议：

第一，加大对侵犯知识产权行为的惩处力度。创新是引领发展的第一动力，保护知识产权就是保护创新。[2]在创新发展的时代背景下，加大对侵犯知识产权行为的惩处力度，是有效保护知识产权、切实优化营商环境的关键内容和应有之义。首先，对于知识产权失信被执行人的惩处力度与监管措施还存在明显不足，对于知识产权失信被执行人行为的规制，现阶段呈现出执行效率不高、惩戒威慑力不足等问题。建议进一步完善知识产权财产保全、行为保全的司法解释，并通过知识产权侵权典型案例及解读的发布，从一定程度上确保司法实践中相关规则的规范适用。从多维度防范知识产权侵权案件中的被告利用程序法律上的疏漏进行财产转移，及时遏制对权利人合法权益的进一步损害；从多个层面健全与完善知识产权领域的社会信用体系，建立具有威慑力的惩罚体系，包括细化黑名单管理规则、明确禁止解除机制等。其次，我国经济快速发展的过程中也出现了

---

〔1〕 参见王艳：《新冠肺炎疫情对民营经济高质量发展的影响及对策研究》，载《管理评论》2020年第10期，第11~21页。

〔2〕 参见吴汉东：《试论知识产权制度建设的法治观和发展观》，载《知识产权》2019年第6期，第3~15页。

大量的不正当竞争行为以及垄断行为，可以将不正当竞争以及垄断类的刑事案件调整为人民检察院的自侦案件，以此强化司法保护力度，加大对经济类犯罪的惩罚力度和威慑效果。运用刑法手段打击不正当竞争以及垄断行为可以防患于未然，对于潜在的破坏市场秩序行为产生了强有力的震慑作用，而震慑作用带来的有效预防效果又可以减少司法对于市场的干预程度，从而提升市场的经济活力，这对于营造良性循环的营商环境、提升我国市场的域外吸引力、引导国内市场健康发展等都具有重要的现实意义。再次，互联网时代背景下的侵权假冒行为仍然屡见不鲜，并呈现出多样化发展态势，权利人的维权难度和成本不断上升。大量的制售假冒产品、抢注他人商标、恶意囤积商标、傍名牌等侵权行为，对正常经营的市场主体以及良好的市场环境造成了恶劣的影响。下一阶段应当加强对侵权假冒行为的司法打击力度，统一案件审理中各项数额的计算标准，降低入刑门槛以形成威慑力；建立健全黑名单机制，全面及时遏制商标抢注、商标囤积行为；相关主管部门积极行使监督管理职能，净化市场环境，并加强与市场主体的双向沟通，重点解决跨区打假等难题。最后，商业秘密一直是企业的运营与生存的关键所在，尤其是现阶段创新企业蓬勃向上、新型产业迅猛发展，商业秘密的价值也不断增加，然而目前关于商业秘密保护的相关规则条款散布于十多部法律之中。[1] 确有必要单独出台商业秘密保护的相关法律法规，从而强化和细化商业秘密保护路径，快速有效地依法打击侵犯商业秘密行为，纠正市场的不正当竞争行为和无序发展态势，引导企业共建积极健康、充满活力的营商环境。

第二，完善知识产权纠纷多元解决机制。现阶段，我国知识产权纠纷多元解决机制在立法层面、基础建设、人员配置、扶持力度、宣传引导、国际化程度等方面还存在一定的完善空间。首先，需要完善知识产权纠纷多元解决机制的相关制度政策。修改民事诉讼法及相关法律法规，从制度规则层面为纠纷解决机制提供支撑，形成以诉讼为中心的纠纷解决体系。民事诉讼法确有必要明确包容其他非诉纠纷解决方式，并与其形成密切衔接关系。同时，出台相关政策鼓励知识产权权利人积极寻求诉讼外纠纷解决路径，以此促进知识产权纠纷解决机制多元化、层次化发展，从而满足权利主体的特异性价值取向。例如，可以通过扩大民事诉讼对于仲裁手段的鼓励，将多种调解方式纳入民事诉讼法的规制范畴，同时可以建立人民法院附设多元纠纷解决方式制度。其次，需要从多个层面提升对于知识产权诉讼外纠纷解决方式的基建与扶持。在基础建设方面，应当聚集专业力量培育出一批专门的知识产权纠纷解决组织机构，在各行业内大力推广知识产权

---

[1] 参见郑友德、钱向阳：《论我国商业秘密保护专门法的制定》，载《电子知识产权》2018 年第 10 期，第 34~88 页。

多元纠纷解决方案，协调行业协会与第三方知识产权服务机构之间展开交流合作，及时开展知识产权纠纷解决相关工作，同时完善行业内、企业内、协会内、知识产权服务组织内的纠纷解决专业人员配备。在扶持力度方面，首要环节是在政策层面予以倾斜，从源头切实加大对知识产权诉讼外纠纷解决模式发展的鼓励与扶持。同时，还要以政策引导经费支持，充分鼓励诉讼外纠纷解决方式的运营机构进行更为积极、广泛的实践与尝试，协同促进多元纠纷解决工作有序开展、良性发展。再次，全力做好针对知识产权多元纠纷解决机制的宣传推广工作。应当引导各类社会主体、知识产权权利人灵活地选择诉讼外的多元纠纷解决方式，一方面改善权利人无法考虑实际情况而迫不得已选择诉讼路径的现状，另一方面通过加大权利人选择诉讼外纠纷解决路径从而促使多元纠纷解决机制的发展与成熟化。尤其是要利用政府的官方宣传途径进行引导，通过具体流程路径、典型案例与经验的介绍，切实增加知识产权权利人及相关主体在选择诉讼外知识产权纠纷解决方式时的自信心，为在全社会范围内形成知识产权纠纷多元解决模式奠定良好的思想基础并创造适宜的外部环境。最后，要提升知识产权多元纠纷解决的国际化水平。国外的知识产权多元纠纷解决机制已经有长时间的发展与完善经验，在许多方面都存在很大的借鉴空间。闭门造车无论是在哪个时代都是不可取的，何况是在经济全球化、一带一路等大背景下，我国的知识产权多元纠纷解决机制的发展确有必要与国际接轨。为了加强我国知识产权多元纠纷解决的国际化水平，有必要支持长三角甚至其他地区的人民法院，在实际情况允许的条件下，尽量将涉外的知识产权案件委托至上海中心进行调解，同时鼓励涉案知识产权纠纷的权利人及相关主体积极寻求到上海中心开展调解工作。

第三，提高知识产权业务服务水平。现阶段，我国知识产权服务业发展受限，其中蕴含多方面因素的影响，包括知识产权服务相关政策体系有待完善、知识产权服务的现代化程度不够、知识产权服务业内外部供需关系不平衡、知识产权服务平台尚未健全等。首先，完善知识产权服务业相关政策体系。知识产权服务业的完整政策体系尚未形成，对于知识产权服务的界定还有待进一步地细化和明确，知识产权服务业整体上的发展方向与路径也缺乏政策引导。下一阶段，应当根据市场现实需求，找到知识产权服务业的政策需求核心要点，及时建立起一套细化知识产权服务内容界限，兼顾传统知识产权服务与新兴知识产权服务的全领域、多层次政策指南与调控手段，从国家层面到地方层面再到知识产权服务业内部，确保政策的贯穿与落实。不仅确保中央对于知识产权服务业发展的宏观把控，同时也实现地方政策对于各行业、各领域、各阶段知识产权服务机构的对点培育和精确引导，提升创新营商环境下知识产权服务的包容性与精确度。其次，提升知识产权服务业的现代化、网络化、信息化水平。新时代背景下，知识产权服务逐渐从单一的模式转向综合性的专业服务形态，知识产权服务机构应当不断向更为广阔的服务领域拓宽与发展，在新兴知识产权服务机构不断崛起的同时，传统的知识产权代理机构也要不断开拓业务领域和服务模式，加大服务深度，积极为相关主体提供更为细致的全链条服务。除了要根据新兴市场需求产生包罗万象的知识产权服务链条外，还要结合不同领域、不同行业、不同主体打造个性化的知识产权服务体系、培育专门化的知识产权服务机构，形成类型化的服务形态，切实解决客户特定的现实需求，打造定制化的服务路径。再次，关注知识产权服务业对外部需求的回应以及知识产权服务业内部的资源配置。长时间以来，知识产权服务业市场中服务供应与创新主体对于知识产权服务的需求难以衔接。由于缺少知识产权服务主体的嵌入，导致我国许多成果被束之高阁，难以真正转化与落地，最终导致科研人员的辛勤劳动未能造福社会公众，也未能改善国家创新生产力水平。其中反映了知识产权服务市场中隐藏的巨大信息差问题。可以首先提升创新主体的知识产权意识，促使需求对象积极寻求专业化的知识产权服务。同时，加强知识产权服务机构的自身水平和内部建设，提升知识产权服务机构对于协调创新市场环境的效能。要完善知识产权服务业与外界的交流与衔接，充分解决信息差问题。最后，大力推动知识产权运营服务平台建设。目前，我国的创新营商环境业已成型，但知识产权服务业刚处于起步阶段，经验丰富的专业运营机构屈指可数，创新主体自己开展的知识产权运营活动又缺乏系统性和专业性，收效甚微且浪费精力。因此，需要进一步推进高价值知识产权的挖掘和培育，建立包含定性分析和定量分析评估标准。加强专业运营人才队伍建设，并大力推动知识产权与金融结合。[1]应当结合现有的互联网信息技术，切实引导知识产权服务平台的建设，打破数据孤岛，加快知识产权数据的信息化融通，借用大数据疏通知识产权平台服务桎梏，形成数据资源全面整合、知识产权服务便捷获取的平台建设状态。

（二）优化智慧司法建设，营造良好的营商法治环境

司法作为法治的重要组成部分，毋庸置疑地成为支撑营商环境稳步发展的重要方式。通过司法法治建设可以进一步形成公平正义的市场环境，司法协同调控是法治化营商环境的必然选择。公正司法在保护市场活动、稳定行为预期、激发创新活力、促进社会发展等层面都起到了其他手段难以比拟的作用。

第一，法治是市场经济的基石。习近平总书记提出："法治是最好的营商环境。"[2]优化创新营商环境无法与法治割裂开来，法治一方面是优化营商环境的

---

〔1〕 参见申长雨：《全面开启知识产权强国建设新征程》，载《知识产权》2017年第10期，第3～21页。

〔2〕 参见张文显：《习近平法治思想的理论体系》，载《法制与社会发展》2021年第1期，第5～54页。

应有之义，另一方面也是促进营商环境不断改善的主要路径。应当发挥法治这一抓手的引导推动作用，切实规范营商环境的各项行为，保障市场活动的有序开展。社会经济的成长离不开法治化程度的不断深化，促进经济向高质量转型需要法治化营商环境的支持，法治是优化营商环境的首要措施。现阶段要全方位建设法治化、市场化、国际化的一流营商环境，政府职能的深入改变使得不断将营商环境匹配法治化进程显得格外重要。首先，所谓的市场经济运行的前提，在于各市场主体的地位得以广泛的确立。只有在明确权属配置、权利运行、权益保护的情况下，才能维持市场的正常运转。其次，法治维护了市场经济的公平正义。市场经济是竞争性的，竞争使得市场充满活力，产生经济发展的内在推动效益。嵌入法治的规范才能有效改善市场秩序，打造公平有序的交易活动环境，建立一个包容统一的市场体系，从而稳定经济生活中的合理预期。通过降低市场因素的不确定性，从整体上降低市场交易成本，最终促成市场要素的流通。最后，市场经济的宏观调控需要通过法治来实现。市场调控有一些不足之处，市场失灵的情况时有发生，政府从宏观角度引领和保障市场机制发挥其应有的质效。但政府调控是公权力运行的形式之一，没有具体的行为规范加以规制，将导致对市场活动的不正当干预。我国现阶段的整体制度基础依旧相对薄弱，具体规则体系还存在缺陷，体制改革与法治建设的步调仍未协同，相对于我国建设社会主义法治国家的战略目标还存在一定的差距。市场经济的稳步发展离不开法治手段的支撑，将经济转型、市场调配、制度改革的进程引入法治的轨道，可以切实保障改革红利的进一步产出，并能够在很大程度上唤醒市场主体的潜在活力，规范市场活动开展，稳固和谐的市场秩序。只有法治化的市场经济，才可以真正推动和支持国家治理体系和治理能力的现代化进程。目前，确有必要提高社会主义市场经济法律制度改革的速率，以法治促进和引导市场经济全面改革。[1]应当加大知识产权保护力度，监督确保市场主体经营行为合规，整体改善营商环境法治化水平，以法治手段助力经济高质量发展。

第二，高质效的审判能力助力良好营商法治环境。现阶段，由于法治意识的根本改观以及社会公众对于司法的切实需求与日俱增，促使人民法院对于裁判体系和审判能力的革命性进步产生了紧迫的需求。具有较高质量和较好效益的审判体系，可以切实有效地推动国家整体治体系与治理能力现代化进程。同时，有益于这一语境下的法治化营商环境构建。通过司法审判手段，加强对市场风险的预防和对科技创新成果的保护，有助于支持和推动基础经济制度及现代化市场体系

---

〔1〕 参见李林：《新时代坚定不移走中国特色社会主义法治道路》，载《中国法学》2019 年第 3 期，第 5～25 页。

建设，最终促使市场经济稳步运行和有序发展。新时代背景下法治化营商环境对于高质效的审判能力提出的要求应当是：以公正为基础，以高效为目标。司法缺乏公正，不仅会对社会公众的合法权益造成损害，同时也会削弱法律本身的权威，最终导致人民群众对社会制度体系以及和谐的市场环境产生怀疑，动摇我党治国理政治之根基。因此，坚持司法公正，井然有序地开展审判工作，是完善法治化营商环境过程中应当关注的重点。对司法行为进行全方位的规制是依法治国战略方针在司法工作领域上的体现，也是落实公正司法的切实需求。应当从加强国家治理能力现代化以及推进全面依法治国的层面，来了解规制司法行为的战略高度和重要程度，将程序正义提升到与实体正义的同等优先级，保证宪法与其他法律的统筹协调。首先，要推动审判体制总体协调改革，整体落实司法责任制。现阶段，需要遵循市场经济基本规律，在规则体系下全面支持市场创新。一直以来，市场创新的主要承担者和重要载体就是企业．在当前新时代交易类型与日俱增、交易规则日新月异的情况下，商事审判确有必要保证足以容纳时代改革动力的裁判灵活性和纠纷解决张力。应当进一步完善对制度规则中定性条文的理解适用，不应草率否定合同的效力，尤其是要对合同双方或多方当事人的真实意思表示予以渗透式、穿越性的审查。其次，应当不断探索高效利用审判权的合理机制，切实降低审判周期，节约诉讼活动参与各方的时间成本。审判周期作为重要的成本影响因素，左右着市场主体的资源、司法资源的利用效率，是塑造公正营商环境成本考量的关键因素。同时审判周期的跨度，直接影响着诉讼参与者对于自身合法权益保护的时效性。迟来的正义往往不是正义，甚至会带来新的纠纷，产生新一轮的资源浪费。故商事审判要理顺法院内部立案、审判、执行部门的职责划分，强化过程规制，尽可能减少各个审判环节的时间限制，进一步推动审判工作效率的提升，并对法院内部组织管理层面作出细致要求。可以将送达、归档等专业性相对较弱的流程性费时工作委托给法院外部的专业机构负责，以此提高审判人员的合理利用率和实际工作效率。另外，在审判团队内部分工上，要加强团队成员责任意识，在审判工作上凝心聚力。还应当积极探索契合多样化商事案件特征的审判程序设定，保护当事人合法程序权利的基础，缩短不必要的审判时长，人民法院之间广泛交流学习优质的成熟审判经验。

第三，推进我国法域外适用的法律体系建设。总体来说，现阶段我国法域外规则适用体系还没有成型，还不能在全球范围内全面保护我国公众与企业合法权益，也未能有效发挥参与国际治理的目的。在具体的司法实践中，国外法院援引中国法进行审理裁判的案例相对较少，这也从客观上导致国外法官在适用中国法时，经常会出现理解偏差或错误理解，导致司法正义难以在个案中切实体现，从而降低我国企业和公民在国外的安全感以及对我国法律制度的信任程度，最终有可能上升到制度自信的动摇。因此，应当从理论研究、立法技术、部门协同等多个角度推进我国法域外适用的法律体系建设。首先，要加强制度合理性和有效性研究。一方面我国在建设自身制度体系在地域之外发挥效益时，首要任务是解决国内法律域外适用的合理界限问题。所谓"合理"，理应蕴含下述四个层次的含义：一是不违背国际法以及一般国际关系的基本准则。我们国家在设置国内法国外适用的效力时，应当判断与国际法抵触与否，故并不是一定要国际法中包含具体条文内容才能作为生效条件；二是公正理性地将国内法域外适用的范围和条件加以梳理和固定。选择进行域外管辖的事项应当与本国存在实质性连接点，无止境地扩充本国法域外适用的制度设立是站不住脚的；三是应当全面考虑国内法与国际法、本国利益与他国利益之间的平衡；四是要保持对程序正义的追求，在一定程度赋予域外当事人追求正当权益的方式与路径，在没有其他问题的情况下为域外当事人提供平等保护。另一方面，规则是附在表面的意识外部形式，理论才是制度体系运转的关键所在。若要出台规制国内法域外适用的法律法规，则需要一定的学术理论与司法实践的支持，若没有理论支撑，那么制度将是一纸空谈。健全我国国内法域外适用的制度体系，不仅包含法律制定过程，对于加强可行性和有效性分析也有较大的需求。其次，有必要在主要的法律体系中设置域外效力的条文，同时进一步跟进了解效力问题，确保域外适用的实效。在与民生国计相关度较高的方面，如国家安全、反恐、网络安全、金融安全等领域的立法中应设定域外适用条款。同时，需要进一步明晰域外适用制度体系中的责任承担问题，将罚款、没收违法所得、冻结财产等措施作为主要的措施，从而实现法律域外适用的效果。此外，需要进一步完善法律法规，形成中国法英文译本，建设多语言案例检索平台，从而便于域外法学界和司法实务界能够有便利的渠道了解中国法，规避我国法律在域外适用中出现不当情形。最后，国内法域外适用综合涉及立法、司法和执法层面，这就要求从三个方面作出改革完善，从而多角度、全方位地形成合力。其一，有必要借助立法机关的力量，制定具有域外效力的法律体系，以此明确特定领域的域外管辖权；其二，要利用行政机关的执法活动和司法机关的司法活动，将已经制定完善的域外效力法，恰如其分、合乎时宜地运用于本国以外的主体和事件。[1]故应当全面推动立法管辖权的相关理论研究进展，同时探索形成行政机关和司法机关灵活适用域外管辖权的现实路径与制度规则，从而构建一整套切实可行的本国法域外适用法律体系。

（三）加强政务信息化建设，营造良好的营商监管与服务环境

我国加快促进政务信息系统整合共享，促进国务院部门和地方政府信息系统

---

[1] 参见廖诗评：《中国法域外适用法律体系：现状、问题与完善》，载《中国法学》2019年第6期，第20~38页。

互联互通，取得了突破性进展。下一阶段，应当从行政效率、公正监管、智能治理等维度加强政务信息化建设，助力良好的营商环境。

一是提高行政效率，提升企业获得感。首先，办事流程直接决定审批时效，流程完善是提高行政效率的重要方式。行政审批部门应对行政许可、行政确认、行政给付等各类行政职权事项流程作出简洁实用的完善。理顺并确定行政审批具体事项名称、问题受理条件、相关材料内容等公开信息，设计一系列简洁、直观、实用的流程图例。其次，建立双轨并行服务机制，基于政务服务在线一体化平台，鼓励业务线上办结，全面梳理网上办理事项，指导办事相关主体节约线下成本、实现线上办公，构筑审批服务快速通道，疏通政务信息传递轨道。再次，行政审批效率需要各职能部门的共同努力，还需要各个审批环节的紧密衔接。行政审批过程涉及的主体一般较多，多主体之间存在着较大的交流沟通成本，这种沟通交流成本最终会由服务对象来承担，也就导致了行政服务的质量效果大打折扣，没有效率的行政审批会陷入一直以来难以解决的困境之中。应当完善审查管理体系，对于审批者做到责任落实，对于主管人员做到监管落地。建立并落实审查管理统筹协调行动办法、对于行政审批的事前监督和事后倒查办法等一系列制度规则，建立审批与监管既完全独立自主又相辅相成、相互衔接的局面。[1]最后，力求打造智能化行政服务平台，同时各级各地政务平台系统，做到实时信息共通共享，形成现代化政务服务网络。在线下实体办理区域也应当融入创新技术、做出信息化改进，在政府服务大厅设置操作便捷一步到位的电子触控设备，形成二维码信息获取渠道，及时了解相关事务办理流程进展，为服务对象提供更加便捷灵活的政府智能化联动服务。

二是公正监管，助力经济向高质量转型。现阶段我国创新经济发展进入新常态，正在由经济高速发展向经济高质量发展转型，确有必要进一步加强市场监督管理的公平正义性，以合法合理合格的监管助力经济的高质量转型与发展，推动建成充满良性竞争的现代化营商环境。通过一整套、全流程、多层次的综合性科学市场监督管理体系，为日新月异的市场化发展保驾护航。首先，从依法治国的角度考量法治化公正监管模式。将市场中不合规定、扰乱经济发展、背离统一方向的行为与做法加以规制与剔除，是公正监管的重要职能与任务，也是深化行政改革的关键环节。从宏观层面制定与完善创新监督管理制度规则和标准，从中央到地方贯穿式地形成完善公正监管体系的理念和意识，在实践中逐渐增加政府监督管理的公信力，最终形成公正的营商环境，让市场主体分享改革红利。其次，

---

[1] 参见许天翔：《央地二元互动下地方政府行政审批权"相对集中"的内在逻辑》，载《中国行政管理》2018 年第 8 期，第 35~40 页。

需要从监督管理形式的层面做出一定的改革创新。在信息化、网络化、智能化时代的大背景下，监管方式也要做出顺应新形势的创新。应当以云端大数据信息为监管基础，彻底改善传统政府的定式化往复审查，消除以完成任务为目的的形式化监管。应当建立起网络化社会信用信息整合平台体系，将契约精神体现于市场监管活动中，形成从内到外、从形式到内容都崇尚诚实信用的优质营商环境。针对各种不同类型独立自主的市场主体，可以通过变通式、柔性化、一般与特殊兼容的分类监管体系，来对市场主体的重点市场活动内容进行调整，并健全市场主体分类整合数据库资源，实时掌握市场主体的行为动向和发展态势。进一步透明化公共信息资源，一方面全面推进政府阳光监管，实时公开监管动态、处理结果、政策调整；另一方面让市场主体接受政府与社会公众的双重监管，不仅督促市场上的不合法、不合规行为自行消除，并且激励市场主体积极提升产品与服务质量，最终造福社会。最后，全面推进综合行政执法。行政执法是政府监督管理的重要形式，全方位优化行政执法是形成公正监管的关键环节，同时也是打造统一化、法治化、正向化营商环境的重要抓手。为了全面深化综合行政执法改革，其一，需要相关监督管理部门进一步改善执法模式，一方面要严格依法查处和打击市场违法行为，严厉惩治扰乱市场秩序的行为主体，做到坚决杜绝二次违法。另一方面，又要给予存在一定问题的市场主体合理的整改期限以及切合实际的完善意见，以引导和矫正为主，尽量避免盲目的固化执法。其二，对于市场上公平的竞争环境予以维持与保护，对于遵循制度规则、顺应市场规律的良好市场主体进行鼓励与支持，梳理可供学习与借鉴的典范，针对企业提出的合理诉求做出及时回应，主动为新兴企业提供合规指导。其三，要加强监管团队内部建设，提高监督管理人才队伍的整体素质，进一步壮大与强化监管力量，对各级监督管理部门的责任进行梳理，全面落实行政执法责任制、问责制、倒查制，对随意性执法、选择性执法等行政违法现象进行规制，最大限度地保证行政监管效率。〔1〕

三是以科技创新为引领提升城市治理的精细智能水平。以重构城市精细化治理中政府与社会各主体之间的连接为基础，提升社会各主体的满意度和获得感，从而实现民心治理。以创新科技引领城市精细化治理，应重点落实民生公共服务供给、做好政府非法定职能、发挥人工智能优势、合理利用数据资源等方面。首先，运用创新科技落实民生公共服务供给，依托于城市网格化管理系统这一基础，应用人工智能的潜在优势提高对于社区文化等领域的精准财政投入；利用人工智能的认知能力，做好对于重点市场领域和重要安全生产项目的监管；应借鉴

---

〔1〕 参见柴宝勇：《以加强公正监管大力推进"放管服"改革》，载《中国行政管理》2019 年第 4 期，第 13~14 页。

成熟经验，加快城市精细化治理和人工智能应用的立法工作。其次，运用人工智能做好政府非法定职能，一方面要消除政府对于基础市场领域的过度干预与不当干涉，协同完成政府赋权工作，将政府法定的职权界限以外的权利分配给市场主体和社会力量，充分发挥市场的主观能动性和自我协调能力，引导社会各主体形成服务补充机制。在调动社会力量与市场资源的基础之上，逐渐形成一个多主体共享共治的科技创新城市发展体系；另一方面，各级政府部门还应利用人工智能的云计算属性，建立起多层次、全方位的风险防控系统，协同市场和社会力量，做好城市的风险排查工作，通过全流程摸排风险点、多方共同监管风险点以及政府及时处理风险点的方式，从而消除城市运作的不稳定因素。

五、结论

当前，营商环境优化受到各级政府部门的高度重视，逐渐成为我国经济高质量发展的重要内容，成为治理现代化的新兴手段。2019 年年末暴发的新冠疫情，给我国民营企业特别是微小企业带来极大负面影响。在新冠疫情防控取得阶段性成果之后，如何尽快推动经济全面复苏，对各地营商环境提出了新挑战，尤其是在地方政府的政策响应能力、落地执行力、企业服务能力方面，同时也对营商环境的评价提出了更高的要求。进入后疫情时代，在政策环境方面，缺少细则、标准不一导致扶持政策落实难、宣传告知不到位影响扶持政策实质效果，以及中小企业对相关救助政策获得感不强等问题，亟须引起各地政府高度重视。后疫情背景下如何纾解北京市营商环境问题可以从三个方面入手：一是加强知识产权保护，助力良好创新的营商环境；二是优化智慧司法建设，营造良好的营商法治环境；三是加强政务信息化建设，营造良好的营商监管与服务环境。在加强知识产权保护方面，要加大对侵犯知识产权行为的惩处力度，进一步完善知识产权纠纷多元解决机制，切实提高知识产权业务服务水平。在优化智慧司法建设方面，应深刻认识到法治是市场经济的基石，全力打造具有高质效审判能力的法院系统，推进我国法域外适用的法律体系建设。在政务信息化建设方面，需要提高行政效率来提升企业获得感，通过公正监管助力经济向高质量转型，以科技创新为引领提升城市治理的精细智能水平。

北京市大数据管理立法研究

李富莹*

一、引言：时代呼唤加快数据立法

数字经济在全球范围内蓬勃发展，推动数据立法成为重要时代主题。数据立法探索竞相推进，加快推进数据立法已成为赢得规则制定话语权和主导权、打造竞争新优势的重要抓手。

在当今数据时代，数据成为重要的生产要素，具有越来越高的经济价值和社会价值。如何在发挥数据最大效用的同时，既保障数据权利，又重视数据安全，进而构建数据法律新秩序就成为一项紧迫的时代任务。我们认为，对于数据这种特别难以预先划清权属、科学定价的资源，对于我们目前身处的这个数据经济探索发展阶段，相关数据立法应该跳脱出习惯性的"先产权后交易"思维定式，尝试"先交易后产权"的思想创新，[1]以促进公平、高效的数据交易实践为目标和原则，通过构建有利于数据交易实践探索发展的制度环境，让市场有效发挥灵活功能，由此逐步解决数据交易权属和定价的新问题。

作为北京推进数据立法的前瞻性研究，本文将立足北京实际，结合国际数据立法发展，运用相关理论研究成果，以促进数字经济发展为核心关切，聚焦数据概念、数据权益、数据开放、数据交易、数据跨境以及数据安全等数据立法关键要素和共性问题展开讨论，并在结尾部分提出关于推进北京数据立法的原则性、框架性意见。

二、数据概念辨析

数据是数据法律关系的核心客体，是数字经济发展的关键要素，对数据及相关概念进行澄清辨析，科学把握其相互关系，是思考数据法律问题、构建数据法律体系、协调数据利益冲突的基本起点和始终锚点。

---

* 课题主持人：李富莹，北京市司法局局长。立项编号：BLS（2020）A008。结项等级：合格。

〔1〕 于民：《产权优先于交易吗》，载微信公众号"奥地利学派经济学评论"，2021年1月18日发布。

数据脱胎于"数",成就于"大数据"。[1]作为人类观察和记录世界的特定方式和产物,它在产生之初就与"数"的概念联系紧密,旨在于从数和量的维度上描述事物的状态、属性和关系等。可以说,在整个前计算机时代,它都与文字等一样,是人类在观察和量度外部世界时,对其中客观事物的数量、属性、位置及其相关关系和运动过程进行记录的抽象表示,是对客观事物信息的表达。但是,随着计算机的诞生,数据开始有了"传输和存储电脑信息"之意。至于今日,数据与计算机、互联网等的关系越来越紧密,以至于提起"数据",已特指狭义上计算机、互联网环境下的"电子数据"(electronic data),即以二进制信息单元 0 和 1 表示、以比特为单位、只能被计算机等电子设备读取和识别的一种数据形式。

因此,本质上,数据是一种因人的认识活动而生成的人造"物",凝结了人类的劳动和资本投入,具有认识世界的功能与价值,与生产实践和商业实践相结合,还会产生经济功能和价值。也正因如此,辩证把握它与相关概念、深入辨析其内部范畴,具有基础性的重要意义。

(一) 数据与信息

在数据法律领域,信息和数据是两个常相关联的基础概念。倾向将二者混用的情形比比皆是,如《中华人民共和国民法典》(以下简称《民法典》);强调将二者区分的情形也不少见,如关于政府信息公开与公共数据开放的论争等。

抽象而言,数据与信息确实存在区别。一是两者属性不同。信息是要传达的内容,是本体,数据是以二进制代码形式存在的电子流,是媒介、载体,数据之于信息,犹如纸之于文、唱片之于音乐。二是两者可以相互分离。信息不一定依赖数据来传递,可以由其他媒介来替代;数据也不必然形成有效信息,如乱码或缺乏显示工具的代码。三是两者遵循规律有异。信息服从社会传播学规律,侧重信息内容的生成、分享和限制等;数据则服从计算机、互联网背景下的数字技术规律,具有工具性的面向等。

但务实而论,在数字技术高度发达、数据已成为信息传播的最主要方式的今天,两者已因高度依存而高度共通,彼此界限极其模糊。数字技术已经将信息与数据置于了同一个巨大系统。特别是在网络环境下,两者可以自由转换、即时转化。信息被转化成了二进制的比特和比特流,比特直接成为信息的基本单元,可以显示为信息并能高效传输。数据固然需要存储在物理层,但它直接承载着信息,距离信息的最终体现,仅隔着一个应用层显示代码的距离。数字技术与信息

---

[1] 李海敏:《数据的本质、属性及其民法定位——基于数据与信息的关系辨析》,载《网络法律评论》2017 年第 2 期,第 18 页。

单元直接结合，使数据与信息很大程度上突破了信息与媒介的分离状态，使两者难以区分也难以分离。信息固然还可以通过数据之外的其他媒介形式来体现，但这种必要性越来越小。数据不仅作为信息分享和控制的工具，直接服务于信息的分享与控制，而且信息运行的深度和广度，也取决于数字技术的升级和进化。可以说，数字技术已像"融解液"一样，消解了其他媒介的地位、颠覆了信息和媒介的传统关系，将数据与信息融为了一体。[1]

因此，区分信息与数据，总体上法律意义并不很大，但对我们具体判断、掌握和处理数据问题与信息问题，还有一定的启发意义。如关于虚拟财产，当事人的诉求主要体现为对于相关数据的操作权限，所以具有浓厚的数据问题色彩，其所显示的信息反而是次要问题。再如个人信息（数据）可携带权，它所要求的不仅包括平台要将用户想知晓的个人信息提供给该人，而是还要允许用户通过账号查阅、复制、更正、删除个人信息，并且平台还要提供适当程序，帮助用户将个人数据导出。还有，在"政府信息公开"和"政府信息开放"的不同表达上，前者主张政府将相关公共信息公之于众即可，并不要求特定形式，而后者则更多地要求公众能够通过数据平台进入数据库进行浏览、查询、分享。

（二）个人数据与非个人数据

个人数据与非个人数据的划分标准是可识别性，即是否能够识别出具体个人，包括单独直接识别和结合其他数据间接识别。争议的焦点主要在于间接识别的界限究竟应该划在哪里。如个人的浏览记录、消费记录、行动轨迹等数据，本身并不能直接识别出个人，但结合在一起，经过算法分析，就可以对具体个人做出一个较为精准的画像。再有，经过匿名化处理的个人数据，随着数字技术进步和公众数据素养的提高，一段时间以后，其匿名效应就会变得越来越稀薄。而且，从严格意义上来说，所有的匿名化数据，都是可以还原的数据。这就使得个人数据与非个人数据的界分具有一定的相对性，而这条界限的不同位移又会给个人、企业乃至整个社会带来不同的正负影响。一般来说，这条边界向外扩展越宽，需要严格保护的个人数据就越多，个人获得权益保障就越大，相应的，从事数据处理与应用的企业、机构需要负担的成本就越高，数字经济发展、数字治理能力提升等的障碍就会越多，反之则相反。但这个逻辑也不必然。

（三）个人数据、企业数据与公共数据

划分个人数据、企业数据与公共数据，是国内比较流行的一种做法。许多国内数据立法都采用了这种类别划分，《深圳经济特区数据条例》更是在这种划分的基础上规定了数据权属。

---

[1]　梅夏英：《信息和数据概念区分的法律意义》，载《比较法研究》2020年第6期，第151~153页。

但事实上，这种划分更多只是一种未经深入辨析的直觉划分，至多具有指示问题、引导讨论、方便沟通的功能，本身不具有太多理论意义和实用价值，更无法将之作为严格的法律概念从而用来构建严密的法律体系。首先，划分标准不一致。个人数据指的是可以识别个人的数据，而企业数据和公共数据指的则是由它们搜集、处理或控制的数据。其次，划分意义不明显。乍一看，三者似乎是从主体的角度做的划分，直觉上，这样一划分，似乎乱糟糟的数据世界理解就明确了主体归属。但其实，我们很难说清楚这个所谓的"主体"是什么意义上的主体。它不可能是所有权意义上的主体，因为企业数据和公共数据当中，大量的都是个人数据，如此复杂构成的数据集成，很难一刀切地将之归属于某个具体主体，当然也不宜笼统地"收归国用"。也不是创造意义上的主体，因为个人数据之所以是个人数据，并不是因为个人创造了它们，甚至，许多企业数据也不是其主动创造或搜集的，而是许多个人的网络活动自动生成的，如平台企业所掌控的消费记录、浏览记录、行动轨迹等数据。

有鉴于此，对这种划分的使用，一定要谨慎辨析。如果不加辨析地将这种分类用于法律的制定或适用，它引起的问题远比它能解决的问题要多。在本文中，对这种划分的使用，更多的是出于便于交流的目的，主要用来锁定问题、辅助探讨。

三、数据权益问题

谈数据权益，核心关切是"公平的数据游戏该怎么玩"，考虑的主要是在生动的数据实践中，不同的主体，如个人、企业和公共机构，各应赋予什么样的权利（权力）、承担什么样的义务，以及更为根本的，应该向着哪个方向、本着哪些原则，来重构和塑造当下和未来的数据实践。它预设了愿景的开放性与手段的灵活性。

（一）数据权属进路的困境

权属进路的问题，不仅在于它非要解决"数据究竟是谁的"这个问题，而且更在于它坚持要沿用既有的私法权利模式，尤其是物权模式，通过在主体间对数据进行排他性配置来解决这个问题。

从数据的自身特性来看，它无法成为排他性权利安排的适当客体。相较于资本、劳动、技术等传统生产要素，数据三个突出特征：一是非稀缺性，二是非均质性，三是非排他性。

从既有法律实践来看，典型立法条例并没有一以贯之某种特定的权利模式。以对个人数据保护最为严格的欧盟《通用数据保护条例》（GDPR）为例，它确实吸收了人格权和财产权保护的因素，但同时又突破了这两种权利保护进路。如，它确实有对数据隐私保护的内容，但所赋予的权利，主旨是强化数据主体的权利或自然人对个人数据的控制，其内涵远远超出了隐私保护的范围，即使数据控制者或处理者对个人数据的处理不会影响到个人的人格，数据主体也有权利拒绝数据控制者的收集，以及拥有对于数据的访问权、更正权、擦除权（"被遗忘权"）、限制处理权、数据携带权等权利。它也确实赋予了数据主体对其个人数据的一定的财产性权利，确立以其同意为基础的控制、处分、交易以及获得补偿等权利，但在自由处分与自由交易这一点上，它与传统的财产权理论还是相去甚远，并没有赋予数据主体完全的自由交易的权利或赋予企业等实体数据所有者的权利——即使个人同意，数据控制者和处理者也不能完全获得对其数据的控制权与处理权，数据控制者与处理者对个人数据的收集、储存、处理与披露，仍然必须遵守条例赋予数据主体的相应权利。[1]

从实际效果来看，权属进路也可能会导致更多风险。如，基于财产权的思路保护个人数据，通过赋予个人更完整的同意权来强化对数据的控制权，其最终结果可能事与愿违。首先，个人可能没有能力理解网站等数据收集者的隐私政策。网站的隐私政策往往非常专业，即使是专业性的学者，要想完全理解可能都需要花费很大精力，就更不用说一般读者了。其次，普通人也不太可能有时间和精力完成对隐私政策的阅读与理解，正如一项研究所指出的，一个美国公民，如果要阅读所有访问网站的隐私公告，那么他一年可能需要花费高达 244 个小时的时间。[2]

（二）数据权益进路的框架

权益进路是对权属进路的矫正。首先，它坚持一种非本质主义立场，既不把所有数据都视为一种同一的均质客体，也不把所有数据活动都视为某种单一权利的逻辑展开或实际应用，而是把数据实践本身作为本位，作为制度构建、权益创设的出发点和落脚点；其次，它坚持一种情景化思维，要求根据具体场景的不同来看待数据价值、辨析数据问题、分配权利利益；再次，它坚持一种实用主义导向，在公平的基础上促进数据流动共享和价值创造，在数据高效开发利用的过程中，实现数据权益的动态均衡和更高公平；最后，它采取一种朝前看的风险思维，把未来风险管控，而不是将既有利益分配作为核心关切。在这一意义上，权益进路更接近于消费者保护法的逻辑：数据保护的核心，不是将数据与信息隔离于特定的语境和社群，而是让它们在具体的语境与社群中能够恰当地流动；配置数据主体权利，最重要的不是抽象地界定某种权利的边界，无论这种权利是基于

---

[1] 丁晓东：《什么是数据权利？——从欧洲〈一般数据保护条例〉看数据隐私的保护》，载《华东政法大学学报》2018 年第 4 期，第 45~48 页。

[2] 丁晓东：《什么是数据权利？——从欧洲〈一般数据保护条例〉看数据隐私的保护》，载《华东政法大学学报》2018 年第 4 期，第 50 页。

人格权还是财产权的，而是将权利还原到具体的语境与社群中，在具体的语境与社群中判断人们的预期与权利的边界。[1]

（三）个人数据权利：以用户画像为例

用户画像是企业在商业活动中，通过收集个人的浏览记录、购买记录、交易方式等数据，分析用户行为特征，进行精准营销的行为。用户画像与个性化推荐有利于精准匹配供需，对促进互联网经济发展和提高消费者需求满足水平，都具有重要意义，但也存在侵犯个人数据权益的严重风险。要均衡推进数据安全保护与数据价值创造，在配置个人与企业的权利义务上，就不能搞"一刀切""一股脑"，而要根据用户画像和个性化推荐所采用的数据搜集和处理技术特点，针对可能风险的不同，分阶段、分情景地具体分析处理。具体而言：

在数据收集阶段，收集行为必须透明并符合消费者合理预期，确保消费者的知情权、选择权和拒绝权，避免秘密或不合理收集。具体而言，利用 Cookie 技术的，由于已为广大消费者熟知，所以可以获准一般性允许。而利用 Flash Cookie、Ever Cookie、Fingerprinting 等技术的，由于具有很强的隐蔽性，用户很难排除数据搜集，所以要明确告知，只有用户明确选择同意，才能获准搜集。

在数据融合阶段，则要从总体上允许企业利用其合法收集到的数据进行用户画像。因为，数据的融合利用是互联网与大数据的本质所在，允许此类用户行为数据的融合与"化学反应"，可以给商家和消费者带来双赢。但由于数据的融合汇聚也会有相应的风险，所以相关数据处理平台要承担数据的安全保障义务。

在数据利用阶段，则要根据用户匿名行为数据的潜在风险的不同，向信息处理者施加不同的责任。相关网站可以利用用户的消费偏好与习惯进行个性化推荐，但不应利用敏感类信息进行个性化推荐。[2]

（四）企业数据权益：以平台数据为例

企业数据，尤其是平台数据，是数据权属论争的聚讼焦点，也是实际处理的主要难点。

关于平台数据的权属主要有四种观点：个人所有、平台所有、个人与平台共有以及公共所有。但仔细辨析之下，这种整全式的权属划分其实都不尽合理。

首先，完全配置给个人不现实，将产生极高的交易成本。如果个人对数据拥有完全的产权，那就意味着平台或个人对此类数据的访问都需要获得个人同意。在这种制度设计下，不仅搜索引擎、商业平台等无法运转，甚至连个人对于他人

---

〔1〕 丁晓东：《什么是数据权利？——从欧洲〈一般数据保护条例〉看数据隐私的保护》，载《华东政法大学学报》2018 年第 4 期，第 50~53 页。

〔2〕 丁晓东：《用户画像、个性化推荐与个人信息保护》，载《环球法律评论》2019 年第 5 期，第 94~95页。

数据的阅读也属违法。

其次，完全配置给平台不符合常理。数据平台所有不仅可能对个人的著作权等知识产权权利造成影响，而且可能无法保护公民的数据隐私。即使是公开的互联网上的数据，也并不意味着这些数据就可以被第三方平台随意使用。例如 Facebook 所涉及的剑桥分析公司事件。在此事件中，剑桥分析公司通过一款 APP 收集了 30 万的用户信息，并通过 Facebook 的授权而获得了这 30 万人的朋友圈约 5000 万人的信息。这些信息虽然都是在网上公开的，但其公开显然有特定的对象和场景。剑桥分析公司在未获得用户同意的情况下收集这些信息，并且在完全不同的场景下利用这些信息，构成了对用户数据隐私的侵犯。

再次，个人和平台共有也面临类似的妨碍数据流通与数据共享问题。当平台进行数据交易或共享时，此时可能面临难以获取用户同意的困境。而当普通用户希望转移其个人数据时，如果需要获取平台的同意，那么这种转移也将很难实现，因为很多平台可能不愿意看到用户的流失，就像微博在其用户协议中所规定的那样。总之，数据个人与平台共有，将进一步增添数据流通与数据共享的制度成本。

最后，定为公共产品虽然可以促进数据流通与数据共享，但却可能无法保护个人数据权利与平台的合理数据权益。一方面，互联网的公共性与互联网的连通性并不意味着公开性的个人数据就不存在隐私问题，也不意味着这类数据完全属于公共产品。在具体场景中，个人数据完全可能遭遇一系列数据隐私问题，而个人数据也可能是个人"数字劳动"的产物，凝结了个体的劳动与付出。另一方面，平台也在平台搭建与数据收集过程中投入了大量的资金与劳动，如果对企业的正当数据权益不加任何保护，那么此种制度设计就可能出现经济学上所说的搭便车行为，无法保护和促进投资和维护市场的竞争秩序。[1]

这就需要采取场景化的保护方式，通过在具体场景中确定数据的性质与类型，并根据具体场景中各方的合理预期来确定相关主体的数据权益，以解决关于平台数据的争议。

企业非公开数据，在符合商业秘密的前提下，应当受到商业秘密的法律保护，如此则可以防止企业数据受到不同类型对象的盗用或不当使用。企业半公开数据或数据库类型的数据，法律除了允许企业运用合同法等传统法律保护数据之外，还可以在法律上借鉴类似欧盟等特殊类型的数据库保护，赋予此类企业数据以一定的排他性权利，以防止第三方通过爬虫等方式获取数据整体或企业数据的

---

〔1〕 丁晓东：《数据到底属于谁？——从网络爬虫看平台数据权属与数据保护》，载《华东政法大学学报》2019 年第 5 期，第 78~79 页。

实质性部分，也可以防止竞争对手或潜在竞争对手对此种数据的运用。企业公开数据，基于反不正当竞争的法律保护似乎仍然是最为可取的进路。对于爬取此类数据是否侵害企业数据权益，构成不正当竞争，应当根据商业领域的行业惯例与共识来进行判断。[1]

四、数据交易问题

数据的价值在于流动，数据流动的最主要方式是数据交易。这里主要讨论狭义的数据交易，但也涉及其他广义数据交易。

（一）数字交易实践

现实中数字交易已经有了比较丰富的实践。一是技术上形式较为多样，既有直接发送形式，经移动存储设备拷贝、使用电子邮件附件发送、通过即时通信软件发送等，也有通过开放应用程序接口、使用软件开放工具包等的开放权限、开放接口的形式。二是形成了较为普遍接受的交易规则，如事先开展个人信息安全影响评估、确保个人信息主体知情权、敏感信息特别保护、准确记录和保存个人信息共享和转让情况、个人信息第一搜集人承担第一保护责任义务、保障个人各项权利，以及要对个人信息去标识化、匿名化等。三是相应交易机制在探索中逐步建立健全，如早在 2014 年，全国首个大数据交易平台——中关村数海大数据交易平台就在中关村成立。而在全国范围内，贵阳大数据交易所、上海数据交易中心、重庆大数据交易平台、北部湾大数据交易中心等数十个交易平台亦在运营之中，2020 年随着北京开启"两区"建设新征程，北京国际大数据交易所设立也正在加紧推进当中。

（二）数字交易难题

客观地说，数据交易目前还不够活跃，还不能适应数据作为五大生产要素的发展需求。这里的难题主要在于两大方面：

一是数据的可辨认性弱，数据要素定价和核算困难。数据要素定价难不在于其无形性，而是在于其"可辨认性"弱，即难以实现《企业会计准则第 6 号——无形资产》里所说的"能够从企业中分离或者划分出来，并能单独或者与相关合同、资产或负债一起，用于出售、转移、授予许可、租赁或者交换"。这是因为，首先，数据要素具有非常复杂的外部性。其次，数据生产和使用过程涉及非常多元的主体范围。一般来说，数据要素的生产过程至少涉及感知、采集、传输、存储、计算、分析、应用、安全保障等多个环节，相关主体可能包括用户、被采集物品或服务的所有者、采集加工者、传输者、平台使用者、平台上的第三

---

[1] 丁晓东：《论企业数据权益的法律保护——基于数据法律性质的分析》，载《法律科学（西北政法大学学报）》2020 年第 2 期，第 97~98 页。

方使用者、上下游合作伙伴等。再次，数据要素具有较强的准公共品属性。一方面，数据要素在绝大多数情况下具有完全的非竞争性。这一点是非常明显的，数据要素可以永久保存且可复制，供很多人使用也不会受到减损，从经济学意义上说就是每增加一个单位的数据要素使用量，并不会增加其他人使用的边际成本。但另一方面，数据要素的非排他性则存在一定的不确定性。平台在一些情况下或许可以通过访问控制等方式进行排他，但数据采集的渠道通常很难排他，使得数据要素的准公共品属性难以界定，需要因时而异，从而影响其价格确定。最后，数据要素的异质性非常显著。数据要素本身结构存在显著异质性，标准化的数据库只占很小一部分，现实中一段视频、一篇新闻、一条推荐都是数据，因此很难简单用 TB/GB/EB 等数据存储单位来统一衡量和比较；数据要素往往以实时的流量形式存在时更有价值，而存量形式的数据价值可能会锐减；数据要素的价值高度依赖使用场景，同样一条数据，在不同的企业，在不同的应用场景里面，边际效用及价格弹性可能都千差万别。

二是双边信任困境难以突破，数据交易平台机制作用发挥不充分。在数据交易中，数据需求方因为难以判断数据的质量和价值，可能花了大价钱，却没有获得能实现预期目标的数据。数据提供方也因为缺乏有关需求方的信息，而低报了数据的价格，更不用说其对数据安全和数据滥用的担忧。不仅如此，数据是典型的时效品，老数据不如新数据值钱，而且随着时间推移，前者越来越没有价值。就此而言，大数据与其说是"大"的数据，不如说是实时在线的"活"的数据，只有可信的数据提供方不断运行，才能避免数据的静态化和僵尸化，才能实现数据价值。因此，与之前"数据库"（database）一次性买卖不同，大数据交易以"数据流"（dataflow）的形式开展，而这更加依赖于双方的长期合作。[1]

（三）数据交易的促进

要促进数据交易、推动数字经济发展，就要运用法治思维和法治方式，着力破解当前数据交易实践面临的权属、定价和信任等难题。原则上从以下几个方面着力：

一是跳出产权界定的窠臼，以促进数据交易的良性蓬勃开展推动数据要素定价难题在实践中自发解决。首先，要辩证地把握交易与权属的关系。在通常的思维当中，产权先于交易，清晰的产权界定是流畅交易、合理定价的前提。但其实，清晰产权和合理定价也是充足交易的产物。如，人们一般认为灯塔的建设者因为无法完全排他性地掌控灯光的实际利用，所以很难就灯塔的服务进行合理收费，从而不愿意从事灯塔建设。但事实上，在英国的历史上，绝大部分灯塔都是

---

[1] 许可：《北京大数据交易所能成功吗?》，载微信公众号"数字经济与社会"，2020 年 10 月 9 日发布。

私人建设和运营的，因为这些灯塔的建设者和运营者并不直接同海上过往的航船进行交易获得利益，而是与附近的港口运营者进行交易。由于航线越安全便利，港口的价值就越高，鉴于灯塔这种基础设施对于港口的价值，港口运营者也愿意同灯塔运营者进行交易。其次，要正视数据资源的公共物品属性面向。数据资源具有很强的公共物品属性，这对在相关主体之间配置数据权属确实造成困难，但这种属性也使得数据资源的开发利用不容易遭遇"公地悲剧"，不会因为人们对数据的过度利用而出现衰竭的情形。这就使得数据交易实践的空间更具有弹性。最后，要坚持促进数据交流共享，实现数据价值创造。数据的价值在于反复使用，数据只有成为活的数据才是有价值的数据。只要对相关风险进行科学分析和合力防控，就可以借鉴知识产权的产权保护逻辑，一切以知识的创造和推广为目标，大胆促进各种交易活动。总之，市场自有其功能，对于数据这种特别难以预先划清权属、科学定价的资源，对于我们目前身处的这个数据经济探索发展阶段，法律应该颠倒通行的"先产权后交易"思维定式，尝试"先交易后产权"的思想创新，以促进公平、高效的数据交易实践为目标和原则，通过构建有利于数据交易实践探索发展的制度环境，让人民自己来解决数据交易面临的权属和定价难题。

二是完善数据交易平台机制，着力破解信任难题。面对大数据交易的双边信任困境，实践逐渐发展出如下三种信任策略，即关系契约、数据担保和数据经纪人。由于关系契约、数据担保和数据经纪人，或者适用范围狭窄（"数据担保"），或者适用条件苛刻（"关系契约"），或者有赖于市场培育与演进（"数据经纪人"），所以以大数据交易所为代表的数据经纪人机制应运而生。但对我国各大数据交易所的调研发现，5年过去，很多大数据交易所成交寥寥，依然处于小规模的探索阶段。这种乏善可陈的局面固然源于数据权属和风险分担不明的法律痼疾，但直接原因却是大数据交易所定位与功能之困。正如浙江大数据交易中心副总来磊先生所言："大家只是通过交易中心来接触一些客户，交易过程本身并不依赖交易中心来开展，我们更像是数据撮合类业务的服务商。"

面对前车之鉴，大数据交易中心必须改弦易辙，摆脱单一的场所提供者的束缚，积极介入交易流程，从破除"双边信任困境"出发，重新定位自身角色。

首先，要做好"认证者"。这意味着大数据交易中心应当确立交易方准入资质，审查申请人的组织形式、经营业绩、业务人员、技术风险防范等条件，向相关各方甄别和推荐有良好声誉的数据提供方和数据需求方，降低数据交易中搜寻和调查交易方的成本，从而创造价值。

其次，要做好"撮合者"。作为多边市场的运营方，数据交易中心应培育一个囊括数据提供者、数据需求者、数据处理者、数据经纪人、数据服务者等各种主体的完整生态圈，凭借不同参与方的互补性和网络效应，利用差异化的定价策略来优化市场结构，推动供需之间的高效匹配，以降低交易中的"磋商成本"。

再次，要做好"监督者"。通过做好数据管理系统、安全计算系统、数据加密算法等技术服务，确保数据安全与可追溯，通过强制性的信息披露和第三方审计以及违规处罚措施，确保各方全力以赴、互相合作和保持诚信，着力防范数据交易中的机会主义行为（特别是数据滥用）。

最后，还要做好"冲突化解者"。一方面要提供合同模本和交易规则，确立激励相容的治理架构。另一方面，建立"在线争议解决机制（ODR）"，把各方争议分解成可量化的要素，通过证据智能提交、质证、类案处理的程序，作出快捷、经济、公平的裁决，大幅降低交易方的救济成本。

五、数据垄断问题

数据垄断是数据市场良性运行、数字经济健康发展的大敌，是数据法关注的焦点。欧盟 2020 年 12 月提议的《数据市场法》就是对该问题的一个重要立法回应。我国近年来也依据《中华人民共和国反垄断法》（以下简称《反垄断法》）开展了一些探索性实践。如，《反垄断法》中关于禁止垄断协议、禁止滥用市场支配地位、禁止经营者集中以及禁止行政垄断的规定都可以适用于查出数据垄断。市场监管总局也开展了《关于平台经济领域的反垄断指南（征求意见稿）》征求意见（2020 年）。也形成了一些相关实例，如华为和腾讯关于微信数据的纠纷（2016 年）、顺丰和菜鸟关于物流数据的纠纷（2017 年）以及滴滴出行与优步中国合并案调查（2016 年）等。当然，最典型的是 2021 年市场监管总局对阿里、美团、滴滴等互联网巨头的调查。

（一）数据垄断的内涵

在数字经济的发展中，监管机构对数据垄断的行为必定会严厉打击。因此何为数据垄断，如何有效识别、判定数据垄断成为前提工作。数据垄断内涵的界定，从以下几个角度进行解读：第一，以占有和数据的可共享性为视角，数据垄断从字面上看指对数据的独占。此观点认为企业在收集和使用的过程中不具有排他性，不妨碍其他企业对该数据的收集和使用，没有独占数据，不构成数据上的垄断，此观点以数据的共享性作为抗辩理由。第二，基于大数据的市场结构特征，将大数据垄断界定为排除市场竞争的一种市场力，它认为数据虽然具有非竞争性，但是以大数据为驱动的企业具有双边市场特征和网络效应，对新企业的进入产生壁垒作用。随后，在位企业可以利用大数据实施杠杆行为，将垄断力传导到其他相关市场，并由此损害消费者的利益，同时破坏了市场的有序竞争，因此应该受到法律规制。第三，从数据流动角度出发，数据垄断指的是切断数据的流通和使用，不与其他企业共享数据。在不共享数据的基础上，也要满足垄断协议或者滥用市场支配地位的条件，才会构成违法。第四，从个人信息的角度来看，数据垄断可以理解为控制个人数据，企业在获取个人相关信息后，应该及时履行告知义务并取得个人的授权，否则会构成数据垄断。

但是，关于什么构成数据垄断以及如何规制数据垄断，相关的争论却一直很激烈。这里不拟直接讨论申报标准等过于技术性的问题，主要做一些的宏观层面的初步讨论。以下是数据垄断在法律层面的体现：

一是在垄断协议方面。"数据共谋"，即数据驱动型的算法合谋，是大数据领域垄断协议行为的重要内容。"数据共谋"问题已成为反垄断法的热门话题，其往往作为协同行为方式的垄断协议而存在，经营者之间达成的"意思表示一致"的证据往往难以发现或查到，如不免去主观要素的"共同意思表示"的直接证明，则难以成立数据协同行为或大数据垄断协议。隐瞒或消除达成"意思表示一致"的相应证据的主要目的是应对隐蔽性垄断协议问题，但构成算法共谋或算法协同行为还需满足一些要件：①经营者之间发生了一致性行为；②该一致性行为不符合正常的市场竞争条件；③经营者之间无法提出合理抗辩理由。若同一行为符合上述条件则推定为算法共谋，否则，合理的同一价格行为无须受到反垄断法的追究，这种推定方法往往采取举证责任倒置的形式进行，主要取决于经营者自身的意思表示。也就是说，多个同业经营者各自独立运用人工智能或算法设定其产品价格，缺乏价格共谋的意思表示或企图，不能认为是价格共谋或协同行为。但经营者之间通过算法协调或采用人工智能深度学习等方式，达到经营者统一定价行为应视为价格垄断协议行为。然而，在实践中算法的协调或共谋难以实现，"即便在使用算法或者人工智能的情况下，《反垄断法》仍然应当关注经营者之间的共谋行为"。重视经营者之间共谋行为的证据调取或推定，特别应符合客观性、真实性、合法性原则，大力加强运用算法、人工智能手段进行科学推定或取证。算法共谋的构成，不能简单地将人工智能机器或其他算法做的判断结果视为"另一类人或另一类主体"的行为，算法或人工智能的掌控者对机器达成的一致行为或机器产生的同一后果应该负责，视为同业竞争者之间的一致性行为，该类市场主体未能提出合理抗辩的理由，则成为推定竞争者之间达成协同行为的重要间接证据。

二是在滥用市场支配地位方面。大数据的滥用市场支配地位行为的类型化问题以及各类行为的具体认定条件与标准有待深入。数字经济下大数据领域中的拒绝交易行为是否需要引入必要设施理论的适用，目前仍存有争议。由于互联网的垄断性和数字经济的平台性，平台经营者容易产生网络效应和规模经济，在相关市场具有绝对的市场影响力和垄断趋势，这种优势往往通过网络进行跨界传导，反竞争效果显著，给反垄断执法提出了新要求。总体来说，互联网平台企业滥用行为构成垄断行为的认定应采取包容审慎的基本理念，在规则的具体适用方面则应合理调整数据驱动型企业的相关市场界定方式，在认定市场支配地位的相应因素时应把"掌握和处理相关数据的能力"考虑其中。需要特别注意的是，具有市场支配地位的数字平台主体采取强制性的"二选一"模式会造成严重的市场限制竞争行为，需要运用反垄断法禁止滥用市场支配地位制度予以规制。

三是在经营者集中方面。数据经济时代经营者集中审查的标准问题比较突出，传统的认定标准已难以适用数字经济时代的发展需要，特别是一些数字平台企业的经营者集中根本达不到目前法律规定的营业额标准，但由于数字平台企业的有限性和集中性，经营者集中之后必定会进一步限制市场竞争，减损经济效率。数字经济下的平台企业之间的并购现象可能引发大数据市场集中度不断攀升，"寡头垄断"格局强化，限制竞争和抑制创新的垄断效应明显。因此，基于数字经济领域经营者集中的特殊性，需要对其审查标准进行合理的调整，适当引入交易额等其他的标准。在数字经济中，仍不排除新合并企业基于其大数据优势，定向实施反竞争性歧视行为的可能，如抄袭他人商业模式、强制进行搭售、向上下游企业延伸垄断优势实施纵向协议等，这些混合垄断行为更应加以关注。"实践中，大量数据驱动型并购并未纳入经营者集中审查"，但其具备影响市场竞争的能力或行为需要受到重视，大数据领域的经营者集中控制制度需要进一步完善和细化。

四是在滥用行政权力排除、限制竞争方面。数字经济的大数据市场的迅速兴起往往是在政府主导过程中实现的，许多地方政府通过立法、行政决定、公告或会议纪要等方式出台相关政策来扶持本地大数据产业发展，这些大数据产业相关的规范性文件通常包含一些违反公平竞争的条款，容易形成政府行政强制的排除、限制竞争行为，导致大数据市场行政性垄断行为得以滋生与发展，不利于大数据市场领域的自由竞争和公平竞争。与传统行政垄断显著不同的是，大数据领域的行政垄断多数表现为地方政府间接滥用权力，往往通过抽象性的产业政策文件强制大数据企业的资源供需、平台扩容、指定价格等隐蔽条款来实现。地方政府出台的扶持数据产业发展的政策性文件中的限制竞争条款主要表现为给予本地企业税收优惠、财政补贴或以奖代补的奖励措施，促进大数据企业或数据平台在本政府辖区内聚集发展，违反公平竞争规则，应及时追究该类行政性垄断行为的法律责任。该类大数据市场限制竞争行为仅靠反垄断事后制裁责任，其效果值得质疑。因此，还需要对大数据产业政策等规范性文件进行公平竞争审查，预防、替代和制止这种具有行政性垄断的条款或文件的出台，从源头上阻却大数据市场的行政性垄断行为。

（二）数据垄断的特征

数据垄断行为具有时代特性。大数据具有的体量大、类型多、处理速度快以及价值大的特征使得大数据的应用会带来巨大的社会价值和商业利益。同样的，在价值利益的驱动下，大数据也必然会面临大量且复杂的风险。除数据安全和隐私问题外，数据垄断也是不可小觑的挑战。近些年实践中发生的案例均显示：数据已成为重要的垄断资源。大数据时代下产业的发展带来了不同于传统的垄断与竞争格局，同时也为我国现行反垄断法的实施带来了挑战。在大数据时代的竞争环境中，不同类型的企业，不论部门或企业规模（包括新兴企业和初创企业）不论哪个行业，也不论是不是新进入的企业，都会通过收集、累计、分析不同类型的数据进行创新以提升企业自身竞争力。所以为了发挥数据在当今时代应有的功能，保障大数据时代市场的有效竞争，有必要对涉及数据垄断的行为进行认定及规制。

数据市场具有网络效应。反垄断法所规制的是企业实施的各种排除、限制竞争行为，而实施此类行为则取决于企业的市场支配力量。企业在运用大数据的过程中也会获得这样的市场力量，并且这种力量往往会随着数据的收集及使用而得到强化，相比传统的企业，进行数据垄断行为的主体（在此可用互联网企业进行说明）偏向于利用数据驱动企业的发展，并处于双边或多边市场，进而为自己营造了网络效应。企业多是处于双边市场或多边市场，在此以双边市场为例，是指企业通常向两边用户提供商品或服务，即一边是消费者通过使用自己的信息或流量换取免费的互联网产品，另一边是广告商通过该企业平台投入广告，企业为广告商提供投放广告的平台服务并因此实现营利，进而构建起一个双边市场。双边市场具有不同于传统的单边市场的特征，一是双边市场具有网络外部性，即商品或服务的价值会随着消费规模的增长而增加；二是双边市场同时向两边用户销售具有相互依赖性和互补性的产品或服务，即只有双边用户同时需求企业提供的商品或服务时，企业才能够实现其价值，可以把双边市场理解为一种"哑铃"型结构。双边市场为企业带来"赢者通吃"的网络效应，大量的数据收集和使用可以不断改善产品和服务质量进而吸引更多的消费者，网络效应被逐步扩大。

（三）数据垄断相关问题

一是关于规模扩大与准入自由。首先，规模增长是企业发展的自然逻辑和应有之义。从企业的角度看，企业具有三重属性，它是一个生产函数，是一个投入资源、产出产品的单位；也是一个创新函数，是创造新技术、新产品、新市场、新商业模式和生产方式的专门组织；还是一个信誉载体，是维系市场这种以分工和专业化为特征的合作体系的信誉基础，它的存在和运作促成了陌生人之间的广泛合作。从这个意义上理解，不仅企业本身内在地追求规模增长，而且市场也会随着企业的扩大而扩大，并不存在一个容量完全固定、企业间只能进行零和博弈的"静态市场"。从企业家精神的角度看，企业规模不断扩大也是企业家精神发挥的自然结果。企业家是真正的市场主体，是企业背后的第一原动力。企业家精神中本来就有创造规模庞大的商业帝国以实现个人人生价值的固有因素。因此，只要我们保护企业家精神，允许企业家精神的充分发挥，逻辑上就不应该限制企业的规模。

其次，企业规模扩大总体利大于弊。只有在企业只有生产函数功能而且市场容量完全固定的情况下，特定企业的规模扩大，才会激励它通过诉诸减少生产、提高价格来获得垄断利润，才会损害消费者利益、妨碍竞争、阻碍经济，才会带来真的问题。而且，由大规模企业所进行的"寡头竞争"，不仅最有利于创新，而且更有利于保护消费者利益。一方面，只有大企业才能支撑得起长期巨量的研发投入负担，才能确保创新成为一个制度化、常规化的过程，并时刻予以密切关注和考虑。另一方面，只有市场由为数不太多的大企业主导，才能更好维护市场秩序，更好地对自己员工的行为负责，也更好地对自己的供应商的行为负责，让消费者更安心地消费。如果考虑到企业规模的持续扩大和长期保持同时也是一个不断创新的过程的话，那么，这同时也就意味着，它在为消费者持续提供新的商品和服务，消费者在持续享受新的商品和服务，整个社会的消费质量正在持续地提升过程中。

最后，准入是否自由才是判别垄断的真正标准。形成垄断，最重要的前提条件是给定市场容量，也就是让本质上是自生自发的扩展秩序的市场停止扩展、形成定量，让原本会自然增长的市场容量停滞下来。而这就要靠非市场力量来达成，最主要的手段就是限制进入，给特定市场领域乃至整个社会盖上"布罗代尔钟罩"[1]；反之，如果人们可以自由进入某市场领域从事相关经营，任何企业，无论其规模有多大，都只能运用其产品和服务的"价廉物美"来"挤压"其他竞争者、维系其优势地位，那么，在这些相关市场领域，商品和服务只会越来越好。哪怕这些新进企业大多数都无法存活，只会其兴也勃、其亡也忽，但有了这种竞争对手方生方死、方死方生的压力，大企业也必须时刻绷紧创新和优化商品与服务的弦，时刻也不敢松懈。在这一意义上说，垄断的本质只是消费者总体利益的贬低减损，而与特定企业规模是否"过大"没有必然联系。

反垄断法不是反大企业法，与其过多关注企业的规模，不如多关注市场准入

---

[1] 这是秘鲁经济学家赫尔南多·德·索托的概括。法国历史学家布罗代尔曾指出一个令人迷惑的现象，即，西方国家的资本主义在诞生之初，仅仅服务于极少数享有特权的人——"历史上所谓的资本主义，为什么仿佛活在一座封闭的'钟罩'里？它为什么不能继续扩张，乃至占据整个社会？"它所揭示的实质是，获得正规产权、从事正规经营等的道路，被认为设置了重重障碍，以至于许多人，甚至是一个社会中的大多数人被排斥在了市场之外，准入自由被严重剥夺。参见［秘鲁］赫尔南多·德·索托：《资本的秘密》，于海生译，华夏出版社2012年版，第52~54页。

以及非市场力量对市场的干扰。

二是关于平台降维与产业数字化。在数据垄断问题上，有论者转而抨击"平台降维"问题。平台降维主要是指数字平台企业利用自身数据平台资源优势，转进其他原本属于普通企业业务经营范围，开展混业经营，进行向下的垂直整合。

如有论者指出，"正确'反垄断'绝不应当是缩小平台企业的规模，更不是降低平台企业的市场占有率，而是限制平台企业'降维'进入普通企业的业务。如果将足球职业联赛视为一个平台，那么作为联赛的组织者的足协，就不能自己也办一个足球俱乐部，否则其他俱乐部就无法与足协的球队竞争。同样的道理，一旦提供路网的平台企业自己也开始生产汽车，提供电网的平台企业也自己发电、提供通信服务的平台也自己生产手机，其他普通企业就无法公平竞争。""反垄断不是反对平台企业的水平整合，而是要反对其垂直整合——把电网拆分成国网和南方电网是'错误的反垄断'，把五大电厂同电网分开则是'正确的反垄断'。""纵观全球，真正导致垄断的从来都不是平台企业，而是不完善的监管。允许平台企业'混业经营'的规则——如同不区分重量级的拳击——才是导致平台企业垄断的真正原因。""如果监管紧盯着平台企业的垄断，并将市场占有率作为垄断的标准，就可能在反垄断上犯方向性的错误。垄断是由平台的本质所决定的。监管真正应该盯住的是平台的运营是否出现'降维'，特别是要盯住平台企业所依赖的全民所有资源，盯住上市公司背后那些企图将公众的'大数据'据为己有的股东。一旦对于平台经济的讨论从垄断转向产权，我们就会辨识出新经济通向均富和公平的正确道路。"[1]

这种对垂直整合的反对，固然有其关于"企业群落"的思考，但整体上并不合理。首先，企业群落效率并不排除降维整合。固然，在国际竞争中，企业群落发挥着重要作用，但充满活力的企业群落究竟应该是个什么结构，是不是就必须排除平台企业的降维打击、垂直整合，其实并没有定论。企业如何在行业之间进行整合融合，如何才能迸发出更高的生产力，这些问题，最好还是交给企业自己、还给市场本身来决定。其次，可能并不意味着必然，监管也可以分别着力纠偏。担心平台企业直接介入普通业务经营会抑制不住扭曲自身原本业务并不公平对待其他企业，从而造成整个企业群落整体竞争力下降，是有一定道理的。但解决方法却完全不需要是禁止降维整合。如，美团开办饭店，确实会在一定程度上扭曲自身平台规则，给自己的饭店拉偏手。但是，它也完全有可能希望鱼和熊掌兼得，或者仅仅出于"鸡蛋不能放在一个篮子里"的避险思维，既继续做好自己的平台，又同时做好餐饮，特别是在它实际面对国内乃至全球其他平台的竞争

---

[1] 赵燕菁：《平台经济与社会主义：兼论蚂蚁集团事件的本质》，载《政治经济学报》2021年第1期。

压力时，这几乎就是它的最必然选择。即使出现逆向选择，也可以通过我们的分类监管予以纠正，平台监管是一码事，餐饮企业监管是另一码事，并不会因为老板同属一人就会有所变化。最后，但却最重要的是，所谓垂直整合，其实质不过是产业数字化在相关产业领域中的体现而已。在产业链的维度上，这似乎是由上而下的垂直整合，但如果换到产业的维度上，这不过就是对第一、二、三产业相关方面的数字化而已，用该学者的话来说，仍属于"水平整合"。人所共知，产业数字化是数字经济的重要方面之一，如果鼓励数字经济发展是大势所趋，那我们还有什么理由禁止平台降维、垂直整合呢？

三是社区团购与产业数字化。社区团购本质上只是一种依托真实社区的区域化、小众化、本地化的团购形式，主要通过社区商铺为周围（社区内）居民提供的团购形式的优惠活动，促进商铺对核心客户的精准化宣传和消费刺激，实现商铺区域知名度和美誉度的迅速提升，对商铺的营销产生重大效果。但一段时间以来，它突然就从云端打落凡尘，几乎成了"资本垄断"的典型、"欺压弱者"的罪魁、人人喊打的"过街老鼠"。

其实，社区团购之所以成为问题，并不是因为它构成什么垄断，而是因为它以这种形式推进的产业数字化，在一个特殊的时期、特殊的临界点遭遇了社会的逆推。

首先，所谓社区团购，本质上还是产业数字化的推进，主要涉及第三产业（如蔬菜零售等），也涉及第一、二产业（如蔬菜粮食种植、相关产品加工等），本身并不是什么"非数字化"，而恰恰正是数字化。

其次，所谓"倾销"，其实质只是经由数字化之后而形成的新的商业模式和经营模式更有效率、成本更低，更能替代旧的商业模式和经营模式。否则，在平台企业从不唯一、同业竞争一贯自由、其他经营者从事同业经营门槛极低的大背景下，所有企业都不会做赔本生意。

再次，弱势群体和消费者利益要均衡，不同问题要分清。许多人会以弱势群体受损为由来反对社区团购。但其实多数受到影响的群体，如商超业主等并不能算真正的弱势群体。而且，即使有一些弱势群体受到影响，或者因为受到影响而变成了弱势群体，也不应因此而直接禁止社区团购。市场问题是市场问题，社会问题是社会问题。该企业负责的由企业负责，该交给政府和社会的就交给社会与政府。混淆问题、"武断乡曲"，并不能真正解决问题，反而会让问题更严重。

最后，但却最重要的是，反对社区团购其实是反对创新发展。创新是一种创造性的破坏，一个创新出现，就会有原来生产某些产品和掌握某些技术的人或者团体受损，这些受到伤害的人就可能会采取某一种措施，使得创新受到一些阻碍，甚至夭折。"每一种创新都出生在一个非常不友好的社会当中，它的敌人很多，朋友很少。只有特别幸运、特别坚持的人，才能生存下去。"

六、数据跨境问题

数据跨境有广义和狭义之分。广义是指数据从一个国家、地区、国际组织传输到另一个国家、地区、国际组织，范围上包括但不限于个人数据，方向上包括出境和入境两种情形。狭义专指个人数据跨境流动。如经合组织（OECD）的《隐私保护与个人数据跨境流动指南》就将之界定为个人数据的跨国境转移。欧盟《通用数据保护条例》的定义是将正在处理或计划进行处理的个人数据，转移到第三国或国际组织，包括将个人数据从第三国或国际组织转移到其他国家或国际组织。

（一）总体趋势：鼓励数据跨境自由流动

随着数字经济的深入发展和经济全球化与区域一体化的不断发展，世界主要国家都在利用国际双边与多边自由贸易谈判、区域性规则、国内立法等多种方式，积极探索在维护公共利益、国家安全等原则基础上，建立数据跨境流动生态圈，推动数据跨境自由流动，发挥数据流动在降低企业经营成本、盘活线上跨境交易、支撑企业国际运营、促进国际执法合作等领域的积极作用，以促进全球与区域经济发展。

在国际多边贸易机制方面，2016 年联合国贸发会发布《数据保护规则与数据全球流动：贸易与发展的影响》，2019 年美、日、中、加、欧盟等 75 个国家和地区签署了《关于电子商务的联合声明》，明确要在坚持个人数据这一最高价值的基础上，最大限度促进数据跨境流动，禁止将数据本地化存储和处理，禁止设定数据本地化要求，要求数据保护立法应避免成为贸易和创新的障碍。

在区域国际规则方面，美国主导的区域性国际规则都体现了更加自由、市场驱动的价值取向。

总之，尽管数据跨境流动仍然受到多种因素制约，但各国推动数据跨境自由流动的总体倾向已越来越明显，美欧更是在努力构建"数据跨境流动生态圈"。[1]

（二）特定限制：限制数据跨境流动的主要情形

综合来看，目前对数据跨境流动的限制主要有以下几种情形：一是外商投资国家安全审查，二是技术数据出口管制，三是数据本地化要求，四是数据出境保障措施要求。

（三）近年新动向：围绕数据主权与长臂管辖权博弈呈现"加剧化态势"

近年来，世界各国围绕网络空间的战略博弈与数据资源的争夺日益激烈。美欧数据主权战略属于"进攻型"，通过"长臂管辖"扩张其跨境数据执法；而中

---

[1] 何渊主编：《数据法学》，北京大学出版社 2020 年版。

国、俄罗斯等新兴经济体的数据主权战略以"防守型"为主，通过数据本地化解决数据治理与本地执法问题，因此"长臂管辖"在允许跨越一国传统地域主权限制获取境外数据的同时，也加剧了与他国关于数据管辖权以及执法权之间的冲突。

（四）我国当前实践

在"数据主权、数据安全与发展数字经济相统一"这一规制理念的引导下，我国在跨境数据流动领域建立起以《中华人民共和国网络安全法》（以下简称《网络安全法》）为统领，其他法律、行政法规、部门规章、规范性文件为支撑的跨境数据流动规则。

在国家立法层面，2016年11月7日经过三次审议的《网络安全法》正式表决通过，该法开篇就明确指出立法的宗旨在于"保障网络安全，维护网络空间主权和社会公共利益、促进经济社会发展"。由此可见，我国在规制跨境数据流动过程中对国家、社会和企业利益的充分考量。在这一理念的引导下，《网络安全法》明确了网络空间主权的原则，对个人信息的保护作出统一的基础性规定，规定对网络运营者等主体的安全义务，并确立关键信息基础设施重要数据本地存储和数据出境评估的跨境数据流动规则。另外，还有诸如《民法典》《中华人民共和国刑法》《中华人民共和国电子商务法》《中华人民共和国反恐怖主义法》《中华人民共和国密码法》等立法也对跨境数据流动及与之相关的数据保护和隐私保护问题进行了规定。除此之外，《中华人民共和国数据安全法》（以下简称《数据安全法》）与还在制定中的《个人信息保护法》两部立法也将为我国的跨境数据流动的提供更有力的法律保障。

在上述立法的基础上，为了保障《网络安全法》的有效实施，国家互联网信息办公室等多个部门还分别发布了一系列配套法规和规范性文件。

我国对于某些特定行业和领域内的跨境数据流动也作出了一定的限制性规定。例如，中国人民银行制定的《征信业管理条例》、国家卫生计生委制定的《人口健康信息管理办法（试行）》、工信部牵头多家单位联合制定的《信息安全技术公共及商用服务信息系统个人信息保护指南》等也要求在中国境内储存相应的信息或数据。值得注意的是，2021年1月9日商务部公布了《阻断外国法律与措施不当域外适用办法》，这意味着今后对于外国基于其国内法而实施的违反国际法、损害中国主权的"长臂管辖"措施，商务部有权要求不得承认和执行。这将有效应对他国通过长臂管辖对中国数据主体的法律适用，有力保障我国的公民隐私权、企业数据权和国家网络主权。

综合来看，我国在跨境数据流动上总体具有以下特点：

其一，在规制对象上，不仅包括个人信息，也包括重要数据。

其二，在规制原则上，以本地化存储为原则、出境安全评估为例外。

其三，在规制方式上，倾向于采取"事前申报备案"的方式进行规制，且豁免、例外情形较少规定。

（五）可能前景

结合全球趋势，立足当前历史方位，我国在数据跨境流动的未来立法上应当有一些新的考量、做些新的调整，平衡好两种秩序之间的冲突。

一是建立起对重要行业数据、网络运营者的个人数据和重要数据、一般个人数据和商业数据分别适用不同跨境流动管理机制的分级分类管理制度。二是要进一步明确数据跨境流动的监管要求和权责。三是要加强国际对话，形成双边或多边协作机制，扩大"数据自由流动生态圈"，并在此基础上建立符合自身安全标准和产业利益需求的"国际数据流动圈"。四是借鉴有益的立法技术，衔接我国法律规定的"网络运营者"与国外比较通用的"数据控制者"和"数据处理者"等术语，进一步明确相应主体的权利义务。五是注意对"数据自由"下长臂管辖规则的立法阻断。

七、数据安全问题

计算机系统及计算机网络保护领域，数据安全主要有两个层次：一是数据本身的安全，是指采用现代密码算法对数据进行主动保护，如数据保密、数据完整性、双向强身份认证等；二是数据防护的安全，是指采用现代信息存储手段对数据进行主动防护，如通过磁盘阵列、数据备份、异地容灾等手段保证数据的安全。将技术上的数据安全涵摄到数据安全法学研究上，数据安全是指数据应用行为中数据的保密性、完整性与可用性，以及个人信息保护。

（一）数据安全立法现状

数据在助力经济社会发展的同时，也带来了前所未有的安全风险与挑战，尤其是新冠疫情期间，数据量急速增加使得数据安全与隐私保护问题尤为突出，由于数据过量采集所导致的隐私泄露给用户带来严重困扰。事实上，用户面临的威胁并不仅限于个人隐私泄露，在数据存储、处理、传输过程中还有很多安全风险，这些风险会对政府治理、社会稳定乃至国家安全产生深远影响。2013年美国"棱镜"事件曝光后，我国政府也越来越重视数据安全问题。2015年8月《促进大数据发展行动纲要》是国务院发布大数据产业布局的战略性政策，政策中将强化数据安全保障作为主要任务之一。此后我国在数据安全领域发布了一系列的政策法规，2017年6月1日《网络安全法》正式施行，它是保障网络安全，维护网络空间主权和国家安全、社会公共利益，保护公民、法人和其他组织的合法权益所制定的重要法规。2017年11月公布的《中华人民共和国个人信息保护法（草案）》，主要目的是规范个人信息的收集、处理和利用，保护自然人个人信息权以及其他合法权益，促进个人信息的合理利用，规范个人信息跨境传输。2018 年 10 月全国人大开始组成专班针对数据安全法进行研讨，2019 年 5 月国家互联网信息办公室发布《数据安全管理办法（征求意见稿）》，对网络运营者在数据收集、处理使用、安全监管等方面提出了要求。2020 年 4 月在中共中央、国务院印发的《关于构建更加完善的要素市场化配置体制机制的意见》中将数据作为一种新型的生产要素纳入其中，与土地、劳动力、资本、技术等一并成为市场化改革的重要组成部分。目前《数据安全法》已于 2021 年 6 月 10 日经第十三届全国人民代表大会常务委员会第二十九次会议通过。

（二）基础理论问题仍需厘清

当前，数据法律性质、数据权属等基础理论问题尚未解决，使得个体、国家在数据安全问题上的介入机制、权责机制难以划定。长久以来，对于数据的保护模式争议不断。私权保护模式主张者倾向于在私法上通过赋予个人或企业某种"数据权利"来建立数据归属和利用秩序。而公权保护模式主张者则认为，从数据与私人的关系入手展开数据法理论体系研究，必然以考量私益为先，这种思路某种程度上忽视了基于数据公共性本质而衍生的公共目的的普遍性。乃至有学者认为，以隐私权利及财产权等私权作为对个人数据信息进行保护和利用的依据，将无法对个人数据信息的使用方式、目的和效果产生有效的规制，私权制度在大数据技术下正逐步失去作用。在此背景下，《民法典》虽然将个人信息和数据纳入规范范畴，但对于非个人数据的法律性质、民事权益等并未定性。

（三）统一的数据分级分类制度架构尚未建立

数据分级分类在保障数据安全过程中至关重要，它是数据安全保护的基础，数据分类的目的是要明确数据的业务范畴，数据分级要从满足监管要求的角度出发，根据数据敏感制定不同的数据安全保护策略，它是组织内部管理体系编写的基础。做好数据的分类分级是一个长期工程，在不同行业中数据特性不同，数据分类可以按数据行业进行划分，而对于数据分级应按照对国家安全和重大社会公共利益的危害程度进行划分：首先考虑重要数据，国家要通过建立重要数据目录保护制度来保障数据安全；其次考虑敏感数据和一般数据，而敏感数据是可能通过与一般数据进行关联形成重要数据，因此敏感数据应受到一定程度的保护。当前，行业和地方已经开展数据分级分类的探索和实践。例如，行业层面的《工业数据分类分级》《证券期货业数据分类分级》《金融数据安全 数据安全分级指南》等，地方层面的《贵州省地方标准—政府数据数据分类分级指南》《上海市公共数据开放分级分类指南（试行）》等都对公共数据的分级分类做了规定。但整体来看，数据如何分级分类、应当归为哪几类，分级标准如何确定等基础架构还未明确。

（四）数据利用规则机制尚不完善

一直以来，中国数据安全监管思路呈现出"重收集，轻处理"的特点。数据利用、数据跨境、数据汇聚融合等核心环节监管制度缺失。一方面，现行的网络安全等级保护制度、关键信息基础设施保护制度更加侧重于网络运行安全，而缺乏对数据安全的重要考量，使得两大制度尚停留在通过网络运行安全保障数据安全的间接保护模式；另一方面，网络安全等级保护制度仍然以保护数据的静态安全性为主，难以规范数据动态利用和流动问题。对于数据集中和融合，中国相关规范机制基本处于空白状态。2020 年发布的《〈反垄断法〉修订草案（公开征求意见稿）》在经营者市场支配地位人为因素中新增了"掌握和处理相关数据的能力"，但该条主要是从市场秩序角度考量，难以应对数据融合对公共安全、国家安全的冲击。

八、结语：稳步推进北京数据立法

北京要真正做好数据立法，在法治轨道上促进数字经济发展，建设全球数字经济标杆城市和保障"两区"建设，应该保持一份冷静，增添一份理性。

一是要围绕数字经济这个核心。围绕数字经济这个核心推进数据立法，是必须落实的中央与北京重要战略部署，是首都高质量发展的内在要求，也是全世界数据立法探索发展的大趋势。数据立法萌生之初，主要是为了应对信息化、网络化、数字化大背景下个人隐私的保障问题。因此，早期各国数字立法基本都主要是个人数据保护法。随着经济与社会数字化转型程度不断加深，数据作为生产要素的属性逐渐被人们认识，数据问题的性质的主要方面，也逐渐由个人数据权保护问题转化成了数据资源开发和价值创造问题，是以国际与各国数据立法的近期发展重心，也逐渐向促进数据自由流动、数字经济发展这个方面转移。以欧盟为例，尽管其一直将保护个人数据权利作为始终坚守的价值基点，但《通用数据保护条例》相较于其前身，给予数字经济发展的法律支撑明显要增加很多。而且，2020 年 12 月，欧盟更是开宗明义提出了《数据服务法》和《数据市场法》两部法律提案，旗帜鲜明推进数字经济立法。当然，也有一些国家，尤其是以印度、印度尼西亚、越南等为代表的发展中国家，在大力加强个人数据保护而非促进数字经济的立法，似有"逆行"之象。但细究之下，这不过是它们根据自身数字经济相对较低的发展水平和在全球所处的较弱地位所做出的防御姿态罢了，其目的不过是尽可能多地分享数字经济发展红利以及尽量争取自身数字经济发展机会。可以说，数据立法发展到今天，其保障重心和主要方面，已经成为促进数字经济发展了。在这一时代背景之下，北京应当紧扣时代脉搏，坚决将数据立法的核心目的，调整到促进数字经济发展上来。

二是要严守地方立法的本位。数字经济发展是一个系统工程、一项全涉性事务，牵扯的关系和方面远远超出地方的范围。而地方立法只是国家整个立法体制中的一个部分，没有完整的立法权，不能奢望规制所有事项、解决所有问题。地方立法要始终恪守地方本位，仔细辨析地方立法权限，不超越权限作出规范，避免形成"法治割据"，在更大范围、更高层面阻碍数字经济发展。如，《深圳经济特区数据条例》和《浙江省数字经济促进条例》，分别有关于个人数据权、数据资源权属的规定，不仅有超越权限规定"基本民事制度"等嫌疑，[1] 而且从长期来看，并不利于数字经济健康快速发展，北京应尽量避免。再有，地方立法是在整个国家立法体系之下、之中进行的立法，原则上不能搞单兵突进。鉴于目前许多根本性的中央立法尚在加紧推进当中，北京的数据立法应该稍抑突进的激情，在等待的同时，加紧开展研究，以期在最恰当的时机推出最好的数据立法。

三是要发扬法治的专业精神。无论主观愿望如何，把一项政策部署或经济目标转化成一部良好的立法，都需要投入法律的专业精神和智慧。照抄照搬政策文件、社会热词，不仅不能提供真正的法治支撑，还很有可能为政策部署和经济目标的实现挖下坑、埋下雷，起到极大的妨碍作用。如，有的直接将"数字产业化""产业数字化"等概念写进立法当中、弄成法律术语，完全不仔细分析这些所谓的"化"究竟要解决什么法律问题、回应什么法律需求，不禁让人费解，还径自与数字经济发展遭遇的法律问题、相关方面的法律需求"擦肩而过"，除了"口惠而实不至"地宣誓一下支持之外，根本起不到任何实际的服务保障作用。有的对数据的公共物品属性望文生义、简单联想，径自把相应数据资源直接规定为公共资源、政府所有或国家所有，不仅不能回应实际问题，还对数据的开放共享、自由流动以及开发利用等制造了更多的制度麻烦、增加了更多的交易成本，严重妨害了数字经济发展，还让人产生许多不应有的负面联想。北京作为首都，立法必须坚持首善标准，而这个首善标准，首先就应该是法治专业标准的首善。

四是要坚持开放探索的精神。客观而言，当前全球数据立法都还处在探索阶段。即使以数据立法相对最为发达的欧盟来看，其中的教训也与经验一样多。比如，它对个人数据保护的立法确实比较完备、先进，但其实施效果却是数字经济发展受到较大制约，至今全球最大的十家互联网企业，连一家欧盟企业也没有。这也是欧盟近年连续在数字经济立法方面接连发力的重要原因所在。这也就意味着，所有国家和地区，在数据立法方面，都应该始终保持虚怀若谷，始终保持开放探索，积极借鉴他人立法成果，主动贡献自身立法智慧，通过融入全球发展促进自身发展，致力共同进步赢得自身进步。同样地，我国目前地方上的数据立

---

〔1〕 许可：《地方数据立法的能与不能》，载《法治日报·法治周末》2020 年 8 月 20 日。

法，北京也应积极借鉴其优势与经验，弥补短板与不足。例如，《深圳经济特区数据条例（征求意见稿）》第二节"个人数据处理"及第三节"个人数据权益"中未将"个人数据"和"个人信息"做区隔，而是将二者混同。这种重复规定，不但可能浪费立法资源，还造成了法律体系的冲突，并将引发一系列实践困境。[1]北京在数据立法的过程中，要注意将"个人信息"和"个人数据"区分，这样更助于辨明蕴含于信息的人格价值和蕴含于数据中的财产价值，并为更精密和更科学的法律规则设计奠定基础。总之，北京作为大国首都，应在开放探索中推进数据立法，融合国际、国内经验，凸显北京特色，贡献北京智慧，为未来中央层面的数据立法探索一条中国道路。

---

[1] 许可：《深圳数据条例之憾》，载《数字经济与社会》2021 年 6 月 9 日。

第二编

一般课题

涉案财物管理北京模式

华列兵 *

　　近年来，随着广大人民群众法治意识的提高、人权保障观念的普及，人民群众对涉案财物的关注度越来越高，但受传统"重人轻物""重案轻物"观念的影响，以往的司法实践中，涉案财物保管不规范、处置不及时、随意性大等问题突出存在，涉案财物丢失、损坏的情况时有发生，严重损害了当事人的合法权益，影响了司法公信力。在全面推进依法治国的战略部署下，中共十八届三中、四中全会明确提出了"规范查封、扣押、冻结、处理涉案财物的司法程序"。2015 年 1 月 24 日，中共中央办公厅、国务院办公厅联合印发《关于进一步规范刑事诉讼涉案财物处置工作的意见》（以下简称《意见》），对建立办案部门与保管部门、办案人员与保管人员相互制约的制度，探索建立跨部门的地方涉案财物集中管理信息平台，完善涉案财物处置信息公开机制等提出要求，《意见》的出台对实现依法惩治犯罪和保障人权的协调统一，保障执法司法工作顺利进行，提高司法公信力起到重要推动作用。2015 年最高人民检察院下发《人民检察院刑事诉讼涉案财物管理规定》，公安部修订《公安机关涉案财物管理若干规定》，均对完善涉案财物的管理体制、管理方式、处理程序，规范管理和保护当事人合法权益作出具体规定。

　　2016 年 8 月，中央全面深化改革领导小组第二十七次会议审议通过了《关于完善产权保护制度依法保护产权的意见》，要求进一步完善现代产权制度，推进产权保护法治化，在事关产权保护的立法、执法、司法、守法等各方面各环节体现法治理念，要加强各种所有制经济产权保护，尤其对涉嫌违法的企业和人员财产处置规则进行了规范：必须严格区分违法所得和合法财产，区分涉案人员个人财产和家庭成员财产，在处置违法所得时不牵连合法财产。后公安部在全国下发通知，要求各地公安机关严格依法采取查封、扣押、冻结措施和处置涉案财物，采取必要的保值保管措施，进一步完善涉案财物管理制度，落实办案人员和

* 课题主持人：华列兵，北京市公安局副局长。立项编号：BLS（2020）B001。结项等级：合格。

保管人员相分离的机制等，促进涉案财物规范管理。为深入贯彻落实中央改革部署，规范涉案财物管理，2017 年以来，北京市公安局党委立足首都定位，紧贴实战需求，深化共建、共治、共享的治理理念，本着规范管理、服务实战、科技支撑、勇于创新的工作思路，将涉案财物管理体系与能力建设作为一项重点工作下大力气推动，在充分总结司法实践经验和广泛调研的基础上，紧紧围绕涉案财物提取、保管、流转、处置等关键环节，历时两年先后研究制定了 13 项制度，并以这 13 项制度为支撑和保障，创建了"1+2+3"北京涉案财物管理新体系，即确立了"实物静止，手续流转；区别管理，实物上缴"的工作机制，形成了以公安自管为主，探索试点社会托管为辅的管理模式，构筑了"人员、场所、信息化"三个基础建设，初步达到了"安全高效、流转顺畅、案结物清、清正廉洁"的工作目标，涉案财物管理北京模式已经形成。

一、涉案财物管理概念界定

（一）"涉案财物"的概念

"涉案财物"一词是个较新的词汇，以往的司法实务中，对与案件有关的物品、款项，我们习惯称之为"赃款赃物"或者是"涉案赃证物"。"涉案财物"这一术语最早出现在 2006 年 4 月《最高人民法院关于严格执行有关走私案件涉案财物处理规定的通知》中，但该通知也仅仅在标题和开头部分使用了"涉案财物"，第二自然段即表述为"关于刑事案件赃款赃物的处理问题"，可见通知中所指涉案财物应与"赃款赃物"是同一概念。随着依法治国的深入，社会各界对"涉案财物"的关注度逐步提高。2014 年、2015 年最高人民法院、最高人民检察院、公安部相继下发《关于刑事裁判涉案财产部分执行的若干规定》《人民检察院刑事诉讼涉案财物管理规定》《公安机关涉案财物管理若干规定》，对不同诉讼阶段"涉案财物"的概念进行界定。其中，公安部从公安机关办案实务出发，认定涉案财物不仅涉及刑事案件，也涉及行政案件；其来源途径不仅包括查封、扣押、冻结，也包括扣留、调取、先行登记保存、抽样取证等。从分类上看，公安、检察两部门均认为犯罪所得及其孳息、非法持有的违禁品属于涉案财物。除此之外，检察机关还认为供犯罪所使用的财物以及与案件有关的财物及孳息均属于涉案财物，认定种类范围比公安机关更广泛。法院则强调涉案财物的可执行性。可见，涉案财物非"赃款赃物"，而应是一个广义的范畴。即"赃款赃物"的法律性质是确定的，"涉案财物"则处于待确定状态。从刑事诉讼角度来看，在嫌疑人被判处有罪之前，将涉案财物称为"赃款赃物"未免有"有罪推定"之嫌，且赃款赃物的认定是基于法院的生效判决，而在法院判决之前，将公安机关依法提取或者固定的与案件有关的物品、文件和款项界定为"涉案财物"更准确、更规范。

结合公安机关侦查属性及工作特点，本文采用公安部《公安机关涉案财物管理若干规定》中关于涉案财物的定义：指公安机关在办理刑事案件和行政案件过程中，依法采取查封、扣押、冻结、扣留、调取、先行登记保存、抽样取证、追缴、收缴等措施提取或者固定，以及从其他单位和个人接收的与案件有关的物品、文件和款项，包括：一是违法犯罪所得及其孳息；二是用于实施违法犯罪行为的工具；三是非法持有的淫秽物品、毒品等违禁品；四是其他可以证明违法犯罪行为发生、违法犯罪行为情节轻重的物品和文件。

（二）"涉案财物管理"的概念

根据《辞海》释义，"管理"一词指"社会组织中为实现预期目标进行的以人为中心的协调活动。目的是实现预期目标，本质是协调，使个人的努力与集体的预期目标相一致"。[1]那么，从涉案财物管理字面意思来看，应是围绕涉案财物采取的一系列协调活动以实现规范化管理的预期目标。所涉及的应该是从涉案财物提取到最后处置整个工作流程的管理活动。而传统的观念中，涉案财物管理工作被缩小为涉案财物保管工作，《中华人民共和国刑事诉讼法》《公安机关办理刑事案件程序规定》仅对涉案财物"保管"提出要求，未对"管理"进行明确定义。"保管"是"涉案财物扣押、查封后的延续状态，是指对涉案财物进行技术性或物理性能保管，通过科学合理的保管，保证其原有的特性、外形和内部信息不受破坏，做到不损毁、不改变对案件事实的证明作用"。[2]"保管"侧重于保存和控制，一般处于涉案财物提取后、处置前，是整个涉案财物管理活动中的关键环节之一，但并不能覆盖"管理"的全部内容。

涉案财物广泛存在于刑事、行政案件中，其管理活动应贯穿于整个刑事、行政案件始终。就刑事案件来讲，应涵盖对涉案财物的提取，即对涉案财物采取的查封、扣押、冻结、扣留措施；保管，即对涉案财物的合理存储、妥善控制工作；流转，即公安机关内部之间的移交以及公安与检法机关以及与其他局外单位间的移交工作；处置，则是对涉案财物提出处置建议、作出处置决定和完成事实处置的工作。就行政案件而言，涉案财物管理工作同样涉及涉案财物的提取、保管、流转和处置，因行政案件基本上在公安机关办结，无须外部流转，周期短，故涉案财物管理工作也相对简单。其中，提取环节，指对涉案财物采取的先行登记保存、接受证据等工作；保管，指合理的存储和妥善的控制；流转，只涉及公安内部的移交；处置即作出裁决决定，并按照决定依法处理的工作。无论是刑事案件涉案财物管理的复杂性还是行政案件涉案财物管理的相对简单，涉案财物管

---

[1] 陈至立主编：《辞海》（第六版·第一卷），上海辞书出版社2009年版，第767页。

[2] 参见郑瑶：《刑事涉案财物保管机制研究——论独立统一刑事涉案财物管理中心的构建》，华东政法大学2017年硕士学位论文，第9页。

理工作作为贯穿案件办理流程始终中的一项重要工作，它的标准、目标应该都是一致的，不能因为案件的繁简程度而降低。

本文紧密围绕涉案财物提取、保管、流转、处置环节及每个环节的规定动作和相应的配套管理制度、采取的系列举措进行阐述，浅论北京市涉案财物管理新机制，以更好推动首都公安机关执法规范化建设，促进首都涉案财物管理工作迈向新台阶。

二、北京市涉案财物管理传统模式及问题梳理

改革前，北京市行政案件涉案财物一般由办案单位保管，结案后由办案单位处置或交分局集中处置；刑事案件涉案财物则"物随案走"，公安机关将实物随案移送至检察院、法院，由检法部门处置。2015 年，根据中共中央办公厅、国务院办公厅《意见》和公安部工作要求，北京市委政法委迅速启动涉案财物管理工作专题调研，由市委政法委牵头负责，成立专班，公安局、检察院、法院、财政局共同参与，全面摸排涉案财物管理工作中存在的不足和问题。经深入调研，突出存在以下问题。

（一）重视程度不够，管理制度缺失

一是思想重视度不高。经调研发现，受传统重人轻物、重案轻物观念影响，涉案财物往往作为案件的附属品被轻视、被忽略，管理不规范、移送不顺畅、处置不及时的现象普遍存在，甚至出现损毁、灭失而引发诉讼。涉案财物管理工作也被认为是简单的库房管理，看好库、管好物即可。重视程度不够、主观认识不到位很大程度制约了涉案财物管理规范化建设进程。二是管理制度缺失。就北京公安工作而言，涉及涉案财物工作的文件仅有《北京市公安局涉案赃证物管理工作规定》《涉案财物管理中心建设标准》《代为保管涉案人员随身财物工作细则的通知》，文件只是概括地对涉案财物提取后的保管、移交以及后期处理工作需注意的突出问题提出了要求，缺少具体细化的操作规范。三是缺少监督制约。原有的管理模式中，公检法三机关好比"铁路警察，各管一段"，管理各自所处诉讼阶段的涉案财物工作，对于移交不接收、扣押没上判等导致涉案财物长期积压、价值贬损、难以清理等难点问题，缺少协调机制、救济渠道以及彼此之间的监督制约。

（二）基础设施落后，保管装备简陋

公、检、法三机关出于节约司法成本的综合考量，缺少对涉案财物保管场所和保管设施的投入。一是场所容量有限，建设标准不统一。从市级层面来看，市检、法部门虽然设立了涉案财物保管室，但容量较小，根本满足不了日常存储需求。北京市公安局于 2012 年建设涉案财物管理中心，但在场所建设要求以及保管装备的配备上缺乏具体标准。二是保管设备简陋，专业化程度不高。经调研发

现，绝大多数涉案财物保管库房采用货架式保管，条件好的配备了保管箱，条件差的直接将涉案物品装袋或直接放在架子上。除贵重物品相对妥善存放外，其他不同种类物品未分区管理，随意堆放现象比较严重，中心对易燃、易爆及其他有特殊保管需求的涉案物品难以承载，甚至拒收。三是安防设施落后，安全隐患大。大部分保管场所安防条件落后，无警报器、自动灭火装置老化、监控设备不能达到 24 小时全方位、无死角覆盖的监控要求。有的保管场所为简易房，或临时搭建，无防盗门窗、开锁装置简易，存在极大的安全隐患。

（三）科技支撑不足，管理效率较低

调研中发现，原有的涉案财物管理工作信息化水平很低。一是方式落后，效率低下。涉案财物的入库、盘点、出库等均采用手填登记、手写编码、人工查找、人力搬运的方式，费时费力，效率较低，管理上人介入的环节较多，个人登记习惯各异，标准不一。二是技术落后，信息化程度低。2012 年，北京市公安局下发建立涉案财物管理中心的通知后，全局只有少数分局开发了涉案财物管理系统，能够实现简单的统计、查询、盘库功能，局属其他分局均未采取有效措施推进此项工作。三是没有统一平台，信息流转不畅。从前期调研掌握的情况来看，涉案财物流转不畅直接导致涉案财物处置不畅。公、检、法之间涉案财物管理相对独立，相互之间缺少联系和监督，涉案财物在三机关收取、退回过程中涉及部门多、环节多、时间长、风险大，易出问题。因缺乏统一的管理信息平台，三机关之间相互拖延、推诿的情况时有发生。

此外，因受传统思维模式影响，涉案财物应物随案走，故各单位安排涉案财物管理岗位的人员仅 1～2 人且长时间不更换。此种模式，一方面缺乏有效的监督制约，容易出现底数不清、情况不明现象，存在廉政风险隐患；另一方面不利于工作的有效延续，一人一种管理方式、一人一种记账模式，该人退休、转岗或离职后，别人不容易"上手"，易出现管理"空档期"。

三、国内部分地区涉案财物管理情况及北京模式探索

近年来，全国各地纷纷探索新的涉案财物管理路径，部分地区创新的涉案财物管理工作模式甚至在全国产生一定影响。北京市在改革之初，重点对天津、深圳、成都等地涉案财物管理工作特点进行调研，以博采众长，促进北京涉案财物管理工作整体的发展，确保改革取得成效。

（一）天津市涉案财物管理情况

天津市公安局建立了市局、分局、派出所三层级涉案财物管理场所，对涉案财物依据属性分类保管，同时引入信息化技术，助力涉案财物管理，将办案单位录入的涉案财物信息数据流转至市局统一监管。案件移送起诉时，实行"实物不动、信息流转、权责移交"的流转方式。2017 年 5 月，制定了《天津市公安局涉案财物管理办法》，对贵重物品、易变质、贬值物品及违禁品等明确规定了不同处置方式和程序，规范了无主物处置方式，并对物权明确和物权不明确的财物的处置程序进行区分，明确了先行返还处置程序等，使天津涉案财物处置工作有据可依。

（二）深圳市涉案财物管理情况

深圳宝安公安分局是深圳涉案财物改革探索较早的地区。2016 年 12 月，宝安区建立了跨公、检、法、财多部门的涉案财物管理中心，负责保管全区刑事案件涉案财物，并采用信息化管理。涉案财物流转模式分为实物流转及信息流转。实物流转方面，中心根据需求上门收取办案单位涉案财物。信息流转方面，宝安区确立了"凭证流转、实物不动、责任转移"的涉案财物模式。在宝安区政法委的组织下，宝安公安分局联合检察院、法院、财政局，制定《宝安区刑事涉案财物处置实施办法》，形成公、检、法、财各司其职，互相配合的处置模式，共同完成处置工作。

（三）成都市涉案财物管理情况

2015 年以来，成都市不断探索改革，创新采取政府购买服务、委托第三方公司的方式建设成立成都市涉案财物管理中心，集中保管市级及下属 7 个区公、检、法、司的涉案财物。实行"实物流转"与"虚拟流转"相结合的流转方式。物品提取后，中心根据需求指派专门车辆、人员，携带专业设备上门接收涉案财物。案件移送起诉时，涉案财物管理中心依托"3+1"平台（公、检、法三机关网络系统及政法专网），将办案部门提取的涉案财物信息推送至政法专网，由政法专网实现物品信息的贯穿、流转，完成对涉案财物的"换押"。在处置方面建立了涉案财物"事实处置"制度、审前返还制度和先行处置制度，构建了完整的处置权及其程序体系。〔1〕市委政法委还确立了催办制度，督促各部门积极履职履责，强化财物处置。

（四）北京模式的探索

为探索建立与首都地位、社会治安形势、执法规范化要求相匹配的涉案财物管理新模式，北京市委政法委组织北京市公安局、市高级人民法院、市人民检察院，对北京市涉案财物管理状况进行了深入调研，系统梳理了北京市公检法机关涉案财物管理中存在底数不清、情况不明、管理不规范、移送不顺畅等难点盲区，以及处置不及时、出口不通畅等瓶颈问题。为从根本上解决涉案财物管理中的难点问题，学习借鉴外省市先进管理经验，结合北京市执法现状，坚持大胆创新，做好

---

〔1〕 参见李玉华主编：《中国刑事涉案财物制度改革发展报告（2020）》，社会科学文献出版社 2020 年版，第 85 页。

顶层设计，确立了以"走前列、创一流"为目标，以规范化、信息化、社会化为抓手，坚持"整体规划、分步实施、重点推进"的北京涉案财物管理发展方向。

改革目标的确立为涉案财物管理规范化建设指明了方向，为确保改革顺利实施，北京市委准确定位，将涉案财物管理纳入市法治建设领域重点改革项目，由市委政法委牵动组织实施，率先在通州区试点"实物静止，手续流转"涉案财物跨部门集中统一管理，建立了北京市首个跨部门集中管理的涉案财物管理中心，中心建筑面积约 2000 平方米，设置了大件物品、普通物品、贵重物品和特殊物品等多个功能存放区域，并充分融入现代化管理理念，将原有涉案财物管理系统及中心安防系统进行全面升级改造，初步实现涉案财物智能化、科技化监督管理。区检法机关积极响应改革号召、凝聚改革共识，落实改革举措，协调配合公安分局开展集中统一保管工作。通州区的成功试点，为北京涉案财物管理改革不断走向深入奠定了坚实基础。在市委政法委的牵动下，北京市公安局主动作为，围绕"实物静止，手续流转"跨部门集中管理工作的实施所涉及的一系列问题与检法进行深入探讨、研究，着手开展框架性文件制定，顶层设计北京涉案财物管理的组织架构、人员架构、机制架构以及基础设施建设等保障性工作。在环节管理上严把涉案财物入口、出口关，在推动信息平台建设研发和深度应用上突出入口、出口管控，创新监督方法、强化监督措施运用，确保涉案财物底数清、情况明。并在与财政局的密切沟通配合下，探索开展涉案财物实物上缴工作，明确处置出口，彻底解决涉案财物长期积压、流转不畅问题。至此，涉案财物从入到出整个管理流程基本确定，北京涉案财物管理改革架构基本形成，即以"实物静止，手续流转"公检法跨部门集中统一管理机制为核心，以市区两级涉案财物管理中心建设为抓手，同步推进队伍建设、信息化建设与应用，建立相应管理制度，形成了省级城市乃至全国范围内"四个第一"，即颁布实施首部跨部门涉案财物管理规范性文件；在省级城市首次实现涉案财物跨部门集中管理；首次搭建罚没涉案财物上缴国库绿色通道；组建全国首支涉案财物管理专业队伍，奠定了改革发展的有力根基。

四、北京模式的实践

涉案财物管理工作是贯穿执法活动始终的一项重要工作，是易引发司法腐败、损害当事人权益、影响诉讼进程的重要风险环节。按照全面依法治国战略总要求和党中央、国务院涉案财物工作部署，经试点总结、广泛论证，北京市确立了全面实行"实物静止，手续流转"跨部门集中统一管理，明确了在公安机关设立跨部门涉案财物管理中心，集中统一管理公检法涉案财物，开启了北京涉案财物管理新征程。面对新形势、新任务，北京市公安局坚持以问题为导向，围绕涉案财物提取、保管、流转、处置及基础建设工作，聚焦改革难点、堵点，从优化完善制度入手，下大力气、下狠功夫、创新思维、创新举措，建立了"实物静止，手续流转；区别管理，实物上缴"工作机制，实施公安自管为主、探索社会托管为辅的管理模式，健全人员、场所、信息化三项基础工作，成功搭建"1+2+3"北京涉案财物管理全新体系，保障涉案财物管理改革取得扎实成效。

（一）创新建立"实物静止，手续流转；区别管理，实物上缴"工作机制

为深入贯彻落实中共中央办公厅、国务院办公厅、公安部等对规范涉案财物管理处置工作提出的要求，北京市公安局创新提出"实物静止，手续流转；区别管理，实物上缴"工作机制：即除特殊案件涉案财物因数量巨大或者特殊种类涉案财物因保管需求特殊委托社会化服务机构协助保管外，涉案财物主要由公安机关涉案财物管理中心保管，随案件办理进程只移送法律手续，不移送实物；在办理涉案财物上缴国库时，仅需将涉案财物实物交财政部门指定的资产处置机构即视为上缴完成。"实物静止，手续流转；区别管理，实物上缴"工作机制从根本上解决了涉案财物保管不到位、移送不顺畅、处置不及时、出口不通畅的工作难题。

1. 颁布实施首部跨部门涉案财物管理规范性文件，建立管理、移送新机制

为确保涉案财物管理新机制顺利实施，北京市公安局在市委政法委的组织牵动下，经广泛调研、反复论证，与市人民检察院、市高级人民法院、市财政局密切配合，研究制定了《北京市刑事诉讼涉案财物管理实施办法》（以下简称《实施办法》）于 2017 年 9 月 22 日全市印发。《实施办法》一是确立了"实物静止、手续流转"虚拟移送机制。由于检、法的涉案财物保管条件有限，且涉案财物长期积压，部分检察院、法院在办案实践中拒收公安机关随案移送的财物。"实物静止、手续流转"既不违背现行立法精神，又有利于明晰各机关责任，从而避免了相互推诿扯皮，有效节约了司法资源，避免因涉案财物几易其手而可能导致的损毁、灭失风险，有利于从根本上破解移送难题。二是建立跨部门涉案财物管理中心实现集中保管。市区两级公安机关设立跨部门的涉案财物管理中心，对于同级公安机关、人民检察院和人民法院涉案财物进行集中统一管理。同时要求积极推进刑事诉讼涉案财物跨部门集中管理信息平台建设，打破信息壁垒，做好数据汇聚，推动实现公、检、法院之间跨部门信息共享。三是按诉讼阶段分别明确各机关处置涉案财物的责任。涉案财物的处置环节是涉案财物管理的重点和难点，也是实践中管理最为混乱、分歧最为集中的领域。《实施办法》的一大主要亮点，就是在整合现有规定基础上，按诉讼阶段分别明确各办案机关的处置责任，不但明确了公、检、法机关的结案处置权，还从事实处置的层面明确了执行机关，并规定了审前返还、先行处置、无主物的处理等特殊的处置程序，构建了完整的涉案财物处置程序体系。四是规定了权利救济和责任追责体系。为体现人

权保障宗旨，《实施办法》明确了三机关对权利救济申请的依法、及时处理义务，避免其互相推诿而影响司法效率和侵犯当事人、利害关系人的合法权利。作为责任体系的创新，《实施办法》还与党纪问责制度进行对接，规定了办案机关监察部门的检查、督查权。限于效力位阶，该办法的责任内容均属于引致性条款，即责任追究主要依据相关法律法规以及党内法规的规定。

《实施办法》的颁布，确立了北京涉案财物管理、移送的新模式，打造了全市公、检、法、财各司其职、相互配合、相互监督的管理格局。该《实施办法》被公安部评选为 2018 年全国优秀执法制度。

2. 协调开通涉案财物实物上缴国库"绿色通道"，解决涉案财物出口难题

长期以来，涉案财物清理处置工作是个"老大难"问题，根据《刑法》规定，对于违禁品和供犯罪所用的本人财物，应当予以没收，没收的财物和罚金，一律上缴国库。但在实践中并没有具体的上缴规范，从而导致涉案财物积压严重，不处置、乱处置现象越发突出。在解决涉案财物"出口"，尤其是上缴国库这一问题上，北京市公安局主动作为，积极沟通市财政局建立了涉案财物实物上缴国库机制，搭建上缴国库"绿色通道"，即公安机关根据检察院、人民法院的决定或有效判决，协调市/区财政局委托的产权交易部门对涉案财物开展依法处置工作。2019 年，北京市公安局制定了《涉案财物上缴工作实施办法》，通过制度保障上缴机制顺利实施，从而彻底解决了涉案财物出口难的问题。《涉案财物上缴工作实施办法》（以下简称《办法》）是北京市首部集公安、财政、产权交易部门三方权利义务于一体的规范性文件，明确了涉案财物实物上缴国库的工作原则、上缴条件和流程、退库返还的程序，以及与财政局的协调机制等，权责清晰，流程规范，具有很强的操作性，彻底打通了涉案财物处置瓶颈，解决了办案单位因"不能上缴、不会上缴、不敢上缴"导致涉案财物大量积压的问题，北京市涉案财物处置水平和效能显著提升。该《办法》被公安部评选为 2019 年度优秀执法制度。具有以下特点：

一是上缴条件明确。我国现行法律法规中，并没有对"涉案财物上缴"进行明确的界定和解释。依据《刑法》《刑事诉讼法》《治安管理处罚法》中涉案财物的规定，经研究认为，对于一般涉案财物，除依法发还给被害人的以外，应当作追缴、没收、销毁等处理决定。北京市财政局及其合作的第三方机构，可履行对涉案财物销毁、无害化处理及没收后拍卖变卖的职能。故北京市公安局与财政局达成共识，在实践操作中，除依法直接发还给被害人或追缴后发还给被害人的，对涉案财物如销毁、没收、追缴（上缴国库）等其他处理决定的，可移交财政部门处理，即视为对涉案财物的上缴。《办法》规定，首先，对待上缴的涉案财物首先应当满足权属明确、无争议，未设定抵押、质押等权利的条件，以过

滤权属有争议的涉案财物；其次，上缴时应当有明确的法律依据，如判决、不起诉决定、行政处罚决定等，以保证涉案财物处置合法性；最后，涉案财物应尚未进入评估拍卖程序。《办法》的出台，为基层办案民警工作实操性奠定了基础。

二是上缴程序清晰。对于前期各分局上缴涉案财物流程不一问题，北京市公安局与财政局协商，对上缴流程规范统一，将待上缴涉案财物的处置程序分为两类：①公安机关直接执行检察院、法院已作出上缴决定的处置程序；②公安机关需自身作出上缴决定并予以执行的处置程序。上缴时，由涉案财物管理中心统筹牵动，办案单位根据物品是否有处置依据，制作相应的法律文书，呈请审批后配合中心将物品移交至财政部门，实现上缴流程、文书规范统一，大大提升处置效率，有利于民警规范上缴。

三是救济途径畅通。为进一步保护当事人、案外人的财产权，维护公安机关执法公信力，《办法》还对涉案财物的退库及返还程序作出了规定。如有权利人对上缴后的涉案财物主张权利，办案部门查证后，可办理退库返还手续。如行政处罚决定确有错误，依照监督程序纠正后，需要退库的，由公安机关向财政局申请退库，予以返还；原物已经变卖、拍卖的，应当退还价款。消除了民警因害怕处置错误而产生的后顾之忧。

"绿色通道"的建立，彻底打通了涉案财物处置瓶颈，解决了办案单位因"不能上缴、不会上缴、不敢上缴"导致涉案财物大量积压的问题，北京市涉案财物处置水平和效能显著提升。

（二）实施"公安自管为主"、探索"社会托管为辅"两种管理模式

北京市公安局根据公安工作的特点，秉承涉案财物管理工作"万无一失，一失万无"的工作理念，在广泛调研、充分论证的基础上，形成了"公安自管为主，社会托管为辅"的涉案财物管理模式，在强化涉案财物管理中心自管的基础上，积极探索社会托管服务，按照"必要、合法、安全、及时"的工作原则确定托管服务内容和监管要求，以有效解决特殊案件涉案物品及特殊种类涉案物品保管难题。

1. 涉案财物管理要以"公安自管"为主

"公安自管"是指由公安机关涉案财物管理中心对公安机关提取的涉案财物实行全诉讼阶段集中统一保管，随案件办理进程只移送法律手续，不移送涉案财物实物的管理模式。在案件办理中，许多涉案财物不但是案件的重要物证，也可能涉及警务工作秘密乃至国家秘密，其自身属性和公安工作的特点决定了涉案财物管理要以公安自管为主。为深入落实"实物静止，手续流转"跨部门集中管理机制，市委政法委将市区两级公安机关涉案财物管理中心纳入法治建设领域重点改革项目，市公安局按照"公安自管为主"的工作思路，将推进市区两级公

安机关涉案财物管理中心建设作为新时代首都公安工作重点任务，大力开展信息化建设、基层所队涉案财物保管室建设，确保标准统一，安全高效，实现对绝大部分涉案财物集中保管。

2. 引入社会托管服务是"公安自管"的有益补充

近年来，随着社会的快速发展，经济类犯罪案件逐步增多，犯罪手段呈现多样化趋势，涉案财物数量越来越多，种类越来越多。而公安机关集中管理场所场地、条件只能确保常规涉案财物的存储、管理，对于如非吸类等特殊案件以及特殊种类涉案财物的管理能力显然不足，且此类案件审理周期相对一般案件时间较长，如不妥善保管极易损害当事人合法权益，甚至引发群体性事件，管理面临的难度急剧增加。

北京市公安局对 2020 年以来办理的非吸等特殊案件或特殊种类涉案财物案件进行了调研，共办理非法吸收公众存款、非法经营、非法运输危险物质类等案件共 426 案，涉及的物品有危险品类（液化气罐、汽柴油、笑气、假酒等）、贵重物品类（高档家具、古玩瓷器、字画，高档机动车价值 5000 余万元）、医药防护类（假药、假口罩等共 50 余万件）、生鲜类等（羊蝎子、冻肉等 140 余公斤）。上述物品除数量较多以外，不同物品对保管条件的要求也不同，有的必须依靠专业设施，尤其是"新冠"疫情以来，北京警方查获多起倒卖疫苗、野生动物案件，公安机关保管场所无法完全满足存放条件。

从上述特殊物品存储保管情况看：一是占用公司、企事业单位办公库房或闲置仓库。属地办案单位协调辖区内单位、写字楼、库房或仓库，见缝插针式临时存放，其间库房仓库若被他人租用再临时挪地；二是就地封存。办案机关直接将物品封存在查获地并长期占用，直到诉讼结束法院将物品处置后再将场所使用权归还权利人。

上述管理方式存在的突出问题：一是因非专业保管场所导致涉案财物价值贬损。大量涉案财物就地封存或存储在临时库房，条件简陋，安全性差，更没有专业人员进行维护监管，极易导致涉案财物价值贬损，影响证据效力。二是长期无条件占用保管场所侵犯第三人合法权益。受诉讼周期的影响，涉案财物的存放时间可能达到半年、一年，部分经济类案件的侦查、审理周期甚至更长。公安机关若占用他人合法产权的场所保管涉案财物，必然导致场所持有人无法正常使用或开展经营。如，某分局在办理一起非法吸收公众存款案时，查封的 60 辆机动车直接存放在嫌疑人租赁的库房中，案发后的租金一直被拖欠。三是因过度依赖公权力引发群众不满。办案单位通过协调乡镇、企业用地来存放涉案财物，因无服务托管的专门文件和法律依据，占用的场所也基本无法支付租金，使得本应该公事公办的事情变成需要利用公权力协调的难题，极易引发群众不满，有损公安机关执法形象和权威。

从以上调研情况看，引入社会化服务是当前形势下解决特殊案件及特殊种类涉案财物管理有效、必要的方式。

（1）引入社会化服务是必要的。从其必要性而言：其一，涉案物品的法律属性决定必须对其妥善保管。涉案财物具有很强的证据属性和财产属性，对其保管不善，不仅会直接影响犯罪嫌疑人的定罪量刑，影响诉讼活动的顺利进行，也会直接侵害相关当事人的合法财产权益，影响其司法获得感，严重的还将损害国家和社会利益。如某分局办理的一起非法吸收公众存款案中，涉案财物被现场查扣封存，嫌疑人用违法所得购买的大米、小米等各种谷物2万余吨，因案件尚未审结、保管不当，市值出现极大贬损，引发被害事主强烈不满。

其二，引入社会托管服务是办案实践中迫切且现实的需要。当前，涉众型经济案件高发，对食品、药品以及侵犯知识产权类案件打击力度加大，查扣的涉案物品往往种类繁多且数量巨大，对公安机关涉案财物清点、搬运、仓储保管带来极大困扰，成为掣肘办案的一大难题。例如，北京警方在2019年"猎酒"行动中，查获假酒包装材料521万件，重约150余吨，已灌装的假冒茅台、五粮液等白酒2.1万余瓶，数量多，单个生产部件体积大、重量沉，均需要专业人员拆卸、叉车搬运、大型仓库存放。再有，某分局办理的非法吸收公众存款案中，对犯罪嫌疑人租用的近万平方米办公地点就地查封，扣押了大量的办公家具和百余箱名贵白酒，物品数量之多，体积之大，严重超出了涉案财物管理中心的正常承载力。办案实战中的不确定性给涉案财物管理工作带来了更多的挑战和强大的压力，如能针对引入社会化服务，切实解决民警后顾之忧，让民警放手办案，将更有利于打击违法犯罪，维护当事人合法权益、社会稳定及国家利益，更能增强社会治理成效。

其三，引入社会化服务是最直接且性价比最高的方式。涉案财物管理中心建设的定位是基于常规案件、常规物品的存储保管问题。但随着社会的发展变迁，新型犯罪手段层出不穷，涉案财物种类、量级也不断变化，故在解决好常规涉案财物存放问题的基础之上，还要聚焦非常规案件带来的部分涉案财物公安机关不能存、不宜存、存不了及无专业人士保管等问题。基于此，引入社会托管服务就能很好地解决"应万变"的问题。首先，社会企业多样，仓储、运输都有专业化的公司；其次，托管服务既能满足实际办案中对特殊类涉案财物妥善保管的需求，又可避免盲目改扩建造成的不必要浪费，花更少的钱，办更大的事。经调研顺丰、京东等大型仓储物流服务企业了解到，部分社会化仓储服务可以按照实际使用面积和时间收费，这种收费模式相比建设或者租用库房带来的资源闲置，更加符合办案实际，也更加集约、高效。

（2）引入社会化服务是可行的。从其可行性而言：一方面，符合法律规定及行政机关规章要求。我国《宪法》《刑事诉讼法》、财政部《罚没财物管理办法》、公安部《公安机关涉案财物管理若干规定》中均对涉案财物保管工作提出明确要求，亦对涉案财物管理引入社会化提供了法律支撑。另一方面，符合国家社会治理政策。党的十九大报告明确提出要打造共建共治共享的社会治理格局，要从单纯依靠政府进行管理向政府主导下的多元主体协同治理转变，从单纯依靠行政管理向注重协调、协商、协作转变。因此，在涉案财物管理工作中，应当准确识变、科学应变、主动求变，利用引入社会化服务有效解决特殊案件和特殊种类涉案财物管理难题，通过发挥企业仓储、物流的专业优势，来弥补涉案财物管理中心模式的不足、短板。

（3）引入社会托管服务必须严格限定和管理。根据共建、共治、共享的社会治理理念，充分利用社会资源参与涉案财物管理是北京市局探索实施的一种新型管理模式。当然，"社会托管"并不是"放手不管"。经广泛调研，北京市公安局确定了引入社会化服务的工作原则、严格限制引入范围和服务的种类，制定了严密的监管机制，既确保涉案财物全过程的"同一性"，又保证了管理环节的安全与效率。

3. 厘清"公安自管"与"社会托管"的关系

基于公安工作的特点以及案件的保密性要求，涉案财物管理必然以公安机关涉案财物管理中心及涉案财物保管室保管为主。在监管到位的情况下，适当地引入社会化服务对特殊案件及特殊种类涉案财物进行管理，以此作为公安自管模式的必要补充，两种管理模式主辅明确，严格切分。公安与社会力量的分工可以依据涉案财物的证据属性强弱和保密要求进行判断，评估后以"购买社会服务"的形式与有资质的社会机构签署完备的保管合同，以实现对涉案财物安全、妥善、规范管理。

（三）夯实涉案财物管理工作基础，"3+3+3"涉案财物管理架构基本完成

为规范侦审一体化办案机制下涉案财物管理工作，深入落实"实物静止，手续流转；区别管理，实物上缴"涉案财物管理工作机制，北京市公安局着眼规范化、专业化、现代化建设需要，构建了市、区、基层所队三层级涉案财物管理架构，打造了人、岗、场所匹配，信息化流转顺畅，监督保障到位的新型涉案财物管理格局，为涉案财物规范管理奠定坚实基础。

1. 打造三级专业队伍，提供组织保障

为全面规范涉案财物管理工作，借助市局机构编制改革的契机，北京市公安局成立了三层级涉案财物管理专业队伍：一是市公安局法制总队成立了全国首支正处级建制的涉案财物管理支队，负责统筹市局涉案财物管理工作；二是分局法

制支队成立了正科级涉案财物管理中队；三是各基层办案部门成立了案管组，将涉案财物管理作为案管组五大职能之一。目前，全局涉案财物管理人员已扩展至800余人，在市局的统一牵头动员下，不但要负责涉案财物日常工作中的接收、保管、移送、协助处置等工作，更多地增加了对涉案财物的管理监督职能，为严格落实"管办分离"要求奠定了坚实的组织保障。同时，引入社会化服务辅助管理模式，对提供社会化服务的机构、人员从专业性、安全性、可靠性等方面也提出了更高的要求。

2. 建设三级保管场所，筑牢工作根基

保管场所是涉案财物管理规范化建设的基础。为确保全局涉案财物保管场所建设规范化、标准化、现代化，市局制定了《涉案财物管理中心建设标准》，市区两级公安机关选取合适地点，划定功能分区，配备专业装备，开发智能系统，全面掀起改建、扩建、新建的高潮。市级涉案财物管理中心已经全面建成并投入使用，预计至2021年底，所有区级中心将完成建设。在保管室的建设推进中，本着服务基层，规范管理的宗旨，市公安局及时制定下发《涉案财物保管室设置使用规范》，明确要求各办案部门要建设涉案财物保管室，第一时间实现对涉案财物的集中管理，并充分考虑基层现状，对确有建设困难，且涉案财物保管量较小的单位，经报备并认可后，通过涉案财物保管柜的形式完成对涉案物品的统一管理。目前，所有基层涉案财物保管室已全部建成。另外，在引入社会化服务辅助管理模式中，北京市公安局对社会化服务场所从位置选取、库区面积到安防技防、监管机制进行了更为严格的规定。

3. 融合三级管理平台，提升应用效能

信息化手段是实现涉案财物安全高效管理的有效途径。在北京市委政法委组织牵动下，北京市公安局参与完成了市政法智能办案平台（BJCM系统）的开发与建设。现该平台已在市局及检、法部门上线运行，实现了各司法环节涉案财物的网上流转、信息共享、实时监督。市局执法办案平台于2017年12月增设了涉案财物管理模块，并且根据制度的健全不断优化，现已实现了涉案财物信息采集、入库分配、预警监督等功能。涉案财物智能化保管系统更加突出了应用信息化手段、物联网技术对涉案财物的智能化管理，并预留端口，对提供社会化服务的场所实现远程视频监控。为了确保三级管理平台间的无缝衔接，避免民警重复操作，资源浪费，北京市公安局开展多次调研，确定了三个平台要实现的功能以及切分边界，重点解决了公、检、法部门间涉案财物数据的推送与共享、平台之间的无缝衔接及智能化预警、监督、统计等多个问题，减轻了办案负担，提升了工作质效。

（四）坚持规范指引，强化科技赋能，构建监督管理新格局助力改革措施长效发展

1. 健全配套管理制度为涉案财物管理改革保驾护航

为确保改革各项措施顺利实施，市公安局在市委政法委的领导下，从顶层设计层面，推动公检法机关及财政部门会签了《北京市刑事诉讼涉案财物管理实施办法》和《关于建立北京市涉案财物规范管理和处置工作联席会议机制的意见》，成立了日常工作协调办公室，协助解决新机制运行中的难点堵点，保障改革措施顺利开展。此外，北京市公安局又紧扣办案实践和涉案财物各管理环节，先后制定了《办理刑事案件适用查封、扣押、冻结措施实施细则》《常见涉案财物规范提取指引》等12个配套管理制度。围绕新问题，于2021年制定印发《查封机动车档案工作规范》，解决机动车档案久封未解问题，保障当事人合法权益。上述规定分别从不同角度弥补了以往司法实践中涉案财物管理盲区，系统构建了涉案财物管理新机制下的制度体系，为确保提取规范、保管到位、流转顺畅、处置及时提供有力支撑。

2. 科技引领涉案财物管理进入全新数字化时代

在信息化时代，涉案财物管理工作也应跟上时代的步伐。北京市公安局从警务实战需求出发、从基层民警期待出发，将物联网技术引入涉案财物管理中心建设之中，初步实现四个工作目标：①安全防范无盲区：把安全作为涉案财物管理工作的首要任务，通过在涉案财物管理中心设置多种门禁、周界报警、重点部位高等级安全认证等多个系统及严格的配套管理机制，确保涉案财物绝对安全。②智能管理全流程：应用智能化保管系统实现物品入库智能化、入库指引智能化、快速盘库智能化、库区库位可视化等功能，并设置了"自动分配"为原则，"手动分配"为补充的库位分配操作方式，方便快捷，提高效率。③监督指导全覆盖：以案件为单位，将涉案财物流转各环节监控视频打包实现基于时间轴的全流程回溯管理。通过视频连线，实现远程查看并指导基层涉案财物保管现状，达到"横到边，竖到底"全方位监督指导的工作要求。④系统对接无缝隙：与执法办案平台顺畅对接，一键式提取办案单位在执法办案平台中录入的基本信息，并与智能库管设备、安防监管系统进行关联，实现异常操作下联动报警。

3. 多元化监督指导推动管理规范化建设再上新台阶

坚持涉案财物管理主体的专业化建设是开展涉案财物规范管理的重要基础。工作中，北京市公安局突出常态化考评指导。结合不同时期管理重点，每年调整考评内容、细化考核标准，每个阶段都在重点解决制约涉案财物管理规范化建设的掣肘难题，确保制度落实落地。特别是为推动涉案财物处置良性循环，2021年市局制定了涉案财物平台流转"四个一律"即：除涉密案件外，涉案财物一

律通过网上平台流转；涉及涉案财物的案件起诉时，起诉意见书一律写明处理建议；随案移送清单一律平台开具；对移交涉案财物意见不明确的一律采取函询方式征求意见。并针对随案移送清单开具及起诉意见书协同提出了"双100%"工作目标，坚持日积累、月通报、年考评，配合实地抽查、远程监督指导等方式，实现监督管理信息化、常态化。突出专业化教育培训。针对实地检查、网上巡检发现的普遍性、突出性问题，重点从市区两级培训入手，通过法制教育大讲堂、案管组、打击队长培训以及分片包所、点对点指导、下发工作提示、组织系统间的横向交流等形式，取长补短、相互促进，全面提升涉案财物管理人员的思想认识和素质能力，专项培训及交流累计达2万余人次。突出实战化监督管理。组织开展全局基层涉案财物保管室"推磨式"检查验收，完成率达100%；坚持每年开展两次16分局涉案财物管理中心、基层所队涉案财物管理专项检查；将查封机动车档案作为顽瘴痼疾专项整治重点内容；深入开展涉案人员随身附物、涉案款管理专题调研；组织法制、审计部门联合开展全局执法活动财物审计。截至2021年上半年，市公安局累计实地检查办案单位600余次，检查实物3千余件，办案民警规范提取、及时移交、依规处置涉案财物意识显著增强，涉案财物管理队伍专业化履职能力和工作水平得到大幅提升。

五、北京模式的主要经验

任何改革都不是一蹴而就、一帆风顺的，需要在实践的过程中不断探索、完善。既要与时俱进，更要贴近实战、服务实战。涉案财物管理北京模式的成功实践，推动了北京涉案财物管理规范化建设进程，为首都执法规范化建设实现全方位全领域提升奠定了有力基础。回顾改革历程，主要经验有以下方面：

（一）党委重视为改革发展注入不竭动力

北京涉案财物管理改革发展离不开各级党委、领导的高度重视和大力支持。在市级层面：北京市委、市政府将涉案财物管理改革纳入市法治建设领域重点改革项目，纳入市委政法委司法改革任务账单，将市区两级涉案财物管理中心建设列入首都新时代公安工作重点任务，特别是在确定实施"实物静止，手续流转"涉案财物跨部门集中管理机制后，2017年10月，经市编办批复，北京市公安局法制总队成立了全国首支处级建制的涉案财物管理专业队伍，负责统筹全局涉案财物管理工作，牵动全局开展涉案财物管理规范化建设。专业队伍的成立为涉案财物管理改革各项措施有效实施提供了坚实的队伍保障。与此同时，市委政法委牵头开展涉案财物集中管理信息平台建设，组成由公安、法院、检察院及技术公司专班，定期会商，汇总业务需求，研究开发内容，优化平台功能，从市级层面完成公检法涉案财物信息流转与共享，实现全流程监督管理。在市局层面：市公安局党委以有力措施保障改革措施落地执行。一是组织保障。市局党委高度重视，将涉案财物管理工作作为执法规范化建设中的重要一环强力推动，主管局领导多次出席全局涉案财物管理工作会议、公检法联席例会，高规格、高标准落实改革举措。二是人员保障。将涉案财物管理岗位编制纳入法制支队执法规范化建设大队，目前除远郊区分局无涉案财物管理中队外，其他分局设置了中队建制，配齐领导职数，未设置中队建制的单位安排了专职民警负责，配备了相应的文职、辅警牵动分局的涉案财物管理，保障工作的专业化、规范化。三是资金保障。涉案财物管理中心是落实改革措施的重要基石和保障，市局、分局党委严格落实市委、市政府关于涉案财物管理改革要求，在推动中心土建、信息化建设及保管室建设任务上给予大力支持和资金投入，北京市公安局涉案财物管理工作实现了"三统一"：管理模式统一，除价值较低等少量涉案财物可以在涉案财物保管室存储保管外，其他案件涉案财物均由涉案财物管理中心集中保管；建设标准统一，中心划分贵重、特殊、普通物品保管功能区，安装了保险柜等必要物品保管设备，保管室设置整齐划一，由分局统一部署设计、统一配发保管箱、保管袋；安技防配置统一，中心监控统一按照国标 28181 标准配备，确保实现全局横向互通、纵向互联。

（二）制度先行为改革发展提供加速度

回顾近几年北京在探索涉案财物管理改革中采取的一系列举措，最根本的一点就是在改革初期完成了北京涉案财物管理顶层设计，即在全市全面实施"实物静止，手续流转"公检法涉案财物跨部门集中统一管理，彻底改变以往"物随案走""随案移送"涉案财物移送流转方式，此举力度之大在全国省级城市中应属首创。在此管理模式下，北京市委政法委牵动公安、法院、检察院、国家安全局、财政局五部门会签完成《北京市刑事诉讼涉案财物管理实施办法》，明确了"实物静止，手续流转"管理模式的含义以及实施要求。为将新管理模式做实做细，2017 年以来，北京市公安局坚持以制度建设为保障，通过较完备的管理制度体系，为"实物静止，手续流转"的顺利实施保驾护航。北京市公安局紧紧抓住涉案财物提取、保管、流转、处置四个管理环节，针对每一个管理环节，从工作实践中进行研究，制定出台相应制度规范，2017 年下半年至 2019 年底仅两年的时间里，北京市公安局以京公法字文件出台了有关涉案财物管理工作 11 个规范性文件，从刑事案件到行政案件、从硬件建设到软件开发、从涉案财物入口到出口的操作规范，细致、周全、完善的管理制度，保障了涉案财物管理改革一步一个脚印、有条不紊、扎实推进。

（三）内外兼修协调配合构筑发展新格局

涉案财物管理涉及不同领域、不同执法司法环节，是一项跨部门的复杂性工作，政策性、操作性要求都很高。找准各管理环节的关键点，精准施策，才能促进管理活动规范开展。在"实物静止，手续流转"新管理模式实施中，北京市公安局紧盯涉案财物提取、保管、流转、处置环节，坚持对内精准发力，对外聚集合力，在落实"四个一律"规定动作以及随案移送清单开具率和起诉意见书协同率双"100%"工作目标上狠发力、发狠力，推动改革措施不断走深走实，取得显著成效。

六、涉案财物管理北京模式的成效

在涉案财物管理新体系逐步搭建的过程中，北京市公安局按照既定目标，采取有效措施，推动了全局涉案财物管理规范化建设，取得了巨大成效。

（一）涉案财物管理根基更加牢固坚实

在涉案财物管理新体系下，市局一方面下大力气推进全局涉案财物管理中心和保管室建设工作，确保涉案财物第一时间集中保管。另一方面推行引入社会化服务工作，作为集中保管的补充，切实解决特殊案件以及特殊种类涉案财物保管问题。目前，全局涉案财物管理中心建筑面积由原来的 17 792 平方米扩大至 37 900 平方米，个别单位仍在进行改扩建，绝大多数分局将涉案财物保管室独立设置，装备统一、构造一致，整齐划一。待涉案财物引入社会化服务工作步入实施轨道后，专业的机构将会提供专业的服务，最大限度保全涉案财物的价值。

（二）涉案财物管理方式更加安全高效

如今在大数据警务总体框架下，北京市不但实现了公、检、法三机关之间涉案财物线上流转，还依托执法办案平台实现了对涉案财物基础信息、流转信息的日常监督，达到了信息采集准确，24 小时管办分离。并通过涉案财物智能化保管系统，实现了快速盘库，流程回溯，达到了各管理中心内部涉案物品与安技防设施的有效关联，达到了中心对中心、中心对保管室"横到边、竖到底"实时监督。

（三）涉案财物监督管理更加科学精细

在涉案财物管理规范化建设进程中，单一的库管工作正逐步向管理全流程、全覆盖发展。在强有力的管理监督措施下，涉案财物规范管理水平显著提高。在内部监督方面，通过执法办案平台等信息系统实时监督涉案物品上缴情况，及时提醒物品处置；并采取平台巡检、实地检查等形式，对落实"管办分离"、24 小时入库、"一物一码"管理等关键问题严格考评。在外部监督方面，开展与督察、审计联合检查，从不同的工作视角检验涉案财物管理中存在的问题，收获良好成效。2017 年以来，涉案财物管理平台输机录入准确率逐年递增，截至 2021 年上半年已由原来的 20.1% 上升至 98% 以上。在市局开展的涉案财物管理"推磨式"实地检查中均未发现涉案财物遗失、损毁或者办案民警私自保管等情形，管办民警规范管理意识和管理水平得到显著增强。

（四）涉案财物管理队伍更加正规专业

涉案财物管理工作的规范离不开管理队伍的努力。现在市局涉案财物管理队伍有了专门建制，为涉案财物管理各项工作的顺利开展提供了有力组织保障。近年来，这一队伍中有 3 名同志被评为法制系统业务标兵，10 名同志被评为"法制之星"，5 名同志的先进事迹依托法青苑、《法制工作简报》在全局范围进行宣传。与此同时，重点加强队伍专业能力建设，多形式开展业务培训、点对点指导，涉案财物管理队伍凝聚力、战斗力显著增强，涉案财物管理工作影响力大幅提升。

（五）涉案财物流转处置更加规范有序

"实物静止、手续流转，区别管理，实物上缴"工作机制的确立以及配套管理制度的实施，为涉案财物入口到出口规范管理、顺畅流转提供有效支撑。当前，各级公安机关已顺利搭建了公、检、法之间的沟通平台、对于不起诉、不上判的涉案财物采取网上函询的形式得到处理意见，同时在公安机关内部确定了法制部门对涉案财物入口、出口审核把关，出具处置建议的必经程序，有效保证了涉案财物提取合法、处置有据。在此基础上，进一步畅通涉案财物实物上缴的工作渠道，与财政、产权交易部门签订三方合作协议。在涉案财物上缴工作机制实施的两年时间里，全市上缴涉案财物数量大幅提升，切实达到了流转更加顺畅、处置更加及时的效果，"案结物清"工作目标初步实现。

（六）涉案财物管理职能不断拓展

北京市公安局着眼涉案财物改革发展需要，着眼执法规范化建设要求，进一步拓展涉案财物管理职能和工作外延。于 2021 年 4 月组织全局开展查封机动车不规范问题清理整治专项行动，并将此项工作并入市局顽瘴痼疾专项整治内容，及时下发《查封机动车档案工作规范》，同步研发查封机动车档案信息平台，与车辆管理部门系统直接对接，让办案民警不跑腿，让信息多跑路，提高查封、解封工作效率。与此同时，积极开展涉案车辆维保养护工作调研，走访市汽车协会等相关部门研究制定涉案车辆维保养护工作标准。开展涉案人员随身附物管理专题调研，紧扣当前管理中的漏洞盲区，细化流程、健全制度，确保实现物随人走，人走物清，提高管理规范化水平。

七、北京模式的展望

下一步，北京市公安局在涉案财物管理规范化建设方面将继续开展好以下工作。

（一）进一步完善制度建设，在规范运行机制上下功夫

随着社会发展进步，公安工作不断创新变革，涉案财物管理活动也会随着新情况、新问题进行调整、改变。不仅要结合涉案财物管理各重点环节继续在精细

化、具体化上下功夫，使管理制度不断完善，指导一线工作。更要跟上改革的发展，按照规范管理、服务实战、科技支撑、勇于创新的工作思路，敢于自我革命，坚持与时俱进，结合新问题、新情况，研究制定符合实际发展的制度规定，不断完善、夯实涉案财物管理制度体系。

（二）进一步深化涉案财物管理中心工作模式，持续提升管理效能

涉案财物保管场所建设是落实涉案财物移送处置新机制顺利运行的重要保障，下一步，将结合规范化、标准化、智能化建设要求，持续深化涉案财物管理中心管理模式改革，采取扎实有效措施，加快推动区级涉案财物管理中心建设，发挥实战效能。同时，要重新定位中心功能，试点开展远程示证网络应用等服务功能，提高工作效率。

（三）进一步细化涉案财物管理引入社会化服务工作，推动社会托管模式日益完善

引入社会托管服务管理涉案财物是公安自管的有益补充，该项工作实施后，要进一步细化管理内容，通盘考虑涉案财物提取、保管、流转、处置各管理环节所涉及的以及可能涉及的工作内容、风险隐患，制定操作性强的实施细则，充分应用信息化手段、智能化监督，实现托管服务全程留痕、绝对安全、提升质效。同时，要在市委政法委的牵动下与检察院、法院、财政部门，厘清各自管理责任，细化工作任务，形成合力，打造公、检、法、财"管理无漏洞，配合无障碍，监督无死角"的成熟高效的社会化托管模式。

（四）进一步延伸工作触角，科技赋能助力实战水平不断提升

涉案财物规范管理的最终目的是要更好地服务实战，助力执法规范化建设，下一步，要进一步强化职能作用发挥，在信息的深度应用方面继续拓展，更要将现有系统中与涉案财物有关的信息为我所用，强化数据的分析研判，反推执法办案存在的问题，提高执法规范化建设水平。还要继续解放思想，开拓创新，针对涉案款管理、涉案人员随身附物管理中发现的突出问题及风险漏洞，探索建立跨部门信息网络，实现系统互联互通、数据共享，让信息多跑路、民警少跑腿，提高工作效率。

（五）进一步拓宽监督渠道，持续推动"1+1>2"改革成效

北京市公安局将继续以执法质量考评为牵动，进一步拓宽监督渠道，充分利用现有信息化手段实现线上实时监督，不断完善日常巡检、通报反馈机制，强化流程管控、网上监督，实现涉案财物信息流、状态流全程留痕、智能管理。配合线下指导以及公检法财协调机制推动解决涉案财物管理难点问题，切实为基层解决实际困难，推动涉案财物管理规范化建设不断取得新成绩。

（六）进一步强化素质能力建设，全方位锻造过硬管理队伍

北京市公安局将继续在涉案财物管理队伍的能力建设上狠下功夫，积极开展

岗位练兵、增强培训针对性实效性，强化系统间互帮互学横向交流，并充分运用新媒体平台，大力开展队伍形象及管理工作宣传，创品牌，树形象，全面打造涉案财物管理高质量专业化队伍。

北京市公安局跨部门的涉案财物管理新模式刚刚起步，在与检察院、法院、财政局等部门的对接方面还存在一些问题。这些问题将随着涉案财物管理中心各项机制的完善予以解决。北京市公安局将继续发挥自身优势，在涉案财物管理和处置方面继续探索，争取发挥更好、更强、更优的引领示范作用。

涉及危害数据安全类犯罪司法适用问题研究

陈 雷*

数据作为数字经济时代最核心、最具价值的生产要素，正在加速成为全球经济增长的新动力、新引擎，深刻地改变人类社会的生产和生活方式。5G 连接、人工智能、云计算、区块链、产业互联网，泛在感知等信息与通信技术（ICT）新技术、新模式、新应用无一不是以海量数据为基础，同时又激发数据数量呈爆发式增长态势。随着数据量呈指数级增长，数据分析算法和技术迭代更新，数据创新应用和产业优化升级，数据对社会变革的影响更加深远。与此同时，随着数据价值的愈加凸显，数据安全风险与日俱增，数据泄露、数据贩卖等数据安全事件频发，给个人隐私、企业商业秘密、国家重要情报等带来了严重的安全隐患。更为严重的是，数据不当处理也将危险辐射到了各行各业。新型网络威胁层出不穷、数据交易地下产业链活动猖獗、数据跨境流动监管规则缺乏等一系列问题为数据犯罪治理带来了新的挑战。当前，数据安全已成为数字经济时代最紧迫和最基础的安全问题，加强数据安全治理已成为维护国家安全和国家竞争力的战略需要。本报告以数据治理为基点，立足于数据安全威胁日益严峻的态势，着力解决数据安全领域存在的突出犯罪问题。

一、数据犯罪概念及相关法律法规梳理

（一）数据犯罪、数据治理概念解析

1. 数据概念辨析

表 1　数据概念的相关法律规定

概　　念	法律法规	定　　义
数　　据	《数据安全法》	第 3 条："本法所称数据，是指任何以电子或者其他方式对信息的记录。"

* 课题主持人：陈雷，北京市海淀区人民检察院。立项编号：BLS（2020）B002。结项等级：合格。

概　念	法律法规	定　义
网络数据	《网络安全法》	第 76 条第 4 项："网络数据，是指通过网络收集、存储、传输、处理和产生的各种电子数据。"
网络数据	《数据安全管理办法》（征求意见稿）	第 38 条第 2 项："网络数据，是指通过网络收集、存储、传输、处理和产生的各种电子数据。"
网络数据	《网络数据安全管理条例》（征求意见稿）	第 73 条第 1 项："网络数据（简称数据）是指任何以电子方式对信息的记录。"

2. 数据犯罪界定

无论是在学理上还是具体法律规定中，都还没有数据犯罪这一概念。对此，存在不同观点。其中，一种观点认为，所谓的数据犯罪，是指将数据或承载数据的信息系统作为犯罪侵害法益的多个刑法罪名的统称。另一种观点认为，所谓的数据犯罪，是指在大数据环境下，数据的集中和数据量的增大给产业链中的数据安全保护带来新的威胁，数据成为主要的攻击对象，网络向围绕着数据处理的数据网络转向，形成了以数字化形式进行技术处理的一切数据为对象的犯罪，其在理论上被统称为"数据犯罪"。本文同意第二种观点。

3. 数据治理界定

数据治理存在多种界定方式，国际数据研究机构、国内企业级研究机构以及部分学者均对数据治理做过界定。其中，比较权威的定义可以参考国际数据管理协会（DAMA）与国际数据治理研究所（DGI）的定义。DAMA 认为，数据治理（Data Governance，DG）指的是对数据资产管理行使权力和控制的活动集合（计划、监督和执行）。DGI 则认为，从广义来说，数据治理是对数据相关事项作出决策的工作。从狭义来说，数据治理是与信息相关过程的决策权与问责制度，根据商定的模型执行，确定谁能够对什么信息采取什么措施，以及什么时候、在什么样的情况、使用什么方法。

在国内研究机构的定义中，阿里研究院认为，数据治理即建立在数据存储、访问、验证、保护和使用之上的一系列程序、标准、角色和指标，以期通过持续的评估、指导和监督，确保富有成效且高效的数据利用，促进跨组织协作和结构化决策，为企业创造价值。头豹研究院认为，在数据驱动的业务与生产环境中，围绕具备更高可用性的数据标准与数据模型，规划构建"采集、管理、服务"一整套制度体系的系统工程。

（二）关于数据安全的民法、行政法及相关规定

近年来，我国数据安全政策持续升温，已相继颁布了《网络安全法》《民法

典》《数据安全法》和《个人信息保护法》四部数据安全保护基本法律框架。围绕基本法制定的配套法规制度也在加快制定进度。同时，数据安全相关国家标准也在密集出炉，包括数据跨境流动、个人信息保护、新技术新应用数据安全防范、重点领域数据安全保护等方面。如下表 2 所示：

表 2 数据安全相关法律法规及国家标准

时 间	发布机关	名 称	内 容
2021	全国人大	《数据安全法》	确立了数据分级分类管理以及风险评估、监测预警和应急处置等数据安全管理各项基本制度；明确了开展数据活动的组织、个人的数据安全保护义务及落实数据安全保护责任；强调坚持安全与发展并重，规定支持促进数据安全与发展的措施；建立了保障政务数据安全和推动政务数据开放的制度措施。
2021	全国人大	《个人信息安全法》	明确了个人信息处理规则、个人信息跨境提供的规则、个人在个人信息处理活动中的权利、个人信息处理者的义务、履行个人信息保护职责的部门等。
2020	全国人大	《民法典》	明确了隐私定义，界定侵犯隐私权行为；明确了个人信息定义及范围；明确个人信息处理范围、要求及原则；明确个人信息主体权利，规定信息处理者义务；完善对患者的隐私及个人信息保密责任。明确数据活动必须遵守合法、正当、必要原则。
2016	全国人大	《网络安全法》	从"个人信息保护""数据存储与跨境安全""数据（信息）内容安全"和"数据系统、平台、设施安全"等角度，对数据和个人信息合规方面予以规制。
2021	网信办、工信部、公安部、市场监管总局	《移动互联网应用程序个人信息保护管理暂行规定》	确立了"知情同意""最小必要"两项重要原则；细化了 APP 开发运营者、分发平台、第三方服务提供者、终端生产企业、网络接入服务提供者等五类主体责任义务；提出了投诉举报、监督检查、处置措施、风险提示等四方面规范要求。
2020	网信办、工信部、公安部、市场监管总局	《常见类型移动互联网应用程序必要个人信息范围规定》	明确了 39 种常见类型 APP 的必要个人信息范围，要求其运营者不得因用户不同意提供非必要个人信息，而拒绝用户使用 APP 基本功能服务，旨在有效规范 APP 收集使用个人信息行为并促进 APP 的健康发展。

续表

时　间	发布机关	名　　称	内　　容
2019	网信办	《个人信息出境安全评估办法》	明确了个人信息出境安全评估的重点评估内容，规定所有个人信息出境均应当依法向网信办申报并由网信办组织开展安全评估；明确了个人信息主体在出境场景下知情权等权利履行的保障；通过系列设计加强对境外接收者的监督；全面规定了网络运营者与个人信息接收者签订的合同的具体内容。
2019	网信办	《儿童个人信息网络保护规定（征求意见稿）》	针对14岁以下的未成年人，规定了应设置儿童专门用户协议、设置专人负责、征得儿童监护人明确同意、加密存储和最小授权访问等儿童个人信息保护要求。
2021	信安标委	《信息安全技术人脸识别数据安全要求（征求意见稿）》	规定了人脸识别数据的基本安全要求、安全处理要求和安全管理要求，剑指人脸数据滥采，泄露或丢失，以及过度存储、使用等问题。
2021	信安标委	《信息安全技术基因识别数据安全要求（征求意见稿）》	定义了基因识别数据，对基因识别数据在各场景各活动中的安全处理及安全管理要求进行了规定，旨在指导基因识别数据控制者安全开展基因识别数据业务，保证数据主体权利。
2021	信安标委	《信息安全技术声纹识别数据安全要求（征求意见稿）》	给出了声纹识别数据活动的四大场景，明确了声纹数据的基本安全要求、安全处理要求、安全管理要求。
2021	信安标委	《信息安全技术步态识别数据安全要求（征求意见稿）》	围绕个人信息安全，从全生命周期角度针对步态识别数据的特点提出相应的安全要求。
2021	信安标委	《信息安全技术网络支付服务数据安全指南（征求意见稿）》	规定了网络支付服务可以收集、使用、存储、共享、转让、公开披露的数据种类、范围、方式、条件等，旨在指导网络支付服务运营者和相关监管部门规范网络支付服务的数据处理活动。
2021	信安标委	《信息安全技术快递物流服务数据安全指南（征求意见稿）》	给出了快递物流服务的数据收集、存储、传输、使用、委托处理、删除、出境等数据处理活动的安全保护要求，旨在指导快递物流服务运营者和相关监管部门规范快递物流服务数据处理活动。

续表

时 间	发布机关	名 称	内 容
2022	信安标委	《信息安全技术网上购物服务数据安全指南（征求意见稿）》	规定了网上购物服务可以收集、存储、使用、交换、删除、出境的数据种类、范围、方式、条件等，旨在指导网上购物服务运营者和相关监管部门规范数据处理活动。
2021	信安标委	《信息安全技术移动互联网应用程序（APP）个人信息安全测评规范》	明确了开展 APP 个人信息安全开展测评的实施过程以及对各项具体安全要求进行测评的方法，为第三方测评机构测评以及 APP 提供者开展自测评提供指导。
2021	信安标委	《信息安全技术移动互联网应用程序（APP）SDK 安全指南》	规定了 SDK 提供者在 SDK 的开发、运营、个人信息处理、数据安全管理等活动中应遵循的安全要求，旨在指导 SDK 提供者和相关监管部门规范 SDK 使用。
2021	信安标委	《信息安全技术网联汽车采集数据的安全要求（草案）》	规定了网联汽车采集的数据在传输、存储和跨境等环节的安全要求。
2021	信安标委	《信息安全技术个人信息去标识化效果分级评估规范（征求意见稿）》	给出了个人信息标识度的四种级别，以及个人信息去标识化效果评定流程和重标识风险计算方法。
2020	信安标委	《信息安全技术个人信息安全规范》	提出了个人信息控制者处理个人信息行为的规范，旨在遏制个人信息非法收集、滥用、泄露等乱象。
2020	信安标委	《信息安全技术政务信息共享数据安全技术》	提出了政务信息共享数据安全技术要求框架，旨在加强政务数据共享过程中的数据安全保护。
2020	信安标委	《信息安全技术健康医疗数据安全指南》	提出医疗数据的分类体系、使用披露原则、安全措施等，旨在强化健康医疗数据的融合共享和开放应用过程的个人信息安全保障。
2020	信安标委	《信息安全技术网络预约汽车服务数据安全指南（征求意见稿）》	给出了网络预约汽车服务的数据收集、存储、使用、共享、公开披露、删除的类型、范围、方式和条件，旨在指导网络预约汽车服务运营者和相关监管部门规范服务相关的数据处理活动。
2020	信安标委	《信息安全技术即时通信服务数据安全指南（征求意见稿）》	规定了即时通信服务的数据收集、存储、使用、共享、公开披露、删除的类型、范围、方式和条件，旨在指导即时通信服务运营者和相关监管部门规范服务相关的数据处理活动。

时　间	发布机关	名　称	内　容
2020	信安标委	《信息安全技术网络音视频服务数据安全指南》	规定了网络音视频服务的数据收集、存储、使用、共享、公开披露、删除的类型、范围、方式和条件，旨在指导网络音视频服务运营者和相关监管部门规范服务相关的数据处理活动。
2020	信安标委	《信息安全技术个人信息安全影响评估指南》	规定了个人信息安全影响评估的基本概念、框架、方法和流程，并提出了特定场景下进行评估的具体方法，旨在推动个人信息保护工作深入落地。
2020	信安标委	《信息安全技术电信领域大数据安全防护实现指南（征求意见稿）》	规范了电信领域大数据分类分级，基于电信领域大数据生存周期从管理和技术两方面给出了安全防护的实现指南。
2020	信安标委	《信息安全技术网络数据处理安全规范（征求意见稿）》	规定了网络运营者利用网络开展数据收集、存储、使用、加工、传输、提供、公开等数据处理活动应遵循的规范和安全要求，旨在为网络运营者的数据处理活动提供更具操作性的指引，并为监督管理和认证机构的安全管理认证工作的开展提供有力参考。

（三）数据犯罪类型及刑事法律规定

1. 数据犯罪类型区分

对于数据犯罪类型也存在不同的划分方法。主要存在以下几种划分方法：第一种，数据等同于信息为犯罪对象的静态等同法。即把数据等同于信息，将刑法中所有涉及信息、数据的犯罪均认为属于数据犯罪。具体包括：境外窃取、刺探、收买、非法提供国家秘密、情报罪、侵犯商业秘密罪、非法获取国家秘密罪、非法侵入计算机信息系统罪；非法获取计算机信息系统数据、非法控制计算机信息系统罪、拒不履行信息网络安全管理义务罪、泄露不应公开的案件信息罪；故意泄露国家秘密罪；披露、报道不应公开的案件信息罪、过失泄露国家秘密罪、非法获取军事秘密罪；为境外窃取、刺探、收买、非法提供军事秘密罪、故意泄露军事秘密罪；过失泄露军事秘密罪、窃取、收买、非法提供信用卡信息罪、内幕交易泄露内幕信息罪；利用未公开信息交易罪、侵犯公民个人信息罪等。

第二种，以数据和数据系统为犯罪对象的静态二分法。以数据为侵害法益，包括：侵犯公民个人信息罪、侵犯商业秘密罪、侵犯国家秘密罪。以承载数据的信息系统为侵害法益，包括：非法侵入计算机信息系统罪；非法获取计算机信息系统数据、非法控制计算机信息系统罪；提供侵入、非法控制计算机信息系统程序、工具罪；破坏计算机信息系统罪；拒不履行网络安全管理义务罪。

第三种，动态三分法。数据犯罪可以分为数据收集过程中的犯罪、数据存储过程中的犯罪与数据利用过程中的犯罪。[1]

第四种，以网络数据和网络对象为犯罪对象的静态二分法。网络数据犯罪主要包括以网络数据为犯罪对象的犯罪和以网络数据为犯罪工具的犯罪。[2]前者通常表现为直接以网络数据作为行为的作用对象，意在侵害数据保密性（confidentiality）、完整性（integrity）和可用性（availability）的犯罪，是"纯正的"网络数据犯罪，可以将其称之为狭义的网络数据犯罪；后者则通常表现为对网络数据的非法利用，是信息网络时代催生出的传统犯罪行为的网络异化，即原本在传统现实社会可以通过物理性的实体工具得以实现的行为，在蔓延到网络虚拟空间后，转而借助网络数据为载体或工具加以实施。[3]本文同意第四种观点。

2. 数据犯罪的刑事立法规定

数据必须借助计算机信息系统及其相关的网络设施，我国刑法对数据犯罪的规定，主要是通过织就对计算机信息系统犯罪、侵犯信息类犯罪、财产类犯罪的规制逐步展开。1997 年《刑法》设立了非法侵入计算机信息系统罪与破坏计算机信息系统罪以保护计算机信息系统安全。2009 年《刑法修正案（七）》增设了第 2 款非法获取计算机信息系统数据、非法控制计算机信息系统罪以对第 1 款进行补充，通过取消对计算机信息系统性质的限制扩大了相关计算机系统犯罪的规制范围，重点强调了对计算机信息系统中存储、处理或者传输的数据的保护。同时，《刑法修正案（七）》增设第 3 款提供侵入、非法控制计算机信息系统程序、工具罪，将提供第 1 款、第 2 款犯罪所需程序、软件的帮助行为在立法上予以正犯化。[4]侵犯公民个人信息罪出台于 2015 年 11 月 1 日，《刑法修正案（九）》将"出售、非法提供公民个人信息罪"和"非法获取公民个人信息罪"整合为"侵犯公民个人信息罪"，扩大了犯罪主体和侵犯个人信息行为的范围。

可以看出，为了维护信息网络安全和完善惩处网络犯罪的法律规定，立法机关通过《刑法修正案（九）》，增加第 286 条之一、第 287 条之二，修改第 286 条并增加第 4 款，同时还修改公民个人信息犯罪、虚假信息犯罪以及扰乱无线电管理秩序犯罪等关联犯罪，进一步完善了数据犯罪的罪名体系。

---

〔1〕 参见刘宪权：《区分数据犯罪类型予以刑法应对》，载《检察日报》2018 年 12 月 27 日，第 3 版。
〔2〕 刘宪权、石雄：《网络数据犯罪刑法规制体系的构建》，载《法治研究》2021 年第 6 期。
〔3〕 刘宪权、石雄：《网络数据犯罪刑法规制体系的构建》，载《法治研究》2021 年第 6 期。
〔4〕 刘宪权、石雄：《网络数据犯罪刑法规制体系的构建》，载《法治研究》2021 年第 6 期。

二、数据犯罪司法适用的真实图景

数据犯罪在司法实践中迅猛发展。本文以海淀区人民检察院受理的数据犯罪作为分析样本，剖析数据犯罪的数量、特点及发展趋势。2016 年 9 月至 2021 年 8 月，海淀区人民检察院共办理数据犯罪案件 1484 件 3127 人，其中审查批准逮捕案件 931 件 1960 人，审查起诉案件 553 件 1167 人。数据犯罪案件包括两部分：一类是针对计算机信息系统的犯罪案件，如破坏计算机信息系统罪、非法获取计算机信息系统数据罪、帮助信息网络犯罪活动罪等；另一类是包括利用信息网络实施的传统犯罪案件，如侵犯公民个人信息罪、盗窃罪、诈骗罪、开设赌场罪等。总体情况如下（如图 1、图 2 所示）：

（一）数据犯罪的整体情况

1. 数据犯罪所涉罪名不断扩大

随着信息网络的覆盖面扩大和技术升级，数据犯罪案件所涉罪名日趋多元化，从 2016 年的 10 个扩展至 2021 年的 33 个。其中，排名前五的罪名分别为诈骗罪 194 件，帮助信息网络犯罪活动罪 181 件，盗窃罪 134 件，侵犯公民个人信息罪 83 件，非法获取计算机信息系统数据、非法控制计算机信息系统罪 40 件。

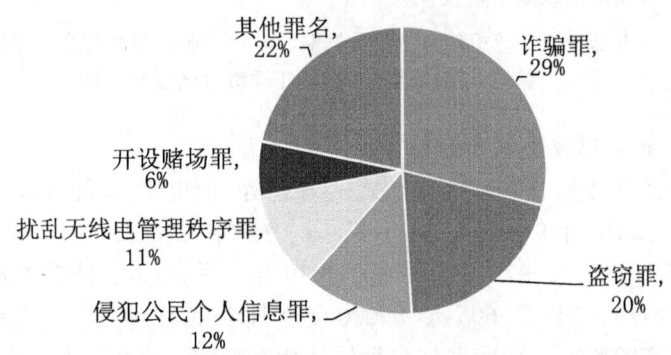

图1　利用计算机信息系统实施的传统案件分布图

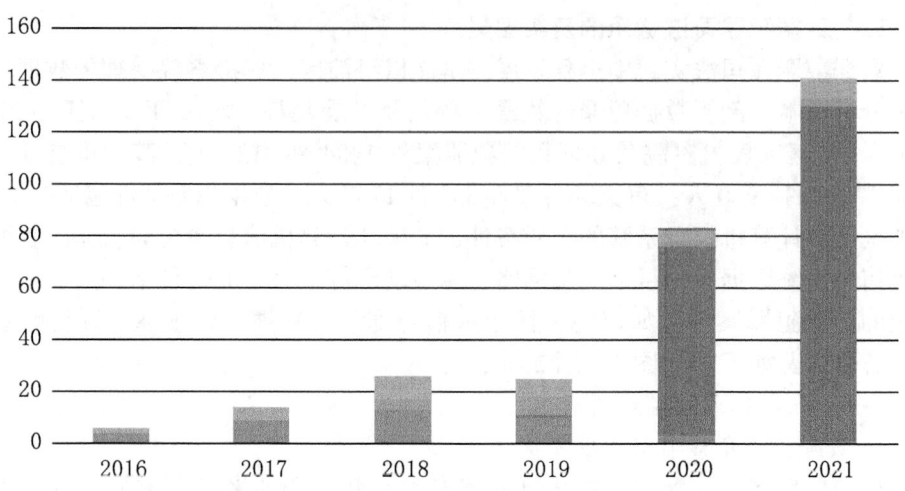

■ 拒不履行信息网络安全义务管理罪

■ 破坏计算机信息系统罪

■ 非法利用信息网络罪

■ 帮助信息网络犯罪活动罪

■ 非法获取计算机信息系统数据罪、非法控制计算机信息系统罪

图 2　针对计算机信息系统的犯罪案件数量趋势图

2. 案件数量呈现波动式上升趋势

数据犯罪案件数量总体呈现波动式上升趋势（如图 3、图 4 所示），分别是 123 件 369 人（2016 年 9 月至 2017 年 8 月）、151 件 270 人（2017 年 9 月至 2018 年 8 月）、195 件 402 人（2018 年 9 月至 2019 年 8 月）、148 件 313 人（2019 年 9 月至 2020 年 8 月）、314 件 606 人（2020 年 9 月至 2021 年 8 月）。具体来看，利用信息网络实施的盗窃、诈骗案件数量保持相对稳定。在国家推进互联网治理的重大决策部署下，扰乱无线电通讯管理秩序罪、侵犯公民个人信息罪、帮助信息网络犯罪活动罪等案件数量上升趋势明显。如 2014 年中宣部、中央网信办、最高人民法院、最高人民检察院、公安部等 9 个部门在全国范围内部署开展打击整治"伪基站"专项行动后，扰乱无线电通讯管理秩序案件数量陡然增加。2017 年，最高人民检察院和公安部双重督办"滤网行动"专案，侵犯公民个人信息案件数量激增。2020 年，国务院决定在全国范围内开展"断卡"行动，帮助信息网络犯罪活动案件数量明显上升。

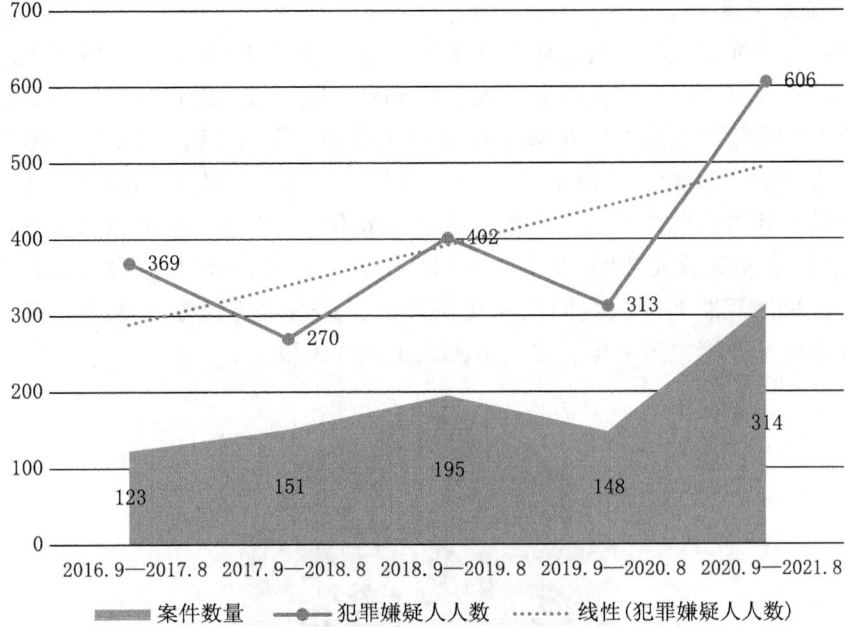

图 3　数据犯罪案件数量总体变化图

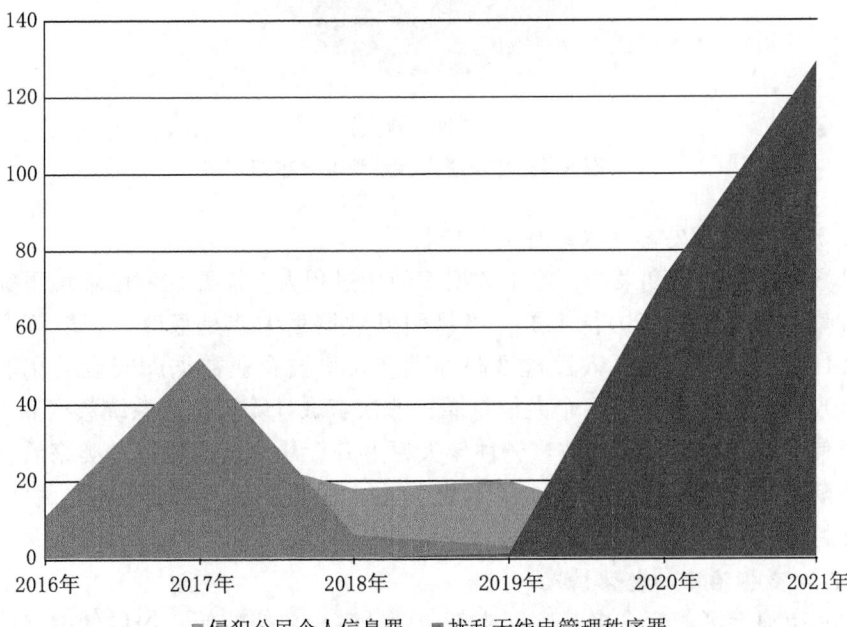

图 4　数据犯罪案件数量具体变化图

3. 犯罪嫌疑人以男性、年轻人为主

数据犯罪涉案人员年龄总体呈现青壮年化，共有 1587 名犯罪嫌疑人的年龄在 20 岁至 40 岁之间，约占受案总人数的 81%，其中以帮助信息网络犯罪活动罪最为典型，受雇"开卡"的群体呈现年轻化趋势，平均年龄为 30 岁，90 后、00 后人员占多数。涉案人员性别比突出（如图 5 所示），男性 1687 人，女性 334 人，男性人数约为女性 5 倍。涉案人员学历水平分布不均，本科及以上学历共计 384 人，约占受案总人数的 19%，本科以下学历人数 1576 人，约占受案总人数的 81%。网络犯罪案件的共同犯罪比例较高，约占案件总量的 31%，其中诈骗罪、开设赌场罪等尤为突出，平均涉案人员在 3 人以上。

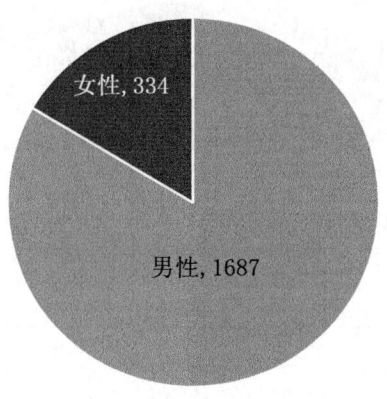

图 5　犯罪嫌疑人性别情况分布图

4. 涉及数据库安全的犯罪种类不断扩展

从数据安全的角度来看，由于数据库使用过程大多需要在网络环境下完成且需要大量人员设备对其进行维护，极易引发数据丢失或是篡改、窃取等安全问题。2018 年以来，海淀区人民检察院办理涉及科技企业数据库安全类犯罪案件 47 件 199 人，涉及侵犯公民个人信息罪、非法获取计算机信息系统数据罪、破坏计算机信息系统罪等罪名，数量较往年大幅上升。从涉及的数据种类来看，数据种类不断扩张，从以前的公民个人信息为主，逐渐蔓延至视频资源、手机解锁码、比特币和人脸识别等新型数据。

（二）数据治理的整体情况

北京市海淀区集聚众多互联网头部企业、独角兽企业等，提供的网络服务辐射全国，涉及经济、生活、文化等诸多领域，与此伴生的数据灭失、篡改、泄露等安全风险日益凸显。

1. 核心数据成为犯罪嫌疑人的觊觎对象

数据是数字经济的核心生产要素，也是企业生存发展的重要战略资源。犯罪分子或是通过破坏计算机信息系统的方式获取数据，或是侵入计算机信息系统非法控制、删改数据，严重侵害企业的生产经营活动。如张某侵犯公民个人信息案，张某从某信息技术有限公司离职后，发现其内网系统服务器账号、密码并未被注销，便以该账号登录公司服务器，将公司内部数据库的大量核心数据下载至其个人电脑内。

2. 数据安全管理制度存在隐患

部分企业内部安全管理制度不完善，存在数据合规培训形式化、使用审批流程虚设、回收销毁流程缺失等问题，引发数据删改、泄露等风险。5 年来，北京市海淀区人民检察院办理企业内部人员侵犯数据安全犯罪案件共计 21 件 78 人。如韩某破坏计算机信息系统案，韩某系某科技公司财务数据库管理员，因对工作安排不满，利用其管理员权限登录系统，将财务数据及相关应用程序共计 9TB 内容删除，致使公司计算机信息系统在较长时间内无法访问。又如陈某某破坏计算机信息系统案，陈某某系某互联网企业员工，在职期间负责对该企业的网络广告系统进行维护，其在未经授权的情况下，对网络广告系统数据进行修改，删除企业设置的黑灰产网站链接黑名单，通过网络广告服务为黑灰产网站引流，非法获利人民币 20 余万元。

3. 第三方外包服务引发数据安全新风险

部分企业在日常运营中向第三方购买技术解决方案、软硬件设施，因第三方自身安全管理制度缺失、从业人员良莠不齐、技术存在漏洞等原因，给服务采购方带来数据安全风险。如牛某某破坏计算机信息系统案，牛某某所在的第三方公司负责为金融机构开发"数据防泄露系统"，系统功能是防止内部人员将核心数据外传，牛某某提前在该系统植入恶意代码，致使"数据防泄露系统"无法正常工作，给公司造成经济损失。

4. "数据勒索"对数据权利人造成"二次伤害"

犯罪嫌疑人非法获取企业数据后，除销售获利或自行使用等情形外，还出于恶性竞争或勒索财物等目的，以不缴纳"封口费"就在互联网公开相关数据等"撕票"方式索取财物，对数据权利人造成"二次伤害"。如洪某某敲诈勒索、侵犯公民个人信息案，洪某某混入被害公司的员工聊天群后，利用群内成员泄露的身份认证信息等方式非法登录被害公司服务器，获取该公司运营资料后，以在信息网络上发布被害单位数据为威胁，向被害公司敲诈勒索人民币 25 万元。

（三）数据犯罪的特点及发展趋势

2016 年 9 月至 2021 年 8 月，北京市海淀区人民检察院办理的数据犯罪案件呈现明显的科技化、链条化、隐蔽化、迭代化特征，犯罪嫌疑人的反侦查意识和技术对抗能力明显增强，网络黑灰产的覆盖面更广、渗透度更深，信息技术与传统犯罪的黏合度更高，上、中、下游的犯罪产业链条日趋复杂。具体包括以下特点和趋势：

1. 电信网络诈骗犯罪寄生于新技术环境

互联网和移动通信的迅速发展孕育出新技术环境，同时带来了电信网络诈骗犯罪的"升级"。5 年来，海淀区人民检察院办理电信诈骗和相关的帮助信息网络犯罪活动案件 211 件 446 人，约占案件总量的 38%。从相关案件可以看出，随着我国加大对电信网络诈骗的打击力度，电信诈骗犯罪分子不断升级技术对抗能力、迅速扩充产业链、利用社会热点翻新犯罪手段，严重危害人民群众的财产安全。

（1）利用"1069 号段""短网址链接"等通知类短信实施诈骗，迷惑性显著增强。网络社交软件的发展使得手机短信功能演变为接收通知广告的工具，涉及短信通信业务的网络黑灰产随之滋生，成为电信网络诈骗"新诱饵"。有的案件中，犯罪分子利用"三网合一"后的"1069"通知类短信号段，混淆发送主体，通过短网址掩饰"钓鱼网站"的长域名，冒充官方通知短信对用户实施诈骗。如陈某某等人帮助信息网络犯罪活动案，陈某某运营的某科技有限公司系"1069"号段的三级代理商，该人向电信网络诈骗犯罪分子出租"1069"号码，导致犯罪分子冒充交管部门、金融机构等，向多名被害人群发包含"钓鱼网站"短网址的信息，以通过驾照考试、申请网络贷款为名，骗取被害人钱款。

（2）借助境外服务器、加密通信工具、GOIP 等设备实施诈骗，技术性显著增强。犯罪分子将服务器从境内转移至境外，将通信工具从大众软件改为境外密聊软件或境内小众聊天软件，将作案设备从传统"伪基站"改为使用 GOIP、VOIP 等，[1]这类利用新空间、新技术包装的电信网络诈骗技术性极强，增大了案件查办的难度。如刘某某等人帮助信息网络犯罪活动案，刘某某与他人共同经营一家名为"信息营销平台"的公司，主要提供短信群发业务，上述人员帮助电信诈骗犯罪分子租用境外服务器设置 GOIP，规避有关部门监管，通过国际信道发送大量诈骗短信多达 300 余万条。

（3）犯罪分子藏身境外，购买"四件套""八件套"等实施诈骗，隐蔽性显著增强。电信网络诈骗犯罪趋向团伙化、职业化、跨国化，整个追溯链条由闭环

---

[1] GOIP，是指一种虚拟拨号设备，支持手机卡接入，将传统电话信号转化为网络信号，可供上百张手机 SIM 卡同时运作，还可以远程控制，达到隐藏设备、逃避打击的目的。VOIP，是指一种语音通话技术，经由网际协议来达成语音通话效果，可以沟通 VOIP 用户，也可以直接和电话用户通话，可被犯罪分子利用修改电话号码，冒充公、检、法等部门。

转向开环。犯罪分子为了逃避侦查，在境外设立电信网络诈骗犯罪窝点，直接或通过中介购买个人"4件套"（手机卡、银行卡、U盾、身份资料）或企业"8件套"（对公银行卡、U盾、法人身份证、公司营业执照、对公账户、公章、法人私章、对公开户许可证），甚至频繁更换使用，将境内被害人的资金迅速转移至境外，通过银行卡、电话号码等实名信息等溯源难度极大。如林某某等35人诈骗案，林某某等人先后参加郑某某等人在西班牙王国马德里成立的诈骗犯罪组织，利用电信网络技术对中国居民进行VOIP语音群呼，通过"卡商"提供的他人实名资金账户，利用帮助拆分资金的"水房"，将被害人钱款层层快速划转，诈骗数百名被害人钱款人民币数千万元。

（4）投资虚拟资产等成为电信网络诈骗犯罪新噱头，利诱性显著增强。在区块链技术迅速发展的背景下，新型金融工具及产品不断涌现，犯罪分子除了采取冒充公检法人员、电信话务员等传统手段之外，开始打着科技创新、金融创新的幌子，以投资虚拟资产等为诱饵实施电信网络诈骗的案件时有发生。五年来，海淀区人民检察院办理相关的电信网络诈骗、帮助信息网络犯罪活动案件9件15人。如黄某等人帮助信息网络犯罪活动案，黄某等人接受上游电信诈骗犯罪分子指示，向目标人群打电话、拉人组建通信群组，上游犯罪分子入群后，以投资多种虚拟货币为噱头，承诺每月收益翻倍，哄骗群聊中的人下载"模拟盘"软件认缴买币，骗取被害人钱款人民币700余万元。

2. *数字经济新业态伴生的传统犯罪呈现增长趋势*

数字经济时代，大数据、人工智能、5G等新技术日益融入经济社会发展各领域，产生了电子商务、网络支付、网络直播、网络金融、网约车等经济新业态，传统的盗窃、诈骗、信用卡诈骗、贷款诈骗等犯罪呈现向网上转移的态势。五年来，北京市海淀区人民检察院办理相关侵犯财产犯罪案件80件197人，约占案件受理总数的14%，案件数量较五年前大幅提升。

（1）利用网络支付方式，"熟人间"犯罪较为多发。随着网络支付成为居民常用的支付方式，犯罪分子通过利用他人账号密码登录转款消费、冒用他人账号借贷等方式窃取钱款。犯罪分子与被害人多为朋友、同事关系，有机会操控被害人手机、获取或修改被害人支付密码、利用日常生活及居所便利实施犯罪。如孙某某信用卡诈骗案，孙某某与被害人系男女朋友关系，窃取被害人的银行卡密码后，利用网络支付软件，通过绑定被害人银行卡的方式将被害人银行卡内的人民币12万元转出。

（2）寄生流量经济，骗取企业补贴类"薅羊毛"案件高发。互联网企业为实现用户流量不断增长的目标，会对新用户发放现金补贴。犯罪分子通过营造虚假流量等方式，"薅羊毛"骗取补贴套利，成为数字经济新业态中高发的犯罪类型。如李某某诈骗案，李某某系某网约车平台注册司机，利用网约车平台的车费垫付机制，与他人合谋，让他人通过网约车平台下单而不实际乘车、李某某接单后不接乘客空驶等方式，骗取网约车平台垫付金人民币数万元。再如陈某等人诈骗案，陈某等人与某科技公司签订业务推广协议，通过开发应用程序、模拟各地IP地址的方式，逃避该科技公司设置的反作弊机制，控制千余部手机完成下载、安装、运行、注册等正常用户使用行为，骗取科技公司给付的推广补贴人民币数万元。

（3）瞄准供应链金融服务，"刷单"骗取网络贷款应予关注。为解决中小微企业融资难、成本高的问题，国家鼓励金融机构运用信息技术手段，整合物流、资金流、信息流等信息，为中小微企业提供系统性的金融解决方案。犯罪分子通过收购公司注册资料、银行账户等方式开设网店，通过"自我交易"的方式伪造交易数据，骗取金融机构贷款。如纪某某等人贷款诈骗案，纪某某等人以非法占有为目的，雇佣多人先后在多地收购大量空壳企业，在某 B2B 平台设立多家网店，通过虚假交易伪造交易数据，虚增商铺业绩，骗取金融机构贷款人民币三千万余元。

3. 侵犯公民个人信息犯罪进入 2.0 时代

大数据时代，公民个人信息不仅涉及公民隐私和人身财产安全，而且关涉公共利益，保护公民个人信息的重要性日益凸显。5 年来，北京市海淀区人民检察院办理侵犯公民个人信息案件 83 件 197 人，约占案件受理总数的 14%。从相关案件可以看出，由于我国不断规范公民个人信息收集行为，犯罪分子"简单粗暴"侵犯公民个人信息有所收敛，转而打着"技术服务""合理授权"等旗号实施犯罪，并且呈现与电信网络诈骗、非法获取计算机信息系统数据等犯罪的合流态势。

（1）APP 过度收集公民个人信息引发刑事风险。部分企业开发的 APP 违反相关法律规定，超出必要范围大量收集公民个人信息，或是设置"不同意采集个人信息就无法安装使用"等"霸王"条款，或是利用格式合同设立用户隐私数据收集使用条款，或是私自调用权限上传用户通讯录等信息。如郑某侵犯公民个人信息案，郑某开发一款生活服务类 APP，在相关隐私协议、用户条款中未对收集公民个人信息进行明示，在用户不知情的情况下，读取用户手机"通讯录"信息并上传至服务器，通过该种方式非法获取公民通讯录信息 2 万余条。

（2）"暗网"成为公民个人信息重要交易渠道。犯罪分子为了逃避侦查，有意识地选择在具备去中心化、加密通信等特点的网络平台上实施交易行为，"暗网"上公民个人信息交易泛滥。如田某某侵犯公民个人信息案，田某某从"暗网"购买约 6 亿余条公民个人信息，通过境外加密通信工具向多位买家出售牟利，与买受人交易时使用虚拟货币结算，受限于相关程序设置的技术限制，难以查明涉案公民个人信息的泄露源头。

（3）电信运营商容易成为犯罪嫌疑人的侵犯对象。在手机号码实名注册的背景下，手机号码与其他公民个人信息的关联更加紧密，电信运营商作为手机服务提供者极易成为犯罪分子的侵犯对象。如梁某某等人侵犯公民个人信息案，梁某某等人发现某电信运营商的服务器端口存在安全漏洞，可以反馈移动用户手机号码、手机搜索关键词、IP 地址等信息，后对漏洞进行非法使用，制作成程序、工具进行销售，该程序、工具可以强制手机用户跳转访问运营商服务器端口，并向梁某某等人架设的服务器反馈公民个人信息。经鉴定，梁某某抓取手机号码等公民个人信息共计 130 余万条。

（4）"钓鱼""撞库""木马""爬虫"等技术手段较为常见。在侵犯公民个人信息类犯罪案件中，犯罪分子常见的技术手段包括"钓鱼"网站、"钓鱼"Wi-Fi、"撞库"攻击、"木马"病毒、网络"爬虫"、仿造 APP、恶意二维码、"伪基站"等。如汪某某非法获取计算机信息系统数据案，汪某某使用自行编写的"撞库"软件，对某科技公司用户服务器实施"撞库"攻击，仅在数小时内就成功"碰撞"出用户身份认证信息 177 万余组。再如李某某侵犯公民个人信息案，李某某远程控制"木马"软件获取某酒店数据库的账户和密码，从数据库导出住客姓名、性别、身份证号、开房记录等大量信息，后使用相同手段成功"撞库"获取其他 200 余家酒店信息。

4. 涉虚拟货币犯罪引发多重风险

虚拟货币基于互联网、区块链等技术实现全球交易，由于其具有匿名化、去中心化、无国界化等特点，成为犯罪分子新的青睐对象。5 年来，北京市海淀区人民检察院办理涉虚拟货币犯罪案件共计 37 件 83 人，约占案件受理总数的 6%，涉及币种主要有比特币（BTC）、泰达币（USDT）、以太币（ETH）等。其中以虚拟货币作为犯罪对象的 16 件 18 人，涉及非法获取计算机信息系统数据罪、非法控制计算机信息系统罪、诈骗罪、敲诈勒索罪等；以虚拟货币交易作为犯罪手段的 21 件 65 人，涉及掩饰、隐瞒犯罪所得罪、非法经营罪、帮助信息网络犯罪活动罪等。

（1）非法获取虚拟货币现象不容忽视。虚拟货币受资本炒作影响，价格波动巨大，其高估值直接诱发许多以虚拟货币为犯罪对象的犯罪。犯罪分子多以互联网、区块链等信息技术为依托，行为方式包括搭建虚假网站骗取他人持有的虚拟货币、以发动网络攻击相威胁敲诈勒索他人持有的虚拟货币等。如潘某某非法获取计算机信息系统数据案，潘某某仿照某虚拟货币交易平台制作"钓鱼网站"，欺骗他人输入账号、密码等虚拟货币钱包关键性信息，非法获取他人的钱包数据，盗取比特币 50 余枚、以太币 299 余枚。再如潘某敲诈勒索案，潘某以不向其支付比特币就对目标公司服务器进行 DDOS 网络攻击相威胁，向某商品交易市场服务有限公司等 3 家公司勒索比特币共计 60 余枚。司法实践中对虚拟货币应当归属为财产性利益还是计算机数据存在一定分歧，导致该类犯罪的定性存在侵犯财产类犯罪或计算机类犯罪的争议。

（2）虚拟货币交易成为洗钱新通道。在国家加大对"两卡"犯罪打击力度的背景下，犯罪分子开始利用虚拟货币进行洗钱，且跨区域化、跨国化特征明显。洗钱链条上游往往是电信诈骗、网络赌博、金融犯罪等，中游是洗钱组织者，下游是"炒币"、供卡、取现人。该类案件中，由于虚拟货币交易平台服务商的注册地与实际运营地均在境外，且虚拟货币交易时只留下无法代表账户真实身份的钱包地址，调取证据和核实资金真实去向极为困难。如郭某某等人掩饰、隐瞒犯罪所得罪案，郭某某等人受他人雇佣，以炒虚拟货币赚钱为幌子，使用现金以低于市场价格从"上线"收购泰达币，并同步卖出后取现金交付"上线"，通过这种方式帮助"上线"兑换人民币共计 580 万余元。

（3）跨境支付成为逃避外汇监管新形式。犯罪嫌疑人利用虚拟货币的技术特点，绕开国家外汇监管等一系列管控措施，将钱款以虚拟货币形式转移至境外。此类犯罪的上游系境外公司，为了逃避我国对经营业务的各项监管规制，在境内招募代理人，通过代理人将境内收益转换为虚拟货币后，在不缴纳税款、逃避外汇监管的情况下转移资金。如瞿某等人非法经营案，瞿某等人成为境外某外文书籍网站的代理人后，帮助该网站在境内出售电子书并收取钱款，在扣除应收款项 14% 的手续费后，将涉案钱款转换成泰达币后跨境转移，支付结算金额人民币 140 万余元，非法获利人民币 19 万余元。

（4）"挖矿"催生侵犯算力安全类犯罪。犯罪分子瞄准科技企业运维的计算机信息系统设备，通过非法控制计算机信息系统设备"挖矿"，占用涉案企业的大量算力资源，严重危害计算机信息系统安全。如安某非法控制计算机信息系统案，安某在某公司担任服务器运维管理人员期间，利用其负责维护公司搜索服务器的便利，超越权限以技术手段在该公司 3000 余台内部服务器上部署"挖矿"程序获取虚拟货币，非法控制计算机 100 余台，占用公司大量软硬件资源。

三、数据犯罪的证据与证明

同传统犯罪相比，数据犯罪因其具有虚拟性、可复制性、海量化等特质，在证据的审查、证明模式的认定上均存在变异，导致司法实践的认定出现困境，需要深化研究。在司法实践中，出现了人脸识别这种新的证据类型，对于如何确定证明效力、如何采信通过算法认定的证据，以及抽样的证明方式存在模糊之处。数据犯罪所面临的这些问题，都对传统犯罪的证明路径、证明模式提出了挑战。

（一）人脸识别等新型证据的运用

人脸识别技术在为公民提供便利生活、维护公共安全等方面发挥了重要作用，但也存在不法分子利用人脸识别技术获取公民个人信息或者侵入信息系统，危害信息和财产安全。人脸识别证据虽然已经实际应用于我国刑事司法实践，但是由于缺乏适用的规范性，出现许多新的问题。

在司法实践中，人脸识别证据主要应用于犯罪嫌疑人的同一性判断。由于视频监控录像的广泛适用，使得人脸识别这一证据也被广泛适用于各类案件中。但是在司法实践中，人脸识别证据的证据定位不明，究竟属于何类证据，是属于鉴定意见还是属于书证，存在不同意见。对于具体案件中的人脸识别证据，当犯罪嫌疑人提出反证时，如何认定其证明效力，都存在疑问。

基于人脸识别证据的科技性、盖然性、复验性和信息关联性特点，可以将人脸识别证据定位于科学证据及鉴定意见类证据，并以人脸识别报告作为表现形式。但人脸识别证据与典型鉴定意见类证据在基本性质、特点、方法等方面具有显著区别，有必要构建符合人脸识别证据特点的证据规则。

（二）算法证据

对于此类案件，存在两种诈骗类型。第一类是"骗取空驶补偿"，判定包含两个步骤，第一步，杨某依"规"获得滴滴公司支付的空驶补偿。"规则"指滴滴公司出具的《空驶补偿规则情况说明》中"专车实时单补偿规则"的规定，即"订单取消后，系统判定订单取消不是司机责任，没有作弊等违规行为"。但滴滴公司在报案材料中并未对该案每一起事实系统判定情况及相应反馈进行说明，不能排除杨某合规获得补偿的情形。第二步，滴滴公司判定杨某行为属于"骗取"。而"骗取"的判定标准体现在被滴滴公司出具的"滴滴出行科技有限公司报案材料"认定为异常订单，但这些判定标准具有较强的主观性。以"司机作为乘客身份刷单，怀疑是司机好友帮忙代叫"为例，如果认定这种情形为异常刷单，前提是要禁止司机作为乘客身份呼叫好友网约车，但滴滴公司相应规范中是否明确禁止网约车司机本人以乘客身份呼叫网约车、是否禁止乘客呼叫熟人司机的网约车、是否有规范禁止同一个租车公司内的司机之间互相呼叫网约车，这些相应的规范并未通过报案材料体现。在不能排除合理怀疑、排除正常订单的情况下滴滴公司直接报案并以报案材料中的几条规范"认定"杨某诈骗，较为随意。

第二类是"骗取非空驶补偿作弊订单"。通过对案件审查，仅在《滴滴出行科技有限公司报案材料》中发现滴滴公司认定非空驶补偿作弊订单的标准为：包括费用异议，客服强制关闭，未支付。上述标准只能证明订单可能存在作弊，在没有排除其中是否存在正常订单的情况下同样不能直接"认定"上述订单的金额全部为诈骗金额。

此类案件关键问题是，被害单位通过算法认定犯罪嫌疑人实施了犯罪，如何认定证据的证明效力。此类案件的核心证据是滴滴公司数据库中关于杨某可疑订单的电子数据，由于存在滴滴公司多列虚假订单向犯罪嫌疑人索赔的可能，因此必须由侦查机关或者第三方鉴定机构，从滴滴公司服务器中依照电子数据提取规范，提取涉案电子数据，然后由鉴定中心或者审计机构分析哪些订单属于杨某的虚假订单。

对此，不应当直接采信被害单位通过算法出具的证据材料，而是应当建立客观化的证明体系。例如，被害单位应当提供客观证据证明，其所提供的犯罪嫌疑人非法获利金额计算方式的客观来源，证明该数据的真实性，如记录原始数据的数据库情况，数据如何导出、如何计算涉案金额等，证明数据来源客观真实未经修改。

被害单位应当提供客观依据说明，非空驶补偿订单骗取补偿的订单类型犯罪中，在预估公里与实际公里差异较小时，如何认定系诈骗。此外，如何根据数据认定，某人的叫车账号，两个月内仅叫车一两次的行为不是正常的偶尔打车行为，如何认定为反常情况。被害单位应当提供客观依据证明，如何排除真实的叫车人打车后、本单结束未付款的情况系同他人合谋骗取公司钱款。

（三）抽样认定

司法实践中，数据犯罪所涉及的海量数据呈现海量化特质，一一检验信息是否真实显然不具有可操作性，于是涌现了抽样检验的认定方式。抽样检验成为一种新型的简化证明方法。在对批量数据的真实性进行抽样认定时，在适用的法律依据、法律定位、具体适用方式方法以及产生的法律后果四个方面均存在诸多问题。

一是抽样认定虽有司法解释，但操作性不强。关于抽样认定，在司法实践中除适用于侵犯公民个人信息案件中，还被广泛适用于侵犯知识产权案件、毒品犯罪等案件中。从抽样的合法性依据来看，部分行政法规对抽样做了明确规范，在刑事司法领域中只有最高人民法院、最高人民检察院、公安部印发《关于办理侵犯知识产权刑事案件适用法律若干问题的意见》和最高人民法院、最高人民检察院、公安部《办理毒品犯罪案件毒品提取、扣押、称量、取样和送检程序若干问题的规定》对抽样做了规定。上述司法解释分别根据知识产权案件、毒品案件中检测物品具有同一性、物证庞大的实际情况，明确授予公安机关抽样取证的权力。2021 年 1 月 22 日，最高人民检察院发布《人民检察院办理网络犯罪案件规定》第 22 条规定：对于数量众多的同类证据材料，在证明是否具有同样的性质、特征或者功能时，因客观条件限制不能全部验证的，可以进行抽样验证。综观这些司法解释，在操作性方面还存在不足。

二是抽样认定法律定位不明。与合法性相关的问题是如何在法律上对抽样进行定位，以及抽样结果属于何种证据类型。从法律属性上看，抽样是否属于批量数据认定的必备要件，还是选择性要件，以及是否属于司法人员自由裁量的范畴，司法实践中把握标准不一。从既有刑事判决书分析，有的案件适用了抽样验证，有的案件被告人及辩护人对真实性提出了异议，没有适用抽样检验。

从证据种类上看，司法实践中抽样证据种类包括被害人陈述、证人证言、讯问笔录等言词证据；司法鉴定检验报告书等司法鉴定意见；电子数据核验笔录、电子证据检查笔录等电子数据；抽样调查报告、数据真实性验证报告等报告类书证、比对、测试工作记录、查询记录、数据信息真实性抽验情况记录等工作记录类书证；随机抽样验证截图等书证；工作说明等证据。

抽样证据的形式多种多样，证明力大小存在争议。如在裘某、宋某侵犯公民个人信息案中，判决指出"在没有充分的事实理由和法律依据否定公安机关有关数据登录测试结果的真实性、准确性，该测试结果可以作为本案定罪处罚的考虑依据"。

三是适用方式存在差异。从适用方式方法上看抽样认定是否具有代表性、客观性存在诸多争议。从抽样数量上看，有的案件随机核实的公民个人信息数量过少，具有偶然性，不能保证客观真实性。从抽样比例上看，抽样比例不一，有的比例高，有的比例过低，有的未明确表述比例。从抽样方法上看，存在随机抽样方法、倍数法和信息基数法等多种方法，抽样方法是否科学、结果是否客观存在分歧。从抽样结果上看，表述不一致，有的采用明确法，有的则采用模糊法予以表述。使用模糊方法进行抽样认定，相当于剥夺了被告人及辩护人进行证据复核的权利，是否恰当，也需要检讨。

四是适用抽样检验的法律后果多样。从法律后果来看，抽样认定受司法人员自由裁量影响产生了不同的法律后果，对被告人的影响幅度较为广泛。从刑事判决来看，抽样认定产生的法律后果在定罪层面、量刑层面和证据采信三个层面产生影响。其中，定罪层面直接影响犯罪嫌疑人罪与非罪、罪轻罪重的认定。量刑情节作为酌定从轻处罚情节予以考虑。证据采信则是将抽样结果作为对证据真实性认定的佐证，对犯罪嫌疑人定罪量刑几乎不产生影响。

以公民个人信息为例，抽样验证批量公民个人信息的法律后果具体体现为以下几种情形：一是印证公民个人信息的客观真实性，对公民个人信息条数不予扣减。如在贾某、葛某诈骗、非法获取公民个人信息案中，判决指出"公诉机关出示随机核实的公民个人信息，表明：或电话联系通畅或身份信息如家庭地址等属实，以印证指控公民信息的真实性"。二是根据抽样核实的比例或具体条数，扣减不真实的信息条数。如在李某侵犯公民个人信息案中，判决指出"经扣除不真实和重复的公民个人信息，涉案公民个人信息数据中已经下架公民个人信息数量为 59 685 条；正在出售公民个人信息数量为 36 178 条"。三是根据抽样结果、信息内容对公民个人信息数量综合认定，适用基本犯量刑档，不适用加重犯量刑档。如在刘某、张某等侵犯公民个人信息案中，判决指出"公诉机关指控被告人余某非法获取公民个人信息约 5 万条，认定其系情节严重，未适用情节特别严重的刑档，系依据抽样结果、结合信息内容综合认定，本院对此予以支持"。四是对于无法核实真实性或者核实真实性存在疑问的，作为从轻处罚的量刑情节综合考虑或者对犯罪数额不予认定，转而以违法所得等犯罪行为类型认定。如在陈某某侵犯个人信息案中，判决指出"鉴于查获的大部分公民个人信息不能鉴别其真实性，故可对其酌情从轻处罚"。

正如有学者指出：在抽样取证这一证明方法中，确保事实推定得以成立的是科学的抽样统计学原理。据此，侦控机关只需提供抽样所得的样本证据，即可依据样本证据与待证事实之间的高度盖然性推定待证事实的存在。显然，这种事实推定的证明方式减轻了公诉机关的证明压力，为其带来了证明便利，但另一方面亦面临正当性的疑问。无论是抽样的信息全部具有真实性，抑或是部分具有真实性，这两种事实基础均无法得出全部信息具有真实性的结论性事实。再加之司法实践中抽样认定面临的法律依据匮乏、法律定位、方法及法律后果多样繁杂，亟需立法及司法机关予以规范。

（四）传统证明模式的困境

数据犯罪往往呈现海量化趋势，存在证明困境。以数据犯罪中的公民个人信息为例。公民个人信息保护的核心在于信息的效用性，刑法保护公民个人信息须以信息有效为基础，如果公民个人信息无效或虚假，信息法益也不复存在。[1] 由此产生了刑事司法中海量犯罪对象真实性成为必须证明的构成要件要素。对犯罪对象的证明需要具备确实充分的证据才能达到证明标准，如何证明批量公民个人信息的真实性，存在证明困境。最高人民法院、最高人民检察院《关于办理侵犯公民个人信息刑事案件适用法律若干问题的解释》第 11 条第 3 款是最高司法机关在大数据时代，针对侵犯公民个人信息犯罪的特殊性，兼顾司法机关证明难问题，务实地以推定的证明方式缓解控方证明压力，顺应大数据司法环境所做出的证明规则调整。[2] 司法实践中在批量公民个人信息的真实性认定上，部分案件未予证明，部分案件采用"抽样+推定"的方式予以证明。

---

〔1〕 参见皮勇、黄琰：《试论信息法益的刑法保护》，载《广西大学学报（哲学社会科学版）》2011 年第 1 期。

〔2〕 参见贺洪波：《侵犯公民个人信息罪的精准解释》，载《重庆理工大学学报（社会科学）》2018 年第 5 期。

对刑事案件事实的认定，在所有的证据条件下，存在三种结论：有罪、非罪、真伪不明，真伪不明表明了无法判断的状态，也可以理解为对罪的怀疑。[1]正常刑事责任分配下，被告人对同属于刑事实体法上的犯罪构成要件规范反驳，且被告人主张的是对有罪的否定，法官在案件事实"真伪不明"的情况下，只能依据证明责任之分配规则，从疑罪从无的法律理念出发，当控诉方举证不力时，裁决由承担证明责任的控诉方承担不利后果，判决被告人无罪。[2]

在侵犯公民个人信息罪中采用事实推定方式认定公民个人信息的真实性，则解决了真伪不明状态，其适用具有现实合理性。通过抽样检测建立了批量公民个人信息为真的高度盖然性，进而从概率上建立了基础事实和推定事实之间的常态联系，从而使得推定结果具有合理性。[3]在从证据性事实推论出待证事实的证明过程中，这一种"概括"作为此次推论性推理的"黏合剂"，黏合"根据已经检验的部分公民个人信息的真伪能推断出海量公民个人信息真伪情形"，这显然是符合经验法则的。[4]

需要注意的是，这种"概括"认定方式对于无法获取的公民个人信息的真实性核实而言，将作为一种最后手段成为犯罪构成要件组成部分的锚定器。[5]但是由于这种认定方式不同于传统证明方式具有坚硬的内核和清晰的外观，而是存在模糊、破碎的界限，所以在某种程度上依靠的是一种推测，甚至存在很大的误差可能性。所以，这种推定属于可反驳的推定，建立的基础是犯罪嫌疑人、被告人及辩护人不提出反向信息，否则推定的基础轰然坍塌。当然，这也意味着这种高度盖然性必然存在例外，允许被反驳、被推翻。[6]

（五）传统证明标准的缺陷

刑事司法中的事实存在客观事实和法律事实两种认知维度。我国传统刑事司法认为应当追求客观真实，并将其作为证据科学的基石。传统犯罪发生于物理空间，客观真实和法律真实可以达到高度重合的程度。在数据犯罪中，由于犯罪行

---

[1] 王海金、王薇：《概率论在司法证明中的应用分析》，载《湖北警官学院学报》2003 年第 4 期。

[2] 参见纪惠娜：《被告人的辩解是否会引发证明责任的承担》，载《法制与社会》2012 年第 7 期。

[3] 参见付玉明：《侵犯公民个人信息案件之"批量公民个人信息"的数量认定规则——〈关于办理侵犯公民个人信息刑事案件适用法律若干问题的解释〉第 11 条第 3 款评析》，载《浙江社会科学》2017 年第 10 期。

[4] 参见［英］威廉·特文宁：《反思证据：开拓性论著》，吴洪淇等译，中国人民大学出版社 2015 年版，第 339 页。

[5] 参见［英］威廉·特文宁：《反思证据：开拓性论著》，吴洪淇等译，中国人民大学出版社 2015 年版，第 339 页。

[6] 参见付玉明：《侵犯公民个人信息案件之"批量公民个人信息"的数量认定规则——〈关于办理侵犯公民个人信息刑事案件适用法律若干问题的解释〉第 11 条第 3 款评析》，载《浙江社会科学》2017 年第 10 期。

为主要发生于网络空间，与信息有关的犯罪行为摆脱了时间和地点的束缚，瞬息即变，而且可以不断地生成和复制，稳定性较差，导致刑法规定的行为类型难以定型。此时，通过证据追溯客观真实存在困难。传统证明标准是以杀人、盗窃等自然犯罪为蓝本设计的，而网络犯罪的海量数据超出了证明标准的设计峰值。[1] 按照传统刑事证明标准将海量数据与人证一一对应，不具有现实可能性。[2]

以侵犯公民个人信息罪为例。批量公民个人信息中的大部分案件并未对真实性进行验证。对真实性的验证有全部验证和抽样验证两种方式，全部验证的数量较少，采用抽样验证的，无法达到犯罪事实清楚、证据确实充分的证明标准。由于电子证据的收集、提取和核实相较于物理空间而言要困难复杂得多，批量公民个人信息真实性的核实面临证据短缺和海量证据的双重困境。当司法人员面临这种双重困境时，证据的采信更容易打上司法人员自身的主观烙印，案件事实的认定更依赖于或然性的判断。采用抽样验证的方式只能得到一种概然比率，这种比率所达到的是一种或然性的证明标准。这种或然性不要求高度盖然性，仅要求具有可能性。海量化对象并非每一具体数额均存在着与证据之间的充分对应关系，数额认定是以概括化、笼统化的面貌得以呈现，动摇了"印证"证明模式的普遍适用基础，使得部分数额的认定存在失真的可能性。[3]

四、数据治理及其面临的问题

在信息技术日新月异的大数据时代，数据信息逐渐成为重要的经济资源，在企业经营活动中发挥着巨大作用，越来越多科技企业选择建立计算机网络数据库以有效地管理、分析和挖掘数据价值。但从数据安全的角度来看，由于数据库使用过程大多需要在网络环境下完成且需要大量人员设备对其进行维护，极易引发数据丢失或是篡改、窃取等安全问题。

（一）数据库搭建过程中忽视数据采集的合法性

部分科技企业滥用格式条款向用户索要数据权限、肆意监测，或存在未经其他平台授权直接收集该平台用户数据，特别是开发的 APP 大量超出必要范围收集与功能无关的公民个人信息，设置"不同意采集个人信息就无法安装使用 APP"等不合理条款，利用格式合同设立不合理的免责条款、用户隐私数据收集使用条款等信息。

此外，有的科技创业人员利用"爬虫"等技术，未经原权利人和其他平台

---

〔1〕 高艳东：《网络犯罪定量证明标准的优化路径：从印证论到综合认定》，载《中国刑事法杂志》2019 年第 1 期。

〔2〕 高艳东：《网络犯罪定量证明标准的优化路径：从印证论到综合认定》，载《中国刑事法杂志》2019 年第 1 期。

〔3〕 参见张平寿：《刑事司法中的犯罪数额概括化认定研究》，载《政治与法律》2018 年第 9 期。

允许，擅自侵入其他平台数据库，采集信息为其所用。

（二）数据库运营过程中忽视数据库安全防范需求

《中华人民共和国数据安全法》在第一章、第四章明确规定了各级机关、主管部门在数据安全规划、监管、制度和能力建设等方面的责任和义务，第六章专门规定了重要数据处理者不履行数据安全义务需要承担的法律责任，对科技企业数据安全保护义务提出了更高的要求。但就实际而言，部分科技企业对市场经营环节投入较大，对自身数据库及安全方面的重视程度明显不高，体现在数据库保护系统防御薄弱甚至存在漏洞，数据保管制度存在明显缺陷。另外，犯罪分子在选择下手目标时，通常会进行前期"摸底"，选择那些系统有明显漏洞，防御薄弱的企业数据库下手，而不会将过多精力浪费在防范严密的数据库上。

企业数据保管制度存在明显缺陷也是犯罪分子选择下手目标的重要原因。有的科技企业数据库访问权限过于宽松，虽然让更多员工能够接触到企业业务数据，有益于科技企业节省人力成本、提高业务效率，但员工不分级别、不受限制地访问公司或客户数据库是一柄双刃剑，极大地增加了企业数据库出现数据安全问题的可能性。如北京市海淀区人民检察院办理的周某、李某侵犯公民个人信息一案，周某从他人处听闻只要入职被害单位北京奥鹏远程教育中心有限公司就能轻易获得用户数据库高权限账号（账号可以查询被害单位各省市学生客户包括姓名、身份证号、户籍地址、学籍信息、手机号等隐私信息），遂与李某合谋以应聘为幌子向被害单位"求职"来获取学生客户信息。周某在入职被害单位呼叫中心客服岗位仅半年后就如愿获得被害单位客户数据库高权限账号。后周某采用违规登录、下载的方式，获取被害单位客户数据库中存储的学生个人信息十余万条及大量公司文件等数据，并将上述信息提供给他人牟利。

（三）数据管理过程中忽视数据信息从内部被破坏、泄露的风险

部分科技企业在数据安全管控上倾向于认为风险来源于外部，而对科技企业内部及上下游产业链条上的人员、接口、系统等采取默认信任的态度和策略，导致科技企业内部数据合规培训形式化、数据使用审批流程虚设、数据使用后回收销毁流程缺失、离职人员数据交接缺乏监督、对第三方接触运营数据人员缺乏监管等问题，致使数据滥用、扩散、泄露、删改等风险在内部流转过程中开始积累。

五、结语

司法实践中，数据犯罪作为保护数据权益、数据安全的最后一道防线，需要把握数据治理的平衡原则。在导向上明确个体权益还是公共利益优先；数据流动与数据安全如何兼顾；数据保护的一般性原则与具体场景之间如何划定保护边界。为此，需要努力探索构建超越于传统犯罪证明体系、法律适用的动态评价体系，以适应不断变迁升级的数据犯罪规制需要。

人民法院在防范化解重大风险中的职能作用研究

鲁桂华*

党的十九届四中全会提出要完善和发展中国特色社会主义制度，推进国家治理体系和治理能力现代化，社会治理作为国家治理体系中的重要一环，其理论与实践的发展创新已经达到了一个新的高度。在社会治理体系中，社会风险是社会治理的主要对象和重要内容，党的十九大报告将防范化解重大风险作为"三大攻坚战"的首要任务，因此如何防范化解重大风险成为实现"善治"的首要命题。人民法院作为国家审判机关，承担着化解矛盾纠纷、维护社会稳定的重要职责，在积极参与社会治理、防控社会风险方面承担着重大的责任。长期以来，人民法院参与重大风险防范与化解工作取得了突出成效，但随着社会发展变化和社会治理模式的转变，人民法院在有效防范和化解重大风险中的职能作用发挥有待进一步加强。因此，本文结合当前我国社会所面临的重大风险挑战，深入研究新时代条件下人民法院在防范化解重大风险中的职能作用，探索人民法院在参与市域社会治理过程中有效防范化解重大风险的新路径，积极构建人民法院参与重大风险防控的制度机制与务实举措，以期为人民法院更好地融入共建共治共享的社会治理新格局提供科学合理的指引。

一、人民法院防范化解重大风险的工作现状

"风险"是人类社会普遍存在的一种现象，[1]随着风险的概念与人类决策和行动后果联系愈加紧密，其逐渐被视为影响个人和群体事件的特定方式，[2]乌尔里希·贝克的"风险社会"理论强调风险是社会快速进步发展带来的人与人之间、人与自然之间的高度不确定性。[3]对于目前正处在全面转型时期的中国而言，不同生产力水平下的社会结构特征及其问题在相应的社会层面存在，现代

* 课题主持人：鲁桂华，北京市第二中级人民法院党组书记、院长。立项编号：BLS（2020）B003-2。结项等级：优秀。

〔1〕 张洪涛、郑功成主编：《保险学》，中国人民大学出版社2000年版，第8页。
〔2〕 杨雪冬：《"风险"概念变迁》，载《学习时报》2004年10月25日。
〔3〕 ［德］乌尔里希·贝克：《风险社会》，何博闻译，译林出版社2004年版，第142页。

化进程及社会转型中累积的风险频繁发生，传统社会风险与新型风险叠加并与政治、经济、文化、宗教等关联起来成为系统性重大风险，是当前亟待予以解决的重大问题。

（一）新时代条件下重大风险的多维表征

习近平总书记在党的十八届五中全会上指出，我们面临的重大风险，既包括国内的经济、政治、意识形态、社会风险以及来自自然界的风险，也包括国际经济、政治、军事风险等。从风险的发展趋势来看，当前社会存在的重大风险具有三方面典型特征：一是重大风险综合性特征显著且日趋复杂化。我国当前面临的风险尤其是重大风险来源多种多样，有科学技术诱发的风险，有人为决策带来的风险，也有人与自然、人与技术互动产生的风险，各类风险并非孤立存在，而是相互交织形成一个风险综合体。二是重大风险发展演变更加具有动态性。当前的重大风险具有传导、叠加、演变、升级等特性，政治安全风险、意识形态风险和网络安全风险的交织叠加，极易让小风险演化为大风险，让个别风险演化为综合风险，让局部风险演化为系统性风险。三是重大风险防控形势更加严峻。我国当前面临的重大风险不同于以往历史上所遇到的风险，经济全球化、社会信息化、文化多样化在持续深入，开放发展的大环境虽有利于中国的现代化进程，但也使风险更加容易渗透到各个领域，我国传统的经济社会发展模式受到挑战，重大风险防控的形势异常严峻。

（二）人民法院审判实践所展现的重大风险

人民法院是国家社会整体不可分割的一个组成部分，国家社会生活中的各类风险都会通过诉讼的形式不同程度地反映到人民法院工作中。人民法院的主要职责是司法审判活动：接触了解重大风险、分析研判风险变化、参与重大风险防控等都离不开司法审判活动；依托各类矛盾纠纷司法化解的途径，使得重大风险能够通过人民法院的审判活动而有更加具象化的展现。本文通过检索分析全国法院近年来相关案件的审理情况，分析归纳出当前社会所面临的五类典型重大风险及其在司法审判活动中的集中体现。

一是政治安全风险。当前我国所面临的政治安全风险十分复杂，一方面是部分西方国家在意识形态领域不断加大对我国实施西化、分化的力度，西方霸权主义和强权政治带来了政治安全风险。另一方面，暴力恐怖势力、民族分裂势力、宗教极端势力与境外各种敌对势力互相勾连，使政治安全风险的内部因素和外部因素相结合，在司法审判领域集中体现在危害国家安全犯罪和意识形态领域相关案件的逐渐增加。二是经济金融风险。防范化解重大风险位居"三大攻坚战"

之首，而其重点是防控金融风险。[1]近年来涉及企业逃废银行债务、僵尸企业问题、因缺乏金融监管导致的民间借贷、民间投融资问题等纠纷大量涌入法院，这从侧面体现了社会当前潜在巨大的金融风险。三是公共安全风险。公共安全是现代国家和政府为公民提供的公共产品，也是人民法院向社会提供的最为重要的司法服务。[2]当代中国社会的急剧转型造就了多元、混合、共生的社会形态结构，社会所面临的风险更加复杂多样，也更容易转化为危害社会的公共安全风险。四是社会稳定风险。当前我国社会利益关系调整更加复杂，因此社会转型中出现了很多失范问题，而因失范问题造成的社会张力极易演化为具体的社会纠纷。五是网络安全风险。从近年来人民法院受理的相关案件情况看，使用"伪基站"实施电信诈骗活动和针对基础信息网络、重要行业领域网络系统进行攻击破坏活动的涉网络犯罪问题日益突出，利用网络平台实施侮辱、诽谤、贩卖毒品、传播淫秽信息等违法犯罪行为日益增多，个人信息泄露和被滥用等个人信息安全问题频发，这些都成为考验我国社会重大风险治理能力的难点问题。[3]

（三）人民法院防范化解重大风险的工作实践

防范化解重大风险既是人民法院的重大政治责任，也是人民法院履行职能的必然要求。全国各级法院一直以来都认真贯彻落实中央和最高人民法院关于防范化解重大风险的部署要求，主动提高工作站位，紧密联系外部环境深刻变化和国内改革发展稳定面临的新情况、新问题、新挑战，强化风险意识，切实做好防范化解重大风险各项工作。经过多年的实践，法院系统已经建立了一套相对完备的重大风险防控体系，在切实有效防范化解重大风险中发挥了重要作用，也为经济社会的高质量发展提供了有力司法保障。

1. 建立防范化解重大风险常态化工作机制

全国各级人民法院紧密结合工作实际制定出台了许多规范性文件，建立了防范化解重大风险的常态化工作机制。一是建立重大风险预警机制，丰富完善了社会稳定风险预警机制、涉诉信访风险预警机制、法官廉政风险预警机制等，让法官在案件办理过程中能够通过风险预警机制及时发现带有风险信息、风险特性的

---

[1] 2017年7月26日，在省部级主要领导干部"学习习近平总书记重要讲话精神迎接党的十九大"专题研讨班上，习近平总书记指出，我国经济结构仍处于调整的过关期，增强忧患意识，做到"居安思危、知危图安"，既要防"黑天鹅"，也要防"灰犀牛"。

[2] 最高人民法院于2015年发布了《关于充分发挥审判职能作用切实维护公共安全的若干意见》，明确了人民法院维护公共安全的具体任务和实现路径。

[3] 2016年4月19日在网络安全和信息化工作座谈会上，习近平总书记指出，从世界范围看，网络安全威胁和风险日益突出，并日益向政治、经济、文化、社会、生态、国防等领域传导渗透。特别是国家关键信息基础设施面临较大风险隐患，网络安全防控能力薄弱，难以有效应对国家级、有组织的高强度网络攻击。这对世界各国都是一个难题，我们当然也不例外。

迹象和风险苗头性问题，能够及时会商研判和有效应对风险。二是建立重大风险应对处置机制，以制度建设为依托，打造覆盖人民法院工作全流程和各环节的风险应对体系，有效提升法官发现风险与处置风险的能力。例如，针对案件审理过程中可能的突发风险，人民法院普遍制定了风险应急处置预案，提前明确处置流程、责任主体和工作指南，当突发事件风险发生时，法官能够以最快的速度作出最有效的应对和处置。三是建立重大风险多元处置机制。人民法院不断探索完善风险防范和化解的路径，通过各种渠道积极运用多种方式手段促进纠纷化解，让其他国家机关、社会力量适当分担原来完全由人民法院承受的风险，从而在更大程度上促进社会风险的有效化解。

2. 构建人民法院重大风险管理流程模型

人民法院积极借鉴和参考其他领域风险管理的理论与实践经验，建构起具有法院特色的重大风险管理流程模型。从实践来看，人民法院构建的风险管理流程模型将风险管理程序主要分为风险识别、风险评估、风险控制和效果评价四个步骤。其中，风险识别是法院对面临的和潜在的风险加以分析、判断、归类并对风险的性质进行鉴定，以寻找出面临和潜在的风险因素。有的法院从风险来源的角度进行识别，全面准确地分析各部门风险的来源以强化法院风险控制的针对性和精确度；有的法院则从风险发生概率的角度进行识别，结合审判数据信息预测某部门风险发生的可能性。风险控制则是结合法院的内外部环境，采取相应的风险控制手段最大限度地降低风险。例如，尽量避开直接导致风险的事项和活动以减少潜在风险发生的可能性，或者积极主动开展风险排查活动，更好地完善法院内部的风险控制体系。

3. 创新防范化解重大风险动态工作机制

人民法院所构建的防范化解重大风险工作机制并不是一成不变的，而是随着社会重大风险形态与趋势的动态变化在实践中不断予以创新和发展。例如，2020年年初暴发的新冠肺炎疫情无疑是全社会面临的一场突发重大风险，人民法院在这场抗击疫情的战斗中也顺应风险的发展变化，及时调整工作思路和方法应对疫情风险挑战。在启动重大突发公共卫生事件一级响应机制后，许多地方法院立即调整诉讼服务和立案信访接待等工作方式，启用线上诉讼服务，积极推进网上庭审和网上调解。同时坚持更好地运用法治思维和法治方式参与疫情风险防控，主动加强对涉疫情相关法律问题的梳理研判，制定相关业务指引，从严惩处阻挠疫情防控的违法行为、及时妥善审理因疫情防控引发的房屋租赁及劳动争议等纠纷。各级人民法院积极创新完善动态工作机制，灵活有效地助力全社会防范化解好重大疫情风险。

二、当前人民法院在防范化解重大风险工作中的不足

近年来，人民法院在防范化解重大风险的工作落实、制度构建、机制创新等方面都取得了较大的成就，但是随着社会的不断发展和经济结构调整带来的利益格局变化，使得新的社会风险挑战不断涌现，人民法院防范化解重大风险的思路举措还有待进一步完善。

（一）人民法院防范化解重大风险的内部机制有待完善

在当前的司法实践中，法官往往更注重所承办个案蕴含的审判风险应对，而缺乏对类案风险的预判与防范，这导致部分案件审判的社会效果不佳。而且当前人民法院对案件风险评估的力度分布也不均衡，案件裁判风险评估主要集中在部分社会关注度较高、影响范围较广的重大案件上，[1]对于一般案件尤其是民间纠纷或小标的诉讼案件的风险评估力度不够，导致此类案件申诉信访的风险较高。此外，人民法院内部防范化解重大风险的配套机制措施也不够健全。例如，对司法建议的审核把关标准不统一且缺乏司法建议效果的反馈评估机制，导致人民法院司法建议的效力往往局限于某一单位或部门，无法在某一行业或领域形成有力的影响，使其在防范化解特定行业或领域重大风险的效用大大降低。人民法院内部防控重大风险的信息化程度也不足，当前智慧法院建设的重心集中在提升审判质效和服务群众诉讼方面，还没有将相关技术延伸应用到重大风险的防范化解之中，特别是司法大数据在重大风险防控中的应用还有极大的拓展空间。

（二）人民法院防范化解重大风险的外部协同水平有待提升

当前重大风险的发生和演变常常会打破传统的专业分工界限而出现跨地区、跨部门、跨层级的现象，对此人民法院作为单一主体很难进行有效的防范化解，此类重大风险的防控与治理需要更有效的协同机制予以支撑，更需要社会各主体共同参与、协调配合。人民法院当前防范化解重大风险仍以被动应对型为主，其重大风险防控工作的主动性不足。以北京法院的具体实践为例，自 2007 年以来北京法院共参加了 9 次大规模的专项行动，其中有 8 次为上级部署而开展，仅有 1 次为法院主动而为。由此可见，人民法院在主动开展防范化解重大风险活动、参与社会治理方面的主动性不足，在风险处置活动中与其他社会主体的协同联动水平也有待提高。

（三）人民法院应对新型重大风险的能力有待增强

近年来我国社会所发生的新型重大风险越来越多，包括重大突发公共卫生安全风险、现代科技领域风险、非常规性纠纷引发的重大风险等。这些新型重大风险已经成为我们社会生活中的巨大隐忧，然而面对这些新类型重大风险，人民法院在应对和处置中却常常力不从心。人民法院对新型重大风险的涌现还欠缺有效

---

[1] 全国各级人民法院对涉及国家安全、社会稳定、舆论广泛关注的重大敏感案件，确定了依法处理、舆论引导、社会面管控的"三同步"工作原则。

的应对机制，还未能顺应现代科技的发展而迅速突破传统风险应对模式，建立起信息化、科技化的立体风险应对体系，对新型风险的应对手段相对滞后，导致人民法院防范化解重大风险工作常陷于被动境地。

三、市域社会治理背景下人民法院在防范化解重大风险中的职能作用

习近平总书记强调，政法机关在防控社会风险中要增强预见性，[1]要着力推进社会治理系统化、科学化、智能化、法治化，善于运用先进的理念、科学的态度、专业的方法、精细的标准提升社会治理效能。[2]市域社会治理是具有典型中国本土特征的实践，[3]既体现了党对社会治理规律认识的深化，又为人民法院融入共建共治共享的社会治理格局提供了科学指引。市域社会治理的特殊优势在于其所面对的风险往往是跨界性、关联性、复杂性等特点突出的风险，治理主体具有更大、更灵活的自主创新探索的政策空间，同时市域直面社会治理各类问题，能拿出防范化解重大风险微观层面的具体解决办法。[4]这种治理模式转型将产生对地方司法的强烈需求，[5]人民法院在地方治理过程中依法化解矛盾纠纷、防控重大风险方面责任重大。[6]因此，人民法院应当从市域社会治理的新角度出发，进一步更新工作理念，积极投入社会治理的大格局中，不断创新参与重大风险防范化解的机制措施，更好发挥在社会风险防控中的积极作用。

（一）人民法院参与市域社会治理的多维向度

1. 人民法院参与市域社会治理的理论应然性

市域社会治理的实践路径是自治、法治、德治的"三治融合"，强调以法治为保障、以良法促善治，坚持以法治思维和法治方式协调利益关系、化解矛盾纠纷、完善社会风险防控体系，进一步提高市域社会治理的法治化水平。[7]法治的预期性、稳定性、规范性与衡平性等优势，切实有助于凝聚转型时期的社会共

---

〔1〕 习近平总书记在 2017 年中央政法工作会议上作出重要指示，全国政法机关要强化忧患意识，提高政治警觉，增强工作预见性，不断创新理念思路、体制机制、方法手段，全面提升防范应对各类风险挑战的水平，确保国家长治久安、人民安居乐业。习近平总书记在 2018 年中央政法工作会议上进一步强调，要坚持党对政法工作的绝对领导，坚持以人民为中心的发展思想，增强工作预见性、主动性，深化司法体制改革，推进平安中国、法治中国建设。

〔2〕 参见 2017 年 9 月习近平总书记在会见全国社会治安综合治理表彰大会代表时的讲话。

〔3〕 2018 年 6 月 4 日，中央政法委秘书长陈一新在新任地市级党委政法委书记培训示范班上提出了"新时代市域社会治理现代化"的重要概念，强调要以习近平新时代中国特色社会主义思想为指导，坚定不移走中国特色社会主义社会治理之路，打造具有中国特色、时代特征、市域特点的社会治理新模式，加快推进新时代市域社会治理的理念、体系和能力现代化。

〔4〕 魏礼群主编：《中国社会治理通论》，北京师范大学出版社 2019 年版，第 5 页。

〔5〕 栗峥：《国家治理中的司法策略：以转型乡村为背景》，载《中国法学》2012 年第 1 期。

〔6〕 李小萍：《论法院的地方性》，载《法学评论》2013 年第 3 期。

〔7〕 俞可平：《中国的治理改革（1978—2018）》，载《武汉大学学报（哲学社会科学版）》2018 年第 3 期。

识，这要求在遵守法律规定、尊重法治精神、遵循法治逻辑的前提下，坚持以法治精神来引领社会治理，以法治思维来谋划社会治理，以法律规范来实施社会治理。[1]人民法院在推动法治化进程中拥有绝对的专业能力优势，在社会风险防控中也具备丰富的实践经验，因此人民法院是市域社会治理的重要力量，其参与市域社会治理活动也具有应然性。在当前社会的转型期，我国社会结构深刻变动，利益格局深刻调整，[2]社会矛盾风险也体现出快速多变、反复拉锯的特点，需要司法予以及时、明确的回应。[3]在法治构筑的社会治理的多个子系统中，人民法院由于较好地兼容了价值性、明确性、规范性等多元特征，因而在国家与社会治理体系中，其具有独特而深远的价值和作用。

2. 人民法院参与市域社会治理的客观必然性

重大风险防控是社会治理的首要任务，而司法工作的实践样态决定了人民法院在社会重大风险的预测预防方面具有得天独厚的现实优势。一方面，人民法院对重大风险具有极强的敏感性。司法处于直接面对社会矛盾的一线，是反馈各种社会矛盾的"晴雨表"，尤其是在超大城市中，大部分的社会矛盾纠纷会直接涌入法院中，法院比其他部门更易先感受到风险的产生和演变趋势。另一方面，人民法院接触的重大风险更加多样全面。人民法院是社会各类矛盾纠纷的聚集地，也是全面观察社会问题、预测社会风险的重要窗口。通过人民法院审理的案件情况，人们可以迅速发现社会一段时期内各类犯罪的变化态势、经济社会发展中暴露出来的突出问题、社会各类主体的权利诉求等。正是由于人民法院对社会风险的高度敏感性和直面各种社会矛盾纠纷的特性决定了司法在社会治理中的重要性，也决定了人民法院参与社会治理的最优路径。

3. 人民法院参与市域社会治理的实践特殊性

人民法院作为社会治理体系的参与者和保障者，在调处各类社会矛盾过程中应当以延伸审判职能为支点，推动各治理主体积极发挥治理作用并提升治理能力。一方面，法院的司法审判既可给治理主体摸索创新治理方式以充分的空间，又能在必要的时候对过度偏离进行有效纠正。[4]法院立足审判职能的自然延伸广泛开展诉前调解、诉讼源头治理等事前治理方式，引导治理主体、治理对象和治理事务归拢到以权利义务为主要内容的法治视角及语境下，有效压缩基层治理

---

〔1〕 参见习近平总书记在省部级主要领导干部学习贯彻十八届四中全会精神全面推进依法治国专题研讨班开班式上的重要讲话。

〔2〕 参见中共中央文献研究室编：《习近平总书记在广东考察工作时的讲话》，载《习近平关于全面深化改革论述摘编》，中央文献出版社 2014 年版，第 78 页。

〔3〕 ［美］罗·庞德：《通过法律的社会控制、法律的任务》，沈宗灵、董世忠译，商务印书馆 1984 年版，第 18 页。

〔4〕 鲁篱、凌潇：《论法院的非司法化社会治理》，载《现代法学》2014 年第 1 期。

中不必要的试错空间和成本，使治理方法更加合理规范，治理目标更加协调统一。另一方面，人民法院作为定分止争、化解矛盾的专业化、职业化治理主体，社会治理体系漏洞和治理能力短板在法院处理的各类矛盾纠纷中均会不同程度显现，其始终处于查找治理漏洞、检视治理效果的最前沿和最佳地。因此，法院以办理具体案件为切入点，可以准确定位较深层次、关键细节的社会治理漏洞，有效查找治理能力短板，并能够有针对性地开展漏洞填补、短板补齐等补救和强化措施。[1]

（二）人民法院防范化解重大风险内部机制的完善

1. 加强重大敏感案件的公开审理与案例生成

人民法院应立足司法功能定位和发展需要，不断加强重大敏感案件的公开审理和案例生成。司法案例是经济社会发展的"晴雨表"和社情民意的"风向标"，[2]重大敏感案件与当前的社会热点问题、社会情绪风向紧密相连，其所蕴含的社会风险相对于一般案件更具有典型性，因此做好重大敏感案件的审判工作是人民法院参与重大风险防控和社会治理最重要的方式。当前司法实践中，重大敏感案件的内涵和外延随着社会的不断发展变化而难以被精准界定，同时随着移动互联在社会生活中的广泛应用，个人问题和公共事件的边界也越来越模糊，个案裁判结果很容易成为社会的"靶向"，无论这种"靶向"是正向的还是反向的。因此，人民法院应当加强对社会重大敏感案件的甄别，在一些社会公众认识分歧较大、法律争点突出的案件审理过程中，要通过开放性的讨论和司法终局性的诠释，形成更多指导人民法院审判和供社会研究、学习的指导性案例，更好地揭示、确认、重申、宣扬法律的导向，从而有效阻断案件中潜在的风险传导链条。[3]

2. 提升司法建议的权威性和广泛性

司法建议是人民法院秉承经验主义立场参与社会治理的重要形式。人民法院对审理的案件进行类型化总结，向地方治理机构提供司法建议并通过沟通反馈机制，使得地方治理经验同时向法院输入，为法院合理裁判案件提供支持。针对当前人民法院司法建议工作中出现的问题，应当从两个方面进行加强。一是加强高位推动，扩大建议的权威性。司法建议不是规范意义上的法律文书，不宜赋予其特定法律效力，但可以加强同党委及人大的联系，借助其"高位推动"的能力

---

[1] 柳亦博：《由"化繁为简"到"与繁共生"：复杂性社会治理的逻辑转向》，载《北京行政学院学报》2016年第6期。

[2] 周强：《加强案例研究 提升司法能力和水平》，载《人民法院报》2017年7月30日，第1版。

[3] 比如电梯劝烟致死案的妥善处理就及时阻断了潜在的社会正向行为抑制危机，而南京彭某案则引发了一定的社会反向行为扩大危机，拉高了公众面临的社会风险程度。

将司法建议纳入其研究议程，利用党政机关的议事决策机制保障司法建议的有效落实和及时反馈。[1]二是主动向社会披露司法建议情况，扩大其社会知情面。拓展审判信息发布的深度和广度，通过定期发布审判白皮书等形式全景展示类型化社会热点纠纷的案件情况和治理对策，以此强化司法建议的价值导向。[2]同时积极利用召开新闻通报会等形式在更大范围内公开司法建议内容，提示社会运行中的政治、经济等各类风险，引导社会公众规范行为、有效规避重大风险。

3. 增强防范化解重大风险的信息技术支撑

人民法院应积极利用先进的信息技术来提升重大风险分析预测的科学性与精准性，尤其是运用司法大数据进行社会重大风险预测已经成为当前实践的共识和突破点。[3]大数据思维与社会治理思维在运行逻辑上是同轨的，[4]都是基于对象源头的分析来探测事物发展的趋势，这开启了风险社会公共安全治理的新视角。人民法院通过长期司法审判实践积累的海量司法大数据是社情民意的一项集中反映，有效利用这些司法大数据，能够让我们及时对问题做出反应，能够较早地发现和预警社会重大风险，从而降低重大风险事件发生的概率，有效提升社会治理的能力和水平。[5]例如，在对当前社会普遍关注的"知假买假索赔"纠纷案件中，对全国法院所有涉案人、物、地点等各类数据进行关联性比对分析，能够探知起诉人提起诉讼的频率和起诉地域、时间分布，就可以得出其是属于消费者还是专业打假者的认定，就能切实解决同类案件裁判尺度不统一的问题。以此类推，人民法院可以集中力量对特定时期内的所有某类案件进行关联性分析，并对相关数据进行提炼和挖掘，即可发现其中普遍性、趋势性的社会风险问题，据此可以及时开展风险预警和预防，为社会防范化解此类重大风险提供强大的司法数据论证支撑。

---

[1] 贺东航、孔繁斌：《公共政策执行的中国经验》，载《中国社会科学》2011 年第 5 期。

[2] 郑智航：《司法建议制度设计的认识偏差及校正——以法院参与社会管理创新为背景》，载《法学》2015 年第 2 期。

[3] 2015 年 9 月国务院印发《促进大数据发展行动纲要》明确推动大数据发展和应用，在未来 5 年至 10 年打造精准治理、多方协作的社会治理新模式，建立运行平稳、安全高效的经济运行新机制，构建以人为本、惠及全面的民生服务新体系。2015 年 9 月贵州省启动我国首个大数据综合试验区的建设工作，重点打造"三大体系""七大平台""十大工程"，综合治理示范提升工程是"十大工程"之一。2017 年 7 月 11 日，在全国高级法院院长座谈会上，最高人民法院院长周强提出要充分发挥大数据的驱动作用，全面提升大数据分析和挖掘能力，提升主动应用能力，为法官和人民群众提供智能服务，为各级党委政府决策提供科学参考。

[4] [英]维克托·迈尔-舍恩伯格、肯尼斯·库克耶：《大数据时代：生活工作与思维的大变革》，盛杨燕、周涛译，浙江人民出版社 2013 年版，第 1 页。

[5] 宋轩：《大数据下的灾难行为分析和城市应急管理》，载《中国计算机学会通讯》2013 年第 8 期。

（三）人民法院防范化解重大风险的机制创新

1. 创新案件裁判风险防控机制

案件裁判是人民法院的主责主业，也是人民法院防范化解重大风险最直接、最主要的途径。人民法院应当从源头上提高重大风险的评估预测和应对意识，探索建立司法案件重大风险评估应对的新机制，将风险防控意识贯穿到制度设计、方法创新和各项具体工作之中，从而有效提升人民法院的风险应对能力。一方面，人民法院应将案件裁判风险评估渗透到案件办理的各环节与全流程。将开展案件裁判风险评估发展为每名法官在案件审理过程中秉持的方法和态度，从立案环节开始到执行阶段结束，对案件裁判风险的评估贯穿始终，形成全流程风险预测、评估、预警、应对机制。在法院内部要建立起包括各主体在内的办案风险评估网络，构建全方位、多角度的案件裁判评估体系，打造风险评估新格局。另一方面，人民法院应强化案件裁判重大风险防控问责机制。按照"谁办理、谁评估、谁负责"的原则，明确案件承办部门是风险评估的第一责任部门，对案件重大风险预计不足、评估不准、应对不力，造成严重不良影响的要严格追究相应的责任。

2. 创设非常规性纠纷引发重大风险的应对处置新机制

人民法院对非常规性纠纷引发重大风险的解决应当注意更新司法审判理念，在依法审判的前提下，充分运用"软性"司法手段化解矛盾纠纷。司法审判的目标不应单纯停留在对社会纠纷的是非作出法律评价上，而应追求纠纷的真正解决，提高司法审判的综合效益。尤其是转型时期的社会纠纷发生受到多方面因素的影响，因此应广泛运用调解等"软性"的法律手段，完善非司法纠纷解决机制，形成和强化纠纷解决的合力。要根据我国政治体制所具有的统一性特征，协调与综合利用民间与官方多渠道资源建立大调解格局，将法院、政府、民间调解组织及各种行业协会等力量整合协调起来，在不损害各自功能特点的基础上分工负责，建立信息沟通、处置协调、工作互助与对接的工作机制，尽可能地有效化解社会非常规性纠纷。

3. 构建重大风险防控的回应型司法制度

回应型司法的目标是要实现司法机关与公民、国家与社会之间的制度均衡，通过司法的回应实现各社会要素结构和功能的协调配合与相互促进。理性构建回应型司法制度是根据司法制度的内在规律和我国当前社会需求，实现司法与社会的接轨。在回应社会需求的基础上，让司法在防范化解重大风险中充分发挥职能作用。人民法院应当通过常态化、正规化、系统化建设回应型司法，扩大司法在公共政策形成中的功能，进而从源头上参与社会重大风险的防范与化解。回应型司法制度并不是对民意的简单回应，而是通过一种制度化的程序和结构对社会需求进行回应，评价引导新型社会关系。人民法院可以通过整合案件资源，第一时间发布权威信息，揭示频发多发的社会矛盾纠纷，批判违法悖德的失范行为，为社会公众提供防范法律风险及道德风险的有效预警，进而推进社会治理创新。[1]

"明者防患于未萌，智者避危于未形。"防范化解重大风险是中华民族实现伟大复兴必须跨越的关口，及时洞察、准确把握、有效应对各种风险挑战，不仅是保持我国经济社会持续健康发展和社会大局稳定的必然要求，也是人民法院所肩负的重大职责使命。面对波谲云诡的国际形势、复杂敏感的周边环境、艰巨繁重的改革发展稳定任务，人民法院应当常观大势、常思大局，积极主动参与到重大风险的防范化解之中。站在市域社会治理的新视角，强化风险意识，不断增强发现风险、认识风险、应对风险的能力，应对好每一场重大风险挑战，从而为打好防范化解重大风险攻坚战和促进经济社会高质量发展提供坚强有力的司法保障。

---

[1] 余潇枫：《安全治理：从消极安全到积极安全——"枫桥治理"五十周年之际的反思》，载《探索与争鸣》2013 年第 6 期。

司法行政机关在应对重大突发事件中的作用研究

——以依法防控新冠肺炎为例

苗　林*

2020 年突然而至的新冠疫情是一场全国性危机和全球性灾难。习近平总书记在中央深改委会议的讲话中指出，这次抗击新冠肺炎疫情，是对国家治理体系和治理能力的一次大考。新冠肺炎疫情的深远影响目前还无法准确估量。它已不是简单的公共卫生事件，而是社会治理和重大突发事件应对的新课题。开年以来，市司法局党委积极参与新冠疫情防控工作，突出政治引领、发挥职能、从严从细、化危为机、科学安排"五个防控"，坚持"十个精准发力"，坚决打赢疫情防控人民战争、总体战、阻击战，取得了积极的阶段性成果。这场抗疫斗争为司法行政机关提出了新课题，要求我们社会治理的大格局下统筹司法行政工作，发挥自身职能应对突发事件，为推进国家治理体系和治理能力现代化贡献司法行政力量。

一、司法行政系统在新冠疫情防控中的主要工作

疫情发生以后，司法行政系统在市委、市政府的领导下，迅速反应，为新冠疫情防控做了一系列科学、有效的工作。

（一）履职尽责做好法治保障

1. 充分发挥市委依法治市办的统筹作用

第一，疫情暴发后，依法治市办立即行动起来，牵头研究制定《关于贯彻落实〈中央全面依法治国委员会关于依法防控新型冠状病毒感染肺炎疫情、切实保障人民群众生命健康安全的意见〉措施》和《关于贯彻落实〈关于加强首都公共卫生应急管理体系建设的若干意见〉的工作措施》等文件，确保中央疫情防控法治保障各项要求在北京得到不折不扣地执行。

第二，组织开展疫情防控期间"落地查人"专项法治督察，确保市委、市政府疫情防控各项决策措施坚实落地；发挥政府参谋、助手、法律顾问作用，第一时间代市政府起草了《进一步明确责任加强新型冠状病毒感染的肺炎预防控制

---

* 课题主持人：苗林，北京市司法局党委书记。立项编号：BLS（2020）B004-1。结项等级：合格。

工作的通知》和《落实"四方责任"进一步加强重点人群、场所和单位新型冠状病毒感染的肺炎疫情防控工作的通知》等文件，全力服务市委、市政府依法防控决策。

第三，深入学习贯彻中央依法治国委和市委依法治市委第三次会议的重要精神。4月9日召开市委依法治市办第三次会议，对抓实抓细依法防控各项措施、统筹推进疫情防控和经济社会发展、不断完善相关法治保障工作再次提出明确具体要求。

第四，积极协调法律专家整理有关国外应对突发公共卫生事件的经验及启示，编写《国外应对突发公共卫生事件的经验及有关建议》《新冠肺炎防控过程中政府法律风险及相关工作建议》，为疫情防控工作提供法治参考。

第五，全面梳理疫情防控相关制度。组织专家和律师全面梳理相关法律、法规和政策文件，开展疫情防控法律法规汇编和解读工作，编印了《传染病防治和突发事件应对工作各级国家机关相关法定职责选编》等180多篇法律服务指引，供市领导及有关部门参阅。局信息中心组织行政法学研究会、政府法制研究会开展疫情防控建言献策征文活动，汇编《共抗疫情、法治同行》论文集报送市领导参阅。

2. 第一时间组建疫情防控文件审核专班

第一，疫情暴发后，市司法局快速组建了疫情防控文件审核专班对市、区两级党委政府出台与疫情相关的《北京市人民政府关于应对新型冠状病毒疫情影响促进中小微企业持续健康发展的若干措施》《关于稳定滞留湖北未返京人员劳动关系有关措施的通知》等规范性文件进行合法性审核，为市、区两级党委政府起草、审核规范性文件138件。积极为市疫情防控领导小组和首都严格进京管理联防联控协调机制办公室提供法治保障，对《关于进一步明确疫情防控期间返京人员有关要求的通告》等40多个文件研提法律意见，研究形成了《关于新型冠状病毒感染的肺炎确诊病例相关居住小区信息公开的法律意见》等30多份专题报告，搜集编辑国家和本市疫情防控政策措施和2003年本市抗击非典时期政策措施汇编，供市领导和相关部门决策参考。

第二，新发地批发市场疫情发生后，根据市领导指示，迅速成立法律专家顾问组，全力做好新发地市场后续处置政府法律事务。

第三，加强公共卫生应急法治保障体系建设，推进《北京市突发公共卫生事件应急条例》等重点领域立法，为疫情防控提供制度支撑。

第四，强化疫情防控行政执法协调监督，以市政府文件印发《关于加强对商务楼宇、商场和餐馆新型冠状病毒肺炎疫情防控工作检查执法有关事项的决定》，及时对疫情防控期间相关部门监管职责做出临时调整。以执法协调小组名义印发

《关于做好疫情防控期间行政执法相关工作的通知》，明确行政机关移送涉刑犯罪案件相关工作要求。

3. 加强执法监督和行政复议工作

第一，疫情期间，市司法局会同市城管局对本市 130 余家商务楼宇、商场、餐馆进行抽样调查，指导解决医疗物资储备供应、价格监管等方面的执法纠纷。局复议应诉部门全面发力，做好疫情期间各方面工作。

第二，做好市政府行政复议接待室疫情期间接待工作。为了做好疫情防控工作，最大限度减少人员流动聚集，在第一时间向社会发布通告，暂停当面接收行政复议材料及当面咨询，及时关闭行政复议接待室，并将接收申请和咨询方式以及复议期限等情况向社会公众进行公告。在疫情期间，保持电话咨询畅通，共接待电话咨询 643 次。

第三，做好疫情期间全市行政复议应诉统筹指导工作。疫情初期，及时印发《关于做好应对新冠肺炎疫情期间全市行政复议工作的通知》，就做好疫情防控工作、保障申请人复议权利以及依法妥善办理案件提出要求，指导全市行政复议机关做好疫情期间行政复议工作。在疫情期间，及时统计全市涉疫情复议应诉案件情况，并定期上报司法部行政复议应诉局。

第四，做好涉疫情行政复议案件预判研究。在疫情初始，组织专家学者对应对疫情可能面临的行政复议案件进行了研究预判，完成《新冠疫情应对中可能面临的复议案件预判》。

第五，做好疫情期间市司法局复议案件办理工作。以高度的政治责任感，把好案件审理关。坚持调解原则，争取实质性化解行政争议。上半年，全市各级行政复议机关共收到涉疫情行政复议案件 29 件，审结 21 件，及时、高效化解行政争议。

（二）提供优质高效法律服务

1. 开展相关法律法规的宣传、查询与咨询服务

通过开设专区和专门接待窗口，全面加强"12348"法律热线服务、北京法律服务网在线服务和公共法律服务机构现场服务，及时解答群众涉疫法律咨询。热线平台不停歇，开展电话咨询服务。抗疫期间，"12348"法律服务热线春节期间、节假日不停歇，为群众提供不间断法律咨询服务。2 月 3 日，市中心 30 条服务专线全部复工，同时在服务热线专门设置了涉疫情专席，负责解答群众有关涉疫方面的法律咨询，并对有关问题进行梳理分析。汇总整理出涉及疫情防控的200 个法律问题与律协法律顾问团会商，提出标准化的答复口径，向全市公共法律服务中心、工作站统一下发。抗疫期间共接听电话咨询 55 万通。北京法网专门开辟了"设疫情防控专区"，设置了涉疫情法律法规政策查询、法律咨询、法

律宣传等栏目。公共法律服务协同调度平台涉疫情防控法律事务咨询事项同时开发完成，添加了涉疫情防控法律事务专门的服务模块。其间，涉疫情网上问答162条，转发中央有关抗疫文件61个，涉疫情法律法规14部，北京市抗疫情文件37个，抗疫法治宣传66个。

2. 及时制定与防疫相关的政策措施

制定《北京市司法行政系统复工复产公共法律服务"助企惠民春季行动"方案》，成立工作领导小组，整合法律服务资源，开展公共法律服务五大行动：①公共法律服务"暖企行动"有序开展，减收、免收律师费343家企业，享受公证费减免131家企业。制定《关于妥善办理因新冠肺炎疫情导致不可抗力事件的有关公证业务的通知》《不可抗力事件公证办理指引》等，全面推行基本公证事项实行在线办理。②公共法律服务"助企行动"扎实推进。制定《关于深入开展民营企业"法治体检"专项活动服务疫情防控和复工复产的实施方案》，组建民营企业"法治体检"专项行动工作小组和中小微企业律师服务团，1000余名律师加入，为160家重点企业进行一对一"法治体检"。设立"法治体检律师咨询专线""疫情防控问题法律咨询专家组"书面解答疫情防控、复工复产典型问题140余个。编写《企业复工复产法律指引》，累计发放1000余册，电子书下载4000余人次。③公共法律服务"护企行动"有效落实。印发《促进复工复产做好防疫工作突发事件矛盾纠纷调解工作指导手册》，依法开展涉疫情和复工复产矛盾纠纷专项排查调解，承办调解案件33 370件，开展矛盾排查94 510次。有效化解涉及复工复产的合同纠纷500余件，消费纠纷100余件。④公共法律服务"安民行动"扎实开展。"12348"热线全力以赴提供法律咨询。截至目前，热线平台解答接待法律咨询95 460人次。网络平台疫情以来新增注册用户30%，申请人民调解、法律援助198件次。各实体平台实现对网络工单的100%响应，共办理公共法律服务事项33 837件，其中提供涉疫情法律咨询1530人次。⑤公共法律服务"惠民行动"效果明显。保障弱势群体合法权益，2020年4月办理法援案件1961件，其中农民工案件1039件，占比53%。正式上线北京民生领域公证事项（民生领域）预约咨询平台，整合全市25家公证机构、400余名公证员提供线上预约咨询。

3. 服务保障新发地市场善后处置工作

为做好新发地市场突发疫情的善后处置工作，市司法局党委研究制定了《关于充分发挥职能为新发地市场善后处置开展法律服务的工作方案》，并将工作方案下发至相关处室、丰台区司法局。向"12348"热线平台、网络平台、各区、街乡镇实体平台发布《新发地疫情法律问题问答手册》，指导公共法律服务实体、热线、网络服务人员做好涉新发地善后处置工作。

4. 组织律师提供与复工复产相关的法律服务

北京律师政治敏锐性强，服务中心、服务大局从不缺位。大疫当前，北京律师群体积极为抗击疫情积极建言献策，发挥行业优势。行业党委迅速启动"法治工作北京队"，选派 8 人参与市局专家顾问组，遴选 47 人组成中小微企业律师服务团，组建三级党员律师先锋队，为党委政府、相关部门和企业复工复产提供法律服务。充实"12348"服务热线值班力量，提供法律咨询 3 万 5 千余人次。组建团队撰写《新型冠状病毒感染的肺炎疫情防控法律知识五十问》《新型冠状病毒感染的肺炎疫情防控中政府的九大职责》等，系统梳理劳动用工、工伤医疗等法律法规和可能出现的法律问题；开设专题，密集推出疫情防控法律知识、复工复产指引等 180 余篇。律所党组织全面联动，纷纷编发疫情防控法律知识、复工复产做法案例，为社会公众提供立体化的法律服务。

5. 充分发挥公证职能优势

充分发挥公证职能优势，全力以赴支持复工复产、支持疫情防控。全市各公证机构建立一线防疫医护工作者公证事项办理专门绿色通道，专人负责，简化手续，优先服务，依法减免费用。明确北京赴外地支援疫情防控工作的医护、军人、政法干警、新闻等人员的公证需求，由市司法局、市公证协会组织协调专门力量进行全面保障。积极减轻中小企业经营影响，专门开发不可抗力公证服务。出台《北京公证协会规范指引〔第 8 号〕》，下发《关于妥善办理因新型冠状病毒感染的肺炎疫情导致不可抗力事件的有关公证业务的通知》，指导公证行业积极为受新型冠状病毒感染肺炎疫情影响，导致无法如期履行或不能履行合同企业和个人，办理不可抗力相关事项的公证。同时，在严格落实公证证明材料清单制基础上，针对特殊时期企业办证难题，特事特办，实行证明事项告知承诺和申请材料"容缺受理制"。对于企业申办公证时因客观原因未能提供有关证明材料，经审核符合条件的，实行证明事项告知承诺和申请材料容缺受理，先审批办理，事后补充完善有关证明材料，积极减轻企业办理公证事项的证明负担，努力做到让企业只跑一次。坚持线上线下结合，尽量做到让群众最多跑一次。疫情期间，公证协会大力开发开展网络技术应用，引导全行业实行"基本事项线上办理，特殊公证线下办理"，充分运用网络技术，防止群众接触性感染。对于学历学位、结婚证、执业资格证书等基本公证事项采取网上办理，尽量做到让群众"一次都不跑"。对确需线下办理的公证，采取电话和网上预约式办理，合理安排时间、公证人员，努力做到让群众"只跑一次"。全市公证机构疫期不止步，继续为北京市小客车指标摇号、共有产权房摇号、土地拍卖、项目招投标等大型项目提供公证服务，为行动不便、特殊人群开辟绿色服务通道，提供上门公证法律服务，最大限度满足群众的公证法律需求。

6. 全面开展依法防疫的法治宣传

疫情发生后，市委全面依法治市委员会守法普法协调小组于 1 月 30 日制发《关于加强守法普法 坚决打赢疫情防控阻击战的通知》，全面开展依法防疫的法治宣传，营造依法防疫的社会氛围。从统一思想认识、突出宣传重点、落实普法责任、强化教育引导、创新宣传形式等方面作出部署、提出要求。在 2 月份召开的第三次小组会上，通报全市新冠肺炎疫情防控普法宣传工作开展情况，对各区各部门依法严格落实责任提出进一步要求。同时，将疫情防控普法宣传纳入年度普法依法治理工作要点及平安北京建设考核指标。围绕依法科学有序防控的工作要求，设计印制 10 000 份疫情防控普法宣传海报、9500 套"两法一条例"普法宣传挂图，在全市 7000 余个社区（村）和人员密集场所张贴；及时设计制作 3 部主题公益广告宣传片，在市属主要网站、北京电视台全频道、北广传媒城市电视、户外大屏、地铁公交移动电视等媒体进行滚动播出；围绕各部门依法有效开展疫情防控工作，编印了《疫情防控法律知识问答 50 问》；围绕社会面防控，规范了 13 条疫情防控普法宣传标语；围绕人民群众的切身利益和维护社会安全稳定，组织开展了"防控疫情 法治同行"主题活动。建立部门协同、市区联动的疫情防控普法宣传网络。市卫生健康、公安、发改、市场监管、网信、园林绿化等部门开展了疫情防控相关法律法规和政策解读，市总工会加强涉疫情劳动关系普法，北京海关梳理防疫物资通关政策指南 20 条。市高级人民法院对 11 批涉疫案件集中宣传，发布案例 60 余件，利用"京法巡回讲堂"在社区一线开展疫情普法宣传，市商务、文化旅游、住建、城管、市场监管等部门联合加强商务楼宇、宾馆、商场和餐饮等场所疫情防控普法。市交通委统筹协调地铁、公交等单位，加强公共交通场所疫情防控法治宣传。市属主要媒体履行公益普法职责，在主要版面主要时段全面普及疫情防控法律知识，北京广播电视台开设疫情防控专栏、特别节目 34 个，累计推出相关报道 1.3 万余篇，滚动播出公益广告 200 余部（条）2.4 万次，新媒体点击量超过 13 亿人次。以"北京普法"微信公众号以及各区各部门普法微信矩阵为载体，多渠道、全方面普及疫情防控知识，发布各类疫情防控宣传信息 3000 余条，受众 500 万人次以上。开展"以案释法"，对瞒报病情、暴力伤医、哄抬价格等典型案例加大宣传力度，市高级人民法院、市公安局、市市场监管局发布疫情期间危害公共安全罪系列案例。

（三）慎之又慎加强内部防控

1. 始终保持高度的风险敏锐性

新冠肺炎疫情发生后，北京是全国司法行政系统最早启动防控等级、最早进入战时最高防控等级的省市。作为首都监狱（戒毒）机关，监狱（戒毒）局党组牢牢坚守监所安全底线，自 1 月 27 日以来，全市监所至今仍在实行全封闭管理和高等级勤务模式，新发地疫情暴发后又开展了全员踪迹排查以及核酸、血清检测，对所有进入监所食堂的货物开展溯源索证。同时，始终保持高度的维稳责任感。及时召开系统工作会，专题部署平安北京建设和扫黑除恶专项斗争"六清行动"，全力开展新冠肺炎疫情防控期间涉黑涉恶、涉枪涉爆罪犯的收押、改造和线索深挖工作。上半年，共摸排转递各类线索 42 条，其中涉枪涉爆线索 10 条，按照市司法局转递的线索，公安机关已起获各类枪支 2 支。

2. 始终保持高度的隐患防控力

为准确掌握疫情防控期间社区矫正对象具体情况，制定下发了《关于做好疫情防控期间社区矫正对象重点人排查管控工作的通知》，持续加大对社区矫正对象重点人员排查力度，全市共开展走访排查 10 126 人次，开展个别谈话教育 29 616 人次，排查出重点人 57 人，建立了重点人台账，确保了底数清、情况明。为全面提高疫情期间社区矫正工作能力和水平，经与北京市人民检察院共同研究，市局制定下发了《北京市司法局新冠肺炎疫情防控期间社区矫正工作规范》，就疫情期间的接收、管理、解除、请假、处罚等五个方面的业务工作进行了详细规范，从顶层设计出发实现物理隔离状态下依法开展社区矫正业务工作，为一线执法提供了制度保障。严格社区矫正人员、刑满释放人员管理，提出"十个严格"和"十二个必须"要求，市局共提级管理进行外出离京审批 31 人次。开展专案工作"四个一"督察，共对专案重点人电话核查 153 次、推送管理信息 151 条，入户走访 36 次，上报书面材料 37 份，组织会商 4 次。利用社区矫正综合管理平台每日由专人开展平台督察 131 次，处理平台报警项 900 余项，通过电话直接抽查矫正对象 931 人次，确保"十个严"要求落实到位。圆满完成 180 余人送回原籍释放衔接任务。

3. 全力做好法律服务行业防疫工作

北京律师人数多、规模大、执业区域广，做好律师行业疫情防控责艰任重。行业党委坚定贯彻落实市委、市政府部署，律师管理部门、协会、律所认真落实管理责任，严格遵守疫情防控规定和工作纪律，建立人员台账，落实日报告制度，严格进（离）京报备；暂停实习备案、面试考核、集中培训等现场接待，明确"不见面"办理事项程序和要求；加强值班值守，确保工作正常运转、服务事项不受影响。坚持对律师重点人精准施策，约谈律师重点人员及活跃人员 50 余人次，妥善处置了 30 余起涉律师网络舆情。全市公证行业健全完善防疫工作领导责任制，各公证处负责人担任第一责任人，明确专人负责，列出防控问题清单，细化措施，不折不扣做好疫情防控。建立涉疫重要情况请示报告制度，对重大事项实行"双报告"，即区属公证处第一时间向所属司法局报告情况，同时通报市司法局公证工作处、市公证协会。市属公证处报市司法局办公室、公证工作处，同时通报市公证协会。市公证协会经市司法局公证工作处审核后，报市司法局领导或有关部门。建立环境卫生检查自查制度，加强行业人员防疫学习教育和每日健康监测，配备并监督工作人员正确使用防疫用品，做好工作场所消毒、群众体温测量，严格做好接待防控工作。市司法局公证工作处与市公证协会领导不定期对各公证处防控情况进行考察监督。建立出京登记报备制度，疫期做到"尽量不因私出京，一般不因公出京"，确需出京的严格按照审批程序报批报备。回京后，严格按规定进行观察。通过严密措施，确保行业人员零感染。

二、司法行政系统在新冠疫情防控工作上的经验

北京市司法行政系统疫情防控工作得到了各级领导的充分肯定。回顾近一年来的防控工作，我们体会到要充分发挥职能作用。

（一）必须做到四个坚持

一是必须坚持党对重大突发事件的领导。必须坚持党建引领，始终强化党委对重大突发事件的领导。牢牢坚持党建引领抓工作的鲜明导向，注重发挥市局党委把方向、管大局、保落实的重大作用，注重发挥战时思想政治工作聚人心、鼓士气、激斗志、扬正气的保障作用，注重发挥警示教育震慑、警醒、启示的作用，全面严肃战时纪律作风。确保各级党委和政府必须坚决服从党中央统一指挥、统一协调、统一调度，做到令行禁止。各级党组织领导班子和领导干部特别是主要负责同志要坚守岗位、靠前指挥，做到守土有责、守土担责、守土尽责。基层党组织和广大党员要发挥战斗堡垒作用和先锋模范作用，广泛动员群众、组织群众、凝聚群众，全面落实工作措施，构筑严密防线。

二是必须坚持人民至上、生命至上的行动原则。必须坚持以人民为中心的发展思想，始终强化人民至上、生命至上的行动原则。立足司法行政"一统四大"的职能定位，深入践行司法行政为民理念，聚焦群众最关心的公共安全、权益保障、公平正义等问题，不断深化公共法律服务体系建设，努力提供普惠均等、便捷高效、智能精准的公共服务。要加快整合律师、公证、司法鉴定等法律服务资源，尽快建成覆盖全业务、全时空的法律服务网络。要创新人民调解工作，全力打造"枫桥经验"北京升级版。要深化"放管服"改革，持续开展"减证便民"行动，总结推广"最多跑一次"等便民利民举措，不断增强人民群众获得感、幸福感和安全感。

三是必须坚持"一统四大"的职能定位。强化依法行政的行动理念，立足"一统四大"工作布局，推动重大突发事件应急处置依法科学有序防控至关重要。从立法、执法、司法、守法各环节发力，全面提高依法防控、依法治理能力，为重大突发事件提供有力法治保障，是司法行政工作的重大职责。我们必须主动履行市委依法治市办职能，确保各项工作全面沿着法治轨道有序推进。必须

突出"速度""精度""力度"和"广度",深入推进立法、执法、司法和守法各项工作,积极服务决策、服务企业、服务群众、服务社会。

四是必须坚持发挥司法行政机关的主动性和自觉性。必须坚持围绕中心、服务大局的行动理念,加强司法行政机关为党和国家排忧解难的主动性和自觉性。着力聚焦重大维稳安保工作,全力确保首都安全稳定。着力聚焦市委、市政府加强"四个中心"功能建设、提高"四个服务"水平、抓好"三件大事",打好"三大攻坚战"等重点工作和中心任务,充分发挥法治服务功能。着力聚焦社会治理现代化的新命题,完善党委领导、政府负责、社会协同、公众参与、法治保障的社会治理体制,努力打造共建共治共享的社会治理格局,坚决用第一位的认识、第一位的责任、第一位的标准、第一位的努力,推动首都社会大稳定、大发展、大繁荣。

(二)要突出"七个强化"的要求,落实战时思想重要举措,为疫情防控工作提供坚强的思想政治保障

一是强化战时理论武装。市司法局党委始终牢记"看北京首先要从政治上看"的要求,对标对表习近平总书记关于疫情防控的重要指示精神和中央、司法部、市委、市政府的决策部署抓好各项学习教育,用以武装头脑、指导实践,坚决做到守土有责、守土担责、守土尽责。截至目前,编印《疫情防控相关精神学习手册》7期,跟进举办党委理论学习中心组学习(党委会首题必政治学习)6次,通过书记领学、微信群学、个人自学、连线帮学,实现了领导干部重点学、深入学,党员干部及时学、全员学,全体党员干部和法律服务工作者的责任感、使命感、紧迫感得到强化,思想认识明显提升,在党的坚强领导下依法科学有序开展疫情防控工作、坚决打赢疫情防控阻击战的决心信心和勇气更加强烈。

二是强化战时动态摸排。1月23日,市司法局迅速启动了疫情防控"队伍情况日报告"制度,组建了"日报告情况统计微信群",建立了覆盖市局机关和直属单位43个部门在内的统计体系,每天中午12时前报送情况,并将统计范围扩大到了聘用、借调、服务保障人员,做到了统计工作全覆盖、无死角、无盲区。统计内容涵盖了假期出行、身体状况、家属情况等信息,并适时根据上级要求和实际情况,不断调整完善至离(返)京情况、乘坐交通工具等10余个统计项目,确保了统计数据的及时全面和精准有效。市律师行业党委发动系统近6000人、连续奋战50个小时,对全市4万余名律师逐一进行电话联系,完成了疫情防控相关数据统计。在此基础上,主动建立了全市律师疫情动态数据报送制度,专人负责、动态管理、及时更新,随时为司法部、市委、市政府和市局党委的科学决策提供有效的参考数据。针对离退休干部制定专门疫情防控方案,离退休干部处每名同志承包1个离退休党支部,每天组织传达学习、统计情况,做到了底

数清、情况明。

三是强化战时队伍管理。深入领会上级精神，准确研究把握政策。2 月 1 日，市司法局印发了《关于在疫情防控期间做好内部安全管理加强干职关心关爱的通知》，对节后返岗时间、轮值工作方式进行了明确，对加强疫情防控期间的内部安全要求进行了全面部署，确保了战时期间的政令畅通。严格落实中央在疫情防控阻击战一线考察识别干部的要求，坚持把疫情防控期间是否坚守岗位、是否靠前指挥、是否严密细致做好疫情监测排查等内容作为考察重点，通过对接各部门、各单位负责人，对党员干部的战时表现进行跟踪了解，逐步完善战时干部考核机制。建立战时表彰台账，及时兑现战时激励，市司法局及时为市委依法治市办秘书处等 5 个集体和 12 名同志记北京市司法行政系统集体和个人三等功；市监狱（戒毒）局党组也及时对承担疫情防护口罩生产加工任务的 7 个基层单位，在口罩生产劳动竞赛中开展专项表彰，组织开展疫情防控阻击战先进个人推荐表彰工作，授予集体三等功 5 个，个人三等功 49 名，嘉奖 187 人，通报表扬 25 000 余人次，极大鼓舞了战"疫"士气。

四是强化战时基层党建。1 月 26 日，市司法局党委迅速起草印发了《关于在疫情防控中充分发挥基层党组织战斗堡垒作用和党员先锋模范作用的通知》，明确要求党支部要在疫情防控中发挥最小作战单元作用，带头做好防控工作。在全系统部署开展了争当"防疫维稳突击队（员）"活动，短短一天时间市司法局机关和直属单位 42 个党支部和 527 名党员干部报名参加。组织党员干部开展"我为依法防控疫情建言献策"活动，结合工作领域、工作职能和本地实际，就依法防控疫情建言献策，努力在疫情防控工作中为司法部和市委、市政府当好参谋助手。市监狱戒毒系统制定下发了《关于加强政治引领在疫情防控阻击战中充分发挥基层党组织战斗堡垒作用和党员先锋模范作用的通知》，号召党组织书记"上火线""打冲锋"，动员党员干部"亮身份""冲在前"，组建"党员突击队"、设立"党员先锋岗"，各基层单位纷纷成立临时党支部、战时突击队、青年突击队、解忧服务队，广大党员带头签署责任状、写下请战书、按下红手印，叫响"我是党员我先上"。与此同时，从市局机关分两批选派 60 名政治觉悟高、工作能力强的党员干部下沉基层，全力支援通州区、大兴区疫情防控工作。鼓励支持机关党员干部和法律服务工作者在做好自身防护的前提下，积极回社区报到参与疫情防控工作，让党旗在疫情防控一线高高飘扬。

五是强化战时氛围营造。突出战时特点，做好宣传引导。第一时间在局内网站开设了"让党旗高高飘扬——疫情防控先锋榜"飘窗，开辟了"上级精神""工作安排""政工简报—疫情防控专刊""先锋入榜""战地回声"等栏目，及时刊登全体参战人员在疫情防控期间的好人好事、所思所悟，总结推广全系统战时思想政治工作的好经验、好做法，更加立体鲜活生动地展示全系统参战人员的精神风貌。编发各类政工简报、战时先锋榜近 400 期。主动对接中央和市属重要媒体，相继在人民网、《法治日报》《北京日报》及客户端等中央和市属重要媒体累计刊发文章百余篇，策划的战"疫"系列短视频在学习强国、北京时间等视频平台播出。先后组织两次舆情网评任务，动员网评员 600 余人次，发表网评 2056 条，司法行政系统抗"疫"行动影响力全面提升。市监狱戒毒系统、律师行业、公证行业以及各区司法局也都积极行动起来，全系统通过官方微博、微信公众号等各类新媒体推送疫情防控相关内容 800 余条，阅读量 10 万，为疫情防控营造了良好的舆论氛围。

六是强化战时关心关爱。市司法局千方百计筹措协调，为党员干部，特别是窗口单位配发口罩、酒精、手套等防护用品，编辑《新型冠状肺炎疫情防范知识手册》，建立了覆盖市局机关、近 70 人的健康安全员队伍，组建微信群，随时开展健康宣传教育。制发《关于建立局机关和直属单位内部疫情防范安全责任网络工作机制的通知》，制定市局机关《疫情防范突发处置预案》，进一步明确了内部安全分指挥部、各部门各单位负责人、健康安全员以及党员干部个人在疫情防控工作中的"四级责任"，确保各项防控措施落实到位。市司法局党委书记带队到市法援中心慰问值班律师，到西城区司法局等一线单位检查疫情防控工作、慰问在岗人员，通过视频形式连线监狱戒毒系统一线同志，以电话、微信等适当形式慰问援疆干部、困难干部，特别是对因政策原因、形势变化滞留京外尤其是湖北地区和国外的同志，做到了逐人电话联系，做好登记和情况掌握并及时给予慰问，多种方式传递市司法局党委的关心关爱。市监狱（戒毒）局党组进一步深化"四个到位""六个一批"机制，迅速出台"十项措施"，做深做细做实暖警爱警工作，全力以赴迎战"战疫满月行动"。围绕"饭碗里有政治、食堂里有警心""后勤不后、行政先行"等要求，研究制定个性化从优待警"战时菜单"，为一线民警补充伙食营养、配发爱心洗漱包、过战地生日、建立战时"心声"记录本，保持队伍状态；为民警家属开通 24 小时亲情热线，成立"暖心服务队"，及时解决所需所求；利用隔离备勤时段大抓理论学习、业务比武、警体训练、文体活动，做好充电备战；为正常工作民警职工启动"战时暖心菜篮子"服务项目，每天集中供应蔬菜等生活用品，切实解决了参战干职后顾之忧，做到了封监御疫，爱不隔离。

七是强化战时纪律约束。为确保各项疫情防控举措落实到位，市司法局第一时间抽调专门力量，制定《疫情防控监督检查工作方案》，建立了学习、提醒、值班、监督检查和快处机制，开展经常性的监督检查，并结合疫情防控工作启动专项政治巡察。及时印发《关于严明纪律 强化责任 坚决打赢新型冠状病毒感染肺炎疫情防控阻击战的通知》，明确提出了疫情防控期间的"七个严守、七个不得"的纪律要求，进一步强化战时纪律要求，体现更严更高的战时标准。出台《关于进一步加强对疫情防控中违规违纪违法问题及时发现处置的通知》，随时转发疫情防控期间有关地区和部门查处曝光的反面典型案例，对个别单位在疫情防控中发生个别民警不请示报告、不如实报告等问题从严从重追责问责并在全系统"曝光"，不断强化战时标准，强调规矩意识，督促履职尽责。市监狱（戒毒）局党组制定下发《关于在防控新型冠状病毒感染肺炎疫情期间严明纪律要求的通知》，明确"十个强化""十个暂停、十个严格""十个到位""十个决不允许"等工作要求，先后对 14 个基层监所开展 16 次现场督导检查，对 1 名私自离京且回京不及时报告的民警给予严重警告处分并通报全局，做到了纪律严明、令行禁止。

三、在应对重大疫情等突发事件中的法治问题

（一）卫生防疫法律法规还不够完备

委员长栗战书在十三届全国人大常委会第十六次会议上所言，这场疫情呈现的新特点新挑战，暴露了现行法律制度还有不完备不适应的地方，法律实施中也存在落实不够好不到位的问题。面对这次前所未有的重大疫情，我们虽然有《中华人民共和国传染病防治法》《中华人民共和国突发事件应对法》《中华人民共和国国境卫生检疫法》《突发公共卫生事件应急条例》等法律法规，但是在抗击疫情的实际工作中，我们仍然感到相关法律法规条文规定比较原则和笼统，相关程序性规定比较薄弱，相关工作制度工作机制还不够健全。比如关于疫情信息的报送、发布、使用问题，相关疫情防控的强制措施问题，各级组织的职权划分及执法主体的确定等问题，因疫情受到严重影响的企业和个人的补偿救助问题，对违反防疫措施行为的处罚程序问题，因疫情导致相关司法、执法活动的非现场开展的法律效益等问题。

（二）法律规定相冲突的问题

《传染病防治法》《突发事件应对法》无疑是公共卫生突发事件的主要应急法，但两者的规定也存在着不一致的地方。以疫情信息发布权限为例，《突发事件应对法》第 53 条规定，履行统一领导职责或者组织处置突发事件的人民政府，应当按照有关规定统一、准确、及时发布有关突发事件事态发展和应急处置工作的信息。而《传染病防治法》第 38 条规定，传染病暴发、流行时，国务院卫生行政部门负责向社会公布传染病疫情信息，并可以授权省、自治区、直辖市人民政府卫生行政部门向社会公布本行政区域的传染病疫情信息。又如根据《突发事件应对法》第 52 条规定，履行统一领导职责或者组织处置突发事件的人民政府，必要时可以向单位和个人征用应急救援所需设备、设施、场地、交通工具和其他

物资。而根据《传染病防治法》第 45 条规定，只有县级以上地方人民政府有权在本行政区域内紧急调集人员或者调用储备物资，临时征用房屋、交通工具以及相关设施、设备。

（三）相关防疫法规具有滞后性

这次抗击疫情涉及面广、时间长、管控力度大，给全社会方方面面带来了极大的冲击。我们发现，现行法律缺少针对此类疫情期间的相关规定，这给我们执法和依法办事带来了很大困扰。比如依据现行法律规范，自然人、法人或者其他组织向公证机构申请办理公证，应当填写公证申请表并在申请表上签名或者盖章，不能签名、盖章的由本人捺指印。公证机构受理公证申请后，应当审查当事人申请办理该项公证的资格及相应的权利、当事人的意思表示是否真实、提供的证明材料是否真实合法充分。公证机构还需通过询问当事人核实公证事项的有关情况以及证明材料。采用询问方式向当事人、公证事项的利害关系人或者有关证人了解、核实公证事项的有关情况以及证明材料的，应当告知被询问人享有的权利、承担的义务及其法律责任。询问的内容应当制作笔录。询问笔录应当交由被询问人核对后签名或者盖章、捺指印。笔录中修改处应当由被询问人盖章或者捺指印认可。公证执业实践中，上述工作均在线下当面进行。公证监管实践中，当事人多以"公证人员未当面询问申请人及进行权利义务告知"作为复查争议投诉理由。

（四）存在过度、粗暴执法问题

执法管理尺度并不完全一致，存在过度、粗暴执法问题。对新冠病人、无症状感染者、密切接触者、疫区人员和其他高危人群的管理力度不尽一致；对同类事件的执法力度也存在差别，特别是村、社区在封闭管理上把握尺度不尽相同，一线管理人员能力素质高低不一，工作要求和岗前培训不够，对执法管理活动的统一监督检查不足。比如有些物业公司出于减少麻烦，将政府出台的出入小区登记、消毒等措施变更为禁止出入小区；而有些地方村委会或者物业公司，禁止来自特定地区的人员返回其本来居住的小区，或者强制将来自特定地区的人员驱离其居住的小区。再例如某地方发生一家三口正在家里打麻将，戴着红袖章的防控人员突然闯入，将麻将机抬走、打砸毁坏，并对拒绝服从的年轻人连打几个耳光的事件。

（五）民众对法律认知偶有偏差

经过几十年持续不断的法制宣传教育，各级组织和全体公民的法律知识和法律意识得到了很大的提高，崇尚法治已经成为社会的主流意识。但是这次新冠疫情的暴发，表现出全社会对《传染病防治法》《突发事件应对法》等应急管理方面的法律法规并不熟悉和了解。在抗疫过程中也出现了一些对相关强制措施的不理解、不认同、不配合的现象，出现了违反《治安管理处罚法》甚至触犯《刑法》的恶劣事件。在西方国家也普遍出现片面强调自由、人权而违法禁足令、口罩令、保持社交距离令的现象，在一定程度上成为西方国家防疫工作效果不佳的重要原因。有学者提出疫情防控法律制度与其他法律制度有所不同，属于应急法律制度。应急法治原则属于应急状态下必须遵循的原则，构成平时法治原则的补充和辅助。还有学者认为，理论上讲，完善的法律体系应包括平常法治和非常法治两大类，在一定意义上，作为非常法治的现代公共应急法律是对政府授权的法律，突发事件下的各项行政紧急权力正是有关公共应急法律赋予的法定权力。这次疫情也给我们今后提升全社会的法治思维和法律素养提出了新的课题。

四、在突发事件应急处置中进一步发挥司法行政职能的对策思考

习近平总书记主持召开中央全面依法治国委三次会议并发表重要讲话强调，要在党中央集中统一领导下，始终把人民群众生命安全和身体健康放在第一位，从立法、执法、司法、守法各环节发力，全面提高依法防控、依法治理能力，为疫情防控工作提供有力法治保障。疫情防控越是到最吃劲的时候，越要坚持依法防控，在法治轨道上统筹推进各项防控工作，保障疫情防控工作顺利开展。习近平总书记还指出，在这次应对疫情中，暴露出我国在重大疫情防控体制机制、公共卫生应急管理体系等方面存在的明显短板，要总结经验、吸取教训，深入研究如何强化公共卫生法治保障，抓紧补短板、堵漏洞、强弱项，提高应对突发重大公共卫生事件的能力和水平。恩格斯曾指出，"一个聪明的民族，从灾难和错误中学到的东西会比平时多得多"。而要从这次应对疫情中学到比平时"多得多的东西"，就一定要总结经验、吸取教训、深刻反思。

（一）完善突发事件应对法规体系

1. 加快完善突发事件应急管理方面的地方性法规规章

充分发挥行政立法职能作用，加快完善突发事件应急管理方面的地方性法规规章，补齐疫情防控中所暴露出的问题和"短板"，及时将防疫经验成果上升为法规制度，并且适应常态化防疫的需要进行调整。应急管理既包括平时的预防，也包括出现紧急情况下的应对，既包括应急管理部门的组织和协调，也包括其他组织和个人的参与合作。在应急管理立法中，应形成一个以应急管理条例为中心的管理法规体系。在体制上明确应急联动机制和各方责任，在监测与预警、应急报告和处置方面作出详细具体的规定。在封闭管理、隔离措施和行政征用方面，根据常态化管理的需要作出明确的程序性规定，为依法应急管理提供基本的法规支撑。

2. 依法明确相关主体的义务与责任

要深入总结新冠疫情防控工作的成功经验，将在疫情防控中形成的四方责任通过立法成为法定责任，依法明确属地政府、有关部门、企业事业单位和公民个人在疫情防控中的义务与责任，特别是对企事业单位、社会组织和公民个人在疫情防控中的权利和义务需要予以规范。社区如何发挥好居民、村民自治的作用，通过立法变行政指令为法规命令。基层群众性自治组织可以根据法律和各级政府的规范性文件的精神和具体要求组织居民制订社区疫情防控规范，为疫情防控进行自我管理、自我教育、自我服务。基层防控主体除了街道、乡镇以及居民委员会、村民委员会等以外，还可以进一步囊括住宅小区业主委员会和物业服务企业，将社区防疫纳入法治轨道，为常态化的疫情防控提供法治保障。

（二）健全完善突发事件应急处置依法决策机制

1. 推进科学民主依法决策

面对疫情等突发事件，地方政府可以以决定、命令或通告等形式出台有关医疗救治、防疫管理、隔离观察、交通运输、社区管理等方面的应急管理措施，但这些举措应建立在科学和合法的基础之上。首先，要严格执行疫情防控和应急处置法律法规，依法设定行政强制措施、行政许可事项以及行政处罚种类，不能事急从权，从而侵害公民、法人和其他社会组织的合法权益或增加他们的负担义务。越是在应急状态下，越是要严格依法决策，坚决贯彻国务院《重大行政决策程序暂行条例》要求，严格落实重大行政决策法定程序要求，切实防止违法决策、不当决策、拖延决策。其次，要掌握病毒感染的科学知识，了解疫情的传播规律，决策时做到科学、系统，要确保应急措施建立在法律和专业知识的基础之上，不要让恐惧、个人意志以及"一刀切"的惰性思维代替理性思考、科学决策，而是要以科学精神、专业知识和法治思维做好疫情防控工作。

2. 加强涉疫行政规范性文件审核备案

在疫情防控进入常态化后，仍要持续推进政府涉疫重大行政决策审查监督，有效落实公众参与、专家论证、风险评估、合法性审查、集体讨论决定五大法定程序，进一步提升各级政府决策科学化、民主化、法治化水平。要深入做好涉疫行政规范性文件合法性审核工作，凡涉及公民、法人和其他组织权利义务的行政规范性文件，均应当经过合法性审核。加强备案审查工作，实现"有件必备、有备必审、有错必纠"，实现对区、乡（镇）政府、街道办事处以及市、区政府部门涉疫行政规范性文件的备案审查全覆盖。在行政规范性文件层面及时纠正违法，确保疫情防控各项工作在法治轨道上运行。

（三）加强突发事件应急处置行政执行监督机制建设

1. 强化执法监督工作力度

要进一步发挥行政执法监督的职能作用，完善执法机制，强化执法监督工作力度。在提到疫情防范法治保障上，正如有学者所说，问题不出在规范缺失上，问题在执行上。如果这些规定都能获得普遍敬畏和遵守，严格予以对照落实执行，那么，我们在此次疫情中所碰到的绝大多数问题就不是问题。我们比较重视法律规范的完善，而对现行法律法规的执行还没有形成严密的法治执行体系。为此，要强化疫情防控执法机制建设，从执法主体、执法权限、执法程序、执法责任等各方面规定突发事件应急处置法律法规的执行机制，依法惩处妨碍执法的各类违法犯罪行为。上级人民政府要加强对下级政府及其部门的指导，制定执法规范和执行手册。同时，加强对法律法规实施情况的检查，各级司法行政机关要及时开展专项执法检查，监督各项执法活动落地到位。

2. 强调对信息公开工作的监督

在执法监督中要特别强调对信息公开工作的监督。这次疫情告诉我们，疫情信息属于风险信息，具有高度的不确定性、不可预测性、波动性及无序性等特点。有关疫情信息的发布只有及时、准确、公开、透明，并在突发公共卫生事件发生期间持续进行，确保公众及时、动态了解应急处置进展情况，回应社会关切，才能引导公众行为，提高公众对政策措施的支持和配合。因此，要进一步在执法活动中加强信息公开工作，既满足应急处置工作的需要、维护社会的稳定，又最大程度保护个人隐私，最大程度避免引发个人信息泄露的次生风险。要从收集主体、收集范围、收集方式、储存保护等多方面，进一步确立更规范的标准，找到应急处置与个人信息保护的新平衡。

（四）打造适应城市治理的公共法律服务体系

在这次抗击新冠疫情的斗争中，法律服务行业发挥了法律职业人的智力优势，在服务立法、执法、社会管控以及企业和市民生产生活上均做出了积极贡献。面对城市治理现代化的进程，法律服务业也必须以构建公共法律服务体系为龙头实现跨越发展。要认真贯彻中办、国办《关于加快推进公共法律服务体系建设的意见》，推动《北京市关于加快推进公共法律服务体系建设的若干措施》落地见效，加快推进市、区、街道（乡镇）三级公共法律服务体系建设，组织律师、公证、司法鉴定、仲裁、司法所、人民调解等法律服务资源，贴近首都治理提供高质量的法治保障和法律服务。继续推进"互联网+法律服务"，整合公共法律服务数据资源，通过门户网站、APP、微信等渠道，向广大群众提供法律事务咨询、法律服务指引、信用信息公开等服务，全面提升公共法律服务信息化、智能化水平。围绕国际仲裁及多元争议解决实务的前沿问题加强国际交流，加快国际商事仲裁中心城市建设，推动北仲在关系国家经济社会发展大局的重大项目、重大工程以及重大活动中发挥重要作用。

（五）全面加强突发事件应急处置法治宣传

1. 强调把人民群众生命安全和身体健康"放在第一位"

围绕贯彻落实总书记的重要指示和系列重要讲话精神，一以贯之地把人民群众的生命安全和身体健康"放在第一位"。保护人民权益是法治的根本目的，也是依法开展疫情防控工作的核心价值。要把习近平总书记的指示精神，体现到增强依法防控、依法治理的责任感上，落实到坚持运用法治思维和法治方式开展疫情防控工作中，切实强化风险意识和底线思维，切实提高依法防控、依法治理能力。

2. 着重宣传与防疫相关的法律法规

要着重宣传传染病防治法及其实施条例、突发事件应对法、野生动物保护法等法律法规。系统宣传法定传染病的界定、重大突发公共卫生事件响应、单位和个人权利义务、违法涉罪追责等内容和权威法律解读，增强党员领导干部依法科学开展疫情防控的政策理论水平，增强全社会依法防疫意识。使更多的市民认识到，造谣传谣、制假售假、滥食野生动物是违法行为，不聚集扎堆、配合体温检测、出门戴口罩就是守法遵规。要深入开展疫情防控法治宣传专项行动，深入宣传党中央决策部署，营造万众一心、依法科学有序阻击疫情的舆论氛围。要针对人员返京流动可能带来的疫情扩散风险，要提前部署，结合延迟开学、灵活复工、错峰出行等措施，加大在健康监测、人员管理等方面的守法普法宣传。要坚持法治宣传与法治实践相结合，充分发挥守法普法和基层依法治理作用，强化基层疫情防控普法宣传。加强京津冀地区协调联动，根据地方区域特点开展专项宣传活动，使防疫普法更接地气。

3. 建立普法宣传的交流平台

建立有效普法需求沟通交流平台，通过线上为主、线上线下相结合的形式，增强普法力度。要推动做好社会面安全稳定工作，妥善处理疫情防控中可能出现的各类问题，维护医疗秩序、市场秩序、网络秩序等。在中小企业复工复产、个体工商户恢复营业、劳动力失业就业等重点领域，对孤寡老人、困难儿童、重病重残人员等重点群体，用足用好法律法规，加强矛盾纠纷源头预防、排查预警，及时化解疫情防控中出现的矛盾纠纷。要坚持落实一盘棋思想，进一步推进贯彻落实普法责任制。积极开展以案释法，针对防控工作中的突出问题、人民群众关切的热点问题，公布典型案例，深入解读宣传。要按照"两高两部"意见要求，结合案件办理深入细致开展法治宣传教育工作。要推动全民普法守法，凝聚起全社会携手抗击疫情的法治力量。要加强法律、政策、疫情防控规定与规范的宣传普及，尤其是在基层群众中的宣传普及，培养更多法律明白人，提高基层法治建设水平。要强化教育引导，进一步提高广大群众依法防控、用法维权的自觉性。要在疫情防控常态化的背景下，巩固疫情防控成果、做好"后疫情时代"突发公共卫生事件、有序复工达产、纠纷排查化解等方面的守法普法工作。

司法行政机关在应对重大突发事件中的作用研究
——以依法防控新冠肺炎为例

王顺安*

新冠肺炎疫情发生后，为深刻汲取国内个别监狱发生严重疫情的深刻教训，切实阻断疫情向监狱内传播，坚决打赢疫情防控阻击战，监狱实施了全封闭管理，实行了最高的防控等级，采取了最严的防控举措。全体监狱民警众志成城、齐心协力、同心战疫，疫情防控取得了阶段性胜利。自2019年年底以来，全国一些地方先后暴发局部疫情，监狱坚持"高于地方、严于平时"的要求，迅速调整防控等级，立即恢复全封闭管理，及时调整警务运行模式。目前，全国监狱没有发生疫情，监狱疫情防控取得了重大胜利。

一、监狱做好疫情防控的重要性和必要性

（一）应对国际人权斗争，提高国际影响力的迫切需要

监狱一直是国际人权斗争的前沿阵地。纵然国外疫情失控，国外监狱囚犯大规模感染、暴动、死亡。但是国内监狱一旦暴发疫情，西方国家、国际人权组织和一些媒体必然以此来抨击中国人权。同时，从更广阔的国际人权法视野来看，监狱是观察一个国家文明程度的窗口和人权保护的底线，体现的是整个社会的进步。因此，疫情发生后，监狱疫情防控情况如何以及罪犯是否能够得到有效保护，对于集中体现我国社会主义监狱制度优势，体现我国司法文明与进步、对维护社会和谐稳定、促进国家长治久安，具有重要作用。

（二）履行防控责任，应对突发公共卫生事件的迫切需要

监狱性质特殊，其疫情防控具有政治性、敏感性、特殊性、复杂性的特点。个别监狱发生严重疫情事件，性质严重，教训深刻。因此，做好疫情防控工作，既是政治责任，也是法定职责。构建指挥统一、反应灵敏、运转高效的管理工作机制，全面实施应急封闭管理，这既是坚决打赢疫情防控阻击战的关键一招，也是实现监狱安全稳定的非常之举。

---

* 课题主持人：王顺安，中国政法大学教授。立项编号：BLS（2020）B004-2。结项等级：合格。

（三）强化监狱管理，推进监狱治理体系和治理能力现代化的迫切需要

2020年2月14日，习近平总书记主持召开中央全面深化改革委员会第十二次会议并发表重要讲话指出，这次抗击新冠肺炎疫情，是对国家治理体系和治理能力建设的一次大考。构建疫情防控管理工作体系和运行机制，加强应急管理能力建设，是提高监狱应对突发公共卫生事件能力，防范和化解各种风险考验的务实之举。夯实监狱安全管理的基础，既是健全和完善安全治理体系，维护监狱长治久安的需要，也是推进监狱治理体系和治理能力现代化建设的有效途径。

（四）是维护正常改造秩序，确保监狱安全稳定的迫切需要

意大利发生新冠肺炎疫情后，意大利多所监狱相继发生了罪犯暴狱事件，这带给我们极大的警示。在疫情防控的特殊时期，监狱下好先手棋，打好主动仗，实施应急之策，以最高的勤务等级，最严的防控举措，最大的决心战疫情、保安全，最大限度地保护罪犯身体健康和生命安全，有效地维护了监狱的安全稳定。

二、监狱疫情防控的实践探索

（一）监狱联防联控机制得到了完善

监狱与地方进行疫情防控联动协作，打破了条块分割的格局。监狱疫情防控工作被纳入地方联防联控机制，这既使发病罪犯能得到及时救治，也能共享信息，共用资源。属地疫情联防联控机制的建立，是监狱融入地方社会治理体系的良好开端，解决了监狱多年想解决而没有解决的问题，不仅对当前疫情防控和监狱应对突发公共卫生事件产生积极影响，也为监狱加强狱地联动协作工作打下坚实基础。特别是为监狱工作更好地融入地方打下坚实基础。

（二）监狱疫情防控的能力得到了提升

疫情防控是一次卫生防疫知识大宣传、大普及。监狱民警及罪犯在疫情防控中，既学习了疫情防控知识，又培养了良好的卫生习惯。监狱上下高度重视加强人员健康监测、注重发热人员的隔离等，严格人、车、物等进入监狱的管控，注重日常消毒和环境卫生整治，重视加强卫生防疫工作，民警和罪犯卫生意识得到强化，民警高度重视罪犯的身体健康和疾病救治。疫情发生以来，监狱罪犯发热病人数、住院人数比去年同期大幅减少；特别是自实施最高等级的疫情防控、最严的防控举措以来，监狱疫情防控能力得到了极大提升。

（三）监管安全的基础得到了夯实

实施"疫情防控+监管安全"网格化管理，建立和完善责任体系，不仅有利于加强疫情防控工作，也进一步夯实了监管安全基础。在疫情防控特殊时期，广大民警紧贴实战要求吃住在监区，集中精力"战疫情，保安全"，民警的直接管理、罪犯个别谈话、犯情收集研判、监管安全隐患排查、监管制度执行等得到了较好的落实，有效地确保了监管安全。罪犯遵规守纪、共克时艰、共同战疫，改

造的主动性、自觉性明显增强，改造秩序进入了历史最好时期。

（四）监狱民警队伍得到了锻炼

监狱性质特殊，疫情防控责任重大。监狱广大民警以高度政治自觉、思想自觉、行动自觉，闻令而动，听令而行，主动适应从严管理要求，积极投身到疫情防控、维稳保安工作之中，服从命令，听从指挥，履职尽责，担当作为，时刻保持战斗状态，慎终如始，做好疫情防控工作。一些民警"舍小家，为大家"，克服各种困难，坚守在岗位，有的带病坚持工作，"轻伤不下火线""重伤不下战场"，有的执着坚守，奋战在监管一线，作出了巨大牺牲和特殊的付出。广大民警在疫情"大考"中接受考验，经受锻炼；在这场特殊的战斗中磨砺意志，砥砺品质。

三、监狱疫情防控中存在的问题

（一）民警队伍对疫情防控工作认识不够

突如其来的疫情，让人始料未及，一些领导和民警缺乏紧迫感、危机感，进入应急状态行动迟缓，工作节奏不快，思想和行动跟不上应急管理的严格要求。有的墨守成规、按部就班，工作还存在相互掣肘，执行决定不坚决、政令不畅，办事效率不高等现象。在疫情防控中，有的监狱领导和民警思想麻痹、心存侥幸，对监狱疫情防控的特殊性、政治性、敏感性认识不足，防疫意识不强，主动做好疫情防控的积极性不高，甚至出现消极厌战情绪。有的民警认为，我国的疫情已得到有效控制，滋生了盲目乐观的浮躁情绪，对疫情防控常态化之下，如何做好疫情防控工作研究不深不细，对慎终如始做好疫情防控工作定力不够，特别是应对和处置突发公共卫生事件的能力不足。

（二）疫情防控工作机制不够完善

疫情发生后，监狱系统内建立了自上而下的疫情防控应急组织指挥机制。这个机制仅在系统内上下贯通，且独立封闭运行。由于疫情防控工作以属地为主，监狱疫情防控被纳入了地方联防联控机制。但"两个机制"对接沟通还不够顺畅，监狱与上级主管部门、监狱与地方联防联控指挥部，各自的职能职责尚未全面细化明确，职能职责界定还不够清晰。一旦监狱发生疫情，可能会面临多头指挥问题，势必影响"战疫"效率。同时，"两个机制"衔接配合尚未经过实际运作的磨合和实战演练，其相关制度规定、疫情防控工作预案等可操作性是否贴近实战，实际运行效果尚未接受检验。特别是监狱与地方疫情防控有关部门，在应急状态下的职能职责分工尚不够明晰，是否能协调高效应对和处置疫情也缺乏"实战训练"和"大战"考验，其应对能力和实际效果还有待验证。

（三）监狱疫情防控保障体系"短板"突出

战"疫"以来，监狱疫情防控"短板"逐步显现，也暴露出了一些突出问题。在设施建设上，绝大部分监狱没有闲置的监舍楼和空置的场所，更无规范的隔离设施和隔离场所，难以满足和应对突发疫情大规模隔离的需要。按发热必隔离、单独隔离的要求，需要配套相应的隔离场所和隔离监舍。在医疗设施建设上，监狱医院没有符合规范的发热门诊，发热观察室也无相应的检测设施和检测手段，存在疫情防控漏洞风险。在医疗服务保障上，监狱医疗、公共卫生防疫专业力量不足，维持平时的医疗服务都相当"吃紧"，可见难以保证疫情防控应急状态下医疗服务的需要。在疫情防控专业能力上，缺乏疫情防控专业知识和专业技能，监狱专业医疗队伍未经过疫情防控的大考训练，公共卫生防疫专业人才和专业能力不足，难以满足疫情防控的需要。在防疫物资保障上，缺乏防疫物资应急储备。特别是在战疫初期，监狱的防疫物资短缺，且无稳定的供应保障，出现"一罩难求"的现象。目前，各监狱虽然有一定的防疫物资储备，但品种不全、数量不足，防疫物资的保障机制不健全，供应渠道不畅，难以应对突发疫情的需要。

（四）疫情防控措施与监狱管理制度冲突不容忽视

新冠病毒发生，监狱实施全封闭管理，影响了监狱正常的管理秩序。疫情防控措施与监狱管理存在冲突。首先，疫情防控与监狱安全管理矛盾冲突，如疫情防控要求减少人员聚集，实行分散管理、分散活动，减少人员之间互相接触，特别是罪犯出现发热症状，必须实行分隔管理，单独隔离，而监管安全管理要求集中管理、目视管理、互监互保，特别是与民警直接管理的要求相悖；其次，疫情防控要求与教育改造制度存在冲突。疫情防控要求停止人员聚集性活动，监狱内教育改造、劳动改造均为集中性活动，根本无法实现分散教育、分散劳动。受疫情影响，监内一些大型集中性教育活动只能暂停开展。监狱实行封闭管理，罪犯与亲属面对面会见、社会帮教活动难以正常开展，这对罪犯的身心健康也会带来一定影响。

（五）疫情防控影响警务运行效能的提升

为适应监狱疫情防控需要，监狱实行严格的封闭管理，普遍采取了特殊警务运行模式。这种执勤备勤方式能有效保证疫情防控安全，但也存在一些弊端。一是工作缺失连续性和稳定性。由于实行警组分批进入监管区执勤，执勤警组人员难以做到科学合理搭配，由于缺少一些专业民警（如心理矫治、教育改造），导致一些警组无法保证一定数量的专业民警上岗执勤，使得工作难以正常开展，难以保证工作的连续性和稳定性；二是影响监狱工作质效。监区一线的工作需要机关职能部门的通力协作，也需要有关职能部门的帮助指导和检查督促，由于封闭管理，监狱领导和各部门工作人员不能直达监区现场发现问题，检查指导，这在一定程度上影响了工作质效；三是民警自身作用发挥不够。监狱实行封闭管理后，民警长时间疲劳作战，身心健康受到影响，导致民警工作状态不佳，工作质量不高。

四、完善监狱疫情防控的对策思考

(一) 进一步总结构建疫情防控体系

在抗击疫情的特殊时期，涉及思想大转变、资源大整合、机制大转换、管理方式大调整。监狱经过较长时间的疫情防控实战，取得了一定战果，应认真总结梳理，形成可复制、可借鉴的防控管理制度。首先，要固化完善制度体系，及时总结战疫以来，上级部门和监狱制定的系列规章制度，不断完善监狱应对突发公共卫生事件的制度体系，切实补上制度短板。要加强顶层设计，明确监狱与属地，监狱与上级主管部门在疫情防控中的职能职责，细化责任分工，压实三方责任。其次，要全面实行疫情防控标准化，根据国务院和省级联防联控指挥部的工作要求和防控指南的规定，制定监狱疫情防控工作标准，并根据疫情变化进行动态调整，以增强疫情防控的可操作性。最后，要及时调整转换防控等级，根据监狱属地高、中、低风险等级和疫情发展趋势，及时进行风险研判，适时调整监狱疫情防范等级，并建立常规状态和应急状态的转换机制，及时调整转换防控等级，确保一旦发生疫情，能沉着应对，果断有效处置，不断推进监狱治理体系和治理能力现代化。

(二) 进一步加强疫情防控机制建设

由于监狱属系统垂直管理，长期处于封闭状态。要打破长期封闭和"条块分割"的状况，破除"高墙意识"，坚持用系统观念、开放思维，创建疫情防控"内聚外联"的工作机制。一是要完善地方联防联控机制。要主动沟通协调，积极争取地方支持，进入地方联防联控组织机构，加强信息交流互通，适时进行会商研判，开展评估甄别、跟踪溯源、检验检测。要共同制定联防联动应急预案，并常态化开展应急演练和实战训练，努力构建"指挥有力、联动有序、条块畅达、执行迅捷"的长效管用狱地联动机制。二是要完善内部组织指挥机制。在系统内和监狱要构建自上而下、上下贯通的组织指挥体系，统筹疫情防控的组织领导，整合各方资源和要素，聚合各方力量，确保每个单位、每位民警职工都能闻令而动，确保每个环节、每个步骤都能有效衔接，真正形成"指挥顺畅、上下贯通、反应快速、协同高效"的内部运作机制，提高监狱应对突发公共卫生事件的能力。

(三) 进一步加强疫情防控服务保障

我们要深刻吸取个别监狱发生"疫情"的教训，抓紧补短板、堵漏洞、强弱项。要强化风险防范意识，既要立足于常态工作，又要着眼于应急需要。在监狱建设上，既要考虑监管安全需要，也要考虑疫情防控需要，规划建设必要的隔离场所和隔离设施，根据监狱押犯比例新建一定数量的备用监区（监舍）。在功能设施建设上，监狱医院要设置专门的"发热门诊"和观察室，配备必要的测温和检测设施设备。在卫生防疫上，要重视抓好医疗卫生和公共卫生专业力量建设，多渠道培养卫生防疫专门人才。要充分利用社会资源，聘请专门的公共卫生专家顾问，指导开展日常卫生防疫，开展应急管理专业咨询服务。要加强医联体建设，确定定点救治医院，优化接诊转诊流程，畅通绿色通道，确保第一时间得到专业救治。在防疫物资储备上，要确保医疗防疫物资储备、调度和使用有序有力。要拓展渠道，共享共用地方防疫资源，完善应急物资保障机制，有效应对和处置突发公共卫生事件。

（四）进一步处理好疫情防控与罪犯管理的关系

疫情防控常态化下，监狱实行封闭管理，打乱了监狱正常的管理秩序，制约和影响了罪犯改造活动的开展。为此，必须妥善处理好"三个关系"。一是要处理好疫情防控与监管安全的关系。在落实疫情防控制度措施的前提下，必须重视加强监管安全管理，创新管理方式，落实人防、物防、技防、联防、心防"五位一体"的管理措施，特别要重视加强现代信息技术应用，探索"非接触式的直接管理"，强化罪犯管控，切实消除监管安全隐患，努力在疫情防控与监管安全之间找到最佳平衡点。二是要处理好疫情防控与教育改造的关系。由于监狱长时间全封闭管理，停止集中性活动等限制，可能导致罪犯身心发生变化。为此，要普及线上教育，开设"云课堂"，有序推进教育改造活动正常开展。要加强个别谈话和心理疏导，帮助罪犯消除疑虑、打开心结。要增加亲情电话频次、开通视频会见，搭建好亲情连心桥。要分散组织开展多样化、小型化的文体活动，舒缓罪犯情绪，努力消除因疫情防控给教育改造带来的不利影响。三是要处理好疫情防控与刑罚执行的关系。要及时关注各地疫情发展走势，优化收押释放流程，做好狱地信息对接和工作衔接，确保刑罚执行活动有序正常开展。

（五）进一步提高疫情防控的应对能力

这次疫情防控，既是监狱一次"战疫"大检验，也是对队伍应急管理能力的一场"大考"。首先，必须着力培养监狱各级领导、广大民警的底线思维、应急管理思维，不断强化风险防范意识、依法防疫意识，弘扬伟大抗疫精神和斗争精神，切实增强疫情防控的思想自觉和行动自觉，努力适应疫情防控的"大考"，慎终如始、善作善成地做好疫情防控工作。其次，要加强民警队伍公共卫生知识和应急管理专业能力培训。要以岗位练兵、技能比武为载体，以练促学、以练促用，进一步掌握疫情防控工作标准，强化实战能力训练，努力建设一支适应平战结合、专常兼备的民警队伍。最后，要强化纪律作风建设，培育敢打敢拼的优良作风。教育引导民警自觉遵守铁规禁令，增强纪律意识和执行意识。加强监督检查，强化执纪问责，确保队伍在应急状态下能自觉做到闻令而动、令行禁止，全面提升应对风险的能力。

社会信用环境建设之首都诚信法文化发展研究

——以司法诚信文化为切入点

吕　芳*

一、中国社会信用建设历程梳理

（一）信用（诚信）文化建设与制度逐步融合

信用，是指"参与经济和社会活动的当事人之间所建立起来的一种信任关系"。以信任的来源为标准，可分为人格信用和制度信用。前者以特殊的血缘、亲缘、地缘等为基础，主要依靠相互之间的了解或通过各自信任的亲友而建立，其调节和保证凭仗的是情感和道德。后者则以契约、法律规则等为基础，依赖合约、协议、法律等的约束力和担保作用。随着社会主义市场经济体制的确立，我国进入社会转型加速期，造假欺诈、违约失信等行为已成为危及国家和人民利益的社会公害。

为解决此问题，首先，党在政策上先行一步。2002 年党的十六大报告明确提出"健全现代市场经济的社会信用体系"。2003 年党的十六届三中全会提出"形成以道德为支撑、产权为基础、法律为保障的社会信用制度"。自此，我国社会信用体系制度建设经历了从无到有、从单一到系统的转变。2007 年全国金融工作会议后，我国逐步将信用体系建设融入社会生活的方方面面。2012 年党的十八大报告将"提高全社会的诚信意识和信用水平"确立为建设目标，全面部署了政务诚信、商务诚信、社会诚信、司法公信的建设任务。此后，中共中央办公厅《关于培育和践行社会主义核心价值观的意见》，国务院《社会信用体系建设规划纲要（2014—2020 年）》（以下简称《信用建设纲要》）、《关于加强政务诚信建设的指导意见》等陆续发布。信用或诚信建设在政府推动下，进入制度化的快车道。2017 年，党的十九大报告明确指出"推进诚信建设和志愿服务制度化，强化社会责任意识、规则意识、奉献意识"。十九届四中全会提出"完善诚信建设长效机制，健全覆盖全社会的征信体系，加强失信惩戒"，十九届五中全会提出"推进诚信建设"。改革开放以来，推进诚信建设已经成为党和国家

---

* 课题主持人：吕芳，国家法官学院教授。立项编号：BLS（2020）B005。结项等级：合格。

一项长期的工作要求，尤其是党的十八大以后，诚信文化建设、诚信制度建设已经取得一定成就。

（二）诚信建设法治化进程加速

然而，由于"当前我国社会信用立法缺失，社会信用建设法治基础薄弱，实践远远走在了法治的前面，甚至出现了'泛信用化'的问题，……急切需要法治回应"，诚信建设的法治化问题引发了学术界、立法者越来越多的关注。学术界对社会诚信体系建设立法纷纷建言献策，如有学者提出了制定与诚信相关的法律需要考量的诸多方面，还有学者提出制定专门的"社会信用法"，并详细研究了立法结构。在国家政策层面，十九大以来，诚信建设的重点更多转向以全面依法治国战略为指导，通过法律来突破社会信用体系建设瓶颈。《信用建设纲要》明确规定"在 2020 年之前，基本建立社会信用基础性法律法规和标准体系"。在立法规范层面，2020 年 5 月通过的《中华人民共和国民法典》将社会主体进行平等民事行为所应遵循的诚信原则上升为基本法律规范。在行政法规、行政规章层面，国务院制定了《征信业管理条例》《企业信息公示暂行条例》等专门信用立法；国务院行政部门，如海关总署 2018 年修订了《中华人民共和国海关企业信用管理办法》。很多地方政府也陆续开展了信用建设等方面的地方立法实践。如 2017 年 6 月颁布的《上海市社会信用条例》，是我国首部关于社会信用体系建设的综合性地方性法规；2020 年 5 月 1 日起施行的《河南省社会信用条例》、2020 年 7 月 1 日起施行的《南京市社会信用条例》等，也是为加强社会信用体系建设、创新社会治理而制定的地方性诚信法规、规章。根据《信用建设纲要》的定义，诚信法治化的路径主要应是两个：一个是面向市场与社会；另一个是面向政府、司法机关。

（三）首都诚信建设

首都诚信建设与全国诚信建设步调基本一致。2014 年国务院颁布《信用建设纲要》之后，2015 年北京市人民政府出台了《关于加快社会信用体系建设的实施意见》（以下简称《实施意见》），对加快社会信用体系建设的总体要求、重点任务和保障措施作出规定。在《实施意见》的推动下，2021 年最新数据显示，北京市信用建设"总体水平处于全国前列，在国家发改委组织的城市信用水平监测评价中 3 年保持第一"。

然而，首都诚信建设仍有薄弱环节。北京在信用规章和标准体系建设方面并不领先，同为直辖市的上海市早在 2017 年即颁布《上海市社会信用条例》，而直至 2021 年 2 月，北京市经济和信息化局才起草了《北京市社会信用条例（草案）》，向社会公开征求意见。该草案对社会信用体系建设的规定沿用《实施意见》的提法，并未突破《实施意见》"大而全"体例，很多条款仍是宣示性规定。不过，草案在违法责任和救济方面作出明确规定，即一方面对于个人信用信息管理及应用活动中的不当行为，规定了相应的法律责任；另一方面明确了自然人信用主体权利受到侵害后的救济渠道。该草案在推进首都诚信建设法治化的道路上迈出了关键一步。首都诚信建设有如下特征：一是政府出台多项政策鼓励创建诚信街道、诚信乡镇、诚信社区等。二是重视以监管为主要手段的失约约束机制建设。三是一贯重视首都诚信文化建设。大力弘扬传统道德文化，全面开展诚信普及教育，深入开展诚信教育实践主题活动，大力发掘和宣传诚信典型。

综上，首都诚信建设是以政府为主导的"两手抓"，一手抓诚信制度化，一手抓诚信文化。市场经济条件下，诚信更需要通过外在制约来维护，因此，以诚信制度建设为抓手，推进首都诚信文化建设与法治理念相融合，形成新的诚信法文化氛围。

（四）诚信法文化

诚信法文化并非约定俗成的概念，诚信文化是与其最为接近的说法。诚信法文化应是诚信文化与法治实践深度融合后产生的，是以诚信为核心价值观的法律文化现象、法律文化氛围，是中国传统文化中的诚信思想和理念这一优秀基因在新时代法治内涵中的注入与转化。

二、首都诚信法文化之司法公信文化建设现状

司法公信是维护社会诚信的基石，也是最后一道防线。司法公信文化是司法诚信中的精神部分，是首都诚信法文化深层次的呈现。

（一）首都司法公信力情况

司法公信力是司法权凭借自身信用而获得公众信任的程度，具有信用与信任双重维度，既能够引起普遍服从，又能够引起普遍尊重的公共性力量。以下从北京法院审判运行态势、司法质效、司法公开、司法人员诚信司法情况、社会评价等方面呈现首都司法公信力情况。

1. 审判运行态势

2017 年至 2020 年，北京法院新收案件持续位于高位，2017 年收案增幅为18.1%，高于全国法院平均增幅4.4 个百分点；2018 年收案增幅为16.3%，高于全国法院平均增幅5.2 个百分点；2019 年新收案件增幅为9.9%。2020 年受新冠肺炎疫情影响，北京法院收案增幅虽逐步放缓，但案件总量仍在 95 万件以上。这反映出诉讼仍是社会公众选择解决法律诉求的重要渠道。同时，首都作为全国政治中心、文化中心、国际交往中心、科技创新中心，重大、疑难、新类型案件层出不穷，北京法院处于司法审判改革、创新、发展的最前沿，服务大局、司法为民、公正司法的职责更重、影响更大，人民群众对首都法院司法公信力的要求和期待更高。

2. 司法质效

司法质效的优劣直接关系到司法公信力水平。数据显示，北京法院 2018 年、2019 年连续两年法官人均结案数位居全国首位，达到每年 300 余件，案多人少矛盾突出。从近两年审判效率指标来看，北京法院总体上结案数与新收案件数的比例逐年提高，结案均衡度进一步向好。从审判质量指标来看，北京法院所有案件一审案件当事人服判息诉率在 88% 左右，2020 年生效案件服判息诉率为 97.4%。2019 年，北京法院牵头的执行合同指标在全球排名第 5，司法程序质量指数连续 2 年取得全球最高分，被誉为全球最佳实践者。

3. 司法公开

司法公开程度对于提高司法透明度、促进司法公信力提升具有重要意义，是司法文明进步的重要标志。调查分析数据显示，2020 年，北京法院裁判文书上网率已达到 99.996%，超过 1/3 的庭审在互联网进行直播，平均每天就有一场代表委员走进法院、见证司法活动。

4. 司法人员诚信司法情况

法院干警是司法行为的主体，其诚信司法情况从根本上决定了司法公信力。从问卷调研情况看，北京法院干警队伍整体学历层次高，专业能力较强，特别是司法改革后，政治素质和业务素质增强，职业目标更加明确，在人民群众心目中的形象和认同度进一步提升。近 70% 的干警对司法职业满意或比较满意，对在专业领域取得突出业绩的专家型法官、长期默默无闻工作在基层一线、综合素质全面的复合型法官、具有强烈为民情怀的法官等评价高，职业价值导向积极。受调研对象均认同司法人员应具有诚信司法的责任感。超过 97% 的干警认为法院内部教育监督管理比较到位，在加强司法人员诚信司法最重要的因素方面，按排名先后分别为，提高法官个人的自我修养和自律意识、全面落实司法责任制、加强政治理论学习和理想信念教育等。

5. 司法公信的社会评价

对司法公信力的社会调查显示，受访者对司法公信力情况普遍比较关注、评价也较为积极，将近 38.6% 的受访者给出 80 分以上的评分，近 80% 的受访者给出 60 以上的评分，但需要注意的是还有 20% 的受访者给出 60 分以下的不及格分。从受访者对影响司法公信力的因素选择中可以看出，目前社会公众认为对于司法公信力的构建，优化外部司法环境和加强司法机关自身建设同样重要，特别是在司法机关强制执行力、司法裁判的社会认同度、行政机关等权力部门对司法权威的重视等方面需要进一步努力。

（二）司法公信文化赋能信用环境建设情况

1. 司法公信文化通过司法技术参与社会信用环境建设情况

通过分析 2017—2020 年不同类型案件收案数量变化情况，发现：一是民事案件增幅持续下降，特别是 2020 年，出现了较大幅度的负增长。北京法院深入推进"多元调解＋速裁"和诉源治理工作以推动矛盾纠纷源头预防化解。这是司法诚信文化引导司法技术创新，进而推动社会信用环境建设的有力例证。二是执行案件从 2017 年以来始终处于增长趋势，也是 2020 年唯一出现正增长的案件类型。其中首次执行案件和新收恢复执行案件均较去年同期有所上升，说明了被执行人对社会信用的认知水平和自觉性还有较大的提升空间，执行案件应为衍生案件治理的主要方向之一，司法诚信文化建设任重道远。

2. 司法公信文化赋能信用建设需要关注的重点领域

人民法院新收一审案件的案由排名在一定程度上提示了司法诚信文化赋能信用建设需要关注的重点领域。2020 年，全市法院一审各案由的新收案件数普遍下降，个别案由同比上升明显。刑事领域，诈骗罪、非法吸收公众存款罪增长较快；民事领域，金融借款合同纠纷、侵害作品信息网络传播权纠纷，合同纠纷、房屋租赁合同纠纷增长较快；行政领域，商标案件增长较快。这反映出个人价值取向、企业诚信经营、网络信息传播、知识产权保护等方面存在一定的薄弱环节，应引起高度关注。

3. 公信司法文化通过个案引领社会价值情况

司法个案裁判既是适用法律的过程，也是对价值进行权衡、对社会信用进行评价的过程，其具有司法和意识形态的双重属性。2016 年以来，最高人民法院先后发布 3 批共 30 例"弘扬社会主义核心价值观"典型案例。以北京法院入选最高人民法院"弘扬社会主义核心价值观"典型案例的 7 例案例及北京市高级法院于 2019 年发布的 40 例"弘扬社会主义核心价值观"案例为样本分析：从案由来看，社会主义核心价值观在合同、无因管理案例中涉及最多，从弘扬的核心价值来看，主要集中在英烈保护、公序良俗、社会公德、家庭美德、中华孝道、诚实守信等方面。实践表明，社会主义核心价值观具有道德性、公共性和宏观性，其本身并没有社会强制效果，需要通过社会主义核心价值观融入司法审判等领域，使其转化为具有法律、道德双重属性的行为规范，成为公众遵守的行为准则。近年来，北京法院通过一系列案件审理和典型案例发布，推动破解了长期困扰群众的"管不管""帮不帮"等法律和道德风险，传递了法治正能量。

（三）对公信司法参与社会信用环境建设的社会调查

1. 法官访谈

丰台区人民法院在推动公信司法参与社会信用环境建设中的做法和经验：一

是一体推进"多元调解+速裁"和诉源治理工作。二是将社会主义核心价值观融入纠纷化解的各环节、全过程。三是积极通过发放司法白皮书、提出司法建议等，推动政务诚信建设，优化营商环境。社会信用环境建设仍存在一些问题：从法院系统之外来说，一是社会信用环境建设布局需要优化，有关部门职能边界有待明晰。二是要强化信用信息归集，打破信息壁垒。三是社会综合治理的效应需加强。四是社会诚信文化建设应与社会信用体系建设同步。从法院自身而言：一是以司法裁判惩治失信的力度需要进一步加大。二是在裁判文书说理上，法官将社会主义核心价值观融入裁判文书的主动性、恰当性和舆情风险的预估能力不足，易引发舆论震荡和司法公信危机。三是相关领域的立法和机制建设滞后于实践，出现监管空白。四是司法公信力有待进一步提升。

门头沟区人民法院斋堂人民法庭探索司法服务乡村社会信用环境建设的主要做法：一是以党建为引领，全面推行"定人、定点、定时"巡回审判工作机制。二是整合多方力量，推进诉源治理。三是积极培育、践行和弘扬社会主义核心价值观，助力乡村社会文明程度的提升。参与基层社会信用环境建设面临的困境：如何明确纠纷前期介入和参与的界限问题；法院能够借助的基层组织力量逐渐下降，缺乏社会信用建设领域的合力机制；法院干警高学历化、年轻化，在裁判说理方面持谨慎态度，在价值引导方面存在短板。

2. 人大代表、群众代表座谈

人大代表1：司法典型案例应凸显问题导向，回应时代问题，强调纠纷处理必须依法依规，而不仅是依情依理，强化公民义务意识。目前匿名诬告违法成本低，要通过以案释法形成警示与示范效应，引领良好社会风尚，把强制性约束变成公民自觉自愿自主的行为。

人大代表2：加大在平反冤假错案、保障营商环境、处理历史遗留案件等典型司法案例的宣传，展现司法公信。建立法院与政府的沟通机制，强化典型案例对政府的引导作用。

群众代表：针对物业管理、拆违、环境整治等易引发民事诉讼的突出问题，希望法院和居委会共同做好释法工作和思想工作；希望法院协助提高基层干部法治思维能力，强化其依法行政意识；加强法院人才队伍建设。

三、首都司法公信文化建设折射出的问题

(一) 审判质效的提升并未带动司法公信力的明显改善

司法公信力是司法诚信文化生成的基础。理论上，司法公信力的提升与审判质效的提升具有直接的正相关关系。根据调研情况来看，北京法院在努力提升司法质效方面做了大量工作，但在公正司法方面赢得社会公众信任信赖的情况却并不能令人满意，司法实践与公众认知存在一定偏离。

1. 司法公信力提升面临客观困境

一是矛盾纠纷量大多元司法应对难。与首都经济社会发展相适应，案多人少矛盾十分突出，虽然北京法院通过改革推动审判效率提升，但案件周转速度与人民群众的期待依然存在差距。进入新时代，北京法院受理的纠纷呈现多样性和复杂性，传统法律框架针对新型社会纠纷，或出现法律滞后、缺失情形，或因法律规定模糊而难以发挥其调整功能。二是司法解纷手段局限矛盾实质化解难。司法是维护社会公平正义的最后一道防线，程序严格，期限法定，综合成本高，较人民调解等其他解纷方式而言，并非实质性化解矛盾的最佳选择。甚至在某些情况下，当事人不满裁判结果、不愿履行判决，还会加剧矛盾，难以实现民众对公平正义的心理预期。三是司法权运行相对封闭，有效制约监督难。司法体制改革后，还权于审判组织，充分尊重独任法官、合议庭法定审判组织地位，审判流程运行相对封闭，案件监督管理模式从事前审批变为事中和事后监管。实践中，与新型的审判权运行机制相适应的制约监督管理模式尚不成熟，不愿、不敢制约监督等现象不同程度存在，对个案质效把关和统一裁判尺度难度增加。四是司法环境严峻复杂，队伍教育管理跟进难。国际国内形势的深刻变化和首都建设国际科技创新中心、高标准推进"两区"建设等一系列新部署，对北京法院干警的综合素质提出新的更高要求。目前，北京法院干警多从校门进院门，法学基础较为扎实但欠缺政治历练。为此，北京法院大力推进党建和队伍建设，着力提升干警综合素养。

2. 司法公信力提升存在感知偏差

一是传导中的信息失真。司法公正的评判标准是蕴含法律精神的法意，其中学识阅历、生活经验、法律素养等是构成司法判断的基点。由于社会民众对正义的理解和追求正义的方法与现代专业化的法治理念之间存在差异，很难对司法进行理性客观的评价，甚至形成偏见。二是舆情中的想象偏离。舆论监督与审判独立在宪法价值体系中的价值取向和逻辑起点不同。社会公众利用新媒体渠道越过合理监督边界，势必会对正常的司法活动进行干涉，使司法审判变为"网络舆论审判"，影响公众对司法的信任程度。三是个别错案和司法行为失范的放大效应。从统计数据来看，北京法院错案比例非常低，违法违纪干警也只是极个别害群之马，但司法的强制性、终局性特征决定，即使司法裁判有一点不公正的因素，都会像水源污染一样对司法公信力造成难以修复的损害。

（二）司法公信文化对外赋能的价值引导功能有待进一步强化

1. 社会公众对司法诚信文化赋能社会信用环境建设的评价总体正向

接受调查的社会公众普遍认为法院开展的诉源治理、普法宣传、典型案例发布等活动对引领诚信价值观、推动诚信社会建设起到了积极作用。首先，对群众公平正义需求的考虑是司法公信文化得以赋能的核心要素。司法工作的目标是让人民群众在每一个司法案件中感受到公平正义，考虑群众需求是司法诚信文化得以赋能社会信用环境建设的前提和目标，也是衡量法院参与基层社会治理水平和能力的重要标准之一。其次，通过新媒体途径了解群众需求，并完善司法诚信文化的引导方式是新趋势。随着司法改革深入和新媒体技术发展，更多法院利用微信、微博等网络平台，参与基层社会治理，立足职业平台，延伸司法职能，为首都信用社会环境建设贡献力量。

2. 司法公信文化赋能社会信用环境建设也面临着一些现实困境

一是文化多元冲突导致价值判断无所适从。在现代化、城市化、市场化和全球化背景下，文化多元冲突是影响司法诚信文化赋能的根本困境。首先，法文化作为社会意识有其自身的惯性。随着经济社会现代化转型，中国传统基层社会出现的文化断裂，往往会造成人们价值判断无所适从。其次，现代市场经济的主流文化主要体现为建立在权利意识和契约观念基础上的法文化，传统乡土社会的生活观念未能及时与之相适应。人民法院所代表的国家法理权威与基层社会内的礼俗权威及规则经常发生冲突。最后，文化利益常常是各种利益的转换表现形态，社会价值观念多元迸发，给法官的价值权衡和司法的价值引领带来前所未有的挑战。

二是综合治理协同不足导致价值引导统筹乏力。诚信法文化建设是一项系统工程，需要协同推进。实践中，各地方、各部门在参与社会信用环境建设方面协同不足，导致司法诚信文化引导主体单一化。人民法院职能边界模糊，深度参与综合治理存在认识分歧。人民法院尚未与其他机构组织形成社会综合治理联动机制。人民法院依法办事的原则与其他组织机构解决纠纷的方式存在冲突。

三是社会主义核心价值观融入司法裁判的机制滞后导致价值引领辐射有限。新时代对社会主义核心价值观司法培育和弘扬的系统性、整体性、协同性要求更高，需要通过建章立制，形成相对稳定的社会主义核心价值观融入司法裁判的运行模式，发挥价值引领作用。目前，存在的问题主要有：说理形式化，恰适性待提升；说理碎片化，缺长效运行；说理表面化，全方位融入不够；说理单侧化，需求互动少。

四、当事人诉讼诚信程度不容乐观

（一）诉讼诚信社会遵守情况

从司法实践来看，一方面公民的法律意识普遍增强，希望运用法律武器保护自身合法权益，得到公正裁判；另一方面又对法律规定的诉讼义务存在趋利避害的倾向，甚至做出诉讼失信行为。课题组以虚假诉讼情况和失信被执行人惩戒情况作为切入点，考察司法场域中当事人的诉讼诚信的问题。

1. 虚假诉讼情况

虚假诉讼不仅严重侵害案外人合法权益，也会扰乱正常的诉讼秩序，损害司法权威和司法公信力，破坏社会诚信。课题组对 2018 年至 2020 年之间首都法院发现的虚假诉讼案件进行了统计。统计结果显示，发现虚假诉讼的方式主要为法院审查发现、当事人抗辩，涉虚假诉讼的案件类型主要包括民间借贷纠纷、劳务合同、分家析产和买卖合同纠纷。对虚假诉讼的制裁情况包括刑事犯罪和民事制裁。

2. 失信被执行人惩戒情况

联合奖惩机制是社会信用体系建设的重要组成部分，近年来，北京法院失信被执行人联合惩戒的效果不断显现，成为首都社会信用体系建设的一大亮点。2016 年至 2018 年，北京法院发起"基本解决执行难"攻坚战，建立被执行人财产网络查控机制，实现对房产、车辆、工商登记等 9 类信息以及在京 86 家银行存款的网络查询，58.6% 的案件通过网络查到了财产信息；建立执行联动机制，全市 49 家单位参与执行联席会议，实现对 9 类政务信息和银行存款的联动查询；建立联合信用惩戒机制，对失信被执行人在行业准入、融资信贷、生活消费等方面采取限制措施；加强执行宣传，促使被执行人履行判决义务。全市法院累计公布失信被执行人信息 23 万余例，限制 67 万人次购买飞机票，限制 10.6 万人次购买动车、高铁票，限制 2.2 万人参加小客车指标摇号；司法拘留 3588 人次，对 36 人判处拒不执行判决、裁定罪，3.3 万名失信被执行人迫于信用惩戒压力自动履行了义务。2019 年，北京法院进一步完善执行联动机制，加大联合信用惩戒力度，依法公布失信被执行人信息 6.7 万例，采取限制高消费、限制购买高铁票飞机票等措施 117.7 万人次。完善执行查控系统，增加在线查询公积金功能，探索将企业族谱分析功能纳入执行办案系统，为查找被执行人实际控制人、关联公司提供支持保障。2020 年，新冠肺炎疫情发生后，北京法院开展服务保障"六稳""六保"专项执行行动，完善执行联动机制，新建了不动产、京牌车辆线上查封系统。

（二）诉讼不诚信的主要原因

虚假诉讼具有隐蔽性强、查处难度大、违法成本低、规制难等特点。虚假诉讼问题和居高不下的执行案件总量，以及司法实践中的诉讼拖延、虚假举证、恶意管辖权异议等，说明对诚信法文化的遵守尚未成为社会公众自觉的意识和行为选择，社会仍未形成诚信法文化共识。

1. 司法工具主义思想依然存在

在社会转型时期，民众的法文化意识有着文化传统特色和时代特点。一方面，民众对权利的保护有着强烈的诉求，运用法律武器保护自己合法权益的意识普遍增强，另一方面对法律设定的义务又存在消极抵触情绪，甚至运用各种手段规避司法义务、挑战诚信底线。其一，当今司法文化之下民众对法律和司法的工具化、务实化认识，进一步说明民众对法文化的遵守，实质上是对自身经济利益与政治利益的一种间接而深层的表达。其二，说明公民法律社会化教育存在缺失。实践中的普法教育和课堂教育对社会主义法治理念培养重视不够，未形成对法律的尊重和信仰。

2. 司法对恶意冲击诚信文化的社会行为发现和制裁手段有限，强制力不够

以虚假诉讼为例，一是恶意串通调解致虚假诉讼审查难度大。案件审理信息无法共享，亦加大虚假诉讼审查难度。二是低成本高收益致使虚假诉讼屡禁不绝，在利益的驱动下成为恶意当事人的"理智"选择。三是法律规制"严入宽出"致虚假诉讼处罚力度小。民事虚假诉讼仅靠法官查证难度过大，而民事强制措施处罚标准低，作用难以发挥。四是司法层面应对不足致虚假诉讼规制不到位。事前审查不严，事中制裁消极，事后救济滞后，无法及时保护被侵权人的合法权益。基于社会信用体系和诚信法文化的相辅相成关系，对于违反诉讼诚信文化的社会行为的治理，既要加大诉讼诚信教育宣传力度，注重源头治理，也要着力加快社会信用体系建设，进一步畅通联合惩戒链条，提高违法成本和惩戒措施的威慑力，推动形成道德惩戒和法律惩戒相结合的工作合力。

五、以司法公信文化引领推动首都诚信法文化建设的路径完善

（一）不断强化司法公信，在公信司法中引领社会诚信风尚

1. 着力提升司法人员的政治理论水平、人文素养和司法良知

司法人员是司法工作的主体，其政治理论水平和司法良知，直接决定了司法公信力水平。

一是通过持续的理论学习提升干警的政治理论水平。要把理论武装作为首要任务，将学习习近平新时代中国特色社会主义思想、贯彻习近平法治思想作为重要学习内容，始终确保司法工作和司法文化的正确政治方向。二是通过通识教育补强干警的综合业务能力。司法活动是一门实践艺术，需要法官有正确的价值观，在案件中实现司法活动效能的最大化。在高校要将哲学、社会学、伦理学课程纳入法科教育过程，培育具有综合素质的法律后备人才。法院应通过社会实践、培训活动，提升法官人文素养。三是通过法院文化建设引导干警人文素质养成。法院氛围环境对于塑造法官集体人格，培育具有高度职业尊荣感的法官群体具有十分重要的影响。法院应积极开展文化建设，改造内部环境、陈列设施等，对干警的文化素养进行浸润式培养和提升，将现代法治精神融入法官的内心信仰与司法活动。四是通过职业品格培育强化干警的司法良知。深入推进社会主义法治理念教育，引导和传承法治精神。大力宣传工作成果、典型事例、法官故事，

用文化力量激发干警对人民司法事业的热爱和忠诚。

2. 着力提升审判质效，深化司法公开

一是着力破解"案多人少"难题。案件数量多，审限压力大，是影响法院、法官公正形象的主要因素之一。要进一步优化审判资源配置、充实优化法官队伍，加强审判执行团队建设，充实审判辅助力量，提高团队工作效能。二是着力破解制约案件质效的顽瘴痼疾。办案周期长是人民群众在司法公信力方面反映最集中的问题之一。要积极采取审限问题专项评查、审判辅助事务集约管理等措施，切实提高审判效率。针对司法尺度不统一，严重损害司法公信力的问题，要完善法律统一适用机制，健全落实法律适用分歧解决机制。三是着力深化司法公开。完善裁判文书网上公开、庭审网络直播工作，做好"平均审理期限""结案率"等审判信息公开工作。认真落实"接诉即答""接单即办"联系法官工作机制，加强监督通报。保障人民陪审员参审权利，更好接受人民群众监督。四是着力优化审判质效考核体系。完善审判质效考核指标，推动转变"以数量论英雄"的政绩观，强化审判态势深度分析，推进矛盾纠纷化解。

3. 加强司法权运行制约监督

发挥法官在办案中的主导性、基础性作用，切实做到"让审理者裁判，由裁判者负责"。要处理好放权与监督的关系，进一步明确监督管理与干预案件的界限，院庭长要切实承担监督管理职责和办案职责，发挥好示范引领作用。要严格落实审判委员会议事规则和专业法官会议制度。强化高中级法院审级监督功能，提升二审、再审案件质量，维护司法公信力。要健全智能化全流程监督管理机制，将各类人员岗位职责清单和履职指引嵌入办案平台，优化节点监控、风险提示等功能。

4. 全面从严管理法院队伍

认真落实全面从严治党主体责任，将"严"的主基调始终贯穿到法院工作之中。深入推进党风廉政建设和反腐败斗争，开展以案为鉴、以案促改警示教育。持续整治"三个规定"执行落实不到位、司法人员与利害关系人不当接触交往等问题，严格落实任职回避等制度规定，推动关键岗位、重点人员轮岗交流常态化，加强日常监督管理，对违规办案、失职渎职等问题，坚持刀刃向内，以零容忍态度严惩司法腐败，规范司法行为，确保公正廉洁司法。

（二）不断强化司法引导，在弘扬诚信文化中培育社会诚信氛围

1. 更加注重从文化的角度阐释法律，推动法治与德治相结合

将法律评价与道德评价有机结合，深入阐释法律法规所体现的国家价值目标、社会价值取向和公民价值准则，实现法治和德治相辅相成、相得益彰。

一是规则之治重构权威认同。民众"工具性导向"下的维权意识并非真正

意义的法治意识，尚须现代司法裁判规则的指引。特别是在法律规定缺位、制度表述模糊的情况下，需要人民法院通过司法裁判，确立正确的行为规范，重构民众对法治权威的认同。二是司法情理修复法理礼俗裂痕。礼俗规则在基层社会治理体系构建中发挥着重要作用。人民法院应当加强裁判说理，融德入法，通过裁判文书充分阐发法律所包含的人情，引导礼俗规则与法律规则的作用发挥协调一致。法官在裁判说理时应综合运用法律解释、价值衡量等多种方法确保作出合法且酌情的司法决定，缓和法律与道德之间的内在张力。三是法治价值弥合文化断裂。法律规则的强制力需要与传统文化中的道德准则、民风民俗、人情事理等有机结合，弥补法理规则刻板僵硬的不足，增强司法活动的接受度。同时，司法也要注重挖掘中国传统和现代基层社会蕴含的道德规范、行为准则，推动形成符合现代法治和社会治理需求的社会文化共识。

2. 更加注重社会矛盾协同化解，推进诉源治理，积极回应人民群众对公平正义的新要求和新期待

基层社会中的纠纷夹杂着法律、政策、历史多重因素时，个案的司法裁判往往难以做到"案结事了"。司法应当与政府及各类治理主体开展协作，促进纠纷源头化解、实质化解，以司法公正引领社会公平正义。

一是以规则之治引导良性自治。自治章程、乡规民约具有内生性，是不同于国家法律规范的社会规范，可以弥补法理规则的不足，在基层社会治理体系具有独特作用。部分人民法院在类案剖析的基础上，指导自治章程、乡规民约制定或修改，参与基层社会治理体系的构建。二是以地方性知识增强纠纷解决社会效果。地方性知识是特定区域的民众在与自然环境长期打交道的过程中所发展出来的理解、技能和哲学。民间习惯作为地方性知识，契合当地民众的传统和心理，法院对其的宽容与合理利用有利于改善基层司法的纠纷解决效果，提升司法的公信力、亲和力。三是以替代性纠纷解决方式均衡治理力量。建立在法治基础上的多元化纠纷解决机制更符合社会和法治的可持续发展的需要。人民法院应运用专业知识，指导其他纠纷解决主体开展纠纷化解工作。

3. 更加注重社会主义核心价值观融入司法裁判的机制建设，实现政治效果、法律效果和社会效果的有机统一

近年来，最高人民法院积极践行和弘扬社会主义核心价值观，不断规范和加强裁判文书释法说理，先后发布相关规范性文件和典型案例。北京法院也应加强建章立制工作，规范法官在法律框架内运用社会主义核心价值观进行释法说理。

一是裁判结果要注重法律与道德的内在联系。法官在裁判文书的说理部分应结合社会主义核心价值观的道德内涵，对公序良俗等法律原则予以补强论证，缓和法律与道德之间的内在张力。对于有损社会公共秩序的行为应当敢于展开评

判，而对于美德义行则应进行肯定和激励。二是裁判说理要衡平法律与道德的对接转化。裁判说理，以情理与法律相互融通的沟通方式，发挥道德的疏导和教育功用。建构现代国家说理的公共价值的具体路径如下：情感上，质朴至真、恳切至诚；语言上，做到情感逻辑化、道德法律化；逻辑上，合理过渡、有机衔接；方式上，因案制宜、因人施劝；技巧上，化难为简、深入浅出。

4. 司法宣传注重个案引导与规则输出有机结合，发挥规范社会秩序的作用

例如，在北京法院审理的涉互联网案件中，有的互联网公司提出技术中立、技术无罪等抗辩理由，在网络舆论中一度获得大量点赞。法院以裁判明确了技术中立论不能成为逃避刑事法律责任的借口，运用科技的主体应当遵守法律。又如，北京法院审理了全国首例网络"暗刷流量"案，以裁判方式对"暗刷流量"交易行为的效力予以否定性评价，并给予妥当的制裁和惩戒，推动互联网领域乱象治理，入选最高人民法院"人民法院大力弘扬社会主义核心价值观十大典型民事案例"。北京高级人民法院先后整理发布多批典型案例，充分发挥司法典型案例在树立社会规则、引领社会风尚等方面的作用。

（三）不断强化司法功能，在审判执行工作中规范社会诚信行为

要强化司法矫正与惩治，积极维护诚信行为，坚决制裁失信行为，构筑抵御失信行为的司法防线，捍卫社会诚信底线。

1. 加强公众法律社会化教育，培养公众对法治的信仰

法律社会化，即人在法律方面的社会化，是立法精神和价值导向获得公众认同的过程。法律规范要成为人们行为的动机和指向，就必须渗透到所有社会成员的意识深层。推动法律社会化教育：一是要发动多元主体参与。构建以学校教育为基础、政府供给为主体、司法供给为引导、社会组织和家庭教育供给为补充的多元分工合作参与机制。二是大力推进法治教育进校园。发展法治教育，提高公众的政治素质和法治素养，加快法治观念思维的更新与进步，加大法治社会教育投入力度，大力发展法文化传媒事业，增进法治认同。三是大力推进社会法治建设。法文化的建构必须与法治建设实践结合起来。要大力推进法治国家、法治社会、法治政府建设，在立法、司法、执法、守法各环节坚持诚信原则。四是要积极发扬优秀传统法文化的影响力。汲取传统文化中诚信的精华内涵，培养公众对法律的信仰。

2. 加强对失信行为的惩戒

一是充分发挥审判职能作用，鼓励诚信交易、倡导互信合作，促进社会诚信文化建设。要依法制裁商业欺诈、恣意违约毁约、制假售假、不正当竞争、虚假诉讼等失信行为，保护诚实守信者合法权益。要依法发挥失信被执行人名单的信用惩戒功能，提高失信成本。二是加强防范虚假诉讼滋生，完善立法，提高违法

成本。扩宽虚假诉讼的民事规制尺度，加大民事强制措施制裁力度，加强对其他诉讼参与人的惩戒；利用大数据实现信息共享，辅助法官智慧研判。构建虚假诉讼全流程防范机制，完善虚假诉讼民转刑程序，建立虚假诉讼失信人名单等。三是推动建立覆盖全社会的征信系统，将司法人员及其他诉讼活动参加者的征信信息纳入其中，对被采取强制执行措施的当事人的信息进行记录。司法机关、金融机构、政府部门多管齐下，构建征信平台，使不诚信者在社会监督的阳光下无处遁迹；司法机关通过媒体定期发布法院审理的失信典型案例，以社会舆论压力达到教育和惩罚目的。

六、结语

加快社会信用环境建设是推动国家治理体系和治理能力现代化的重要手段，对于推动高质量发展具有十分重要的意义。诚信法文化与社会信用体系是社会信用环境建设的一体两面，相倚互济，只有诚信法文化深入人心，社会信用环境的制度设计才有了根基和持久的生命力。司法公信文化是诚信法文化的重要组成部分，理应在引领诚信文化、推动信用秩序构建中发挥更大的作用。北京法院作为首都社会信用环境的重要参与者、实践者、保障者，作为化解矛盾纠纷、调整利益关系、维护社会公平正义的前沿阵地，应当利用司法职业平台，发挥司法审判职能，参与基层社会治理，以司法公信引领、赋能社会诚信建设，以公信司法文化促进国家治理体系和治理能力现代化。

中美经贸合作与竞争背景下的中国企业海外知识产权保护

周长玲*

第一章 中美经贸合作与竞争背景下的知识产权概况

一、中美经贸合作与竞争概况

(一) 中美经贸合作与竞争态势

中美经贸关系是全球范围内最重要的双边经贸关系之一，不仅是中美两国关系的稳定器，还是全球经贸增长的助推器。自金融危机以来，中美已发展成为重要的经贸伙伴。但近年来，中美经贸关系中竞争的一面更为突出，不断产生新的争端。经贸摩擦已经成为中美经贸关系的新常态，新一轮国际贸易规则制定之争成为焦点，产业发展在新兴领域展开激烈角逐，中美两国都加紧排兵布阵，力争在工业 4.0 时代占据科技和产业发展的制高点。

(二) 中美贸易摩擦的起因经过

自 2017 年美国对中国展开 "301 调查" 起，中美贸易关系经历了摩擦加剧、摩擦缓和，美国发出一系列的关税威胁，中方也作出强有力的回应。2019 年年底，中国产品输美平均关税水平达到 21%。我国基于维护国际规则和我国经济发展的考量，经过多轮谈判，于 2020 年 1 月 5 日，与美方正式签署第一阶段经贸协议。

分析中美贸易摩擦发生的原因主要有：第一，中美贸易逆差日益增大；第二，遏制中国复兴。2018 年中国经济增长率为 6.6%，而美国为 2.9%，远超美国，而中国国内生产总值达到美国的 65%。为了遏制中国复兴，美国对中国发动贸易战。

二、中美经贸合作与竞争背景下的知识产权关系

伴随着中美正式建交，一并开启的还有中美间的科技合作交流和知识产权关系。1979 年两国签署《中美贸易关系协定》，相互给予最惠国待遇，规定互相保护知识产权。20 世纪 90 年代，中美知识产权关系由法律层面的关系演变为在法

---

* 课题主持人：周长玲，中国政法大学教授。立项编号：BLS（2020）B006-1。结项等级：合格。

律、经贸和政治多领域中相互交织的关系状态。美国为了进一步强化其在知识产权谈判中的单边地位，于1988年出台了《综合贸易与竞争法》，其中包含著名的"特别301条款"。此后，中国的知识产权保护情况就一直处于"特别301条款"的监督之下。

自2001年中国加入WTO后，中美经贸往来更加密切，同时中美知识产权摩擦也继续升温，并由原来的"特别301条款"贸易报复措施，转向利用"337条款"对中国企业发起调查，限制中国产品进入美国市场。中国出口潜力也因此遭到破坏，中国企业处于被动地位。特别是2018年起由美国301调查引发的中美贸易战，美国对中国出口的商品征收高额的惩罚性关税，这给中国企业进军美国市场带来了很大冲击，严重阻碍了两国贸易正常化。美国通过加征关税的手段，实质是对中国技术、创新领域的知识产权发起301调查，涉及的主要是高新技术领域。

本报告旨在于掌握涉及中国企业的"337"调查、知识产权纠纷案件情况，调研国内外知识产权保护先进经验，为我国企业在"走出去"过程中的海外知识产权保护提供本土化的建议。

三、中美经贸合作与竞争背景下中国企业遭遇的知识产权问题

（一）美国"337"调查涉华案件情况

1. 立案情况

2010—2020年，美国国际贸易委员会（ITC）共发起"337"调查540起，其中，中国企业涉及案件共204起。这些案件中，绝大多数中国企业都作为被调查方。如2019年，有117家中国企业被调查，比2018年的51家的两倍还多，而当年没有中国企业作为原告提起"337"调查。

虽然全球范围内"337"调查数量在近两年有所下降，但涉华"337"调查数量总体呈现上升趋势。随着中国企业"走出去"的步伐加快，自2002年以来，中国一直是被发起"337"调查全球数量最多的国家，2019年被调查数更是达到全球60%。

涉华"337"调查案由包括了多种形式的"不公平贸易行为"。其中绝大多数是"专利侵权"案件。在2019年的全球"337"调查中，约有87%的案件提诉理由是专利侵权，约10%的案件因商业秘密提诉，约2%的案件涉及商标侵权。涉及中国企业的"337"调查案件的提诉理由或知识产权类型分布与总体案件情况一致。此外"商标侵权""商业外观侵权""著作权侵权"案件在近几年数量上有小幅上升。以"商业秘密"为由的涉华"337"调查案件数量也在近十年中呈现出上升趋势。

计算机和通信设备是近5年来"337"调查最为重点的产业，并且数量上有

上升趋势。药品和医疗器械领域的"337"调查在这十年里也时有发生。另外 LCD、集成电路和记忆存储产品领域在 2014 年前还有零星的几起调查，在近 5 年几乎没有新案件发生。

此外，2020 年"337"调查涉及中国企业的产品主要集中在电子工业产品（共 11 起），其次还有塑料制品、化学产品等。

整体分析近年来"337"调查涉华案件的情况，项目组发现重点被调查的产业具有如下特点：其一，结合对涉华"337"调查现状的分析，那些发生调查次数较多且可能以商业秘密为由针对我国政府的领域需要重点关注。其二，从产业竞争的角度，中美存在不对称竞争的领域会成为中美冲突凸显的领域。

2. 初裁结果

2019 年，共有 38 起涉及中国企业的"337"调查案件获得初裁。与 2018 年相比，中国企业应诉更为积极，获得有利初裁结果的情况明显增多。我国企业获得原告撤回、终止调查和和解等相对积极初裁结果的情况明显增多。部分中国企业积极应对，合理利用规则，成功迫使原告撤诉，并取得有利结果。在被调查企业明显增多的前提下，缺席应诉的中国企业数量减少了 10 家。但仍有中国企业缺席应诉，致使产生不利调查结果。有 30 家企业被认定为缺席应诉。

（二）中国企业涉美知识产权纠纷情况

1. 整体情况

近年来，中国企业涉及美国知识产权诉讼的案件数量逐年增多。2018 年中国企业在美的专利、商标、著作权诉讼案件共 449 起（包括新立案和结案），共涉及中国企业 1005 家，其中作为原告的 16 家，作为被告的 991 家。

2019 年中国企业涉美新立案和结案的知识产权诉讼案件，包括专利、商标、商业秘密案件类型，共计 797 起。新立案知识产权诉讼案件涉及中国企业 1602 家，其中中国企业作为原告的 30 家，作为被告的 1572 家；结案的知识产权诉讼案件涉及 1494 家中国企业。

2. 专利、商标纠纷案件行业分布

从纠纷案件的行业分布来看，消费品/消耗品、移动通信设备、消费类电子产品及电脑和医疗等行业涉及知识产权纠纷数量较多。专利诉讼主要涉及移动通信设备行业，商标诉讼主要涉及消费品/消耗品行业，商标"傍名牌"现象突出。

2018 年，128 起中国企业作为被告的专利诉讼案件共涉及 12 个行业，其中移动通信设备行业案件数量最多。132 起商标诉讼案件主要集中在消费品/消耗品行业和消费类电子产品及电脑。

2019 年，专利诉讼案件涉及 10 个行业，其中移动通信设备行业案件数量仍然为最多。而商标诉讼案件仍主要发生在消费品/消耗品行业。

3. 专利、商标纠纷结案情况

结案周期：2019 年 157 起专利诉讼案件的评价诉讼周期为 396.7 天，中位数为 296 天。2018 年 141 起案件中，1 年至 2 年结案的占 83%，3 年至 4 年结案的占比 13%。

结案类型：中国企业胜诉的案件较少，2019 年，专利和商业秘密诉讼有 75.8% 以结案撤案，缺席判决原告胜诉 11 起，占比 7%。商标诉讼有 63.1% 是因缺席判决败诉结案。

结案判赔：判赔额始终居高不下，2019 年案件中，原告胜诉并判被告中国企业赔偿的案件共 13 起，平均判赔额为 1095.5 万美元。商标案件平均判赔额为 649.8 万美元。2018 年专利诉讼案件中，原告胜诉并判被告中国企业赔偿的案件共 5 起，平均判赔额为 967.7 万美元。商标案件平均判赔额为 97 万美元。

4. NPE 是在美对中国企业发起专利诉讼的主要原告

非专利实施主体（NPE）不从事实际产品的生产、销售，但通过获取大量专利并发起专利诉讼来获取高额收益。中国企业在美遭受 NPE 发起的专利诉讼现象需引起高度关注。

自 2018 年至 2020 年上半年，中国企业在美遭遇 NPE 发起的专利诉讼数量在全部以中国企业为被告的专利诉讼中占比近三成。NPE 于 2018 年发起诉讼 53 起，2019 年 38 起，2020 年上半年共 32 起。涉诉中国企业多为国内知名企业，如华为、海信、大疆等。据统计，目前被诉的中国企业 90% 以上为通信电子、半导体等行业的知名企业。NPE 机构持有的专利主要分布于通信技术、电器元件组件等技术领域。因此，通信电子、半导体等行业领域的中国企业在拓展海外业务时需要提前防范被诉风险。

5. 商业秘密纠纷

2019 年来，中国企业在美国频繁遭遇商业秘密纠纷。中国企业在美商业秘密纠纷案件数量快速增长，但中国企业在大部分情况下较为被动。据估计，全部案件中有超过七成案件中，中国企业作为被告被诉侵权和索赔。江苏金石机械、浙江戴卡宏鑫、苏州浩辰软件、重庆君马新能源等一批企业在美相继被诉涉嫌侵犯商业秘密。2020 年 3 月 5 日，海能达在美商业秘密及版权侵权诉讼案件一审被判支付合计 7.65 亿美元。

四、中美经贸合作与竞争背景下中国企业海外知识产权保护存在的问题

在中美贸易摩擦大背景之下，知识产权争端持续加剧，不仅在中美之间，发达国家和发展中国家亦是如此。如何面对和处理好这种争端逐渐成为我国企业"走出去"所面临的重要课题。在此过程中，我国内部涉及企业海外知识产权保护的问题也暴露出来。

（一）企业层面

1. 企业核心技术的拥有和保护不足

中国企业在海外频繁遭遇知识产权争端，最根本的原因还是核心技术的拥有和保护不足。企业在研发和生产过程中不注重知识产权管理，不重视通过知识产权信息检索和动态跟踪，及时调整研发方向或及时取得知识产权确权，最终要么造成知识产权侵权，要么导致自身的知识产权流失。同时，部分企业缺乏知识产权全球布局的意识，在开拓海外市场前疏于对目标国家和竞争对手的知识产权布局的研究，也没有积极争取专利技术标准的制定权。缺乏核心技术也不仅使企业在贸易谈判中处于劣势地位，还容易将企业推向冒险使用当地企业知识产权的侵权风险之中。

2. 企业海外知识产权风险规避不足

部分企业还没有建立起海外知识产权风险防范体系，甚至还没有风险防范的意识。有效的海外知识产权风险防范体系，需要有与企业发展战略相匹配的海外知识产权战略、覆盖了企业知识产权风险点的规章制度、长期跟踪分析海外知识产权动态和纠纷信息的专业队伍等。一些企业不仅在平时没有做好固定的知识产权信息搜集工作，不了解海外本行业知识产权状况、竞争对手的知识产权状况、海外知识产权法律规则、执法情况等。

3. 企业知识产权纠纷应对不足

美国知识产权纠纷败诉的后果严重，往往给部分中国企业带来致命打击，而纵观上文展示的中国企业放弃应诉的情况比比皆是，因缺席或放弃应诉而败诉的中国企业不在少数。中国企业应对海外知识产权纠纷的经验不足，多是出于对外国知识产权法律不熟悉、缺乏专业力量和资源等方面的原因。这些可以通过借助好外部力量来解决，如与高端的知识产权中介服务机构进行合作，利用好当地的中介服务机构，寻求行业组织的帮助等。除了应对被诉，中国企业也要善于主动提起诉讼，当其合法权益遭受侵害时，应当及时考虑通过提起诉讼的方式维护自身权利。

（二）政府层面

1. 我国产业知识产权质量不高

应对海外知识产权争端的根本是提升我国重点产业的知识产权质量。尽管我国在知识产权数量上已形成一定的规模效应，但质量上仍有提升空间，主要体现在海外布局能力不足、科技成果转化率低等方面。提升产业知识产权质量需要政府长期大量的支持。过去，我们没有在优势产业上形成具有竞争力的高质量知识产权布局，更没能参与技术标准的制定。这些都造成了我国在国际知识产权中缺少话语权。

2. 公共服务体系不健全

对于单个企业而言，在追求利益最大化的理性选择之下，往往因耗不起参与应诉的时间成本和机会成本而放弃应诉，抱着一种"搭便车"的心态坐等别的企业去应对。如果政府能够提供支持，降低单个企业应诉的成本，如建立海外维权预警和援助机制、提供权威的海外知识产权争端信息查询平台等，这种集体非理性在很大程度上就能够避免。简而言之，需要政府从顶层设计的角度出发，为中国企业应对海外知识产权争端提供健全的公共服务体系。

第二章 中美经贸合作与竞争背景下中国企业海外知识产权保护思路探析

在中美经贸合作与竞争背景下，企业在出海过程中主要可能会需要应对如"337"调查、在美知识产权诉讼这些比较典型的在向美发展的过程中可能会遇到的贸易纠纷问题，此外本项目组还期望通过对一些普遍性的问题或纠纷应对的对策进行探析以便应对中国企业在走出去过程中普遍可能遇到的知识产权纠纷问题。以下主要基于企业与国家两个层面，探析中美经贸合作与竞争背景下我国企业海外知识产权纠纷的保护思路，以期为企业海外知识产权保护提供相应的建议。

一、企业海外知识产权纠纷应对探析

（一）"337"调查应对分析

从此前基于对中国贸易救济信息网及美国国际贸易委员会官网所获取的数据进行对比分析整理以及我国官方指导中心总结出具的报告来看，目前我国企业面临的"337"调查主要呈现以下特点：①从数量上来看本身是多的，占据的比例也是相当之高的；②专利侵权是主要诉由；③就国内企业被调查行业来看，电子电器领域成为主要调查的行业；④应对"337"调查态度逐渐积极。近年来我国企业在面对"337"调查时态度也有积极的转变，最终结果也是逐渐向好。

1. 国内企业遭遇"337"调查的原因分析

（1）美国单边贸易保护主义倾向。在中美经贸关系中，我国的确在近年来处于贸易顺差状态，而且加之当下我国产品的市场竞争力逐渐在提高，进入美国后可能会给相关产业带来一定的威胁，这时 ITC 在贸易保护主义倾向下会倾向于接受针对中国企业的申诉并且进行立案调查。随着我国经济影响力不断增强，企业在走出去的过程中自然会遭受到贸易保护手段的制约。

（2）国内企业市场竞争力增强。随着我国经济的不断发展，我国企业不断创新，当前我国企业在部分行业已经做得十分优秀，占据了较大的市场份额。

2019 年 3 月 21 日，ITC 针对涉华半导体器件、集成电路等产品进行调查（337-TA-1149），涉案企业包括 OPPO、VIVO、海信、步步高等国内知名企业。当下中国经济实力的增强，国内企业实力逐渐雄厚，不少大型中国企业在美国市场占据了相当的份额，因而也给美国当地企业带来了一定的恐慌。

（3）国内部分出口企业知识产权保护意识略有欠缺、产品缺乏自主知识产权。在我国与美国的贸易关系中，我国享受贸易顺差，但是长期以来我国在产业竞争力上顺差主要来自劳动密集型产品上，我国在集成电路等技术密集型产品上都是逆差。这的确是中美双方各自产业优势不同的结果。基于我国长期以来出口以劳动密集产品为主，对外出口产品中的核心部分技术可能缺乏自主知识产权。

（4）国内部分出口企业知识产权布局不当。知识产权布局是作为企业自身知识产权战略的重要部分。知识产权具有地域性，国内企业在进行知识产权布局的时候局限于国内是远远不够的，在海外尽早开展知识产权布局，对于"企业走出去"是一个坚实的基础。企业在发展的过程中做好知识产权战略，规划好知识产权布局才能在当下如此激烈的竞争环境中获得优势。

2. 调查要点提炼

（1）积极应诉，利用"百日程序"获得主动权。"百日程序"是便捷解决相关问题的一种程序性机制，被告一旦应诉，在制定有效合理的应对机制后可以申请启动"百日程序"，要求原告在短时间内完成其申诉满足"337"调查基本要求、"国内产业要求"以及"侵犯美国的知识产权等"相关要求的问题，就存疑的问题举证并达到证明标准。利用好"百日程序"可以帮助被告企业有效降低应对调查的时间成本，此外也可以压缩原告的准备时间继而可能获得一定的谈判筹码。

（2）消极应诉被认定缺席丧失机会。基于"337"调查的特性，应诉成本高昂，因此部分国内中小企业在面对"337"调查时，第一反应都是惶恐，而且采取逃避的方式，未能积极应诉。此外部分中小企业本身也缺乏信心，对如何应对"337"调查也缺乏了解，最终导致缺席而让原告轻易地获得胜利，自身利益受到重创。因为按照"337"调查的程序的规则，如若被告缺席的话，则会丧失相关的出席抗辩等权利，对自身不利。

（3）利用自主核心知识产权进行反击。科技时代，谁拥有了技术谁就拥有了话语权。在国际竞争中想要获得竞争优势，自主创新是必要的。我国在遭遇"337"调查的过程中，有拥有核心自主知识产权的企业积极应对，信心十足，最终获胜。成功反击的典型案例如 2018 年 9 月 26 日针对大疆等所启动的调查（337-TA-1133），在此案件调查过程中，深圳大疆在这场战役中之所以能获得胜利，主要基于其自主研发的核心技术，有技术也有底气与"337"调查抗衡。

3. 典型案例分析

以下以中国贸易救济信息网的行业分类为标准，针对我国典型行业遭遇"337"调查的案件进行简要分析，以期为后续企业应诉提供一个可行的策略借鉴或思路。

（1）电子行业。电子行业作为"337"调查的主要对象。不仅我国大型企业遭遇"337"调查，韩国三星也是"337"调查常见的企业。以下电子行业案例以中兴通讯公司个案为例进行简要分析。

基本案情：

中兴通讯自 2011 年开始数次被提起调查，每次都积极应诉为中国出口企业提供了专利诉讼的成功经验，成为突破贸易壁垒的标志，为中国企业走向国际市场提供借鉴和启示。

案号 337-TA-994：2016 年 3 月 24 日，在美国纳斯达克上市的新加坡创新科技公司和美国 Creative Labs, Inc 以侵犯专利权为由向 ITC 申请对中兴通讯等公司启动"337"调查。2016 年 9 月 21 日，ITC 发布部分终裁，认定涉案专利无效，终止本案调查。此后原告因为不服裁决继而上诉至 CAFC（美国联邦巡回上诉法院），2017 年 10 月 13 日，CAFC 维持裁决，中兴通讯最终获胜。

案例分析：

①注重技术研发投入：中兴通讯十分看重研发，所以在研发方面进行了非常可观的投入，就该投入而言还保持着持续上升的姿态；②重视专利申请：从中兴通讯官网的公开数据来看，中兴通讯拥有全球专利申请量 8 万件，已授权专利超过 3.8 万件，连续 9 年稳居 PCT（专利合作条约）国际专利申请全球前 5 位；③进行知识产权全球布局：中兴通讯除了重视申请和批准国内发明专利，还在全球国际专利申请方面进行了战略布局。2021 年 3 月 2 日 WIPO（世界知识产权组织）发布了 2020 年国际专利、国际商标和设计体系报告，2020 年中兴通讯 PCT 申请总排名为 16 位（1316 件）。

（2）电气工业。电气行业是除了电子行业之外"337"调查打击的主要行业，电气行业案件以浩洋电子专利侵权案（337-TA-1107）为代表进行简要分析。

基本案情：

337-TA-1107：2018 年 3 月 6 日，美国技术制造商 Fraen Group Co., LTD. 以侵犯专利权为由，向 ITC 申请对广州浩洋电子有限公司（以下简称"浩洋电子"）等进行"337"调查，要求 ITC 发布禁止令。ITC 于 2018 年 4 月 10 日正式决定立案。经过重重波折，终于在同年 8 月，ITC 所作的最终裁决进行了公示，对浩洋电子的调查终止。

案例分析：

①进行充分评估：在被提起"337"调查后，浩洋电子立即展开了调查评估，立即组建了内部联合回应小组；②制定积极的应诉策略：在内部团队与外部专家的合力下，基于对以上产品和专利的研究分析迅速创建了具体有效的分析报告，形成合理的应诉策略；③自主创新的底气：自从浩洋电子成立以来，就高度重视知识产权，决定以发展和创新为竞争的核心，在整个调查的过程中，利用自主创新、自主掌握的核心技术帮助最终胜诉；④政府与行业协会、同行的帮助：浩洋电子应诉过程中，中国商务部、广东省和广州市商务厅的作用不容小觑。此外浩洋电子还得到了行业协会的有力支持。具有成功应诉经验的同行给了浩洋电子不少有益的意见和帮助。

（3）钢铁行业。选取该案例进行分析是基于该案例影响较大，涉及我国钢铁行业 40 余家企业。

基本案情：

案号 337-TA-1002：2016 年 4 月 26 日，美国钢铁公司向 ITC 提出申诉要求对中国涉案 40 余家企业启动"337"调查。ITC 于 2016 年 5 月 26 日正式宣布，将对上述中国企业展开"337"调查，调查中国向美国出口的所有钢铁产品，包括碳钢和合金钢。2018 年 3 月 19 日，本次调查终于走到了尾声，基于原告无法证明其因我国企业的垄断而受到损害而不具有诉讼资格。我国钢铁企业在本次调查中取得最终胜利。

案例分析：

①进行充分准备并积极应诉：涉案的中国钢铁企业在面对调查时采取了积极应对策略，投入专门的人力资源和财政资源进行应诉，并为美国的各项调查做好了充分准备，这是诉讼能够获得成功的重要基础；②政府的支持：政府部门对案件的成功起到了很大的指导作用。例如商务部作为国家代表积极与美方进行了谈判，表达了立场及对此案的关切，明确指出了美方发起的"337"调查中对中国钢铁企业的 3 项虚假指控。在这次"337"调查中，政府提供了巨大的支持；③行业联合：中国钢铁工业协会在面对美国发起的"337"调查时坚定地表达了态度，在回应美国"337"调查中发挥了积极作用。

（二）专利诉讼应对分析

1. 研究背景

经济全球化是不可阻挡的趋势，我国政策支持企业积极开拓海外市场。但在中美经贸合作与竞争的背景之下，各国知识产权竞争越来越激烈，由于知识产权的地域性和国家或地区的贸易保护政策，中国企业在海外经营之时不可避免地会受到国际政治变动和国外法律因素的影响。除个别外向型企业和知识产权密集型企业之外，其余部分企业在面临国际知识产权纠纷之时通常感到无能为力。因此，提醒企业注重知识产权管理和保护，防范潜在的海外知识产权纠纷十分必要。接下来将重点以涉美知识产权诉讼为例，分析企业海外知识产权风险来源，以期为第三章企业应对海外专利诉讼提供建议做铺垫。

2. 专利诉讼风险

专利诉讼是企业外部风险，但不排除企业内部管理疏忽或能力不足与外部风险共同导致专利诉讼的可能性。企业产品在海外销售并非仅是接受国际市场考验那么简单，企业应做好专利诉讼事先管理之准备。

（1）内部风险。对于企业来说，最显而易见的潜在诉讼源是行业竞争对手，因此专利检索与分析应当在产品研发之前进行。知识产权尽职调查是企业在进入目标市场之前的关键环节，律师出具的不侵权法律意见书可成为今后可能之诉讼的抗辩依据，在马克曼听证和认定故意侵权时均能够支持企业之主张。如若企业内部知识产权管理未尽到合理之注意义务，熟悉目标市场地的法律法规，贸然进入完全陌生的市场，则专利纠纷是不可避免的。

（2）外部风险。外部风险指企业受到外部环境的影响不得不承受的风险，外部风险无法通过企业的努力而消除。依据引起诉讼的主体进行分类，可分为竞争对手型诉讼、非专利实施实体（NPE）型诉讼等；由于主体提起诉讼的目的不同，可分为市场阻碍型诉讼和许可收益型诉讼。市场阻碍型诉讼是由企业所在行业的竞争对手主要发起的，近63%的专利诉讼原告是专利实施实体。专利实施实体与非专利实施实体的企业分类方式有助于中国企业判断对方提起诉讼的意图。非专利实施主体本身是以研发、购买、许可或转让专利技术为营利手段的，该类型企业多数情况下是抱着合作的目的与涉嫌侵权的企业接洽，但仍存在部分要挟实施其专利的企业在高额的许可费用和诉讼成本当中作出抉择。至于市场阻碍型诉讼，专利实施主体为保护国内相关市场份额，往往会采取提出巨额赔偿、提起多国专利诉讼等阻止其他主体进入相关市场或阻碍其他主体占据更多市场份额。

（三）典型企业海外知识产权布局范例

针对一些典型企业海外知识产权布局的分析，总结其知识产权战略布局的特点，以期为我国企业在中美贸易背景下的知识产权海外保护提供一些经验和启示。

1. 华为

华为作为一个比较典型的在全球范围内进行过知识产权博弈的企业，其知识产权的突围，是走出去的中国企业从跟随者、学习者角色蜕变的一个典型的样板。

（1）知识产权海外布局战略的实施。知识产权海外布局战略主要体现在以下几点：①开展广泛的知识产权海外布局：自华为开展周密的知识产权计划之后，从研发过程中对专利的使用以及专利的申请力度进行了调整。在重要的制造强国、海外市场和研发中心所在地布局了大量的优质专利，并且积极地参加当地的知识产权建设；②重点领域的知识产权布局：积极参与 5G 技术的建设与研发，提前做好了 5G、芯片等这些重点领域的知识产权布局；③扩大知识产权积累：华为也将技术的积累变成了一种知识产权的积累。以核心技术为基点进行了核心专利布局，包括与其紧密相关的外围专利。通过知识产权的不断积累形成了自己庞大的知识产权战略纵深。

（2）协商与交叉许可机制的建立。当今社会，知识产权便是企业商业布局的粮草。兵马未动，粮草先行，在各企业均在积极进行知识产权布局的情况下，解决知识产权问题的一个关键要点，不仅是要进行自主创新，构建协商机制与交叉许可也是必不可少的。华为就很清晰地认识到了这点，与爱立信、西门子、高通等公司都建立了协商与交叉许可的机制。

（3）积极参与国际技术标准的制定，应对调查。在公司建设发展的过程中，华为投入了大量的研发成本，就是为了在技术的研发上面抢占先机，并且积极地参与到技术标准的制定上来，同时也是积极鼓励工程技术人员更多地参与到国际电信联盟等组织的工作，为新技术制定标准。此外华为也积极应对"337"调查，在应对案号 337-TA-800 的调查时，华为采取了积极应对的态度，一方面通过知识产权来保护自己；另一方面，也运用反垄断规则，打破对方的技术堡垒，在国内起诉 IDC（互联网数据中心）垄断侵权。

2. 格力

格力作为国内家电行业的领头者之一，格力电器董事长兼总裁董明珠十分重视知识产权工作，其在全国人大代表履职期间多次提出保护创新、加强知识产权保护的相关建议。格力电器目前建立了完整的知识产权战略体系，通过搭建研发全生命周期的知识产权管理体系在多个环节进行管理，实现了对技术与创新有效保护和风险管控等。

（1）知识产权管理系统的构建。格力电器建立了全流程知识产权管理系统，实现了对知识产权从源头到结束全生命周期的电子化管理，为了提升研发水平，其还收录产品相关的专利信息，建立内部的专利数据信息库，在供研发人员参考的情况下，还可以有效地避免出现企业专利研发阶段的风险。

（2）知识产权人才的培养。人才是创新过程中最重要的基础之一，格力在知识产权方面有着自己的管理方法，会给员工外出学习以及邀请优秀人物到公司授课等机会，内外循环交流学习，避免了信息封闭等缺陷，提高了员工以及整个企业的知识产权能力。此外，通过设置一些优质合理的奖励激发创新热情。

（3）坚持自主创新与对外合作结合。格力一直十分强调自主创新，在家电相关方面，其本身已掌握一些核心技术，但仍然选择继续突破，通过技术创新和整个产业链上多块发展拥有了技术基础。此外，格力在自主创新的过程中也坚持对外合作。此前，格力电器在珠海总部举行了"格力电器 & 格兰富专利许可签约仪式"。中外企业产权合作，推动国内企业高端核心技术进一步完成国际化应用。

3. 大疆

深圳市大疆创新科技有限公司是全球领先的无人飞行器控制系统及无人机解决方案的研发和生产商，通过对大疆公司的了解，其知识产权战略的布局有以下特点：

（1）技术积累，专利先行。通过其前期的技术积累，后期的专利申请更加活跃，通过专利研发技术的储备和专利布局，使得其不断保持技术先进和市场的高占有率。此后，大疆也在国外主要国家和地区部署了专利，涉及了无人机软件和硬件的各方面，为其产品的全球市场保驾护航。

（2）积极应对知识产权纠纷。2017 年，大疆公司被 Synergy Drone 告上了美国法院，而面对专利流氓的打击，大疆公司不仅积极应诉，同时还展开了有效的反击，最终获得了胜利，维护了自身的合法权益，同时还有效打击了专利流氓。

综合来看，我国企业在走出去海外知识产权保护的过程中，最重要的还是提高自主创新能力，而其中对于研发人员的管理与培养则是至关重要的。形成完整有效的知识产权信息管理系统，制定全面的知识产权战略。在遇到知识产权诉讼或者调查等问题的时候，积极应对，此外还要通过诉讼等其他手段获得与对方谈判中的优势或者筹码。

二、国家海外知识产权保护制度建设

在中美经贸竞争与合作背景下，除企业自身原因外，中国企业屡遭纠纷缠身的重要原因是缺少获取知识产权国别保护状况、中国企业涉外知识产权纠纷案件信息、知识产权预警信息等渠道，而政府依其国家管理职能和资源完全能够弥补中国企业海外信息的不对称，建立企业和专家的沟通渠道，有针对性地给予企业知识产权援助，帮助企业度过海外知识产权危机。本部分将梳理 2010 年以来我国制定的海外知识产权保护的政策性文件，同时分析我国企业海外知识产权保护制度的现状，以期在本报告最后能为国家海外知识产权保护制度建设提供可行性建议。

（一）制度现状

1. 海外知识产权风险预警机制

国家海外知识产权预警制度包括但不限于政府、其委托的服务机构或其指定的行业协会编制知识产权风险预警报告并针对风险提出解决策略；向知识产权服务机构、非营利组织或具备技术条件的机构提供资金扶持，减轻企业走出国门的负担；规范性文件制度部门制定《企业海外知识产权风险预警指导教程》，为外向型企业完善内部风险预警制度提供指南。

2. 海外知识产权信息服务平台建设

在中美经贸合作与竞争背景下，全球知识产权关系日益紧张，各国陆续更新知识产权法律法规及政策，以适应国内经济技术的发展和国外知识产权环境的变化。2006 年开始我国商务部下的国际电子商务中心便开展了"中国保护知识产权网"的运营与维护工作；我国知识产权局自 2015 年起指导建设海外知识产权信息平台"智南针"，推出线上微信公众号服务；地区也开始逐渐建立相应的海外知识产权信息平台，比如"北京市海外知识产权公共服务信息库"、"广东省知识产权公共信息综合服务平台"等，主流的信息服务平台内容也在不断扩充以为国内企业海外发展提供优质信息服务。

3. 海外知识产权保险制度

知识产权保险当下已经成为知识产权战略中的一项有效实施的措施，对企业在知识产权纠纷应对方面提供兜底支持。2020 年 5 月，中国人保财险广州市分公司与广州开发区知识产权局、中国贸促会知识产权服务中心广东分中心达成知识产权海外侵权责任保险战略合作协议。广东省广州市黄埔区、开发区政府为本区知识产权权利人或申请人投保知识产权保险的企业或机构，按投保费用的 60% 给予补贴。上海市徐汇区市场监管局积极对接保险机构，给予投保企业实际支付保费金额的 50% 的财政补贴。

4. 海外知识产权纠纷应对指导体系

2020 年，国家知识产权局支持"1+10+101"的工作体系初步构建完成。以国家指导中心为主导，10 个地方分中心加上 101 名专家联动的海外知识产权纠纷应对指导工作体系日趋成熟。海外知识产权纠纷应对指导中心及分中心能因地制宜，针对本地区企业海外知识产权纠纷所面临的处境，提供案件指导和咨询意见，做好企业海外知识产权维权后盾。截至 2021 年 4 月 27 日，各中心已处理各类指导和咨询案件 300 余件。

5. 海外知识产权维权援助制度

(1) 海外维权专家顾问机制。海外维权专家顾问机制为我国企业在走出去的过程中能够及时提供信息咨询与法律服务，专家顾问包含多领域国内外优秀知识产权专家或学者，帮助企业应对不同法律环境下的风险及纠纷。国家海外知识产权纠纷应对指导中心拥有指导专家团队（国内专家与外国专家）。目前各地也在建立相应的知识产权海外维权专家库，如：广州市南沙区的"一书一库一平台"海外知识产权维权援助体系中的南沙知识产权维权援助专家库；长沙于2020年底建立长沙海外维权援助专家库，为长沙市企业开辟海外市场提供支持等。

（2）海外知识产权维权援助平台。海外知识产权维权援助中心能为企业和专家顾问搭建沟通平台。各地维权援助中心相继开展维权援助服务，逐步将服务触角伸向海外。从服务内容看，主要是培训、咨询等智力援助，协调办理举报投诉案件开展行业预警分析服务等。国家海外知识产权纠纷应对指导中心开通企业纠纷申请指导渠道，企业可拨打官方咨询电话，登录"智南针"网站或者到线下窗口提交海外纠纷应对指导申请。广东省海外知识产权保护促进会建立援助直通车渠道，纠纷在官网申报可直接进入国家海外知识产权纠纷应对指导中心纠纷应对系统。

（3）海外知识产权维权援助资金支持。迄今为止，未有社会资本设立维权援助基金，但部分地区已制定海外知识产权维权专项资金资助办法，如：杭州针对开展涉外案件维权或对具有重大行业影响的涉外知识产权维权事项的企事业单位，按维权代理费的 50% 予以资助，最高不超过 100 万元，已有成功资助之案例：Ninebot 337 海外维权援助项目；Photonic Imaging Solutions，Inc. 案；Rothschild Broadcast Distribution Systems LLC 案。

（二）其他国家海外知识产权保护制度

在全球知识产权竞争如此激烈的背景下，我国有必要借鉴其他国家海外知识产权保险制度建设的有益经验，推动我国海外知识产权保险制度尽快完善，为更多中国企业走进海外保驾护航。

1. 其他国家海外知识产权保险制度

（1）美国。美国商业保险公司推出专门针对知识产权诉讼的保险产品，包含防御型保险（专利侵权保险）和进攻型保险（专利执行保险），前者的承保范围包括被保险人的应诉费用、侵权损害赔偿费用及其他防御成本，后者的承包范围是被保险人为发起专利维权行动所花费的调查费用和诉讼费用等。经过近30年的发展，美国已经形成一套成熟的知识产权保险体系，覆盖专利权、著作权、商业秘密等多个范围，惠及多家出海企业，减轻企业海外知识产权保护负担。

（2）英国。英国知识产权保险产品的类型众多，保费依多种标准设计，基于投保人/被保险人的实际需求或其所在行业、知识产权类型、保护范围等综合确认。为企业海外知识产权保护提供的保费与保险区域有直接关系，从英国、欧洲、排除美国在外的全球险到包含美国在内的全球险，保费逐渐增加。

（3）日本。为鼓励企业继续开拓海外市场，日本政府通过建立专利保险制度缓解企业海外专利运营顾虑，分担企业跨国技术转移和许可过程中的风险。随着专利保险的不断发展，日本逐渐从专利保险政府扶持模式向商业化模式发展。目前，日本拥有专利诉讼费用保险和专利授权金保险。

2. 其他国家海外知识产权维权援助机制

（1）安排专项资金。重点资金支持中小企业，如日本特许厅发布中小企业知识产权活动支援事业费资助计划，帮助日本企业在贸易目的地国家进行知识产权布局，防止发生海外知识产权纠纷。该资助计划基本上涵盖99%以上的日本企业，覆盖范围包括防卫型侵权对策补助金、海外知识产权诉讼费用保险补助、外国专利申请补助金等，种类丰富，有助于减轻企业出海负担。

（2）设立专门机构。很多国家的政府通过财政支持设立企业海外知识产权维权援助机构。一是设立政府专门机构。二是政府可通过服务外包的形式委托社会组织开展海外知识产权维权援助服务，如日本贸易振兴机构在国外的知识产权部，其致力于建立本国企业与海外事务所的联系，便利本国企业及时在海外得到专业的咨询指导建议。

第三章 中美经贸合作与竞争背景下中国企业海外知识产权保护建议

在本部分，项目组基于企业与政府两个维度，为中国企业海外知识产权保护提出合理建议。企业层面提出的意见中，由于"337"调查是美国特有但又不可忽视的知识产权风险因素，因此如何应对美国"337"调查的建议具有一定针对性。而企业如何应对专利诉讼、如何更好地进行海外知识产权运营，以及政府层面需要做哪些努力的建议则具有普适性，亦能够为中国企业走向包括美国在内的其他海外市场提供借鉴。

一、企业层面——应对与防范统筹并重

从企业层面来说，需要将争端应对与争端防范统筹并重，一是积极处理海外知识产权争端，二是在常规的海外知识产权运营防范风险。而海外知识产权争端可以分为两部分，即"337"调查与知识产权诉讼。在本部分项目组将会针对不同情形为企业提出对策之道。

（一）企业应对"337"调查策略

1. 预防措施

（1）知识产权尽职调查。"337"调查是中国企业进入美国市场时特有的知识产权风险。在进入美国市场之前，公司应进行专利尽职调查，以避免侵权的风险。生产创新高科技产品的公司尤其需要专利方面的预防措施。尽职调查的途径，可以通过专业的律师团队，也可借助国家的海外知识产权预警平台等公共平台信息，整合风险因素。

（2）规避设计。规避设计是指专门设计一种不同于涉案产品的新产品，用来规避可能涉及的专利权。ITC 和美国海关均不限制经过合理规避设计后的产品。所以，当企业面对海外知识产权侵权风险时，可以通过规避设计或者更换为非专利方法避免落入专利产品的保护范围。

（3）事前谈判。当企业无法通过规避设计避免知识产权争端时，出口企业可以选择事前谈判，在谈判的过程中针对可能引起争端的知识产权，根据其对企业价值的高低，采取收购或者许可的方式，获得相应知识产权，以此避免"337"调查的风险。

2. 综合决定是否应诉

企业是否应诉通常要考虑企业规模、发展方向性以及出口量等多种因素，从企业个体利益来讲，应诉与否主要关乎成本利益分析和企业的发展战略。

（1）考量美国市场对该企业的重要程度。企业在决策是否应诉时，首先应该考虑的是美国市场对该企业的重要性。如果该企业的产品受众核心是美国消费者，美国市场对该企业不可或缺，则该企业需要正面积极应对该调查。但是如果该企业不以美国消费市场为"主战场"，或者还有其他可以替换的潜在市场时，可以战略性放弃美国市场，转而将重心放在其他国家的海外市场。

（2）考虑诉讼费用的承受能力和应诉的准备能力。"337"调查的应诉费用通常达到几十万美元到几百万美元不等，涉及发明专利的案件的应诉费用突破百万美元的比比皆是。此时需要企业根据自身经济能力决定是否投入该笔资金用于应诉。此外，"337"调查的案件中需要企业统筹多个部门收集整理证据材料，将会耗费企业大量精力，在很大程度上将会给企业的日常运营带来额外的成本，这也是面对"337"调查的企业应予以考量的。

（3）衡量不应诉的后果。"337"调查涉诉中国企业应该明确，如果选择不应诉，对于缺席的被申请人，行政法官通常推定申请书中的事实成立并认定其违反了 337 条款。因此，中国企业需要结合以上需要考量的要素，当其决定消极应对调查时，通常是以失去美国的消费市场为代价。

3. 应诉技巧

（1）运用 100 天程序降低时间成本。"100 天程序"（100-Day Early Disposition Program，100 天早期处理程序）是美国 ITC 提供的一种快速的证据开示、事实查明和裁决机制，旨在优先解决是否存在国内产业、申请人是否有权提起诉讼、涉诉专利是否有效等潜在的案件决定性问题（potentially dispositive issues）。利用好"100 天程序"，可以有效降低应对"337"调查的时间成本，还可以压缩对方的准备时间从而获得有利地位或者谈判筹码。

（2）挖掘抗辩理由。抗辩理由需要企业根据案件具体情况来确定，一般来说，抗辩理由主要包括无侵权行为的抗辩、权利无效抗辩、专利不可执行性抗辩。

无侵权行为抗辩指的是，涉案企业的被控行为没有落入到对方专利的保护范围。权利无效抗辩是在证据充分的情况下，被诉企业可选择积极无效申请人的涉案专利，进而提出反诉。专利不可执行性抗辩中，不正当行为和专利权滥用都是认定专利不可执行的重要理由。

（3）联合应诉。对于被申请人是多个主体的案件，企业可以考虑与其他被申请人联合应诉的方式，增强应诉能力，降低应诉成本。

（4）降低应诉费用的策略。在企业决定应诉后，应诉费用将会是困扰诸多企业的一大笔开销。通常来说，应诉费用主要包括律师费、专家费、翻译费、差旅费、杂费（打印和复印费）以及电子取证等费用，费用的大部分属于律师费。针对此项问题，降低应诉费用的策略主要有三种：一是制定科学合理的应诉策略，应诉策略的选取对于应诉费用有直接影响；二是通过和解降低应诉费用；三是共享和整合诉讼资源。

（5）争取政府与行业协会、同行的帮助。根据以往"337"调查的应诉经验，公司单独应诉会使其缺乏持续的保障和精力。企业可以积极寻求政府、行业组织和银行的帮助，以多渠道获取应诉信息，增加胜诉可能性。

（二）中国企业应对专利诉讼策略

本部分着眼于中国企业在涉美诉讼中作为被告所面临的困境，总结前人实务经验分析专利诉讼应对的诉前准备和诉中策略，以期为中国企业应对美国知识产权侵权诉讼提供可借鉴的一般性策略。

1. 诉前应对策略

（1）专利不侵权之法律意见。企业识别到系争专利信息以后，内部职能部门切勿就被控侵权产品进行专利侵权分析，专利侵权分析应由外部律师进行。美国民事诉讼法律制度明确规定律师与客户特权，该特权保护律师与客户之间往来的符合特定条件的数据信息免受法庭调查。如若企业工作人员完成侵权分析最终得出侵权的结果，证人和其专利侵权分析意见无法受到法庭豁免，案件走向将会对企业造成不利影响。

（2）公司文件之管理。对于美国法院调查取证较为陌生的外国企业来说，存在销毁企业必要文件之可能，给法官留下销毁证据的负面印象，甚至可能因为无法提供相应证据而被直接认定为恶意行为，推定对方主张是真实的。企业有必要在一开始进入海外市场时制定高效的文件保存政策并令员工严格执行，如配置系统存档公司文件并按时清理不重要之旧文件、设立企业紧急文件保存管理程序以应对突发事件。

（3）律师团队选择。涉美专利诉讼具有专业性和跨国性的特点，建议企业选择竞标律师团队时应优先遵循以下原则：① 有以往代表中国公司在美处理同类诉讼案件经验的律师；②有涉案技术相关工作经历或学习背景的律师；③能将中英双语作为工作语言的律师；④有在同案法官前出过庭的律师；⑤在案件管辖法院地有办公室或提供法院所在地律师的信息；⑥与中国企业无利益冲突。

（4）谈判策略制定。企业可通过以下手段增加谈判筹码，给对方施加精神和经济的双重压力，迫使对方放弃司法途径，采取友好协商的方式解决纠纷：①交叉许可。在双方焦灼于全球互诉的情况下，框架性交叉许可协议可以解决一揽子纠纷。②相互起诉。互诉策略既可以表明与对方抗战到底的态度，顺势表现企业自身的知识产权实力和经济实力，同时诉讼也为企业增加和对方谈判的筹码。

2. 诉中应对策略

（1）法院。2019 年，在德州东区法院和特拉华联邦地区法院起诉的专利案件胜诉率分别高达54%和41%。对于被控侵权方来说，将案件转移到其他地区法院审理也是对案件审理结果起到关键性作用的策略。

（2）陪审团。美国陪审团成员的选择具有随机性，往往或多或少带有地方保护主义色彩。若我国企业作为专利诉讼之被告，最好不要主动选择陪审团参与审理；若案件双方当事人均是美国境外企业，则陪审团选择与否是无关紧要的。

（3）对抗策略。①专利无效。联邦地区法院审查专利权的效力主要通过两种途径：一是专利侵权之诉中，被诉侵权人经常针对涉案专利提起专利无效抗辩或专利无效的反诉，否则法院会默认实行专利推定有效原则；二是被警告方可提起确认专利无效的宣告判决之诉，防止自己产品技术的法律状态陷入不确定状态。②专利不可执行。一是不正当行为，企业可在搜索证据时着重留意对方取得专利的重要信息，包括专利审查历史信息，一旦发现原告故意隐瞒或虚假陈述与专利有关的重要信息的，及时将证据移交给有关机关，有助于推导出原告申请专利时具有欺诈美国专利商标局的意图。二是滥用专利，一般来讲，跨国公司对涉嫌垄断的调查都很敏感，与交叉许可协议的效果一样，若提起一个原告涉嫌垄断的调查，无论是否在诉讼地所在的国家，也能一揽子解决全球诉讼和其他纠纷。

（4）和解。和解是美国专利诉讼最常见的结案方式，和解的时间比较灵活，跨越诉前、诉中、执行阶段。明确企业的利益目标，试探对方的诉讼意图和和解意愿，在适当时间表明合作态度，有助于双方快速从烦琐、高昂的诉讼中解脱出来。

（三）企业海外知识产权运营

1. 提高自主创新能力，加大研发投入

在国际环境下，坚持自主创新，抓紧关键核心技术，提高我国企业科技创新水平的整体能力是最重要的。而人才的培养则需要企业整合自身资源进行培育，可以通过设置人才发展基金、奖金等形式激发人才进步的积极性。

2. 制定全面周密的知识产权战略布局，加强重点领域知识产权布局能力

我国企业需要从以下四个领域展开战略布局，增强我国企业在海外发展的竞争力：

一是专利布局。"337"调查中以专利为案由的案件占绝大多数，专利应当是中国企业关注的重点。专利布局可以分为两阶段，专利取得和专利实施。在专利取得阶段，企业可以通过自主研发并通过专利合作条约（PCT）进行海外专利申请，也可以通过协议购买取得专利。在专利实施阶段，企业可以通过生产专利产品并销售或者对外许可、转让专利以实现经济效益。

二是商标布局。商标布局同样分为商标注册和商标维护两个阶段。在商标注册中，中国企业应在产品走出国门前，就根据其市场发展情况提前进行商标注册，防止知名商标被国外企业抢注的情形发生。在商标维护阶段，可以建立商标跟踪监测制度。

三是著作权布局。关于著作权，多数国家采取的是自动保护原则，因此通常无需经过专门的注册申请。但是，一些国家建立了著作权登记制度，能够在侵权行为发生时，更好地保护权利人的合法权益。因此，如企业具有相关需求，可以申请著作权的登记。

四是商业秘密布局。对于一项科研成果是通过商业秘密进行保护还是通过申请专利进行保护，需要企业从三个方面进行考量：首先是反向工程的难度；其次是科研成果寿命的长短；最后是获得专利的可能性。

3. 对接知识产权预警信息平台

走出国门的中国企业应牢固树立知识产权意识，在产品出口或签订出口或加工合同前采取事前知识产权预警措施，对接知识产权预警信息平台。

二、政府层面——构建海外企业知识产权保护公共服务平台

在中美贸易和摩擦的背景下，为了保障国内企业能够积极主动走出去，避免繁杂的诉讼风险，妥善应对纠纷，也需要政府层面的努力。项目组认为政府应从以下四方面，完善海外知识产权保护的服务体系。

（一）助力企业海外知识产权布局

2019年，商务部已逐步探索建立海外知识产权纠纷应对指导中心，并已经在指导中国企业走向海外、熟悉海外市场运行规则方面发挥了积极作用。但是需要指出的是，当前海外知识产权纠纷应对指导中心主要分布在国内，国家可以在此基础上，探索建立海外分中心。

目前海内外竞争激烈的市场集中在5G通信、人工智能、生物医药领域。对

此，政府可以鼓励国内相关领域企业拓宽知识产权布局渠道。对于美国已经布局完善的技术领域，引导企业通过许可或收购的方式获得高价值知识产权，增加与美国企业的竞争筹码。

（二）完善海外知识产权预警信息平台

在错综复杂的海关营商环境下，诸多拥有海外市场的中小型企业缺乏足够的能力获取相关海外知识产权信息。因此，需要政府联合社会公共服务组织推动知识产权预警机制，对一批高端产品、敏感产业及其产品进行专利等知识产权的检索、风险评估，进行有效预警，形成海外知识产权预警信息平台。

（三）建立海外知识产权援助中心，协助处理海外争端

项目组从国内企业海外知识产权博弈成功的案例来看，积极应对知识产权纠纷是较为明朗的一种方式。对此，国家可以从两方面协助国内企业的海外争端。

1. 探索建立国家海外知识产权援助中心及海外分中心

国家可以探索建立海外知识产权援助中心，并在易发生争端的国家地区建立海外分中心。一方面，援助中心可以积极参与纠纷解决或者为"337"调查的企业提供政策上的扶持。另一方面，对于类型化的典型争端，可以在政府的引导之下，推动公共服务组织参与，整合各方专家、专业人才等资源。

2. 建立专家和企业直接沟通渠道

在知识产权海外援助中心的平台之下，政府可以搭建专家与企业直接沟通的渠道。精通海外知识产权争端的各领域专家，往往对如何快速有效应对各种海外知识产权争端具有丰富经验，能够为诸多中小型企业应对海外纠纷提供便捷、有效的应对策略。

（四）建立知识产权社会保险体系

企业在进军全球经济市场前，自身要加大对知识产权风险资金的投入；政府部门可以借鉴发达国家知识产权社会保险体系商业化运作模式，构建自身的知识产权社会保险体系。

中美经贸合作与竞争背景下的中国企业海外知识产权保护

徐家力*

一、中美经贸合作与竞争背景

(一) 中美经贸关系密切

自从两国建交以来，双边贸易不断发展，成为全球最大规模的双边贸易之一。据中国商务部统计，在货物贸易上中美双方贸易侧重点不同。中国主要进口飞机、汽车、农产品等商品并且每年从美国进口的飞机和大豆的数量占美国该类商品出口量的最大比重。美国则主要从中国进口机械零件、电气设备及零件以及家具等商品。可见，美国主要从中国进口消费品和最终产品，而中国由于本身技术的限制从美国主要进口中间品和资本品。在服务贸易上，美国是中国的第二大服务贸易伙伴，而中国是美国的第三大服务出口市场。美国是中国最大的服务贸易逆差国，服务贸易的逆差主要集中在旅游，运输，以及知识产权使用费等。如中国对美国所支付的知识产权使用费，在6年之内翻了一倍。同时截至2018年，美国在华设立外资企业近7万家，投资金额超860亿美元。

(二) 中美贸易摩擦不断升级

随着中美两国经贸关系的深化，虽然中方从美方进口价格昂贵的高科技技术产品，但是由于美方从中方进口的低价制成品数量庞大，因此导致中美两国的贸易顺差差距逐渐拉大。美国认为过高的贸易逆差对本国经济造成了不利的影响。美国政府单方面认为中国制成品价格过于低廉，为了保护本国产品在美国市场的地位不会受到所谓"低价"中国产品的影响，因此政府采取相应措施开展一系列调查活动，其主要内容表现为反倾销、反补贴的调查与制裁、知识产权的问题以及进出口管制与配额的数量等。

随着全球价值链在世界各地不断发展，加剧了全球之间贸易的不平衡以及跨国公司之间的收益不平衡。美国作为经济发达的世界大国，其劳动力成本比许多发展中国家高昂。而中国作为发展中国家，往往因为其拥有劳动力优势而被美国

---

* 课题主持人：徐家力，北京科技大学党委副书记。立项编号：BLS（2020）B006-2。结项等级：合格。

的跨国公司青睐。大量跨国公司在中国境内转移产业开设工厂，从而获得成本优势。虽然全球价值链为跨国公司获取了更高的利益，但是由于美国本国制造业产业的空心化，美国就业率受到了持续影响。自特朗普上台后，为了振兴本国经济，其政府采取了一系列贸易保护的单边贸易主义措施。美国先是宣布退出自己成立的多边贸易协定组织（跨太平洋伙伴计划），又高举保护本国制造业的口号，对本国制造业给予一定的优惠政策。特朗普上台后对中国开启 301 调查，分别对铝和钢及其加工制品征收高额关税。中方表明强硬态度后，美方又对价值500 亿美元的有关知识产权商品加收 25%关税，而中方作为合理回击亦对美方近500 亿美元产品加征 25%关税，随后贸易摩擦升级，美方公布将对中方近 2000 亿美元产品加征 10%的关税，作为回应，中方公布对 600 亿美元产品征收关税。

二、我国知识产权保护面临的问题

（一）我国中小企业知识产权保护面临的问题

纵观中小企业的发展历史可以发现，很多企业都会受到初步思维格局、经济形势的影响，没有充分了解知识产权保护方面。很多企业仅仅关注资产的积累与实力的发展，对于企业大量投入资金、精力研发出的先进技术，没有采取有效的知识产权保护措施，即使研究出领先于世界的科技成果，也发表了相关论文，在公开技术成果后，却被其他企业所盗取，造成经济的巨大损失。我国拥有自主知识产权的中小企业占比较小，对我国知识产权局发布相关数据分析发现，2020年上半年，发明专利排在前 10 位的企业详见表 1 所示。

表 1　2020 上半年中国企业发明授权专利排行榜

排　名	企业	发明专利授权量
1	华　为	3005
2	国家电网	2510
3	OPPO	2004
4	京东方	1514
5	中国石化	1377
6	美　的	1295
7	腾讯科技	1274
8	中国石油	1240
9	中　兴	1214
10	TCL	1169

结合对该数据的分析发现，专利授权与申请量处于前 10 名的企业基本是大型企业。对比国内外中小企业的实际情况，我国中小企业商标、专利申请的数量是极少的，一些企业没有开展知识产权保护工作，即使存在较大的损失，也不会积极地申请专利。有些中小企业研发出先进的科技成果，没有重视产权的保护，被其他企业窃取研究成果，抢注商标，发布类似产品，极大地损害了自身的合法权益，甚至影响我国在该领域的发展，可谓影响深远。

中小企业在经营发展的初期就面临着巨大的挑战，要经历创业的艰难时刻，很多企业都暂时不会在短期内有利润收入，而他们即使研发出新型技术，也不会重视知识产权的管理方式，仅关注市场的变化。此外，很多中小企业的管理模式都是传统的家长式管理，企业决策人在确定发展战略和发展方向时，往往比较武断或者依据自己的经验来进行判断。一些具备经验的企业家会将知识产权作为重点内容进行管理，但是由于自身的经验不足，加之没有聘请专业法律人士管理，所以在出现侵权的问题时也无法及时有效地处理。因为知识产权管理经验方面的不足，造成中小企业比较大的经济损失，甚至无法继续经营。比如，某企业没有重视知识产权保护工作，也没有成立专门管理知识产权的部门，人员设置不足，没有采取有效的知识产权保护措施，导致职工离职后进入到其他企业直接使用上一家企业多年研发的成果。但是因为没有获取相关证据，无法追究责任，造成企业产品竞争力薄弱，使得企业面临倒闭的风险。有些企业虽然重视知识产权保护，也申请了专利，在市场出现同类产品后，收集好证据起诉，但是因为知识产权管理者工作的疏忽，没有及时缴纳年费而导致其失效，无法发挥法律效力。中小企业在经营发展中，受到国际经济形势、金融危机的影响，认识到人才的引进是非常重要的，所以比较重视人才的引进，希望通过高素质人才实现自主研发创业和发展，以促进自身竞争力的提升。因此，很多企业都意识到知识产权人才的重要性，并且成立了相关的部门，配置相关人员从事知识产权的管理，这是知识产权经济之下对企业发展产生的重要影响，很多企业都在转变思想观念，做出发展战略的调整。中小企业要想实现稳步发展，就要重视人才的引进。很多企业在发展初期都是以模仿起家的，并未重视知识产权的保护，在企业无法模仿之后，就必须创造以实现全面的发展，这就需要通过知识产权来保护自己的科研成果。如果没有配置相关的知识产权人才，创造就无法进行；如果知识产权管理不善或者管理人才匮乏，即使拥有了企业的知识产权也无法保护，这些工作还是需要专业的知识产权人才才能实现。知识产权人才的匮乏或者素质低下，导致企业的知识产权保护效果比较差，难以满足企业的研发和知识产权保护方面的需要，或者人才流失比较严重，企业的商业秘密随时泄露出去，给企业造成巨大的损失，甚至有破产的危险。

(二) 知识产权保护意识不足

虽然我国知识产权事业发展时间长，但无论是企业、政府还是公众，知识产权保护能力都还比较弱。从企业层面来看，关于知识产权保护中存在的主要问题如下：一是创新成果的申报数量少。虽然我国企业的专利申报数量相比以往有了大幅度增多，但多数企业的技术研发能力还比较弱，申报专利的数量仍然比较少。很多企业的专利申报和保护意愿不强烈，多认为知识产权保护过程中的障碍多、保护作用的有效性有限。另外，政府对企业的专利申请力度也很有限，对企业的激励力度不足。二是对知识产权的侵权行为打击力度不够。大多数企业都能够使用法律武器和行政手段保护自己的知识产权，以维护自己的合法权益。但从实际上看，企业所采取的措施力度都较弱，一方面是因为知识产权维权需要大量的资金支持，而企业在这一方面的资金投入较少，难以支撑企业的维权行为。另一方面，高新技术企业大多没有设立维权部门，无法有针对性地开展维权活动，维权活动很容易导致投入多、回报少等问题。

知识产权维权具有取证难、举证难的特点，这些证据很隐蔽，而且容易丢失，当事人收集证据的难度很大。在这样的情况下，如何取证成为制约企业知识产权维护过程的瓶颈。但在实际维权过程中，很多企业也是因为这一环节无法有效维权。一是难以获得销售凭证。从大量的维权案例看，维权企业很难取得侵权企业的销售凭证，无法确定损失赔偿额，多以法定赔偿额赔偿，最终不符合实际。二是难以找到造假商家。在很多情况下，高新技术企业难以找到造假商家。

一方面，侵权利益难以计算。从不同法律看，侵权利益可以是侵权人由侵权而获得的销售收入扣除成本后的收益，还可以是利润总额，也可以是除去税金的利润总额，即净利润。但在实际维权过程中，法院和被侵权人很难确定侵权人获得的侵权利润。《中华人民共和国商标法》规定，在无法确定侵权所获利润时，应根据侵权产品的单位利润确定。但由于侵权企业生产产品的成本较低，侵权产品的单位利润要远高于合法产品，因此，按照合法产品计算违法所得的赔偿金额要大于实际违法所得，造成了惩罚效果较低。这一问题对很多高新技术企业知识产权的保护造成了很大的阻碍。另一方面，被侵权损失难以计算。一般来说，侵权商品与被侵权商品会在不同的销售区域，两者不会发生竞争关系，即使存在竞争关系，侵权商品也不会影响被侵权商品的销售额。因此，当被侵权企业以销售量下降为由来申请赔偿时，侵权企业会以服务水平低、经营理念差等原因来解释其销售量下降。这对于原告来说是十分不利的，被告很容易反驳，也容易导致原告的主张得不到法院的支持。另外，对于商标侵权来说，被侵权企业更大的损失体现在商业信誉损失、可得利益损失上，例如，侵权商品冒充知名品牌在市场上销售，但其质量往往会受到消费者的质疑，影响消费者对该商标的信任度，进而影响了合法企业商品的正规销量。因此，以销量降低计算赔偿，不能有效满足被侵权人的赔偿目的。

三、我国企业知识产权保护的策略

（一）增强知识产权保护意识

当前我国中小企业主要是从事生活用品、备品备件、中小型电气设备的加工与生产，由于自身条件的不足，比较关注客户的开发，将经济效益作为重点工作来抓，知识产权保护意识比较差，甚至完全忽视该方面的管理工作。只有在发生知识产权纠纷、诉讼或者维权的过程中，企业才能认识到知识产权保护对于自身发展的重要性。中小企业应该意识到知识产权是企业经营发展的根基，有着巨大的商业价值，可以给企业带来较高的经济效益，所以企业要提升知识产权保护意识，学习和利用相关的法律制度保护自己的合法权益，才能给企业带来更高的经济效益，也能够取得更加快速的发展。目前企业竞争中，主要是品牌的竞争与产品的创新方面，这些都是知识产权保护的内容。因此，中小企业要树立品牌意识，不断创设企业品牌，从而可以在市场中获取一席之地，让企业有更高的利润空间。对于国际竞争来说，中小企业应该发挥出知识产权的作用，以法律的武器保护自己的合法权益，这是保证企业占据市场份额的重要举措，也是解决国际纠纷的重要手段。因此，中小企业应该落实相关知识产权保护措施，通过法律维护自身合法权益，免受国内外相关企业的欺凌与迫害。

（二）规范企业知识产权管理

中小企业的发展也需要制定出切实可行的长远发展战略，同时要明确知识产权的保护战略，这是企业重要的无形资产，是提升竞争力的关键所在。中小企业应该实现全面化的知识产权战略布局，为自身的发展和进步提供动力支持。根据企业的知识产权管理需要，形成知识产权全面的保护体系，积极落实知识产权保护措施，形成更加完备的无形资产数据库，进行分类管理，配置高素质的管理人员。企业知识产权的保护战略是以法律法规制度作为基础开展进行的，企业的决策者、知识产权保护相关的部门应该做出合理性的规划与设计，进行全面化的统筹规划和安排，落实知识产权保护的相关对策和措施，最终给企业带来更高的经济效益。落实相关知识产权保护措施，制定出发展战略，以完善的管理制度体系加强知识产权保护，并且获取相关的知识产权信息，了解竞争对手的实际情况，并且不断落实知识产权的研发，促进自身竞争力水平的提升。企业要把商标、专利战略、品牌发展战略等方面全部融合到一起，逐步形成知识产权的发展战略，并且有效落实到位，各个部门组织相关工作，提高企业管理水平和效益。中小企业在发展中，要勇于突破传统行业限制、规模较小的影响，不断实现知识产权全面保护，要发挥出知识产权所产生的作用，为提升企业的核心竞争力奠定坚实的基础。

（三）积极引进高端优秀知识产权人才

中小企业要想实现发展战略，人才是核心竞争力，促进整个知识产权管理体系水平的提升。中小企业要逐步落实知识产权保护各项工作，引进高端优秀的知识产权人才，具备较高的管理素质，同时还应该发布相关的激励制度，有必要的奖惩措施，让知识产权人才有较高的工作积极性，愿意积极主动地投入知识产权保护中。中小企业要给予知识产权人才必要的培训和学习机会，充分了解和掌握国际上先进的知识产权保护相关制度和原则，并且加强自主创新，保证先进知识产权保护战略可以科学合理地应用，为企业提升综合竞争力起到一定的促进作用。

四、结语

知识产权保护这一基本的法律手段，对于保护企业科技创新成果、加强企业科技创新能力具有重要的推动作用。良好的知识产权法律保护体系可以充分调动企业进行科技创新的积极性，保障企业进行大量的创新研发投入后能够收获到应得的利益。我国知识产权法律体系仍处在一个不断发展和完善的阶段，只有加强知识产权法律保护的科学性和系统性，才能更好地适应市场经济发展下企业科技创新的需求，为企业的科技创新成果和成果商品化提供更全面的法律保障，包括研发立项评估、知识产权确权、侵权调查和预警机制等，都还需要进一步完善，以持续发挥出对企业科技创新的推动作用，整体提高我国企业的科技创新水平，增强我国经济的市场竞争力。

北京市发展夜间经济中的法律问题研究

刘敬忠*

一、北京市夜间经济发展现状与问题

(一) 北京市夜间经济发展现状

随着北京市对夜间经济的政策扶持、经济扶持的力度加大，通过商圈的不断改造升级，打造生活性服务业示范街区和深夜食堂特色餐饮，北京夜间经济不断活跃，同时带动了各个商圈逐步恢复活力。

2019 年北京市政府工作报告提出，将出台繁荣夜间经济促消费政策，鼓励重点街区、商场、超市以及便利店适当延长营业时间，并计划在西城、朝阳、丰台、石景山、通州副中心和昌平等区域各打造一条深夜食堂特色餐饮街区。2019 年 12 月 2 日，北京市商务局发布 7 大措施，从深夜食堂、文化体育活动、灯光秀等多角度，聚焦夜京城地标、商圈和生活圈等消费点位，汇集吃喝玩乐游购娱等多场景、多业态夜间消费信息，多渠道引导夜间消费，丰富"夜京城"消费供给。北京市采取了多项措施，逐渐增加供给，释放城市活力。

北京市整体经济发展水平较高，在全国排名前列，但经济发展区域性特征明显，夜间经济发展同样如此。近两年来，北京市夜间经济消费的整体水平大幅提升，部分区域热度突出，一些位于朝阳、海淀的繁华区域夜间消费占比已超过 5 成。

北京市夜间经济主要集中在朝阳区和海淀区；西城区和东城区商圈较为成熟且老北京文化气息较浓厚；昌平区由于居民众多，夜间经济发展潜力较大；通州区因副中心建设，正着力发展多样独特的夜间消费形式，以吸引消费者前往；其余地区如门头沟区、大兴区等远郊区县夜间经济发展水平与以上地区相比较不发达。

北京各区夜间经济发展现状有所不同。目前北京夜间经济的组成仍以餐饮等传统消费项目为主，业态层次较为单一，对城市发展的带动效应有限，夜间经济发展仍大有可为，具体来讲，除了朝阳区和海淀区部分商圈夜间消费多元化外，

───────────

* 课题主持人：刘敬忠，北京市房地产法学会副会长。立项编号：BLS（2020）B007。结项等级：合格。

其他商圈以逛街购物、餐饮为主。除此之外，夜间旅游、健身、演出等消费者参与感、体验感强的业态虽有所增加，但总体占比仍然较少，很难挖掘喜欢点外卖、看网剧的年轻群体的夜间消费潜力。

（二）北京市夜间经济发展问题

当前北京市夜间经济消费供给数量较多，但有效供给不足。所谓有效供给是指与消费需求和消费能力相适应的供给，即能够实现产品供需平衡的供给。对于北京市的夜间经济发展来说，客群应为在职工作人员、学生群体这些在白天缺乏闲暇时间、渴望在夜间得到放松的人群。因此，夜间经济相应的配套消费项目、消费品质及消费层次应该与其相适应。但实际上，北京市夜间经济在文化场地等方面发展局限性十分明显，这些地方普遍关门过早。高品质消费项目闭馆时间早，无法满足真正客户群的有效需求痛点，使得夜间消费的有效供给不足。

北京市夜间经济的发展呈现明显的"点状式"分布，即朝阳区、海淀区、昌平区等地方发展较为繁荣，而远郊地区如门头沟区、石景山区发展较为落后。夜间经济的发展出现地域性差异是不可避免的现象，但在北京市发展夜间经济的布局规划中，除了充分考虑到地方特色以外，缺乏对布局的整体把控，没有从北京的整体视角来规范夜间经济，同时也未注重各个区内商业区域功能定位与首都发展布局定位的结合，缺乏对区域消费半径与整个消费圈的多重考虑。

当前北京发展夜间经济存在着夜晚出行诸多不便的事实。交通是夜间出行面临的一大问题。根据北京地铁运营时间数据显示，晚上 12 点以后，北京的主要地铁线路如 1 号线、10 号线地铁线路基本停运，主要区间的公交车、快速公交车也暂停运行，深夜时间段打车也很难，且存在着安全隐患。所以对于百姓来讲，大家都倾向于在夜晚 11 点之前赶公交、地铁回家，避免遇到停运的情况，这对于北京夜间经济发展具有十分大的阻碍。

在北京市夜间经济的发展过程中，社会治安也是影响夜间经济发展的一个重大问题。如果说一个地区夜晚无法实现民众的生活治安保障，那么这无形中会打击居民们夜间消费的积极性。

在闹市区，存在垃圾随意丢弃、光污染、噪声污染等问题。最明显的地区是在北京市的每个区的重点小吃街、路边摊与购物中心，这些地方客流量大、难以实现消费者行为的统一管制，经营者流动性大，缺乏规范化管理，缺乏维护环境健康的自觉性。

二、国内外夜间经济立法借鉴

（一）境外夜间经济立法及治理

1. 伦敦的多元主体参与管理模式

夜间经济业态多元化与社会多元主体参与管理是伦敦夜间经济成功的关键。

（1）将城市文化内涵融入其中。城市的发展离不开对传统文化的承袭，重视和解读城市文化对城市发展尤为重要。伦敦市民钟爱"酒吧文化"，推动了夜间经济的发展。他们认为"酒吧文化"有助于人与人之间拉近距离，使人们卸下防备、畅所欲言。

另外，伦敦在保留历史街区、活动空间和传统习惯的基础上，延长博物馆、图书馆、音乐厅等现有日间设施的开放时间，架起白天与黑夜之间文化与经济的桥梁，利用城市中闲置的建筑物和街区建立文化新区、商业改善街区（Business improvement districts），将其休闲功能和其他用途相结合，交叉满足消费者的需求。不仅在伦敦市中心，而且在整个城市的其他 70 多个区域搭建世界领先的夜间经济文化集群，开放与多样化的规划管理方式是夜间经济繁荣的重要支撑。

（2）社会多元主体积极参与管理。伦敦于 2016 年年初成立了由各种政策专家和行业领袖组成的夜间经济活动委员会，帮助市长拟定 24 小时夜间经济发展的目标，并通过与场地经营者、酒吧和餐馆工作人员、夜间消费者、消防队员和夜间通勤者对话的方式听取各方意见，平衡相关群体的利益诉求。伦敦市政府通过网上招聘的形式，聘任"夜间主管"。"夜间主管"的职务是"捍卫伦敦夜间文化价值，推动伦敦夜间经济发展和多样化"。

（3）推出通宵地铁运营计划。自 2000 年以来，伦敦的夜车使用量增加了170%。2016 年 8 月，在伦敦市政府的推动下，正式在每周五和周六两天推出夜间地铁服务，目前伦敦 11 条地铁线中有 5 条线路在周末 24 小时运行。

2. 首尔的政府主导模式

韩国夜间经济的发展不过十余年时间。1997 年外汇危机后，为了应对韩国国内消费萎缩，韩国政府管制改革委员会于 1999 年 3 月解除深夜营业的禁令。主要措施如下。

（1）将娱乐与购物场所作为夜间经济发展的主力军。夜间经济消费者有着独特的特点：年轻、自由、收入高、消费需求多样化，韩国政府有效把握了这一特点。由于韩国加班文化盛行，白天努力工作赚钱，晚上花钱解压已经成为不少上班族生活的真实写照。基于此，首尔市政府将娱乐与购物场所作为夜间经济发展的主力军。首尔街头经常看到汗蒸房、卡拉 OK、网吧、游戏厅、电影院等娱乐场所，时尚中心东大门也成为上班族晚上逛街购物的天堂。

（2）打造"夜猫子夜市"。首尔市政府从 2015 年起推出"夜猫子夜市"，在汝矣岛汉江公园、盘浦汉江公园、东大门、清溪川等地举办夜市。每周五至周六晚间 18 点起至 24 点间，首尔市民和游客们可以在夜市上看到形形色色的移动餐车和商铺，在享受美食和购物的同时欣赏汉江和清溪川的美景。据统计，2018年"夜猫子夜市"共计接待了近 430 万人次，共有 189 辆餐车、317 组商家参与其中，总销售额达到 117 亿韩元（约合人民币 7044 万元）。

（二）境内夜间经济立法及治理

1. 上海市的夜间经济治理经验

（1）上海夜间经济发展历程。2017 年 2 月，上海市商务委召开推进上海夜市建设交流会，宣布正式启动"打造具有国际消费城市特征的夜市模式"；2017年 4 月 1 日起，上海地铁逢周末延长运营时间，市交通委宣布将通过优化公交夜宵线路、优化出租车扬招点设置以及协调夜市周边企事业单位、商务楼宇的内部停车场在夜间向社会公众开放等措施，为申城做大"夜经济"保驾护航，部分商场推出"深夜商场"概念，将小吃餐饮等业态的营业时间延长至 23 时甚至次日凌晨。2017 年 9 月，"上海购物节"组委会首次将"新消费、潮生活、夜上海"作为主题，并举行首批"夜上海特色消费街区"授牌仪式。2019 年 4 月，上海商务委等 9 个部门联合出台《关于上海推动夜间经济发展的指导意见》，上海夜间经济发展正式拉开序幕；同月，上海出台《关于进一步优化供给促进消费增长的实施方案》，根据这一方案，上海将允许特色小店集中街区规范调整房屋使用性质，允许"居改非"试点，允许有条件的特色小店开展外摆位试点等，为促进夜间经济发展提供政策保障。

（2）上海夜间经济开展的典型项目。第一，开设步行街。2019 年 8 月，新天地湖滨路创新打造沪上首个周末"分时段步行街"，4 个周末共计接待客流 19余万人次。2019 年 10 月，新天地湖滨路活力街区第二阶段试运营升级回归，每周五 20：00 至下周一 5：00 施行封路搭建，其间仅可行人通行；其中周六、周日的 11：00 至 22：00 活力街区主题活动正式向市民开放，设置动感舞台、湖滨市集、活力乐园、艺术天地四大活力板块。

第二，夜间开放文娱场馆。在上海举全市之力推动夜间经济发展之前，上海已零星出现夜间经济业态，如上海植物园的"暗访夜精灵"活动、辰山植物园的"辰山奇妙夜"夏令营、上海动物园的夜游活动及共青森林公园的"探秘夜森林"等。

2019 年起，上海进一步扩大夜间文旅场所开放范围。2019 年 7 月至 9 月，上海市文化旅游局宣布 14 家博物馆试点博物馆夜间开放。

2019 年 7 月，首批"24 小时影院"诞生，国泰电影院打造了集电影、书店、餐饮于一体的夜间"电影主题书吧"。

2019 年 8 月，上海市文旅局发布首批 105 家夜间开放文旅场所名单，包括 A级景区、美术馆、博物馆、纪念馆、新兴商旅文综合体等在内的文旅场所试行夜间营业。

第三，打造夜间品牌文创活动。举办节庆和活动历来是吸引人流、聚集人气的重要手段，上海积极打造一批品牌节庆活动为夜间经济发展添砖加瓦。新天地连续 7 年举办的"天地世界音乐节""表演艺术新天地""上海新天地圣诞庆典"等一系列国际化、高层次的艺术活动，营造了独特、丰富的夜间消费氛围。豫园商城"焕彩豫园"灯会、"豫见奇妙夜"文艺演出等常驻活动相继登场，夜间集市集聚了故宫文创、二十四节气文创、韩美林系列、知弥先生系列等一批由当代著名艺术家设计的文创作品。"思南经典诵读会""夜游环复艺术季"，联合上海电影博物馆打造思南露天电影院等活动，给消费者提供丰富多元的选择。

第四，提升夜间消费品质。在电子商务发展迅猛的当下，实体经济依靠其肉眼可见的品质还能占据一席之地。夜间经济作为实体经济的重要载体，历史上的小商小贩已不能满足大众对于高品质商品或服务的消费需求。因此，上海在长期探索实践中已经形成了一些具有特色的夜间消费商圈。例如新天地的周末"分时段步行街"、五角场的"NOYA"街区、静安寺的"安义夜巷"、网红拍照地"上生·新所"都成了人们夜间购物消费的好去处。当然，传统商圈在节假日的消费流量依然不容忽视，上海正是在"传统+创新"模式下逐步提升夜间消费的品质。

（3）上海市多元共治的夜间经济治理模式。一是从法律上规范市场主体的行为，制定上海夜间经济管理条例，做到有法可依。二是部门联动合力推进。夜间经济发展是复杂的系统性工程，需要规划、文旅、公安、交通、市场监管、绿化市容、城管执法等多部门合力推进。同时在政策层面上，多部门也应围绕共同目标合力推进。三是鼓励商家自治。夜间经济发展牵涉面广，光靠政府监管并不现实，鼓励商家自治、行业自治能有效减轻政府基层管理压力。四是强化智能安防。上海公安机关积极引导商业综合体主管单位及管理方，参照《单位（楼宇）智能安全技术防范系统要求》，通过强化智能安防建设和应用的方式，提升安保科技含量，最大限度减少企业安保人力资源投入，减少企业人力成本。五是全力改善夜间交通问题。自 2017 年起，上海六条地铁线路在每周五、周六延时运营至零点，并在节假日期间也会相应调整运营时间，方便夜间出行。针对夜间停车难问题，上海公安机关通过设置夜间道路停车场，开放夜间道路装卸货时段等措施，满足群众和商户的实际夜间停车需求。

2. 兰州市的夜间经济治理经验

（1）夜食兰州。兰州市创建多条美食街，例如正宁路开创小吃夜食与民族夜食风味一条街，打造地区本土特色风味街，形成兰州地区饮食文化的独特宣传窗口。

（2）夜娱兰州。据新一线城市研究所数据统计，兰州是除了北京之外唯一酒吧数量超过 1000 家的长江以北城市。兰州酒吧以清吧为主，颇得年轻人喜爱。

酒吧产业为当地创造了大量夜间经济。创造酒吧品牌上，除兰州一些本土品牌外，另有贰麻酒馆、胡桃里、繁花酒吧、苏荷酒吧等外来品牌入驻兰州。

（3）夜购兰州。如今，兰州着重打造商业购物中心。随着购物中心时代的到来，商业项目开始逐渐引入餐饮、文创、娱乐等业态，根据顾客的消费需求调整时间至 22 点左右，更有部分社区商业致力于打造 24 小时生活艺术街区，从而全方位满足夜间消费者的购物需求。

（4）"夜兰州"天气预报。为了更好地服务兰州"夜经济"发展，助力经济全面复苏，兰州市气象局特推出"夜兰州"天气预报，于每日下午在今日头条、微博、微信、交通广播等媒体平台推出，向公众发布天气版夜间活动指南。

3. 北京南锣鼓巷的夜间经济治理调研

北京作为世界城市、国际大都市、国际交往中心，各个区发展夜间经济的模式均不同。北京市东城区的夜间经济发展主要依靠管委会、商会与城管三大部门。目前，东城区共有四个管委会，分属于王府井、前门、南锣鼓巷、簋街。由于每个街区的历史背景、文化底蕴、业态规划、发展目标等不一样，三大部门对夜间经济的政策支持也大不相同。

2005 年开始，东城区南锣鼓巷地区进行开发改造，扩大业态以及街区种类，2008 年时名气打响，南锣鼓巷逐渐繁荣，被评为"中国四大特色商业街区之一""亚洲二十五大风情地之一"，因此吸引了大量人群前来打卡游览，地方人流量已趋于一定程度的饱和。

但南锣鼓巷具有商居混住的特点，该地属于老北京的历史街巷，原住居民数量较多，共有 11 000 户人家、36 000 名居民进行居住，地方文化底蕴丰富，地域特征明显。目前当地发展夜间经济采用独特的南锣模式：商会在前、政府在后，双方有机配合一体的模式，并补充商户自律、党建引领。

当前南锣鼓巷地区在发展夜间经济时存在区域局限性、灯光局限性、管控局限性等问题，使得原住居民在出行、如厕、卫生、安保、扰民、环境污染等方面产生不便，从而使得居民拨打"12345"热线进行投诉反馈的数量激增。根据城市更新以及地方发展背景，南锣鼓巷当地管理委员会提出，未来将在防控防爆、法律支持、业态种类、商户保障等方面进行进一步提升，夜间经济发展前提先进行区域定位，尽量避免在居民数量较多的区域进行发展，从而破坏该地的历史底蕴。

他们提出在发展夜间经济的过程中，要充分考虑季节、气候等因素，例如夏季大力鼓励发展夜间经济，冬季适当减少支持力度。

南锣鼓巷是北京市的名片、北京市的窗口，当地需要夜间经济发展，但不宜过度。夜间经济的发展形式多种多样，组织摊位摆放、组建临时夜市都是一种方法，但南锣鼓巷街区商户上百家，将现有的商业商户进行保障更为重要。先要保证现有商户，避免挤压现有商户空间，尽量发挥现有商户的职能，保证付租金的商户的公平性。因此适当延长商户营业时间对于南锣鼓巷来讲是最为合理的发展夜间经济的方式之一。

三、国内外经验的启示

繁荣夜间经济需要注重顶层设计，通过科学的决策过程制定出详细的制度规定。一是要通过科学研判和市场调研，收集商家、市民等多方主体意见，制定出繁荣夜间经济相关规定。二是加强组织管理。由分管领导和相关单位负责人组成联席会，分工协作。三是避免政策"一刀切"，要根据实际情况进行科学操作。

繁荣夜间经济需要政府在政策、资金、管理和服务方面去谋划，同时更需要市场自身去稳定发展。一是要依据市场发展规律，科学规划，有序布局。二是要注重培养商户的自立自强能力，积累经营和管理经验，政府可定期为商户进行培训指导，让夜间经济可持续。三是要做好消费元素的合理配置。

夜间经济不仅是城市发展水平和品位的一个缩影，更是体现科学发展观要求、提高人民群众生活水平的重要抓手。一是要着眼于夜间经济的民生配套与保障。二是灯光亮化要结合实际，量力而行。灯光亮化对于夜间经济的发展有推动作用，但更要注重实效，节能环保，协调、优美即可，不必过于追求奢侈、豪华和震撼的灯光效果。要充分考虑受众感受，理性而务实地做好规划建设，由内而外地稳中求进。三是借鉴首尔经验，充分把握夜间消费主体人群特点，针对消费需求有针对性地进行规划。

从国外经验可以看出，挖掘城市精神文化内涵是繁荣夜间经济的有力支撑点。一是挖掘历史文化地域的夜间经济价值。在做好调研、评估、规划的基础上，可适当放开文化旅游景点或博物馆的夜间游览时间，充分激发历史文化街区的潜在功能和经济价值、社会价值、文化价值。二是注重"24 小时生活服务"的规划与管理。将 24 小时书店、24 小时便利店、24 小时咖啡厅纳入规划，为夜间经济提供"慢节奏"的休憩之地。

四、北京市发展夜间经济的法律建议

（一）适应首都规划要求

北京作为我国的首都，其夜间经济发展更是被赋予更加丰富的内涵，夜间文化消费带动城市繁荣具有现实可行性，有望成为带动城市消费升级的经济增长点。对于北京来说，发达的夜间经济在充分适应首都规划要求的同时，可以充分展现出城市良好的发展势头，为城市经济发展开辟出一条全新的道路，让城市经济发展得更加多元化。

（二）塑造城市新标签

当前，城市之间的竞争方式发生了很大变化，城市软实力在城市竞争当中发

挥的作用越来越大，城市的品牌已经成为最有价值的一种无形资产，通过城市名片能够集中体现城市的综合竞争力。城市品牌的价值主要体现在为城市塑造良好形象方面，通过这种方式来吸引高层次人才，并带动各种服务行业发展。

（三）有利于促进社会稳定

"夜间经济"的回归，实质上是为了帮扶更多的困难群体，包括低学历务工人员、失业工人、残疾人、老年人等低收入群体。由于收入较低，这些群体根本无法支付租金开设店铺。而在街边摆摊售卖产品，则是一种比较容易的经商活动。

（四）完善夜间经济的体制机制

行政机关在对北京市夜间经济活动的行政执法过程中，应视法律、行政法规是否授予行政机关相关执行权为标准，从法律角度清晰区分各个主体间的关系，依法行政、合理行政。

建立"夜间市长"及"夜间区长"制度。北京市在进行夜间经济执法机制建立的过程中，可在市政府、（小）企业主和居民之间架起桥梁，建立沟通机制，提出创新的解决方案，平衡行政管理体系和实际操作中场地经营者和艺术家的需求，确保夜生活和城市生活的其他部分能够共存。"夜间市长"的设立可以由公众和专家投票产生，受雇于北京市政府、北京市商务局，组织运作资金一半来自政府，一半来自夜间营业商家。"夜间市长"下增设"夜间区长"，按照属地管理原则，各区之间实行纵向管理机制，建立市、区、街道、社区（村小区）四级管理体系，形成专业执法、综合执法相补充相促进的行政执法体制。各部门可以通过联席会议进行决策或对重大疑难问题进行集体决议。联席会议由夜间市长主持协同各部门主要负责人制定执行范围、阶段、工作计划等。按照属地管理原则对违法行为的管理将重点查处与全局监管相结合。公安、工商、消防等其他部门根据规划和城管部门违法行为情况通报，及时提供与查处工作相关的资料，并规范办理相关的许可、登记等手续。

（五）先行制止违法行为，分阶段分类治理违规活动

居民、消费者、企业、商家均具有举报监督的责任与义务，在发现某些夜间经济的发展不符合相应法律法规、首都规划要求时，具有匿名举报的权利，可以通过热线、网站、微信公众平台等形式实行相应权利。行政执法人员接到网站和热线上的社会举报立即进行分转查处、巡查过程中发现正在进行的违规夜间经济活动，应当立即组织力量进行调查取证和认定。

（六）完善夜间经济发展的监督机制

为保证消费者、营业机构等人群充分实施其监督管理权利，北京市在发展夜间经济的过程中，应当充分鼓励有关商（协）会加强夜间经济调查研究，反映

行业诉求，加强行业自律，推动本行业夜间经济的发展。政府要加强夜间治安管理，对于违法犯罪、偷税漏税、虚假宣传、弄虚作假、销售假冒伪劣产品的给予一定的打击和处罚。政府制定规范的规章制度，加强管理，24 小时的不间断巡逻，24 小时的投诉热线，这样能及时杜绝各种违规现象和解决消费者投诉的问题。

（七）完善智能化监管网络

在响应国家、省、市、区加快"电子政务"建设的号召下，各地引入了"数字市政"的概念，将违法行为的管制纳入运用信息化手段辅助精细化城市管理的范围，对辖区实施分层、分级的全区域管理。首先，就违法行为管理而言，以空间地理信息等基础数据为载体，可以将规划发展夜间经济地方的数据输入系统，系统即生成规划后的虚拟实景，进行基础地形图、市政管线和部件数据的普查入库等一系列数据采集建库工作。其次，利用数字指挥中心、云平台数据中心实现网格化管理。最后，系统自动生成的考核评价结果，可以作为政府对各相关职能部门目标考核的重要依据。责任主体到位，考核到位，实现有效监管。

（八）打造公众参与、企业协同的违法查处平台

为了更好地体现建设和谐社会的精神，在对北京市夜间经济发展进行监督检查的过程中，要更多地运用社会性治理的方式来解决相应的问题。为了与现代决策管理的要求相符合，可以建立共同责任制度，提高公众参与度，把市民、业主、专业人员与政府部门都纳入监管体系中，不断创新公众参与违法行为治理的方式与途径。

（九）促进消费升级，鼓励多业态发展

夜间经济业态要多元化。在互联网下，餐饮消费已经实现了多元化。借助饿了么、美团等电商平台渠道进行售卖，增大夜间优惠力度；依托大众点评等平台加大宣传力度，借助新媒体或短视频扩大宣传范围，顺应当代夜间消费群体的消费习惯，激发消费潜力。

夜间购物消费线上线下融合化。以小程序、APP 等将线下商城与线上购物打通，线上平台推出领优惠券、限时促销等优惠活动，为线下服务进行引流；为车主提供智能停车服务，使线下服务升级，吸引消费者去购物。

夜间文化消费多业态化。可以增加舞台剧、相声、音乐等现场娱乐项目夜间场次；阶段性延长博物馆、美术馆、图书馆开放时间，增加夜间消费可选择性，刺激消费需求。

夜间体育运动消费赛事化。体育健身、现场看体育赛事备受当代青年喜爱。加强在京举办运动赛事的引进，增加赛事场次；鼓励健身房夜间开放，满足当代年轻人对健康消费的需求。

（十）　完善基础配套设施，便利夜间经济发展

当前夜间交通路线之间不能有效衔接、打车费用很高、在繁华商业区打不上车，以及开自家车停车难且贵的现象，都会影响消费者夜间消费。因此，政府应该延长夜间消费活跃商圈周边地铁、公交以及后续需要衔接的交通路线营运时间，增加停车位、增大治安力度，同时，完善夜间路线标识体系、灯光设施、公共 Wi-Fi 覆盖等基础配套设施，提高夜间交通的通达性、安全性和便利性。此外，在进行优化基础配套设施建设时，政府要充分考虑地域性差异，避免"一刀切"现象的产生。

（十一）　加强宣传引导，体现北京文化特色

2020 年新冠肺炎肆虐全球，文旅、餐饮、娱乐等众多行业被迫停摆。新的经济危机之下，直播成为最流行的营销方式，各类企业以直播为突破口带货。观看直播也成为隔离期间人们的消遣方式。发展老城夜经济，应成立专门的夜间经济工作委员会，负责夜间经济的统筹与宣传，对消费者进行引导、对商家进行激发，加强政策引导，以各类新媒体为窗口，展示北京老城夜间文化生活方式，利用好新媒体语言，与年轻人"打成一片"才能更有效地引导公众需求。

作为历史文化名城，北京市国家非物质文化遗产享誉中外，夜经济可以借助这些特色文化，使自身的发展更具文化内涵。

北京市在国际交往背景下的域外法律查明路径研究

王　丽*

　　为贯彻习近平总书记的指示，支持北京打造国家服务业扩大开放综合示范区，加大先行先试力度，探索更多可复制可推广经验；设立以科技创新、服务业开放、数字经济为主要特征的自由贸易试验区，构建京津冀协同发展的高水平开放平台，带动形成更高层次改革开放新格局。[1]在认真学习了国务院印发的《深化北京市新一轮服务业扩大开放综合试点 建设国家服务业扩大开放综合示范区工作方案》（以下简称《服务业对外开放综合示范区工作方案》）和《中国（北京）自由贸易试验区总体方案》（以下简称《北京自贸区工作方案》），以及北京市发改委等单位出台的《专业服务领域"两区"建设工作方案》后，课题组认为，以上方案都着眼于打造法治化、国际化的营商环境。

　　域外法查明，本是涉外商事审判中的重要环节，同时也是开展国际法研究和运用等的基础性工作、影响营商环境的重要评定标准。当下，针对北京"两区"的建设需要，树立全球视野、加快探索具有较强国际市场竞争力的开放政策和制度、加强与国际规则对接等工作对于打造国际一流营商环境来说尤为重要。探索研究建立、完善域外法查明路径，不仅符合国家战略需求，是健全涉外法治的重要举措，也是增强北京市营商环境的全球竞争力的现实需要。

　　我国理论界对域外法查明（或称为"外国法查明"）相关问题的理论研究已卓有成效，充分讨论了有关域外法的性质、查明责任分配、不能查明等问题，还有以比较法为切入点进行比较研究的。但始终因绝大部分局限在"狭义"的域外法查明定义下，导致无法更深入地关切到实践。自 2010 年《中华人民共和国涉外民事关系法律适用法》（以下简称《涉外民事关系法律适用法》）通过后，在我国域外法查明制度上算是有了正式的立法，域外法查明也逐步更多地进

　　* 课题主持人：王丽，北京融商一带一路法律与商事服务中心主任。立项编号：BLS（2020）B009-
　　　1. 结项等级：合格。
〔1〕 2020 年 9 月 4 日，习近平在 2020 年中国国际服务贸易交易会全球服务贸易峰会上的致辞。

入到开展实践的进程中。于此，本课题组不再拘泥于理论层面的深入讨论，而是站在前人的肩膀上，坚持实践与理论创新相结合的观念，以问题研究为导向，直接展开积极探索研究北京市在国际交往背景下的域外法律查明路径。通过立足中国特色、国内实际，借鉴国际情况，以高标准探寻谋划域外法律查明的适宜路径。

一、现状分析

（一）国内外域外法查明现状

1. 域外法查明背景概况和特点

随着经济全球化的发展，今天的国际社会高度融合，对企业、国际组织、政府机构，尤其对法律工作者来说，查明了解各个国家的法律已成为客观存在的现实需要。企业在进行跨境贸易投资时，需要了解其他国家的法律规定，只有了解其他国家的法律，企业才能更准确地判断控制风险，更完善地进行合规运营安排，更好地保障维护自身权益，这已是国际经济活动中的常识。不光企业需要了解其他国家的法律，各国家/地区、政府机构、国际组织，尤其是司法机构和国际争议解决组织也有这方面的需求。可以说，了解其他国家的法律是全球化历史潮流下的客观需要，对参与国际市场竞争的中国企业，对"一带一路"建设，更可以说是急迫需要。要做到了解各个国家的法律不是一件容易的事情。考夫曼·科勒教授的观察可以很好地反映这一现实："回想我作为仲裁员参与的案件……我意识到我已解决的纠纷涉及德国、法国、英国、波兰、匈牙利、葡萄牙、希腊、土耳其、黎巴嫩、埃及、突尼斯、摩洛哥、苏丹、利比里亚、韩国、泰国、阿根廷、哥伦比亚、委内瑞拉、伊利诺伊州、纽约州、瑞士的法律。我了解这些法律吗？除了我在很多年前学过但现在也不会假装还了解掌握的纽约州法律，还有我执业的瑞士法律……答案显然是否定的……"

以联合国开发计划署出具的域外法查明报告（南苏丹的情况）为例，可见全球范围内适用域外法中的复杂情况。在南苏丹，宪法强调习俗和传统，但其习惯法法院仍然从属于正式法院，并具有非常有限的管辖权。从研究的案例中所涉双方的行为可以推断，当事人打算受某一特定族裔群体习惯法的约束。1931 年，英国殖民政府颁布了《酋长法院条例》，规定设立特别法庭，以决定一方受一个酋长管辖，另一方受另一个酋长管辖的事宜。此外，南苏丹的多元文化构成意味着，当遇到两种或两种以上习俗相互作用的纠纷时，法院往往会被要求确定适用的习惯法。确定可适用的习惯法是一个非常复杂的问题，需要一种统一适用的"法律冲突"制度。经过研究确定，确定研究产生了实体法和程序法的习惯法文本。一旦确定了这一点，这就为可适用的习惯法合理化和适用习惯法提供了大量资源，可根据法律与引起争端的事实之间的关系来确定适用的习惯法。因此，可适用的习惯法可以是犯罪或交易发生地的法律、法院所在地的法律、争端各方选择的法律或当事各方的行为等。

于是，国际组织、政府机构、企业、法律工作者等单位和个人了解各个国家法律的需求催生了一个专门的法律服务领域，这就是域外法查明。

在中国，近年来越来越多的企业"走出去"，外国企业"引进来"，一些政府部门也与国外企业、机构开展合作，遇到的涉外法律问题也越来越多。例如：什么时候适用域外法、具体适用哪条法律、司法程序中当事人提供的域外法律及案例等是否真实可信……这些问题常困扰着企业、法院、仲裁机构和政府部门。同时，在域外法律查明的问题上，考虑到普通法系与大陆法系之间情况不一，课题组注意到我国与国际上其他国家在研究域外法查明的侧重点与方式也有所不同。依据最高人民法院国际商事法庭 2020 年 7 月 23 日发布的非洲部分国家和其他国家和国家及地区不可抗力及相关制度研究报告，我们可以看出报告整体呈现的思路为国家内法律法规、法院判例（个例）、程序性上的规定等内容，仅能作为基础了解。对于普通法系下个案的参考十分有限，更不要说在一些国家中还涉及习惯法的探讨、考量与研究。

从近几年裁判文书网上公布的涉域外法查明案件等学者汇总的调研数据表明，域外法查明呈现如下三个特点：

（1）域外法查明需求大幅增加、所涉案件类型更加多元。

（2）域外法查明所涉的国别和地区相应增多。

（3）域外法查明所涉问题更加精细复杂。

而对应的司法实践中，也存在着一些问题，如查明耗时长；专家证人出庭的诉讼成本高；当事人提供的域外成文法以及判例不够全面、充分；查明途径、程序以及认定无法查明的标准，尚不够统一；部分法院更以双方当事人提供的域外法相互冲突，就直接认定无法查明域外法。

2. 现有域外法查明服务的格局

域外法查明工作由来已久。从国际经济活动早期开始，进行国际贸易活动的商人，尤其是参与国际商事纠纷解决的法院、仲裁机构，就通过各种途径查明其他国家地区的法律。发展到今天，逐步形成了如下图所示的，有各国政府机构、国际组织、各国法学院校、研究机构、图书馆、商业机构和域外法查明专业机构共同参与的域外法查明服务格局。

域外法查明最直接的来源是检索查询各国政府公布的法律信息。不少国家的立法、司法和行政机构定期发布法律信息供公众查询。早期，各国官方发布的法律信息为纸质出版物，随着互联网信息技术的发展，越来越多国家建立了法律信息系统，免费发布在线法律信息。比如，奥地利联邦总理府建立的法律信息系统

（Rechts Informations System），免费提供奥地利联邦法律、州法律和奥地利各法院的判例法，以及部分法律的英文翻译。一些政府间国际组织也建立平台，收集、整理、提供成员国的法律信息。比如欧盟的 Eur-Lex/N-Lex 提供欧盟法律信息、欧盟成员国法律信息，使用了欧盟的 23 个官方语言。法语国家国际组织（the Organisation Internationale de la Francophonie）建立了 the Droit francophone，法语国家的法律信息门户网站，提供成员国和区域组织法律信息数据库的链接，帮助成员国建立自己国家的法律信息数据库。

在各国政府机构和政府间国际组织之外，各国法学院校、研究机构、图书馆等机构也进行了大量法律收集、整理、编撰、翻译工作，是域外法查明的重要来源。比如，加拿大法律信息研究所（CanLII），收集整理加拿大立法机构、司法部和法院等政府机构发布的法律信息，包括法律、判例法、条约、法律文献和研究报告。再比如，亚洲法律信息研究所（AsianLII）、英联邦法律信息研究（CommonLII）所、英国和爱尔兰法律信息研究所（BAILII）、世界法律信息研究所（WorldLII）和全球法律信息网（GLIN），提供相关地区国家的法律、判例法、法律文献。还有像瑞士比较法研究所（ISDC）、伦敦大学高级法律研究所（IALS）、马克斯·普朗克比较法和外国国际私法研究所、康奈尔大学法律图书馆等法律研究专业机构，不只进行法律信息收集、整理、编撰等方面的工作，甚至还可以出具多个司法管辖区多语种的法律意见。

除了上述非营利的组织机构，法律信息商业机构也提供收费的域外法信息服务，有代表性的是励讯集团（RELX Group PLC）旗下的律商联讯（LexisNexis）和汤森路透法律信息集团旗下的万律网（Westlaw）。法律信息商业机构聘请专业律师以及多年从事法律工作的专家，对各国法律法规以及裁判文书进行整理和归纳，主要为法律专业人士提供经过高度整合的法律信息增值服务，提高法律信息检索的效率和质量。另外，法律信息商业机构通常还为法律专业人士提供处理法律实务问题、撰写法律文书的专业服务。

最后，域外法查明的一个最重要来源是通过"域外法查明专业机构"，主要是各国律师事务所和律师。律师具有执业法域的专业法律知识、经验和资格，毫无疑问是一个可靠的域外法查明来源。事实上，通过律师提供法律咨询意见来完成域外法查明工作仍然是目前国际上最为常用的一种方式。

目前大多数域外法查明是通过自由的市场机制来进行，即由有需求的主体联系上述域外法查明服务机构，提出具体域外法查明要求，服务机构完成域外法查明工作。此外，一些国家和国际组织还制定了域外法查明制度性机制，比如英国早于 1961 年就制定了"外国法查明法案"（Foreign Law Ascertainment Act, 1861），对外国查明做出了制度性要求。再比如，1968 年，欧洲理事会（the Council of

Europe）制定了"欧洲外国法信息公约"（European Convention on Information on Foreign Law），建立起一个国际互助制度，以便利成员国司法部门获取外国法信息，截至目前该公约已有 51 个签约国。政府间国际组织海牙国际私法会议（Hague Conference on Private International Law）也一直努力创建全球性域外法查明机制标准，非政府国际专业组织国际法协会（International Law Association）也在积极推动完善域外法查明工作。

2018 年，最高人民法院设立国际商事法庭，法庭下设了域外法查明平台，聘请了数十名中外查明专家，选定了西南政法大学中国-东盟法律研究中心、中国政法大学外国法查明研究中心、武汉大学外国法查明研究中心、华东政法大学外国法查明研究中心和蓝海法律查明和商事调解中心等五家专业查明机构。另外，一带一路服务机制（B&R Service Connections，BNRSC）也下设了域外法查明机构，并已在成都、西安、广州等地开展域外法查明工作。中国的域外法查明工作进入了快速发展的阶段。

3. 域外法查明的基础——域外法信息

毋庸置疑，域外法查明的基础是域外法信息，域外法信息来源的权威性、准确性、可靠性直接影响到域外法查明工作的质量和价值。域外法查明服务现有格局中各国政府机构、国际组织、各国法学院校、研究机构、图书馆、商业机构的一个主要工作就是解决域外法信息的问题。

在过去，获取域外法信息不是一件容易的事情。多数国家政府向公众发布的法律信息非常有限，即便是英美等发达国家政府官方发布的法律信息也很难说是系统全面的。各国政府发布法律信息基本通过纸质出版物来获取，其方式成本高昂且更新也很难做到及时。这段时期，只有少数国家的法学院校、研究机构、图书馆、商业机构收集、整理、编撰、翻译域外法信息，获取域外法信息的渠道非常有限。

随着全球法治化建设的发展，各国对法律信息的可及性越来越重视，很多国家定期免费向公众发布法律信息，特别是随着信息网络技术的成熟和普及，各国政府机构通过互联网发布法律信息，互联网成为主要的域外法信息来源，域外法查明变得更便捷、成本更低，不再只是"象牙塔"里的工作。有研究显示，经过在线法律信息资源方面的培训，查明工作人员现在可以通过网上查询解决 25% 案件的域外法查明问题。

在线法律信息的快速发展，也催生了不少新的趋势。1999 年，英国政府资助整合英国各大学的外国法、比较法和国际法（Foreign, Comparative and International Law, FCIL）的主要收藏，建立了一个全国性数据库 FLAG（http://ials. sas. ac. uk/library/flag/flag. htm）。2002 年，世界上一些法律信息机构在蒙特利尔共同发表了"自由获取法律信息宣言"（Declaration on Free Access to Law），发起了"自由获取法律信息运动"（FALM），提供并支持免费获取法律信息，目前其成员包括来自世界各地的 60 多个组织。

域外法查明过程可以理解为一个法律信息的流动过程。法律信息从其源头，即各国的法律信息系统，或直接流向有域外法查明需要的主体，或流向法律信息中介机构，比如法律信息国际机构、研究机构、法律院校、商业机构、域外法查明专业机构。流向上述中介机构的法律信息经过整理后，或直接流向有域外法查明需要的主体，或流向其他法律信息中介机构。法律信息在流动的过程中，不断被归纳整合，形成高质量的、能更准确满足域外法查明不同需要的信息。

2006 年，海牙国际私法会议一般事务和政策特别委员会（现在的理事会）指示常设局（the Permanent Bureau）研究域外法查明国际合作问题。2008 年，常设局发表了关于提供各国在线法律信息全球合作专家会议的报告（Report of the Meeting of Experts on Global Co-Operation on the Provision of Online Legal Information on National Laws，以下简称"报告"），报告指出了在线法律信息全球合作中存在的问题，给出了原则性建议。

海牙国际私法会议常设局的研究显示，上述法律信息流动过程中还存在很多问题，严重影响到域外法查明工作的发展。比较突出的有以下方面：

（1）法律信息的质量和可靠性问题。域外法查明的信息来源应当具有权威性、准确性、可靠性，各政府作为法律的制定者，有责任提供其制定的法律的权威文本，并将这些文本及时向社会公开。但事实上，能做到系统地、及时地向社会公开提供法律信息的国家并不多，不少国家的法律信息散见于各部门机构发布的信息，有些很难获取，更新也不及时。

（2）法律信息的翻译问题。各国使用自己的语言制定法律，而各国使用的语言多又不同，因此翻译工作对域外法查明工作非常重要，是域外法查明的一个主要障碍。

由于各国的文化习俗、法律制度不同，法律翻译做到准确不是一件容易的事情。比如，不同法律制度下的法律术语概念常常不能准确对应，甚至没有等同的术语概念，因此法律翻译不仅仅是语言的简单转换，更重要的还涉及比较法学的工作。目前一个解决的办法是建立法律术语词典工具，欧盟的 Eurovoc 同义词表和 GLIN 的法律术语词典是目前广受关注的项目。

法律翻译涉及庞大的工作量和极高的难度，需要投入极大成本。一些国际组织已经进行了努力，比如，欧盟的线上法律系统 Eur-Lex 做出了最全面的努力，覆盖欧盟 23 种语言；GLIN 线上法律系统也包含了多种语言。解决翻译工作巨大成本的一种常用方式是将各国法律翻译为全球较为通用的语言，目前主要是英语。比如，AsianLII 使用英语来整合多语言地区的法律信息，商业机构 LexisNexis 和 Westlaw 也多提供各国法律的英文翻译。

法律翻译还有一个突出问题是缺少官方标准翻译，不同机构的翻译不尽相同，而不同的翻译则可能产生不同的法律后果。事实上，在国际商事纠纷案件中，已经出现各当事方提供不同翻译文本，对纠纷的最终裁决结果产生直接影响。

（3）法律信息的技术标准问题。虽然信息网络技术极大提升了法律信息获取的便利程度，但不同的技术标准和应用也给域外法查明的发展造成了障碍。不兼容的技术导致不同法律信息资源不能被有效整合，造成法律信息资源不能被最有效的使用，导致法律信息资源和相关工作的重复和浪费。目前，各法律信息机构也在努力解决这方面的问题，比如，发展统一的案例引用、开源的立法起草技术、程序和标准，提供系统间交叉链接和传输/交换，保持技术中立性，避免"供应商锁定"专有软件，使用"开放格式"（open-format）和元数据（meta-data）技术，等等。

除了以上几个比较突出方面的问题，域外法查明的发展还有许多具体的问题亟待解决。对此，海牙国际私法会议常设局给出了三个层面的建议：

一是提供方便获取的在线法律信息。国家/地区应当确保可以在线获取本国/本地区高质量的、主要的法律资料，包括法律法规、案例法和国际条约，建立永久性的专家机构推动发展实用可操作的、兼容的技术方案。

二是针对使用在线法律信息不能解决的查明问题，建立跨境行政和司法合作机制，处理在具体事项上适用外国法律的具体问题的请求；

三是建立一个全球性的机构和专家网络来处理更复杂的查明问题，比如特定领域（例如破产或继承）查明问题，或涉及外国法和当地法多个领域相互衔接的复杂诉讼过程中的复杂查明问题。

海牙国际私法会议发布的《制定未来机制应考虑的指导原则》（Guiding Principles to be Considered in Developing a Future Instrument，以下简称"指导原则"），进一步给出了更具体的建议：

法律信息最可靠权威的来源是制定颁布法律的各国政府，因此域外法查明的基础应当是各国政府提供的法律信息。各国政府应当确保提供基础性法律信息，包括立法、法院和行政法庭的判决决定和国际条约；尽量提供辅助性法律信息，包括相关史料，包括立法的准备材料、修订和废止，以及有关法律说明解释材料。供查阅获取的法律信息以电子形式提供，可供任何人查阅获取，而且应当免费。

鼓励各国许可和促进其他机构复制及使用该国提供的法律信息，消除版权障碍。

鼓励各国提供权威版本的法律信息；采取一切合理措施，确保其他机构在复制或使用时，能明确表明其来源和完整性（权威性）；鼓励各国消除本国法院采信上述法律信息的障碍。

鼓励各国确保其法律资料信息的长期保存和可及性。

鼓励各国采用开放格式，提供元数据，建立知识系统：鼓励各国以开放可重复的格式提供其法律信息，提供相关元数据；鼓励各国合作制定适用于法律信息的元数据共同标准，尤其是促进和鼓励交换的标准；鼓励开发提供法律信息应用和解释的知识系统，鼓励向公众免费提供这些系统，供公众查阅、复制和再利用；公开的信息材料应符合来源国对个人数据保护的法律规定，进行必要的脱密处理。

鼓励各国采用中立的文献引用方法技术，包括工具中立、供应商中立和国际一致性。

鼓励各国尽可能提供法律信息的其他语言文字翻译，并许可其他机构复制和使用，鼓励各国开发、合作开发多语种信息可及功能。

鼓励各国之间、各国和第三方使用组织之间加强合作，通过各种兼容和网络手段促进法律信息可及性，协助其他各国履行其义务，维护第三方使用组织的发展。

4. 域外法查明工作的内容

域外法查明工作到底做什么？从字面理解，就是利用域外法律信息，调查清楚域外法律问题。说起来简单，但实际上要复杂得多。

以下是一些实际工作中遇到的域外法查明请求：

巴拿马共和国有关船舶抵押相关法律规定是什么？《匈牙利民法典》对保险人求偿权、代位求偿权、债权转让及保证合同的规定是什么？大韩民国《民法典》关于合同效力、契约债务不履行与损害赔偿、履行利率、损害赔偿的范围、赔偿额的预定、连带债务、多数人债务、履行货币等方面的规定是什么？根据法国法律的相关规定，原产地证明文件一经做出可否涂改或变更，在需要变更收货人的情况下，应当如何变更？缅甸的劳动法对试用期有什么规定？孟加拉国对纺织行业安全生产有什么规定？印度尼西亚针对域名的全部法律规定？依照美国特拉华州法律成立的公司进入破产清算程序后有什么相关公司治理问题？按照美国纽约州法律，案件中遗嘱是否成立以及是否有效？等等。

上面域外法查明问题中，有的是企业在规划决策、经营管理中提出的问题，有的是企业在应对国际商事纠纷时提出的问题，有的是法院在审理裁判案件时提出的问题……查明请求的内容各有侧重，难易复杂程度各有不同。但总体来说，要回答上面的查明问题，查明工作者不仅需要查找到相关的法律，还需要弄清楚法律的内容含义。具体来说，查明工作者需要检索，甚至解释和应用域外法。

检索是最基本的域外法查明工作内容。根据域外法查明请求，查明工作者从可靠的域外法信息中检索出相关的法律法规和案例，甚至相关的法律文献、研究报告以及相关立法历史材料等。做过法律检索的人都知道，全面准确地检索不是容易的任务，对检索工作者和法律信息系统都有较高的要求。

首先，检索工作者需要了解检索的信息资源，掌握检索的技巧，具备检索内容的专业知识，换句话说，检索工作者需要知道在哪里检索，检索什么问题，判断检索的结果是否符合要求。另外，由于目前检索的法律信息多不是中文，因此检索工作者需要具备外语工作能力。

其次，法律信息系统提供的检索功能对检索质量和效率有直接的影响。在这方面，法律信息商业机构的信息系统比其他机构的信息系统有较大的优势。这主要是因为法律信息商业机构有专业的团队，对收集的法律信息进行相对细致的整理、分类和归纳，并结合实务工作需要生成法律信息元数据（meta-data），所建成数据库的数据结构高度整合，更加便于快速、高质量地检索。

最后，如果检索到的法律内容清楚明确，能准确对应域外法查明的要求，检索就基本完成了域外法查明工作，有相当一部分域外法查明是这种情况。但如果检索到的法律的内容不清楚明确，难以准确对应域外法查明的要求，甚至没有明确涵盖查明要求的情况，或者域外法查明要求涉及判断特定事实是否符合域外法律规定的情形，域外法律如何处理相关事实及其后果，外国司法机关如何适用特定法律，这时要满足域外法查明的要求，就需要对检索到的域外法律进行解释和应用。从上面所列实际工作中处理的域外法查明请求内容来看，这种情况并不少见，而在域外法律体系或法律推理（legal reasoning）性质存在较大差异时，上述情况就更加突出。

5. 对（本国）域外法查明工作者的要求

由于域外法查明工作中解释和应用域外法律的需要，对查明工作者的专业要求就更高，不仅需要具备相关域外法律知识，还需要掌握本国相关法律知识，并且能够将域外法律和本国法律对接，让域外法查明结果内容适应本国法律文化，使查明结果更容易理解接受。课题组经实践研究认为，查明工作者只有对外国和本国的法律以及文化有深入了解，才能提供高质量的域外法查明服务，即不仅需要查明工作者具备相关域外法律知识，还需要掌握查明适用国相关法律知识，并且能够将两者对接，让域外法查明的结果内容适应适用国法律文化，使查明结果更容易理解和接受。

（二）域外法查明路径及可能的"最优解"

1. 域外法查明需求与日俱增

（1）涉外商事审判情况。2020 年 9 月 25 日，根据最高人民法院的数据，2019 年全国法院新收涉外民商事海事案件 15 872 件，同比增长 11.26%。全国海事法院受理海事案件 29 929 件，案件当事人涉及近 70 个国家。

而其他自贸区法院对比增长的数据也很可观。某自贸区法院自 2019 年 1 月集中管辖涉外案件后，当年受理涉外案件数（宗）超过前三年总数的 20 倍，案件涉及美国、加拿大、马来西亚、韩国、新加坡、澳大利亚、伊朗、日本、英国、印度尼西亚等 40 多个国家及地区，涉"一带一路"沿线国家地区的案件数比去年同期增长近 50 倍。

截至 2021 年 3 月底的北京市涉外民商事案件的最新情况通告，北京第四中级人民法院（以下简称"四中院"）自 2018 年 2 月起集中审理北京市涉外商事案件，每年受理涉外商事案件近千件，其中依法需要适用域外法、涉及域外法查明的案件数量正逐年攀升。在已受理的案件中，共涉及美国、俄罗斯、印度、法国、韩国、蒙古国、利比亚、卢旺达等 10 余个法域。

以上涉外案件数量的增长同步对应的是法院对于域外法律查明与适用的需求显著增大。在 2020 年 9 月，最高人民法院举行发布《最高人民法院关于人民法院服务保障进一步扩大对外开放的指导意见》（以下简称《指导意见》）的新闻发布会上，最高人民法院副院长杨万明也提到《指导意见》中明确加强的"四项重点工作"之一就是要完善涉外法律适用规则体系，准确查明和适用国际条约、国际惯例和外国法律，增强裁判的国际公信力，推动形成和完善全球性商事法律规则。

（2）行政执法中跨境事项的查明。除了涉外商事审判中的域外法查明需求，行政机关在处理跨境事项时也格外需要域外法查明技术的协助。当然，这里的查明可能不仅是明显的"法律法规"查明，而同时包含了专家从专业领域和域外法律层面对该事项给予解释并给出判断意见。并且在行政执法实务中所需要专家给予的意见比涉外审判中更需要驻在国特殊领域的专业知识辅以法律知识才能给出符合要求的专家意见，可谓是"没有金刚钻就揽不下这瓷器活"。

（3）企业域外法查明需求高涨。除了很多国企央企、私企民企在参与"一带一路"建设过程中需要去到很多陌生国家，表达了对国内专业域外法查明机构帮助参与到企业初期项目各类事项合法合规搭建过程的巨大需求之外，近期实务中也收到了很多国内企业因被美国列入"实体清单（Entity List）"制裁——出口管制制裁清单中，遭受到美国的单边制裁，受制裁企业的应对能力非常有限，部分企业没有足够资金聘请律师维权，也不懂域外法律，为了避免被美国监管机构盯上而被迫选择直接放弃相关市场。

2018 年 9 月我国发布的《关于中美经贸摩擦的事实与中方立场》白皮书指出，"长臂管辖权"是指依托国内法规的触角延伸到境外，管辖境外实体的做法。随着美国把中国定位为主要战略竞争对手，美国对涉中国事项滥用"长臂管辖权"的覆盖范围不断扩充，涵盖了民事侵权、金融投资、反垄断、出口管制、网络安全等领域。据统计，自 2000 年至 2019 年，这 20 年期间美国法院受理的涉中国的"长臂管辖权"案例大约有 417 件，其中前 10 年为 94 件，而后 10 年为 323 件，自 2010 年开始，年度案件数大幅上升。2016 年至今，美国 54% 的证监会案例和 36% 的司法部案例都与我国有关。

习近平总书记在强调要加快涉外法治工作战略布局时指出，美国以国内法名义对我国公民、法人实施所谓的"长臂管辖"，在国际规则上是站不住脚的，但他们执意这样做，我们必须综合运用政治、经济、外交、法治等多种手段加以应对。要把法治应对摆在更加突出位置，用规则说话，靠规则行事，维护我国政治安全、经济安全，维护我国企业和公民合法权益。[1]从受制裁企业面临的涉外法律问题入手，借助域外法查明技术，以法律实务应对研究的视角切入，不仅能帮助企业解决实务问题，也能辅助对美国的长臂管辖等域外管辖权法律制度开展实战型研究。

2. 域外法查明路径选择问题

对于我国域外法查明的相关规定可参见于以下法律法规：

（1）《涉外民事关系法律适用法》第 10 条。

（2）《最高人民法院关于贯彻执行〈中华人民共和国民法通则〉若干问题的意见（试行）》（《民通意见》）第 193 条。

（3）《最高人民法院关于适用〈中华人民共和国涉外民事关系法律适用法〉若干问题的解释（一）》（《法律适用法司法解释》）第 17 条。

（4）《最高人民法院关于为自由贸易试验区建设提供司法保障的意见》（《自贸区司法保障意见》）第 11 条。

（5）《最高人民法院关于设立国际商事法庭若干问题的规定》第 8 条。

依据以上规定，可以归纳出在中国范围内可行的域外法查明路径有以下 8 种（以国际商事法庭审理案件时所列出的可用途径为最全）：

（1）由当事人提供。

（2）由中外法律专家提供。

（3）由法律查明服务机构提供。

---

[1] 2019 年 2 月 25 日，习近平同志在中央全面依法治国委员会第二次会议上的讲话。

（4）由国际商事专家委员提供。

（5）由与我国订立司法协助协定的缔约对方的中央机关提供。

（6）由我国驻该国使领馆提供。

（7）由该国驻我国使领馆提供。

（8）其他合理途径。

3. 域外法查明路径实务探索概况与"最优解"

就上述所列的 8 种域外法查明路径实务中都有涉足，但具体的效果，通过一年的跟踪探索，有以下的一些情况总结：

（1）多数路径的"缺失"情况。从路径上来说，首先，最常见的是当事人或当事人委托外国律师查明。其查明结果在法庭上出示、质证后如另一方无异议则可以使用。但大部分时候，一方提供的查明意见或自行委托域外专家提供的意见都具有明显的倾向性，令法官、另一方当事人不得不再次自行查明或委托查明或采取其他途径查明。甚至在中国裁判书网上公布的案例中，即使双方当事人都提供了专家查明意见，上海某法院仍均未采纳，并最后适用了法院地法，即国内法。

其次，通过"与我国订立司法协助协定的缔约对方的中央机关"，在此可以称之为"外交途径"，通过此外交信息交换的方式，若是从地方法院将需要查明的情况慎之又慎地定稿后层层上报，直到信息交换返回，实务中收集到的反馈认为"两年能收到已经算是快的了"。然后是与之相类似的使领馆途径。因为此次疫情，我们有幸切身体会到了我国驻该国使领馆及该国驻我国使领馆的"人间蒸发"状况。暂不说许多学者们指出使领馆人员并非法律专业人员，极大可能答非所问、无法解答，使领馆人员本身也有各自的本职工作，加之此次疫情停摆了很多相关日常工作，增加了很多其他的工作内容，且阻断了日常现场的途径或询问方式，正常的电话和邮件已经无法正常联络到对应人员，就更不要说作为域外法查明途径之一开展法律查明工作了。

当然还有不容忽视的事实是，国际商事专家等级的委员们也不可能在日常案件中频繁处理各种参差不齐的域外法查明案件。而其他合理途径的在此理解为法官的自主查明，其可查找到的内容更是有限和具有局限性。

最后，看起来最为靠谱的查明机构查明途径。对于这点实务中也反映出了很多问题。例如很多查明机构只限于法院审判中的委托查明不接受其他类型的查明，让很多律师和需要查明的当事人等无法进行查明；再者因为结合学校研究的特色局限于某些地区或某些形式，又或者主要对接学术方面专家对实务尤其普通法系下的实务具有局限性，不能满足现实中碰到的查明需求。

（2）可能的"最优解"。2020 年 7 月起至今，课题研究组深入参与实务中的查明案例，了解跟进所有程序、探索不同查明路径中的利弊并分析总结归纳。以民办非企业性质的查明中心的依托跟进案件共计 11 件，涉及澳大利亚、美国、加拿大、日本、缅甸、阿联酋联合酋长国、中非共和国等国家和地区。其中来自法院和税务机关案件 7 件且查明报告均被采纳。

2020 年 12 月起，课题研究组同时借助此类查明中心开展探索有关跨境涉税不确定事项的查明路径研究与实践探索，并邀请中国人民大学法学院范愉教授、华南理工大学法学院蒋悟真教授、重庆大学法学院王本存教授、华南理工大学法学院刘凯副教授、北京工商大学商学院彭红星副教授、上海交通大学凯原法学院李俊明老师等专家学者及具有实务经验的涉外律师和业务专家等对此展开了深入的研究和讨论，并形成相应的报告。此成果转化的试行办法已于 2021 年 4 月 26 日正式被税务机关外网公开并于 2021 年 6 月 26 日被《中国税务报》专刊报道。

截至目前，实务探索已基本建设线上线下一体化服务模式，建成域外法查明网站，建成涉外法律服务专家人才库及合作机构库，涉及国内外各行各业的专家库并依托全球范围内的专家、合作机构及庞大中英数据库支持，能够查明目的地法律包含中国、英国、美国、"一带一路"沿线国家及太平洋岛国等 80 多个国家、180 多个地区。

于此，课题组探索的一条以民间"正规军"作为中立、专业第三方力量支持的域外法查明机构路径初获成效，也是借助了公民社会不断发展的力量。民间形式的查明机构不仅减少了官方介入的因素，同时相较于高校身后的学术背景中又多了实务的因素。并且因为有着良好的社会组织"双监管"系统，在涉外专家筛选、审核报告等问题上能避免很多原则性问题的出现。

北大政治学研究中心主任、讲席教授，北大政府管理学院院长俞可平早在十多年前曾经说过中国正在进入公民社会。庞大的民间组织正是公民社会的基础和主体，而我国民间组织的大量存在和快速发展印证了这一点。他提到公民社会相对独立于国家和政府；主体是非政府和非营利的民间组织；是市场经济的必然物，也是民主政治的必然要求；有自己既不同于政府系统又不同于市场系统的运行规律……基于如上的特征，决定了这股力量不仅对市场经济的健康发展和民主政治的进步有着重大影响，也为我国民间组织参与国际事务、树立国际影响力奠定了基础。例如，中国的民间组织正陆续被授予联合国独立咨商地位（Special Consultative Status），此地位也是联合国机构对非政府组织所从事工作的认可。而具有咨商地位的非政府组织享有参与联合国相关事务的权利，主要包括：指派授权代表以观察员身份列席理事会及其附属机构的公开会议；提出书面说明，并作为联合国文件印发和分发理事会或附属机构各成员；向大会做出口头陈述和报告。联合国为具有咨商地位的非政府组织提供便利，包括发经社理事会及其附属机关的各种文件，取得联合国的新闻文件服务，安排各有关团体或组织就特别事项进行非正式讨论，在大会处理经济、社会和有关领域问题的公开会议中适当安排各组织的席位等。目前，中国仅有 39 个组织被授予"咨商地位"。

（3）与北京市国际交往背景的契合。在习近平总书记新发展理念的指引下，在"十四五"开局之年，北京市委、政府深入学习贯彻习近平法治思想，全面落实中央全面依法治国工作会议"牢牢把握统筹推进国内法治和涉外法治这个迫切需要，完善涉外领域立法，强化涉外法律服务保障，服务更高水平的对外开放"要求。为服务和保障北京"两区"建设，最高人民法院于 2021 年 3 月发布了《最高人民法院关于人民法院为北京市国家服务业扩大开放综合示范区、中国（北京）自由贸易试验区建设提供司法服务和保障的意见》（法发〔2021〕11号）（以下简称《意见》），该《意见》就涉外法律法规实施工作的整体框架、基本内容、工作要求作出了具体安排。

其中，为构建新发展格局、服务高水平对外开放、加快涉外法治工作战略布局等，《意见》要求充分发挥北京国际法学术研究资源集中的优势和涉外民商事案件类型丰富的特点，加强国际法理论和实务研究，推动国内法治与涉外法治的衔接，加强我国法域外适用法律体系建设相关问题研究。探索完善域外法查明工作正是响应了对涉外法律法规实施提出的新要求。

2021 年 3 月 26 日，据四中院通报，目前，除当事人委托或依职权委托专家查明外，该院还通过查询域外官方网站刊登的成文法律条文、公开出版的法律学术书籍以及本国已生效的裁判文书等多种途径进行补充查明。四中院在审理中明确了出具查明意见的法律专家除具有相应资质外，出具的意见还应附有与案件当事人无利害关系声明，域外形成的专家意见还需要履行公证认证手续。法院对专家意见将从完整性、客观性、真实性和关联性方面进行审查。通报会上，四中院民庭庭长马军还提到，该院目前已与查明研究中心等机构合作，并将不断拓展专业查明机构范围。

（三）域外法查明实务探索中的"瓶颈"与挑战

1. 域外法查明实务探索中的"瓶颈"与挑战

（1）立法上的不足。按照现有《中华人民共和国涉外民事关系法律适用法》、最高人民法院关于适用《中华人民共和国涉外民事关系法律适用法》若干问题的解释（一）等法律法规来说，列举不全尚未完善。针对此点，很多学者也已经多次指出。虽然从域外法查明路径上来说，2018 年《最高人民法院关于设立国际商事法庭若干问题的规定》第 8 条是有史以来最全的列举，但因此为特定于国际商事法庭的设立问题且法律效力等级上仍不足。对此上位法的缺失，可先以各地法院实践形成而制定规程来探索包括查明责任分担、费用分担在内等问题解决方式。

（2）缺乏查明域外"法"的标准认定。以查明的一件涉澳大利亚合同准据法适用问题为例，就有一个域外法查明中有意思的问题出现：即域外法查明的对象是只限于实体法或判例法还是包括冲突规范呢？对此，理论和实践在此问题上都有着不同观点。而这个理论上的争议正好涉及了有关案件中存在"反致"的情况："如果一国法院接受反致，则在确定反致的发生时，必然要查明本国冲突规范所制定的外国法中有关冲突规范的具体规定。"于是在本案查明的初期就此问题也与专家和法官间反复沟通了很多次，最终明确了本案中需要查明澳大利亚对于此的冲突规范是如何规定的。

（3）涉外案件法院查明需求与对应预算不匹配。法院作为当前需要域外法律查明服务的主要群体，并未有单独、足够的预算。良性的运营需要有资金来源，化解此困境的方式除了提前做好部分预算外也可通过制定相应的"域外法律查明机制的适用规程"，建立起费用的分担机制。

以法院委托查明案件为例，在 2020 年度跟进的案件情况来看，接受案件难度等级较低，出具报告过程中（针对案情/查明相关内容）与专家/法官之间单方沟通次数平均为 2~3 次/件；案件中仅专家部分报时最长耗时为 20.2 小时；所用专家费用自 300~500 美元/小时不等；其他时间成本耗于双向沟通成本、文件翻译时间成本、相关手续办理时间成本。就 2020 年度出具专家意见书的费用来看，根据案件耗时不同（难度、复杂程度、翻译等因素决定）、涉及地域不同、专家等原因，平均一份普通报告仅专家意见部分成本至少 3 万元。

（4）域外法查明中遇到的实际问题记录。对于域外冲突规范的查明存在中外思路的差异和理论界的争议；涉美国公司法问题查明上，法官事先并未考虑在美国法框架下"对内效力"和"对外效力"的问题；在排查利冲问题上，法院作为委托方是否应该将当事人信息告知身处域外地区的专家；域外案件中关于适用法条规定后年利息的计算问题、会计规则等一些其他相关问题是否能由专家一并解释/查明；存在的普遍问题：专家看过查明问题后需要法院提供更多的信息；法官看过意见后进而还会产生出更多新的问题。

2. 域外法查明路径探索实务中的合理化建议

"两区"建设需要树立全球视野，加快探索具有较强国际市场竞争力的开放政策和制度，加强与国际规则对接，瞄准打造国际一流营商环境目标，在法律规范、政府服务、知识产权保护等领域探路先行，提升市场化、法治化、国际化水平。现代化综合型查明中心所能帮助的不仅仅是传统意义上的帮助"法官查明"，而是服务多方、多领域的。域外法律查明与适用是衡量一个国家或地区法治水平和营商环境的重要指标。

（1）尝试提升从事涉外审判法官的域外法素养。为有利于提高域外法律适用水平，除了需要逐步培养既接受大陆法系也接受普通法系教育的精英法官，还可以配合熟悉域外法的相关专家进行定期授课、培训，确保正确理解和适用查明的域外法律。同时还可以参考其他国家和地区查明域外法律的原则和规则，在责任分配、查明方法、无法查明域外法律的处理以及上诉机制等方面完善法律查明机制相关配套制度。

（2）尝试探索建立高频域外法国家或地区简便查明机制。为简化此类高频域外法律查明程序，除了对接当地政府相关法律法规库、收集归纳涉纠纷类型、案卷，建立针对不同领域所适用的域外法国家或地区的法律、案例资料库和专家库，甚至可以有多个法律专家及学者可在线留言回复。如此一个简易但功能全面的平台搭建可能成为未来的选择。当线上解答结果不一致时，仍应借助专业领域法律专家进行查明。

（3）激活科技赋能，加速升级域外法查明平台建设。用于域外法查明的网站目前都可用于浏览和业务操作，在接受查明需求时都通过线上进行申请和资料上传。目前，每一件域外法查明的总案卷平均页数都在百页以上；每一件案件的专家查明都需要和当地专家进行线上沟通；随着域外法查明业务的增多，案件数据库的数据存储、所涉信息的收集与保护如何最佳程度上结合我国《民法典》的规范等情况更加需要高科技技术加持。比如视听传输技术的优化、配备智能手机操作的端口、高保密系统、网站的防入侵维护和功能优化等功能应逐步跟进。相信通过科技助力，定能在升级建设域外法查明平台上加速赋能。

（4）将域外法查明用以帮助多元解纷走深走实。党的十八大以来，以习近平同志为核心的党中央致力于推进国家治理体系和治理能力现代化。随着多元化纠纷解决机制的全面推进，包括行政争议、税务争议在内的纠纷解决方式中都提倡将"非诉讼纠纷解决机制"挺在前面。现今跨境、涉外因素的各类型案件几乎涉及各领域，虽然随着科技化、信息化的发展，全球资讯似乎通过网络唾手可得，但相对应的，在对域外法律法规等资料的"真实性""可信度"上仍需要专业人士和机构的帮助和认定。

以税务机关所遇到的跨境涉税不确定事项为例，在如何认定、采信证据的方式上存在着制度障碍和高额运行成本、时效等问题，比如传统的"外交信息交换"方式耗时在实务中仍长以年计。在 2020 年度协助税务机关一件涉日本税务不确定事项的案件中，针对所需查明的内容，从法律和税务的综合角度出具了专家报告并获得采纳，为此类案件的国内救济程序提供了创新的补充与支持。

（5）拓宽域外法查明路径与辐射范围需加强多部门合作。作为推动域外法查明的实务工作，短时间内实现"领跑"的理想合作模式，应加强与司法、仲裁、公证等部门和"走出去"企业等交流合作，打造涉外民商事法律服务共同体，进一步扩展查明中心法律服务的辐射范围和涵盖领域，开展全局性、战略性、前瞻性的研究咨询和服务工作，构建"一站式、全方位、多层次"的法律服务长效机制。从课题组实务中接受的咨询来看，在外投资企业实际非常需要国内可信赖机构提供的能结合其在外投资项目的法律、政策等相关内容查明用于适应驻在国情况及员工培训等。

（6）打造国际法学科、涉外法治建设的实践基地。面对当今世界的不稳定性、不确定性问题突出，国际法治的维护不可懈怠。结合课题组在实务过程中预判"双向"法律查明趋势的日渐增长，此时，借助域外法查明的平台、资源和功能，将其打造成推动国际法学科、涉外法治建设的实践基地，结合北京众多高等学府力量及社会资源，加强涉外法治交流，可助推多语种法律专业的超一流涉外人才培养。

（7）尝试探索域外法查明与"一带一路"沿线国家和地区间的共享机制。"一带一路"沿线国家政治经济发展水平、文化背景、司法环境等具有多样性，根据所秉持的共商、共建、共享原则，如能在域外法查明工作上探索落实方式，对各国都将产生有益的借鉴。此类共享机制的探索在近几年也多有成功实践，比如"一带一路"税收征管合作机制于 2019 年 4 月，中国举办的第一届"一带一路"税收征管合作论坛期间建立并于 2020 年 12 月机制会议上达成了 15 项最新成果。

二、研究结论

在全球化的背景下，域外法查明已经成为世界范围的普遍需要。随着中国在国际经济活动中发挥越来越重要的作用，"一带一路"建设持续推进，越来越多的中国企业"走出去"，域外法查明的需求变得越来越迫切。面对这一急迫需求，最高人民法院设立域外法查明平台，聘请中外查明专家，选定域外法查明机构，各地方政府努力推动域外法查明的开展建设，法律服务市场主体积极参与提供域外法查明服务，中国的域外法查明工作进入了快速发展的阶段。

从本次研究来看，做好域外法查明工作需要世界各国的共同努力，单靠一个或几个国家的努力是远远不够的。发展我国的域外法查明工作，应当充分利用国际上域外法查明资源，积极参与国际合作、标准制定和技术开发，比如参加海牙国际私法会议的相关工作，加入"自由获取法律信息运动"（FALM）。另外，由于"一带一路"沿线多为经济欠发达国家，其现有法律信息系统还很难确保提供高质量的在线法律信息，加强与"一带一路"沿线国家的合作，协助各国建设完善法律信息系统，这对"一带一路"建设有着重大意义。

北京市在国际交往背景下的域外法律查明路径研究

乔慧娟*

一、北京市域外法律查明路径和机制建设的必要性

(一) 加强涉外法治工作，保障北京"两区"建设需求

北京是我国的国际交往中心，加强"两区"（国家服务业扩大开放综合示范区和自由贸易试验区）建设，形成对外开放新高地，更加需要加强涉外法治工作。最高人民法院2021年3月发布《最高人民法院关于人民法院为北京市国家服务业扩大开放综合示范区、中国（北京）自由贸易试验区建设提供司法服务和保障的意见》（以下简称2021年《意见》）。2021年《意见》中明确指出：结合北京"两区"建设需求，优化调整涉外商事案件集中管辖范围，提升涉外商事审判专业化水平。完善域外法查明规则，健全域外法律及案例资源库，准确查明和适用国际条约、国际惯例和准据法。

因此，健全域外法查明制度，包括完善域外法查明平台和路径，是提升北京市涉外民商事审判专业化的关键一环，也是北京市加强"两区"建设，加强涉外法治工作的重要内容。

(二) 北京市国际经贸合作不断扩大，涉外争议持续增加

随着"一带一路"建设的深入推进，中国对外开放进入新的阶段。北京市也进一步优化首都经贸结构，提升对外开放水平，货物贸易和服务贸易进一步扩大，招商引资和境外投资良性互动。与此同时，涉外民商事争议和投资争议也在不断增加。2019年中国国际经济贸易仲裁委员会、中国海事仲裁委员会和北京仲裁委员会共受理了来自70多个国家和地区当事人的涉外商事和海事案件。北京各级法院也受理了一批有重大影响的涉外合同纠纷、涉外侵权纠纷、涉外婚姻家庭和继承纠纷等。此外，北京市企业对外投资过程中发生的投资争议也持续增加，给企业带来巨大损失。

(三) 域外法查明的需求更高、难度更大

域外法律查明不仅是正确审理涉外民商事案件的前提，更是解决中国企业境

---

* 课题主持人：乔慧娟，北方工业大学副教授。立项编号：BLS（2020）B009-2。结项等级：合格。

外贸易和投资争议的关键所在。多样化的跨境贸易和新型投资形式使得查明域外法要求更高、难度更大。较之传统的公司法、货物贸易法的查明，当事人和法院等争议解决机构将面临更多的有关外国知识产权法、跨国并购法、金融监管法、破产法等法律的查明。并且，"一带一路"部分沿线国的法律并不为我国企业所熟知，而这些国家正是北京市进出口贸易和对外投资的主要国家。

因此，伴随着"一带一路"倡议的推进，域外法查明的需求显著增加，需要查明的域外法更为专业和细化，查明的难度也更大。如何设计北京市的域外法查明路径，为人民法院、仲裁机构、行政机关、公证机关正确处理涉外民商事纠纷，以及为从事对外经贸合作和民商事交往的当事人提供涉外法律服务保障，是理论和实务界面临的重要问题。

二、我国域外法查明路径的法律规定及司法实践

（一）我国域外法查明路径的法律规定及不足

传统的国际私法理论中，主要探讨法院在审理涉外民商事案件应适用的法律为域外法时，法官或当事人在查明域外法问题上的责任分配和查明途径，以及无法查明域外法时，如何适用法律的问题。一般来说，各国规定域外法的查明途径主要包括：法官或当事人亲自进行域外法查明、专家证人、习惯证明书、通过外交或领事途径查明、专家意见或者通过互联网查明等。不同的国家由于法律传统的不同，往往采用上述方法中的一种或几种。

1. 《涉外民事关系法律适用法》及司法解释关于域外法查明的规定

2010 年公布的《中华人民共和国涉外民事关系法律适用法》（以下简称《涉外民事关系法律适用法》）第 10 条规定：涉外民事关系适用的外国法律，由人民法院、仲裁机构或者行政机关查明。当事人选择适用外国法律的，应当提供该国法律。不能查明外国法律或者该国法律没有规定的，适用中华人民共和国法律。该条的规定非常简单，实际上只涉及外国法查明的责任分配和外国法无法查明时的法律适用，虽然一定程度上解决了因当事人与法院查明责任不明晰而导致的相互推诿弊端，但对外国法的查明途径则付之阙如。随后，在 2012 年公布的《最高人民法院关于适用〈中华人民共和国涉外民事关系法律适用法〉若干问题的解释（一）》第 17 条只是对如何认定"不能查明外国法律"进行规定，[1] 第 18 条对人民法院应当听取当事人对应当适用的外国法律内容及其理解与适用的

---

[1] 《最高人民法院关于适用〈中华人民共和国涉外民事关系法律适用法〉若干问题的解释（一）》第 17 条：人民法院通过由当事人提供、已对中华人民共和国生效的国际条约规定的途径、中外法律专家提供等合理途径仍不能获得外国法律的，可以认定为不能查明外国法律。根据涉外民事关系法律适用法第十条第一款的规定，当事人应当提供外国法律，其在人民法院指定的合理期限内无正当理由未提供该外国法律的，可以认定为不能查明外国法律。

意见进行规定。[1]

2. 中国国际商事法庭关于域外法查明的规定

为更好地服务和保障"一带一路"建设，2018 年最高人民法院决定设立国际商事法庭，在《关于设立国际商事法庭若干问题的规定》第 8 条中规定：国际商事法庭审理案件应当适用域外法律时，可以通过下列途径查明：①由当事人提供；②由中外法律专家提供；③由法律查明服务机构提供；④由国际商事专家委员提供；⑤由与我国订立司法协助协定的缔约对方的中央机关提供；⑥由我国驻该国使领馆提供；⑦由该国驻我国使馆提供；⑧其他合理途径。通过上述途径提供的域外法律资料以及专家意见，应当依照法律规定在法庭上出示，并充分听取各方当事人的意见。上述规定主要是针对国际商事法庭审理涉外商事案件时查明域外法途径的规定，在《最高人民法院关于贯彻执行〈中华人民共和国民法通则〉若干问题的意见（试行）》（已失效）规定的原有途径基础上，增加由法律查明服务机构提供和国际商事专家委员提供两个新的查明途径。

3. 我国关于域外法查明规定的不足

《涉外民事关系法律适用法》及其司法解释在域外法律查明问题上，规定过于简单，虽然解决了域外法查明责任的相互推诿和"域外法无法查明"条款的滥用问题，但并没有对域外法查明的途径和方法进行规定。同时，我国现行立法也反映出在域外法查明问题上，查明责任和查明方法经常相混淆。查明责任应该是"谁来查外国法"的问题，查明方法和途径是"如何查域外法"的问题。"法院查明""当事人应当提供域外法"等类似的表述实际上规定的是域外法查明责任的分配，而非域外法查明的方法和途径。

在域外法查明的立法技术方面，现行分阶段、碎片化的立法使得查明主体、查明途径、查明责任分配等方面几经变更、前后不一，而相关立法解释的阙如也使得司法解释的措辞显得晦涩不明，难以有效作为裁判的依据；在立法内容方面，相关法律与司法解释均未对域外法的信息来源、辅助资料之地位、专家及其意见的标准与参与程度、域外法解释路径与标准、域外法效力认定与无法查明中的法官自由裁量权规制、适用错误的救济等重要技术问题作出明确规定。[2]

---

[1] 《最高人民法院关于适用〈中华人民共和国涉外民事关系法律适用法〉若干问题的解释（一）》第 18 条：人民法院应当听取各方当事人对应当适用的外国法律的内容及其理解与适用的意见，当事人对该外国法律的内容及其理解与适用均无异议的，人民法院可以予以确认；当事人有异议的，由人民法院审查认定。

[2] 马明飞、蔡斯扬：《"一带一路"倡议下外国法查明制度的完善》，载《法学》2018 年第 3 期，第 125 页。

（二）我国域外法律查明路径的司法实践及存在的困境

1. 当事人和法律专家提供是查明域外法的主要途径

在我国司法实践中，人民法院较多使用当事人提供域外法和中外法律专家提供域外法这两种途径。2019 年 11 月 29 日，最高人民法院联合中国政法大学外国法查明研究中心、华东政法大学外国法查明研究中心、蓝海法律查明和商事调解中心、西南政法大学中国－东盟法律研究中心、武汉大学外国法查明研究中心建立域外法查明平台，并在国际商事法庭网站上启动，标志着全国法院域外法查明统一平台的正式建立。该平台面向各级人民法院、诉讼案件当事人及代理律师，以及有域外法查明需求的企业和个人、需要了解域外法的立法机关、行政机关等单位开放。该平台提供的域外法查明服务包括"专家委员查明"和"专业机构查明"。目前，法律查明服务机构提供域外法的案件逐渐增多。最高人民法院域外法查明统一平台的建立无疑有助于提升我国法院、当事人查明域外法的质量和效率，并进一步促进我国法院在域外法查明问题上裁判思路的统一。

2. 其他查明途径过于原则且缺乏具体的国内实施机制

现行立法和司法解释中规定的域外法查明的其他途径，包括与我国订立司法协助的缔约对方的中央机关提供、我国驻外国使领馆提供、外国驻我国使领馆提供，在实践中很少使用，也难以操作，主要原因在于：我国缔结的司法协助条约对于双方提供法律问题，一般仅做原则性规定，缺乏可操作性；国内也未建立起启动这一途径的完善机制，致使这一途径难以利用。

3. 域外法查明途径的程序规则不完善

在域外法查明的途径方面，各国都有其特定的程序规则。在司法实践中，可分为当事人和法官自主查明的程序规则、当事人和法官委托专家查明的程序规则、法院委托机构查明的程序规则、法院通过外交途径或中央机关途径查明的程序规则等。

在我国立法和司法解释中，并没有明确规定域外法查明途径运用的程序规则。例如当事人自行收集域外法过程中的各环节有何形式要求、对法律专家的身份的认定要求、专家意见书的形式要件和内容的认定要求、对专家意见书是否适用证据审查程序等问题，各级法院存在矛盾的做法。立法的缺失和司法实践的矛盾做法不仅有悖于保障当事人权益的司法目标，而且也有损于我国司法机关在"一带一路"建设中的公信力与国际形象。

三、北京市关于域外法查明的司法实践及特点

（一）北京市涉外民商事审判中域外法查明的统计及梳理

截至 2021 年 2 月 1 日，以"涉外民事关系法律适用法"为关键词在中国裁判文书网进行检索，北京市各级人民法院共审理涉外民商事案件 1487 件，尽管

这些案件并非自《涉外民事关系法律适用法》实施以来北京市各级法院所审理的所有的涉外民商事案件，但也能够管中窥豹，从上述判决中总结出北京市在涉外民商事审判实践中关于域外法适用和查明途径的一般做法。在搜索案例过程中，如果以"《涉外民事关系法律适用法》第 10 条"为关键词进行检索，只检索到 3 个案件（见下表 1）。可以明显看出，在涉外民商事审判实践中，法官对域外法查明问题的忽视。但是，通过对其他涉外民商事案件判决的检索，尽管在判决中没有援引《涉外民事关系法律适用法》第 10 条的规定，但因为也涉及域外法的适用问题，在审判中也需要通过各种途径查明域外法。因此，课题组选取了北京市各级人民法院在涉外民商事审判中涉及域外法查明的有代表性的一些案件，并不局限于判决中引用《涉外民事关系法律适用法》第 10 条的案件，选取的案例充分考虑到涉外合同、涉外婚姻家庭案件等多种类型，所适用的法律涵盖美国、澳大利亚和加拿大等多国法律，查明域外法的途径包括当事人提供、法院主动查明等多种方式。

表 1　北京市法院适用和查明域外法的代表性案例

序　号	案　由 审理法院 案　号	涉案国家（地区）	有无约定适用的法律	判决适用法律	判决中载明适用法律的理由	判决中载明查明域外法的途径和法院的认定结果	两审认定是否一致
1	北京颖泰嘉和生物科技股份有限公司与美国百瑞德公司居间合同纠纷 北京市海淀区人民法院 （2015）海民（商）初字第 11214 号	美　国	合同未约定适用的法律。	分别适用美国法和中国法。	适用美国公司法判定当事人权利能力和行为能力的理由：被告注册地在美国；适用中国法判定当事人实体权利义务的理由：被告没有提供有效的美国法律或判例导致人民法院无法查明适用该案的美国法律或判例，法院依最密切联系原则，认定合同最密切联系地为中国。	在诉讼期间，原告主张适用中国法律，被告主张适用美国法律，并提供了《美国代理法重述》、美国特拉华州最高法院和密歇根州法院的判决和意见书、海因斯著的《代理、合伙和有限责任公司》一书节选，但未得到法院采纳。	一致

续表

序 号	案　由 审理法院 案　号	涉案 国家 (地区)	有无约 定适用 的法律	判决 适用 法律	判决中载明适 用法律的理由	判决中载明查明 域外法的途径和 法院的认定结果	两审 认定 是否 一致
2	国家开发银行与金海东等金融借款合同纠纷 北京市高级人民法院 (2017) 京民初23号	俄罗斯	合同未约定适用的法律。	适用俄罗斯法律。	《涉外民事关系法律适用法》第40条:"权利质权,适用质权设立地法律。"	法官直接适用《俄罗斯联邦担保法》和民法典规定,未说明查明域外法的途径和方法。	
3	天威新能源控股有限公司法律服务合同纠纷 北京市高级人民法院 (2014) 高民(商) 初字第04917号	美　国	合同未约定适用的法律。	适用美国法律。	依据最密切联系原则。	双方当事人均聘请专家证人就美国法律发表法律意见,法院裁定,对于美国法律的内容及其理解与适用无异议的,法院予以确认,对于有异议的,法院进行审查认定。	
4	J某诉D某继承纠纷 北京市海淀区人民法院 (2015) 海民初字第43956号	澳大利亚		适用澳大利亚新南威尔士州法律。	《涉外民事关系法律适用法》第32条关于遗嘱方式法律适用的规定。	一方当事人向法院提供了经公证认证的新南威尔士州《2006年继承法》,其他当事人没有异议。	一致
5	金某1诉金某2继承纠纷 北京市朝阳区人民法院 (2016)京0105民初8744号	美　国		美国马萨诸塞州继承法。	《涉外民事关系法律适用法》第32条和33条关于遗嘱方式和遗嘱效力法律适用的规定。	法院查明。	

序 号	案 由 审理法院 案 号	涉案 国家 (地区)	有无约 定适用 的法律	判决 适用 法律	判决中载明适 用法律的理由	判决中载明查明 域外法的途径和 法院的认定结果	两审 认定 是否 一致
6	张某与马某 2 等继承纠纷 北京市二中院 (2019) 京 02 民终 11151 号	瑞 典		适用瑞 典法律。	《涉外民事关系 法律适用法》 第 32 条和 33 条 关于遗嘱方式 和遗嘱效力法 律适用的规定。	一审未说明域外 法适用问题,二 审法院认定在没 有穷尽查明瑞典 国家相应法律的 途径及手段的前 提下,不应当适 用中华人民共和 国的法律来否定 遗嘱的效力。	
7	M 某诉 R 某 继承纠纷 北京市东城 区人民法院 (2016) 京 0101 民初 2176 号	美 国		适用中 国继承 法。	法院适用《继承 法》第 36 条关 于法定继承法 律适用的规定。	一方当事人提 出应适用《法 律适用法》关 于继承法律适 用的规定,并 提供了美国俄 亥俄州继承法 规定,但未被 法院采纳。	一致
8	关某与张某 2 等遗赠纠纷 北京市西城 区人民法院 (2018) 京 0102 民初 37315 号	加拿大		适用加 拿大哥 伦比亚 省法律。	《涉外民事关系 法律适用法》 第 32 条和 33 条 关于遗嘱方式 和遗嘱效力法 律适用的规定。	当事人向法院提 交加拿大《遗嘱, 遗产和继承法》 和翻译文本。法 院采纳。	一致
9	裴×1 与裴×2 等遗嘱继承 纠纷 北京市西城 区人民法院	加拿大		适用中 国法。	《涉外民事关系 法律适用法》 司法解释第八 条规定:各方 当事人援引相 同国家的法律 且未提出法律 适用异议的, 人民法院可以 认定当事人已经	本案是涉外遗 嘱继承纠纷, 各方当事人可 选择本案所适 用的法律。因 各方当事人均 援引中国法阐 述诉、辩意见, 且均未对法院 适用中国法审理	一致

序 号	案 由 审理法院 案 号	涉案 国家 （地区）	有无约 定适用 的法律	判决 适用 法律	判决中载明适 用法律的理由	判决中载明查明 域外法的途径和 法院的认定结果	两审 认定 是否 一致
	（2015）西 民初字第 04605 号				就涉外民事关 系适用的法律 做出了选择。	本案提出异议， 故适用中国法。	

从上述典型案例中可以看出：第一，北京市各级法院适用域外法主要集中于涉外合同和涉外婚姻家庭纠纷中。通过课题组的案例检索，在北京市各级法院所审理的 28 个涉外侵权纠纷中，只有一例航空运输人身损害纠纷案件中，法院适用了《蒙特利尔公约》，[1]其他涉外侵权案件均适用中国法。此外，在 43 件涉外物权纠纷中，无一案件适用域外法，全部适用法院地法即中国法；第二，北京市各级法院查明域外法的途径主要包括当事人提供域外法和法院主动查明域外法，前者又包括了当事人自己提供域外法条文、当事人委托域外法查明中心提供查明报告、当事人委托专家提供域外法法律意见。第三，法院很少在判决中阐述未采纳域外法的理由，大多以"未向本院提供应适用的域外法"作为当事人未提供域外法的表述，没有进一步的说明。

（二）北京市域外法适用及查明路径的特点及存在的问题

1. 法官对域外法的适用持消极态度

在司法实践中，我国法院对域外法的适用普遍采取消极态度，在涉外民商事案件的审理中，法官总是刻意回避域外法的适用，从而避免对域外法进行查明。课题组通过中国裁判文书网对北京市各级人民法院审理的涉外民商事案件进行统计及梳理，发现北京市各级人民法院同样存在相同的问题。只有在极少的案例中，法院对域外法的查明采取主动态度。例如在前述序号案例 6 中，二审法院在裁定中指出："遗嘱方式及遗嘱效力应当适用瑞典国家的法律。在没有穷尽查明瑞典国家相应法律的途径及手段的前提下，不应当适用中华人民共和国的法律来否定遗嘱的效力。"[2]但是在绝大多数的涉外民商事审判中，法院对域外法的适用普遍采取消极态度，或者在判决书中根本不提域外法的适用问题，[3]或者通

---

〔1〕 北京市三中院审理的卡塔尔航空集团公司与赵某等航空运输人身损害责任纠纷二审民事判决书（2020）京 03 民终 5683 号。

〔2〕 北京市第二中级人民法院张某与马某 2 等继承纠纷二审民事裁定书（2019）京 02 民终 11151 号。

〔3〕 例如在北京市高级人民法院审理的班孝程与 RAMUNICOMANAGEMENT（MCC）LIMITED（瑞木镍钴管理（中冶）有限公司）劳动争议上诉案（2015）二中民终字第 03187 号。

过对《涉外民事关系法律适用法》中冲突规范连结点的认定和解释，将冲突规范指向的准据法认定为中国法律，从而回避域外法的适用和查明问题。对域外法适用的消极态度尤其体现在涉外物权、涉外侵权和涉外婚姻家庭纠纷中。

例如，在中国裁判文书网检索，自《涉外民事关系法律适用法》生效以来，北京市各级法院共审理涉外物权纠纷 43 件，但无一例案件适用域外法，均全部适用中国法。此外，在 28 个涉外侵权案件中，除了在卡塔尔航空集团公司与赵某等航空运输人身损害责任纠纷中[1]，北京市第三中级人民法院适用了中国和卡塔尔均参加的《蒙特利尔公约》，在其他 27 个涉外侵权案件中，法院均适用中国法。在涉外婚姻家庭、继承、抚养、监护权等纠纷中，法院也通过对"共同经常居所地""有利于弱者权益""有利于保护被抚养人权益"等连结点的解释，[2]将准据法认定为中国法，从而避免域外法的适用与查明问题。

法官对域外法适用持消极态度既有主观上的原因，也有客观上的局限性。就主观方面而言，一国的法官不可能通晓世界各国的法律，法官即使有海外学习背景，但仍然普遍对域外法的适用持望而生畏的心态，不想陷入域外法适用和查明的困境中。从客观方面而言，域外法的适用面临查明难、时间长等困难，而中国法官又常年面临办案和结案压力。因此，要求法官积极适用和查明域外法，这种理想主义方式对法官来说，几乎是过高的要求。

2. 域外法查明主要采用当事人查明和法官查明两种途径

根据课题组在中国裁判文书网对北京市各级法院所审理的涉外民商事案件的检索，法院适用域外法的案件主要集中于涉外婚姻家庭纠纷和涉外合同纠纷两类案件中。在这两类案件中，适用域外法的途径包括当事人查明和法官查明两种途径，而对于其他查明域外法的途径几乎未采用。

（1）当事人查明域外法内容。在涉外合同纠纷中，因当事人在涉外合同中经常约定适用域外法，因此，法院通常要求当事人提供约定的域外法的内容，如果当事人未在规定期限内提供，法院就适用中国法作为准据法。此外，在涉外婚姻家庭、继承纠纷中，法院依据《涉外民事关系法律适用》关于夫妻财产关系、遗嘱形式和效力的冲突规则指向域外法作为准据法时，法院也往往要求当事人提供域外法内容。例如在前述序号案例 3、8 纠纷中，北京市各级法院均要求当事人查明域外法内容。

---

〔1〕 北京市第三中级人民法院审理的卡塔尔航空集团公司与赵某等航空运输人身损害责任纠纷二审民事判决书（2020）京 03 民终 5683 号。

〔2〕 例如北京市房山区人民法院审理的 L×，j×与李×抚养费纠纷一审民事判决书（2014）房民初字第 12322 号中认定：本案中被告李×2 系我国国籍，且其在北京市房山区有房产，从有利于保障未成年人合法权益出发，本案应适用我国法律。

第一，当事人自己提供域外法条文或公开出版物。当事人查明域外法的第一种方式，当事人自己提供域外法条文或公开出版物。在序号案例 8 关某与张某 2 等遗赠纠纷中，北京市西城区人民法院指出："本院释明双方当事人充分利用有效渠道查明加拿大关于遗嘱的相关法律规定。当事人 XX 向本院提交《WILLS，ESTATES AND SUCCESSION ACT》（《遗嘱，遗产和继承法》）和翻译文本。"[1] 司法实践中，当事人自己提供域外法条文也是一种比较常见的查明域外法的途径。但是，由于当事人受制于专业水平，很难在规定的时间内提供准确的域外法的内容，因此，在司法实践中，当事人更多情况下是委托专家查明域外法。

第二，当事人委托专家出具法律意见书。当事人查明域外法的第二种方式，即当事人委托专家，主要是域外执业律师，出具法律意见书。在司法实践中，对于当事人而言，委托专家查明是查明域外法的最便捷、最务实的途径。从北京市各级法院司法实践做法来看，对专家查明这种途径采取比较宽松的做法。对专家身份并未做严格限制。此外，在序号案例 3 天威新能源控股有限公司法律服务合同纠纷中，美国当事人向法院提供了纽约州律师协会会长出具的《第 375 号道德意见书》、密歇根大学法学院教授出具的美国关于公司并购的法律规定和《美国案例汇编》中关于公司并购的判例，并得到法院采纳。[2]

当事人委托专家证人出具法律意见书，虽然是查明域外法的最便捷的途径，但也存在一定的问题。例如，委托专家查明域外法需要耗费一定的金钱和时间，增加当事人的诉讼成本。另一方面，当事人聘请的专家证人出具的法律意见书可能缺乏中立性，容易引起利益冲突问题。

第三，当事人委托域外法查明中心提供域外法查明报告。当事人查明域外法的第三种方式，即当事人委托域外法查明中心提供域外法查明报告。

随着最高人民法院域外法查明平台的建立和运行，由法律查明服务机构，包括深圳蓝海法律查明和商事调解中心、华东政法大学外国法查明研究中心等机构，查明域外法的案件会越来越多。

（2）法官查明域外法的途径。在涉外合同和涉外婚姻家庭、继承纠纷中，除了当事人查明域外法这种途径外，在有些案件中，法官主动查明域外法的内容。例如在前述序号案例 2 国家开发银行与金海东等金融借款合同纠纷中，北京市高级人民法院认定："根据《中华人民共和国涉外民事关系法律适用法》第 40 条的规定：权利质权，适用质权设立地法律。故本案中关于该股权质押法律关系的认定应适用俄罗斯联邦相关法律。依据《俄罗斯联邦担保法》第 11 条第

---

〔1〕 北京市西城区人民法院关某与张某 2 等遗赠纠纷一审民事判决书（2018）京 0102 民初 37315 号。

〔2〕 北京市高级人民法院天威新能源控股有限公司法律服务合同纠纷一审民事判决书（2014）高民（商）初字第 04917 号。

3 款的规定，本案所涉股权在俄罗斯相关部门办理了质押登记，应认定为有效设立。"[1]又如在序号案例 5 金某 1 诉金某 2 继承纠纷中，北京市朝阳区人民法院指出："根据本院查明的美国马萨诸塞州法律，录音并非该地法律规定的遗嘱方式……"[2]

3. 法院判决中很少阐述未采纳当事人所提供域外法的理由

在北京市各级法院所审理的涉外合同、涉外婚姻家庭和继承案件中，有一些案件本应适用域外法作为准据法，当事人也提供了域外法的内容，但是，并未得到法院采纳，在法院判决书中也仅仅以"当事人未向本院提供约定的域外法"的表述，而没有进一步阐述为何不采纳域外法的理由。

例如在序号案例 7 M 某诉 R 某继承纠纷中，在一审中，当事人提出应适用我国《涉外民事关系法律适用法》，亦提供了美国俄亥俄州关于遗嘱继承的法律规定，但法院未予以适用，并未阐释理由。[3]

4. 北京市的域外法查明机构发挥作用受限

中国国际商事法庭域外法查明平台主要包括了中国政法大学外国法查明研究中心、华东政法大学外国法查明研究中心、蓝海法律查明和商事调解中心、武汉大学外国法查明研究中心、西南政法大学中国-东盟法律研究中心 5 家域外法查明机构，上述域外法查明机构分别位于北京、上海、深圳、武汉和重庆。

经过课题组在中国裁判文书网的检索，以及上述域外法查明机构官网介绍，这些位于中国不同城市的域外法查明机构均立足本地，面向全国开展域外法查明服务。但是，与其他域外法查明机构相比，位于北京的域外法查明机构为北京本地法院、企业和自然人提供的域外法查明服务数量不多，发挥的作用比较有限。例如据中国政法大学外国法查明研究中心官网介绍，自其成立以来，已经接受北京市昌平区人民法院关于美国纽约州法、大连海事法院关于新加坡法、天津海事法院关于英国法、法国法、墨西哥法和宁德市中级人民法院关于蒙古国法查明的委托，出具法律意见书。[4]

与中国其他城市和地区相比，北京市拥有众多的法律院校和科研机构、从事涉外业务的律师事务所，这些机构的科研人员、律师对不同国别的域外法均有所研究，都是潜在的提供域外法服务的法律专家。同时，北京市也拥有数量庞大的

〔1〕 北京市高级人民法院国家开发银行与金海东等金融借款合同纠纷一审民事判决书（2017）京民初 23 号。

〔2〕 北京市朝阳区人民法院金某 2 等与金某 5 等继承纠纷一审民事判决书（2016）京 0105 民初 8744 号。

〔3〕 北京市东城区人民法院 M 某（中文名：桑某）；R 某；B 某；吴某遗嘱继承纠纷一审民事判决书（2016）京 0101 民初 2176 号。

〔4〕 中国政法大学外国法查明研究中心官网：http://bjfxyjy.cupl.edu.cn/info/1112/5052.htm，最后访问日期：2021 年 3 月 8 日。

从事对外贸易和投资的企业，对域外法的查明需求强烈。因此，如何对接域外法查明的需求和服务，更好地为北京市的企业、自然人和各级法院提供域外法查明服务，建立更为快捷、高效的域外法查明途径，需要调动一切可以利用的社会资源，以及有效整合现有的域外法查明的资源，包括建设域外法专家库、域外法和案例数据库。

四、北京市域外法查明路径的完善建议

（一）制定北京市《域外法查明办法》

为了加强涉外民商事审判业务，一些地方法院陆续出台《域外法查明办法》等规定。例如深圳前海法院和四川自由贸易区人民法院专门出台了《域外法查明办法》，其他地方法院例如上海自贸区法院和天津市高级人民法院等人民法院，虽未出台有关域外法查明的地方性规定，但在其发布的地方性司法文件中都体现了《最高人民法院关于人民法院服务保障进一步扩大对外开放的指导意见》中所提出的"规范完善域外法查明和适用规则"的意见。北京市四中院2021年出台了域外法查明的规范指引，但其不具有普遍效力，因此，为加强域外法查明，北京市应制定《域外法查明办法》，就涉外民商事案件审理中涉及域外法查明的原则、责任分配、查明途径、域外法的确认、无法查明的认定等内容进行规定，以给各级人民法院审理涉外案件时对域外法的查明问题进行操作指引。

（二）扩展域外法查明途径，建立信息共享机制

1. 支持在北京设立域外法研究机构或法律服务机构

司法实践中，2014年以后我国开始探索利用高校教学和科研资源建立域外法查明机构，例如在中国政法大学、武汉大学、华东政法大学等院校成立外国法查明研究中心。这些外国法查明机构的设立，有效弥补了查明域外法的国际司法协助机制的局限和不足，为法院查明域外法开辟了新的途径。同时，这些机构也可面向有域外法查明需求的社会主体，为其提供有针对性的域外法查明服务。2018年6月成立的最高人民法院国际商事法庭，在域外法查明问题上大胆改革创新，不仅引入了通过法律查明服务机构和国际商事专家委员查明域外法的新途径，而且通过认可民间查明机制及拓展专家查明的国际资源，大大提升了域外法查明的灵活性和可靠性。[1]

我国目前的域外法查明机构主要是采取法院与高校合作的模式，例如上海市法院与华东政法大学合作设立外国法查明研究中心等。这种模式有其显著优点，可以有效利用高校教师和科研人员对域外法研究的优势，专业化程度较高。但

---

[1] 邓杰：《我国外国法查明的实践困境与破解路径——基于43个海事案例的实证分析》，载《江西社会科学》2021年第2期。

是，这种模式也有其局限性，高校教师和科研人员对域外法的国别研究范围可能受制于自己的专业范围和语言局限，其不可能对所有国别的域外法有专门研究，也不可能时时跟踪域外法的修改。因此，域外法查明机构的设置上，不能仅仅局限于法院与高校合作设立的模式，还应扩展至其他的模式，包括设立域外法研究的学术性研究机构或其他非营利性组织。

目前，设立在北京的域外法查明机构，只有中国政法大学设立的"外国法查明研究中心"。这与北京市要建设国家服务业扩大开放综合示范区和北京自由贸易试验区，打造北京改革开放新高地不相匹配，也不能满足日益增长的域外法查明需求。北京市高校云集，绝大多数均设有法学院或法律系。除了法学院校之外，在北京还设有中国社科院和北京社科院等专业研究机构，这些专业研究机构下设法学研究所或国际法学研究所，研究力量雄厚，对域外法的研究也有学术成果的积累。北京市应充分利用这些域外法研究的社会资源。

在 2021 年的《最高人民法院关于人民法院为北京市国家服务业扩大开放综合示范区、中国（北京）自由贸易试验区建设提供司法服务和保障的意见》中提到，加强国际法研究和运用，充分发挥北京国际法学术研究资源集中的优势和涉外民商事案件类型丰富的特点，加强国际法理论和实务研究，推动国内法治与涉外法治的衔接。加强我国法域外适用法律体系建设相关问题研究，形成一批具有推动法治进程作用、对全国法院有示范效应的标杆性案例。[1]因此，除了已经设立的中国政法大学"外国法查明研究中心"之外，北京市还应鼓励组建类似德国马普所和瑞士比较法研究所这样的域外法研究机构，或者组建类似深圳蓝海现代法律服务中心这样的法律服务机构，扩大域外法查明途径，为北京市各级人民法院和有域外法查明需求的社会主体提供独立第三方的法律查明服务。

2. 整合北京市域外法查明资源，搭建信息共享平台

2019 年《最高人民法院关于人民法院进一步为"一带一路"建设提供司法服务和保障的意见》第 17 条规定：整合域外法查明中心、研究基地等资源，构建统一的域外法查明平台。积极发挥国际商事专家委员会作用，探索多渠道准确查明适用外国法。在北京，除了专门的法学院校和科研院所之外，还有众多的从事涉外业务的律师事务所、从事外贸和对外投资的大型企业，这些机构的教学科研人员、律师以及企业法务人员对不同国别的域外法均有所研究，有些律师事务所和企业已翻译或出版域外法的相关资料。据北京市律协统计，共有 36 家北京市律师事务所通过直投、联营、合作、联盟等方式设立了 231 个境外分支机构。

---

〔1〕《最高人民法院关于人民法院为北京市国家服务业扩大开放综合示范区、中国（北京）自由贸易试验区建设提供司法服务和保障的意见》第 20 条。

未来，将会有更多的中国律师事务所"走出去"。例如，由北京德恒律师事务所倡议，联合中国五矿化工进出口商会、中国产业海外发展协会、中国开发性金融促进会、中国民营经济国际合作商会、意大利 CBA 律师事务所、奥地利 Wolf Theiss 律师事务所、哈萨克斯坦国际商会等国内外组织和商会共同发起创立的"一带一路服务机制"下设有域外法查明机构，并且已在广州等地开展域外法的查明工作。

随着我国企业对外投资目的国的增多，对这些域外国家法律的了解也将更加全面，域外国家覆盖面也更加广泛。如果这些查明域外法的资源能够共享，可以大大节省域外法查明的成本，有效提高域外法查明的效率。因此，北京市可以考虑整合上述域外法查明资源，包括在北京的各个法学院校、科研院所、律师事务所、大型企业等社会资源，搭建信息共享的域外法查明平台，这也是突破北京市域外法查明困境的最有效方式之一。

（三）构建域外法查明的专家制度

实践中，当事人查明域外法是常见的途径之一。前述北京市各级法院审理的涉外案件中，有一些是通过当事人查明域外法。但是，受专业水平、经济实力等因素限制，当事人亲自查明域外法非常困难，故当事人查明更多的是委托专家查明。在北京市域外法查明路径建设中，如何构建专家查明这一制度，包括专家资格的认定、查明的程序、查明内容的质证程序等，以保证专家查明域外法的专业性、独立性和中立性，这也是北京市域外法查明制度建设中需要重点考虑的问题之一。

1. 域外法专家资格认定

在域外法专家的资格认定方面，如前所述，我国国内有些法院以专家身份无法认定为由否定专家意见。但事实上，专家只是对具有一定专业知识和技能的人的称谓，并无具体、明确的标准，应当以动态、灵活的观念来认定专家身份。因此，在域外法专家资格的认定方面，不应狭隘地以学历、职称等指标严格限定，而应着重根据专家的职业经历、实践经验等内容判定其是不是某一域外法的专家。对域外法专家的遴选，也不应局限于中国域内专家或学者，国内外执业的律师、跨国企业的法务工作者、国际机构的负责人都可以作为域外法专家。

北京市在域外法专家资格认定上，也不应对专家资格做过多的硬性要求，这样才能广纳人才，扩宽域外法查明的领域。在审判实践中，法官指定的域外法专家资格要求应当与当事人自己委托的专家身份要求同等对待，法官也可以就专家资格征求当事人的意见，或者当事人也可以推荐熟悉某一域外法的专家。指定域外法专家时，要着重看案件类型或需要查明的域外法内容与专家的专业技能的匹配度等事项。一旦某人被指定为在某一案件中担任专家证人或需要其提供专家意见书，其应签署无利益冲突声明。

2. 专家意见书的形式审查

在专家意见书的形式审查程序方面，是否必须履行公证、认证手续，现行法律并未明确规定，司法实践中有不同做法。在北京市域外法查明制度构建中，对专家意见书的认定不应做公证认证手续的要求。实践中有些法院要求域外法专家意见书必须经过公证和认证手续，主要是将其作为域外证据进行审查。但是，域外法专家意见书是载明审判时应适用的域外法的内容及其适用意见，其与一般的证据在本质上是有区别的，不应适用证据审查原则。另外，认证也仅能证明公证是真实合法的，其并不能保障法律专家意见书的内容真实性和有效性，要求公证和认证手续反倒是拖延了域外法查明的时间，降低了域外法查明的效率。在诉讼中，只要有足够的资料能够证明域外法的内容是真实和有效的，法院就应对专家意见书的效力予以确认。如果双方当事人对域外法的内容有异议，法院应当在听取双方当事人意见后，依据相关材料进行认定。

3. 专家意见书的内容要求

在专家意见书的内容方面，由于现行法律并未作出明确规定，标准的缺失给当事人带来一定的困扰，并造成司法实践中对某域外法的专家意见书是否采纳的不确定性。因此，应对专家意见书中必须包含的内容作出规定，至少应包括受委托事项、域外法的内容（例如相关的法律条文、司法判例等）、查明方法和途径、域外法有效性的证明、专家关于域外法适用的意见等内容。除以上必备内容外，专家意见书也可以附上相关法学教材或其他证明资料等作为补充。

（四）加强区际法律查明，建立域外法数据库和案例库

1. 加强区际法律查明，建立区际法律信息交换机制

对区际法律的查明，第一要提高法官的司法认知能力，对区际法律的查明上要更加强调法官的勤勉职责，第二要完善各种法律查明途径。

2. 定期梳理同一国别的常规化法律问题

通过对北京市各级法院审理的涉外案件进行分析，发现在司法实践中经常面临同一国别或地区的常规法律问题，例如随着我国国民在加拿大、美国、澳大利亚等国定居人数的增多，北京市朝阳区人民法院、西城区人民法院审理多起涉及加拿大、美国、澳大利亚的继承案件，其中均涉及上述国家的《遗嘱法》和《继承法》的相关规定。

3. 建立域外法数据库和案例库

随着北京市查明域外法需求的增多，以及需要查明的域外法范围的扩大，可考虑建立域外法数据库和案例库，并及时补充和更新其内容。在建设步骤上，数据库建设初期可重点组织人员翻译、收集和整理我国法院审判中适用较多的国家

或地区的法律，例如英美《合同法》、加拿大和澳大利亚的《继承法》等规定，成熟后可以将域外法的范围再扩展至"一带一路"沿线国家的法律及我国外贸和投资主要流向国，域外法内容包括合同法、金融监管、投资法、证券法等。

域外法数据库和案例库的建立，将有效提升域外法来源的权威性和针对性。在建设途径上，其一，要充分发挥现有的域外法查明的各种资源的最大效用，例如对于已出版的域外法资源、司法实践中已查明的域外法、涉外律师事务所和对外投资企业在日常业务中所查明的域外法，以及域外法查明研究中心所查明的域外法资源进行整合利用。其二，在建设域外法数据库和案例库过程中，要善于利用互联网途径和法律服务数据库（例如 Lexis 和 Westlaw 等数据库）查明域外法。

互联网途径相比其他传统途径，具有速度快、费用低等特点，而且资源非常丰富。随着信息技术的发展，越来越多的国家建立法律信息系统，在线发布本国的法律信息。例如，奥地利总理府建立的法律信息系统，免费提供奥地利联邦法律、州法律和奥地利各法院的判例法，以及部分法律的英文翻译。一些政府间的国际组织也建立有收集和整理成员国法律信息的平台。例如欧盟的 Eur-Lex/N-Lex 提供欧盟以及成员国的法律信息。法语国家组织也建立有法语国家的法律信息门户网站，提供成员国的法律信息数据库的链接。除了这些非营利的组织之外，一些收费的法律服务数据库也提供域外法信息，例如 Lexis 和 Westlaw 数据库中不仅有各国成文法规定和判决文书，通过检索均能搜到相关立法和判例，而且还有学者的期刊论文，可以作为域外法内容的辅助参考资料。我国可组织相关人员通过互联网途径查明和翻译我国企业和司法机关实践中需求最多的域外法内容，逐渐建立和完善我国的域外法资源数据库。

五、结语

尽管疫情给全球贸易和投资带来了较大的冲击和影响，但全球化是不可逆的大势所趋，在后疫情时代跨国贸易和投资将会得到更迅猛的发展。在全球化背景下，域外法的查明将成为跨境贸易和投资的当事人的普遍性需求。北京市是我国的国际交往中心，在加强北京市作为"四个中心"和"两区"建设的新时代背景下，域外法查明的制度建设是涉外法治工作的重要内容，其不仅是法院准确适用域外法的前提和基础，也是中国企业境外贸易和投资的重要法律保障。域外法查明制度的完善也有利于营造开放包容、平等保护内外国当事人的法治环境。

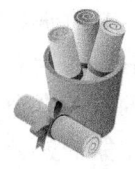

北京市可穿戴医疗技术应用的法律框架研究

赵励彦*

可穿戴医疗设备可以为用户提供医疗服务，实现治疗疾病、监测健康指标、改善人体机能，或是增强人体能力等目的。目前，随着人口老龄化现象日益严重，慢性病人群不断扩大并呈现年轻化趋势，医疗资源相对紧缺且费用支出相对较多，人们的健康观念正逐渐向疾病预防和主动监测转变，这样能够在形成严重后果前提前干预，将风险和花费降至最低。可穿戴医疗技术的快速发展，满足了人们医疗健康日常检测的需求，人们可以非常方便而且规律地获得生理体征的指标。这些可穿戴医疗设备涉及体温、血压、心率、心电、睡眠、胎心等多种检测指标。可穿戴医疗设备可以持续、便捷地对用户的健康指标进行监控，在人们的日常生活中起到重要的作用。

一、可穿戴医疗设备获取数据用于科学研究的知情同意

对于涉及人的生物医学研究，除特殊情况外，伦理和法律上均要求进行知情同意，以此来保护受试者的权利，维持公众信任。知情同意一般至少包括三个要素：能力、信息、自愿。能力是指受试者能够做出正常判断和自我决定的能力，是受试者进行自主选择的必要前提。信息是指研究者需要向受试者提供可以理解的充分的信息。自愿是受试者在充分知情，没有受到欺骗、胁迫等影响时自行所作出适合自身意愿的决定。对于传统知情同意的信息内容已形成共识，国际、国内法规也有相对比较具体的要求。但是，数据库研究很难满足这些要求，最大的难题是无法提供充分的信息。数据库知情同意和传统研究知情同意的最主要区别在于，数据库的数据要长期保存用于将来的研究，在获取数据时是无法明确具体是什么研究的，在一定程度上是不可预期的。因此，需要数据捐献者的泛化同意，而不是基于具体研究的标准的知情同意。

2011 年美国 DHHS OHRP 办公室颁布的 "The advanced notice of proposed rulemaking" 提出使用任何数据库的研究，必须提供书面知情同意，但是这种同

---

* 课题主持人：赵励彦，北京大学副研究员。立项编号：BLS（2020）B011。结项等级：合格。

意可以使用"简化的标准同意书同意广泛用于将来的研究"。2013 年 HIPAA 修正案提出，将"研究授权需要描述具体的研究目的"改为"只要为受试者提供了足够的信息使其可以作出合理的知情同意决定，可以授权用于将来的研究"。2014 年 8 月，美国国立卫生研究院（National Institute of Health，NIH）基因数据分享政策（Genomic data sharing policy）要求向 NIH 提交基因数据的研究者要提供受试者对广泛分享基因和表型数据的知情同意。2017 年人体研究保护办公室（Office for Human Research Protection，OHRP）颁布了修订版（2019 年生效）的受试者保护的联邦法规，其中包括获得广泛知情同意的要求，并称之为"泛化知情同意（broad consent）"。泛化知情同意要求研究者向受试者提供关于持续使用它们可识别数据的一定范围的选择，该修订案将会在 2019 年开始实施。泛化知情同意不仅可以将以上存在的几种情况的困境最小化，而且泛化知情同意在一定程度上的一致，对于目的和流程相似的生物样本库在国内和国际的合作和共享提供必要的前提。2018 年 5 月 25 日生效的 GDPR（欧盟通用数据保护条例）则明确规定科学研究中的数据处理（包括遗传数据）可采用泛化同意方式，但前提条件是坚持最小必要原则、采取适当的技术与组织措施，保障数据主体的基本权利与自由。对于去识别的数据，GDPR 则规定，如果穷尽一切合理措施后，综合考虑了时间成本、人力成本、技术水准等因素后，如果判断属于去识别数据（包括遗传数据），则无需就进一步处理数据征得个人的知情同意，但仍应经过伦理委员会的审批。

泛化知情同意的信息

泛化知情同意书应该包括哪些内容才能使其成为一种最优的选择呢？评价最优的知情同意方式需要评价获得同意的代价和负担。这些代价包括捐献者负担和研究者的时间，还有获得同意的资源。而且，维持记录和尊重个体选择或是进行再次同意的系统也需要相当大的花费和负担。另外，获得同意可能减少捐献者，也可能减少同意未来使用的捐献者。因此，本文通过具体工作实践，参考国内外法规、文献、指南进行泛化知情同意条目的探索，并逐步形成泛化知情同意书的参考模板，涉及研究的一般信息、数据和生物材料的处理、风险、获益、退出、结果反馈等方面。给予受试者的信息越详细，研究者获得受试者同意所要承担的时间成本、金钱成本、人力成本、技术要求和压力等也会随之增加。使用基于每个具体研究的知情同意无疑会给数据库研究带来很大的阻力和限制，往往导致研究不具有可行性。如果不征求受试者的同意或使用一揽子知情同意，即受试者可识别的信息可用于将来任何研究，不加任何限制，则缺乏对受试者的尊重，不符合基本的伦理原则。因此，采用泛化知情同意可能较好地平衡了两者的关系。本文提出的知情同意的条目，还需要进一步的研究、讨论，以及来自更多研究者、受试者、同行的意见和建议，以期形成一个较为公认的泛化知情同意模板满足数据库研究，以及其他大数据研究的需要。

二、可穿戴医疗设备数据的公共卫生研究使用伦理法律问题讨论

可穿戴医疗设备采集的大量数据为公共卫生研究提供了巨大的可能性，可以作为监测工具，传递健康干预，数据采集和传播。但是，这些数据的使用充满伦理挑战，对于如何使用和处理这些数据还并没有一致的观点，其中一些关键的伦理问题有待进一步研究和讨论如何更好地阐释这些问题。这些关键问题包括：隐私、保密、匿名化、真实性、数据传播的环境、知情同意、自愿参加、样本量、最小化伤害、数据安全和管理。

尽管对于由可穿戴医疗设备产生的大数据使用问题非常明显的需求，但是目前对于这一类的数据使用，仍没有明确的法律规定。因为这个领域进展太快了。但是，很清楚的一点是与社交媒体相关的公共卫生研究的伦理问题也在增加。最重要的是，在赫尔辛基宣言中提到了首要的是保护个体使用者权益，公共卫生研究者必须在这一伦理原则设置内进行工作。

首要的问题：一般来说，与公共卫生相关的主要问题是：①隐私；②匿名和保密；③真实性；④全球环境的快速变化。

隐私的定义是自然人的私人生活安宁和不愿为他人知晓的私密空间、私密活动、私密信息。在可穿戴医疗设备数据平台上会提供的不同的服务条款，其中考虑了与隐私选项和用户控制相关的顾虑。一些人则认为，将隐私划分为公—私两分法是没有帮助的，因为这些概念是特定于语境和文化的，很多可穿戴医疗设备平台声称用户希望分享所有个人信息，从而有意削弱隐私的概念。但是，这些个人信息数据可能会留下永久的在线痕迹，不同的用户有不同的隐私期望。附加到数据的隐私级别取决于数据平台和个人用户选择的隐私设置或平台默认设置，这些设置定期更改。只有准确地了解默认设置的含义和用户注册的内容，才能正确地掌握如何最大化隐私。关于使用可穿戴医疗设备之前，软件平台签署同意的条款中有大量的专业术语和附加条件，其中包含很多的隐私问题，但是，因为过于冗长和难以理解，导致用户经常并没有完全意识到他们同意的什么就注册或是同意了，尤其是对于他们的个人数据。而后台的数据运营公司提供的同意文件经常对于隐私意识非常强的用户也不可能理解。

如何在一个网络联系日益增多、充满诱惑、可查询的环境中做到匿名化对于公共卫生研究确实是一个很大的挑战，匿名化在伦理上是非常重要的。但是，因为在线网络传输内容的可溯源性，匿名可能在很多情况下是不可能的，已有很多关于受试者在社交网络研究中受试者匿名化的实现和保护的讨论。虽然研究者可以按照每个伦理委员会实践标准删除可识别信息，例如姓名，身份证信息、电话

号码、邮箱等信息，但是，在实际操作中，因为在线研究引擎范围宽泛，使用起来非常方便，使得其他看起来不会识别受试者的数据类型可能变得非常容易获得，而这些数据的组合很可能会重新识别个体。

反过来，在使用可穿戴医疗设备产生大量数据时采用匿名化和使用假名，要想确保数据的真实性就可能有问题，并且影响数据的有效性，需要在获得知情同意时透明。如何确保研究人员仅收集与其特定研究目的相关的数据并维护个人的隐私权是非常重要的问题。当公共卫生研究人员研究可能被公共机构或公司利益视为政治敏感的主题时，未经认证的社交媒体用户的问题以及为缓解这一问题而提出的解决方案需要经过适当的审议。

使用可穿戴医疗设备的用户可能不一定希望他们的个人数据用于研究。在不更改其隐私设置的情况下，通常会通过平台的服务条款暗示对数据的使用和收集的同意。然而，在不同于他们最初的预期或被"观看"的环境中使用其数据，通常会让他们感到不舒服。数据所有权的不清晰引发了网络平台的网关管理员许可和参与者同意的问题。

采用可穿戴医疗设备采集的数据进行研究，由于其覆盖面广，对公共卫生研究具有吸引力。需要考虑的两个核心问题是：①遵守平台的使用条款；②研究人员应征求现有或潜在参与者的同意。

最小化伤害

使用可穿戴医疗设备数据进行研究，可能可以识别受试者的身份，要提高警惕以免对其造成污名、传播可能危害个人或社会群体的调查结果、对个人价值观或信仰的挑战，以及欺凌和虐待的例子。这样的研究有诱发或加剧情绪痛苦的风险。因此，必须从一开始就制定明确的风险控制方案，详细说明如何处理此类情况。这对涉及未成年人和其他弱势群体的研究具有特殊意义。每一个角色都有其自身的伦理问题。为了确保一致性和真实性，应该在项目开始时对研究人员的角色进行清楚的描述，并达成一致。

前进的方向

向这些采集可穿戴医疗数据平台的企业所有者、伦理委员会、研究人员、从业者和期刊出版商进行相关的培训非常重要。广泛的数字技术资源和工具不断快速发展，但仍然有进一步发展的空间。这些资源应该为公共卫生研究社区提供与其他利益相关方合作的机会。与可穿戴医疗设备数据相关的公共卫生研究相关的伦理问题日益增多，目前要求公共卫生研究人员对每个项目进行个案研究，并在探索这一不断发展的新领域时分享他们的经验，并在保护个人用户的伦理原则下开展工作。

京津冀协同发展稳就业保就业法治保障体系研究

薛长礼*

一、问题的提出

就业是民生之本、财富之源。做好稳就业工作，既是实现经济高质量发展、落实以人民为中心的发展思想的必然要求，也是经济发展水平、劳动力供求基本面发生变化带来的现实要求。中央经济工作会议特别强调要"多措并举保持就业形势稳定"。各部委相关工作会议也都接连发声，提前谋划部署稳就业工作。国务院专门发布了《关于进一步做好稳就业工作的意见》，明确提出全力做好稳就业工作，全力防范化解规模性失业风险，全力确保就业形势总体稳定，再度释放强化稳就业的政策信号。[1]

尽管京津冀协同立法形成了较为完备的机制，但已完成的协同立法项目主要集中于生态环保、交通一体化和产业升级等领域。京津冀协同发展涉及的就业促进、人力资源市场一体化建设、社会保险、劳动保障监察等稳就业地方性法规立法、重大政策制定问题，尚有一定差异。2020年新冠疫情发生以来，稳就业保就业成为京津冀协同发展面临的共同问题。京津冀三地出台了稳就业保就业一系列政策，开展了一定范围的协同，如人力资源社会保障部门劳务协作对接、人力资源服务区域标准、社会保险关系转移接续、专业技术人才资质互认、技能人才联合培养、集体劳动合同参考文本等，但与京津冀协同发展中加快一体化市场建设，促进京津冀人才、劳动力等要素自由流动和优化配置的法治需求不相适应，有待于进一步展开研究。

二、京津冀协同发展稳就业保就业的法治起点：劳动权保障

劳动权是一项基本人权，是宪法保障的公民基本权利。《世界人权宣言》《经济、社会和文化权利国际公约》等国际性人权文件和《欧洲社会宪章》《欧

---

* 课题主持人：薛长礼，北京化工大学教授。立项编号：BLS（2020）B012。结项等级：优秀。

〔1〕《多措并举保持就业形势稳定》，载中国政府网：http://www.gov.cn/zhengce/2020-01/06/content_5466809.htm.

洲联盟基本权利宪章》《美洲人权公约》《非洲人权和民族权宪章》等区域性人权文件都规定了劳动权，而且赋予劳动权重要的法律地位。《中华人民共和国宪法》第42条规定，中华人民共和国公民有劳动的权利和义务。国家通过各种途径，创造劳动就业条件，加强劳动保护，改善劳动条件，并在发展生产的基础上，提高劳动报酬和福利待遇。这一规定为劳动权的法律保障提供了基本遵循。在宪法基础上，通过《中华人民共和国劳动法》《中华人民共和国劳动合同法》《中华人民共和国社会保险法》《中华人民共和国劳动争议调解仲裁法》等法律法规依法保障公民的劳动权。党的十八大以来，以习近平同志为核心的党中央坚持以人民为中心的发展思想，深刻把握就业工作规律，全面深化就业创业体制机制改革，不断丰富完善促进就业创业的政策措施，颁布了《国务院关于进一步做好新形势下就业创业工作的意见》（2015）、《国务院关于印发"十三五"促进就业规划的通知》（国发〔2017〕10号）、《国务院关于做好当前和今后一段时期就业创业工作的意见》（国发〔2017〕28号）、《国务院关于做好当前和今后一个时期促进就业工作的若干意见》（国发〔2018〕39号）、《国务院关于进一步做好稳就业工作的意见》（国发〔2019〕28号）、《国务院办公厅关于应对新冠肺炎疫情影响强化稳就业举措的实施意见》（国办发〔2020〕6号）、《国务院办公厅关于提升大众创业万众创新示范基地带动作用进一步促改革稳就业强动能的实施意见》（国办发〔2020〕26号）、《国务院办公厅关于支持多渠道灵活就业的意见》（国办发〔2020〕27号）等一系列行政法规和就业政策，依法强化政府促进就业责任，发挥市场主导作用，推动实现更高质量和更充分就业。尤其是2020年新冠疫情发生以来，党中央、国务院统筹疫情防控和经济发展，有针对性出台了稳就业保就业系列政策，保障"最大的民生"，保障公民劳动权的实现。无论经济新常态下的社会劳动问题，还是新冠肺炎疫情下的稳就业保就业问题，首要的而且核心的问题是基本劳动权问题，解决社会劳动问题的基本进路也需要从保障劳动权开始，进而扩展至其他权利。需要说明的是，劳动权是一个权利束、复合权利，依凭宪法法律，其主要内容至少包括以下权利。

（一）劳动就业权

劳动就业权，即工作权，基本意涵是指任何具有劳动能力并且愿意工作的人有从事社会劳动，获得工作的权利。就业权主要包括职业自由权、平等就业权、就业保护权。①职业自由权。职业自由权是指公民有根据自己的意愿，结合社会的需要自主地决定是否就业、选择适当职业的权利，是劳动者人格独立和意志自由的法律表现。②平等就业权。平等就业权是公民平等地获得就业机会和就业保障的权利。③就业保护权。就业保护权是依法保护公民免于失业，以及在就业状态下免于无故解雇，保护和维持稳定劳动关系的权利。

（二）就业服务权

就业服务权是公民依法请求国家和社会提供公共就业服务，提供信息、便利和条件，提升其就业能力与素质，以实现就业与持续就业的权利。按照就业服务内容的不同，就业服务权可以归结为职业培训权、职业指导权、职业介绍权等。需要强调的是，就业服务权不仅是失业者享有的权利，还是已就业者享有的权利。"在劳动者尚未能进入雇佣关系之前，……国家对人民就业既有就业安定政策上的责任又有对个别劳工就业上辅导的义务，因此 20 世纪中叶以后，就业服务之观念普遍成为政府之重要责任。……在劳动者已经进入雇佣关系之后，……劳动者与政府间的关系继续存在，但内容有所不同，已就业中之劳动者虽然在职训、就服方面所能主张之权利已不同于未就业者，但关第二专长训练、在职训练、转业训练……仍然享有对政府主张职训之权利，同样道理在就服方面也有若干权利可以主张，至于失业救济制度则正是已就业劳动者当其就业安全受到威胁时最重要之保障。"

（三）劳动条件权

劳动条件权是在劳动关系和劳动过程中，基于人的尊严和生存、发展的要求，劳动者享有获得适宜劳动条件的权利。劳动条件权的一个基本前提是就业权的实现，只有在实现就业的情形下，无论是自雇式就业，还是劳动组织就业，劳动条件权才得以产生。需要强调的是，劳动条件权主要是指发生于劳动组织就业形态的权利，主要包括劳动报酬权、休息休假权、社会保险权等。

三、京津冀协同发展稳就业保就业之立法保障

（一）京津冀协同立法机制与稳就业保就业立法现状

尽管京津冀协同发展中产业领域、交通领域等均涉及就业问题，京津冀至今尚未针对稳就业问题开展协同立法。2019 年以来，根据经济社会形势的发展，国家发布了稳就业的一系列政策：《国务院关于进一步做好稳就业工作的意见》（国发〔2019〕28 号）、《国务院办公厅关于应对新冠肺炎疫情影响强化稳就业举措的实施意见》（国办发〔2020〕6 号）、《国务院办公厅关于提升大众创业万众创新示范基地带动作用进一步促改革稳就业强动能的实施意见》（国办发〔2020〕26 号）、《国务院办公厅关于支持多渠道灵活就业的意见》（国办发〔2020〕27 号）等。京津冀三地及时出台了地方性政策：北京市《全力做好稳就业保就业工作措施》、天津市就业工作领导小组关于印发《天津市贯彻落实〈国务院办公厅关于应对新冠肺炎疫情影响强化稳就业举措的实施意见〉重点任务分工方案》的通知、河北省《河北省人民政府关于进一步做好稳就业工作的实施意见》。综合分析三地的稳就业政策，主要集中于"发展经济扩大就业""支持企业稳定就业""突出重点保障就业""劳动者多渠道就业创业""就业创业服务"五个方面。可以发现，京津冀三地均是基于本地实际情况对如何开展稳就业的具体举措，北京市、天津市更重视对于"发展经济扩大就业""突出重点保障就业"，三地对于"支持企业稳定就业""就业创业服务"都有相同类似措施加以保障，具有协同立法的空间。三地稳就业政策的侧重点也有明显的不同。北京市和天津市基于经济发展实际情况出台更加灵活的就业政策，北京市针对新冠疫情发生后出现的"共享用工"形式加以肯定，北京市、天津市更加重视"平台经济""新业态发展模式"的就业效应，河北省出台的就业政策更为传统。三地对于"稳就业保就业"政策着力点集中方向基本相同，具体举措虽然有不同，但对于疫情下如何稳就业保就业作出了灵活的变通适用，为京津冀区域稳就业层面的协同立法项目奠定了基础（参见表1）。

表1 京津冀三地稳就业保就业政策一览表

	北京市《全力做好稳就业保就业工作措施》(京就发〔2020〕3号)	天津市就业工作领导小组关于印发《天津市贯彻落实〈国务院办公厅关于应对新冠肺炎疫情影响强化稳就业举措的实施意见〉重点任务分工方案》的通知(津就组字〔2020〕1号)	河北省《河北省人民政府关于进一步做好稳就业工作的实施意见》(冀政发〔2020〕3号)
发展经济扩大就业	(1) 重大产业就业影响评估，明确重要产业规划带动就业目标。 (2) 重点领域重大项目建设，扩大有效投资。 (3) 新业态新产业新模式，促进经济高质量发展。 (4) 挖掘消费潜能，消费潜力，激发新消费需求。 (5) 稳定外贸外资，围绕支持企业增订单稳岗位保就业。	明确重要产业规划带动就业目标，进行重大产业就业影响评估，优先投资带动就业能力强、有利于农村劳动力就地就近就业和高校毕业生就业的产业。	其他文件专项规定。
支持企业稳定就业	(1) 加大稳企业保就业金融支持，落实国家再贷款再贴现政策。 (2) 强化公共财政属性，落实国家"六保"任务，通过申请专项债等多渠道	(1) 落实企业吸纳重点群体就业的定额税收减免政策。 (2) 实施阶段性减免、缓缴社会保险费政策。 (3) 引导银企双方通过"信	(1) 延长援企稳岗政策：阶段性降低失业保险费率、工伤保险费率的政策；失业保险稳岗返还政策、困难企业开展职工在岗培训补贴政策；中小微

续表

北京市《全力做好稳就业保就业工作措施》（京就发〔2020〕3 号）	天津市就业工作领导小组关于印发《天津市贯彻落实〈国务院办公厅关于应对新冠肺炎疫情影响强化稳就业举措的实施意见〉重点任务分工方案》的通知（津就组字〔2020〕1 号）	河北省《河北省人民政府关于进一步做好稳就业工作的实施意见》（冀政发〔2020〕3 号）
筹措资金，做好稳就业保就业资金保障。 （3）加大减税降费力度。 （4）加大失业保险费返还、困难企业稳岗返还力度，落实岗位补贴、社会保险补贴政策，稳定企业就业岗位。 （5）深入推进集体协商"保企业保就业保稳定"行动计划。	易贷"平台开展对接并提供融资服务，针对疫情防控重点物资保障企业推出专项融资担保产品"抗疫贷"，针对由于疫情临时出现资金周转困难的优质中小微企业复工复产推出"复工复产应急贷"。	企业失业保险稳岗返还政策。 （2）金融服务企业政策：落实普惠金融定向降准政策；针对银行、金融机构为中小微企业提供贷款予以政策支持。 （3）引导企业积极开拓国内市场；产业对接，工业用地租赁，搭建跨部门综合服务平台。 （4）指导企业依法依规裁员。
突出重点保障就业 （1）促进高校毕业生市场化社会化就业。鼓励企业吸纳高校毕业生，提高事业单位招聘比例。扩大基层服务项目招募和升学入伍规模。支持高校毕业生灵活就业，扩大就业见习规模。 （2）鼓励农村劳动力就近就地就业，积极推动高效设施农业建设，稳步推进规模化生态养殖。 （3）失业保障：强化托底安置，充分利用社会公益性就业组织安置通过市场渠道难以就业的就业困难人员。完善中小微企业监测预警机制。建立就业舆情预警平台。	（1）落实就业补贴等政策。对各类企业吸纳符合条件的高校毕业生、就业困难人员等重点群体，给予社会保险补贴、岗位补贴。 （2）落实就业困难人员认定办法，及时将符合要求的人员纳入认定范围。畅通失业保险金申领渠道，放宽失业保险申领期限。 （3）安排建档立卡贫困户各项就业和培训补贴等稳岗就业资金，支持受援地区开发乡村公益性岗位。 （4）扩大企业吸纳高校毕业生就业规模。	主要涉及高校毕业生就业方面：重点促进高校毕业生等青年就业实施农村教师特岗计划、"三支一扶"计划等基层服务项目。招聘基层服务项目人员。扩大应届高校毕业生入伍规模。扩大就业见习规模，完善高校毕业生就业信息共享发布机制。

	北京市《全力做好稳就业保就业工作措施》(京就发〔2020〕3号)	天津市就业工作领导小组关于印发《天津市贯彻落实〈国务院办公厅关于应对新冠肺炎疫情影响强化稳就业举措的实施意见〉重点任务分工方案》的通知(津就组字〔2020〕1号)	河北省《河北省人民政府关于进一步做好稳就业工作的实施意见》(冀政发〔2020〕3号)
劳动者多渠道就业创业	(1) 创业:优化创业环境,积极培育科技企业、推动科技成果转化;给予大学生创业政策支持,加大创业孵化示范基地扶持力度。 (2) 灵活就业:鼓励企业采取共享用工、非全日制等灵活便利的用工方式。支持新业态企业通过劳务外包、加盟协作等方式吸纳就业。鼓励个人通过临时性、季节性、弹性工作等形式实现就业。促进直播经济、平台经济发展,支持新业态新模式。	(1) 创业:落实创业担保贷款及贴息;落实创业担保贷款管理办法,扩大政策覆盖面;落实创业孵化基地管理办法。 (2) 多渠道就业:依法依规合理设定无固定经营场所摊贩管理模式;引导平台企业放宽入驻条件、降低管理服务费;对就业困难人员、离校2年内未就业高校毕业生灵活就业的,按规定给予社会保险补贴。	(1) 支持企业吸纳就业。 (2) 营造环境鼓励创业。 (3) 支持劳动者多形式就业:社区生活服务业发展试点;扩大有效投资创造就业;稳定外贸投资扩大就业;培育壮大新动能拓展就业。 (4) 加强岗位援助突出托底安置。
就业创业服务	(1) 创新职业培训管理模式,构建职业技能培训线上管理服务体系,大力发展"互联网+培训",运用市场化手段,建立完善职业技能提升行动管理平台。 (2) 资助以训稳岗、以训拓岗,发挥技能培训在保就业、保民生、促发展中的重要作用。 (3) 全面落实"优化营商环境4.0版",推进电子劳动合同。 (4) 积极清理取消对就业	(1) 开展"证照分离"改革全覆盖试点,将实行告知承诺和优化审批服务两种改革方式事项扩展到全市范围。 (2) 出台就业目标考核办法和建立稳就业工作定期督促机制,履责不力产生严重后果、恶劣影响的,依法依规严肃问责。 (3) 发挥公共就业服务机构、高校就业指导机构、经营性人力资源服务机构作用,加大岗位信息、职业指导、网上面试等服务供给。	(1) 大规模开展职业技能培训推进职业技能提升行动,扩大培养培训规模,强化培训基础能力建设。 (2) 开展针对性就业服务,加强岗位信息供需对接,实施常态化管理服务。 (3) 发挥失业保险功能作用,保障困难人员基本生活。 (4) 组织保障:组织协调机制、资金保障机制、对接长效机制、监测研判机制、应对处置机制、宣传引导机制。

续表

北京市《全力做好稳就业保就业工作措施》（京就发〔2020〕3号）	天津市就业工作领导小组关于印发《天津市贯彻落实〈国务院办公厅关于应对新冠肺炎疫情影响强化稳就业举措的实施意见〉重点任务分工方案》的通知（津就组字〔2020〕1号）	河北省《河北省人民政府关于进一步做好稳就业工作的实施意见》（冀政发〔2020〕3号）
的不合理限制，按规定取消涉及就业的行政事业性收费，最大限度降低就业创业门槛。	落实职业培训补贴政策，鼓励农民工、失业人员、高校毕业生等积极参加职业技能培训。	

（二）京津冀协同稳就业保就业立法面临的挑战

京津冀协同稳就业保就业立法面临的挑战，一是京津冀区域内部产业结构、就业结构差异较大，稳就业举措各有侧重，增加协同立法难度。2019年《中国城市群一体化报告》指出，京津冀一体化指数（ACEP指数）偏低，在众多城市群中一体化程度仅排第四。京津冀内部发展差异较大。根据《中国统计年鉴》（2020）数据显示[1]，2019年地区生产总值中，北京市经济第三产业占据83.5%，天津市和河北省的产业结构中虽然第三产业占据主导地位，但是第二产业仍占据重要位置，分别为35.2%和38.7%。二是京津冀稳就业政策具有地区性、时效性，与协同立法有一定差距。2020年新冠肺炎疫情发生以来，北京市、天津市、河北省出台了一系列促进稳就业保就业政策。这些政策具有明显的地区性、时效性，与协同立法有一定差距。三是京津冀稳就业特殊群体覆盖人群少，协同立法覆盖范围有待扩大。京津冀现行针对特殊就业群体的框架性协议主要覆盖高校毕业生、退役军人，主要举措是京津冀跨区域招聘会。全国高等学校学生信息咨询与就业指导中心联合京津冀地区高校毕业生就业工作部门举办"京津冀地区面向2021届高校毕业生网上双选月"活动，京津冀三地连续举办退役军人就业招聘会，以及小地域范围内的"通武廊"人才招聘会。四是京津冀劳动力市场一体化程度低，就业促进协同效应难以发挥。京津冀三地劳动力市场各具特色。北京市人力资源和社会保障局的"就业超市"在新冠疫情企业复工复产过程中发挥了积极作用，2020年2月北京市全市公共就业服务机构共帮助6467家单位招聘各类人员18.6万人，其中472家企业通过"急聘"栏目招聘各类人员

---

[1] 国家统计局编：《中国统计年鉴2020》，中国统计出版社2020年版。

10.4 万人，95%以上的岗位为保障群众生活必需类岗位。[1]天津市人力资源和社会保障局依托"中国北方人才市场""中国天津人力资源开发中心"，统筹开展公共就业和人力资源服务。河北省各类人力资源服务机构达到 2244 家，从业人员超过 1.8 万人，年营业收入超 300 亿元，年帮助 300 万人次实现就业和流动。2021 年 6 月，河北省首家国家级产业园——中国石家庄人力资源服务产业园正式运行。在京津冀三地各具特色的劳动力市场基础上，河北省人社厅发起成立了"京津冀公共就业服务招聘平台"，该平台包含北京市人力资源和社会保障就业超市、天津中天人力、河北公共招聘网三家招聘网站，点击链接后，直接登录三家招聘网站。"京津冀公共就业服务招聘平台"由北京市人力资源和社会保障局、天津市人力资源和社会保障局、河北省人力资源和社会保障厅官方设立的招聘网站组成，具有专业性和地域性，但缺陷在于此招聘平台仅为三家网站"拼凑"而成，招聘平台仅为形式意义上的平台，而非几家招聘网站的有机集合，这恰恰暴露了京津冀劳动力市场一体化程度低的短板。

（三）京津冀协同发展完善稳就业立法体系的建议

1. 京津冀区域协同立法机制的完善

（1）建立京津冀专职立法机构，完善立法机制，协调立法进程。京津冀立法机构主要依赖一年开展一次的京津冀协同立法工作座谈会、人大常委会法制工作机构联席会议，没有设定固定的、长期的、专门的京津冀立法机构，座谈会与联席会议没有针对京津冀立法的专项职权，所达成协议皆为框架性、指导性协议并无强制执行力，缺乏政策法规的绩效评估机制与合作冲突解决机制。同一时期，长三角区域协同立法实践、粤港澳区域协同立法实践等区域协同发展地区的做法与京津冀地区并无实质性区别，基本采用座谈会、联席会议等形式实现区域协同立法，借鉴意义不大。对此可以将目光转向域外，欧盟开放协调机制作为软法治理机制的典型表现，在尊重成员国多样性与欧盟治理统一性之间寻求平衡，与京津冀协同立法中地方政府治理和区域协同发展相类似，具有很高参考借鉴价值。

此外，还应建立京津冀专职立法机构，虽然《中华人民共和国宪法》《中华人民共和国地方各级人民代表大会和地方各级人民政府组织法》《中华人民共和国立法法》并未规定区域协同立法机构，但考虑到现行区域协同立法机构的构建并非打破我国传统立法机制，是在传统全国人大、地方人大立法体制下的补充和完善，是对于横向地方政府间协同合作的有益补充，是软法而非硬法的形式，且考虑当前京津冀协同立法机构缺失导致协同立法沟通不畅，临时性机构临时性人

---

[1] 代丽丽：《"就业超市"解 6000 余企业用工难题》，载《北京日报》2020 年 3 月 23 日，第 6 版。

员无法全职全身心投入三地协同立法，协同立法仅依靠座谈会、联席会议形式并不能解决实践中遇到的"立法少""执行难""落实不到位"问题，建议设立专职立法机构予以解决。京津冀专职立法机构的形式可以为京津冀协同立法工作委员会等形式，作为京津冀协同立法的常设性、长期性、稳定性、专职性机构固定下来。

（2）完善立法过程中的民主参与性，调动京津冀社会各界参与立法，提高立法质量。鉴于现行京津冀协同立法机制采用联席会议、座谈会形式，由政府及其部门出台相应政策，一定意义上减少了立法过程的公开性、民众和社会组织的参与性，立法的民主性受到影响，完善协同立法可以采用政府推动，社会协同，公众参与的联动机制[1]。

2. 京津冀协同发展稳就业保就业立法内容的确定

（1）协同经济发展扩大就业。《京津冀协同发展规划纲要》实施以来，京津冀协同发展取得积极成效。"十三五"期间京津冀三地地区生产总值稳定增长。根据国家统计局、北京市统计局和中国社会科学院京津冀协同发展智库发布的京津冀区域发展指数显示，2020年京津冀区域发展指数显示持续提升，比上年提高7.59%。京津冀区域创新发展指数持续平稳上升，京津冀区域科技创新活力不断增强，从投入驱动创新数量扩张逐渐转向创新质量提升；区域协调发展稳步推进，区域城乡一体化进程持续推进，区域城镇化率高于全国平均水平；区域绿色发展较快，反映出京津冀三地生态环境协同共建与防治进一步强化，协作机制逐步完善，生态建设和环境治理取得成效；京津冀区域共享发展指数也保持较快上升态势，基本公共服务共享和脱贫攻坚取得显著成效[2]。京津冀协同发展已经实质性推进，基本形成规模效益。

（2）协同支持企业稳定就业，支持劳动者创新创业、灵活就业。京津冀协同发展支持企业稳定就业的主要措施：京津冀协同实施金融、财政政策，中小微企业阶段性延期还本付息，减税缴费，降低企业生产成本，减轻企业负担。区域协同政策的实施，通过阶段性降低失业保险费率、工伤保险费率等政策，加大援企稳岗力度；通过加强对企业的金融支持，切实降低融资成本和融资难度，确保企业能够渡过难关；通过引导企业开拓国内市场，规范企业裁员行为，确保就业

---

〔1〕 陈可翔：《欧盟开放协调机制于我国区域法治协调之借鉴——以区域软法治理为视角》，载冯玉军主编：《区域协同立法理论与实践》，法律出版社2019年版，第100页。

〔2〕 《京津冀区域发展指数持续提升》，载人民网：https://baijiahao.baidu.com/s？id=1680477894441051400&wfr=spider&for=pc。

岗位稳定[1]，对于支持企业稳定现有工作岗位具有重要意义。同时区域协同企业政策的实施，也有利于鼓励企业开发更多的就业岗位，通过支持社区生活、家政、旅游、托育、养老等吸纳就业能力强的政策鼓励服务业发展，通过降低进出口关税和制度性成本，有利于鼓励从事出口产业的企业创造新的就业岗位，通过减税降费，降低项目资本金鼓励企业扩大投资，进一步促进企业发展，企业良性发展有助于"稳就业""保就业""增就业"。

（3）协同发展建立一体化劳动力市场。京津冀区域一体化劳动力市场的构建是劳动者就业平等权实现的重要途径。京津冀区域内部一体化劳动力市场的构建，通过市场优化劳动力资源配置，促进劳动者自主就业，有利于京津冀区域内劳动者享受更加公平的就业机会，使劳动者与就业机会达成最佳结合，也有利于缓解京津冀区域内部劳动力资源分配的不均衡以及劳动者跨区就业困难的现状。区域一体化劳动力市场的构建更是劳动者享有就业服务权的体现，这是政府促进就业、社会保障职能的具体体现。政府通过营造适宜的法律环境和社会环境，提供政策支持与保障，促进劳动者自由进入劳动力市场，公平竞争，平等就业。

（4）京津冀协同发展和谐劳动关系建设。劳动关系是生产关系的重要组成部分，是最基本、最重要的社会关系之一。和谐劳动关系的构建对于劳动者权益和企业切身利益的保护，对于经济社会的和谐发展具有极其重要的意义。京津冀区域和谐劳动关系建设是京津冀区域经济协同发展、京津冀劳动力市场的流通，京津冀地区企业发展和劳动者权益保护，促进京津冀区域"稳就业""保就业"的重要举措。

第一，整合立法和公共政策，统一立法尺度，确立京津冀协同发展的劳动标准。第二，京津冀劳动关系三方协调机制的一体化建构。一是设立京津冀劳动关系三方协调机制工作委员会。二是建立京津冀劳动关系三方协商机制推广示范制度。京津冀三地政府充分发挥在三方协商机制中的引导作用，引导劳动者与用人单位通过协商机制来解决劳动人事争议，为劳动关系双方进行协商营造良好的外部氛围和环境，劳动者与企业通过理性协商，追求劳动者与企业的共同利益最大化，将劳资双方的对抗和冲突转化为基于共同利益的合作，进而将可能的劳动人事争议在萌芽状态解决。天津市经济技术开发区、北京亦庄经济技术开发区的诸多企业通过集体协商，化解劳动关系矛盾，取得了明显成效，但也有大量民营企业没有开展集体协商，或者集体协商流于形式，没有形成有效协调机制，劳动人事争议容易发生，不利于劳动关系的稳定，也不利于企业的健康发展。京津冀劳

---

[1]《多措并举保持就业形势稳定》，载 https://baijiahao.baidu.com/s? id = 1654940522627497087&wfr = Spider&for = pc。

动关系三方协商机制推广示范制度的关键是将天津市经济技术开发区、北京市亦庄经济技术开发区等典型的集体协商企业经验推广至京津冀，引领京津冀三地三方协商机制的建立。三是建立京津冀行业性三方协商机制。随着北京市疏解非首都功能的推进，京津冀三地产业转移、产业升级对行业性协商机制的要求日益提高，行业性协商具有组织和技能优势，有利于为劳动者争取与企业平等的协商地位。京津冀三地宜在传统的劳动人事争议频发的建筑行业和制造业，以新兴的隐含新型劳动人事争议的科技行业、分享经济行业为切入点，建立行业性三方协商机制，为劳动者争取更好的职业环境，合理的劳动报酬，并规范行业的竞争秩序。

四、京津冀协同发展稳就业保就业之执法保障

（一）京津冀人力资源和社会保障协同执法的发展与现状

《京津冀协同发展规划纲要》实施以来，京津冀三地人力资源和社会保障执法在多领域开展合作，取得明显成效。2017 年中华人民共和国人力资源和社会保障部印发《关于推进京津冀人力资源和社会保障事业协同发展的实施意见》，京津冀三地人才工作领导小组联合发布了《京津冀人才一体化发展规划（2017—2030 年）》，这一规划虽然只涉及人才问题，却彰显了京津冀人力资源市场一体化协同发展的大势所趋。京津冀人力资源市场协同发展的目的旨在使劳动力要素按照市场规律在京津冀自由流动，优化配置。随着京津冀协同发展的深入，京津冀人力资源市场一体化程度会进一步提高，直至实现一体发展。

（二）京津冀人力资源和社会保障协同执法稳就业保就业的主要举措

一是加大劳动人事争议案件处理协作配合力度。根据案件处理工作需要，每年组织召开 2~3 次案件处理情况通报会或研讨会，通报案件的数量、特点和难点等问题，研究跨区域劳动人事争议案件的法律适用尺度，规范案件处理标准。积极开展劳动人事争议案件处理协作，对于跨区域的劳动人事争议案件，用人单位所在地或劳动合同履行地的劳动人事争议仲裁机构在文书送达、法律服务和案件调解等方面互相配合，促进跨区域争议案件及时化解。对涉及人员多、社会关注度高和重大疑难的跨区域劳动人事争议案件，经受理案件的省（市）仲裁机构提议，可及时召开案件处理沟通会，通报案情，共同研究案件处理措施，涉及的仲裁部门应予以支持和配合。二是建立跨区域劳动人事争议案件就地处理及时化解机制。劳动人事争议案件的劳动合同履行地和用人单位所在地跨区域的，由劳动合同履行地的仲裁机构优先处理；对于同一用人单位产生的劳动人事争议，部分劳动者向劳动合同履行地的仲裁机构申请仲裁，部分劳动者向用人单位所在地的仲裁机构申请仲裁的，涉案的仲裁机构应及时沟通，共同研究，统一案件处理依据和法律适用尺度，确保案件处理标准一致。三是推动京津冀劳动人事争议

仲裁资源共享。京津冀的劳动人事争议仲裁机构组织年度业务培训、进行案例研讨或疑难问题研究时，应主动邀请其他两地选派仲裁员参加。出台指导本地处理劳动人事争议的会议纪要及其他政策文件后，应及时告知另外两省市的劳动人事争议仲裁机构。[1]

（三）京津冀协同发展稳就业协同执法存在的问题与完善建议

一是细化机制，落实合作协议。京津冀协同发展战略实施以来，三地劳动保障监察执法领域不断协同发展，签署制定了多项的合作协议。京津冀三地人社部门要细化落实机制，建立健全各项合作协议运行机制，在执法过程中解决问题，落实协议内容。二是建立健全劳动保障监察执法协调处理平台。减少跨地区案件的流转审批层次，着力提高办案效率。建立健全劳动人事争议协同处置机制，加强沟通交流和典型案例的分析研判，统一案件处理尺度，就地处理、及时化解跨区域劳动纠纷，依法维护劳动者和用人单位的合法权益，促进区域劳动关系的和谐稳定。三是建立信息化平台，提高京津冀执法信息化水平。充分利用信息技术，建设京津冀劳动保障监察执法信息化平台，实现互联互通。京津冀三地依据本地具体情况，提高劳动保障监察执法的信息化建设水平，加强基层劳动保障监察执法部门的网络管理，从劳动保障监察执法日常工作入手，指导基层执法机关做好信息采集工作，为用人单位提供解答服务，对劳动者的投诉工作及时进行处理，对劳动者与用人单位的简单争议及时调解。在此基础上，实现京津冀三地之间的互联沟通，及时交换信息，提高执法效率。四是开展适应疫情防控的劳动保障监察执法。为切实做好新冠肺炎疫情防控期间劳动保障监察工作，减少人员流动和聚集，保护群众身体健康和生命安全，将"线下"维权转向"线上"维权，畅通劳动者维权举报投诉的网办、掌办渠道，通过电话、微信调解等非接触即时沟通方式，化解矛盾纠纷，及时解释政策、答复劳动者权益诉求。建立远程线上执法新模式，利用远程视频图像监控、现场声音实时回传、案件现场与后台监察员即时对讲沟通等功能，远程制作调查询问笔录、录音录像和后台研判分析，通过邮寄、发送电子邮件等方式寄送证据材料或送达法律文书，减少现场办理环节，减少不必要聚集。

五、京津冀协同发展稳就业保就业之司法保障

京津冀协同发展稳就业保就业法治保障体系建设的基础是秉持共建共享新发展理念，以人民为中心，保障社会民生的非市场化、权利化、法律化，实现京津冀社会整体效益原则的法律调适，实现区域整体公平。在全国范围内京津冀劳动

---

〔1〕 《京津冀三地签署劳动人事争议协同处理工作意见》，载中华人民共和国人力资源和社会保障部网站：http://www.mohrss.gov.cn/tjzcgls/TJZCgongzuodongtai/201610/t20161020_257750.html。

人事争议数量居高，且呈现增长态势和高上诉率。"十三五"期间无论是案件数还是涉案劳动者人数，均呈逐年增加态势（参见表2）。

表2 2016—2019年京津冀劳动争议案件受理情况表

地区	2016 年		2017 年		2018 年		2019 年	
	案件总数	劳动者当事人数	案件总数	劳动者当事人数	案件总数	劳动者当事人数	案件总数	劳动者当事人数
北京	828 714	1 112 375	80 662	80 662	95 321	95 321	117 347	117 347
天津	81 291	81 291	21 613	24 395	23 614	26 284	27 772	29 540
河北	21 771	26 153	18 029	21 477	19 312	22 458	23 892	29 354
合计	931 776	1 219 819	120 304	126 534	138 247	144 063	169 011	176 241

（一）京津冀协同发展稳就业保就业司法裁判的总体分析

为了保护劳动者与用人单位的合法权益，保证劳资关系和劳动力市场的稳定，确保劳动力市场规范和谐运转，同时，也为了规范各地实践中劳动争议案件的审判工作，及时解决劳动争议审判中的疑难问题，公正、高效处理劳动争议纠纷，北京、天津、河北三地高级法院、中级法院以及仲裁委员会等裁判机关、仲裁机关根据各省（市）实际情况，分别以《中华人民共和国劳动合同法》《中华人民共和国劳动争议调解仲裁法》《中华人民共和国社会保险法》等为基础，制定了各省（市）解决劳动争议的裁判意见（参见表3）。此外，为应对新冠肺炎疫情，京津冀三地相关部门也分别发布了解决疫情期间劳动争议的裁判意见，为及时解决因疫情引起的劳动争议提供裁判指导。另外，京津冀三地的人社局为促进三地就业与创业稳步推进，保障妇女就业平等权，促进京津冀三地劳动关系与就业协同发展，分别出台了促进就业、保障妇女充分就业的一系列政策。同时，三地积极为高校毕业生、农民工、失业人员等提供就业指导与就业服务，助力稳就业态势稳步发展。京津冀三地积极探索展开稳就业保就业领域的一些新合作，例如人才服务、劳动关系、工伤保险以及劳动合同参考范本等一体化协作，致力于打造京津冀统一稳定的劳动力市场。

表 3 京津冀劳动人事争议法律适用指导意见、会议纪要一览表

	北 京	天 津	河 北
针对解决劳动争议	(1) 北京市高级人民法院、北京市劳动人事争议仲裁委员会关于印发《审理劳动争议案件法律适用问题的解答》的通知。 (2) 北京市高级人民法院、北京市劳动争议仲裁委员会关于印发《北京市高级人民法院、北京市劳动争议仲裁委员会关于劳动争议案件法律适用问题研讨会会议纪要》的通知。 (3) 北京市高级人民法院关于印发《劳动争议案件审理中涉及的社会保险问题研讨会会议纪要》的通知。 (4) 北京市高级人民法院关于印发《劳动争议案件审理中涉及的社会保险问题研讨会会议纪要》的通知。 (5) 北京市高级人民法院、北京市劳动争议仲裁委员会关于劳动争议案件法律适用问题研讨会会议纪要（二）。 (6) 北京市高级人民法院关于印发《2014年部分劳动争议法律适用疑难问题研讨会会议纪要》的通知。 (7) 北京市人力资源和社会保障局、北京市高级人民法院关于印发《关于加强劳动人事争议仲裁与诉讼衔接机制建设的实施意见》的通知。	(1) 关于印发天津市贯彻落实《劳动合同法》若干问题实施细则的通知。 (2) 天津市高级人民法院、天津市人力资源和社会保障局关于审理劳动人事争议案件的会议纪要。 (3) 天津市高级人民法院关于印发《天津法院劳动争议案件审理指南》的通知。	(1) 河北省高级人民法院关于我省劳动争议案件若干疑难问题处理的参考意见。 (2) 邢台市中级人民法院、邢台市人力资源和社会保障局《关于审理劳动争议案件若干问题会议纪要》。
促进就业	(1) 北京市人力资源和社会保障局关于印发《北京市人力资源和社会保障局支持多渠道灵活就业实施办法》的通知。 (2) 北京市人力资源和社会保障局关于推进电子劳动合同相关工作的实施意见。 (3) 北京市财政局、北京市人力资源和社会保障局、中国人民银行营业管理部关于北京市进一步加大创业担保贷款支持力度 推动创业带动就业的补充通知。	(1) 天津市人社局 市财政局关于进一步完善就业创业政策有关问题的通知。 (2) 天津市关于印发《做好当前农民工就业创业工作若干措施》的通知。 (3) 天津市人社局关于印发开展就业创业服务攻坚季行动实施方案的通知。	河北省人力资源和社会保障厅印发《关于就业创业服务攻坚季行动方案》。

续表

	北　京	天　津	河　北
推动妇女就业	北京市人力资源和社会保障局、北京市教育委员会、北京市司法局等关于进一步加强招聘活动管理促进妇女就业工作的通知。	天津市人社局、天津市教委等九部门关于进一步规范招聘行为促进妇女就业有关问题的通知。	暂无
疫情期间	北京市高级人民法院、北京市劳动人事争议仲裁委员会关于审理新型冠状病毒感染肺炎疫情防控期间劳动争议案件法律适用问题的解答。	天津市高级人民法院民事审判第一庭关于印发《天津市高级人民法院民事审判第一庭关于审理涉新冠肺炎疫情相关民事案件的法官会议纪要（一）》的通知。	河北省人社厅、省高级人民法院联合发布《关于涉新冠肺炎疫情劳动争议纠纷相关问题的解答》的通知。
促进京津冀协同发展	北京市高级人民法院《关于为落实京津冀协同发展战略提供司法服务和保障的意见》。	关于发布天津法院服务保障京津冀协同发展典型案例（第二批）的通知。	河北省人民检察院关于充分发挥检察职能服务和保障京津冀协同发展的指导意见。
三地合作协议	（1）《京津冀公共人才服务协同发展合作协议》。 （2）《京津冀劳动关系工作协同发展协议》。 （3）《京津冀工伤保险工作合作框架协议》。 （4）《天津市人社局北京市人社局河北省人社厅关于启用京津冀劳动合同参考文本的通知》		

（二）京津冀三地稳就业保就业规范的比较分析

北京、天津、河北三地高级人民法院和劳动人事仲裁委员会关于审理劳动纠纷发布了一系列法律适用指导意见与会议纪要等，这些指导意见与会议纪要体现了三地对于同一问题解决方式的不同理解、不同裁判准则。综合分析三地出台的规范性文件，有的问题京津冀三地均做了明确规定，例如经济补偿金的支付问题。有的问题只有个别省市做了规定，例如"长期两不找"的情形只有北京市予以明确。综合分析北京、天津以及河北省高级人民法院、劳动人事仲裁委员会颁布的涉及稳就业保就业系列法律适用指导意见、会议纪要以及疫情期间三地解决劳动争议案件的法律适用规范，厘清京津冀协同发展稳就业保就业规范的主旨和基本逻辑，为进一步拓展司法协同奠定基础。

（三）完善京津冀协同发展稳就业司法保障的建议

第一，京津冀稳就业司法协同的指导原则。第二，统一京津冀仲裁、法院裁判标准，统一执法尺度。第三，完善京津冀法院稳就业司法协同机制建设。一是完善最高人民法院协调下的京津冀法院司法协同联席会议机制。二是推进信息化建设，完善京津冀法院司法协同信息共享机制。三是完善京津冀法院司法协同的常态交流机制。四是完善劳动人事争议治理机制，构造劳动争议处理"预防—调解"机制。五是建立京津冀法院司法协同工作的监督评估机制。

六、京津冀协同发展稳就业保就业实施机制

（一）健全完善京津冀协同发展稳就业保就业法治保障的基本机制

第一，落实党领导立法的工作机制。第二，推动京津冀三省市政府制定稳就业保就业规章。第三，建立稳就业保就业立法公众参与制度。第四，建立京津冀三地立法交叉备案审查制度、立法后评估制度。第五，京津冀稳就业保就业法治建设是双重系统性工程的叠加，一方面其是京津冀协同发展的组成部分，不能孤立于京津冀协同发展建设；另一方面其本身亦是一个系统性工程，需综合运用诸多制度，发挥制度合力才能形成机制，不能强调某一制度的重要性而偏颇制度体系的整体建设。第六，京津冀协同稳就业保就业法治是规则制定、执行和监督的总和。因此，需要突出立法、执法、监督主体的综合作用，而不是仅仅强调规则的制定或执行。京津冀协同稳就业保就业建设的进展表明，规则运行监督和效果评估是难点。

（二）健全完善京津冀协同发展稳就业保就业法治的社会机制

第一，建立京津冀区域性工会和行业性工会，发挥行业工会和区域工会作用，以工资集体协商制度建设为重点，开展工资集体协商、集体合同签订和履行等工作，保护劳动者权利和利益。京津冀协同发展的结果会形成产业布局的重新调整，产业布局调整不可避免地影响劳动者利益。为此，京津冀区域性工会和行业性工会的组建需注意以下两个问题：一是组建京津冀区域性工会和行业性工会，发挥区域性、行业性工会的制度功能和政策功能，以区域性、行业性工会为平台，建立各种形式的职工、工会与企业行政"沟通对话"机制。二是行业性工会的行业突破。京津冀协同发展中却涉及装备制造、石化、医药、电子信息、生物医药、新能源、新材料、环保、物流、金融、会展、交通运输业等产业，行业工会的成立可能突破传统的行业限制。

第二，完善集体劳动争议处理机制，严格区分集体争议中的权利争议和利益争议，针对权利争议，完善、规范集体合同的订立与履行，严格按照《中华人民共和国劳动法》《中华人民共和国劳动合同法》《中华人民共和国社会保险法》等依法保护劳动者和用人单位合法权利。针对利益争议，发挥工会作用，政府居中协调，以协商调解为中心处理利益争议问题。依托协调劳动关系三方机制，有效调处群体性劳动人事争议。一是群体性劳动人事争议预警。二是立足劳资双方自主协商解决纠纷。三是集体性劳动人事争议纠纷的舆情引导。

第三，创新企业民主管理形式，构建和谐劳动关系。一是建立区域行业职代会。京津冀可以根据区域和行业实际，把企业带有共性的劳动人事问题列入职代会职权范围，通过民主管理实现疏导。二是畅通平等协商集体合同制度为基本手段的劳动关系协调机制，全程参与企业规章制度的制定、修改和完善。三是实行厂务公开，畅通信息沟通，克服劳动人事争议处理中的"信息不对称"，使劳动者享有真正的监督权。四是创新民主管理形式，推动用人单位和劳动者共同发展。

第四，完善企业内部劳动人事争议解决机制。京津冀劳动人事争议预防机制的企业内部解决机制在完善协商调解的同时，还需辅之以申诉机制、反报复机制和非制度化方式等，才能取得预期成效。一是完善企业劳动人事争议协商调解。二是借鉴 IDR 程序，建立申诉机制与反报复机制。三是重视非制度化方式（企业文化、文化传统、价值观念等）预防劳动人事争议的补充作用。

第五，运用大数据研判劳动关系走势，完善稳就业保就业纠纷预警机制。京津冀协同发展涉及非首都功能疏解、产业结构调整、经济增长方式转变等，通过大数据，收集劳动者对京津冀协同发展中就业、分配、社会保障等方面问题的看法，了解劳动关系双方利益调整的热点、难点，洞见因劳动关系矛盾可能引发的群体性问题，掌握企业劳动关系运行情况，研判劳动关系走势，将矛盾化解于萌芽状态。

七、结语

立足于现有京津冀协同立法体系存在的区域协同立法法律依据、软法治理机制、执行缺乏有效运行机制等问题，结合京津冀协同发展的战略定位，课题组提出明确区域协同立法的法律性质，建立京津冀专职立法机构，完善立法机制，协调立法进程，扩大立法过程中的民主参与性，调动京津冀社会各界参与立法，提高立法质量。一是结合战略定位，协同经济发展扩大就业，不断促进京津冀经济协同发展，带动劳动力流动和就业，坚持就业优先原则，扩大就业总量；二是协同支持企业稳定就业，支持劳动者创新创业、灵活就业，京津冀协同实施金融、财政政策，中小微企业阶段性延期还本付息，减免税费，降低企业生产成本，减轻企业负担，进一步扩大就业规模和水平；三是协同发展一体化劳动力市场，提供区域性公共就业服务，为高校毕业生、农村劳动力、困难就业群体提供重点服务，协同开展就业援助、职业指导、职业介绍和创业就业培训，实现劳动力资源的区域市场配置，自由流动。四是以和谐劳动关系建设为重点，构建京津冀个别劳动关系、集体劳动关系法律调整机制。

对于京津冀劳动保障监察执法存在的区域合作协议执行难、具体措施落实不到位等问题，提出六点建议。一是贯彻落实合作协议，建立三地劳动保障监察联动协调处理机制和京津冀劳动人事争议协同处理工作办法，建立就地处理实时化解机制。二是加强跨地区执法沟通，就地处理、及时化解跨区域劳动人事争议案件，依法维护劳动者和用人单位的合法权益，促进区域劳动关系的和谐稳定。三是加强劳动保障监察执法宣传，创新宣传方式和宣传渠道，除传统方式外，利用自媒体方式，定期向社会公众推送公益普法文章、拍摄普法系列连续剧，提升劳动者知法懂法普及率。四是完善部门协同机制，发挥多部门联合执法的优势，提高执法效率，加大处罚力度，促进劳动保障监察执法工作的进行。五是建立信息化指挥平台，提高劳动保障监察执法的工作效率的同时，实现京津冀三地之间的互联沟通，及时交换信息，提高执法效率；六是切实做好新冠肺炎疫情防控期间劳动保障监察工作。

针对京津冀司法实务中尚存在实体问题裁判标准不一致，影响判决结果的程序问题不统一，三地出台的劳动争议法律适用裁判意见、标准各有侧重，协同难度大等问题，提出以下建议。一是完善最高人民法院协调下的京津冀法院司法协同联席会议机制，建立区域内不同法院之间审判工作定期交流机制，开展京津冀法院间劳动争议专业研讨会，专门针对区域内劳动争议案件司法标准和裁判尺度问题，展开理论分析和实践研讨，进而在法律适用上达成一致，实现京津冀劳动争议同案同判。二是深入推进京津冀区域性案例指导制度。围绕突发公共卫生事件对劳动合同履行的影响，劳动合同解除、解雇保护与稳就业政策的衔接等发布指导性案例。三是强化信息化建设，推进线上司法协同，建立京津冀劳动争议在线系统，设立稳就业保就业与劳动关系运行板块，加强劳动合同领域审判交流与信息共享。四是完善京津冀法院司法协同的常态交流机制，推进京津冀地区劳动争议审判工作司法协作深入化，设立巡回法庭。五是完善劳动人事争议治理机制，构造劳动人事争议处理"预防—调解"机制。六是建立健全京津冀法院司法协同工作的监督评估机制。

京津冀三地协同发展经济扩大就业、支持企业稳定就业、突出重点保障就业、鼓励劳动者创新创业、发展灵活就业、保障失业人员基本生活、防范规模性失业风险等问题需要协同立法、司法与执法，构建、完善京津冀区域"稳就业保就业"的法治保障体系。在统筹疫情防控与经济社会发展背景下，推进京津冀协同发展，探索京津冀稳就业保就业的立法、司法、执法的路径选择和实施机制，不仅具有鲜明的实践意义，而且具有重要的理论价值，通过探究京津冀地区协同发展稳就业保就业的法治起点——劳动权的保障，探讨京津冀协同发展稳就业保就业法治保障体系的基础和中心（以秉持共建共享的新发展理念为基础，以人民为中心），稳就业保就业建设的重点及其体系（围绕就业促进、社会保险、和谐劳动关系等民生问题），探究京津冀稳就业保就业法治的理论内核和一般意义，为我国劳动法的理论发展和制度创新提供支撑。

预付式消费风险的法律规制研究

张严方*

一、预付式消费的概念及特点

(一) 预付式消费的概念

对于预付卡，国际上尚无统一的法律界定，各国立法体现出了对于预付卡本质的不同认识。美国法与德国法将预付卡认定为贮存价值（资金）的凭证，突出其贮存功能；日本法将预付卡认定为记载信息的凭证，突出其凭证功能，即商家见证应无条件提供商品（服务）；欧盟法将预付卡确定为具有真实购买力的第三方支付工具，突出其支付功能。总的来看，域外国家相关立法中分别指出了预付卡的贮存功能、凭证功能以及支付功能，体现出较强的实用主义立法色彩，为我国厘清预付卡与货币、代币票券等其他金融工具的区别提供了宝贵的启示。[1]

在我国，所谓预付式消费是指经营者通过发行预付凭证、预缴预存等方式向消费者收取预付费用后按照约定分期兑付商品或者提供服务的经营模式。预付凭证或预付卡是指，一种具有金钱价值的、被（经营者或金融机构）签发或售卖而用以换取未来对商品或服务的购买或交付的电子卡片、书面证明或者其他凭证或设备，包括礼品卡或礼券。此外，预付凭证或预付卡还可以依据是否可增值或再储值而分为不同类型。[2]现阶段，预付式消费因为可实现经营者与消费者双赢而非常普遍。它一方面可以快速为经营者提供稳定客源以及融资，同时又可以为消费者提供优惠和便利。

(二) 预付式消费的特点

1. 消费属性

预付式消费的显著特点是一种先付款后消费的消费模式，是一种非常常见的

---

* 课题主持人：张严方，中国社会科学院大学教授。立项编号：BLS（2020）B013-1。结项等级：合格。

[1] 张严方：《预付卡的域外监管综述》，北京市人民政府，2018年。

[2] Jacqueline D. Shinfield, "Regulation of Prepaid Cards in Canada", *The Canadian Business Law Journal* 51, 2011, p. 105.

提前消费，显著区别于一般的付款与消费同时进行的消费模式。经营者通过发行预付凭证、预缴预存等方式收取消费者的押金、课时费、会员费、套餐等费用后，消费者可分期或分次在经营者（及其所属集团、同一品牌特许、消费联盟等）的经营体系内兑付商品或者享受服务。通过降低交易成本的方式稳定交易关系，刺激消费的同时在经营者与消费者之间创造双赢。

2. 金融属性

预付式消费具有融资性消费的属性，与集资通过企业内部获取资金，让内部出钱来入股的形式不同，这种融资形式是货币资金的持有方的消费者和资金需求方的经营者之间，直接或间接地从企业外部（消费者）进行资金融通。与一般的金融产品/工具相比，预付式消费没有增值的特点，使用预付式消费不会给消费者带来额外的收益。在该模式下，消费者一次性缴足费用后，消费者可以享受一定程度的优惠，经营者不但可以提前融通到消费者预付的款项，增加流动资金，还可以降低流失顾客的风险。这种消费模式快速为经营者提供稳定客源以及融资，其从企业外部获得资金，一方面方便进行资金融通，另一方面又可以为消费者提供优惠和便利。

3. 代币属性

预付式消费发卡企业不是一般的金融主体，因此预付卡不具有银行卡的使用功能，虽然存入的是现金货币，但不能进行转账结算或者取现，不能进行透支。

4. 风险属性

预付式消费采取消费者先付款后消费的交易形式，消费者先履行义务，后得到权利；而经营者是在履行义务前即获得权利。在这种模式下经营者处于优势地位，但部分经营者由于服务观念不强、缺失诚信意识和契约精神，在经营中恶意欺诈消费者，虚假宣传产品服务功能功效，强制进行非消费者意愿服务，强迫签订有损消费者权益的霸王条款，关店跑路，擅自中止服务，随意涨价或变相涨价，甚至有的经营者法治观念不强，经营主体不合法等，极易产生消费纠纷，进而导致消费者本应该享有的公平交易权、知情权和隐私权无法得到切实的保障。

5. 表现形式多样性

包括会员卡、贵宾卡、金卡、银卡；年卡、季卡、月卡、次卡；礼品卡等，但实质都是消费者在经营者处进行了预付式消费的有效凭证。

二、预付式消费法律性质

预付式消费的法律关系是消费者与经营者间缔结的，需预先支付费用，以商品或者服务为标的的消费服务合同关系。预付式消费主要分为预付费用和承兑消费两个阶段。在预付费用阶段，经营者通过介绍预付式消费的相关特点及优惠，向消费者发出要约邀请，消费者预付行为构成要约，经营者的发放预付凭证行为则构成承诺，至此双方消费服务合同关系成立；而在承兑消费阶段，经营者持续兑付商品或者提供服务的行为即为对消费服务合同的履行。区别于传统的消费模式，预付式消费有以下几方面的特点：

（一）合同权利证券化

在预付式消费模式中，预付凭证是经营者和消费者之间权利义务关系的凭证，在本质上是一种特殊的有价证券。预付凭证包括但不限于以磁条卡、芯片卡、纸券等为载体的实体卡和以密码、串码、图形、生物特征信息、电子数据等为载体的虚拟预付凭证。在预付式消费模式中，消费者在缴纳预付费用后，便有要求经营者在一定时间内为其提供约定的商品或服务的权利，预付凭证的存在起证明作用，因此它属于确权证券。

（二）合同履行具有长期性、继续性

预付卡消费是"单次付款，多次履约"。消费者预付费用后，经营者在一定期限或者预付额度内分期履约。但是，因未来的不确定因素较多，因此时间越长，可变性越大。消费者在消费过程中受经营者财务、经营状况的影响。例如经营者是否能够按约履行合同、保证服务质量，经营者能否在激烈的竞争环境中稳占市场不被淘汰。当经营者的经营状况发生变化时，消费者容易遭受不利于自己的被迫式消费，其权益不能得到保证。且较易发生经营者卷款潜逃或突然消失等现象，使得消费者的预付资金难以追回，具有较大的风险。因风险较大，消费者不仅损失了利息，也限制了其消费的选择权。

（三）合同内容格式化

从表面上看，经营者和消费者之间签订的预付式消费合同是双方意思自治的结果，体现了合同自由原则。然而事实上，消费者同经营者签订的均是由经营者事先拟定并可重复使用的合同，在未有书面合同的情况下，预付凭证载明的简化条款即显示了合同的主要内容，但都属于未经过双方磋商的格式合同。正是由于格式条款在制定时不存在协商的余地，因此，经营者常常会基于有利于自己的意志考虑，将不公平条款强加于消费者，限制了消费者的权利而减轻了经营者的责任与义务。对于经营者拟定的霸王条款，消费者只能选择全部接受或不接受，不能变更，这就决定了在订立合同过程中，消费者实质上处于附从地位。所以说，格式条款是预付式消费中消费者权益遭受侵害的主要原因。

三、预付式消费的发展及现状

（一）行业发展情况

早在 20 世纪 60 年代，我国就出现了仿照人民币字样印刷的代币票券，并且在特定范围内取代人民币流通。随着市场逐步开放，许多商家开始把发行各类消费卡（券）作为重要的促销手段。1991 年 5 月，国务院办公厅发布《关于禁止发放使用各种代币购物券的通知》，要求任何单位不准发放、使用各种代币购物券。然而通知下发后，代币购物券的发行、使用并未停止。1998 年 12 月，国务院纠风办发布《关于坚决刹住发放使用各种代币购物券之风的紧急通知》，2001年 1 月，国务院纠风办、国家经贸委、中国人民银行联合下发《关于严禁发放使用各种代币券（卡）的紧急通知》。一直到 2006 年，国务院接连出台相关政策，严厉打击各种代币购物券。

2006 年，商务部办公厅《关于购物返券有关问题征求意见的函》、国务院行业研究办公室《关于代币购物券（卡）有关问题征求意见的函》等文件作出认定：预付卡不属于法律禁止的代币券（卡）范畴。预付卡得到正名以后，不再受到具体的监管，预付式消费市场迎来新的发展机遇，正式进入监管外的扩张期。宽松的监管环境和迅速膨胀的市场需求，刺激了大量的资本和经营者青睐这一领域。然后，由于发卡企业经营状况良莠不齐，消费者权益无法得到保障，引发了一系列问题。关于如何规范预付式消费市场、保障消费者权益的讨论渐渐受到重视，政府部门也开始寻求规制的办法。

2010 年 9 月，中国人民银行实施了《非金融机构支付服务管理办法》，第一次在正式法规中承认了预付卡的合法地位。中国人民银行、监察部、财政部、商务部等七部委 2011 年 5 月联合发布了《关于规范商业预付卡管理的意见》，这一意见的出台表明了政府对规范预付式消费市场的决心。后续相关政策的出台和措施的逐渐落实，使得预付式消费市场进入监管框架下的良性发展阶段。

近年来，随着科技和经济的繁荣发展，信用消费、便捷的电子消费、数字货币也飞速发展，预付式消费模式逐渐成为服务业的新兴主流消费形态，广泛地出现在各行各业，例如美容美发、餐饮、洗浴、汽车养护、保洁洗衣、运动健身出行、电子购物等。这种模式在经营者与消费者之间创造了双赢。它一方面可以快速为经营者提供稳定客源以及融资，另一方面又可以为消费者提供优惠和便利，对便利支付、促进消费、繁荣市场发挥了积极作用。随着经营者经营需求日益旺盛，一些经营者超出经营能力过度开展预付式消费经营活动，导致提供的商品、服务质量下降，甚至发生经营者关门跑路或者利用预付式模式非法集资等问题，给消费者权益带来严重损害，人民群众对此反映强烈。

2019 年 3 月 15 日，中消协发布了由人民网舆情数据中心协助整理的《预付式消费舆情报告》[1]。舆情报告分析了近年来预付式消费领域存在的主要问题、预付式消费领域的新变化、预付式消费维权难的原因，并介绍了 2016 年至 2018

---

[1] 中消协：《预付式消费舆情报告》，载人民网：http://consume. people. com. cn/n1/2019/0316/c425315-30979181. html。

年来预付式消费热点舆情话题（参见表1）。

表 1　预付式消费热点舆情话题 TOP10

序　号	话　题	媒　体	时　间	舆论热度
1	连锁店突现"关店潮"：办卡套路深储值需谨慎	《经济日报》	2018/6/20	89.8
2	健身房倒闭调查：预付款消费模式留下一地鸡毛	中国新闻网	2018/8/3	85.5
3	"租金贷"风险多地爆发 租客"被贷款"苦于维权	《经济参考报》	2018/11/15	82.8
4	旅游部门提醒：旅游预售卡风险大购买需谨慎	新华社	2017/1/23	79.2
5	天津数百名大学生落入变相培训贷连环坑	《中国青年报》	2018/10/19	68.0
6	培训机构预付费乱象：留学培训最高一次预付20万元	《北京青年报》	2017/11/20	56.0
7	学个英语背上十几万贷款？"校园贷"藏身华尔街英语	《北京青年报》	2018/12/20	54.3
8	尚未手术已欠下巨额债务 "整形贷"背后的坑需警惕	《法制日报》	2017/11/16	50.7
9	强制消费？超六成受访者承认曾被理发店"坑"过	《中国青年报》	2017/12/28	43.3
10	中消协：超半数预付款商户不签合同 仅有口头约定	《人民日报》	2017/6/2	38.7

舆情报告显示，预付式消费领域存在的主要问题包括经营者不与消费者签订书面合同，虚假承诺随意降低商品或服务质量，设置不公平格式条款，关店失联、频现跑路，消费者个人信息遭泄露，预付资金与金融信贷捆绑等。

2020 年初的疫情，让消费者的日常生活和经营者的经营活动都受到了严重影响。由于出行和场地等诸多条件受到限制，不少预付式消费合同在疫情防控期间无法履行，由此引发的预付式消费纠纷明显增多。疫情期间预付式消费纠纷问题主要集中在暂停营业退费纠纷、服务方式变更、使用期限受限以及商家关门或倒闭四个方面。

中国消费者协会公布 2020 年受理投诉情况显示，涉及家政、健身、教育培训等预付费类消费纠纷显著增加，办卡等预付式消费已成为投诉顽疾。[1]以湖南省为例，湖南省市场监督管理局及湖南省消费者权益保护委员会联合发布的《2020 年湖南省预付式消费维权状况调查报告》[2]显示，湖南省使用预付式消费的消费者中，15.4%有过维权经历，较上年上升了 1.4%。发生维权行为的行业中，美容美发（美容/美甲/理发等）行业占比最高，为 25.3%；其次为健身行业，占比为 15%。同比看，美容美发（美容/美甲/理发等）、儿童乐园、健身和教育培训这四个行业维权的提及比例较去年明显上升，分别上升 19.7%、9.7%、9.2%和 4.9%，需要重点引起重视（参见表 2）。

表 2　维权变化分布

行　业	2020 年	2019 年
美容美发（美容/美甲/理发等）	25.3%	5.6%
健　身	15%	5.8%
餐　饮	14.6%	14.8%
综合零售（便利店/书店/鲜花/蛋糕等）	13.9%	5%
儿童乐园	11.7%	2%
教育培训	6.4%	1.5%
保健养生	6.4%	6.1%
服装鞋类保养（含洗衣）	5%	20.1%
汽车维修保养	1.2%	5.7%
洗浴中心	0.6%	3.2%
养　老	0%	5.2%
旅　游	0%	1%

近年来，部分不法经营者通过预付式消费模式恶意套取资金跑路的趋势愈演愈烈。以北京为例，截至 2020 年第一季度，北京市单用途商业预付卡备案企业总发卡金额已超过其他省市，达 1250 多亿元，据此估算预付资金总额可达 7 142 857

---

〔1〕　中国消费者协会：《2020 年全国消协组织受理投诉情况分析》，载 http://www.cca.org.cn/tsdh/detail/29923.html。

〔2〕　湖南省消费者权益保护委员会：《2020 年湖南省预付式消费维权状况调查报告》，载 https://baijiahao.baidu.com/s? id=1694011378352042351&wfr=spider&for=pc。

多亿元。2019 年，北京市预付卡月均投诉已经达到 1800~2300 件，教育培训类投诉占据首位。2020 年暴发新型冠状病毒肺炎疫情后，北京市失联跑路发卡企业已达 300 多家，优胜教育、蛋壳公寓等相继暴雷，涉案金额都高达上亿元，先后出现百人维权聚集的群体性事件，造成严重的社会不良影响和不稳定因素，破坏了首善之区的形象。

2021 年初，由于北京市新冠疫情出现反复，北京市商业服务行业又面临严峻挑战。一批在 2020 年秋"抄底"商业服务业的投资者，可能会在 2021 年春夏之交面临资金链断裂的风险。由于教育、美容美发、健身等行业预付式消费盛行。因此，在 2021 年春夏之交，这些行业会再次迎来预付式消费"跑路"等恶性逃废债务事件的高发期。随着北京市疫苗接种的普及，今年夏季针对 2020 年和 2021 年两年重预付式消费"跑路"等恶性逃废债务事件的群体性维权活动也会随之增多，达到一个小高峰。

由于预付式消费的纠纷群体性，如果不能够及时和妥善地处理这种群体性纠纷，可能会对社会稳定造成极大风险，对消费者的合法权益造成极大损害，对营商环境造成极大破坏，不利于疫情结束后的消费市场恢复，因此预付式消费的市场乱象必须得到及时有效的治理，才能促进消费升级和经济高质量发展。

（二）行业管理情况

一方面，由于我国目前没有明确规定对预付式消费的监管由哪个具体部门负责，虽然政府的总体利益是保护消费者应有的权利，但是谁来保护、谁来监管、谁来兜底负责尚且没有明确规定，谁都想规避风险、逃避责任，很难通过监管实现良性互动的局面。现负有监管责任的部门混杂，使得经营者可以随心所欲地发行预付凭证，甚至很多经营者明知自己不具备发行资格或者经营者本身也不清楚自己是否具有发行资格。由于对发售行为、发售方式、发售金额没有进行明确的规制，加之监管主体的不明确，追求利润的经营者，可以随意发售预付凭证，从而造成了现在消费市场上预付式消费交易模式混乱的局面。

另一方面，我国预付式消费的风险主要存在于数量多、分布广且脆弱的中小企业当中，绝大多数的预付式消费合同违约、违法犯罪事件也发生在私人经营、小规模的商业实体间，除了法律意识、经营方式、经济实力等自身因素，这还与中国的经济制度和金融体系相关。首先，中国的中小企业难以从各大银行取得融资或商业贷款，这不仅由于国有企业在政策性银行贷款体系当中的优越政策地位和自身雄厚偿债能力使得银行更加青睐国企，还因为中小企业无论是营业额还是可作抵押的资产都显得无足轻重，而愿意参与中小企业融资的地方性中小企业银行不仅数量少，动机上亦同样不足。其次，中小企业由于其自身账户记录、财产状况的不透明等原因，无法通过透明性和财务记录审计要求，也难以通过证券市场筹得资金。最后，相比私人放贷者的高利率和不确定性，中小企业显然有更加充分的动力去发行预付凭证或预付卡，并通过这种方式提前筹集大量民间资金用于生产经营、扩大规模或其他用途。[1]即便冒着违反法律的危险，但与其他任何一种融资方式相比，引诱消费者进行预付式消费具有明显的优势和可操作性。

目前针对预付式消费尚未在立法上形成切实有效的监管制度，经营者对于自己失信于消费者的行为经常可以躲避承担法律责任，这样就使部分不法经营者故意"钻空子"，更加肆无忌惮地发行预付凭证，获取不当利益。一些规模较小，经济实力差的经营者由于违法成本低，收益大，甚至利用发行预付凭证进行诈骗。

（三）行业发展趋势

在调研的过程中获取到了以下几组数据，同时，调研对象（包括经营者、消费者及第三方机构）对预付式消费行业未来发展趋势进行了预判，大家都相信随着监管环境的逐步优化和行业内外部的兼并整合，预付式消费行业发展环境将更加健康、合规。

1. 发卡企业备案数量逐年上升（参见图1）

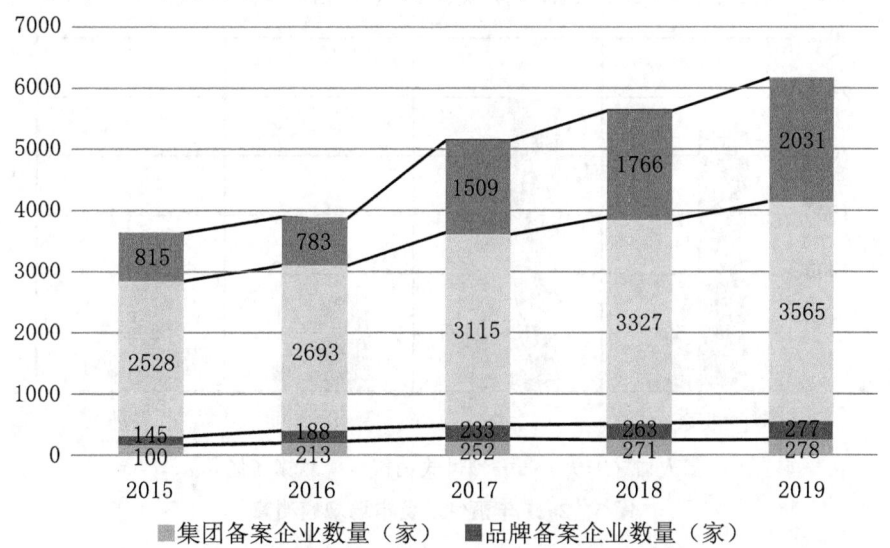

图1　2015—2019年发卡企业备案数量

---

[1] Pan Su, "Why Does a Powerful Regulatory Regime Fail: An Examination of the Regulation of Prepaid Cards in China", *HONG KONG L. J.* 45, 2015, pp. 1018-1019.

2. 预付式消费市场发展稳步增长（参见图2）

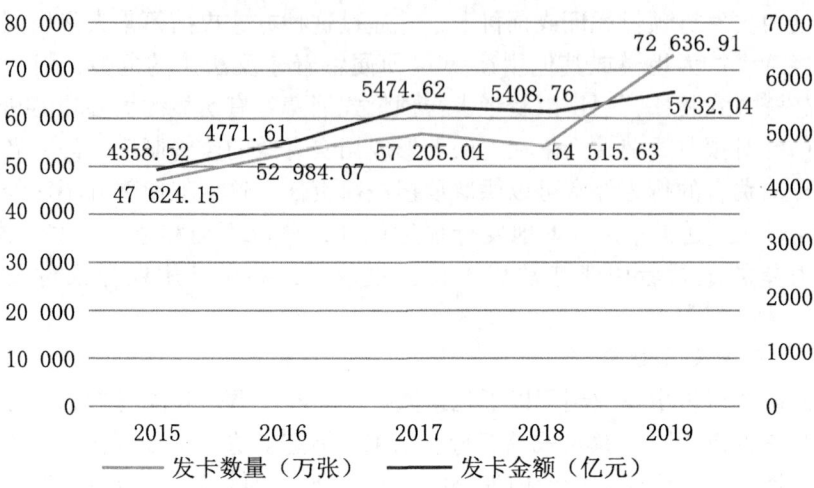

图2　2015—2019年预付式消费市场发展趋势

3. 2021年预付式消费市场城市规模测算（参见图3）

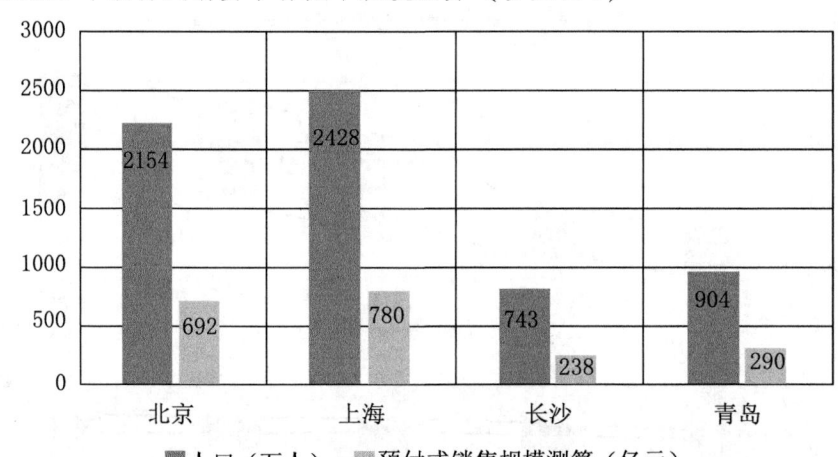

图3　2021年预付消费市场规模测算

四、预付式消费的风险

（一）概念模糊导致的风险

目前预付式消费市场上存在的概念有很多，包括的"预收费""预收款""预付费""预付款""预付卡""预付式消费"等相关概念。由于概念的模糊性，消费者容易将预付式消费与"单次即付""先付款后到货""预付款""定金"等概念相混淆。这就导致一些经营者利用消费者对预付式消费缺乏了解，诱导消费者使用预付式消费。同时，也有部分消费者在冲动、不理性的情况下同意采用预付式消费交易模式。

（二）消费者面对的风险

1. 公平交易权受到损害

公平交易权是指消费者在购买商品或者接受服务时享有的获得公平交易条件的权利。它不仅期待买卖双方之间的等价交换行为，还要求当事人基于自愿而非强制、基于平等而非歧视地进行交易。[1]由于预付式消费模式是消费者获取商品或服务前预先支付费的模式，意味着经营者在支付费用和享受服务中间的时间差里，履约具有非常大的不确定性，消费者作为先履约一方由于这种经营者履约的不确定性承担了不应承担的风险，因此难以认为交易双方在预付费发生时的地位是平等的。

2. 知情权受到限制

知情权为法律基于保护面临信息不对称局面、处于弱势地位的消费者之考量而设立，它不仅是市场经济下消费者的一项基础性权利，而且还对塑造消费者人格、实现消费者意思自治和促进交易平等起着不可或缺的作用。[2]在预付式消费中，由于信息不对称，消费者无法真实、全面、准确、及时地获取经营者以及商品或者服务的信息，导致消费者知情权被侵害的事件时有发生。部分经营者在销售宣传过程中，往往利用自身优势以及良好的销售团队，对预付凭证的使用范围、商品或者服务的情况进行虚假、片面、诱导且具有隐瞒性的宣传。

3. 隐私权与个人信息安全难以保证

在信息时代，消费者各种个人信息对市场上各类经营者而言，具有巨大的经济价值，这种包含隐私信息在内的个人信息的收集、保存以及使用对消费者而言，也存在着风险，预付式消费模式下经营者对收集到的信息的使用并不透明，存在非法泄露、使用或转卖的风险，不仅威胁着消费者的财产安全，还有侵犯消费者的隐私和个人信息权利之嫌。

4. 财产安全权受到侵害

消费者在消费过程中，最重要的权利就是获得商品或服务。由于预付式消费模式是消费者预先支付相应费用之后再接受某种商品或服务，一些无良商家会利用预付式消费这一特点进行欺诈，首先利用推销，然后广泛发行预付凭证，待收到足够的预付资金后就会跑路。还有很多经营者因经营者管理不当而倒闭，此类经营者起初并非有意欺诈消费者预付，但由于商家停业，未消费的商品或服务的

---

〔1〕 孙益莎：《浅议网络消费中的公平交易权》，载《北方经济》2012年第12期，第31页。
〔2〕 董文军：《消费者的知情权》，载《当代法学》2004年第3期，第99~100页。

价款没有退还给消费者。这些行为都侵犯了消费者的财产安全权，导致消费者预付的财产遭受损失。

（三）经营者存在的问题

1. 主体经营不合法

由于消费者对经营相关法律法规知识相对欠缺，往往忽视经营主体存在的合法性。市场缺乏强有力监管，经营者可能不会主动展示其所需的相关经营证件，消费者对经营者的不合法行为更加难以发现。另外超范围经营比较突出的问题也是主体经营的不合法。

2. 诱骗消费

预付式消费模式下，经营者通过各种手段进行大幅折扣，给消费者以眼花缭乱的免费体验项目。这种情况下，混迹其中的不良商家对功能或服务信口开河，虚假宣传比比皆是，由于消费者的信息不对称，通过种种手段诱导消费者预付消费。

3. 霸王条款

格式合同是现代化大生产重复生产和交易的产物，是社会经济发展的客观要求，它在现代社会被广泛应用，在普通人订立的合同中，格式合同数量大约占95%以上。但在现实中，由于格式条款由制定方预先提出，相对人无参与制订或决定合同内容的过程，因此制定方往往利用自己的优势地位，在合同条款中加入不公平、不合理规避法律的条款，形成"霸王条款"，严重危害了消费者的利益，并由此引发了大量社会纠纷，增加了社会不稳定因素。霸王条款在法律性质上分别具有格式条款、免责条款和不公平条款的特征，在形式上是当事人为了重复使用而预先拟定且未与对方协商的格式条款，而在内容上都是以转嫁风险和责任为目的之免责条款，在权利义务分配上不一致因而导致对霸王条款接受方不公平。在预付式消费实践中，经营者开发出对其有利的项目，而不会和消费者就商品或所提供服务内容的本身进行公平对等协商，消费者只能服从经营者推出的"套餐"服务，而且交易过程中经营者往往并不提供书面合同，甚至单方拟定对其有利的通用格式条款，限制了消费者应享有的权利而减轻了经营者应负的责任与义务。

4. 转卡、退卡难

消费本应遵从平等、自愿的前提，预付式消费情景下，当消费者因为主客观情况发生变化，希望转让预付凭证时，却往往无法实现。部分经营者在转让时，会向消费者收取高额的更名费、转卡费等附加费用。消费者转让预付凭证，实际是一种债权的转让，经营者无权过分干预。此外，当消费者不愿继续使用或不具备条件继续使用预付凭证时，希望结束预付式消费时，经营者更加体现出其强势性，常以消费者单方面违约为理由，以各种理由拒绝承担义务，通常都是拒不退还预支付余额。

5. 停业关门追偿难

部分经营者缺乏诚信、无契约精神，当经营者因中止履约或因停业、歇业、经营场所迁移、经营范围变更等原因影响兑付商品或服务时，通常一跑了之，关门大吉，不履行该承担的清偿赔付责任。例如不少服装店、美发店、美容店、洗车店等商户关门倒闭跑路后，即便消费者投诉到有关部门，维权也往往难以成功。主要包括两种情况：一是部分经营者因自身经营不善，无法持续正常营业，导致亏损关门。二是部分经营者并非以经营为目的，而是利用预付费消费模式的特点，吸收大量消费者的预存资金，然后携款跑路。

6. 未签订书面合同

预付式消费的法律关系是消费者与经营者间缔结的消费服务合同关系。然而实践中大多数经营者都不与消费者签订合同，双方的权利义务多采取口头形式约定，消费者享受商品或服务仅仅凭借一张预付凭证。因缺乏详细、明确的书面约定，一旦发生消费纠纷，消费者往往因缺乏有力证据而处于维权难的境地。

五、我国预付式消费风险的法律规制现状

（一）法律

1.《民法典》合同编

虽然《民法典》并未对预付式消费模式分编典型合同，但预付式消费的法律关系本质就是消费者与经营者间缔结的合同关系。因此实践中出现预付式消费纠纷时，适用合同编中对合同的一般规定。

2.《消费者权益保护法》

针对预付式消费问题，《消费者权益保护法》第53条规定，经营者以预收款方式提供商品或者服务的，应当按照约定提供。未按照约定提供的，应当按照消费者的要求履行约定或者退回预付款；并应当承担预付款的利息、消费者必须支付的合理费用。然而，这仅有的规定过于笼统，只能起到事后救济的作用，不具有事前预防的功能。

（二）部门规章

中国人民银行、监察部、财政部、商务部等七部委于2011年5月联合发布了《关于规范商业预付卡管理的意见》，该意见规定商务部门要强化管理商业企业发行的单用途预付卡，抓紧制定行业标准，适时出台管理办法。

《单用途商业预付卡管理办法（试行）》（2016年修正）：为确保消费者预先充值的消费资金安全兑付，引导企业发卡预收资金的经营方式良性发展，商务部于2012年9月发布《单用途商业预付卡管理办法（试行）》（以下简称《管理办法》），并于 2016 年 8 月进行修正。《管理办法》针对从事零售业、住所和餐饮业、居民服务业的企业，制定了以业务流程规范、动态信息监测和预收资金存管为主要手段的监管模式，重在加强对单用途预付卡预付资金和服务业务的管理。

自《管理办法》施行以来，商务部工作的重点主要是围绕完善单用途预付卡的各项管理以及规范单用途卡发卡等行为。各省级商务主管部门也将主要工作重心放在了单用途预付卡三项制度落实（购卡实名登记制度、大额非现金购卡制度及限额发行制度）、防止经营者以格式条款侵害消费者合法权益以及发卡企业备案管理的检查监督等问题上。

（三）地方性法规、地方政府规章及地方性规范文件

1.《上海市单用途预付消费卡管理规定》

上海市于 2019 年 1 月 1 日正式实施《上海市单用途预付消费卡管理规定》（以下简称《管理规定》）。作为配套规范性文件，同年 5 月 1 日正式实施《上海市单用途预付消费卡管理实施办法》，并上线单用途预付消费卡协同监管服务平台。

在商务部《管理办法》适用范围为零售业、住宿和餐饮业、居民服务业这三类企业的企业法人的基础上，上海的《管理规定》将适用范围扩大到了全行业，包括个体工商户。

此外，全市统一的单用途卡协同监管服务平台是《管理规定》的核心。该协同监管服务平台将归集经营者单用途卡发行、兑付、预收资金等信息，消费者可以查询经营者基本信息、预收资金风险防范措施以及所持单用途卡余额、信息对接等情况。截至目前，该平台已上线对接 543 家企业。

2.《江苏省预付卡管理办法》

为推动预付式消费管理法制化、规范化建设，保护消费者合法权益，规范市场秩序，防范和化解社会风险，江苏省于 2021 年 4 月 1 日正式施行《江苏省预付卡管理办法》（以下简称《管理办法》）。江苏省《管理办法》为消费者设置 15 日的"冷静期"，消费者有权自付款之日起 15 日内无理由要求退款。经营者未按照约定提供商品或者服务的，应当按照消费者的要求履行约定或者退回预付款。未消费的，应当全额退款并承担预付款的利息；已经消费的，应当按照原约定的优惠方案扣除已经消费的金额，予以退款并承担退款部分的利息。

3.《北京市预付式消费服务合同行为指引》

随着经济发展和进步，采用预付式消费的行业和领域不断在发展变化，纠纷的发生和交易风险问题日渐突出。北京市市场监管局对 2011 年发布的《北京市消费类预付费服务交易合同行为指引（试行）》进行了修订，并于 2020 年 2 月

1 日发布《北京市预付式消费类服务合同行为指引》（以下简称《指引》）。该《指引》主要针对的是经营者与消费者之间的合同，引导预付式消费服务合同当事人规范订立、履行合同，维护自身合法权益，进而预防和减少纠纷，营造和谐消费环境。

4. 《北京市单用途预付卡管理条例》（征求意见稿）

北京市商务局、北京市市场监管局研究起草了《北京市单用途预付卡管理条例》（征求意见稿）（以下简称《条例》），并于 2021 年 5 月 28 日向社会公开征求意见。《条例》提出，市级地方金融监管部门建设统一的单用途预付卡预付资金存管信息平台，制定存管银行接入标准。纳入预付资金存管范围的经营者应在存管银行开立相应账户，并按有关行业预付资金存管规则存管预付资金。未纳入预付资金存管范围的经营者开展单用途预付卡经营活动的，应按有关行业主管部门的规定，采取风险储备金、保证保险、行业互保或其他第三方托管等措施保障预付资金安全。

5. 地方消费者权益保护法实施条例

针对预付式消费领域纠纷较为突出的问题，上海、浙江、江苏、安徽、山东等省市的《消费者权益保护条例》均作出了相应规定，对经营者立了"规矩"，以切实保障消费者的合法权益。例如：经营者应当与消费者订立书面合同，并且明确要求在合同中规定：明确约定经营地址、联系方式、商品或者服务的数量和质量、价款或者费用、履行期限和方式、安全注意事项和风险警示、售后服务、民事责任、争议解决方式等事项。再如：对于预付式消费的违法行为，明确了相应的罚则。地方《消费者权益保护条例》在《消费者权益保护法》第 56 条的基础上，结合当地对预付式消费方面的相关规定，设置了新的罚则，更有利于保护消费者权益。

六、我国预付式消费风险的法律规制存在的问题

（一）缺乏配套的法律制度

就我国当前针对预付式消费的法律规制现状而言，在具体的法律法规层面上，目前我国还没有直接针对预付式消费的法律法规，法院只能援引相关法律的一般性规定来针对此类违法现象进行裁判，例如援引《民法典》中的平等原则，关于不当得利的规定，有关合同订立、变更、履行、效力及违约责任的规定，以及关于格式条款的规定；《消费者权益保护法》中援引关于消费者知情权的规定，关于预付款的规定等。但上述规范都过于原则化，没有结合预付式消费的特点设置针对性的条款，从而导致在规制预付式消费过程中缺乏可行性与时效性，在解决预付式消费纠纷时有很多局限性，缺乏对消费者的保护力度，加大了维权难度。

我国现行的预付卡监管体制是将预付式消费按照预付卡的发卡主体的不同，区分为单用途预付卡和多用途预付卡。人民银行、财政部、监察部、商务部等七部委 2011 年 5 月联合发布的《关于规范商业预付卡管理的意见》中指出，商业预付卡以预付和非金融主体发行为典型特征，按发卡人不同可划分为两类：一类是专营发卡机构发行，可跨地区、跨行业、跨法人使用的多用途预付卡；另一类是商业企业发行，只在本企业或同一品牌连锁商业企业购买商品、服务的单用途预付卡[1]。商务部 2012 年 9 月发布并于 2016 年 8 月进行修正的《单用途商业预付卡管理办法（试行）》，该试行办法加强对单用途商业预付卡管理。

各地方政府也针对预付式消费存在的风险，普遍建立了规范性文件，但是规范性文件的适用范围具有区域性，且限制层次较低。

总而言之，目前现有的预付式消费监管法律体系层级较低，不具有权威性，尚未能形成统一完善的监管体系，不能从根本上解决预付式消费的各种问题。

（二）预付式消费发卡主体局限性

商务部《单用途商业预付卡管理办法（试行）》（以下简称《管理办法》）中将发卡主体的行业局限于零售业、住宿和餐饮业、居民服务业，并在该《管理办法》的附件中对上述行业进行了具体细分与列举，尽管单用途预付卡主要适用于这些行业，但随着社会、经济、商业模式发展的不断创新，该《管理办法》中列举的现有的行业已经无法满足消费者的社会生活的实际需要，与当前预付式消费的实际情况有一定程度的脱节。该《管理办法》将发卡主体局限于已列举行业中已备案的发卡企业，使得法律适用范围受到了不应有的限制，使法院在审判实务中只能将如健身卡等不在列举中的预付卡，与所列举的预付卡相分离，导致消费者合法权益无法得到应有的保护[2]。实际上，这些未备案的经营者（例如健身、教育、文娱、美容美发等侵权高发领域及个体工商户）一直存在于我们的日常生活中，它们给我们带来生活便利的同时，也带来一些隐患。这些经营者多为小型的商家，没有强大的资金支持，随时可能倒闭，消费者的合法权益容易受到侵害。据统计，教育培训、游泳健身和美容美发，是近两年消费投诉的重灾区，排在 2019 年预付卡投诉的前 3 位，分别约占投诉总量的 62%、20% 和 11%。同时，根据北京市市场监管局的统计，2019 年 8 月至 2020 年 9 月预付式消费领域严重失信经营主体的 263 家企业中，仅有 56 家属于零售业、住宿餐饮业和居

---

〔1〕 刘英军等：《当前商业预付卡存在的问题及建议》，载《内蒙古金融研究》2012 年第 2 期，第 78 页。

〔2〕 详见"刘某某与山东银座健身发展有限公司服务合同纠纷上诉案"（2014）济民一终字第 1076 号，法院认为《单用途商业预付卡管理办法（试行）》的附件 1 中，健身行业并未包括在上述文件规定的适用范围，因而不能适用该文件第 19 条关于"记名卡不得设有效期，不记名卡有效期不得少于 3 年"的规定。

民服务业。

（三）预付式消费监管缺乏有效性

1. 监管必要性认识不足

传统观念认为，预付式消费本质上是一种民事合同行为。当经营者"跑路"之后，消费者应当通过司法途径解决，政府无须介入。这种看法只具有纯粹的理论意义，与我国文化脱节。在我国，当群众被骗的金额较大或者涉及的人数较多时，人们首先还是希望政府能主持公道、追回被骗的款物。如果政府在群众维权的过程中不能主动介入，就会将受害消费者的怒气从针对经营者转移到针对政府上来。更何况，商务部《管理办法》也明确将政府有关部门规定为单用途商业预付卡活动的监管部门，政府对预付式消费跑路等恶性逃废债务的行为，具有法定监管职责。

2. 监管主体不明确

《单用途商业预付卡管理办法（试行）》是商务部颁布的，指定的预付式消费监管主体为"县级以上地方人民政府商务主管部门负责本行政区域内单用途卡监督管理工作"。但2018年机构改革之后，负责市场监管的主体是市场监管部门。从现实上看，市场监管部门也更熟悉预付式消费相关活动的监管和危机处置。这种监管主体不明的情况，使得预付式消费活动一直缺乏明确的监管主体、长期半游离于监管之外。

在我国对经营者的经营活动享有监督权的部门有很多，例如市场监管部门、商务部门、公安部门等。但由于立法不完善，相关部门权责划分不明确，造成部门之间权责交叉，导致争抢监管权或相互推诿的情况时有发生，降低了监管效率，出现"九龙治水水不治"的窘境，很难实现良性监管互动的局面。

3. 监管手段及力度不强

当前，商务部门主要依靠备案的方式监管，但大量预付式消费商家没有在商务部门备案。以北京为例，当前北京市预付卡发行企业预计在17万家，但仅有零售业、住宿餐饮业和居民服务业三个领域的224家商业企业和8家汽车分时租赁企业有备案，备案率仅为万分之一点七五。市场监管部门虽也能对预付式消费活动实施监管，但没有法律法规授予其行政处罚权、行政强制权，缺乏有效监管手段实施监管。

我国行政部门对预付式消费的监管主要采用的是被动监管，通常都是接到消费者投诉和举报后才对经营者进行调查，对于预防纠纷、解决纠纷具有一定的滞后性。鉴于目前采用预付式消费模式的经营者众多，而行政部门事务繁杂，人力财力有限，若没有事前防范、事中监管，仅靠事后监管，要想管理纷繁复杂的预付式消费市场并非一件易事。

（四）预付式消费资金管理不善

在预付式消费中，因为资金的预付与消费存在时间差，导致消费者数量达到一定程度时，预付式消费中预付资金会累积成为一笔巨额财产，如果发卡主体对预付资金管理不善，会严重损害消费者和经营者的利益[1]。

在单用途预付卡消费中，消费者的权益依赖于发卡主体即经营者的持续正常经营，如果经营者不能妥善处理预付资金，将直接影响经营情况，从而使得消费者合法权益被损害。《单用途商业预付卡管理办法（试行）》中对预付资金的使用方式进行限制了，要求发卡主体只能将预收所得资金用于发卡企业主营业务，不得将预收所得资金用于投资和借贷。但《单用途商业预付卡管理办法（试行）》对部分经营者不讲诚信、关门倒闭等情形做出要求，在一定程度上造成了持卡消费者在合法权益受到侵害后维权较为困难的现状。

（五）预付式消费交易模式缺乏健全的征信体系

目前我国缺乏对经营者的诚信奖励机制和失信行为的惩罚制度，征信体系不健全是预付式消费纠纷增多的一个直接原因。一方面，经营者失信成本极为低廉，无法引起他们对企业信用的足够重视，不能形成良好的信用道德习惯。由于违法成本低，收益大，部分不法经营者故意"钻空子"，利用预付式消费进行诈骗。另一方面，信用信息公开制度不健全，造成严重的信息不对称，在很大程度上导致了消费者在选择经营者时的盲目性，同时助长了不良经营者不诚信经营的侥幸心理。消费者作出合理选择的首要条件是评估、收集和整合信息，其作为收集信息的弱势一方通常对收集到的信息会提出更高的标准，无论是信息收集的速度还是准确度。可是普通的消费者往往无法高效、及时和准确地对信息进行筛选与分析，这就造成了信息错位，导致消费者决策时所依赖的信息在数量上存在着不足，甚至有的消费者即使在经营者实体店办卡时，对商家的诚信情况及资质等信息仍一无所知。更有的经营者利用虚假的广告宣传，将有瑕疵或不正确的信息告知消费者，使消费者基于错误的信息而交易。

（六）维权成本高，缺乏有效、便利的维权途径

在预付式消费者维权过程中，由于经营者在经济实力与专业知识方面都比消费者更有优势，如果仅靠消费者个人力量是难以与经营者抗衡的。消费者自身的权益受到侵犯的时候，会进行理性的衡量，面对规模较小的卷款私逃的经营者是否具备还款能力是不确定的，在等待救济的过程中，消费者所花费的物资、时间和救济机构的运行等成本也较高，造成消费者维权不易。

---

[1] 张春燕：《第三方支付平台沉淀资金及利息之法律权属初探——以支付宝为样本》，载《河北法学》2011年第3期。

目前我国消费者组织对消费者权益的保护主要是事前向消费者发出警示与提醒，发生侵害后帮助消费者与经营者调解解决，其作用非常有限，问题往往很难得到根本解决。

此外，由于预付式消费者在预付资金时很少与预付式经营者订立书面纸质的合同，仅仅是口头约定提供的商品或者服务的质量、销售方式等相关情况，因此双方之间的权利与义务缺少法律约束，在发生消费纠纷的时候消费者往往缺少维权的法律武器。

目前中国消协组织的发展与市场经济发展的速度和消费者的利益诉求之间还存在着差距，如组织体系上不统一、对消费者行政保护尚缺乏统一的协调机制、线上线下消费维权渠道及方法亟需完善。

七、域外预付式消费风险防范机制

域外对预付式消费的风险防范大体有三种模式，一是以美国为代表的多部门功能型的监管模式，建立起了分专业、分领域、分层级的预付式消费金融的监管法律体系，更为关注金融体系运行安全与消费者保护；二是以日本为代表的一元监管模式，由金融厅及地方财务局主导监管，自律组织辅助监管；三是二元监管模式，对单用途与多用途预付卡进行分别监管。下文主要介绍前两种模式。

（一）美国

美国并未对预付式消费进行专门立法，而是通过建立联邦立法、规章条例与自律性法规相结合的三阶层的立法体制，同时建立起分领域、分专业、分层级的预付式消费金融监管法律体系。其监管体制为区分多用途预付卡与单用途预付卡的多元监管体制，分别由联邦存款保险公司与联邦贸易委员会进行监管[1]。此外，美国针对预付式消费的立法呈现出功能型监管特征，例如，联邦储备管理委员会颁布的《信用卡业务相关责任和信息披露法》中规定了发卡主体的信息披露义务，联邦财政部颁布的《银行保密法规修正案——定义与有关预付访问的规则》规定了发卡主体必须在财政部进行登记，美国各州还通过了如《无主财产法》《资金划拨法》等法案来针对发卡资金进行管理。

（二）日本

日本对预付卡进行了专门立法，从而形成了以金融厅为专门监管机构的一元监管体制，先后出台了一系列的法案。日本在 1989 年制定了《预付式证票规制法》，对预付款消费专门进行了规定。该法将预付式证票按发行和兑现分为两大类：自家发行的预付式证票和第三者发行的预付式证票。2010 年日本又出台了《资金结算法》来对预付卡的申报登记、地位继承、保证金制度、运营监管等进

---

〔1〕　贺绍奇：《美国预付卡发行与销售的监管及借鉴》，载《中国审判》2011 年第 7 期，第 9 页。

行监管，并定位预付卡发行协会。此外还包括《预付卡管理条例》《金融工作指引》等针对预付消费的专门法律法规，系统地构建了预付卡申报审批制度、保证金制度、金融厅监督制度和支付服务协会自律制度[1]。日本的法规体系中也对单用途预付卡和多用途预付卡进行区分，具体是采取单用途预付卡申报与多用途预付卡审批相结合的制度，但采用一元监管体制，两种卡均由金融厅及地方财务局主导监管，自律组织辅助监管。

八、完善我国预付式消费风险的法律规制的建议

（一）完善配套法律制度

我国预付式消费模式近些年才起步，对应的法律法规层级相对较低，完善度较差，还不能很好地保护消费者的自主选择权、知情权、公平交易权等，加紧建立健全预付式消费服务法律体系是提升预付式消费监管能力的根本之策。预付式消费服务法律体系应当包括法律、行政法规、部门规章、地方规范性文件及行业自律准则等。

（1）在法律层面建立统一的预付式消费权益保护法律法规，明确预付式消费的含义、发行机构、单用途预付式消费法律关系、监管主体、违约责任、救济途径等，设立一个系统的监管规定，实现对单用途预付卡的监管，为预付式消费纠纷提供法律依据。

（2）各监管部门应当在职责范围内建立专题性的规章制度，对预付式消费各环节进行有效管理。

（3）因我国不同地区的经济发展水平各有差异，且在消费结构、水平与习惯方面因地区差异而有所不同，可采用灵活多元的立法形式与法律规制形式，鼓励各地区政府可根据本地区经济社会发展水平，在联系本地区实际发展情况的基础上，制定符合本地区的规范性文件，健全地方性预付式消费相关法规，以促使当地的预付式消费朝着理性的维度发展。

（二）建立多部门协同的预付式消费监管工作机制

规范预付式消费交易模式关系到千万家庭的利益，这是一个典型的社会综合类治理问题，涉及商务部门、市场监管、金融监管、公安经济犯罪侦查、消费者权益保护等多个部门，单独一个部门很难实施有效监管，需要多个社会治理部门进行联合规制，形成保护合力机制。为此，应当建立由市场监管部门、商务部门、金融监管部门、公安机关、消费者权益保护组织等共同参加的协同工作机制。国家应加强对单用途预付卡经营活动管理工作的领导，组织各有关部门依法

---

[1] 杜晓宇：《日本预付卡法律制度及对我国的借鉴意义》，载《金融发展研究》2012年第10期，第56~59页。

履行管理职责。教育、科学技术、人力社保、交通、商务、文化旅游、卫生健康、体育等部门（以下统称"行业主管部门"）负责各自主管行业、领域内预付式消费活动的监管工作。市场监管、金融、税务、公安等部门按照各自职责，共同做好预付式消费监管的相关工作。同时，充分发挥行业协会自律作用，辅助监管部门约束行业内部预付式服务的经营行为，有效协调消费纠纷，规范行业内竞争秩序。

（三）建立严格的市场准入制度

由于预付式消费的金融属性与风险属性，应当严格管控、设立较高的准入门槛。为避免发卡主体处于监管的真空状态，规定所有单用途发卡主体均需备案，并将所有预付式服务、经营行为均纳入预付式消费法律监管。监管部门应当对备案的经营者按照标准进行审查，严格审查经营者的资质，严格评估商业信誉等级等，例如所发预付卡的额度与经营者资产规模、服务水平相适应，经营者及其法定代表个人征信情况，企业经营年限及业务范围与预付卡服务范围是否适应的规定等，对不符合规定的经营者不予允许发行预付卡，在一定程度上保障预付式消费的健康有序。

（四）健全预付资金安全体系

在预付式消费模式下，经营者无偿吸收和占用一部分的社会资金，从发行到资金清算期间都处于金融监管体系之外。经营者收取的预付消费资金处于自我管理、自我支配状态，资金安全仅靠经营者自身信用模式。部分经营者以不计成本的超低消费折扣方式积聚大量预付资金，已逐渐向变相融资、非法集资行为的趋势演变，社会风险极大。因此需要健全预付资金安全体系，防范金融风险。

建议银行保险监督管理委员会通过建立资金监管制度，规定企业在开展预付式消费经营活动时，必须依照有关规定，在信用监管平台上采取第三方托管、专用存款账户管理、履约保证和保险的方式确保资金安全。主管部门负责落实资金管理制度，排查预付资金风险隐患，加强监测预警，加大违法行为查处力度，防范区域性系统性风险。

在经济学中，为促进交易的顺利进行，通常建议采用保险的方式来规避风险。一般通过专业保险的形式由风险承担能力较差的、规模较小的市场主体转移给风险承受能力较强的专业的保险公司，同时也是增进社会总福利并形成一个趋近于帕累托改进的过程。保险公司的介入对于经营者的边际成本的增加，以及对于消费者额外支出的影响均很小，所以这种资源的配置是有效率且合理可行的。

（五）制定预付式消费服务合同示范文本

制定规范的《预付式消费服务合同（示范文本）》的主要目的在于，为预付式消费服务双方提供预付式消费服务合同的示范文本，明确预付式消费中的风险和责任，引导经营者和消费者要遵循自愿、平等、公平、诚信的交易原则，对经营者的经营行为进行规范；提醒消费者建立理性消费意识，注意防范风险，提高自我保护意识。示范文本统筹平衡各方利益诉求，规范预付式消费的市场秩序，为保护消费者合法权益提供法治保障。监管部门应当加强对预付式消费服务合同示范文本的指导与规范，与相关行业组织联合制定统一规范的《预付式消费服务合同（示范文本）》，对预付式消费的预付卡的使用、费用、期限、违约责任等进行详细明确的规定，确定双方对等的权利和义务，并要求合同在监管部门进行备案。

（六）引入信用惩戒制度

修改完善《企业信息公示暂行条例》《严重违法失信企业名单管理暂行办法》，加强对企业注册信息变化，如法人变更、终止经营、合并转让等重大事项监管，强化经营者退市责任。

通过将经营者预付式消费经营失信信息向各级政府公共信用信息服务平台归集，对严重失信的经营者进行信用惩戒。充分发挥信用对经营者的约束作用，以此提高经营者在预付式消费市场中的保质服务意识和合规的经营意识。建议根据消费者投诉的数量，市场监管部门对相关企业信用进行评级，并定期公布其信用情况。对投诉数量较多的商家企业，降低其信用等级。对备付金较为雄厚、日常账目较为规范的商家企业，提高其信用等级。

在信用评级的基础上，由市场监管部门牵头，与银行、保险公司、税务、住建、银保监会等部门互联互通，建立预付式消费的资金信用监管平台。信用评级可作为银行在监管平台上为企业提供优惠的金融服务的参考依据，以及在可能范围内降低市场检查频次、房租、税费等负担的依据。

但在此需要明确的是，应遵循不当联结禁止原则，避免出现"一处失信，处处受限"的违反行政法治原则的情况，将失信惩戒限定于经商、信贷等相关领域，不得与其他领域做不正当的关联。

（七）完善救济机制

1. 增加小额诉讼法律制度

现代经济模式下，消费纠纷往往具有分散性、扩散性等特点，纠纷往往涉及众多消费者，但是个体利益额度很小，基于消费者的有限理性，以及诉讼机制中巨大的经济交易和时间成本考量，大量消费者不会选择民事诉讼来救济自己的权利。预付式消费纠纷作为消费纠纷的一种，也具有前述特点。我国的诉讼法有小额诉讼制度的规定，应当以此为依据建立推行小额消费纠纷解决机制，用于解决包括预付式消费纠纷在内的小额消费纠纷，降低消费者的维权成本。通过小额诉讼简化诉讼程序，不仅有利于提高消费者的维权意识，而且增加了经营者的违法成本，同时还起到对经营者的法律威慑作用，促使经营者规范经营。

2. 适用惩罚性赔偿制度

对于存在"借发卡之名行圈钱之实"、明知实际履行不能仍虚假承诺、明知资金链断裂仍不断发售预付凭证等欺诈情况的不良经营者，建议依照《消费者权益保护法》第 55 条的规定，让其承担惩罚性赔偿责任。惩罚性赔偿制度对经营者恶性违约行为起到遏制作用，对于保护消费者的合法权益、维护预付式消费市场秩序有着重大、积极的意义。

3. 充分发挥消费者协会职能

消费者协会应在发挥现有法律规定的各项职能之外拓展消费者协会的现有职能。例如：为预付式消费纠纷开辟统一调解通道，集中处理预付式消费争议，提升消费者协会调解工作的针对性和公信力；成立专业的调解工作小组，邀请律师或相关行业专家担任专兼职调解员，从法律和经验两个角度寻找解决问题的办法，促成矛盾纠纷的快速化解。

4. 完善公益诉讼制度

消费公益诉讼指在消费领域中，原告一方为了维护社会公共利益而提起的一种特殊类型的民事诉讼。具体来说，当商品经营者或服务经营者的不法行为已经或将要侵害国家或公众利益之时，依据法律的授权，组织或个人可以就不法行为提起民事诉讼以维护社会公共利益。消费者协会是维护消费者权利的"代言人"，由消费者协会提起消费公益诉讼顺应了新形势下加强消费者权益保护工作的要求，有利于消费者协会创新管理方式、充分发挥社会监督作用，能较好解决个体消费者起诉动力不足并保护社会公共利益。

（八）加强行业协会自律

（1）设立预付式消费行业标准，制定全行业标准、服务规范及预信用等级评价标准等，借助行业组织力量建立预付式消费行业规范、形成行业自我的约束机制，从而将一些达不到行业标准的经营者排除在市场之外，为规范预付式消费市场降低难度。

（2）加强行业协会自律，行业协会是企业自发组织形成的行业性自律组织，可以利用行业协会的影响力，开展行业自律监管，在一定程度上发挥组织、管理和监督的作用。

（3）加强沟通，针对预付式消费纠纷，行业组织可以通过与经营者和消费者进行沟通交流，调查事实真相，寻求争议的迅速处理和有效解决，充分发挥行业组织的作用。

（九）提升消费者自我保护意识及维权意识

首先，消费者要具有正确的、理性的消费观。面对预付式消费带来的便捷与优惠，消费者应当养成理性的消费观，结合自身消费情况合理充值，尽量选择短期付款方式，避免一次性大额投入，切忌因优惠幅度大而忽视潜在风险。

其次，选择低风险经营者。在进行各类预付款消费时，消费者首先要考察经营者的商业信誉、经营规模、经营状况、产品的售后服务等，应尽量选择已在平台登记、规模较大、证照齐全、市场信誉高、经营状况好的经营者，以最大限度保证资金安全。

最后，提高维权意识。尽量与经营者签订书面合同明确权利义务，尽量控制办卡额度和期限，保留好发票、协议、消费记录并且保存相关证据，在权益受损无法与经营者达成一致时，应及时通过合法途径维护自己的权益。

预付式消费风险的法律规制研究

刘　冰 *

一、引言

(一) 预付式消费的含义

1. 预付式消费的概念

预付式消费模式由来已久，但并没有一个严格意义上的概念，"预付"二字基本涵盖了这类消费模式的含义。预付式消费是指消费者向经营者预先支付一定额度的消费款项，然后经营者按照约定的方式提供服务，并直接从预付的款项中扣除相应费用的一种消费模式。[1]

预付式消费的特点：①先付费后消费，时间错配。我们日常生活中接触最多的消费模式是，挑选好商品或服务，然后支付价款，取得商品或服务的所有权，完成消费的整个过程。但预付式消费与这种方式不同，先付费后消费不是指先付钱后挑选商品或服务，而是先支付多次或一定时间内的服务款项，然后再多次或在一定时间内不固定次数地消费，这导致付款与消费的时间出现错配；②服务形式固定，更改不易。预付式消费中经营者会与消费者提前约定好服务方式和内容，消费者接受后，更改服务内容比较困难，尤其是服务价格和优惠计算方面；③单方提供合同，维权困难。预付式消费中消费者与经营者是合同关系，有的经营者会提供合同文本，有的则是简单地提供收据、消费凭证等。无论经营者是否提供完整的合同文本，预付式消费本质上是经营者单方提供合同，消费者被动接受的一种消费模式，在这种模式中消费者举证困难等多重原因导致维权比较困难。

预付式消费的类型：①定点类。固定的消费地点，比如美容院、洗车行、羽毛球场等；②定时类。约定固定的时间段不限次数消费，比如健身房；③定额

---

* 课题主持人：刘冰，华北电力大学讲师。立项编号：BLS（2020）B013-2。结项等级：优秀。

[1] 参见王建文：《我国预付式消费模式的法律规制》，载《法律科学（西北政法大学学报）》2012 年第 5 期。

类。常见的 500 元面额、1000 元面额的超市卡，购物卡面额就是消费者的消费限额。

2. 预付式消费与预付费消费卡的区别

预付式消费与预付费消费卡概念存在内在联系，但也有一定的区别。第一，从范畴上讲，预付式消费的研究范围包括预付费消费卡，预付费消费卡是预付式消费的凭证，消费者持凭证进行消费和扣费。第二，从性质上讲，预付式消费本质上是一种合同关系，是一类消费合同，而预付费消费卡作为预付式消费的媒介，具有融资性，是一种债权凭证，二者的法律属性不同。最后，从应用上讲，预付式消费中不一定存在有形或无形的（电子）预付费消费卡，可能只是口头的。

研究预付式消费风险的法律规制，目的是保护消费者的合法权益，维护市场经营秩序，重点是保障预付资金安全，切入点是预付费消费卡的管理，这些关系到消费者的切身利益是研究的重中之重，是研究报告重点关注的对象。因此，报告认为应对预付式消费与预付费消费卡的区别予以明晰，有利于明确研究思路。

（二）预付式消费的价值

预付式消费作为一种商业模式，并没有因为消费风险和投诉销声匿迹，依然被商家和消费者所接受，归根到底在于它的独特的经济价值，预付式消费与其他消费模式相比，商业价值主要体现为以下几个方面：

1. 宏观：稳定消费，活跃经济

经营者在考虑营销策略时选择预付式消费模式，最重要的目的之一是锁定顾客，锁定顾客包括获得和保有顾客，通过提高消费者转移消费的成本，以达到排他性的稳定经营状态。也就是说，预付式消费模式可以固定住一部分消费者的消费行为，在一定时间内产生稳定消费的效果，这种效果进而可以刺激经济保持活跃。

2. 中观：融通资金，鼓励创业

经营者在考虑营销策略时选择预付式消费模式，另一个重要的目的是融通资金，市场中的经营者绝大部分是中小微企业，没有固定资产，没有专利技术，没有雄厚资金，在现有的金融体系中它们是很难获得足够的、低成本的融资，消费者预先支付的费用对于这些经营者而言非常重要。可以解决创业或发展初期的融资困难问题，能够解决这个问题可以鼓励更多的人创业，更多的人去创新，我国的经济才会有活力和弹性。

3. 微观：方便消费，便利生活

以上两点是从经营者角度进行的分析，那么我们从消费者角度看看预付式消费的价值。从消费动机上看，预付式消费者较即时型消费者有更强的、长期的消费意愿，这种消费意愿非常复杂，可能基于短期优惠、长期需要、优质服务等原因，无论基于何种原因，如果预付式消费没有足够的吸引力，很难让消费者提前预付费用。消费者作出预付费决定时，将自己未来的消费锁定到固定的经营者，可以方便消费，让生活更加便利，消费者不需要每次挑选、比较同类产品或服务的商家、价格、质量等信息，为消费者节省了大量的时间和精力。

二、预付式消费风险法律规制的现状及问题

（一）预付式消费风险规制的法规及问题

1. 预付式消费风险的规制体系

所谓的规制体系是指在市场经济体制下政府对经济主体市场行为的管理或制约，以矫正和改善市场机制内在的问题，解决依靠市场机制无法调整的微观经济活动的问题而出台的法律、部门规章、地方性法规等规范性文件。

我国关于预付式消费风险的规制主要包括商务部公布的《单用途商业预付卡管理办法（试行）》和原国家工商总局公布的《侵害消费者权益行为处罚办法》。

有地方政府专门出台了地方性法规对预付式消费风险进行规制，主要是指《上海市单用途预付消费卡管理规定》和《上海市单用途预付消费卡管理实施办法》。

2. 预付式消费风险规制的问题

（1）立法滞后。北京市立法对预付式消费风险缺乏专门、系统的规制，有关预付费消费卡的管理只有 2012 年商务部公布的《单用途商业预付卡管理办法（试行）》可供参考，落后于上海。北京市各级市场监管局、消费者协会和各类行业协会没有明确提出是否限制预付式消费服务的主体资格，因缺乏法律规制，将大量的精力放到处理消费投诉上。

北京市对预付式消费风险的处理，基本沿用《民法典》《消费者权益保护法》的具体规则和原则，并未作出针对性规定。预付式消费中经营者的义务内容、监管机构职责、监管方式设计、协同监管体系、违法预付费消费的救济途径等均付之阙如。新冠疫情发生以来预付式消费群体性事件剧增，但北京市相应的监管措施却迟迟未出台，这表明北京市立法没能跟上实践的需要。

（2）监管缺位。前述商务部公布的相关规定，监管对象为从事零售业、住宿和餐饮业、居民服务业开展单用途商业预付卡业务的企业法人，监管方式包括预付费消费卡备案、资金管理、监督管理和法律责任等措施，监管目的是加强单用途商业预付卡管理、维护当事人合法权益和防范资金风险，监管部门包括县级以上地方政府商务主管部门。但是实践中因北京市预付式消费方面的立法严重落后，在规制预付式消费风险中暴露出一些监管问题，监管缺位，具体表现为：

一是监管对象不明确。预付式消费风险与单用途商业预付卡管理存在联系又有区别（前面已对二者之间关系论述，此处不再赘述）不能简单地将商务部规定的监管对象确定为预付式消费风险监管对象，北京市应从维护市场经营秩序和保护消费者合法权益出发，凡是提供预付式消费的经营者，都应属于监管对象，都应纳入风险防范机制。

二是监管部门不明确。监管部门不仅包括县级以上地方政府商务部门，还涉及人民银行、教育、交通、市场监管、公安、税务等多家部门。现实中很多企业预付费消费风险的规制涉及很多部门，例如教育机构"优胜教育"，一夜之间人去楼空，仅北京一校区就卷走家长预付的学费 900 多万，涉事家长 3000 多人。"优胜教育"收取的费用属于单用途卡管理的范畴，但因教育培训不在商务部门监管范围，教育部门又没有对此监管，导致监管缺位。

三是监管措施不明确。商务部规章就单用途卡的管理规定了备案、资金管理、监督管理等措施，从条款内容看颇为原则，不够具体详细、操作性不强。比如没有规定不同部门监管信息如何对接，预收资金如何保护，失信经营者如何惩罚，消费者的个人信息如何保护。因为监管措施不明确、不具体导致监管缺乏"抓手"，有法难执，进而导致处罚力度不够，震慑效果不好。

（二）预付式消费风险规制的立法探索及问题

1. 预付式消费风险法律规制的立法探索

近年来，北京市持续关注预付式消费带来的诸多问题，比如退费难、商家跑路等，尤其是这两年受新冠疫情影响预付式消费类的群体性事件频繁发生，这让北京各级监管部门越来越重视预付式消费风险的法律规制问题，并在立法方面做了很多探索，试图掐灭预付式消费风险的"根源"。北京市市场监管局对 2011 年发布的《北京市消费类预付费服务交易合同行为指引（试行）》进行了修订，并于 2020 年 2 月 1 日发布实施。北京市市场消费环境建设联席会议办公室组织市场监督管理局、商务局、教育委员会、体育局、交通委员会、文化和旅游局等部门，起草了《关于加强预付式消费市场管理的意见（征求意见稿）》《北京市预付式消费市场监督和服务管理办法》《关于加强单用途预付卡管理的意见（征求意见稿）》《北京市学科类校外培训机构预付式消费管理细则（征求意见稿）》《北京市体育健身经营场所预付式消费管理细则（征求意见稿）》《北京市交通运输新业态预付式消费管理细则（征求意见稿）》《北京市旅行社及在线旅游企业预付式消费管理细则（征求意见稿）》等 7 份文件，并于 2019 年 10 月 24 日在"首都之窗"、北京市市场监督管理局网站上公开征集社会各界意见（截至 10 月 30 日）。这些文件的主要规范内容为：

第一，预付式消费市场监管服机制。内容包括三个方面：一是预付式消费市场管理。加强采取预付式消费模式经营者市场准入管理，推行信用承诺、失信禁入、发卡备案制度。完善日常监督管理，采取行业前端管理、联合检查、鼓励公示经营、风险检测、规范交易合同、关注新型消费等措施。加强失信行业惩戒，实施联合惩戒、严查违法行为和犯罪活动。落实"接诉即办"要求，多渠道化解、宣传、引导。推动行业自律、消费者组织、第三方服务等多方形成社会共治，健全长效管理机制；二是预付式消费市场监督。商务、文化、体育交通、旅游、教育等多部门协同监管，建立一体化风险监管机制和市场化风险补偿机制，加强预付式消费信用监管和市场监督管理、金融、税务、公安、文化综合执法；三是预付消费市场服务。规范经营者行为，建设预付式消费服务平台，保护消费者合法权益。

第二，单用途商业预付卡管理机制。明确了单用途商业预付卡的调整范围，采取了发行单用途商业预付卡备案措施，对备案企业业务经营情况审核，秉持公平契约、诚实守信交易，对消费者采取警示教育，畅通消费纠纷解决途径，对预付卡业务采取差异化监管与行政处罚并行等措施，全面建立北京市单用途商业预付卡管理体系。

第三，重点行业预付式消费管理机制。北京市重点对学科类校外培训机构、体育健身经营场所、交通运输新业态、旅行社在线旅游业等领域预付式消费采取了特别规定，从限制预付费额度、时间等角度加强了预付式消费风险的防范，有利于这些行业的预付式消费模式进一步规范发展。

2. 预付式消费风险法律规制的立法问题

从北京市的 7 份《征求意见稿》和《北京市消费类预付费服务交易合同行为指引》文件内容能感受到北京市各个部门对预付式消费风险的重视，做了很多立法探索，但是从风险规制角度看这些立法仍然存在许多不足，主要问题包括：

第一，协同监管信息对接重视不足。文件内容中只是泛泛提到北京市要依托企业信用监管和综合服务平台建设统一的预付式消费市场协同监管平台，对发卡企业执照、单用途预付费卡备案、发卡、公共信用、投诉举报等信息互联互通，将所有与预付式消费有关的、根据法律法规归集的全要素数据信息共享，以及银行、保险、互联网服务等获得授权的第三方机构接入，规定了市人民政府负责建设和运行维护，但协同监管的信息对接涉及很多主管部门，部门分工不明确，这些部门收集的信息该如何对接没有提及，还有发卡企业的信息上传和共享义务也未涉及。由此可见，北京市没有对协同监管的信息对接高度重视，没有规划出一个成熟的模式，解决信息对接的成本问题。

第二，仍然存在"被动监管"思维。从文件中看关于预付式消费市场服务、监督和管理等方面的条文，仍然存在"被动监管"的思维，监督和管理理念没有向"主动预警"转变。"主动预警"既是向消费者预警，也是向经营者预警，告诉他们预付资金或经营状况超过风险警示标准，提醒他们注意风险，是一种事前思维，而不是"被动监管"的事后思维。

第三，预付资金风险防控力度不够。虽然规定了预付费上限、消费保险、保证金、第三方托管、预付资金余额超过风险警示标准等，但是内容笼统，缺乏可操作性。学科类培训机构、体育健身经营场所、交通运输新业态、在线旅游企业等行业的管理细则，没有充分考虑到经营者的多样性，仅是设置了预付费最高限额，没有提出多个指标建立更加立体的预付资金风险防控的体系，明显防控力度不够。

综上所述，北京市越来越重视预付式消费的规制，但是没有立足于新冠疫情和互联网技术高速发展的实际情况，仍然用传统的市场监管思路解决新形式、新理念的预付式消费模式，既不能保障消费者的权益，又打击了经营者创业积极性和扩张能力。

三、预付式消费风险法律规制的理论基础

（一）预付式消费的性质

1. 信用性

信用在预付式消费中不仅体现为经营者提供商品或服务的意向，还包括履约能力和承担后果能力的确定性预期。[1]过度收缩和膨胀是信用的两个极端，极度收缩在预付式消费中表现为政府高度管制或放任预付式消费市场发展，导致预付式消费市场萎缩或无序发展，这两种极端情况都会导致经营者无法利用这种商业模式解决客户和资金问题，导致预付式消费市场的崩溃。因此，我们在研究预付式消费风险的法律规制时不能一味地追求完善性，限制或遏制预付式消费活跃市场经济的价值，因为风险与信用就像一枚硬币的两面，都是市场经济必不可少的因素，只要设计好预付式消费风险的法律规制蓝图，引导经营者合法经营即可。

2. 金融性

预付式消费的金融性质表现为通过预付费消费卡这种信用媒介，实现跨时间、跨空间的商品或服务交换。而金融性质归根到底就是信用、杠杆和风险这三个词，预付式消费模式同样包括了这三个特点，本部分我们就从杠杆角度论述一下预付式消费风险产生的根源。预付式消费模式中最核心的要素是预付多次或一段时间的费用，以中小学教育培训机构为例，家长们不惜重金购入少则一两个月，多则半年、一年的课程，可想而知杠杆率有多高，并且没有质押物作为担

---

[1] 参见吴汉洪、徐国兴：《信用本质的经济学分析》，载《中国人民大学学报》2004 年第 4 期。

保。由此可见，预付式消费的风险根源在于经营者获得的杠杆率过高、缺少担保措施，仅涉及违约成本，侵权样态缺少法律规定，导致经营者的风险缺乏规制，消费者的权益缺乏合理的保障。

3. 群体性

预付式消费的群体性主要表现为消费者人数众多，经营者的规模越大影响的消费者就越多，当遭遇预付式消费维权时这些平时彼此不认识的消费者就可能会以一定的方式联系在一起，共同向经营者或主管部门维权。例如北京市消费者协会官网上的妙笔菡塘培训教育机构"跑路"案例，2017 年 8 月 21 日妙笔菡塘教育培训机构在北京所属的 10 所门店突然关门，这 10 家门店涉及 286 位家长，200 余万元课程预付款。经营者不知去向，消费者只能投诉，一时投诉剧增，很多家长聚集在一起，情绪非常激动。

（二）规制预付式消费风险的基本原则

1. 适度干预原则

适度干预原则作为经济法的基本原则，逻辑起点是政府与市场的关系，要求政府遵循经济发展规律，谨慎、适度地干预经济，强调对市场调整的辅助作用。研究报告认为预付式消费市场作为市场的一部分，政府对其规制同样要谨慎和适度，应做到以下两点：一是合法干预。政府对预付式消费市场的干预必须是正当的，不能在没有法律依据或授权的情况下擅自干预经营者的行为，更不能为了防范风险在管理和服务过程中设置隐性障碍，侵害经营者合法的、自由的市场行为，而是应该通过法律手段，间接地、宏观地影响和引导预付式消费市场经营者的行为以使其机制顺利运行；二是谨慎干预。市场经济是一种资源配置的方式，强调市场的自发性、主体性，政府干预的目的是解决市场失灵问题，这种干预是一种外部力量，具有一定辅助性。政府干预不能违背预付式消费市场运行的基本规律，预付消费风险的法律规制成本要小于收益，只需对市场无法有效自我协调的关系作出调整。

2. 公平交易原则

适度干预原则是从宏观角度定位了政府与预付式消费市场的关系，而公平交易原则强调的是经营者与消费者之间应公平进行交易。公平交易原则是市场经济的基本原则，是一切经济行为的逻辑起点和终点，预付式消费风险法律规制的切入点和落脚点，归根到底是如何保障公平交易。预付式消费中消费者处于弱势地位，如果不在法律上予以保护，经营者与消费者的交易很难做到真正的公平。因此，在构建预付式消费风险的法律规制时，要遵循公平交易原则，让交易双方处于平等的地位，对经营者提出特殊要求和消费者给予额外保护。

3. 诚实信用原则

诚实信用原则要求预付式消费市场参加者在不损害其他人利益和社会公共利益的前提下，追求自己的利益和利润。如果市场参与者都能遵守诚实信用原则，就不存在所谓的消费风险了，这是一种理想状态。现实中市场中总会有不诚实、不守信用的经营者，那么我们在防范预付式消费风险时就要考虑到，采取什么样的法律规制可以引导经营者遵守诚实信用原则，衡量利弊后选择做一个诚实信用的经营者，这才是预付式消费风险法律规制创建的根本目的。

四、预付式消费风险法律规制的基本框架

（一）事前：预付式消费风险的防范

鉴于预付式消费的经济价值，我们不能强制市场抛弃这类商业模式，但为了防范预付式消费可能产生的风险，可以加强预付式消费市场的准入管理，对经营者予以一定的约束，保证消费者的预付款安全。

1. 预付式消费中经营者的信用承诺

目前全国各省都在各个领域内推进信用承诺制度的应用，同样在预付式消费中推进经营者的信用承诺，是一种低成本、高效率的监管措施。信用承诺类型主要有审批替代、容缺受理、证明替代、信用修复、行业自律和主动公示等六种类型。那么对于预付式消费市场准入管理最有效的信用承诺是哪种类型呢？研究报告认为预付式消费领域信用承诺属于主动公示类，引导普遍采用预收费方式经营的服务领域在登记注册时增加预付式消费诚信经营的信用承诺内容，内容可以包括预付式消费服务的基本内容、资金管理方案和违反承诺承担的后果，督促经营者合法经营，这样可以在经营者进入市场前给经营者加上一个"紧箍咒"。

2. 预付式消费中经营者的失信禁入

如果经营者违反了信用承诺，发生卷款跑路等严重损害消费者权益的情形，可以对企业法人、董事、监事和其他直接管理人员实施市场禁入等惩罚措施。失信者禁入属于信用监管的一种，这种措施可以根据不同的企业信用状况实行差别化管理，建立预付式消费领域内的信用"黑名单"制度，将那些有严重违法失信行为的经营者列入"黑名单"。让严重扰乱预付式消费市场，侵害消费者合法权益的经营者因其失信行为而处处受限，接受社会监督、市场监督和舆论监督，在一定期限内甚至永远被实施进入预付式消费领域。

3. 预付式消费中经营者的预先备案

在经营者正式出售或收取预付费消费款之前，经营者需在协同监管平台内置模块公共基础业务处理系统上注册，填写企业基本信息，企业预付式消费服务章程和购卡协议，协议包括但不限于发卡流程、服务规范、资金结算、纠纷处理、违约责任等内容。预付式消费卡的形式，可以包括电子卡、实物卡和简单账簿等

方式。经营者事先进行发卡前的备案，有以下几个方面的积极作用：一是有利于监督和管理。经营者事先注册系统，填写基本的信息和上传各类证件、文件，有利于主管部门了解准备从事预付式消费服务经营者的基本情况和发卡计划，主管部门可以根据经营者提供的材料预判经营者预付式消费风险的情况，有利于对其的监督和管理；二是有利于保护消费者。消费者挑选服务时可以上网查询经营者的基本信息、预付式消费服务的章程和合同内容，了解双方的权利义务，更加有利于保护消费者的知情权；三是有利于约束经营者。经营者在预先备案过程中，可以更加了解违反预付式消费有关规定的后果，了解整个发卡信息系统的操作流程，有利于培养经营者自我约束的思维。

（二）事中：预付式消费风险的监管

1. 预付式消费合同管理

2020 年 2 月 1 日发布的《北京市预付式消费服务合同行为指引》（以下简称《合同行为指引》）明确规定，经营者要提供消费服务章程和资金风险提示书，与消费者订立书面服务合同，并用恰当的方式提示和告知消费者，确保消费者的知情权。同时采取列举的方式明确合同主要内容，给予消费者 7 天的反悔期，对合同履行期中可能遇到各类问题进行规范。虽然《合同行为指引》的内容较《合同行为指引（试行）》有很大的进步，但仍然存在规范不明确、不具体的问题，对于不同类型的预付式消费服务，经营者存在一定的适用难题。研究报告认为可以从以下几个方面加以完善：一是鼓励各行业协会根据《行为指引》制作预付式消费服务标准示范合同。《合同行为指引》规定得比较抽象，不同行业的权利义务表现形态不一样，进而合同条款设置考虑的关键因素不一样，另外很多经营者是小微企业，没有能力了解和制作标准的预付式消费合同。因此，可以鼓励各行业针对行业特点制作标准示范合同，组织行业内的中小企业管理人员培训修订和签订合同的注意事项，在标准示范合同基础上方便经营者差异化修改；二是要求经营者预先备案时上传预付式消费服务合同及签订说明。将预付式消费合同列入预备案材料清单，经营者办理预备案手续时上传预先准备好的合同，预备案管理部门不做实质审查，只作为基础材料在数据库中留存；三是每季度上传签订预付式消费合同的电子版。为保障消费者合法权益，动态监管经营者日常管理行为，要求经营者每季度上传已经签署的预付式消费合同扫描件或电子版。这样做有三点好处：①监督和督促经营者规范日常合同管理；②保护消费者合法权益，为后续合同履行和纠纷解决提供依据；③有利于监管者了解经营者提供预付式消费涉及的人数及金额，可以根据不同情况对经营者分类，给予不同程度的关注。

2. "双向"经营信息披露

所谓的"双向"经营信息披露是指经营者需定期通过协同监管系统向监管部门和消费者披露与预付式消费风险相关的经营信息，其中包括上面我们论述的经营者与消费者签订的预付式消费服务合同扫描件等电子数据。"双向"经营信息披露的时间节点不宜过短，否则将增加经营者的负担，不利于形成良好的监管情势。研究报告建议可以设立固定经营信息披露和临时经营信息披露两类，固定经营信息披露一年按季度上传经营信息4次，临时经营信息披露是指经营者遇到暂时停业、歇业或者经营场所迁移等严重影响消费者权益情况，应提前及时上传信息，系统会自动将经营者列入重点关注对象，并同时向消费者发送提示或预警信息。

经营者的信息披露义务范围是固定的，但是对监管者和消费者披露的内容需要差异化涉及，监管者全面掌握信息做日常监管，对于消费者只需保障法定的知情权即可，不宜所有信息都向消费者披露，这样可以最大限度保护经营者经营信息安全，进而维护预付式消费市场的稳定、繁荣。建议经营者披露内容如下：①季度内经营者与消费者签订的预付费服务合同；②预收资金支出情况及余额（专用存款账户）；③服务项目内容变更情况说明；④履约和退卡情况说明。监管者可以在系统中看到完整的披露数据，而消费者只在特定情况下看到相关信息，例如消费者投诉时，可以通过监管部门查到之前与经营者签订服务合同，另外还有关于经营者的信用提示和风险预警等信息。

3. 经营风险监管与预警

可以依托协同监管系统建立预付式消费经营风险与预警体系，结合经营者的信用承诺、预先备案材料、经营者消费服务合同及签订说明、日常经营信息及预收资金情况等信息，设计经营风险监测指标和预警方式。《上海市单用途预付消费卡管理实施办法》第三章、第四章从三个方面进行了风险管理和预警：一是存管资金管理。经营者应在每个季度结束后次月25日前，根据上季度末预收资金余额，确定存管资金余额符合一般风险警示标准和特别风险警示标准的管理，超过20万元的，将全部预收资金余额40%存放到专用存款账户中。如果预收资金余额超过经营者上一年度主营业务收入的20%（高于20万元，不超过5000万元人民币），经营者应当将全部预收资金余额采取专用存款账户管理。如果经营者变更存管银行，需要开设新的专用存款账户，并将该信息在协同监管服务平台上备案；二是履约保证保险等风险防范措施。经营者可以选择用履约保证保险的方式替代预收资金管理。建立保险管理系统与协同监管服务平台对接，保险机构可以通过协同监管服务平台核实经营者预收资金余额情况，提示经营者及时补充保险或不足存管资金；三是日常监管。主要包括动态预警、预警情形处置、违规情况处置、严重失信惩戒措施、投诉举报处理等措施，全链条防范和处理预付式消费带来的风险。

北京市可以借鉴上海市相关规定的经验，根据本地预付式消费市场发展情况，进一步明确监管思路，具体建议如下：

第一，建立预付资金保护体系。可以参照上海的有关规定建立预付资金保护体系，但需进一步细化、优化保护措施，经营者可以选择专用存款账户存放一定比例的预付款，以保障消费者的权益，也可以选择履约保证保险等风险防范措施保障预付资金安全。具体建议如下：①所有预收资金都要存放到专用存款账户，但为了发挥预付资金的金融价值，为经营者提供必要的资金支持，可以根据行业性质、营业规模划分不同类型的预付资金余额预警线，精细化管理。可以适当降低中小企业预收资金的警戒线，放松预收资金的管理，帮助中小企业解决融资难问题。但同时要建立保障机制，不能以牺牲消费者利益为代价扶持中小经营者，可以对中小企业设立更为严格的日常监测系统，一旦发现存在停业、歇业或者卷款跑路等情况，要立即介入，及时追回预付资金，保护消费者权益；②引导经营者根据自身预收资金规模购买履约保证保险，只要购买的保险能够保证预收资金安全，可以适当放宽对经营者的监管。选择预收资金专用存款账户监管模式的经营者，可以根据以往预收资金规模选择变更保障措施，转为履约保证保险。

第二，建立动态风险预警体系。因经营和消费都是动态的，建立动态风险预警体系有利于动态地监管预收资金安全、经营状况和消费风险等情况。参考《中华人民共和国中小企业促进法》和《国务院关于进一步促进中小企业发展的若干意见》等规定，考虑到预付式消费市场的实际情况，可以将经营者分为大型企业、中型企业、小微企业和个体工商户等类型，其中小微企业又可以分为小型企业、微型企业和家庭作坊式企业。出于保护中小企业和消费者权益的目的，根据不同的企业类型，风险预警的标准不同。动态风险预警体系主要包括：①预收资金余额风险警示。企业规模越大预收资金管理越严格，对中小企业，尤其是小微企业可以适当放宽预收资金的管制，具体表现是设置较高的预收资金风险警示比例，允许中小微企业将预付资金作为一种变相的融资，以此获得资金支持发展业务；②保险到期风险警示。鼓励有条件的企业主动参保，保证企业有持续履约的能力。经营者应主动上传履约保险，并填写保险期限等核心内容，系统将自动设置保险到期风险警示，提示经营者及时续约或者变更预收资金保障措施；③可能影响消费者权益的经营信息变动风险警示。如果经营者变更企业法人、地址、服务等可能影响预付费消费者权益的内容时，系统要及时向消费者做风险说明，让消费者及时了解情况，有利于防止经营者关闭、倒闭，甚至发生卷款跑路的事情而消费者不知情。

第三，建立日常违规处置体系。针对经营者日常监管和预付资金安全，建立日常监管中的违规处置体系，具体包括：一是不服从日常监管。不及时或不真实披露经营信息，扰乱监管秩序，协同监管平台上对应的监管部门可以向经营者发出限期补充或补正的通知，如果经营者在期限内仍然不补充或不补正的，则监管部门有权利警告，严重的可以进行罚款；二是不服从预收资金安全监管。如果经营者擅自挪用预收资金，在规定的期限内不补助额度的，协同监管平台可以发通知，通知其及时补齐资金。如果经营者没有在规定的期限内补足资金，又没有做情况说明，协同监管平台可以暂时冻结剩余资金，将经营者列入"经营异常名录"，并作出特殊警示，同时向消费者发出风险警示；三是消费者投诉举报处理。消费者可以在协同监管平台上投诉或举报消费者，协同监管平台相对应的监管部门应在三日内与消费者沟通并作出初步的核实和反馈，做到一站式服务，避免消费投诉无门，监管部门互相踢皮球，彻底解决消费者投诉难的问题。

（三）事后：预付式消费风险的化解

1. 建立纠纷预诊分流机制

新冠疫情导致消费投诉案件数量大幅增长，尤其是预付类消费投诉。建立纠纷预诊分流机制的目的是将普通消费纠纷与预付式消费纠纷分类处理，针对预付费等特点，进行预诊分类，争取调解一批、心理安抚一批、引导诉讼一批、公安立案一批。预诊分流机制包括：

第一，将预付式消费与非预付式消费纠纷区分开来。区分消费纠纷类型主要是为了方便与其他预付式消费监管措施形成合力，及时将纠纷数量、类型、最终解决率等信息对接到协同监管平台上，间接督促经营者合法经营，提高服务水平，保护消费者合法权益。让消费者和经营者了解消费纠纷基本的处理方式，并且每个经营者的纠纷数据最终会汇总出整个行业，甚至整个北京市预付式消费市场的纠纷数据，有利于各个部门针对这些数据及时调整监管的思路和措施。

第二，普通预付式消费纠纷以调解和安抚为主。对于没有严重侵害消费者权益的普通纠纷，消保委、市场监管部门和其他主管部门以调解和心理安抚为主，及时化解消费者与经营者的矛盾，避免小问题拖成大问题。

第三，违法预付式消费纠纷建立引导诉讼机制。预付式消费中消费者常常处于弱势地位，一旦遇到侵权或违约问题，可能因为证据不足、缺少法律知识、没有经济能力等原因不能及时向法院起诉。

第四，重大违法预付式消费纠纷及时公安立案。消保委、市场监管部门和其他主管部门在处理投诉或日常监管中发现经营者有恶意欺诈，侵占预收款的意图或行为时，要及时进行调查，并根据情况向公安机关报案，配合立案调查，尽量将提早介入情节恶劣，对消费者造成严重损害的预付式消费刑事案件。

2. 建立多元纠纷化解体系

十八大以来曾多次提出，要站在促进国家治理体系和治理能力现代化的高度，把非诉讼纠纷解决机制挺在前面，这为我们建立预付式消费中多元纠纷化解体系指明了方向，能调解的调解，调解不了再引导诉讼或公安处理。关于预付式消费纠纷调解体系的创建，研究报告建议如下：

第一，调解主体多元联合。各级市场监管部门、消保委、教育、体育、交通、旅游等相关主管部门，要建立顺畅的联动机制，联合处理预付式消费纠纷，避免因跨部门导致职责不清、相互推诿的情况发生。

第二，调解方式多元联动。转变被动调解、"等纠纷上门"的思维，发现纠纷可以通过电话、视频、网络会议等形式展开调解工作，降低消费者维权难度，及时化解矛盾。

第三，调节平台多元连接。各个监管部门的纠纷调解数据要做好信息链接，及时了解预付式消费类纠纷的发生数量、原因及最终处理结果，做到纠纷从开始到结束都能及时、准确地监督。

3. 建立风险处置监管体系

建立预付式消费风险处置监管体系，目的是与事前、事中的监管形成闭关，有利于促进预付式消费市场的良性发展，监管部门可以及时根据这些数据改进工作方式，提高监管和服务水平。关于风险处置监管体系的建议如下：一是归集纠纷信息。纠纷从产生到化解，涉及的信息都要体现在协同监管平台上，涉及的监管部门要及时做好信息归集工作，并填写到协同监管平台，可以根据纠纷发展情况，及时纠正和修改信息，保障信息的真实性；二是披露纠纷信息。在披露纠纷信息时要注意保护消费者的个人信息，只需披露纠纷类型、数量和处理结果即可。处理结果可以分为调解、诉讼、立案等类型；三是纠纷结果监督。相关的监管部门要对定期对纠纷处理的结果进行核查和监督，避免出现数据造假等错误，保障预付式消费风险处置数据的真实性，这样才能真实地反映情况。

五、预付式消费风险法律规制的协同监管机制

（一）协同监管信息系统

1. 公共基础业务处理系统

由市场商务管理部门负责建设协同监管平台并负责日常平台维护工作，协同监管平台内置公共基础业务处理系统，同时市级市场监管局、教育、文旅、交通等监管部门和行业主管部门要与协同监管平台对接，指导和协调本行业或领域内的预付式消费市场的监督管理工作。区级市场监管局和行业主管部门与协同监管平台对接，落实信息对接、动态预警、风险防范与处置、严重失信主体认定等工作。预付式消费服务经营者应在正式提供服务之前 1 个月内，在公共基础业务处理系统注册登记完成备案工作，如填写企业基本信息并准确选择行业分类，上传企业工商登记材料、预付式消费服务的章程、预付式消费服务合同、资金风险警示书、信用承诺书等基础材料。协同监管平台与市场监管局的企业登记信息数据库连接，预付式消费服务经营者的信息自动与企业登记信息交叉比对，利用大数据技术设置识别和显示企业经营状况、风险提示等信息。消费者可注册公共基础业务处理系统，查询预付式消费服务提供者的基本工商信息、预付式消费合同章程、预付消费格式合同以及自己已经签署的服务合同，保障消费者的知情权。

2. 分类监管信息系统

所谓分类监管，是指不仅强化市场监管局和商务局这类传统监管部门对预付式消费市场的监管力度，还要根据经营者的行业分类，建立行业内的预付式消费市场风险防控体系，使得预付式消费风险的法律规制体系更加立体。根据预付式消费市场的特点，本研究报告认为协同监管平台应采取分类监管模式，在协同监管平台内置分类监管信息系统，各级监管部门可以根据监管权限，对本辖区内的预付式消费服务的经营者进行监管，大体框架如下：一是北京市市场监管局、商务局对整个预付式消费市场行使监督管理权。市场监管局和商务局负责协调和指导不同行业市级主管部门对预付式消费市场的管理和监督措施；二是区级市场监管局、商务局和行业主管部门负责日常监督和管理本辖区或本辖区行业内从事预付式消费服务的经营者；三是各级消费者协会配合同级市场监管局、商务局和行业主管部门对经营者实施监督和管理。消费者协会作为重要的消费者权益保护组织，是预付式消费风险防范的重要机构，尤其在消费者纠纷的处理和维权方面发挥了重要作用。

3. 预收资金管理信息系统

协同监管平台内置预收资金管理信息系统，作为预收资金监督和管理的重要方式。预收资金管理采取专用存款账户管理，经营者在协同监管平台上完成预付式消费服务备案后10个工作日内，在协同监管平台指定的银行开通专用存款银行账户。北京市商务局会同有关行政管理部门，可以通过招标方式确定存管银行名单，预收资金信息管理系统与在存管银行开通的专用账户信息进行对接，以便监管部门及时掌握预收资金变动，防止预收资金被挪用，甚至卷款跑路等恶劣情况发生。除了采取专用存款账户管理预收资金外，经营者还可以采取履约保证保险，协同监管平台可以通过公开招标的方式确定保险机构名单，经营者可以选择名单上的保险公司投保履约保证保险，并在投保后5个工作日内，在预收资金管理信息系统上备案投保基础信息。

（二）日常监督管理

1. 预付式消费合同信息管理

提供预付式消费服务的经营者在公共基础业务处理系统中备案时需要上传根据《北京市预付式消费类服务合同行为指引》制定的预付式消费合同，方便有关部门审查经营者提供的服务合同是否规范，是否有侵害消费者权益的情况存在。通过公示预付式消费合同模板，可以方便消费者查询经营者的服务内容和收费标准，既可以帮助经营者减少缔约成本，又能帮助消费者获得更多的知情权，理智消费。公示后的预付式消费服务合同仅为合同信息管理的一部分内容，更为重要的内容是日常预付式消费合同信息管理工作。为了全方位、立体地监管预付式消费市场，经营者还需要每个季度结束后在次月 25 日前通过自己的账户上传本季度与消费者签订的合同（扫描版或带签名的电子版），并在系统中填写合同相对人的基本信息和预收款金额。为了不增加经营者的管理负担，每个季度上传一次，仅是简单地填写消费者基本信息和合同金额，并上传合同内容。这种日常预付式消费合同信息管理看似简单，但可以解决消费者事后维权证据不足等问题。以往对经营者的管理比较粗放，很多经营者没有合同，采用店堂告示、服务单等简单方式与消费者达成预付式消费的意向，收取预付款，一旦发生维权，消费者往往手里没有足够的证据材料。

2. 经营信息变动登记

消费者选择服务会有方方面面的考虑，比如，价格、位置、服务质量、经营时间、经营者、注册资金等因素。如果提供预付式消费服务的经营者信息发生变动，可能会影响消费者的知情权、自由选择权等消费者权利。因此，在日常监督管理过程中，要求经营者在经营信息变动时，要主动在协同监管平台上的公共基础业务处理系统中变更登记，有的信息不仅需要变更登记还需要公示。需要变更登记的主要包括以下信息：①企业法人、股东信息变更；②经营场所变更；③经营者变更；④服务内容和收费标准变更；⑤经营者结束服务；⑥其他监管者认为应当变更登记的信息。需要公示的主要包括：经营场所地址变更、经营者变更、经营者结束服务。日常生活中经常能遇到美容院、理发店、水果店转让的情况，但是之前充值的会员卡仍然可以使用，这种情况下为了保障消费者权益，可以允许在不影响服务质量的情况下变更经营者，但是需要在协同监管平台上面进行 15 天的公示，并向有预付余额的消费者短信、电话、邮件进行通报，如果消费者提出退款要求，经营者不得拒绝。

提供预付消费服务的经营者需在经营信息变更前 1 个月内，在公共基础业务处理系统中做预变更登记，填写预变更登记信息，待经营信息实际变更后，正式提交确认预变更登记信息。需要公示的，系统自动识别并进行公示，无须经营者额外操作。

3. 预收资金动态管理

经营者应当在每个季度结束后到次月 25 日前，根据上个季度预收资金余额，确保专用存款账户中的余额符合行业监管要求。协同监管平台可以自动核实经营者预收资金余额状况，提示经营者及时补足存管资金余额。预收资金动态管理可以根据风险设置余额风险警示标准，具体内容如下：第一，一般风险警示标准。一般风险预警标准为 20 万元，预收资金余额超过 20 万元的，经营者应当将全部预收资金余额的 40%存放到专用存款账户管理；第二，特别风险警示标准。特别风险警示标准为经营者上一年预付式服务收入的 20%（高于 20 万元），最高不超过 5000 万元人民币。[1] 预收资金余额超过特别风险警示标准的，经营者应当将全部资金余额采取专用存款账户管理。设立不满 1 年的，预收资金超过 20 万元人民币的，应当将全部预收资金余额采取专用存款账户管理；第三，重大风险警示标准。当经营者预收资金余额在 3 个月内减少 80%以上的，或者提示一般风险警示超过 3 个月未补足预收资金的，或者提示特别风险警示超过 1 个月未补足预收资金的，预收资金信息管理系统可以暂停专用存款账户的使用。

对于采取保险保证履约的，保险到期前 30 日内，经营者可以续保，也可以转为专用存款账户的形式，保障预付款的安全。如果保险到期前 30 日内没有续保或将预付款转存到专用存款账户中，则系统显示一般风险警示，如果保险到期后 60 日内经营者仍没有采取任何行动，系统自动显示特别风险警示。如果保险到期后 90 日内经营者既没有续保，又没有转为专用存款账户保障预付资金安全，则系统自动显示重大风险警示。

（三）企业信用管理

1. 预付式消费市场"黑名单"

预付式消费的利与弊在前面已有论述，经营者预收了大量的资金，如果诚信经营、管理规范是可以持续经营的，但是有可能会遇到一些无法预见的市场波动，比如这两年新冠疫情的发生，很多商家苦苦支撑，最后没办法只能倒闭，之前消费者预存的资金没有办法保障安全。面对这些情况，本文认为建立预付式消费市场"黑名单"不宜太苛刻，只有具有严重失信行为的经营者，才能被列入"黑名单"，具体判断条件，建议如下：一是因停业、歇业或者经营场所迁移等原因未对预付式资金等事项作出妥善安排，未提供有效联系方式且无法联络的；二是 1 年内因违反本规定受到两次以上行政处罚的；三是利用预付费服务非法吸收公众存款或者集资诈骗受到刑事追究的；四是其他严重侵犯消费者财产权益的

---

[1] 参见《上海市单用途预付消费卡管理实施办法》第 11 条。

行为。对严重失信主体的惩戒措施，由市人民政府依照法律、法规作出规定。[1]列入预付式消费市场的"黑名单"的经营者的法定代表人、主要负责人可以给予市场禁入的处罚。

2. 预付式消费市场"红名单"

为了鼓励经营者合法、合规经营，为了帮助消费者识别诚信商家，营造预付式消费市场的良性氛围，本研究报告认为可以建立预付式消费市场"红名单"，作为模范商家。具体建议如下：一是没有发生任何经营异常满 3 年的，可以列入红名单三级商家名录；二是没有发生任何经营异常满 5 年的，可以列入红名单二级商家名录；三是没有发生任何经营异常满 10 年的，可以列入红名单一级商家名录。这里所谓的没有发生任何经营异常是指没有收到过预收资金风险警示，没有受到过行政处罚、消费者投诉率 20% 以下，日常配合协同监管平台的管理。预付式消费市场的"红名单"应在协同监管平台网站显眼的地方滚动展示，消费者也可以在网站上查询，以便进一步促使经营者改善服务质量，强化竞争优势。

（四）个人信息保护

预付式消费市场中的经营者收集、使用消费者个人信息，应当遵循个人信息保护的基本原则，即合法、正当、必要的原则，征集前要经消费者同意，明示收集、使用信息的目的、方式和范围。在预付式消费模式中经营者及其工作人员对收集的消费者个人信息必须严格保密，不得泄露、出售或非法向他人提供。为了进一步规范经营者的个人信息保护义务，本研究报告建议采取个人信息保护承诺的方式，提醒和加强经营者保护个人信息的意识，同时在协同监管平台上单独设置个人信息泄露的投诉处理机制。

（五）法律风险处置

行业主管部门应当依托协同监管平台对消费者发送风险动态预警信息，提示消费者关注与之相关的经营者的风险情况。

1. 风险动态预警

风险动态预警是指协同监管平台根据各个系统显示的经营者日常经营行为，持续、动态检测其可能产生的法律风险，并及时向经营者预警，是一种风险预警机制。在设计风险动态预警制度时，要重点考虑保护消费者合法权益，围绕消费者的需求建立预警制度。具体包括以下几个方面：第一，预付资金安全风险预警。协同监管平台主要采取专用存款账户和履约保证保险两种方式保障消费者的预付资金安全，针对预付资金安全的风险预警设定标准和触发条件，主要包括一般风险警示、特别风险警示和重大风险警示三种。一旦触发协同监管服务平台将

---

〔1〕 参见《上海市单用途预付消费卡管理规定》第 25 条。

分类向消费者和行业主管部门发送风险提示，提醒消费者和行业主管部门关注经营者；第二，日常经营行为风险预警。主要包括经营者日常配合管理的行为，例如没有上传预付式消费合同、与消费者签订的合同、预付式消费章程等，严重违反了协同监管平台的规定，及时向行业主管部门发送风险警示，以便其关注和纠正经营者的行为；第三，经营变动风险预警。经营者发生停业、歇业或者经营场所变动的，但没有在公共基础业务处理系统中及时做变更或公告的，应当及时向消费者、市场监管部门和行业主管部门发送风险警示。

2. 风险分类处置

根据不同的风险类型和系统警示内容，市场监管局和行业主管部门可以根据《北京市预付式消费市场协同监管服务平台管理办法》（以下简称《管理办法》）作出不同的风险处置，具体内容包括：第一，预警处理。所谓预警处理是指风险刚刚显现，行业主管部门可以第一时间通过协同监管服务平台发现和处理这类风险。对违反《管理办法》规定的经营者日常行为，行业主管部门可以通过协同监管服务平台向经营者发送警示函、约谈经营者或者主要负责人，要求经营者限期整改；第二，违规处理。如果经营者没有按照预警处置中行业主管部门的要求拒绝参与约谈或限期整改，则行业主管部门可以将经营者的违规线索告知市场监管局、商务局等行政执法部门进行查处；第三，失信惩戒。如果经营者有严重失信行为，行业主管部门可以将其列入预付式消费领域"黑名单"予以警示，并对其法定代表人、主要负责人和其他直接责任人员进行处罚；第四，投诉处理。对于消费者的投诉，市场监管局、商务局、行业主管部门和消费者协会要形成合力，督促经营者解决此类问题；第五，法律处置。如果涉及诉讼或公安立案侦查等违法犯罪行为，市场监管局、商务局和行业主管部门要给予积极的配合，帮助消费者按照法律规定维护合法权益。

六、结论

基于本课题讨论内容和结论，拟定北京市预付式消费市场的协同监管措施，即《北京市预付式消费市场协同监管服务平台管理办法》。北京市既有的预付式消费市场监管方式难以承受预付式消费市场的快速发展。本文围绕预付式消费风险的特点，关注现有北京市预付消费市场监管措施，遂提出建立协同监管服务平台作为预付消费风险的法律规制载体，系统解决北京市的预付式消费市场监管存在的问题。

京津冀集体性劳动争议处理现实案例研究

林　嘉[*]

第一章　集体性劳动争议概述

国际劳工组织将集体性劳动争议（collective labor dispute）定义为，发生在雇主与多数情况下由工会代表的工人群体之间的，与集体谈判过程相关的，或是与集体合同的解释与应用相关的争议，其中前一种争议情形属于利益争议，后一种争议情形属于权利争议。换言之，这一界定方式将集体性劳动争议与作为工人集体利益象征的集体合同紧密联系到一起，即集体性劳动争议或形成于集体合同订立、执行过程中。

在我国，劳动领域内相关法律法规并未给出集体性劳动争议的明确定义，劳动学界也尚未就集体性劳动争议的界定形成一致意见。从中央到地方各层级劳动争议治理的行政及司法实务，则普遍参照《中华人民共和国劳动争议调解仲裁法》第7条之规定，将"劳动者一方在十人以上，并有共同请求"作为界定集体劳动争议的要件，同时将经仲裁部门受理的符合这一条件的劳动争议作为集体劳动争议案件纳入到统计公报中。但有学者指出，《中华人民共和国劳动争议调解仲裁法》在适用范围上明确了其所调整的劳动争议大多与劳动合同事项相关，即侧重于调整个别劳动关系中劳动者与用人单位的权利义务关系，其争议事项并未上升到"集体利益"的层次，而更接近于情节相似的个别劳动争议在数量上的叠加，即"群体性的个别劳动争议"，此类争议也通常会被仲裁部门拆分成多起个别劳动争议分别受理。

作为集体性劳动争议最重要特征的"集体性"，具体体现在如下三个方面：

第一，参与主体的集体性。争议的劳方主体既可能是具有相似诉求的复数个体劳动者，也可能是同一集体合同覆盖下的劳动者群体。

＊　课题主持人：林嘉，中国人民大学教授。立项编号：BLS（2020）B014。结项等级：合格。

第二，争议诉求的集体性。劳动者之所以能以集体形式提起劳动争议，是因为其争议诉求同样具有集体性。争议诉求的集体性表现为若干个体的争议诉求内容相近，或是争议事项覆盖所有劳方成员（如集体合同）。

第三，解决方式的集体性。作为集体性劳动争议的重要解决方式之一的集体协商，同样体现出集体性的特征。在我国，集体协商通常是由劳动者及工会组织推举出的劳方代表与用人单位及雇主组织推举出的资方代表就集体争议事项进行的沟通协商过程，经协商达成一致意见而订立（或更新）的集体合同或是形成的其他变更事项将惠及劳方主体中的所有成员。而在一些不适用集体协商的集体性争议情形如群体性的个别劳动争议或权利型集体争议的解决上，相比于过往将其分解为个别争议并通过调解、仲裁及诉讼解决的普遍做法，优先通过企业内部、集团及社区内的非正式沟通、调解等集体性的非司法路径解决争议的做法也受到越来越广泛的重视。

第二章　集体性劳动争议的处理机制

劳动关系作为一种联系多个利益相关主体和不同社会结构因素的社会关系，其面对不同区域情境、不同类型企业、不同员工类型必然呈现出动态性、多样性和复杂性的特征。政府在治理劳动关系的过程中，不断面临解决旧问题，而又要面临新问题的循环。因此，应逐步意识到劳动关系治理的基本理念，是通过合协（合意、协调）的方式来促进和谐目标的达成。法律之上，兼顾整体、顾及多样利益诉求，解决"面"的问题。除了面的问题，集体性争议同样有"点"的问题，如"代表性"的个别化和差异化。处理个别化和差异化，需公平合理，但不意味平均主义，而是以"情"的因素介入，以柔性手段渗透进入刚性的调处之中。

第一节　集体性劳动争议处理模式及经验分析

一、集体性劳动争议典型案例：企业合并、分立、并购、股权转让集体性劳动争议处置

在合并、分立、股权转让、并购等项目中，就同一法律问题而言，劳动法和普通商法的视角、出发点具有很大区别。劳动法关注的对象不是资产、厂房、设备等，而是有血有肉的人。人拥有自我思考能力，能够对于外界信息进行认知并反馈，并且处于不同位置的当事方，存在不同的利益关系。

（一）基本案情

1. 争议起因

NY 公司从事土木工程、建筑工程、线路管道设备安装工程，现有职工 76

人。因经营情况不佳，2018年9月公司法定代表人在官网上告知全体员工，公司即将关闭，将按照正常程序与员工解除劳动合同，并向员工支付法定补偿，并追加其他补偿。公司派出律师与员工就解除劳动合同事宜进行协商。但在2018年11月1日协商过程中突然告知职工，公司的股东由丹麦独资公司变更为某美资公司独资，股东变更后公司将继续经营，不再关闭。同时，公司承诺劳动合同继续履行职工原待遇、岗位、劳动合同等均保持不变。员工对公司前后截然相反的行为感到疑惑，经调查了解，该购买公司100%股权的美国"龙"公司，刚刚成立在美国加利福尼亚州，其开办人是公司现任销售总监，"龙"公司成立前后均有公司律师协助办理。员工们认为，股权买卖行为目的是以商业上的合法行为，掩盖非法的目的，减少关闭公司的支出，最终公司股权变动后，将不再正常经营，到那时公司将没有任何能力支付员工任何补偿。

2. 争议请求

该公司多名员工提出希望公司与其解除劳动合同，但公司坚持法律上主体未变更、变化，且劳动合同继续履行，因此不支付任何解除劳动合同的补偿。

3. 争议解决

考虑到该争议的特殊性，公司注册地人社局联合工会等部门，搭建公司与员工双方沟通协商平台，指导职工代表与公司高层面对面沟通协商，同时多次接待几名职工代表，宣讲相关法律政策，安抚职工情绪，整体保持平稳。后期，部分员工与公司协商解除了劳动合同。其他人员在公司被留用。

（二）法律分析

企业合并、分立、股权转让、并购，对劳动关系的处理有明确的法律规定。《中华人民共和国劳动合同法》第33条规定，用人单位变更名称、法定代表人、主要负责人或者投资人等事项，不影响劳动合同的履行。第34条规定，用人单位发生合并或者分立等情况，原劳动合同继续有效，劳动合同由承继其权利和义务的用人单位继续履行。投资人、股东的变更，在合并、分立、股权转让、股权并购过程中，仍要继续履行劳动合同。虽然《中华人民共和国公司法》第18条第3款规定，公司研究决定改制以及经营方面的重大问题、制定重要的规章制度时，应当听取公司工会的意见，并通过职工代表大会或者其他形式听取职工的意见和建议。但实践中，工会和职工代表大会往往变成一种程序性的要求，工会和职代会的意见对公司决策并不构成实质影响。

（三）经验分析

企业在合并、分立、股权转让、并购、变更中，涉及员工数量较多，且虽有法律规定，但无法形成法律上的诉求。因此，仲裁、司法、监察部门无法处理。企业方面往往以合并、分立、股权转让、并购、变更等行为不阻碍员工劳动合同的履行，且整个行为过程合法，以此抗辩人社部门、工会部门的监督和管理。员工诉求得不到有效疏解，往往采取其他过激维权手段，且过程不可控制。

此时，涉及人员问题处理，不能简单依据法律"一刀切"，应该更注重于劳动关系的稳定。尤其是发生了集体性劳动争议时更要多管齐下，不能只采取劳动关系继续履行的一种方式。人社部门、企业注册地工会部门可以协商沟通企业工会，经过与工会或者职工代表协商，可以拿出多种方案。如果员工愿意继续留在厂内，那么他们的工龄会延续计算；如果他们不愿意，将得到一笔法定补偿金加当地额外补偿金（N+X）；如果他们希望获得补偿，但同时保留工作，那么可以先结算补偿，再重新签订劳动合同，同时也需要重新计算本企业工龄等。

这里需要注意的是，协商解除需要提供一份 N+X 的补偿金。由于各个地方的情况不同，导致 X 标准的差异比较大，且 X 的标准可能是由于该地区历史处理的集体性劳动争议事件所决定的。因此，人社部门、企业注册地工会部门应尽可能与企业工会进行有效沟通，达到与同类企业、类似情况处理较为统一的状态。

在遇到类似问题的情况下，工会除了需要尽量组织职工代表收集诉求之外，必须对由于企业处理问题不当而引发的"分手型"集体性劳动争议的风险。工会应从成本/收益、社会影响、政府态度、企业雇主品牌等多方面，对新旧资方提交风险分析提案，并在适当机会召开与资方的恳谈会，了解资方的态度，共同找到最优解决方案，尽量避免劳资冲突爆发。

二、经开区模式与经验分析（简称"经开模式"）

（一）集体性劳动争议案例

案例一：

2016 年 7 月底，辖区内一家外资企业 W 公司，因经营困难决定提前解散，涉及员工 1900 多名，其中 70% 以上签订了无固定期限合同（该公司绝大多数员工为原 M 公司转移至 W 公司的老职工，且在 M 公司的经济补偿费用标准较法定标准偏高），劳动者普遍存在年龄偏大，再就业困难，诉求期望值高、劳动关系复杂等实际情况，引发集体劳资争议事件的风险较高。W 公司部分职工分别于 7 月 29 日、8 月 1 日两次到区总工会群访，区劳资纠纷处置联动小组（以下简称"区联动小组"）及时启动应急预案，引导劳资双方进行沟通，并做好了现场稳控处置工作。8 月 8 日，区联动小组与 W 公司相关负责人进行沟通，要求 W 公司及时公布解散事宜，并按照法律规定制定后续安置方案，积极搭建与全体员工的有效沟通平台，同时加强与区总工会的沟通，并就相关劳动法律问题进行了解答及有效性建议，同时政府各相关部门做好协调联动、及时沟通工作。后 W 公司向全体员工公布了公司决定解散及员工后续安置方案，按法定标准支付员工工资。但由于员工的期望值普遍偏高，员工方不同意安置方案，要求提高补偿基数，并有约 700 余人到公司厂区聚集，区联动小组及时派员到公司开展工作，引导劳资双方理性沟通。后公司同意将全体员工的补偿基数提高（较正常经济补偿金基数偏高）、另加 2 个月基本工资和 2 个月停产期间工资、一次性支付额外补偿 1 万元等，较初始方案补偿金额有了很大提升。但大部分员工仍不同意安置方案，后约 400 余名员工到区管委会进行集访，要求政府出面协调。此后几天仍有多名员工到区管委会聚集，区联动小组积极引导员工理性维权，通过工会、职工代表与企业进行集体协商等方式进行沟通，同时做好应急处置预案。

最终，在区联动小组的多方调停下，公司与企业工会、职工代表进行了多轮次的集体协商，公司工会在区总工会的指导下进行了意见收集—职工代表选举—集体协商—方案改进—职工代表大会投票通过—签署协商解除协议等民主程序，经过多方努力，大部分员工最终均以协商解除的方式圆满解决，最后未签署的员工仅剩 151 人，公司依照法律规定履行了单方解除程序，双方通过仲裁、诉讼等途径解决了后续争议。

案例二：

2017 年 5 月初，辖区内一家外资企业 F 公司决定关闭，涉及员工 650 余人，但事前未告知全体员工，亦未公布人员安置及补偿事宜，造成员工内部各种"小道消息"满天飞。5 月 10 日至 11 日，员工聚集公司工会主席办公室，询问公司关厂清算事宜是否属实，如若属实，要求公司在两日内公布后续清算补偿方案。随后员工又围堵公司管理层餐厅门口及总经理办公室，要求公司必须给予明确答复。公司工会主席及时向区总工会进行了汇报，区总工会会同区人社局第一时间与公司管理层、公司工会主席进行了沟通，了解公司的基本经营情况后，要求公司尽快公布后续安置计划。同时区总工会根据《经开区总工会重大劳动关系事件预警方案》启动了重大事件预警方案及工作安排，加强对公司工会在本次事件安置中的介入指导，并由公司工会主席每日就争议进展情况及时进行报告。5 月 12 日，公司向全体员工公布了关厂决定及后续员工安置事宜，明确补偿费用高于法定标准（N），并适当考虑三期、受伤等特殊员工的补偿情况，同时公司希望员工通过公司工会提出意见，双方计划就安置事宜进行三轮次的协商，后公司工会在区总工会的指导下进行了与公司进行了一系列的民主协商程序：员工意见收集—职工代表选举—开展集体协商—方案调整、改进—职工代表大会—投票通过—签署协商解除协议。最终该集体争议在公司内部通过集体协商的方式平稳解决了因公司关闭引发的集体争议。

案例三：

2019 年 4 月中旬，辖区内一家台资企业 T 公司决定自 4 月下旬开始整体停工、停产，并计划与员工协商解除劳动合同，该公司工会主席第一时间就停产事宜向区总工会报备情况，区总工会及时进行了评估和判断，该公司在区总工会的日常指导下，建立了常态化的集体协商平台，并每年就工资、福利及涉及公司员工切身利益的事宜开展集体协商，因此，区总工会建议公司工会搭建平台开展协商，在区总工会的指导下，职工方选出的职工代表、公司工会主席采取集体协商机制同公司管理层进行积极的协商，协商全程保持沟通渠道的有序、畅通，信息全面、公开、透明，职工代表通过同公司的三轮次协商，最终在公司内部就补偿方案达成了一致意见，员工及时获得了经济补偿金。

（二）经开区集体性劳动争议处理模式

1. 经开区集体性劳动争议处置的问题与经验

经开区除了上述案例中 F 公司、T 公司等少数企业在集体争议处理中，劳资双方通过企业工会的积极协调最终在较短时间内化解争议外，更多的还是需要相关部门的积极介入和有效指导才能最终解决。究其原因，主要有：

第一，信息不公开、透明。辖区内部分企业由于生产经营困难等原因决定关闭公司，但在关厂前期存在各种不规范、不公开的行为，容易激化劳资双方的矛盾，不利于公司安置方案的实行，反而容易引发各种集体争议。因此，公开、透明的对称信息是双方进行民主协商的基础，信息公开涵盖劳动争议解决的全过程，包括争议处理初期信息的及时公布，也包括民主协商阶段员工意见及最终方案的及时公开，以上措施均有利于集体争议通过非诉的方式尽可能地在企业内部及时化解，否则，双方若协商解决不成而最终通过诉讼方式解决集体争议，无论是对企业还是员工都需要花费大量的时间成本和经济成本，不利于企业的良性发展和员工的再就业。

第二，民主协商机制待优化。近年来，随着区总工会对辖区内企业指导力度的不断加大，区内企业建立民主协商的比例也在不断提升，但仍有部分企业未按规范建立民主协商机制，使得员工一旦发生争议却没有合理的诉求表达渠道，进而引发各种的集体劳动争议，造成大批量的员工到相关部门群访、聚集，甚至上访、堵路等极端行为。且此类争议的持续时间较长，产生的负面影响及社会不稳定因素不可控，即使之后在区总工会的指导下建立了民主协商机制，但双方由于前期的极端对立行为，往往沟通的效果差强人意，最终不得不通过仲裁、诉讼来解决争议，如此，不论是企业还是职工以及社会影响方面，解决争议的成本及风险都是很高的。另外，一旦企业在仲裁、诉讼期间抽离出资或者直接关门或没有可供执行的财产，只能造成员工"赢了官司，输了钱"的尴尬局面。因此，民主沟通机制的全面建立是解决集体争议的基本前提和有效保障。

第三，民主协商的常态化机制应落实。上述案例中 F 公司尽管在日常用工管理中建立了内部民主沟通机制，且每年就薪酬、福利调整的问题召开协商会议，但 F 公司在最终决定关闭公司时的民主沟通机制并未充分发挥作用，反而由于沟通机制不畅或企业管理层拒绝沟通造成大批员工堵门甚至上访的负面影响，致使民主协商机制在争议发生的前期"形同虚设"。因此，民主协商机制的良性发展需要建立常态化的运行体系和有效的监督机制，而非"走过场""打折扣"。否则，在面临突发的集体争议时很难充分发挥协商作用，进而不能及时地解决问题。

第四，企业工会职能作用需提升。辖区内企业工会成立占比较高，但企业工会在集体争议发生时引导企业、员工通过民主协商方式化解争议的作用仍有提升空间。

总之，作为集体劳动争议的基本当事方，企业与职工需要通过积极、有效的沟通，建立常态化的争议处理机制，有效化解集体劳动争议。同时充分发挥工会主体代表作用，引导双方通过民主协商的程序解决纠纷。

2. 集体争议处理的成果和具体策略

集体劳动争议发生的原因复杂多样，处理方式也各有不同，但不能否认的是，处理集体劳动争议的最关键、最基本主体始终是作为当事方的企业与劳动者，上述几个案例中尽管劳资双方在争议发生的前期由于各种原因都存在不同程度的沟通不畅，效果不尽如人意的情况，但随着包括区总工会在内的多部门主体的介入，坐在"谈判桌"上协商、沟通的主体依然是劳资双方，且最终收益的也是双方当事人。

因此，建立有效的民主协商机制并由劳资双方通过集体协商的方式解决争议就显得尤为重要。企业工会在集体劳动争议处理的过程中也发挥了积极的主体代表作用，如前述 F 公司的工会主席在出现集体争议后及时向区总工会报告情况，在谈判过程中代表职工提出了多种可行性的有效建议，在较大程度上取得了员工的信任，这些做法都有利于争议的稳妥解决。

（1）内部预警机制健全化。企业需建立和完善包括内部劳动管理、矛盾纠纷排查、信息网络收集、内部隐患处理、重视发挥企业工会作用、报告和备案制度等在内的各项预警机制。制定并持续改进应对集体劳动争议的工作预案。

第一，制定合法、合理、全面，并具有实际操作性的规章制度，同时注重发挥集体合同、劳动合同等书面协议对双方行为的约束力，规范劳动管理流程。企业工会应对企业的各项规章制度深入理解，及时提出存在争议和矛盾隐患的部分，供企业行政方考虑、商讨甚或改善。

第二，日常通过劳资恳谈会、工资集体协商等方式掌握劳资关系动态，对发现的不稳定因素或隐患，及时介入处置。工会应发挥职代会、恳谈会、座谈会等民主管理机制，加强对企业的建言机制，定期或不定期于企业行政方通报隐患，并商讨应对方案。

第三，拓宽信息收集渠道，提高敏感性，日常可通过总经理信箱、劳资联络员、开发区劳动关系通报会等方式及时收集与集体性劳资纠纷有关的信息，在萌芽阶段发现问题，尽早处置，避免将矛盾扩大化，造成不可控的被动局面。

第四，切实发挥劳资纠纷处理的第一道关口作用，建立并充分利用企业劳动争议调解委员会等内部柔性争议处置机制，避免个体或局部争议演化为群体事件。企业工会应坚持员工诉求无小事，不能对员工的诉求和抱怨置之不理，应通过解决小困难避免大问题。

第五，重视企业工会作用，对企业工会在预防劳资争议的功能予以重视，定期沟通交流。对于企业工会（或上级主管工会）提出的意见，企业应认真研究，及时反馈。对于职工代表或多数职工就其切身利益等重大事项提出的方案和意见，企业应与企业工会或职工代表平等协商确定。

第六，企业自身生产经营发生重大变化、涉及裁减员或转移转让等重大事项时，应提前30日将基本情况以及职工安置方案报区三方机制，履行报告和备案手续，并听取区三方机制的建议和意见。企业工会应及时提出对于稳定劳动关系、协调劳资关系、预警劳资冲突三个方面的相关意见，并在事前与上级工会保持及时沟通。

（2）争议处置规范化。一是企业工会方面。①协商前期：确定协商代表、表决方式，建立协商机制。在争议发生后，企业工会应立即做好职工工作，安抚职工的不安、焦虑情绪，稳控现场，避免争议进一步扩大。企业工会在与职工交流、收集职工意见中，应不断向职工宣传"协商才能真正解决问题"的理念。同时，确定协商代表和协商结果的表决方式，建立集体协商机制。②协商中期：依法、依理、依情，开展协商。双方要根据确定的时间和地点开展协商。企业工会应将归纳整理的职工意见及时提交给公司，并在"法、理、情"等层面与公司管理层展开协商、协商进入僵局时可以暂时休会，再确定时间进行协商。企业工会要将协商的情况及时和职工通报，以便全体职工了解协商的进展事宜。③协商后期：方案表决通过，双方签订协商解除劳动合同的协议。双方最终达成一致意见后，公司工会应组织召开职代会，表决协商结果。表决通过后，双方签订协议。实践证明，以职代会（职工大会）为基础的集体协商机制在预防和化解集体劳动争议中能够发挥重要作用。为此，建议企业工会从上述方法入手，通过集体协商，为职工争取合理的补偿方案。

二是企业方面。处理步骤：①出现（潜在）集体劳动争议，需立即启动内部应急预案，第一时间做出反应，企业主要负责人必须到场，组织收集事件起因、人数、诉求、聚集地点等情况，引导职工通过企业自身协商沟通机制或企业劳动争议调解委员会等柔性调解机制展开前期处置；②同时向区总工会、人社行政部门、商会报告情况，切忌"捂盖子"，结果可能适得其反；③建立应急处置团队。企业内部建立包括人力、法务、安保、生产、财务等多部门参与的内部处置团队是非常重要的，必要时可邀请专业的第三方法律团队介入提供支持；④进入内部集体协商程序，与员工选出的代表进行集体协商。对拒绝协商的一方，可以向人社、工会等相关部门提请协调处理；⑤尽量将集体争议在企业内部解决。发生集体争议后，企业应主动与员工进行积极的协商而非避而不谈，以免造成更大范围的矛盾，不利于企业正常生产秩序的恢复。若企业在解散阶段扩大了矛盾的负面影响，企业方可能会因为承受一些社会压力而不得不提高补偿的标准，进而造成企业不必要的成本支出。

处理方法：①发挥主体职责。企业应切实履行职责，采取积极措施稳控现场，向职工表明身份，以平和、友善的沟通方式，初步稳定职工情绪，尽可能说服职工离开现场到谈判场所开展协商。企业工会亦应劝导职工理性维权，并密切关注职工动态，避免被非正常团体或势力利用。②尽快建立协商程序。引导职工通过推选职工代表的方式参与劳资谈判。收集职工诉求，并将汇总的职工诉求及时公开。③明确协商规则。建立协商过程中双方需遵守的纪律，明确协商代表的权利、义务及相应的保护措施、协商的次数、矛盾处理的方式等以确保协商过程的顺利进行。④厘清职工诉求，根据不同情况进行调整。沟通协商过程中，应厘清诉求，有针对性完善或调整工作方案，维持和畅通双方对话协商机制及平台。同时，进入协商阶段后，企业可以劳资双方已开展协商为契机，向职工发出复工公告，劝谕职工边复工、边协商。⑤明确底线思维。设置集体协商过程中的底线，明确告知员工哪些是禁止性甚至违法的行为，如涉及破坏生产秩序、破坏社会秩序及涉及人身安全的违法行为，告知员工出现这些行为的法律后果及相应责任的承担者。⑥开展集体协商，双方就争议内容进行多轮次的集体协商，同时在过程中与工会、职工代表保持有效的沟通。⑦冷静期。经协商，劳资双方就某些问题未达成一致的，双方可自主约定冷静期（一周或两周），进行自我调整，冷静期届满后再进行协商；必要时经区三方及劳资另一方同意，劳资双方均可以申请天津开发区劳动关系专家指导委员会以中立第三方的身份介入协调，提供法律政策咨询服务与支持，以协助劳资双方尽最大努力、用最短时间解决危机，避免事件的泛化、激化。⑧公开协商结果。双方达成一致意见的，企业工会应及时将协商结果进行公示。双方签署协商解除协议，并将补偿费用按约定依法支付给员工。对于需要复工的，也应及时告知员工在限定期限内返岗及拒不返岗的法律后果。同时，在处理集体争议的过程中应结合实际情况进行动态调整和改进，切忌"一刀切"。

（3）改进机制全面化。集体争议解决后，用人单位应全面查找劳动关系工作中是否存在其他隐患问题，积极予以改进，避免再次发生问题。同时，集体争议处理完毕3日至7日内，企业应组织力量通过自身评估或引入第三方专业机构对事件进行整体评估，分析评估事件发生的原因、事件处理方法及效果、事件后续跟踪和防范，并提出改进意见或建议，予以科学、合理的整改，以使得之后再出现集体争议时能够在萌芽状态化解或在争议发生过程中有据可依、有章可循。

3. 经开区集体模式处理流程图（如图1、图2所示）

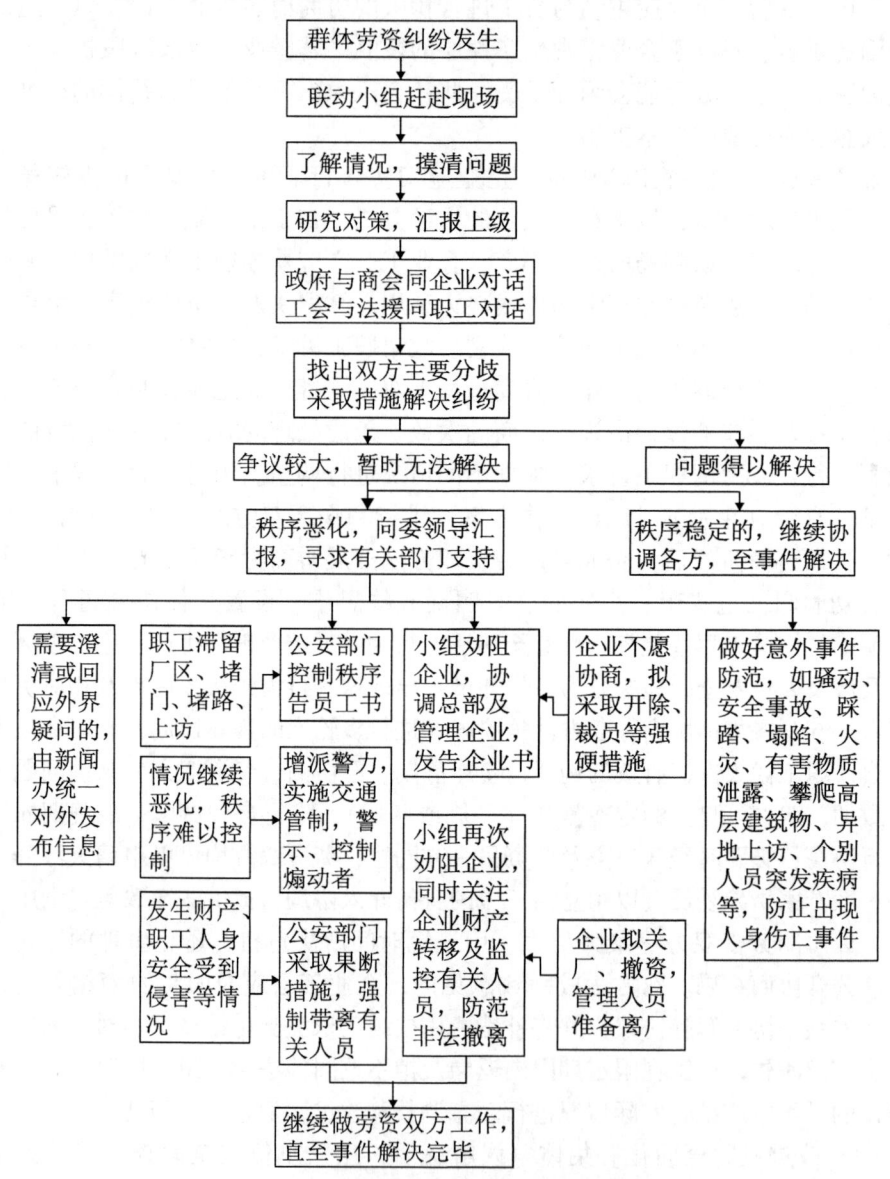

图1 区联动小组集体争议处理流程图

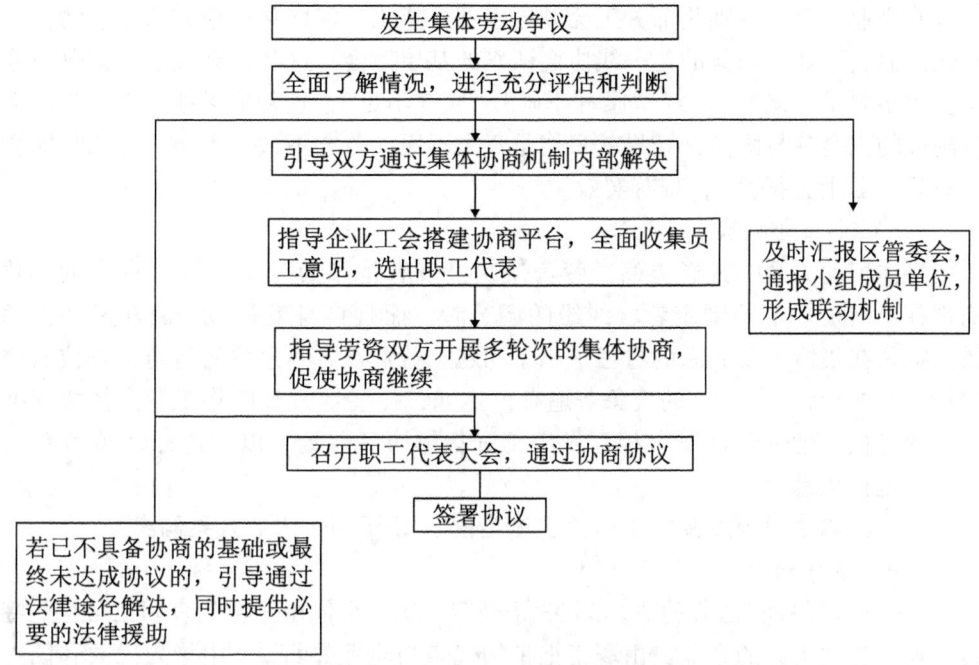

图2　区总工会集体争议处理流程图

第二节　工会参与集体劳动争议处理存在的问题

一、"指标管理"驱动下的集体协商

制度层面，集体协商制度的原始动能来源于政府的推动，但是，"要不要谈""怎么谈""谈什么""谈不成怎么办"等问题从来都是集体协商必须面对的现实问题，要么，集体协商难以启动，要么，谈了一半陷入僵局。作为集体劳动关系法律规制的重要一环，集体协商也面临诸多问题。

（一）强者陷阱

相比较劳动者而言，雇主及其组织理论上属于当然的"强者"。集体协商制度通过重建劳资对话的沟通渠道，与"强者"对话，试图打破了由"老板说了算"的传统格局，维护自身权益。但是，在集体协商"指标化"驱动下，地方政府更愿意依靠行政力量来推动这一协商形式，"诚实守法"者遵从（上），"忤逆避法"者骄纵（下），由此形成由于企业本身背景实力品性差异而导致的"下强上不强"局面。

（二）弱者困境

劳动者是天然的"弱者"，作为劳动者一方代表进行集体协商的是工会，显然并不"弱"，工会行政化趋势之下，代表工会的组织中华全国总工会，尤其是公有制企业工会，特别是部分工会领导干部贵族化、家族化，地方总工会的公务员化。而真正处于弱势的是一线协商谈判的基层工会，这些工会显然大部分企业工会大多属于"老板工会""腰杆不硬""底气不足"，这种缺乏独立性却具极强依附性的工会参与协商，结果就只能是资方不愿，劳方不敢、不会，导致集体协商只是"看上去很美"，难有实效。

（三）中立者尴尬

集体劳动关系中劳资协商、劳资谈判，政府是作为"中立者"存在的。政府现在不但是规定的制定者、纠纷的调节者，而且自身就是一个战斗员和指挥员，往往在集体劳动关系的过程中出了问题，劳资双方不急政府着急，越位出位错位，"中立者不中立"的现象普遍存。比如，一些地方政府将工资集体协商纳入行政考核，勒令劳资双方相互发出工资集体协商要约，以求达标"覆盖率"，对市场进行粗暴干涉。

二、集体合同制度实施中的"主体错位""形质不一""效果偏离"

（一）主体错位

《中华人民共和国劳动法》第33条规定，集体合同由工会代表职工与企业签订；没有建立工会的企业，由职工推举的代表与企业签订。《中华人民共和国工会法》亦有类似规定。这些规定均明确了集体合同的主体是职工而非工会本身，工会只是职工的代表，经过法律授权和遵从本身的职责，代表劳动者签订集体合同。而在实践中，部分工会颠倒了主体和代表的关系，屡屡闹出职工对集体合同毫不知情，工会自己确定协商代表和协商内容，自己与企业签订集体合同，签订后也不向全体职工公布的情况。这种主体错位导致集体合同的实体主体缺失。

（二）形质不一

我国现有法规中对于集体合同的相关规定，只限于集体合同本身，对达成集体合同的过程，也仅仅简单提及"集体协商"一词，缺乏更为具体的规定。这就容易导致签订集体合同对过程有"合同"而无"协商"，有"集体"而无"博弈"。已经达成的集体合同，多是照抄法律、法规的规定，千文一面，即便写入一些内容也多是做原则性的规定，或避重就轻地将一些并不是职工关心和企业实际问题写入合同中。

（三）效果偏离

我国推行集体合同制度已经有二十几年的时间，一个令人费解的问题是，有关因签订集体合同特别是因履行集体合同发生的争议极少出现。但是这并不代表集体合同制度的推行多么地顺利和成功，更不能说明我国的集体劳动关系运行良好，不存在矛盾。相反，我国在转型时期劳动关系矛盾尤为突出，近年来劳动争议的数量呈大幅度上升态势就是一个明证。这从另一侧面说明集体合同由于普遍没有规定比较实际的条款，徒有其表的形式不足以或不具备引发矛盾和争议的条件。

三、集体争议中的权利争议"抱团取暖"利益化救济与利益争议"曲线救国"权利化救济

（一）权利争议"抱团取暖"利益化救济

个别劳动争议，一般以权利争议为主。但是个体的劳动者维权的时候，往往觉得力量单薄，既无法撼动老板这棵大树，又无法对久拖不决的受案裁判机关在办结时间、裁判结果方面产生可能的影响。这时候，他们往往更愿意抱团取暖，集体化、团体化提起仲裁和诉讼，通过人员数量上的集团优势，努力形成一个声音，一种腔调与他们并不十分信任的裁判机关进行周旋，并通过裁判机关向用人单位施加必要的压力，以达到维权的目的。如此循环反复，个别劳动争议由此转向集体劳动争议，劳动争议数量激增，集体争议也呈上升趋势。

（二）利益争议"曲线救国"权利化救济

从近年全国各地发生的多起劳资群体性争议来看，几乎都具备一个共性，就是几乎所有的争议都不是因为用人单位违反劳动法规或劳动合同规定侵犯劳动者权益而引起的，事实上这些企业守法情况还比较好。争议的原因是这些企业的工资虽然高于当地最低工资，但是总体水平太低，劳动者要求提高工资、改善福利待遇。这说明劳动者已经不满足于劳动法规赋予的基准权利，他们要求比法定基准权利更高的待遇；问题已经不再是违反劳动法的问题了，而是超越于劳动法基准权利之上的利益之争。这种争议，诉诸仲裁法院，显然满足不了，但是如果通过采取集体的停工怠工，以及其他激烈反映诉求的方式，则比较容易获得资方甚至政府的妥协。

第三节　集体性劳动争议预防机制

一、员工视角——争议背后的价值平衡

我国经济结构和产业结构不断调整优化，国企改革的加速推进和非公企业的快速发展，劳动关系模式也悄然发生变化，员工诉求逐步向利益争议转变、呈多元化趋势，员工希望通过各种类型的诉求渠道和解决机制。全面、准确、及时地了解劳动者群体的利益诉求，疏通利益诉求渠道，健全利益诉求解决机制，有利于推动企业构建和谐劳动关系，促进企业健康发展。

（一）利益诉求逐渐成为集体性劳动争议的热点

2008年《中华人民共和国劳动合同法》《中华人民共和国劳动争议调解仲裁法》等重要法律规定后，员工主要诉求集中在个体争议，如工资差额、加班工资、社会保险补缴等，但进入2012年后，员工诉求虽名目与之前相同，但逐渐

向利益争议转化。例如，员工主张加班工资差额，从原有的要求加班时长差到加班基数差；员工主张工资差额的，倾向于提升单位时间内的工资收入；员工主张拒绝公司"996"的工时安排，主张更多休息休假权利。

另外，员工的诉求更关注职场安全性和自身健康权利。例如，员工群体主张不进入新建的工作车间，要求公司提供安监部门、环保部门的评价报告，在多次协商未果的情况下，员工集体提出解除劳动合同，并要求公司支付补偿金，解除理由是公司未提供安全健康的劳动环境，造成他们无法完成工作而被迫解除。

（二）员工群体不同诉求呈多元化趋势

劳动关系的多样性、争议的多元性多由员工特殊、多样决定，不同员工群体的利益诉求开始分化。例如，互联网企业员工"两高"群体（即高级技术和高级管理人员），更为关注有价值的工作。人才流动引发集体离职及涉竞业限制诉讼不在少数，且多呈现"头雁+团队"模式。部分"两高"人员人才作为"头雁"带动原团队整体跳槽或离职创业的现象，在实践中屡见不鲜。此类争议多是集体性、涉及争议金额较高，甚至涉及企业商业秘密、核心知识产权等。又如，近年来企业通过采取授予员工股票期权方式，实现长效激励目的。此类公司高级管理人员离职，往往有期权、股权诉求，该类诉求的处理不仅需要根据传统劳动法律规范，更需要将《公司法》等其他法律门类作为处理依据。

（三）员工诉求渠道更加直接更加多样化，对解决机制的要求更高

传统的员工利益诉求表达机制不完善，员工与企业沟通机制普遍缺失。但近年来，员工不断寻求除传统模式外的其他沟通渠道，例如，自媒体微信、微博等渠道。同时员工也更注重解决机制的有效性和解决能力问题。因劳动仲裁解决问题较快，且仲裁门槛较低，很多员工不再通过企业内部投诉机制解决争议，而是直接通过劳动仲裁反映诉求，这导致员工不愿在企业内部解决"可以解决"的问题，纷纷涌入人社部门寻求救济。

此外，即使集体争议中的员工选择通过仲裁、法院，也希望通过其他渠道变相给有关部门施加压力，以致争议可以向有利于己方的方向发展。如董保华教授在《劳动领域群体争议的法律规制》一文中所述"当劳动标准借助公权力的推动越出宏观的底线控制时，就会产生'高标准与高涌出'的相生现象；随着管制进入中观层次，又产生了'高人会与高游离'的相伴现象；管制进入微观层次后，则产生了'高稳定与高变动'的相冲现象。三者合成了控制与反控制的高管制逻辑。"（如图3所示）

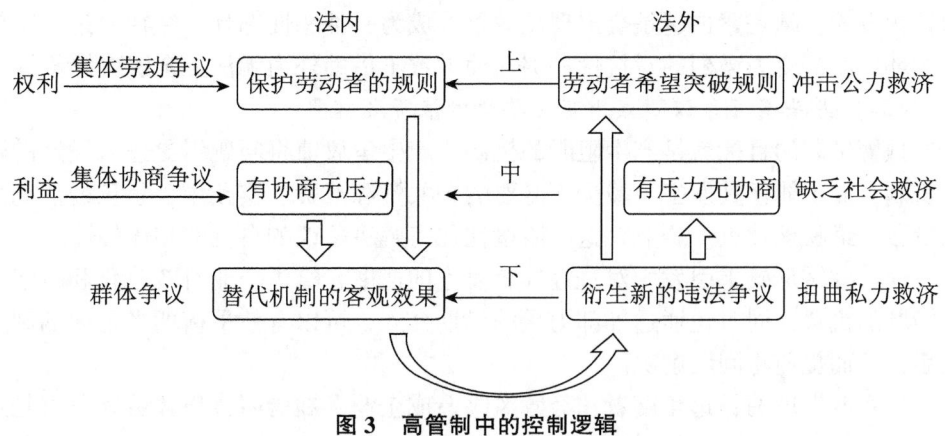

图3　高管制中的控制逻辑

二、企业视角——在处置经营风险中的预警作用

既然员工希望找到最直接、最有效的解决渠道，那么企业内部预防和化解机制是否还有存在的必要，又如何发挥作用？

（一）企业自身发展需要

企业能够建立多元集体性劳动争议体系化预防机制是希望可以通过建立一套完整的体系结构，为企业长期发展提供人员的稳定力量支持。预防机制对于企业的价值在于产生实质用工风险时，能够及时反馈信息并予以处置，降低额外产生风险成本。

企业看待集体性劳动争议问题的视角，存在一个必然的逻辑闭环。企业运营中，不论是因为市场因素，还是行业发展变化，或者是政治经济形势变化，出现经营风险是必然的。经营风险在多数情况下会通过企业自身运营调整予以解决，但是也必然出现周期性的严重影响。一般企业在发展过程中，从初创期、成长期、成熟期、变更期都会伴随着这种风险的调整。同时在一定时间内，受到外部影响也难免出现较为严重的经营风险。在应对风险时，企业一旦陷入短期困境（现金流困境或者资金困难），又无法获得更多的资金支持或者政策扶植。那么，由于成本的稳定处于相对高线，必然需要通过缩减成本而释放更多资金渡过难关。这也就造成了对于人工成本的调整，成为众多企业应对经营风险的选择策略。

在调整人工成本的过程中，表现出一种执行状态上的紧迫性。同时，不论是在法律上的限制，还是员工的接受程度，都与这种紧迫状态的执行策略呈现出相反的态势。这种对抗性也就造成了劳资双方的对立，这一矛盾也必然引发争议，而争议的扩大效应将引发集体性劳动争议。企业虽然可以知道这一对抗的必然性，但是处于生存压力中的企业也难以平衡两者间的利益，反而会引发更为紧迫的处置方式，越是紧迫越是会出现反效果，成为一种恶性循环。往往经过几次效果循环后就演变为激烈的对抗性冲突，而导致不借助外力无法完全解决的矛盾。

（二）源头消灭争议、减少不必要资源浪费之需要

预警机制的目标就是产生阻断的机制，产生争议前将问题引导进入设定的疏解机制，而不能任其发酵，减少不必要的公共资源浪费。实践中，争议的前期酝酿阶段，最易被扑灭。企业在这一阶段往往有解决争议的自觉性和优势性。

通过减缓反效果引发的对抗性冲突发生的速度，给予企业有效分化和疏解矛盾问题的机会，同时也通过外部力量的早期介入，可以有效平衡两者之间的利益关系，从而提前将问题解决。

从企业发展的长远角度看，经营风险造成企业发展受阻，集体劳动争议是这一阶段的衍生风险，会扩大这一效应，有效的预警和疏解机制则可以缓解冲击。

三、工会视角——从"灭火队员"到"消防机制"

（一）企业工会的风险排查和反馈机制

（1）企业工会从规章制度中发现问题。内部劳动管理制度是企业管理必备的工具，实践中，规章制度虽是民主程序制定，但却流于走过场，虽"征询不民主"，结合集体争议处理经验，规章制度往往是争议的潜在点和重灾区，如将规章制度条款做网格化管理，我们会发现其中做法、规制有在法律钢线附近徘徊，有的则是极容易孵化争议。因此企业工会在民主管理、民主程序中需要发挥制度"红外线"的作用，通过与资方沟通、提案的方式，将制度中的潜在风险点及时告知资方，甚或就某些问题进一步对话。

（2）从人员安置和处置中发现问题。企业的本质是逐利，对外部宏观形势变化非常敏感，无论经济情况、政策形势的变化，都会导致企业内部人员变动、岗位职务调整、福利待遇变化等，企业工会作为最基层部门，需要充分调动职工代表的功能，及时甄别在人员安置、岗位变化等时期职工不理性的情绪和行为，并进行及时有效的判断和评估。此后，一方面及时通知企业管理方启动预防措施，另一方面要及时保持与"问题员工"进行沟通，不断安抚，从情、理、法的角度帮助职工分析现状，找到解决问题的方法。

（3）已发生争议进行阶段性处置，控制事态发展；对本级工会、企业内部可以控制调处的问题，启动企业劳动争议调解程序进行处理，对无法控制、调处的问题，可以反馈至上级工会进行处置。

（二）企业工会与上级地区工会的反馈机制

工会是职工之家，掌握职工动态最为便捷，在及时通畅的反馈机制下，在企业工会向上级地区工会提出意见。地区工会"传感器"，对企业工会反馈的现存问题，及时研究解决应对办法及工作方案，具体可采取个别商谈、协助商谈或支

持鼓励企业劳动争议调解委员会等柔性调解机制等展开处置，避免事态扩大或升级。

（三）上级地区工会的传导和联动

其不仅是基层企业工会与政府沟通"传感器"，对争议的预警和监控需要通过地区工会传到政府有关部门，达到争议后位的预警、争议发展的监控、争议扩大的调控、争议解决的前导；也是基层工会的"指导员"，为争议在企业内部扑灭做实践指导，为后续发展做总览和控制，为企业工会发展做支持和指引；还是员工的"再代表"，工会组织的法定职责决定了争议处理中员工的代言人角色，在前述第二章的案例中，集体性劳动争议处理经验中，工会的代表性决定解决结果的成败。且区域工会不在企业体系中，是与人社部门平级的中立机构，在既有的"唯官信官"文化中，具备天然的信任感。

综上，原有的机制是以人为主，以争议的解决为导向；而预防与化解体系的搭建则是从因专业的人做专业事到因相应的专业的制度而处置，从以问题为导向，到以潜在问题为导向。区域工会在集体劳动争议的预防、处置及优化提升的过程中充分发挥主体职能作用，对各方主体及介入方进行有效的指导、沟通及协作，引导劳资双方的集体争议化解在萌芽状态，解决在企业内部。

第三章　区域工会在处理集体性劳动争议中发挥关键性作用

一、职工代表设置

大规模的集体性劳动争议处理中，往往员工群体不寻求企业工会、地区工会做其代言人，而选择自主选举的员工代表作为其权益代言人。此类"替代型职工代表"一般具备几方面特点：第一，与其他员工有坚固的信任与情感连接。第二，有意愿且有能力组织和领导员工进行行动，并起到核心作用。第三，有能力调动外部资源服务于员工争议组织。

实践中，集体性劳动争议的解决往往需要凭靠树立有效的员工群体代表，如企业工会、职工代表或化解"替代性职工代表"。为什么有效的工会组织无法代言员工权益，而"另立的山头"反而越挫越勇。这就需要反思并重构员工代表组织。企业工会如何作用在之前已经详述，在此就区域工会在此问题的处理上做论述。

（一）依法组建

区域工会在集体劳动争议发生后，积极指导企业工会通过法定程序选举出员工代表，使得集体劳动争议能够规范、高效地解决。选举员工代表时，职工代表制的设置根据《中华人民共和国工会法》等法律规定进行，涉及代表人数的，按照不少于全体员工人数的 5% 确定，最少不低于 30 人；涉及员工代表来源的，根据具体的工作岗位体现普遍性，确保职工代表大会能够代表最广泛的员工，如工人、技术人员、管理人员、企业领导及其他符合条件的员工，均可以被选为职工代表，享有职工代表的权利并履行相应的义务，同时，明确领导层及管理层人员不应超过员工总数的 20%。可以车间、班组、科室等为单位开展；涉及女员工及劳务派遣等特定人员的，还应确保比例适当。区总工会通过前述规范的程序引导员工选出职工代表，确保整个民主协商过程的合规性。

（二）重视群众基础

善于从员工中寻找有群众基础且有能力的代表，吸收加入企业工会组织，培养其形成正常发表观点意见的渠道，以便其在集体性争议处理中发挥作用。

（三）用人单位方

区域工会在企业工会、企业的沟通中做好"指导员"和"协调员"。区域工会通过日常的接待咨询、企业工会的报告等途径及时发现存在的（潜在）集体劳动争议，及时与企业进行沟通以全面了解情况，并在维护员工权益的前提下就企业涉及的法律规范性问题进行合规指导。一方面，对于涉及的违法问题，区域工会应明确告知企业并督促其限期改正，同时，通过向企业送达《改正建议书》的方式规范企业的用工管理，若在解除类的劳动争议中确已无法改正的，则指导企业工会在与企业集体协商过程中适当提高费用补偿的标准，以维护员工的合法权益。若企业逾期不改正的，区域工会可就相关事项向劳动监察部门提出书面建议，由劳动监察部门发挥行政处理职能，依法维护员工的合法权益。另一方面，涉及额外费用补偿的合理性方面，区域工会引导双方通过理性协商的方式理性沟通，同时明确双方在协商过程中的"红线"，以规范集体协商行为。

二、政府主导的多元联合处理

在集体劳动争议处置中，区域工会与政府及各职能部门通过三方机制等方式开展有效的沟通协作，共同参与化解集体争议。在争议发生的初期，区域工会及商会各自发挥职能主体优势，全面了解争议发生及后续安置情况，并进行数据的汇总、评估和判断。涉及争议特别复杂或影响较大的，应同时报告同级政府，由政府部门进行统一的安排部署。在集体争议处理的过程中，各方主体各司其职，同时做好协调配合，区域工会协同人社部门做好政策的解答工作，并就企业涉及的违法问题责令改正；若存在企业拒不支付或恶意逃避的情况，区域工会还应与市场管理部门、公安部门做好沟通，全面掌握企业的资产、企业负责人等情况，必要时提起诉讼，及时向法院申请财产冻结等，区总工会与各方通过多元化的方式联动、高效地化解集体争议。

三、社会化第三方引入的机制与时机

集体劳动争议具有一定的复杂性且涉及人数较多，企业在必要时可引入社会化第三方机构提供专业的法律支持。区域工会可与第三方就争议问题的合法性、合理性进行有效的沟通，对于企业涉及的违法行为，基于对第三方的信任，由第三方结构从合规性角度对企业进行的规范指导及建议有助于企业的及时改正。推动双方协议尽早达成，缩短集体劳动争议处理的周期。涉及第三方介入集体争议的时机，实践中，第三方通常在事中介入到劳资双方的集体争议中，一方面是由于双方在争议发生的初期未展开协商，双方对各自的诉求、态度、对抗性程度等均处于不确定状态，第三方过早的介入在一定程度上影响双方自行通过协商程序化解争议，且对企业来说，第三方此时介入的经济成本较高。另一方面，事中介入时，由于双方已经出现了争议，此时通过专业的第三方及时厘清争议的性质、法律风险并提出规范化的处理建议就显得尤为重要，该阶段对于企业的成本也属合理支出，同时也有利于双方争议的及时化解。

四、舆情引导与疏解

对于员工的诉求主张，区总工会积极做好舆情引导与疏解工作。利用压力传导机制督促企业及时回应员工诉求，引导双方通过企业工会搭建的民主协商平台进行沟通，及时化解争议。同时，引导员工通过民主程序选出职工代表，就各自的诉求向企业工会或职工代表反映，企业工会或职工代表应做好信息的收集、整理与汇总工作，及时公开员工的诉求信息并进行动态调整，让员工感受到权益被重视的程度。在争议处置的过程中建立起员工对企业工会的信任桥梁，有利于企业工会推动劳资双方协商意见的达成，使企业尽快复工、复产或者及时稳妥地解决争议。

五、结语

工会在预防和处理集体性劳动争议中能够发挥关键性作用是贯彻党的十九大精神中提出的构建政府、工会、企业共同参与的协商协调机制，以及共建、共治、共享的社会治理体制机制建设的必然要求。区域工会和企业工会在这一重要的工作中应积极建立常态化、可持续的机制和策略，探索可借鉴、多样化的工作方法。本书以集体性劳动争议的理论、制度、具体运行的机制为基础，围绕天津经开区总工会多年积累的集体性劳动争议的调处经验，系统地梳理了预防、处理和调解集体性劳动争议的法律规则、执行程序、策略方法和经典案例。希望能够以此书作为蓝本，为经开区总工会和辖区内各类企业的工会，特别是非公企业工会提供较为实用的参考资料，以便完善经开区工会介入调处集体性劳动争议的模式，指导企业工会进一步建立企业内部集体性劳动争议的预防预警机制提供技术支持，为企业工会在爆发集体性劳动争议的阶段能够应对有方提供参考经验和指导意见。

总而言之，工会在推动集体性劳动争议的调处工作中可以作为关键角色，推进争议的解决效率，并能够在案结事了的基础上，促成更高境界的"人和"。工会的作用既体现在依法维护职工的权益之上，更体现在为增强经开区劳动关系治理能力，优化营商环境软实力，构建和谐劳动关系的努力之中。

首都地区产权保护社会化服务体系研究

董　彪*

一、首都地区产权保护社会化服务体系的基础理论

（一）概念界定

1. 产权的概念

明确产权的内涵是研究产权保护制度的前提，经济学和法学分别从不同角度对产权进行阐述。经济学上的产权范围包括所有权、使用权、收益权以及让渡权等多项权利，其作为基于与生产要素或经济资源、财产关系而产生的各种经济权利的统称具有利用的限制性和使用的排他性，产权不仅是人们对财产使用的一项权利，更是一种人们的行为规范与一项社会制度。相较于经济学领域对产权定义的广泛概括不同，法学领域对产权的定义更为细致且更注重强调保护所有者拥有的合法权利。法律层面的产权指财产权利，是由国家强制力所维护的主体对于客体所拥有的各项权能的总和。它包括对财产的所有权、占有权、使用权、收益权和处置权，其中所有权是产权最核心的内涵。[1]

2. 社会化服务体系的概念

社会化服务体系是指由政府职能部门、司法机构、行业协会、经济合作组织和其他服务实体组成的，集政府公共服务体系、司法服务体系和群众自我服务体系于一体的综合性服务体系，该体系的构建是为更加高效地实行"服务社会化"。社会化服务体系通过将社会上分散的资源进行梳理整合从而形成一个整体，对一体化内各个组成部分提供信息、技术、管理的全程支持，促进各种要素直接、紧密、有效地结合。

3. 产权保护社会化服务体系的概念

目前学界尚未对产权保护社会化服务体系的内涵进行明确界定，综合产权和社会化服务体系的概念及相关理论，可以概括得出：产权保护社会化服务体系是

---

* 课题主持人：董彪，北京工商大学副教授。立项编号：BLS（2020）B015。结项等级：合格。

〔1〕 于树青：《中国产权制度创新的法律环境与走向》，载《宏观经济研究》2012 年第 6 期。

指为了满足产权保护的需要，由政府会同各种服务组织和机构，为保护产权提供全过程综合配套服务的有机体系。产权保护社会化服务体系的参与主体主要包括以下三方主体：政府职能部门、司法机构、社会力量，其中社会力量包括行业协会、经济合作组织和其他服务实体。

（二）首都地区产权保护社会化服务体系的意义

1. 完善共建共治共享的社会治理制度

产权保护社会化服务体系建设体现了十九届四中全会关于社会治理制度建设的要求。这不仅是北京市探索多元化社会治理模式的创新性成果，也是贯彻落实中共十九届四中全会"坚持和完善共建共治共享的社会治理制度"的重要举措。

2. 引领全国产权保护社会化服务体系建设

产权保护社会化服务体系在观念变革、组织机构、管理制度、运行机制等方面具有前瞻性和开拓性，能够起到引领作用。首都北京应发挥地域优势、层级优势，勤开拓、多尝试，在总结首都地区产权保护社会化服务体系经验的基础上，能够形成可借鉴、可复制、可推广的"北京模式"，从而对开展全国产权保护工作具有示范效应。

3. 推动国家治理体系和治理能力现代化

产权保护社会化服务体系注重多元主体多方共治，及时反映和协调产权主体各方面的利益诉求，运用社会化的调解方式化解社会矛盾，科学解决社会问题，促进社会和谐发展，有利于推动国家治理体系治理能力现代化。

（三）首都地区产权保护社会化服务体系的必要性

1. 产权保护在社会生活中的重要性增强

经济主体财产权的有效保障和实现是经济社会持续健康发展的基础。[1]改革开放以来，国民经济持续发展，社会财产逐渐累积，产权主体对于自身权利的保护日益重视。完善产权保护制度，有助于推动经济持续健康发展，稳定社会预期，增强社会信心，调动各方力量，激活企业家、创新人才的积极性、主动性、创造性，从而能够更大程度激发市场主体活力和社会创造力，增强经济发展的持久动力。

2. 产权纠纷案件数量增加

在"中国裁判文书网"以"产权"二字为关键词搜索，总共能查到530余万篇文书，时间跨度从2010年到2020年（如图1所示）。通过分析可以发现，2010年至2013年这一时间段案件数量较少，呈缓慢上升趋势；2014年开始涉及产权案件数量增速明显，年案件数量在几十万件左右；2018年和2019年产权案

---

〔1〕 王俊岭：《加强产权保护全面利好中国经济》，载 http://www.gov.cn/zhengce/2016-11/29/content_5139127.htm，最后访问日期：2020年12月20日。

件突破了百万。通过以上数据信息可以得出：产权纠纷案件数量连年递增且增长趋势更为陡峭，对于产权保护的社会化服务体系建设与完善迫在眉睫。

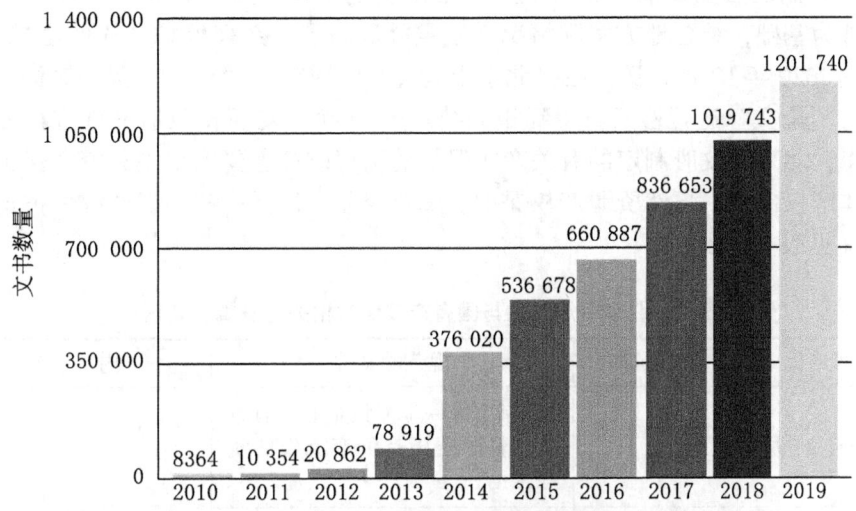

图1　2010—2019年以"产权"为关键字裁判文书数量

来源：中国裁判文书网。

3. 产权保护社会化服务的需求与供给

（1）产权保护社会化服务需求多样化。随着国民经济发展，国内生产总值和居民可支配收入逐年上涨，产权主体所拥有财产量呈几何式增长。互联网等新兴科学技术的发展以及对公民生活的渗透，使得财产的表现形式不断丰富。社会经济活动的交往频繁、形式多样、内容复杂使得产权保护的复杂性不断增长，产权主体对于各种配套服务和保护体系的完善要求呈动态扩张趋势。

（2）产权保护社会化服务供给存在不足。当前，我国对于产权保护的社会化服务供给还存在着较大不足。由于我国目前社会化服务体系整体处于构建初期，体系建设尚不健全，社会化服务供给有限意味着更多的问题不会通过法律渠道解决、悬而未决，甚至放弃解决。因此，探索建立首都地区的产权保护社会化服务体系是必要的。这不仅需要产权保护从法律层面上予以完善，而且也需要其他社会团体、组织协会的共同出力，让产权保护方面的供给跟上需求，让经济社会更平稳、良好的运行。

二、首都地区产权保护及社会化服务体系建设的现状

（一）首都地区产权保护的现状

1. 产权的政府保护

在产权保护中，政府发挥着进行顶层设计、推动建设产权保护体系和提供保障机制等重要作用。北京市人民政府从制定法规政策、规范政府行为、推动产权保护机构建设、搭建平台和监管市场运行几个方面对产权提供保护。

（1）制定法规政策。北京市遵照法律规定，以中共中央和国务院发布的相关文件为基础，结合地方实际情况，制定并颁布了一系列保护产权的法规政策。截止到2020年10月6日，在"北京市人民政府网"以"产权"为关键词，搜索位置为"全文"进行检索，得到相关结果1401个。对所得政府文件进行分析梳理可得，北京市政府制定的有关产权保护的法规政策主要围绕国有资产保护、农村集体产权保护、自然资源产权保护、民营企业产权保护和知识产权保护这五个方面（见表1至表5）。

表1　北京市颁布的与国有产权保护相关的法规、政策

印发时间	制定机构	规范性文件	内　容
2016年11月	北京市人民政府办公厅	《北京市进一步加强企业国有资产监督防止国有资产流失的实施意见》	建立国有资产监督体系，加强国有资产监管。
2017年1月	北京市人民政府	《关于改革和完善国有资产管理体制的实施意见》	
2017年6月	北京市人民政府国有资产监督管理委员会	市国资委市财政局关于贯彻落实《企业国有资产交易监督管理办法》的意见	
2016年8月	北京市人民政府	北京市人民政府关于市属国有企业发展混合所有制经济的实施意见	规范市属国有企业混合所有制改革操作行为，对股权比例、土地资产处置规定。
2019年8月	北京市人民政府国有资产监督管理委员会	《市属国有企业混合所有制改革操作指引》	
2016年1月	北京市人民政府办公厅	《北京市整合建立统一规范的公共资源交易平台实施方案》	建立北京市统一规范的公共资源交易平台。
2017年7月	北京市发展和改革委员会	《北京市公共资源交易监督管理办法》	
2020年2月	北京市发展和改革委员会等7个部门	《北京市公共资源交易担保金融服务管理办法（试行）》	规范北京市公共资源交易担保金融服务。
2017年12月	北京市国有文化资产监督管理办公室	《北京市国有文化企业担保管理暂行办法》	规范北京市国有文化企业担保行为，维护国有文化资产安全。

续表

印发时间	制定机构	规范性文件	内　容
2017 年 12 月	北京市国有文化资产监督管理办公室	《北京市国有文化企业债券发行管理暂行办法》	规范北京市国有文化企业发债行为，防范和控制企业债务风险。

表 2　北京市颁布的与自然资源产权保护相关的法规、政策

印发时间	制定机构	规范性文件	内　容
2013 年 6 月	北京市园林绿化局	《北京市占用征收林地定额使用管理办法（试行）的通知》	规范占用征收林地定额管理。
2018 年 9 月	北京市规划和国土资源管理委员会	《北京市土地资源整理暂行办法》	节约集约和合理利用土地，统筹全市土地资源的利用和保护。
2020 年 8 月	中共北京市委办公厅、北京市人民政府办公厅	《北京市自然资源资产产权制度改革方案》	为构建自然资源资产产权制度体系作出全面指导。

表 3　北京市颁布的与农村集体产权保护相关的法规、政策

印发时间	制定机构	规范性文件	内　容
1994 年 10 月	北京市人民代表大会常务委员会	《北京市农村集体所有荒山荒滩租赁条例》	规范荒山、荒滩租赁行为，保护租赁双方的合法权益。
2004 年 8 月	中共北京市委农村工作委员会	《关于北京市农村工作委员会关于积极推进乡村集体经济产权制度改革的意见》	致革集体经济产权制度，加强对集体经济产权的资产的监管，防止财产流失保护集体资产所有者的合法权益。
2011 年 7 月	北京市人民政府	《北京市农村集体经济审计条例》	
2011 年 7 月	北京市人民政府	《北京市农村集体资产管理条例》	
2018 年 6 月	北京市农村工作委员会	《关于全面开展农村集体资产清产核资工作的通知》	
2018 年 1 月	北京市农村工作委员会、北京市财政局	《关于财政资金扶持农村集体经济组织形成的经营性资产股份量化及收益分配的指导意见》	就财政资金扶持农村集体经济组织形成经营性资产股份量化及收益分配提出指导意见。

续表

印发时间	制定机构	规范性文件	内　容
2015 年 8 月	北京市人民政府办公厅	《关于引导农村产权流转交易市场健康发展的若干意见》	引导、规范和扶持农村产权流转交易市场发展。
2017 年 11 月	北京市农村工作委员会	《关于进一步加强全市农村集体土地承包及流转管理工作的通知》	加强对农村集体土地承包及流转的管理。
2019 年 3 月	北京市规划和自然资源委员会	《关于建立完善全市土地争议案件审判信息公开制度的通知》	规范土地争议案件审判工作，保护土地产权主体利益。

表 4　北京市颁布的与民营企业产权保护相关的法规、政策

印发时间	制定机构	规范性文件	内　容
2020 年 10 月	北京市人民代表大会常务委员会	《北京市促进中小企业发展条例》	关注民营企业发展，优化首都地区营商环境，保障民营企业产权。
2020 年 4 月	北京市人民代表大会常务委员会	《北京市优化营商环境条例》	
2019 年 11 月	北京市人民政府	《北京市新一轮深化"放管服"改革优化营商环境重点任务》	
2017 年 9 月	中共北京市委、北京市人民政府	《关于率先行动改革优化营商环境实施方案》	
2019 年 8 月	中共北京市委、北京市人民政府	《北京市大力营造企业家创新创业环境充分激发和弘扬优秀企业家精神若干措施》	
2020 年 4 月	中共北京市委、北京市人民政府	《关于进一步提升民营经济活力促进民营经济高质量发展的实施意见》	
2020 年 6 月	北京市市场监督管理局	北京市市场监督管理局关于贯彻落实《北京市优化营商环境条例》的实施意见	
2020 年 4 月	北京市市场监督管理局	《北京市市场主体登记告知承诺制度实施意见（试行）》	规范市场主体登记行为。
2020 年 4 月	北京市市场监督管理局	《北京市市场监督管理局关于进一步推进市场主体登记便利化优化营商环境的实施办法》	

续表

印发时间	制定机构	规范性文件	内　　容
2017 年 4 月	北京市经济和信息化委员会	《北京市中小企业公共服务示范平台管理办法》	建立服务平台，服务北京市中小企业。
2012 年 11 月	北京市财政局、北京市经济和信息化委员会	《北京市支持中小企业公共服务平台资金管理实施细则》	为民营企业发展提供资金支持。
2012 年 11 月	北京市财政局、北京市经济和信息化委员会	《北京市支持小企业创业基地资金管理实施细则》	
2012 年 11 月	北京市财政局、北京市经济和信息化委员会	《北京市支持中小企业创新融资资金管理实施细则》	
2015 年 12 月	北京市财政局、北京市经济和信息化委员会	《北京市中小企业债权融资基金管理细则》	
2015 年 12 月	北京市财政局、北京市经济和信息化委员会	《北京市小微企业风险补偿基金管理细则》	
2015 年 12 月	北京市财政局、北京市经济和信息化委员会	《北京市中小企业发展基金管理办法》	
2016 年 9 月	北京市财政局、北京市经济和信息化委员会	《北京市小微企业信用担保代偿补偿资金管理实施细则》	
2017 年 12 月	北京市商务委员会、北京市财政局	《北京市商业流通发展资金管理暂行办法》	

表 5　北京市颁布的与知识产权产权保护相关的法规、政策

颁行时间	制定机关	文件名	文件内容
2020 年 9 月	中共北京市委办公厅	《关于强化知识产权保护的行动方案》	对加强北市知识产权保护作出全面部署。

续表

颁行时间	制定机关	文件名	文件内容
2020 年 8 月	北京市知识产权局	《北京市知识产权局行政违法行为分类目录（试行）》	明确行政处罚标准，加大知识产权违法侵权执法力度。
2020 年 8 月	北京市知识产权局	《北京市知识产权局行政处罚裁量权适用规定（试行）》	
2020 年 8 月	北京市知识产权局	北京市知识产权局行政处罚裁量基准表（试行）》	
2019 年 10 月	中关村科技园区管理委员会	《关于进一步促进中关村知识产权质押融资发展的若干措施》	通过财政支持或拓宽保障性融资方式缓解企业发明创造资金压力，鼓励发明创新。
2019 年 12 月	北京市知识产权局	《北京市知识产权资助金管理办法（试行）》	
2015 年 8 月	北京市知识产权局	《加快发展首都知识产权服务业的实施意见》	搭建公共服务平台，鼓励为知识产权创造提供优质服务。
2019 年 12 月	北京市知识产权局	《北京市知识产权保险试点工作管理办法》	支持在京保险机构开发知识产权保护保险产品，弥补企业知识产权侵权损害。
2015 年 10 月	北京市知识产权局	《北京市加强知识产权纠纷多元调解工作的意见》	建立健全人民调解、行政调解、司法调解相互衔接的知识产权多元调解机制。

（2）规范政府行为。北京市政府出台相关规定，要求政府兑现在招商引资等政府参与的经济活动中的政策承诺并且履行政府签订的合同，保持政府行为的连续、稳定、一致。对于造成政府严重失约的责任人，依照法律法规对其追究责任。政府部门及时清理政府拖欠款项，通过审计和信用体系建立防拖欠机制。针对涉政府产权纠纷建立长效治理机制。

（3）搭建服务平台。北京市政府引导、组织、搭建了多个面向不同领域的服务平台，为社会主体提供产权交易、项目办理、政策查询、法律咨询等服务，同时推动多方主体间的信息交流与共享。搭建了北京市公共资源交易平台、北京市中小企业公共服务平台、企业标准信息公共服务平台、北京市企业投资项目在线备案管理系统、小微企业金融服务平台、中小企业融资新平台、农村土地流转信息平台等服务平台。

（4）监管市场。北京市政府建立跨领域"双随机、一公开"监管执法机制，对监管执法体制进行改革，整合监管力量，避免重复监管造成的效率低下。设立产权交易中心，从产权流转上进行监管，规范产权交易行为，保障产权交易的公平。加强对重点领域的监管，强化对国有资产和集体资产的监管，防止国有资产和集体资产的流失；严厉打击侵犯知识产权的违法行为，加大行政处罚力度。规范行政处罚行为，明确行政处罚裁量标准。

2. 产权的司法保护

北京市人民法院通过提高审判的质量和效率、优化诉讼服务、深化司法公开、加强对产权保护重点领域的重视四个方面，为产权主体提供公平、高效、便捷的司法救济，为产权保护提供强有力的司法保障。

（1）提高审判的质量和效率。规范审判流程，在案件分配上以随机分配为主，指定分配为辅；严格限制延期案件的数量。统一裁判尺度，确保"同案同判"，保证法律统一适用。改革创新强制执行行为，综合运用执行措施保障产权主体尽快实现胜诉权益。提高审判效率，将民商事案件审理周期控制在 180 天内；实现案件诉讼程序的"繁简分流"，通过司法确认程序、小额诉讼程序、简易程序快速处理法律关系清晰、案情简单的纠纷案件。[1]

（2）优化诉讼服务。以便捷当事人为原则，通过诉讼电子化优化服务。建立专门的律师网上办事平台，探索商事案件面向律师的网上直接立案机制。通过微信平台提供网上立案、自助服务、诉讼信息自动推送等诉讼服务，引导当事人诉讼行为，使其更便捷地参与诉讼。开通 12368 热线，为当事人和社会公众提供诉讼咨询、案件查询、投诉举报、联系法官和意见建议收集等各类服务。

（3）加强对产权保护重点领域的重视。北京市人民法院在司法审判实践中加强对民营企业产权、知识产权和企业破产等重点产权问题领域的重视，保护产权主体的合法权益。坚持市场主体法律地位平等的原则，对民营企业产权予以平等保护，防止出现以公共利益为名损害民营企业合法权益的现象。构建规范管理和严格执法有机衔接的知识产权保护模式。建立专门的破产审判团队，强化破产案件的执行，完善破产管理人选任制度。

3. 产权的社会保护

除政府和司法机关外，企业、科研机构、公益组织等社会力量也联合行动起来，通过结合形成行业协会或者联盟的方式，发挥自身优势，整合各方资源为产权保护提供各项服务。

---

〔1〕 《北京市高级人民法院关于充分发挥审判职能 为优化首都营商环境提供司法保障的实施意见》，载 http://www.beijing.gov.cn/zhengce/zhengcefagui/201905/t20190522_62025.html，最后访问日期：2020 年 12 月 20 日。

（1）北京市工商业联合会。北京市工商业联合会初步建立了以北京市工商业联合会为核心的北京市民营企业产权保护社会化服务体系。[1]建立会商机制，将民营企业产权保护方面的问题及时反馈给相关部门，保障民营企业的合法利益。与人民法院、检察院、知识产权局、北京市司法局、北京市律协等机构合作开展民营企业产权保护的法律宣传和培训工作。建立调解委员会和调解中心，充分发挥商会的作用，形成以公益为主的商会调解机制。北京市工商业联合会，与人民法院签订协议，挂牌成立民营企业产权保护调解工作站或调解室。

（2）北京市法学会。北京市法学会通过组织开展课题研究、学术研讨和座谈会的方式，对产权保护工作中的重大理论问题和实践问题进行探讨和交流，为制定产权保护具体制度设计、完善产权保护相关法律提供对策和建议。北京市法学会组织成立北京知行法律事务研究中心，动员了众多专家学者和法律工作者，共同开展法律实务研究，提供创新性法律服务，承接政府购买服务、法律课题和项目，以及相关的法律培训和推广等。北京市法学会在机关、社区、校园举办普法讲座，提高机关工作人员化解矛盾纠纷的能力，增强群众的法律意识和风险防范意识。

（3）行业协会。北京市地区成立各种行业协会，对协会内部成员提供培训，针对与行业相关的法规政策、行业标准、化解劳动纠纷、预防商业风险等事项进行宣传与指导，有效帮助企业避免风险。行业协会提供法律咨询和法律援助，提高企业维权能力，提供调解服务，帮助企业快速化解纠纷，降低维权成本。行业协会与政府部门密切联系，将企业需求向有关部门进行反映，对于影响企业合法权益的重大问题向政府部门提出政策性或者修改法规的建议；对于知识产权、反倾销、反补贴等侵害企业权益且举证困难的重点领域案件，参与调查，协助取证，帮助企业维护自身权益。

（4）知识产权联盟。为了加强首都地区对于知识产权的保护，在北京市知识产权局的支持下，多家知识产权联盟纷纷成立。行业知识产权联盟集合行业内示范企业、科研机构、知识产权中介机构、律师事务所的力量，调查研究行业内部具有共性的知识产权保护问题，提出解决方案；通过搭建信息交流平台，分享行业经验。服务型知识产权联盟针对企业知识产权保护某一具体问题提供综合服务。例如为了更好地解决企业在海外进行商业活动中的知识产权保护问题，成立了"一带一路"首都知识产权发展联盟和北京海外知识产权保护联盟；为了解决侵权物品鉴定和保管处理等知识产权保护工作中的难题，成立了北京侵权伪劣

---

[1] 林为民：《建立北京民营企业产权保护社会化服务体系的创新实践与思考》，载 http://www.acfic. org.cn/fgdt1/zjgd/202010/t20201022_246709.html，最后访问日期：2020 年 12 月 20 日。

物品检验鉴定技术创新联盟。

（5）北京市律师协会。北京市律师协会协同法院、企业、高校及社会公众，为产权保护队伍和平台建设打下人才和理论基础。律协向法院输送业务突出、经验丰富的律师，加入产权纠纷的特邀调解队伍中。北京市律师协会通过座谈交流、专题讲座和法治体检等形式的活动，走进企业，帮助企业进行风险排查和预防，讲解产权保护相关法规政策，为企业产权保护工作建言献策，对存疑问题进行解答梳理，协助优化企业经营的法治环境[1]。律协与高校进行人才双向交流，定期与学界进行沙龙交流活动，就产权保护问题开展学术研究与探讨工作。

（二）首都地区产权保护社会化服务体系建设的现状

当前，首都地区初步形成了我国社会主义体制下的特色产权保护服务体系，呈现出参与主体多元化、服务方式多样化、服务模式融合化的特点。市场经济中各社会化服务主体参与到产权保护的各个环节，不断创新产权保护社会化服务新模式。

1. 参与主体多元化

近年来，随着市场经济发展，社会财富不断积累，产权保护服务需求的增加，越来越多的社会力量参与到产权保护社会化服务体系当中。在这些服务主体中，既有律师事务所、会计师事务所、司法鉴定所和咨询公司等经营性服务主体，也有企业自发形成的行业协会、产业联盟等自主性公益服务主体。除此以外，高校、研究所等科研机构、法学会等社会组织亦逐渐参与到产权保护事项的活动当中，并发挥着重要的作用。

2. 服务内容多样化

一是公益服务与经营服务相结合。政府部门等公共服务机构与科技公司、律师事务所、公证处和司法鉴定所等经营性服务主体强化有机结合，为产权主体提供形式多样、领域广泛、内容新颖、机制灵活的产权服务。二是专项服务与综合服务相结合。为了更好地满足产权主体的服务需求，服务提供主体不但提供法律咨询等纠纷解决的专项服务，而且提供风险预警、产权交易、项目办理、政策查询等综合性服务。三是常规推进与创新探索相结合。产权保护服务提供主体之间通过组建机构、签订合作协议等方式建立常态化的合作机制。同时，积极开展试点工作，不断探索产权保护的新路径。

3. 服务模式融合化

为了更好地解决产权保护问题，满足产权主体的多元化服务需求，逐渐发展

---

[1] 陈伟奇：《法治营商环境下律师对企业经营的作用》，载 http://www.acla.org.cn/article/page/detail-ById/29289，最后访问日期：2020 年 12 月 20 日。

演变成多主体融合化发展的服务模式。一是"政府部门+社会组织"。政府部门与社会组织共同参与建立产权保护工作机制，明确分管领导；共同开展产权保护调研，了解产权主体的保护需求；在制定产权保护相关政策时充分考虑到产权主体和社会组织提供的意见。二是"司法部门+社会组织"，法院、检察院与工商业联合会、行业协会、民间调解组织等社会组织合作，建立"诉调对接"多元化的纠纷解决方式；与司法鉴定机构、专家合作，利用专业知识为解决产权纠纷提供有力支撑。三是社会组织之间融合发展。各社会组织联合起来，在相同领域内形成规模效应，增强组织影响力，进行优势互补，提高服务能力和服务水平，为产权主体提供全方位的综合性服务。

三、首都地区产权保护社会化服务体系建设中的不足

（一）缺乏社会组织参与的理论支撑

一直以来，学界大多借助于西方经典的社会组织理论来指导、研究社会组织参与社会治理的合理性，例如：政府失灵、市场失灵、第三方政府理论、新公共管理理论等。西方国家同我国在基本制度、治理体系和治理手段等方面都存在较大差异，借鉴西方经典的社会组织理论对我国社会组织的构建和完善的指导意义具有局限性。

当下，我国社会组织参与到产权保护的社会化服务领域还处于探索阶段。理论界虽然已经出现了对中国特色社会组织理论的研究，但是并未形成相对完善、成熟的理论体系，更没有让其发挥优化产权保护结构的作用。若缺乏有效的整合机制和理论设计，社会组织不但不能发挥自己的比较优势，反而可能会出现政府、市场和社会组织的比较优势叠加，出现一定的治理混乱。因此，当下还需探索符合中国特色的，根植于我国乡土文化的社会组织合理进驻产权保护的社会化服务体系理论依据。

（二）缺乏规范化的体系指引

当前，我国正面临着社会发展的重要机遇期，产权保护领域矛盾和问题同样凸显。如何激发社会组织活力、如何参与产权保护社会化服务体系，进行秩序安排以及成效评定，在现阶段未能有一个合理的逻辑与规范，使之在产权保护社会化服务体系的构建过程中面临许多困境。

1. 分散实践导致产权保护的广度和效度不足

我国产权保护目前是条块分割的散乱状态，因此在产权保护的服务提供上呈现出"着力不均、聚力不强"的问题。社会组织参与产权保护面向的主体具有片面性，各主体之间缺乏有效沟通协作，难以保证目标行动的一致性，不能涵盖到所有或者多数权利主体，导致产权保护的广度不足。社会组织分散实践导致产权保护的效度不足体现在，社会组织保护行为的临时性和灵活性使其服务

行为常常处于一种随机的状态，不能形成常态性的可稳定接触的体制机制，不能对产权保护的服务对象产生长期的影响。部分社会组织一方面在开展活动时因欠缺资源整合能力，无法使更多的权利主体受益，达不到保护活动的预设效果。由于产权保护服务过于分散，不能高效且全面地给予权利主体产权保护的最优服务，使得社会组织所为的服务活动不能满足产权主体日益增长的保护需求。

2. 社会组织与政府衔接不到位

一方面，部分社会组织在提供产权保护服务时受到政府指导，对权利主体满意度调查和治理成效评估不够重视。没有对参与活动的权利主体进行如：服务方式、服务内容、服务效果等方面的调查和分析，也没有对产权保护服务进行综合评估。因此，对于公众的诉求、意见、建议不能反馈到政府，更不能为政府在政策修正方面提供参考依据。这样很难对产权保护进行进一步的优化，无法从社会公众的角度来反映产权保护的根本需求所在，也无法实现与政府的良性对接。另一方面，由于部分社会组织缺乏有效的领导和组织，导致在产权服务过程中对政府政策理解不够深入、准确，容易对一些政策信息产生认识偏差，影响到具体服务行为，形成政府要求与实际落实中的错位。

3. 社会组织在社会治理中存在独立性困境

我国社会组织可以分为"体制外的组织"与"体制内的组织"两大类。体制内组织是由特定的国家机关或政府部门根据社会管理需要而设计的组织，行使着国家或政府部门的部分公共行政管理职能，属于政治运作体系，例如北京市工商业联合会、律协、法学会等。它们作为政府的延伸，虽具有名义上的独立性，但仍与政府部门存在千丝万缕的联系。部分社会组织的领导人员由党政领导干部、在职公务员以及退（离）休干部兼任，使得社会组织天然产生一定的政府倾向，演变为政府的"代言人"。在参与社会治理时难免受到这些领导人员的约束和掣肘，从而弱化社会组织的独立性，导致政府与社会职责边界模糊不明。这些"体制内的组织"更受政府的重视，能够承接政府转移的更多服务项目，接受政府的资金资助和人员保障。这种建立在资源上的依赖性，会抑制社会组织自主性和积极性的发挥。

（三）配套运行制度供给不足

由于产权保护社会化服务缺乏规范化的体系指引，从而呈现出产权保护不系统、不完善、不健全等问题，进而导致产权保护社会化服务体系同样存在配套运行制度供给不足的问题，使得产权保护服务出现低效或无效的状况。

1. 各主体之间信息交流存在障碍

作为一个有机整体，首都地区产权保护社会化服务体系中的主体在进行产权保护活动中，需要各类信息资源作为支撑。因此，各主体间信息交流尤为重要。纵向来看，政府、司法机构和社会组织之间，因为不同层级以及政府的特殊性、高位性，存在有效信息传递困境；横向来看，同级社会组织之间的信息流转因缺乏有效的交流平台变得障碍重重。

2. 产权保护社会化服务氛围难以培养和形成

社会组织向公众提供产权保护服务时，仅停留在非制度化的参与，服务活动多显现出灵活、被动、随机的特点，无法以稳定的制度形式固定下来，因而导致公众不能对产权保护服务产生持续性的预期和信任感，也使许多社会组织无法形成产权保护的合力。如此一来，不仅产权主体寻求社会组织服务的意识难以培养，全方位的产权保护社会化服务氛围也难以培养和形成，进而也不利于建设首都地区产权保护社会化服务体系。

3. 政府购买社会化服务覆盖产权保护存在盲点

政府购买社会服务是指政府按照一定的方式和程序，将其应当提供的部分社会服务事项，交由具备条件的社会组织或事业单位承担，并由政府根据合同约定向其支付相应费用。政府购买与产权保护相关的社会服务有助于提高社会服务的质量和财政资金的使用效率，满足产权主体多样化、个性化的需求，打造高效的产权保护社会化服务模式。仔细梳理财政部、北京市财政局、北京市知识产权局等政府购买服务的指导性目录或收支总表的对应项目后发现，当前政府购买服务的对象还未细化或涉及产权保护有关领域及可能提供产权保护的组织，这在一定程度上反映了目前产权保护社会化服务在新方式探索上的不足。

四、首都地区产权保护社会化服务体系的未来发展及建议

（一）中国特色产权保护社会化服务体系的理论基础

1. 现代治理理论

治理体系现代化的过程是一个制度化的过程，国家治理体系和治理能力是一个国家制度和制度执行能力的集中体现。国家治理体系是在党领导下管理国家的制度体系，包括经济、政治、文化、社会、生态文明和党的建设等各领域体制机制、法律法规安排，也就是一整套紧密相连、相互协调的国家制度。[1]首都地区产权保护社会化服务体系构建多方协调参与的社会服务体系。此举注重多元主体多方共治，有利于推动国家治理体系治理能力现代化，运用社会化的调解方式化解社会矛盾，科学解决社会问题，促进社会和谐发展。

在第十三届全国人民代表大会第四次会议中，国务院总理李克强所作的政府

---

[1] 刘鹏、刘嘉：《非均衡治理模式：治理理论的西方流变及中国语境的本土化》，载《中国行政管理》2019 年第 1 期。

工作报告中指出，要加强和创新社会治理。夯实基层社会治理基础，健全城乡社区治理和服务体系，推进市域社会治理现代化试点。明确提出要积极构建基层社会治理新格局，努力建设人人有责、人人尽责、人人享有的社会治理共同体。

2. 良法善治理论

在中国本土，与现代治理理论相协调的还有良法善治理论。该理论所包含的治理是指政治管理的过程，包括政治权威的规范基础、处理政治事务的方式和对公共资源的管理。它关注维持社会秩序所需要的政治权威的作用以及行政权力的运用。善治是追求公共利益最大化的社会管理过程和管理活动，是政治国家和公民社会的一种新颖关系。善治理论的核心在于坚持政府在社会治理中的主导地位的同时，将部分权力下放给社会，通过发挥社会组织等多元主体的能动性，实现社会公共利益的最大化。

（二）首都地区产权保护社会化服务体系建设的路径选择

1. 分散模式

分散模式是产权保护社会主体服务体系发展初期呈现的模式。分散模式下的产权保护社会化服务体系，是由离散地分布于体系中的社会组织，基于提供产权保护个性化服务的共同功能而形成各自独立的网络状分布的组织群体模式。所谓"分散"可以从纵向和横向两个维度解读：纵向维度，体现在司法机关、行政机关、社会组织、企业或企业家之间局限于两两组合的配合，而不存在上通下达的联动机制；横向维度，体现在商会、法学会、消协等社会组织协同合作，互补优势，朝着产权保护的共同目标推进。

2. 整合模式

整合模式下的产权保护社会化服务体系，将提供产权保护服务的分散资源进行梳理整合，形成内部各个组成部分相互协作、紧密结合，为产权保护服务提供全程支持的联动机制。工作内容包括产权保护服务的社会组织，如法学会、商会、消费者协会等，在整合模式的社会化服务体系之下，作为最核心的组成要素被直接、紧密地结合。整合模式下的产权保护社会化服务体系为了实现统筹分配、合理调度，应成立发挥参谋协调作用的领导机构，其组织形式包括传统工作部署中的领导小组或组织办公室以及智能化服务平台。但是该领导机构依托的整合模式，根本区别于计划经济条件下的政府全能管制型模式，也不同于完全由市场进行配置的逻辑，它是市场经济基础性制度框架之下产权制度的具体体现[1]。

---

〔1〕 章勇：《新型社会管理模式的形成及内涵》，载《重庆大学学报（社会科学版）》2013 年第 2 期。

3. 两种模式价值功能的比较

产权保护社会化服务体系的不同模式，都围绕着实现产权保护方面的社会多元共治来布置策划，通过多元主体的互动、协商、合作，最大限度地维护权属主体的权益，增进公共利益。以长远投资视角，整合模式的设计仍然具有显著的比较优势。整合模式下的领导机构可以称为"分布式领导"的方式，这种领导并非享有高度决定权的单边行政管理，而是将此种领导的影响力分解分布于有结构的服务体系组织关系之中，强调领导作用发挥的环境和方式。对领导机构的认同和追随不需要国家强制力的介入，而是在市场经济之下体系内部成员对实现自身利益最大化和社会价值最大化的追求[1]。对比分散模式下社会组织的伪核心地位，整合模式能改善无序的产权环境，让产权保护的服务体系像庞大的机器一般，各个保护主体在统一的调度协调下机械式地运作起来，实现群策群力的良性循环。产权保护多元社会主体共同构成了一个角色有别、职能明晰、运转高效的有机统一体。总体而言，整合模式更能够实现产权保护的价值目标，应成为产权保护社会化服务体系发展的趋势和倾向。

（三）规范化的组织架构体制

北京市工商业联合会在北京民营企业产权保护的社会化服务体系方面已经有了成熟的具有可借鉴意义的表现成果，勾勒出自上而下、既有核心也有联动的组织框架（如图1所示）[2]，具有参考意义。通过学习借鉴，形成首都地区产权保护社会化服务体系的组织架构设计：在市委统辖经济工作的部门领导下，以产权保护社会化服务体系工作领导小组为重点，以具有公权性质的社会组织为基础，整合相关政府职能部门、司法机关等力量，在工作领导小组的调度下开展工作。产权保护社会化服务体系领导小组的办公室为更好落实具体工作，了解各组织工作详情，其决策商议过程应经过智库团队讨论并得出建议。智库团队的成员构成包括法学会专家学者、商会、行业协会、消费者协会、律师事务所、国有企业经营者、集体组织负责人、民营企业家等。

---

〔1〕 李红松：《社会结构体系整合的总体图式与主导模式——基于现代化进程的一种分析》，载《系统科学学报》2021 年第 2 期。

〔2〕 林为民：《建立北京民营企业产权保护社会化服务体系的创新实践与思考》，载《中华工商时报》2020 年 10 月 22 日，第 3 版。

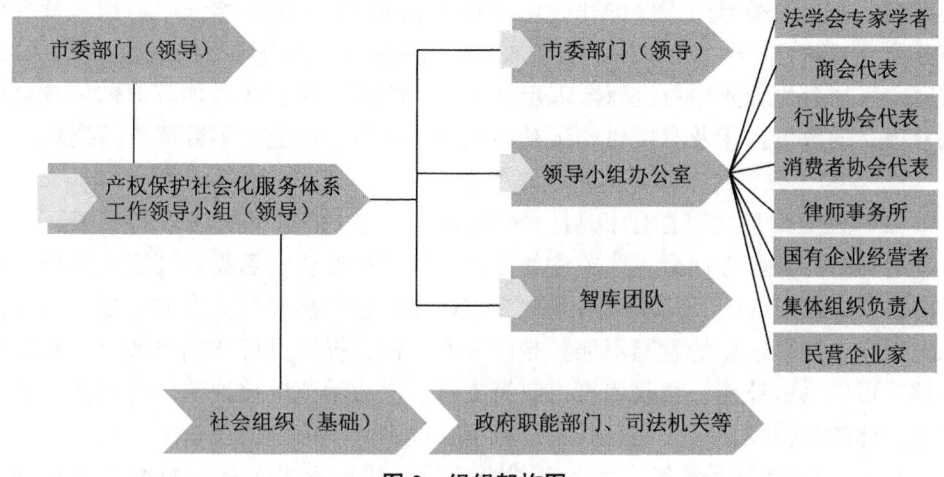

图 2　组织架构图

（四）完善配套运行机制

1. 科学设计政府购买社会化服务项目的行为

政府购买社会服务是指政府按照一定的方式和程序，将原本由自身承担的社会服务转交给社会组织、企事业单位履行，并由政府根据合同约定向其支付相应费用。政府购买与产权保护相关的社会化服务项目有助于提高体系社会化服务的质量和财政资金的使用效率，满足产权主体多样化、个性化的需求，打造高效的产权保护社会化服务模式。

（1）将社会化服务项目纳入政府购买服务的指导目录。社会化服务体系需要推进民营企业产权保护服务工作规范化、模式化，提高政府购买服务项目的积极性，致力于产权保护社会化服务项目纳入政府购买服务的指导目录。社会化服务体系可供给的服务项目形式主要包括与产权保护相关的政策宣讲、法律法规咨询与教育、产权保护文化推广、问题调研、法律人才聘任、行业调查与统计、行业培训、市场监管等一些技术性、事务性工作。其服务项目不仅涉及物权、债权、股权、知识产权及其他各种无形财产权的产权纠纷案件，还包括因历史问题形成的民营企业产权纠纷案件。

（2）保障政府及时、稳定购买社会化服务项目。政府购买社会化服务项目需要将临时性、应急性购买与长期性、稳定性购买相结合，兼顾当下与长远，统一渐进性与方向性。具体而言：通过社会调查和座谈等方式掌握产权主体保护需求，结合以往政府购买社会化服务项目的经验，参考专业机构和人员的意见，在数据分析和科学研究的基础上制定年度购买服务计划并建立应急购买机制。

（3）增强政府购买社会化服务项目的力度。政府购买社会服务资金不足，会影响社会组织参与产权保护社会化服务体系的服务能力。增强政府购买社会化服务项目力度的方式主要包括：①增加政府购买服务化服务项目的财政预算；②对政府购买社会化服务项目进行合理定价并扩大购买规模；③增加政府购买社会化服务项目的数量；④及时拨付购买社会化服务项目的资金，不截留，不拖延。

2. 搭建社会化服务体系信息共享平台

（1）建立信息共享激励机制。数字经济时代，信息的资源性特征显现，成为政府部门、企业等社会主体关注的重点。收集和处理信息需要社会主体投入大量的成本。政府部门、司法机关和社会主体在信息共享时往往存有顾虑，思想上相对保守，共享信息的意愿不强，难以为产权保护提供良好的信息基础。相关政府部门可以采取补偿、税收优惠、政策支持、优质示范单位评选等方式激发信息提供主体的积极性，扩大信息共享的范围，提高共享信息的质量。

（2）制定社会化服务体系信息共享规范与接口标准。社会化服务体系信息共享平台的信息来源于政府部门、司法机关、律师事务所和企业等不同的提供主体，其信息收集和整理的规则、流程、格式、存储信息的网站不尽相同，难以满足产权主体对共享与产权保护相关信息的需求。对各主体要求共享的信息进行调研与分析，在此基础上制定社会化服务体系信息共享规范与接口标准，明确各主体提供数据的范围和内容，确定信息收集与整理的规则、流程、格式，制定共享目录和数据集成平台开发规范，统一共享接口标准。

（3）社会化服务体系信息共享平台的构成。社会化服务体系信息共享平台包括接口共享目录系统、共享目录服务系统、共享信息操作平台三大部分。通过接口共享目录系统可以对共享信息提供主体的接口进行搜索和查询。共享目录服务系统通过数据交换平台实现对共享目录接口的访问。共享信息操作平台具有登录、注销以及搜索、浏览、下载目录和信息等功能，为用户访问共享信息提供途径。

3. 构建和完善社会调解制度

通过社会组织参与调解的方式解决产权纠纷，是建立多元化纠纷解决机制的重要组成部分。需要从推进调解组织的建设和运行、完善调解员制度、由调审合一转向调审分离、完善诉调对接机制等方面进行探索和完善具有中国特色的社会调解制度。

（1）推进社会调解组织的建设和运行。明确经费来源（收取调解费用、向会员收取年费、政府提供补助、社会捐赠资助或设立基金会的方式等）。明确与社会调解相关的申请、受理、调解员的选任、方式、期限、终止、费用等程序性问题。

（2）完善社会调解员制度。加强社会调解员队伍建设，推动建立调解员资格认定机制，吸纳符合条件的人员担任社会调解员。完善社会调解员培训机制，制定调解员职业道德规范，通过调解培训、座谈研讨、观摩庭审、法律讲座等方式，提高调解员调解能力。建立调解员考核评估机制和奖惩机制。

（3）逐步向调审分离的司法模式发展。我国当前采用调审合一的司法模式。在社会调解机制日益完善且诉讼案件数量激增的当下，司法模式需要由调审合一向调审分离转变，增强社会组织在化解矛盾纠纷中的作用，这样既可以提高审判的效率和质量，又可以充分发挥社会调解组织的优势。

（4）完善诉调对接机制。落实委派调解和委托调解机制，加强与社会调解组织对接工作，设立驻人民法院调解工作室，完善多元化矛盾纠纷化解机制。在商事纠纷、劳动纠纷等特殊领域应当将社会组织调解作为产权纠纷诉讼的必要前置程序。司法过程中，对于适宜交由社会组织调解的案件，人民法院应该建议或告知当事人进行社会组织调解，将矛盾纠纷转移给社会调解组织。

五、结语

有恒产者有恒心，经济主体财产权的有效保障和实现是经济社会持续健康发展的基础。2018年起，北京市工商业联合会试点推行民营企业产权保护社会化服务体系，取得优异的成绩。然而该体系试点保护范围不足以包容各种所有制形式的产权主体，方式形式还有调整和完善的空间。为了推广社会化服务体系的成功经验，构建全方位首都地区多产权保护社会化服务体系，需要对产权保护社会化服务体系的理论和实践进行深入系统的研究。

明确产权的内涵是研究产权保护制度的前提。结合经济学与法学领域对产权的定义，得出产权类别的清晰划分，可以明确调查研究的方向，同时更为有序、高效，让产权得到针对性的保护，保护性资源的配置状况得以优化。围绕产权归属与使用的问题所参与的社会成员广泛而复杂，这要求产权保护的实现不仅需要依靠政府和司法机关，而且需要社会各界积极参与、主动配合，这是一项系统性工程，即依托于社会化服务体系满足产权保护的需求。

随着产权保护在社会生活中重要性增强、产权纠纷案件数量增加、产权保护服务的需求与供给不匹配，社会化服务体系需在产权领域中得以应用，并且在首都地区率先启动建设产权保护社会化服务体系，这有助于优化首都营商环境，引领全国范围产权保护社会化服务体系建设，完善共建共治共享的社会治理制度，落实创新驱动发展战略，推动国家治理体系和治理能力现代化。

当前，北京市人民政府、司法机关、法学会、工商业联合会等社会力量竭其所能提供不同角度和程度的产权保护。首都地区初步形成参与主体多元、服务方式多样、服务模式融合的特色产权保护服务体系。诚然，产权保护社会化服务体系尚处于实践探索阶段，在由不完善到比较完善的过程中存在不足之处。其一，社会组织作为产权保护社会化服务体系中核心的一环，参与其中的过程仍缺乏优化产权保护结构的成熟理论体系的支持。其二，产权保护实践分散错落，服务体系内部的秩序安排缺乏规范化的体系指引。其三，体系下各主体之间信息交流存在障碍，产权保护社会化服务的氛围难以培养形成，政府购买社会化服务清单未涉及产权。

我国社会治理理论进入本土化的成熟时期，产权保护的社会化服务体系需要深刻把握我国所有权制度和产权问题特性，形成具有中国特色的系统、全面的治理基本理论。产权保护社会化服务体系存在抉择系统规范的框架结构的必要。基于现实实践的分散模式和面向未来规划，两者权衡皆有利弊。在科学理论指导下，社会化服务体系将逐步由分散实践的模式向统一整合的模式演变，并且体系内各主体在规范化的组织架构下流畅高效运作，层次分明、脉络清楚。在顶层设计构造之下，产权保护社会化服务体系还需完善具体配套运行机制，向社会提高服务供给力度，针对现存的不足之处有针对性地提出完善应对措施，包括科学设计政府购买社会化服务项目的行为、搭建社会化服务体系信息共享平台、构建和完善社会调解制度等。

大数据交易背景下的数据确权法律问题

邢会强*

　　大数据交易既可能不涉及个人信息的交易，但也有可能涉及个人信息的交易，而涉及个人信息的大数据才能对个人实施精准营销，才蕴含着更大的价值。但是，对于包括个人信息在内的大数据交易，目前却面临着一大难题：个人信息之上的财产权益究竟属于谁？如何分配？这就涉及数据确权问题。

一、我国大数据交易的现状与存在的问题

　　大数据是大数据时代的一种重要的资源和生产要素，其商业价值逐步显现，大数据的共享、互通、交易应运而生。尽管大数据交易风生水起，但其发展却面临着亟待解决的法律难题。目前合法可行的业务模式主要是匿名数据的交易，难以交易能识别到特定个人的"个人信息"，这主要是因为个人信息权的性质、归属和内容不明。个人的交易意愿也不高。要大力发展大数据交易，前提是对个人信息进行确权，因为大数据中不可避免地包含或涉及个人信息。对包含个人信息在内的"数据"进行权利界定即数据确权具有十分重要的意义。因为"如果没有初始的权利界定，就没有交换和重组它们的市场交易"。[1]"数据确权"的关键在于"个人信息"的确权，这是因为各界对于企业数据和匿名数据的权利性质与权利主体争议不大，而对于"个人信息"的权利性质与权利主体争议较大。

　　我国目前已涌现出了30多家大数据交易所。这些数据交易所具体的交易对象以及其业务模式不尽一致。2014年12月成立的贵阳大数据交易中心是国内最早、交易规模最大的大数据交易所，其交易的数据是基于底层数据并通过清洗、分析、建模、可视化出来的二次数据。在数据买卖双方之间，该交易所可以充当交易做市商的角色。它还采用区块链技术进行数据确权、数据溯源。2016年开

---

　　* 课题主持人：邢会强，北京市金融服务法学研究会教授。立项编号：BLS（2020）B016-1。结项等级：合格。

〔1〕 Ronald Coase, "The Problem of Social Cost", *Journal of Law and Economics* 3, 2013, p. 8.

始运营的上海数据交易中心，其进行共享和流通的数据必须是已经去除可识别身份标识的信息，该中心通过数据的互联互通来对接供需双方的需求。

不得不承认，目前，我国的数据交易仍处在初期探索阶段，参与交易的数据资源存量、交易规模、涉足领域、客户数量都比较有限，成熟的模式与成功的案例较少。我国数据交易操作中遭遇到掣肘与困境。主要表现在：第一，交易平台定位不清，功能优势难彰。第二，交易规则缺乏特性，交易创新有限。第三，交易规则失范，场所野蛮生长。第四，数据权属不清，个人不能从中得益。而要论述数据确权，需要从个人信息与个人信息权的性质入手。

二、个人信息与个人信息权的性质

在《中华人民共和国民法总则》和《中华人民共和国民法典》立法过程中，一直存在着是否直接确立一种个人信息权的争论。考虑到个人信息的复杂性，民法总则只是笼统地规定了自然人的个人信息受法律保护，而没有直接使用"个人信息权"的用语。

个人对于个人信息所享有的是一种权利还是仅仅是一种利益？有学者认为是一种利益，[1]有学者认为是一种权利。[2]

那么，个人信息是一种权利还是利益呢？主张个人对于个人信息所享有的是一种利益而非权利的主要理由在于：个人信息在技术或物理上无法为个人所控制，缺乏清晰的权利外观，无法为他人行为划定禁区；保护个人信息自决权无异于保护一种漫无边际的个人意志。[3]主张个人对于个人信息所享有的是一种权利的学者结合德国法的权利与利益区分三标准认为，[4]个人信息的利益内容清晰确定，并可归属于特定主体，且排除他人非法干涉，三项标准均已满足，应认可为一种民事权利。[5]"在欧洲，比较流行的观点仍然是将个人信息作为一项独立的权利看待。"[6]

其实，他们是在侵权法（尤其是在德国侵权法）的语境中进行探讨的。跳

---

[1] 参见杨芳：《个人信息自决权理论及其检讨——兼论个人信息保护法之保护客体》，载《比较法研究》2015年第6期，第22页；程啸：《论大数据时代的个人数据权利》，载《中国社会科学》2018年第3期，第102页。

[2] 参见叶名怡：《论个人信息权的基本范畴》，载《清华法学》2018年第5期，第146页。

[3] 参见杨芳：《个人信息自决权理论及其检讨——兼论个人信息保护法之保护客体》，载《比较法研究》2015年第6期。

[4] 关于权利与利益的区分标准，不能简单地以是否被法律规定为权利而判断，因为有的利益披上了"权利的外衣"，但实际上不具备权利的特征，如德国法上的"营业权"。为此，德国法发展出三个标准：同时具备归属效能、排除效能和社会典型公开性，为一种侵权法上的权利，反之则只能归于一种利益。

[5] 参见叶名怡：《论个人信息权的基本范畴》，载《清华法学》2018年第5期，第146页。

[6] 王利明：《人格权法探微》，人民出版社2018年版，第411页。

出侵权法，站在整体民事权利的视角看，既然民法总则规定了自然人的个人信息受法律保护，并规定了相关义务人的义务，则个人信息权是可以成立的。

在《民法总则》/《民法典》第 111 条规定的教义学视角下探讨个人信息权，最好将个人信息权与个人隐私权看成是相互独立、互补交叉的关系，即刻意将个人信息权看成是不包含隐私权的另外一种独立权利。但这将有损个人信息权的完整性，因此，本文将个人信息权看成是包括隐私权在内的权利体系。

承认个人信息权有利于增强个人的权利意识——我的权利我做主，未经我的同意，随意收集和处理我的信息是侵权行为。在古代中国社会，儒家主张法不公布，法不可测，防止人民知晓了法律会刻意钻法律的漏洞。在这种观念之下，人民是没有权利的。但现代社会是一个权利本位的社会，承认和保护公民的个人信息权是时代发展的需要，是唤醒公民权利意识的需要。

再者，既然国家都专门为个人信息进行立法，这说明了个人信息利益的重要性。如果是重要的利益，肯定是一种权利。如果还说个人信息仅仅是一种利益而不是一种权利，岂不是自相矛盾？哪有为一种随时被权衡、牺牲掉的利益专门立法的先例？

对于个人信息权的性质，主要有基本人权说、一般人格权说、（新型）具体人格权说、（新型）财产权说等争议。就民法的角度而言，目前在我国学术界占主流地位的则是（新型）具体人格权说与（新型）财产权说之争。

认为个人信息权为人格权源自德国法。德国于 1977 年制定的《联邦数据保护法》虽涉及私人之间的关系，但通常被划分到行政法之中，属于公法。为了使该法能够有效调整私人主体之间的关系，德国私法学者试图利用宪法上的私法效力原理，将德国联邦基本法中关于一般人格权的规定引入私法理论和实务之中，从而建立起了自己的个人信息保护制度，即信息自决权制度。[1]王泽鉴认为，个人信息隐私属于隐私权从而属于具体人格权。[2]王利明认为，隐私权不足以涵盖个人信息权的内容，个人信息权应成为一种与隐私权相交叉但又有区别的新型的具体人格权。[3]

早在 20 世纪 70 年代，美国就有学者提出赋予个人信息以财产权。[4]这得到

〔1〕 参见谢远扬：《个人信息的私法保护》，中国法制出版社 2016 年版，第 93~94 页。

〔2〕 参见王泽鉴：《人格权法》，北京大学出版社 2013 年版，第 231 页。

〔3〕 参见王利明：《论个人信息权的法律保护——以个人信息权与隐私权的界分为中心》，载《现代法学》2013 年第 4 期，第 62 页。

〔4〕 See A. F. Westin, "Privacy and Freedom", *Michigan Law Review* 66, 1968. P. E. Agre and M. Rotenberg, *Technology and Privacy: the New Landscape*, Cambridge, MIT Press, 1997.

了不少学者的支持。[1]例如，莱斯格认为，通过财产权来保护个人数据，财产制度鼓励用户利用财产权的方式，来保护适当的许可；利用隐私强化技术（如隐私参数平台协议），使用户可以创设许可；如果没有得到许可，隐私使用者将构成侵权。[2]龙卫球认为，莱斯格赋予了用户个人以个人信息财产权，却排斥了数据从业者应有的财产地位和利益诉求，不甚妥当。因此，他主张在区分个人信息和数据资产的基础上，进行两个阶段的权利建构：对于用户，应在个人信息或者说初始数据的层面，"赋予其基于个人信息的人格权和财产权的双重性权利"。其中，信息人格权近似于隐私权，信息财产权则近似于一种所有权地位的财产利益，用户对其个人信息可以在财产意义上享有占有、使用、受益甚至处分的权能。对于数据经营者，应分别配置数据经营权和数据资产权。数据经营权是一种关于数据的经营地位或经营资格。数据资产权是数据经营者对其数据集合或加工产品的一种归属财产权。[3]与这一分类相类似的是程啸的分类，他将数据权利分为个人对个人数据的权利和数据企业对于数据的权利。[4]他认为法律赋予自然人对个人数据的权利在内容上既非隐私利益，也非经济利益，而是保护自然人对其个人数据被他人收集、存储、转让和使用的过程中自主决定的利益。他还认为，"数据企业只要是合法地收集并存储数据，就可以基于这种行为取得对数据的权利。"[5]关于数据企业数据权利的性质，他认为是属于独立于人格权、物权、债权、知识产权之外的新型财产权。这两种观点都存在着一个缺陷，即忽视了自然人对于个人信息的财产权利或利益。刘德良认为，对于那些既有人格利益又有商业价值的个人信息，法律应该同时以人格权和财产权分别予以保护。[6]

在传统民法理论的框架下，一个权利要么是人格权（或其上位概念"人身权"），要么是财产权，不可能既是人格权，又是财产权。但一个权利却可以既包括人格利益，又包括财产利益，典型的如肖像权。一个权利也可能既包括人身权利，又包括财产权利，典型的如著作权。[7]对于既包括人身权利又包括财产

---

[1] See J. M. Victor, "The EU General Data Protection Regulation: Toward a Property Regime for Protecting Data Privacy", *Yale L. J.* 123, 2013.; E. J. Janger, "Privacy, Property, Information Costs, and the Anticommons", *SSRN Electronic Journal* 54, 2003; P. Schwartz, *Property, Privacy and Personal Data*, 117 Harv. L. Rev. 2004.

[2] 参见［美］劳伦斯·莱斯格：《代码 2.0：网络空间中的法律》（修订版），李旭、沈伟伟译，清华大学出版社 2018 年版，第 245 页。

[3] 参见龙卫球：《数据新型财产权构建及其体系研究》，载《政法论坛》2017 年第 4 期，第 74 页。

[4] 参见程啸：《论大数据时代的个人数据权利》，载《中国社会科学》2018 年第 3 期，第 102 页。

[5] 前引程啸：《论大数据时代的个人数据权利》，载《中国社会科学》2018 年第 3 期，第 118 页。

[6] 参见刘德良：《个人信息的财产权保护》，载《法学研究》2007 年第 3 期；以及北京师范大学法学院官方网站对刘德良教授的介绍，载 http://law.bnu.edu.cn/szdw/byjs/zzjs/48124.htm，最后访问日期：2019 年 3 月 12 日。

[7] 我国《著作权法》第 10 条规定，著作权包括 4 项人身权和 13 项财产权。

权利的权利，民法上有三种处理方式：一是主要关注其人格权利，将其作为人格权看待，如肖像权。二是主要关注其财产权利，将其作为财产权看待。例如在美国，在隐私权之外单设了公开权，这是一种财产权。但美国法上的财产权与大陆法系理论中的财产权在含义上不尽相同。前者"乃泛称任何具有保护价值的经济利益而言"。[1]三是单独作为独立于人身权（人格权）和财产权之外的权利类型看待。例如，谢怀栻在其民事权利体系理论中将知识产权与社员权单列。[2]

我们认为，对于个人信息权的法律性质认定，宜采取第三种方式，即个人信息权是独立于人身权（人格权）和财产权之外的新的权利类型，它像著作权一样，也是既包括人格权，又包括财产权；对于其人格权部分，采取人格权的保护方法；对于其财产权部分，则采取财产权的保护方法。

我们之所以不赞同将个人信息权作为具体人格权的一种新类型处理，是因为，在大数据时代，个人信息权中的财产权利日益显著，其流转需求日益强烈，人格权的许可使用制度已经不足以满足大数据交易的实际需求，需要承认个人信息的财产权，并促进其加工、交易和使用。人格权法理论认为，人格权具有专属性，只能为特定的权利人所享有，与权利主体不可分离，不可转让。[3]对于人格权的商品化现象，人格权法理论通常只承认人格权的许可使用，不承认人格权的转让，极为个别的情形下才有例外。这些极为个别的情形主要是个体工商户、合伙企业的名称的转让。[4]人格权法理论已经不适应大数据交易的实践需求。在实践中，大数据交易的做市商大量受让个人信息却不加以使用，而是加价后卖出获利。在大数据交易过程中，还出现了数据加工商，它们买来包含个人信息的大数据进行清洗、加工之后再卖出获利，自身也不使用数据。大数据交易还可能出现投资者，他们是数据的套利者和流动性提供者，他们像投资股票一样投资数据而不使用数据。以上三种情形都是数据交易、转让，是人格权的许可使用制度不能解释、不能解决的，我们必须突破人格权法的框架，将个人信息权放在新的理论框架中处理。我们之所以也不赞同第二种做法，是因为个人信息中的人格权利因素较为突出，其与个人信息中的财产权利因素难分伯仲。而公开权的财产权因素则占主导地位，个人一旦将其形象特征予以公开并获取财产收益，也就同时意味着放弃了隐私权，但仍保留着署名权和保持形象完整权等有限的人格权利，但公开权主要是一种财产权。

总之，权利的性质取决于技术条件。我们认为，在大数据时代，传统的人格

---

[1] 前引王泽鉴：《人格权法》，北京大学出版社 2013 年版，第 264 页。
[2] 参见谢怀栻：《论民事权利体系》，载《法学研究》1996 年第 2 期，第 69 页以下。
[3] 参见王利明：《人格权法研究》（第三版），中国人民大学出版社 2018 年版，第 27 页。
[4] 参见王利明：《人格权法研究》（第三版），中国人民大学出版社 2018 年版，第 228 页。

权法理论已经难以容纳个人信息权，也不宜仅仅将个人信息作为一种新型的财产权处理，必须把个人信息权作为一种新型的权利类型看待。

三、个人信息的分类及其权属 [1]

我们将个人信息的类型分为"基本个人信息""被记录的伴生个人信息"与"预测个人信息"三类。

"基本个人信息"（或称"个人基本信息"）是指个人提交的关于本人的特定信息，包括个人标识型信息（如姓名、曾用名、身份证号、生物基因信息、手机号码、邮箱、账户账号等能联系到特定个人的信息）与个人属性型信息（如性别、民族、政治面貌、宗教信仰、体重、身高、籍贯、婚姻状况、出生日期、家庭成员、社会关系、特长、职务、职称、学历、学位、学习或工作经历、工作业绩、获奖情况、荣誉称号等）。"个人基本信息"能够单独或相互参照从而很容易地识别到特定个人，关乎其人格尊严与人格自由，因此具有人格利益。但是，由于其具有商业价值，因此具有财产利益。个人基本信息的财产利益或财产权完全属于个人，因为它完全是基于个人整理和提交的。

"被记录的伴生个人信息"（简称"伴生个人信息"）是个人在生活、交易或工作中形成并被信息企业记录下来的关于个人的信息，它是个人活动的副产品。例如上网记录、阅读记录、收看或收听记录、交易记录、身体锻炼记录、位置信息、IP 地址、行动轨迹、睡眠记录、饮食记录、诊断记录等。这些信息不是个人主动向某信息企业提供的，而是在有关的生活、交易或工作中自动形成的。在农业和工业社会，由于记录方式和保存方式落后，这些信息一经形成便随风而逝。但在信息社会，这些信息得以以较低的成本被信息企业记录和保存。

"伴生个人信息"也能与其他信息相结合而识别到特定个人，危及个人生活的私密性和逃遁社会生活的自由，具有人格利益。对于其商业价值、财产利益，我们主张予以财产权保护。伴生个人信息的财产利益或财产权为个人与信息企业共有。之所以二者共有，一方面是因为个人自己不能有效地记录和保存这些信息，信息企业记录和保存该信息付出了一定的资本、资源和技术。但由于信息企业的付出还不够多，在该项共有财产权中，个人的份额多于信息企业；另一方面是因为信息企业在采集、加工这些信息之时并未支付对价或支付的对价较低，信息企业还不能单独取得完整的财产权（预测个人信息亦然）。

"伴生个人信息"与世界经济论坛提出的"观察到的个人信息"不同，因为被观察到和记录下来的个人信息，除了伴生个人信息之外，还可能包括基本个人

---

[1] 邢会强：《大数据交易背景下个人信息财产权的分配与实现机制》，载《法学评论》2019 年第 6 期，第 98~110 页。

信息（含标识性个人信息），如作为生物识别特征的虹膜、指纹、面部特征等。而"伴生个人信息"主要是行为型信息。

"预测个人信息"是通过大数据对个人进行画像后得出的结论，如预测一个人的健康状态、寿命、个人偏好、工作表现、发展潜力等。它们主要是一种属性型信息。"预测个人信息"的产生，需要信息企业付出更多的资本、资源、技术、劳动或智力等。因为它是关于特定个人的信息，这些画像结论是个人的"人格剖面图"，是个人的信息化形象，个人对其有被他人操控的疑虑和恐慌。只有"保持其信息化人格与其自身的一致性而不被扭曲，才能有自尊并受到他人尊重地生存与生活"。[1]因此，预测个人信息也具有人格利益。我们同样主张对预测个人信息的商业价值、财产利益以财产权保护。预测个人信息的财产利益或财产权也为个人与信息企业所共有，但信息企业的财产权份额多于个人的财产权份额，因为信息企业的付出较多。

以上三种个人信息都是与特定个人身份有关联的信息，还有一类与特定个人身份失去关联的信息即"匿名信息"或"匿名数据"，它是指将个人信息中的可识别到特定个人的部分信息予以移除，无法再识别出特定个人且不能复原的信息。因匿名信息已经去除了特定个人的身份，无法识别到特定个人，因此不受个人信息保护法的保护。"匿名信息"属于信息企业的无形财产。

总之，基本个人信息、伴生个人信息和预测个人信息，都是既有人格权，也有财产权。就其人格权而言，均属于个人。但其财产权却有所不同：个人基本信息的财产权属于个人，伴生个人信息的财产权为个人与信息企业所共有，预测个人信息的财产权虽然也为个人与信息企业所共有，但信息企业的财产权份额多于个人的财产权份额。匿名信息已经失去了人身属性，仅剩下财产权，属于信息企业的无形财产，为信息企业所独享。如表1所示：

表 1　个人信息或数据的权利归属

数据分类	人格权	财产权及份额分配	
		个人	信息企业
基本个人信息	有	独享	无
伴生个人信息	有	共有，个人的份额多于信息企业	
预测个人信息	有	共有，信息企业的份额多于个人	
匿名信息	无	无	独享

---

[1]　张新宝：《从隐私到个人信息：利益再衡量的理论与制度安排》，载《中国法学》2015 年第 3 期。

需要说明的是，在以上前三类个人信息中，仍均有敏感信息。对于敏感信息的保护，已有成熟且严格的人格权保护规则，对此各方异议不大。因此，后文不再对伴生个人信息和预测个人信息中的敏感信息进行论述。

四、个人信息的财产化保护

个人信息财产化理论的提出最早可追溯至 20 世纪 70 年代，当时就有美国学者提出赋予个人信息以财产权，[1]这得到了不少学者的呼应。[2]例如，莱斯格认为，通过财产权来保护个人数据，财产制度鼓励用户利用财产权的方式，来保护适当的许可；利用隐私强化技术（如隐私参数平台协议），使用户可以创设许可；如果没有得到许可，隐私使用者将构成侵权。[3]在我国，刘德良认为，对于那些既有人格利益又有商业价值的个人信息，法律应该同时以人格权和财产权来进行保护。[4]龙卫球认为，莱斯格主张赋予用户以个人信息财产权却排斥数据从业者的财产利益不妥，应在区分个人信息和数据资产的基础上，进行两阶段的权利建构：对于用户，应在个人信息或者说初始数据的层面，"赋予其基于个人信息的人格权和财产权的双重性权利"；对于数据经营者，应分别配置数据经营权和数据资产权。[5]

信息企业通过收集、加工、编辑和处理个人信息，付出劳动和成本，也不构成否定个人的信息财产权的理由。这只能说明，在个人同意的情况下，信息企业可以与个人共享财产权。尽管单个的个人信息价值低微，但也不能否认个人的财产权。单个的个人信息毕竟是大数据的基础。如果没有一粒粒的沙子，就没有整个沙漠。但我们不能因为一粒沙子的微小而否认其价值。只不过，由于单个的个人信息价值微小，确权与分配成本极为高昂，甚至可能会超过其组成的大数据的价值。在此情况下，法律制度有两种理性选择：一是不作为，放弃确权与分配；二是尽量降低确权与分配成本，使之低于大数据的价值。如果有第二种选择，则法律不应作第一种选择。反对赋予个人信息以财产权的学者实际上做出了第一种选择。而我们则试图让法律作第二种选择。至于个人如何分享其个人信息交易所

---

〔1〕 See A. F. Westin,"Privacy and Freedom", *Michigan Law Review* 66, 1968; P. E. Agre, M. Rotenberg eds., *Technology and Privacy: the New Landscape*, Cambridge, MIT Press, 1997.

〔2〕 See J. M. Victor, "The EU General Data Protection Regulation: Toward a Property Regime for Protecting Data Privacy", *Yale L. J.*, 2013.; E. J. Janger, " Privacy, Property, Information Costs, and the Anticommons", 54 *SSRN Electronic Journal.*, 2003; P. Schwartz, "Property, Privacy and Personal Data", 117 *Harv. L. Rev*, 2004.

〔3〕 参见［美］劳伦斯·莱斯格：《代码2.0：网络空间中的法律》（修订版），李旭、沈伟伟译，清华大学出版社 2018 年版，第 245 页。

〔4〕 参见刘德良：《个人信息的财产权保护》，载《法学研究》2007 年第 3 期，第 84 页。

〔5〕 参见龙卫球：《数据新型财产权构建及其体系研究》，载《政法论坛》2017 年第 4 期，第 74 页。

得，则需要精细的制度设计。

自然人的个人信息财产权在现实中还遇到了如何实现的难题。对此，有人认为，一方面，个人信息在现实中被肆意践踏的原因并不是个人对其信息没有财产权的问题，而是因为个人对其信息失去了控制。个人对信息不具有绝对性的支配权，也不可能有效地行使此类权利。即使个人信息归个人所有，也无法真正提高个人对个人信息的控制力。个人信息自身的特征以及个人与信息企业力量的失衡才是个人对其信息失去控制的根本原因。赋予个人信息以所有权，非但不能改变这种力量的失衡状态，反而使信息所有权向信息企业转移，将不当信息处理的行为合法化。另一方面，赋予个人信息财产权的目的在于促进个人信息的流转，由于个人与信息企业力量上的悬殊，以及个人的非理性，个人根本无法对其个人信息进行准确估价。如果定价过高，则会导致信息市场萎缩。如果定价过低，而一旦信息的所有权被转移到信息企业手里，个人根本无法掌控其命运。〔1〕即使将数据权利配置给弱势群体，该权利也很容易被信息企业的格式合同低价甚至免费地"交易"掉。〔2〕

对于上述现实难题，我们认为，自然人对个人信息的控制问题、个人与信息企业在力量上的悬殊问题、个人信息的估价难题等，在大数据交易的场景下，是可以通过相关制度（如经纪人制度、做市商制度、分配基金制度等）和技术手段（如区块链技术，加密技术等）予以克服的。而所谓的个人信息权利被低价或免费地"交易"掉的现象，实际上是在场外数据交易市场发生的，场内交易因有自律管理和监督机制而可以避免场外交易侵犯个人信息权利的弊端。例如，如果做市商以及其他会员通过采取概括授权的方式变相地将共有的个人信息财产权变成实际上单独所有的财产权，则个人可向交易场所或行业自律协会投诉，交易场所或行业自律协会也会有相应的处理措施。各方市场监督和社会监督的力量也会对此予以关注，从而避免这一现象的发生。总之，保护弱势群体的法律（工具）除了格式条款控制、消费者保护法和反不正当竞争法之外，还有证券法。我们可以借鉴证券法对中小投资者保护的成熟经验来维护大数据交易中个人的权益。

如前所述，个人信息分为基本个人信息、伴生个人信息和预测个人信息，它们都既有人格权的属性，也有财产权的属性。就其人格权而言，均属于个人。但其财产权却有所不同：个人基本信息的财产权属于个人，伴生个人信息的财产权为个人与信息企业共享，预测个人信息的财产权虽然也为个人与信息企业所共

---

〔1〕 参见孔令杰：《个人资料隐私的法律保护》，武汉大学出版社 2009 年版，第 83 页以下。

〔2〕 参见纪海龙：《数据的私法定位与保护》，载《法学研究》2018 年第 6 期，第 83 页。

享，但信息企业的财产权份额多于个人的财产权份额。匿名信息已经失去了人格权属性，而隶属于无形财产，权利为信息企业所独享。如表2所示：

表2　个人信息与匿名信息的权利属性

信息分类	人格权属性	财产权属性	
		个人	信息企业
基本个人信息	有	单独所有	无
伴生个人信息	有	共享权利，个人的份额多于信息企业	
预测个人信息	有	共享权利，信息企业的份额多于个人	
匿名信息	无	无	单独所有

上述个人信息中的财产权部分，可以通过大数据交易来实现。个人信息属于无形财产。无形财产权的使用、收益和处分权能也可以通过合同或法律规定从无形财产权中分离出去。[1]如欲实现个人信息财产权的以上权能，则需要通过国家法律制度建设、大数据交易场所自律管理的制度建设来实现。

我们应该对个人信息的采集与交易规则采取分类规范，具体言之：

第一，基本个人信息是个人主动提交的，提交行为本身可以视为一种采集授权。但对于基本个人信息的交易，则适用最严格保护的规则——"纸面选择进入"（Opt-in）规则，而不能采用电子形式。

第二，伴生个人信息的采集和交易应采用电子方式选择进入规则。例如，如果信息企业利用Cookie记录、存储、交易他人的伴生个人信息，则当个人登录网站时，网站应会自动弹出一个窗口，询问其是否允许，只有个人点击同意后，该网站才可以记录、存储、交易该信息。

第三，对于预测个人信息的生产和交易，应采取电子方式选择退出规则，即信息企业对个人进行预测、画像，以及对预测个人信息进行交易时，应以电子形式给予个人以退出的机会。之所以采取该规则，是因为这类信息一方面离个人较远，另一方面信息企业的财产权份额大于个人。电子退出方式更方便用户（个人）。

第四，对于已经不属于个人信息的"匿名信息"，其交易无需征得个人的同意，由信息企业自主决定即可。上述规则如表3所示：

---

[1]　参见吴汉东：《无形财产权基本问题研究》（第三版），中国人民大学出版社2013年版，第73页。

表 3　个人信息和匿名信息的采集与交易规则

信息分类	采集交易规则
基本个人信息	纸面方式选择进入规则（纸面授权规则）
伴生个人信息	电子方式选择进入规则
预测个人信息	电子方式选择退出规则
匿名信息	无需个人同意规则

需要指出的是，第二、三项规则（即电子方式选择进入规则、电子方式选择退出规则）针对的是不含敏感信息的伴生个人信息和预测个人信息，如它们含有敏感信息，则比照基本个人信息的保护规则，采用最严格的保护规则。通过以上规则的设计，尤其是对预测个人信息的生产与交易的选择退出规则的采用，能够极大地便利信息企业生产与交易该类信息，由于信息企业的财产权份额多于个人，这也能刺激信息企业多生产该类信息，但信息企业应向相关个人支付相应比例的收益。

五、区块链、隐私计算与个人信息及数据确权、交易

随着技术的不断发展，区块链从一种防篡改、可追溯、共享的分布式账本管理技术，转变为分布式的网络数据管理技术，利用密码学技术和分布式共识协议保证网络传输与访问安全，实现数据多方维护、交叉验证、全网一致、不易篡改。隐私计算（Privacy Computing）是一种由两个或多个参与方联合计算的技术和系统，参与方在不泄露各自数据的前提下通过协作对他们的数据进行联合机器学习和联合分析。隐私计算虽然实现了在多方协作计算过程中对于输入数据的隐私保护，但是原始数据、计算过程和结果均面临着可验证性问题。而区块链因其共享账本、智能合约、共识机制等技术特性，可以实现原始数据的链上存证核验、计算过程关键数据和环节的上链存证回溯，确保计算过程的可验证性。因此将区块链技术对计算的可信证明应用到隐私计算中，可以在保护数据隐私的同时增强隐私计算过程的可验证性。基于区块链技术，可以帮助用户加强对自己个人信息的控制力度。区块链所有的交易信息对于用户可以是公开透明的，让用户有办法跟踪自己个人信息的使用情况，有效避免用户在自己的信息被收集后就完全被抛在一边的窘境。由于区块链数据库是一个弱中心化的数据库，任何节点对数据的操作都会被其他节点发现，从而加强了对数据泄露的监控。区块链的最新发展趋势：与隐私计算结合，共同加强个人信息保护。联邦学习、安全多方计算等隐私计算技术秉承"数据可用不可见，数据不动模型动"的理念，不流通原始数据，只回传数据的计算模型，并以此实现数据价值出库。区块链可以很好地对数据进行确权，把本该归属用户的数据还给用户，用户可以授权特定的数据，以特定的方式，在特定的时间给第三方商业机构使用，并能得到相应的结果和收益。区块链的可追溯性和不可篡改性能够明确数据的使用历史和交易历史，有助于衡量各方的贡献，从而设计出更灵活的数据定价模型。利用区块链技术，可以对数据的使用和流通进行快速、便捷的交付。

我国目前大数据交易中，已经开始探索对区块链和隐私计算技术的运用。2017 年，贵阳大数据交易所推出 3.0 版交易系统，采用区块链技术推进数据确权、数据溯源，公正透明地记录、追溯数据资产的来源、所有权、使用权和流通路径，通过共识算法建立可信任的数据资产交易环境，破除数据被任意复制的威胁，保障数据拥有者的合法权益，解决数据要素流通不足的难题。2021 年 1 月，东湖大数据交易中心申请了"一种面向数据隐私保护的联盟区块链系统"发明专利。目前，东湖大数据交易中心正在开发基于隐私计算与区块链技术的"医疗健康数据要素交换与交易流通系统"。2021 年 3 月，北京国际大数据交易所（简称北数所）成立，这是国内首家基于"数据可用不可见，用途可控可计量"新型交易范式的数据交易所。北数所将依托北京在隐私计算、区块链等领域的技术先发优势，将数据要素解构为可见的"具体信息"和可用的"计算价值"，对其中"计算价值"进行确权、存证、交易，实现数据流通的"可用不可见、可控可计量"，为数据供需双方提供可信的数据融合计算环境，但北数所的业务还未正式开展。

实际上，由于我国缺乏区块链的自主技术，区块链（特别是公有链）在我国发展缓慢，交易速度很低，不能够满足集中交易所需的时间上的快捷要求。而隐私计算技术目前还不够成熟，成本还比较高昂。这些因素都制约了区块链和隐私计算技术在大数据交易中的运用，从而使得区块链和隐私计算技术在大数据交易中理论上可行，但实践中难以广泛运用。

造成这种现象的原因主要有：第一，任何新型的技术都是一开始比较昂贵，此后，随着技术的发展，成本会越来越低。第二，隐私计算技术的提出已有几十年，但为什么近年来突然加快发展了呢？这主要来源于法律的变化。我国法律近年来对隐私的保护大大增强，法律责任得以大幅度提升。以前人们不重视隐私保护，因此，此项技术发展缓慢。现在，人们重视隐私保护了，加强投资了，该项技术也就能得到发展了。第三，我国不允许区块链发币，制约了我国区块链（尤其是公有链）的发展。区块链是去中心化的技术，为了激励各节点记账，因此才设计了发币机制，将虚拟货币奖励给积极的记账节点。我国不允许区块链发币，就无法激励各节点记账，从而使我国的区块链发展一方面陷入"集体行动的困境"，另一方面也导致了区块链的投资不足，底层技术研发缓慢，这可能导致我国在下一轮的区块链国际竞争中处于劣势地位。

因此，我们要解放思想，完善法律，加强投入，促进我国区块链和隐私计算技术的发展和在大数据交易中的运用。第一，解放思想，允许区块链发币。一刀切地禁止区块链发币会阻碍区块链的发展。但允许区块链自由地无限制地发币，可能会冲击我国现有的法定货币体系。对此，应加强研究，尽早制定法律法规，既要允许区块链发币，又要限制其使用范围，防止虚拟货币冲击法定货币系统，维护国家货币主权。第二，完善法律，加强个人信息和隐私保护。我国的《中华人民共和国数据安全法》刚刚制定，《个人信息保护法》也在紧锣密鼓地制定过程中。* 待这些法律齐备后，还要制定更多的规章和标准，来落实这些法律。通过科学立法、严格执法、公正司法、全民守法，倒逼隐私计算技术的发展。第三，加强投入，扶持新技术的发展。无论是区块链，还是隐私计算，抑或说大数据交易，都是新生事物，都还处于投入阶段，远未达到盈亏平衡点，需要政府大力扶持，更好地发挥政府"辅助之手"的作用，加强政府对这些新技术的投入，以助其早日成熟，早日实现盈亏平衡。

---

* 截至笔者成文时，《个人信息法》尚未公布。

大数据交易背景下的数据确权法律问题

吴文嫔*

一、大数据交易背景下数据确权现状分析

（一）我国当前大数据交易现状调查

在现代中国，大数据、人工智能等技术进一步成熟应用，深入到社会生活的方方面面，大数据的交换、共享、交易日益广泛，大数据交易发展愈加迅猛。大数据交易有利于促进信息的流通、整合大量数据资源，更好实现数据交换价值、大力发展数据要素市场。课题组通过调查发现，我国贵州、武汉等地方率先探索大数据交易规则，建立大数据交易平台，并取得积极效果。

1. 我国大数据交易发展特点

（1）多地开展大数据交易平台建设。课题组经调查发现，各地的大数据交易平台建设势头正猛。大数据交易所的建立或将真正解放数据，成为带动经济增长的生产要素。例如，在 2015 年，有北京大数据交易服务平台、贵阳大数据交易所、长江大数据交易所、东湖大数据交易平台、河北大数据交易中心等。在 2016 年有哈尔滨数据交易中心、江苏大数据交易中心、上海大数据交易中心以及浙江大数据交易中心。2021 年 3 月 31 日，北京国际大数据交易所成立发布会举行。由北京金融控股集团有限公司发起，注册成立了"北京国际大数据交易有限公司"，目标是打造全国大数据交易的新典范。

（2）大数据交易的变现得到了很大的提升。各地方、各交易平台、各相关企业在实践中探索大数据交易的定价与变现问题。近年来，大数据交易类型愈发多样化、交易环境日渐优化、交易规模不断扩大，直接导致了数据变现能力得到了明显的增长。《2020 年中国大数据产业发展白皮书》的数据显示，2019 年中国大数据产业规模达 5397 亿元，同比增长 23.1%。伴随着 5G 和物联网的发展，预计 2020 年整体规模可达到 6670.2 亿元，到 2022 年可突破万亿元。

（3）大数据交易还未进入成熟发展阶段。经课题组调查研究发现，我国大

---

* 课题主持人：吴文嫔，北京交通大学教授。立项编号：BLS（2020）B016-2。结项等级：合格。

数据交易还未进入成熟发展阶段。通过以下几个方面的分析得出结论：其一，大数据技术尚未成熟。目前，虽然大数据采集、储存、处理、加工等基础技术已有显著进步，但是大数据技术体系尚需进一步优化、技术安全保障制度尚不完善，技术水平尚待进一步提高，制约了大数据的流动、交易及共享。其二，大数据交易成交额与成交率仍处于初始阶段。主要原因在于数据供需不对称，交易的数据不能完全满足社会的需求，使得数据成交率和成交额无法提高。其三，大数据法律、法规未成体系，尤其是数据确权法律规范缺失。导致个人数据的保护、数据权属不确定，导致大数据交易的法治保障不足。由于数据开放程度不够，制约了数据交易整体规模，影响了数据的变现能力。

2. 当前大数据交易的主要模式分析

我国目前主要有以下几种大数据交易模式：以大数据交易所为交易中心的交易；基于行业数据的交易；数据资源企业推动的交易；互联网企业"派生"出的交易等交易模式。

（1）以大数据交易所为交易中心的交易模式。以大数据交易所为中心的交易模式是当前最具有代表性也是最重要的交易模式，这种模式的运营坚持"国有控股、政府指导、企业参与、市场运营"。主要采取会员制，数据供需双方需成为会员才能交易。例如基于贵阳大数据交易所、长江大数据交易所、东湖大数据交易平台等进行的大数据交易。

（2）行业数据交易平台的大数据交易模式。交通、金融、医疗、教育、物流、电信、电商等行业的数据交易平台起步较早，数据流动快捷，规模相对较小。依据行业内规则，能较好地实现对行业领域的数据的统一收集、定价、交易。例如，2015年中国科学院深圳先进技术研究院北斗应用技术研究院与华视互联联合成立了全国首个"交通大数据交易平台"。

（3）以数据资源企业推动的大数据交易模式。以数据堂、华为、美林数据、优易数据为代表的数据资源企业具有较强的市场规模和较大的影响力。数据资源服务企业其生产经营的数据要素，数据资源服务企业完全依据自给自足实现数据的交换价值，形成数据产业链循环。由于该种"采、产、销"一体化的模式，数据资源企业开发、加工的衍生数据较为独特、稀缺，因此交易价格较高。

（4）互联网企业、电子商务企业衍生交易平台的大数据交易模式。以百度、腾讯、阿里巴巴等为代表的互联网企业或电商企业凭借其拥有的数据规模和技术在大数据交易领域极具优势，建立出附属的数据交易平台。这种大数据交易主要基于公司本身业务而生，与企业自身具有很强的关联。一部分数据交易平台作为子平台，数据来源主要来自电商企业，并且数据加工的主要目的也是服务电商企业。也有一些数据交易平台脱离电商企业独立经营，但在业务方面还是与电商企业有密切的关系。

3. 我国大数据交易的现实困境

（1）数据交易环境缺乏有效的规范与监管。良好的数据交易环境是大数据交易发展的基本保障，不仅有赖于法律法规的保障和标准规则的支持，还需要相应的严格监管。日前，国家级别的数据交易法律法规和行业标准尚未出台，导致各省在建设大数据交易平台的过程中探索各地的标准体系，这种自行制订的规范体系缺乏权威性，也会导致规范之间的冲突。

（2）数据交易较为粗放式，数据定价缺乏统一标准。就交易标的而言，我国大数据交易以纯数据要素交易为主。数据算法、数据模型等交易正处于初步尝试阶段，数据的交换价值无法得到完全真实的体现。就交易价格而言，数据价值的评估一直是困扰大数据交易顺畅进行的难题，目前的大数据交易缺乏统一、权威的数据定价制度，数据的市场价值难以确定。

（3）大数据交易平台分别建设，难以形成综合优势。经调查发现，各地大数据交易平台在建设过程中并没有从国家层面统一布局、统一规划，导致出现重复建设，浪费资源，无法形成综合优势的问题。举例来说，华中大数据交易所、长江大数据交易中心、东湖大数据交易中心三个交易平台都在湖北省，但经营范围相同，导致产生多个分割的交易市场。数据交易无法扩大规模、交易价格难以确定，距离数据交易的统一平台化、大规模化、产业化的理想目标尚有距离，无法形成综合优势。

（4）数据质量的权威性与准确性缺乏有效保障。当前，我国大部分地区的大数据交易是基于大数据交易平台进行，但是大数据交易平台对于建设过程中的组织者，如参与主体没有严格的标准，至于谁可以投资，数据交易平台投入多少资金才可以建设都没有明确规定。门槛过低会影响数据质量。再者，我国大数据交易平台建设主要采用会员制，但对会员制没有统一的规范，入会也没有统一的标准要求。

（二）我国大数据交易中数据确权现状

1. 各地纷纷探索数据确权方式

开启全国大数据交易之先河的贵阳大数据交易所，率先探索数据确权方式，并于 2016 年 4 月 24 日，创造性地推出大数据登记确权服务，堪称国内乃至全球明确、完善、确立数据主权，深挖数据价值的一个里程碑事件。大数据登记确权结算服务，是将数据视作实际资产的一种，如房产、股票等，通过贵阳大数据交易所的数据平台，尝试登记数据所有权，然后对数据的使用权、运营权等进行公开竞价，以实现数据的登记确权及变现。如今，贵阳大数据交易所总结实践经验，正式出台《数据确权暂行管理办法》（以下简称《办法》）。该《办法》指出，贵阳大数据交易所交易的数据是基于底层数据，通过数据的清洗、分析、建模、可视化出来的数据，解决了数据如何保护隐私及数据所有权的问题。

为深入实施国家大数据发展战略，加快大数据交易基础设施建设，促进数据要素市场化流通，北京市地方金融监督管理局、北京市经济和信息化局印发了《北京国际大数据交易所设立工作实施方案》。根据实施方案，拥有优质数据资源的市属国有企业将对现有交易所进行重组，更名为北京国际大数据交易所。北京国际大数据交易所在大数据交易方面的服务内容主要是做好数据信息登记服务，目标是建立全市统一的数据管理规范和制度，建立以信息充分披露为基础的数据登记平台，明确数据权利取得方式及权利内容。在北京信息化建设的大背景下，北数所可以在法律和政策方面率先尝试，降低企业对外交易成本和合规风险。

2. 大数据交易所成为普遍的数据确权机构

根据中共中央、国务院发布的《关于构建更加完善的要素市场化配置体制机制的意见》（以下简称《意见》），将要素市场化交易平台的内容纳入"完善要素市场运行机制"部分。《意见》指出，大数据交易所定位为数据要素市场化交易平台。大数据市场正在经历一个新的转折点，贵阳是贵州首个大数据综合试验区，在数据交易相关的数据开发、数据鉴定、数据定价、数据交易、数据确权、数据安全等领域率先探索，在全国率先展开示范效应。特别是在区块链技术的应用上，贵阳将其作为加强数据交易中数据权利确认和数据溯源的重要技术工具。

北京国际大数据交易所成立发布会举行，由北京金融控股集团有限公司发起，注册成立了"北京国际大数据交易有限公司"，作为北京国际大数据交易所的运营主体。将通过隐私计算、区块链等方式将数据所有权、使用权和隐私权分离。推动数字经济更安全发展，构建大数据交易的新模式，这意味着大数据交易市场正面临新的转机。

3. 我国目前数据确权的主要模式

（1）登记+专家评审的数据确权模式。贵阳大数据交易所首创数据确权，开国内相关服务领域之先河，堪称国内乃至全球明确、完善、确立数据主权，深挖数据价值的一个里程碑事件。贵阳大数据交易所的大数据登记确权结算服务，通过管理数据产权，有效地体现了数据权的可控、可管，在安全保障的制度下实现了数据开放，同时进一步提升了数据的变现能力，从整体上促进了我国大数据产业的发展水平。可以说，为解决大数据交易发展迫切待解决的现实问题提供了典型示范，贵阳大数据交易所出台《数据确权暂行管理办法》，实现了对数据权属的清晰界定，有效推动数据开放，进一步深化了数据的变现能力。贵阳大数据交易所从管理角度提出的"提交权属证明+专家评审模式"。在此确权模式下，首先，大数据的拥有者提交权属证明，其次，大数据交易所组织专家进行评审，最后，大数据交易所公布结果。

（2）区块链数据确权模式。作为京东云打造的大数据交易平台，京东万象数据服务商城一直致力于推动大数据市场良性流通的自由化，近来借助区块链技术，以点对点的形式实现安全合规的数据交易，从而保护数据资产权益，为用户提供一站式数据服务。京东云旗下的京东万象宣布，旗下大数据交易平台将采用区块链技术实现数据溯源和确权。应用区块链技术后，权益得到保障的数据提供者将更愿意参与数据交易，而数据需求者可以方便地获取原始数据、检查数据质量、获得指导服务等。突破了历史上制约数据流通和交易的瓶颈，将推动数据市场规模增长，真正推动各行各业、企业利用大数据实现升级转型。区块链技术作为一种新型的去中心化协议，可以安全透明地记录交易或其他数据，且记录不可篡改。因此，京东万象采用区块链技术后，具备无需第三方认证的确权和溯源功能。通过使用区块链技术，京东万象平台将数据转化为受保护的虚拟资产，并为每笔交易和数据提供所有权确认证书。

（三）我国大数据交易中数据确权困境

大数据资源的成功利用创造新的产业，一方面带来新的经济增长点；另一方面也带来了一系列的困境，阻碍了大数据交易的进一步发展。

1. 数据法律属性存在争议

为了保证大数据交易的顺利进行，交易的过程中必须通过确权这一前提条件来维护买卖双方的权益。在我国法律目前并没有相关规定的情况下，大数据交易行业多通过行业规范，合同协议等方式规定交易双方在不同阶段的权利，以避免产权纠纷。实践中的交易事实上已经说明数据的权利属性，但我国立法并未加以明确，这导致大数据交易的不确定性。可见，在实践中，我国大数据交易面临着权属不明、授权复杂、定价困难、交易缺乏透明性，难以保证公平交易，个人信息泄露等法律问题及风险。

2. 个人数据的确权困难与交易的合法性不确定

在大数据背景下，数据确权的前提是数据可以用于交易，这需要法律加以明确规定。而我国目前的相关立法明确禁止交易。大数据时代，公民个人信息的内涵和外延不断扩大。它不仅包括个人隐私等具有较强人格属性的信息，还包括具有较强财产属性的信息。《民法典》和刚通过的《数据安全法》都未对数据的确权作出正面回应，导致个人数据确权困难与合法性的不确定。2021 年 6 月 10 日，第十三届全国人民代表大会常务委员会第二十九次会议通过《中华人民共和国数据安全法》，自 2021 年 9 月 1 日起施行。第 7 条规定，国家保护个人、组织与数据有关的权益。但是《数据安全法》并没有明确规定数据是否具有财产权的权利属性，仅是很慎重地提出与数据有关的权益受法律保护，从该规定可以推断出，有关权益意指与数据有关的隐私权、信息等受法律保护，但数据本身并不具备权利属性。数据的过度保护也会导致数据交易的受阻。

3. 数据所有权的归属不明

大数据交易是将数据作为一种生产要素进行的交易，其中必然涉及数据的产权转让，也涉及数据的所有权、使用权和收益权等权能的分离。当然，产权问题的核心是数据的所有权归属如何确定，但是我国现行法律并没有对数据的归属作出明确规定。

数据归个人还是企业所有？法律仍然处于不确定状态。个人数据和企业数据之间的法律区别尚不清楚。从实践调查得出的数据来看，主流的电信和互联网企业主控制的数据量较大，个人数据保护意识强的企业已经基本确认用户是其身份数据，网络行为数据的"所有权"主体，但也有一些企业还在注册协议中跟用户约定，在使用中产生的数据为企业所有。在实践中，数据的所有权并不明确。此外，就数据处理环节而言，数据交易可能发生在各个阶段。它从数据收集、原始数据交易、数据流链中的第一笔交易开始。之后，买方收集和处理数据，形成数据库、数据平台和数据决策工具包等数字资产。之后，上述数据资产将进入交易流通环节，数据资产的所有者将与下一个所有者进行数据资产的应用服务和交易，从而实现数据的使用价值或交易价值，并实现多轮流通、多笔交易。个人数据和企业数据之间的明确区别，是在此过程中的哪一点开始？通过脱敏、清洗等技术手段去除个人用户隐私信息暴露风险后，个人是否完全丧失了对相关数据的权利？这在我国的立法中都没有明确规定。

二、大数据交易背景下数据确权法律问题分析

（一）数据的权利属性分析

个人信息以磁盘介质为载体形成个人数据，根据《民法典》个人信息被纳入人格权编进行保护范围。我国有学者认为个人信息不能成为所有权的客体，应划入具有意志与精神属性并体现公民人格利益和人格尊严的内在物范畴，否认个人信息是法律权属的客体。但是在大数据时代，在个人信息以磁盘介质为载体形成个人数据后，个人信息就成了无形物，成了法律权属的标的物。虽然学理上对于数据是否属于无体物存在争议，但是基于个人数据汇集、加工而成的衍生数据在大数据时代早已被像商品一样进行交易，甚至还有许多国家认可个人数据的交易，而交易的前提是个人数据权属的存在。这一客观事实表明，个人数据作为权利标的物的本质。个人数据是一种特殊的无形物，那么物的权属的确认就成为交易的基础。

美国和欧盟援引隐私权保护或确立个人信息人格权保护的方式，都是以个人

信息为基础，将用户视为唯一的权利主体。对用户个人信息赋予人格权保护的做法，不能适应互联网日益发展的需要，对于日渐复杂化的数据交易造成不可忽视的障碍。数据财产化理论于是应运而生，并很快在数据经济界得到呼应。20世纪70年代初，就有美国学者提出，应当将数据视为一种财产。

1. 数据的权利性质分析

对于数据的权利性质的讨论，综合学术界的观点，主要有以下分类：人格权理论、产权理论、商业秘密理论、知识产权理论等。大多数学者从单一的某个部门法的角度来研究探寻数据权利的理论根源。这些研究、探索为我国构建完善的数据产权制度做出很大的贡献。但不可否认，单纯从某个部门法的角度对数据财产权进行分类、解释数据财产权的所有权性质，显然不足以涵盖众多类型的数据权，如政务数据、企业数据、个人数据等。数据权的属性应该是一种新的多维权利，涵盖所有权利形态的新型权利，它是一种同时具备人格权和财产权属性的新型权利。

2. 数据权的人格权属性

数据权是一种具有人格权和财产权的新型权利。数据不仅包含着人所具有的人格权属性，还包含着巨大的财产价值。数据权具有人格权的性质，人格权可分为一般人格权和具体人格权。一般人格权关注人的尊严、安全和自由，而具体人格权包括生命权、身体权、健康权、姓名权、隐私权等。法律将人的内在伦理价值外化在法律规则中，形成法律对人格权的保护。大数据中包含的原始数据主体的姓名、身份证号码、居住地址、网络搜索记录等个人隐私或是个人信息，这些内容具有人格权的特点，所以数据权具有人格权属性。

3. 数据权的财产权属性

财产权具有以下特点：一是财产权的客体是财产；二是财产权具有交换价值，可以变现；三是财产权可供交易。通过比较可见，数据权具备财产的特征，具有财产权属性，具体理由为：①数据是一种无形财产，我国法律对此也采肯定态度。财产可以指具有经济价值的权利集合，也可指财产权利指向的客体。例如，我国《民法典》第127条规定，"法律对数据、网络虚拟财产的保护有规定的，依照其规定。"②数据权具有经济价值及交换价值。数据经营企业的主要经营范围就是通过原始数据的挖掘，分析整合、加工这些大数据，形成衍生数据，产生巨大的经济价值。③数据权可供交易。数据的转让可以通过大数据交易平台或是其他途径完成数据的交易、共享。从大数据交易的实践也可证明。

总之，数据权是既具有人格权特征又具有财产权特征，是未被法律类型化的新的权利类型。数据权不是单一的权利，而是一个权利束，包括数据所有权、数据使用权、数据被遗忘权、数据可携带权、信息权等一系列权利。

（二）数据权利主体的确定

1. 个人用户是原始数据的权利主体

个人信息被归属于人格权的保护范畴，这是大陆法系立法的传统做法。个人数据是个人信息的载体，是个人信息通过磁盘介质加载、固化而形成的。我国有学者认为个人信息不能成为所有权的客体，应划入体现人格利益和人格尊严的内在物的范畴。然而，在大数据时代，个人信息已经成为一种特殊的无形物，形成合法所有权的客体。虽然学理上对于数据是否属于无体物存在争议，大数据时代，由原始数据汇集而成、加工而成的衍生数据，在实践中已经作为商品，可供进行交易，甚至许多国家认可个人数据的交易，而交易的前提是个人数据权属的存在。大数据交易的客观实践表明，即使在法律上目前不承认个人数据是法律权利的客体，但也不能否认在现实实践中的个人数据的财产属性的本质特征。只要承认个人数据是特殊的无形财产，数据的所有权问题无法回避。因此，数据作为合法所有权的客体是毋庸置疑的。

倘若确定数据可以作为数据权的客体，但接踵而至的困扰就是"数据权利的确权"这一大数据时代的关键性难题。传统的法学理论认为，个人数据的权利应当归属给数据主体，例如美国学者 Jerry Kang 认为在互联网空间中包含隐私的个人数据被作为可交易的商品，自然应赋予个体对自身数据的所有权以便限制个人数据的重复利用，美国学者 Kenneth Laudon 认为个人天然拥有自身个人数据的所有权，有权利而没有义务将个人数据出售给其他主体。波斯纳的法律经济学分析同样显示将特定领域中的个人数据产权配置给个人有经济学上的理由支撑。

2. 数据经营者是衍生数据的权利主体

个人拥有原始数据的所有权，所有权中的支配权能赋予自然人享有排除他人使用该原始数据的权利。他人的数据使用权，只能限定在原始数据主体的授权范围内，而且需要对数据的具体使用方式依据合同的约定作出承诺。同时，个人也有权将其原始数据权利的使用权授权给大数据经营企业。这些数据经营企业通过原始数据主体的合法授权获得原始数据，并以约定的合法方式对数据进行加工、清洗和匿名化处理，从而形成具有财产价值和经济收益的数据库。从实践中的过程来看，大数据企业通过采集、加工数据，交易数据来盈利，大数据经营企业的数据交易行为建立在个人网络用户的授权行为的基础之上。值得注意的是，如果数据经营企业仅仅对数据进行表面的采集、整理等简单处理，而没有产生新的利用价值，那么该数据经营企业并未通过创造性劳动产生新的权利。如果衍生数据在原始数据的基础上，经过一系列的数据加工、清洗、处理，数据属性和数据价值发生了改变、增值，以及原始数据经过提取之后，表现出不同的特点与产生新的价值，此时产生的衍生数据的权利应该归属于使得数据产生新的使用价值与交换价值的数据经营企业。

（三）数据权利内容的确定及权利类型体系化

1. 个人数据权利内容的确定及权利类型体系化

产生原始数据的主体是自然人个体，数字经济的特殊性使得个人数据呈现出商品化的特点，具有人格化和财产化的双重价值。所以，个人数据权也应当具备人格权和财产权的双重性权利的特点。对于原始数据而言，不论是从传统的私法正义论的角度，还是从现代的法律经济学方法的角度，都应该解释为将个人数据权归属于自然人个体。个人数据权包含的人格权和财产权各自具备不同的功能。数据人格权近似于隐私权，可以区分为个人敏感信息和个人非敏感信息，在法律保护上个人敏感信息更为严格。而数据财产权则近似于一种所有权地位的财产利益，用户对其个人信息可以在财产意义上享有占有、使用、收益、处分的权能。个人数据权中，自然人主体对原始数据享有所有权，因此根据所有权的权能享有对个人数据的支配权。支配权能的体现方式应当是可以实际操作的，个人可以凭借自己的意图支配原始数据并且排除他人的非法干涉，还应当表现为个人可以向数据经营者请求查阅、更正、删除、封存个人原始数据，在原始数据受到侵害之时，个人信息主体可享有请求停止侵害、赔偿损害的权利。总而言之，就原始数据而言，数据权的主体是自然人，个人在行使知情同意权、修改权、被遗忘权的时候是体现了数据人格权。在行使可携带权、使用权、收益权、处分权的时候是体现了数据财产权。

2. 衍生数据权利内容的确定及权利类型体系化

衍生数据财产权的权利结构可以以衍生数据财产权保护的阶段为标准，将衍生数据财产权分为衍生数据经营权和衍生数据资产权。

（1）衍生数据经营权。在大数据时代，几乎个人的所有行为都会在网络上留有痕迹、产生数据，之后由于数据经营企业的参与，经过数据的挖掘、加工，形成衍生数据。由于数据类型的不同，对公共利益影响的不同，需要对不同类型的衍生数据加以区分对待及保护。对于一般性的企业产生的衍生数据，由于这些数据不涉及国家安全和社会公众利益，因此可以凭借加工劳动产生衍生数据的权利。而对于特定企业生成的衍生数据，因为产生的数据涉及公共利益和国家安全，如医疗数据、交通数据、司法数据、金融数据、通信数据等，所以对这些衍生数据的经营必须特别加以规范。以下是对数据经营权的行使要求：

第一，数据经营权应当合法、合理、透明地行使。这包括三方面的要求：首先，数据经营者在采集原始数据、加工衍生数据时必须遵守告知同意规则，企业收集原始数据必须告知并经过自然人的同意，若非如此无法产生合法的数据经营权。其次，数据经营者应当合理处理、加工原始数据。最后，数据经营者必须符合透明原则。透明度是指数据经营者有义务在本地数据主体申请信息公开后，向其提供相关的信息。

第二，数据经营者使用数据必须符合目的限制与要求。在进行原始数据的采集时，必须在双方签订的数据采集、使用的授权合同上明确约定数据采集、使用的目的。但是若是出于科学研究或者公共利益的目的而使用，可以适当排除目的限制与要求。这可以参考知识产权法的合理使用制度。

第三，数据经营者在处理衍生数据时要确保数据的安全和保密。在衍生数据的处理过程中，须采取合理的技术手段、规范措施，避免企业的衍生数据未经授权就遭到非法侵权。例如应当加强数据的管理与规范保密制度，强化技术措施，避免衍生数据被他人利用网络爬虫非法抓取。

（2）衍生数据资产权。衍生数据资产权是数据经营者对其享有的衍生数据的排他性的支配权利，即对其所享有的权利客体——衍生数据的直接支配与控制的权利。以下分述衍生数据资产权的四个权能：

第一，占有权能。该权能体现为，数据经营者依据数据所有权对衍生数据能行使占领、控制的权利。该权能的实行包括以下几方面：首先，数据经营者依据相应的技术能力实现对数据的占有。之后数据经营者通过对原始数据的清洗、加密、脱敏、匿名化等加工方法产生衍生数据。其次，对于衍生数据，数据经营者也必须采取有效的技术手段和制度管理，确保衍生数据免遭泄露或窃取。最后，数据经营者应当制订相应的管理规章，设置数据安全管理机构和数据安全保密人员，确保衍生数据的使用、收益、处分依法进行，确保对衍生数据的占领、控制是合法有效的。

第二，使用权能。该权能体现为，数据经营者依据衍生数据的性能、用途对数据进行利用，从而实现衍生数据的使用价值。衍生数据是无形财产，衍生数据的使用就是为了实现其财产价值。在数据的使用中，通过数据挖掘技术会产生各类的衍生数据，数据的挖掘深度、脱敏、清洗的不同程度会导致衍生数据多样化。在衍生数据由数据经营者自身使用过程中，数据经营者需要制定安全管理制度，及时处理衍生数据使用过程中出现的技术问题、防范网络入侵、网络爬虫抓取数据等安全风险，一经发现应当有相应的应急措施，并及时采取补救措施，减少数据泄露与财产损失。衍生数据也可由他人进行使用。

第三，收益权能。数据经营者可以通过自己使用或是许可他人使用获取衍生数据所产生的财产利益，包括经营所得利润和孳息。衍生数据的财产价值会随着时间的推移而产生波动，此外衍生数据的价格也会受到衍生数据的品种、衍生数据的时间跨度、衍生数据深度、衍生数据完整性等因素的影响。值得注意的是，在大数据交易中，可作为商品进行交易的数据都是衍生数据。

第四，处分权能。数据经营者可以决定衍生数据事实上和法律上的命运，即转让衍生数据财产权，这是衍生数据资产权的重要的权能。衍生数据的处分可以从事实上与法律上两种方式进行处分。数据经营者在衍生数据使用过程中使衍生数据发生变更或消灭就属于事实上的处分形式。衍生数据无形物的特点以及时效性、可复制性都导致其易于变更与消灭，更何况限期储存制度也会加速变更与消灭的过程。

我国大数据交易实践的迅猛发展导致相关法律法规的建设进度相对滞后，现行法律制度已然无法满足大数据产业发展的现实需要，法律、政策的缺失、产权的不明晰，阻碍了大数据交易的发展。虽然我国大数据产业尚处于初级阶段，但市场规模增长极其迅速。大数据交易中数据确权问题亟需制订国家层面的法律对其予以规范。

三、大数据交易背景下数据确权法律制度完善的立法建议

（一）明确数据的权利属性，为数据交易和数据要素市场的成熟完善奠定的法律基础

数据作为数字世界的产物可被商品化，在交易的过程中同样可以产生经济价值，具有财产属性。对于经过清洗、脱敏、匿名化后的衍生数据，目前大数据交易所的实践都证明具备使用价值以及交换价值。对于大多数的数据经营企业而言，所拥有的数据是其最具商业价值的资产。因此数据应被纳入到虚拟财产权的保护之中，确保大数据交易的发展。在大数据交易中，由于数据的权属没有明确，数据的所有权归属于产生原始数据的个人还是产生衍生数据的数据经营企业是有争议的。数据的所有权包括占有、使用、收益、处分等权能。数据产权可分为数据经营权与数据资产权，只有权属明晰、权能确定才能保护数据各利益主体的义务与权利。对此，在立法上应当一方面将数据明定为财产权利，建立完善的数据资产法律体系，确定可交易数据类型，规定数据经营者对衍生数据享有的权利的边界，为大数据交易铺平法治之路。另一方面立法上应当确定大数据交易平台的职责，必须确保数据来源合法，权属争议。在交易过程中，订立的交易合同与协议应当遵循法律规定，并明确交易双方的具体权利与义务，务必使关于数据所有权与其他相关权利的归属清晰，明确避免产权纠纷。

数据具有法律上的财产属性，应当在立法上明确数据的权利属性。数据经营者将数据进行清洗、脱敏、匿名化等加工形成衍生数据，这一过程凝聚了智慧成果，其分析的手段、技术、方法、模型具有创造性。因此经过处理之后的数据结果和处理数据的技术和方法，企业应拥有知识产权如专利权、著作权等，然而我国目前的知识产权法并没有将数据纳入其保护范围。大数据技术涉及的数据类型从处理的程度可分为两类：一是未经加工的含有个人信息或其他信息的原始数

据；二是经数据清洗、算法加工后的衍生数据。对于原始数据类型中的个人信息，《民法典》在人格权编作为法益加以保护，私密信息适用隐私权的规定。对于去身份化经加工之后的衍生数据，已经被商界视为重要的竞争资产，对于大量的互联网企业而言，最具商业价值的资产就是所拥有的数据。《民法典》第127条规定，法律对数据、网络虚拟财产的保护有规定的，依照其规定。但该条文对数据保护的规定过于概括，并没有明晰数据是否具有权利属性，也没有明确对实践中数据如何进行保护，而是留给法律另行规定。

最近《深圳经济特区数据条例》向社会公布，广泛征求意见。《深圳经济特区数据条例（征求意见稿）》率先提出数据权，将"数据"定义为关于客体的描述与归纳，是可以通过自动化等手段处理或再解释的素材，明确个人数据与个人信息属于不同的权利客体，深刻认识到"个人数据权异于个人信息权"，并采用"主体—场景—表现形式"的模式界定了公共数据、企业数据和社会数据。该条例征求意见稿的意义在于，第一次在法规文本中提出数据权的定义，将"数据权"定义为一种与传统民法中物权、知识产权等权利存在不同的新型权利，具有财产权、人格权和国家主权属性。进而规定自然人对个人原始数据依法拥有数据权，规定数据经营者对其合法收集和自身生成的衍生数据享有数据权等创新内容，这对于国家层面关于数据权的统一立法，以及地方立法和工作实践的指导具有重大意义。

因此，为了培育数据要素市场，有必要在大数据交易的专门立法上将数据进行分类，明确衍生数据的权利属性，从而为数据的进一步确权奠定前提基础。

（二）明确数据权利主体，统一数据确权的模式，为大数据交易奠定制度性根基

数据的确权，即数据归谁所有，是数据交易的前提，应当立法明确数据的权利主体。对于含有个人隐私、信息的原始数据，数据权益主体是自然人，未经许可不能取得、使用、交易。在采用匿名化等脱敏技术后，基于用户信息而产生的数据的人身性已然无法追溯，获取衍生数据的数据经营者则有权对衍生数据进行使用和处分，加工衍生数据的主体，如企业或其他组织就是数据的所有者，而通过交易等方式获得这批数据的企业、其他组织或个人都只拥有使用权，而无所有权。对于国家机关采集、加工的数据而言，如政务数据、司法数据等数据的权利主体属于国家。数据的确权方式目前没有统一，比较有代表性的确权方法是贵阳大数据交易所从管理角度提出的"提交权属证明+专家评审模式"的确权模式。中关村数海数据资产评估中心是国内首家开展数据资产登记确权估价的平台，也采用登记确权的方式。目前，区块链技术的加入让数据交易每一步操作都留下时间戳，准确记录数据产生、交换、转移、更新、开发利用的过程，便于交易数据

的确权、追溯、管理与访问使用，实现数据安全保障和隐私保护，事实上从规则上加速了数据的健康流通。区块链数据确权模式也在各数据交易所广泛运用。

在今年两会期间，"数据银行"成为数据相关话题的"C位"热词，多位委员提议确立数据银行的数据确权模式。数据银行是指通过对数据贴上标签存入数据银行中，由数据银行进行使用、交易、共享，并认为数据即资产，所产生的利益应分配给数据原始提供人的数据资产库。突破目前数据使用、交易及共享的法律和应用上的困境。数据银行的提出可有效解决数据确权问题。

对于数据确权的方法及程序，目前限于交易所自身的内部规则，无论是采用"提交权属证明+专家评审模式"，还是采用区块链技术进行确权的方式，还是建立数据银行统一管理，法律都没有统一的规定，这给数据确权带来不确定性，也给下一步的数据交易造成障碍。因此，应当从立法上做好顶层设计，统一数据确权的模式，明确数据的权利主体，为大数据交易奠定制度性根基。

（三）明确数据权利内容，构建系统化的权利体系，为数据的交易、共享确定法律规范

我国《民法典》第111条规定了自然人的个人信息应受法律保护但并未明确个人信息的法律属性，第127条又单独规定数据与虚拟财产受法律保护，这为数据权的独立建构奠定了法律基础。数据权利包括人格权与财产权的双重属性。对于个人原始数据来说，数据权利的主体是自然人，知情同意权、修改权、被遗忘权属于数据人格权。可携带权、使用权、收益权、处分权属于数据财产权。

在数字经济时代，数据是重要的生产要素，数据的价值愈发重要，这都要求数据交易必须以明确的权属为依据。因此，如何配置企业衍生数据的权属成为促进数字经济发展的关键环节。当前对企业衍生数据保护颇有争议，有学者认为知识产权法来保护数据；在司法实践中又往往运用反不正当竞争法来禁止网络爬虫不当抓取数据；又有学者提出直接赋予企业衍生数据财产权，这些争论非常激烈，莫衷一是。但总而言之，为了促进数字经济发展，明确企业衍生数据权这是首要条件，这不仅是规范数据交易市场的需要，也是避免数据侵权的现实需要。就衍生数据而言，经数据清洗、算法加工后的衍生数据的权利主体为开发、加工数据的企业或其他组织，其对衍生数据仅享有数据财产权，衍生数据财产权包含衍生数据经营权和衍生数据资产权两方面。衍生数据的权利主体对其所有的数据享有在特定范围享有占有、使用、收益和处分的权利，这些权利属于企业或其他组织对衍生数据的专有支配权。同时，企业或其他组织对衍生数据也享有排他的权利，即可以排除任何第三人干涉如窃取、入侵、非法使用等情形。就政务数据而言，中央提出推进政府数据与社会数据要素的平台对接，形成政企一体化数据资源体系的政策要求。政务数据的所有权属于国家，权利的内容也包括占有、使

用、收益、处分的权利。

数据权为新型权利，必须由法律予以明确，然而《民法典》第 127 条只是规定数据受法律保护，而未确定具体的保护方式及救济途径，只是将数据的权利属性和权利内容留由专门法律另行规定。尽管《数据安全法》确立了数据安全与发展并重的原则，但是实际上是重安全轻发展，若能确立数据权利的法律体系，并在此基础上设置数据确权、交易制度，将有助于促进数据的安全与发展。

在大数据交易中数据确权的法律规范中应当明确数据权利的内容、权能，构建系统化的权利体系，为数据的交易、共享确定规范。目前，国家层面尚未出台统一、专门的国家大数据交易法律。事实上，在大数据立法方面，地方上已经先行试水。例如 2016 年，贵州省率先出台大数据地方性法规《贵州省大数据发展应用促进条例》，对大数据的共享开放、数据安全、保密等内容进行规范。2017年，贵阳出台《贵阳市政府数据共享开放条例》，这是全国首部政府数据共享开放地方性法规。作为特区，广东省深圳市在大数据方面的立法更具有开拓性。2020 年 12 月 28 日，《深圳经济特区数据暂行条例（草案）》提请深圳市人大常委会会议审议，如果条例获得通过，将是我国首部数据领域的地方综合性专门立法。目前，《上海市数据条例》初稿已经编制形成，并在数据确权上明确控制、使用、收益、分类四大权益，拟于 2021 年 9 月提交市人大一审。

课题组通过深入调查研究北京大数据的法律权属和使用权交易，发现目前大数据交易所运用行业自律规范进行数据确权缺乏客观统一标准，阻碍数据有序、快速流通，建议加快针对大数据交易的专门立法的进程，明确数据的财产权利属性、明确权利主体及权利内容。北京可以率先制订大数据交易立法的地方性法规，以起到首都的示范作用，在地方性法规施行成熟的基础上再推进国家层面的统一大数据交易法律规范的立法进程，从而为促进和规范数据要素市场提供更好的法治保障。

大数据交易背景下的数据确权法律问题

张丽英*

第一部分　大数据交易及数据资源类型

一、大数据交易的含义及特征

（一）大数据交易的含义

目前国际社会没有对大数据形成一个准确的定义，由于大数据自身特点和性质的复杂性，不同的研究机构对大数据所作出的定义也不尽相同。2014年工业和信息化部电信研究院发布的《大数据白皮书》认为大数据具有"体量大、结构多样、时效强"等特征。根据传统交易的定义，大数据交易中可作为交易标的物的是数据资源这一生产要素，那么大数据交易就是通过一定的对价实现数据资源的转移和复制，使得受让主体获得数据权的行为。

（二）大数据交易的特征

与传统商品交易不同，大数据交易有其特殊性。第一，复杂性。这体现在大数据交易的链条中会有多方主体参与其中，比如在数据生产环节，有数据提供者、数据生产者；在收集分析环节，除上述主体外，还有数据处理者；在数据交易环节，还会有数据中介商及数据买方参与进来。在大数据交易过程中，数据资源在不同数据主体中流转，使得数据权属不断改变，进而让数据确权问题更加复杂化。第二，动态性。这体现在大数据交易内容的变化，由于大数据自身的特点，使其在整个交易过程中内容和结构也在不断地变化，因此需要我们在大数据监管上更加灵活。第三，多样性。这体现在大数据的来源多样化，不同的数据类型在权利内容上存在着较大差异。对于不同类型的大数据资源应提供对应的数据确权方案，因此对大数据进行分级分类是对数权进行规制的前提。

二、大数据交易的数据资源类型

大数据交易的主要内容是由不同类型的数据资源构成。根据数据产生的主

＊　课题主持人：张丽英，中国政法大学教授。立项编号：BLS（2020）B016-3。结项等级：合格。

体，可将大数据交易的内容分为个人数据、企业数据和公共数据三类。当然，基于不同维度对大数据的划分也不尽相同，按数据加工深度的不同，可以将其分为原始数据、衍生数据和脱敏数据包等；按数据内容的不同，可以将其分为旅游大数据、医疗大数据、金融大数据和通信大数据等。本课题组采用的是按数据产生主体的角度，这样可以更好地厘清数据权利归属的问题。

（一）个人数据

个人数据是指与个人相关、能够识别个人身份的数据，一般包括可识别的个人身份信息数据以及个人行为数据。就此类数据信息的法律概念而言，欧盟成员国多使用"个人数据"，美国、加拿大则使用"隐私"，日本、俄罗斯和我国均使用"个人信息"这一名词。我国相关法律法规中都没有关于"个人数据"的定义。2017 年施行的《中华人民共和国网络安全法》（以下简称《网络安全法》）中对个人信息作出了法律上的定义，规定"个人信息是指以电子或者其他方式记录的能够单独或者与其他信息结合识别自然人个人身份的各种信息，包括但不限于自然人的姓名、出生日期、身份证件号码、个人生物识别信息、住址、电话号码等"，该定义采取了概括列举式加识别型的定义方法，对指向个人的信息采取了识别型的单一路径。识别的客体是"自然人个人身份"，依据其后列举的范围来看，是一种仅包含核心身份信息，而不包含广义社会特征的狭义身份概念。从《中华人民共和国民法典》（以下简称《民法典》）第 1034 条关于个人信息的定义，其规定基本延续了《网络安全法》的内容，列举的范围仅增加了电子邮件、健康信息和行踪信息。上述定义借鉴欧盟立法的经验，从内涵和外延两方面实现了对个人信息的规制。在内涵上，我国立法借鉴了欧盟 GDPR 的模式，采用"识别说"，将可识别性作为判断个人信息的重要标准；在外延上，我国目前所列举的不同层面的个人信息范围要小于欧盟。

个人数据交易中包含了绝对禁止交易的数据内容，例如个人身份信息、地址等。这类信息有较强的敏感性和隐私性，其权利绝对属于个人，如果没有授权，其他人无权使用。我国各个大数据交易所的交易规则都将涉及未经授权的敏感性个人信息的数据排除在交易范围外。此外，对于互联网上留下的个人行为数据信息，例如个人消费记录、使用移动设备产生的位置信息、个人社交媒体数据等其他没有绝对禁止的身份信息，经过被收集者的同意，再将个人信息进行严格脱敏，这样形成的个人数据才可以进入大数据交易环节。

（二）企业数据

企业数据一般包括两种情况，一是企业在自己的生产、运营、销售的过程中产生的或留存的内部数据资源；二是企业通过合同授权直接或间接采集的个人用户数据集。前者企业作为这部分数据的产生主体对该数据资源具有财产性权益；

后者企业对其进行匿名化处理之后，这一数据集已不具备"个人可识别性"，切断了用户与数据之间的法律关系，此时企业作为数据劳动者，通过智力劳动将其收集和挖掘的数据创造成为新的智力成果，企业对这种智力成果也享有财产性权益，当然也可以成为交易标的。不过，目前我国的相关法律法规中并没有明确企业数据的范围，这也是未来需要重点解决的。

（三）公共数据

公共数据或者也可称为政府数据，指政府在履行公共管理职能中积累了大量的数据。此类数据中除涉及内部机构运行的数据、国际安全数据外都属于公共数据。国务院印发的《政务信息资源共享管理暂行办法》中对政务信息资源作过相关界定，政务信息资源是指政务部门在履行职责过程中制作或获取的，以一定形式记录、保存的文件、资料、图表和数据等各类信息资源，包括政务部门直接或通过第三方依法采集的、依法授权管理的和因履行职责需要依托政务信息系统形成的信息资源等。公共数据的权利主体多为政府，因而可以包含在政务信息资源中。出于对数据的利用需求，政府投入技术设备和专业人员，对自然环境发展变化产生的数据进行采集和存储，例如水文数据、气象数据等。政府在履行职责时，会采集到部分人类社会日常产生的数据，例如人口就业、交通数据和医疗数据等。虽然《政务信息资源共享管理暂行办法》对这类政务信息资源的共享和无偿使用作出了规定，但仍未明确政务信息资源的权属。

三、大数据交易模式

（一）国外大数据交易模式的类别

国外学者将大数据交易模式分为三类，数据用户模式（Data users）、数据供应商模式（Data suppliers）和数据服务商模式（Data facilitators）。

一是数据用户模式，即使用数据为战略决策提供信息，将数据构建到产品中。在这种模式下，公司经营者会使用内部收集的大数据来进行战略决策或者将数据作为改进业务流程的依据，抑或者依据大数据投放有针对性的定向广告活动，这一模式致力于探索如何用数据来创造价值。

二是数据供应商模式，即收集原始数据，并汇总和打包销售数据，是最传统的数据交易模式之一。在这种模式下，对待数据就像对待其他任何产品一样，将其出售给其他各方。该模式具体还可以分为两种模式：①像 Nielsen、Westat 等著名的市场研究公司按照客户的要求提供相应受众行为研究的数据；②像 Twitter 等社交媒体公司将自己日常业务中产生的大数据出售给第三方的交易模式。

三是数据服务商模式，即基于大数据进行分析并提供咨询或出售分析结果。在这种模式下，数据服务商为缺少硬件设施或专业知识的第三方提供数据工具或一系列数据分析的交易模式。

（二）国内大数据交易模式的类别

国内学者从大数据结构化程度、大数据权益转让、大数据交易内容等角度对大数据交易模式有以下几种分类：

首先，根据结构化程度将大数据交易分为原始大数据交易模式、经分析后的大数据交易模式、提供决策方案的大数据交易模式、大数据中介交易模式。

（1）在原始大数据交易模式中，数据供应商只负责收集整合数据，按数据需求方的要求，将获得的大数据经数据清洗和数据脱敏等预处理，以在线租赁的形式，实现大数据使用权的转移。如百度通过搜索引擎完成数据的收集就是此类模式的典型体现。

（2）经分析后的大数据交易模式更有针对性。在这种交易模式下会将经过预处理后的原始数据经过甄别分析，针对特定的客户需求提供数据服务。例如HERE，这是一家地图定位资讯公司，主要的业务是出售导航地图等专业的数据信息，HERE经过收集、整合原始数据，再将数据进行分析并转换固有格式的视觉地图出售给各大车企，可以将这些更适合驾驶者习惯的地图数据导入到他们的导航系统中。

（3）提供决策方案的大数据交易模式，这类似于国外学者描述的数据服务商模式。国际知名的咨询公司基于行业大数据的分析为其客户提供咨询服务、决策方案或者直接出售大数据分析报告，帮助个人客户、企业客户和政府客户做出战略投资、交易和操作的关键决策。

（4）大数据中介交易模式，该种模式是通过建立第三方大数据交易平台，以此作为数据供应商与数据需求方的中介，其本身不产生数据且不提供数据的收集、整合、分析，只是收取中介费。这类数据交易平台类似于传统的商品集市，所以又可称为"数据集市"，包括B2B、C2C、B2C、C2B等数据集中交易平台。

其次，根据大数据权益转让可分为所有权、收益权和使用权三种模式：

（1）大数据所有权转让模式。针对大数据需求方的要求，经过分析整理形成具有知识产权性质的大数据产品。

（2）大数据收益权转让模式。主要是指大数据需求方对数据使用后得到的利润需要与大数据供应商进行利益分割。

（3）大数据使用权转让模式，即数据主要以租赁、检索等形式进行交易。

第二部分　大数据流通交易主要痛点：数据确权

一、大数据确权的必要性

数字经济作为一种新业态，其逐渐成为国民经济发展的关键推动力。这使得对大数据确权的紧迫需求与现有法律、监管制度的滞后性之间的矛盾日益显现。

（一）现实需求：回应数字经济的发展

数据作为数字经济的底层要素，在基本性质、流动交易等方面仍然有很多问题尚未确定。针对新出现的数字经济以及数据要素的问题，十九届五中全会和《中华人民共和国国民经济和社会发展第十四个五年规划和 2035 年远景目标纲要》都提出建设数字经济尤为重要，中共中央、国务院在《关于构建更加完善的要素市场化配置体制机制的意见》中指出要加快培育数据要素市场，内容之一就是根据数据性质完善产权性质。因此，数据交易需要数据权属的确定，需要数据市场相关制度的建立与完善。

（二）法律滞后：现有法律无法解决数据确权问题

与土地、劳动力等生产要素相比，数据具有可复制性、使用无损耗性和非排他性等特征，这意味着传统的物权制度已不能适用于新的生产要素，数字经济需要建立产权制度，合理分配各方主体的数据权益，明确大数据权属分配，从而实现各主体对数据的保护与利用。因而释放数字经济活力成为构建法律框架体系的重要任务。

1. 数据保护法律框架正在加紧制定，现有法律规则无法实现对数据的全面保护

在数据立法方面，《中华人民共和国数据安全法》（以下简称《数据安全法》）与《网络安全法》及《中华人民共和国个人信息保护法》（以下简称《个人信息保护法》）将成为保护我国数据安全的三大支柱。在现有民事法律规则框架内，欧洲将数据保护分为原创性数据库与非原创性数据库，借鉴知识产权对数据的原创性进行保护。这种双重保护数据财产的方式只是对数据库的原创性结构进行保护，非原创数据库仅在特定条件下才能适用。知识产权的保护路径未能实现对底层数据的保护，而是对数据加工等方式后产生的产品进行保护，因此未能明确对数据财产权与人格权进行界定与分配。

2. 各地已经开始探索数据交易保护路径

2015 年，贵阳大数据交易所是经贵州省政府批准成立的全国第一家以大数据命名的交易所。2015 年 5 月，贵阳大数据交易所发布了《贵阳大数据交易所 702 公约》。其他地区也开始探索数据交易的基本规则。2016 年，上海数据交易中心发布了《数据互联规则》等，这些都表明各地已经开始探索数据交易保护的方式。

3. 现有规定不能解决大数据交易的数据权属问题

目前，现有规则并未触及数据的物权属性，廓清数据权利边界，只是在数据匿名化处理、应用和交易等环节进行了规定。现有法律规则框架内也没有相关数据权属的内容可以借鉴，因而这使得现有法律规则不能解决大数据交易的核心问

题，即数据权属问题。

（三）数据分类：具有复杂性

大数据自身具有复杂性。在数据产生主体方面，个人、政府、企业等主体都可以生产原始数据，同时大型互联网企业也具备加工生成数据的能力并进行数据的匿名化处理。因而，数据可以分为个人数据、商业数据和政府数据。也有学者认为应当按照个人数据、商业数据、公共数据对数据进行分类。由于各类数据的保护方式应该具有区别，所以应尊重个人信息的绝对权，同时也要保障数字经济的经济效率，作为公共属性的政府，应让公共数据在确保安全的前提下，共享公共数据的公共利益。因此，这一特征也为构建数据确权制度增加了困难。

二、关于数据确权问题的理论争议和主要观点

关于数据权属的理论探讨在学界也早已展开，还有许多问题尚未形成统一观点。其中，关于数据确权的理论争议需要澄清以下问题。

（一）确定数据单一所有权的局限性：数据产生主体的控制力逐渐减弱且无法实现数据流通与数据保护

所有权具有与生俱来的排他性，若是将数据规定为个人或者企业一方所有，则不利于数字经济的发展。在实际控制上，数据主体产生海量的个人信息，一方面，按照传统物权理论，数据主体应当是数据信息的所有权人，但是随着数据进入数据企业的数据池，企业通过算法等技术手段对数据进行整理、处理以及在此基础上进行分析、评估等活动，使得数据企业对数据的控制力大于数据产生主体本身，数据产生主体对数据的控制力逐渐减弱。同时，基于数据的可复制性与易于转移的特征也进一步削弱了数据产生者对数据的控制。另一方面，数据主体拥有数据所有权不利于数据的流通与保护。由于数据的特殊性，一旦个人拥有绝对的所有权，那么数据企业对数据的获取将会十分困难，这不利于数据的交易与流通。因此，在传统所有权理论意义上，确定数据的单一所有权将不能实现数据的流转与保护。

（二）数据确权的前提：数据具有财产权益与人格权益的双重属性

数据权利的来源是人格权，人格权不仅具有精神利益，也具有财产利益，这一观点在法学理论上已得到普遍认可。与知识产权相似，数据本身具有人格与财产的双重属性，这为数据企业对数据的利用奠定了基础。无论数据是否在个人主体的控制范围内，数据主体都有权主张其人格权利。人格权利的行使并不以所有权存在为前提，因此在强调数据所承载的人格利益的同时，避免对所有权认定的争议，防止所有权制度对数据流动的阻碍。片面地强调数据所有权可能忽视数据的人格权益，数据主体虽然是原创数据的生产者，但是却无法实际控制数据，例如搜索引擎用户产生的浏览痕迹、个人信息等，实际上控制权在数字平台企业一

方，用户无法识别侵害数据的行为或识别这一行为需要极高的技术水平以及昂贵的资金成本。因此，数据确权的难点在于既要保障人格权益与财产利益，也要释放数字经济的动能，实现数据的安全交易。

（三）二元结构：数据生产者所有权与数据用益权并行

对于财产权利的保护分为三个层次，分别为行为自由、权利保护与权利确认。数据赋权不能适用于数据的流通交易，确认数据权属是实现各主体高效安全利用数据的基础。如前所述，单一的所有权赋权使得数据无法在市场上进行流通，并且由于数据的非排他性等特点使得无法控制数据在各主体之间的交换，因此有学者提出了不同的主张。

第一，建立双层所有权框架。这种观点认为数据主体与数据控制者之间是一种信托关系，数据主体是原始数据的来源，数据控制者通过对数据的技术处理与聚合等行为提高了数据的价值。数据控制者对数据的拥有超出了使用权的范围，是实质意义上的所有权，数据主体虽然创造了数据信息，但是只是拥有对数据名义上的所有权。这种所有权通常伴随着对数据控制权的减弱。但是这种双重所有权结构可能造成所有权结构的混乱，使得个人与企业的数据所有权存在重合的情形。

第二，以社会控制论的方式保护个人数据。这种观点要求个人数据的保护需要依照社会习惯或者法律，个人保护数据权利的能力具有局限性，应当交由社会进行控制与使用。与双层所有权框架相同的是，两种观点都认为个人数据产生之后对其保护不利于数据的开发与利用。个人作为责任主体对原始个人数据的保护具有局限性，由于技术等因素的存在，使得个人在发现违法行为后，在取证、举证等方面会变得十分困难。

第三，采用消费者权益保护的方式。这种观点认为，数据主体作为互联网领域的消费者，在服务关系中具有类似消费者的弱势地位，基于个人数据可成为合同对价、互联网服务提供者从用户数据中获利、数据使用协议具备合同属性等事实，数据主体可完成从自然人到消费者的角色嬗变。

第四，从生产要素的角度将数据权利束细分为不同主体的权利。以主体为分类依据，可以将数据权利束分为：国家的数据主权、政府的公共数据权、企业的数据控制权和用户的数据私权。这一方案以数据生产要素的生产主体为划分标准，搭建起数据权利体系，但是过于精细的分类不利于当前国内以及国际数据立法的探索，存在数据交易过于烦琐的风险。

第五，所有权与用益权的二元结构。这种观点来源于权利分割思想，将物上的权利分为所有权与定限物权，通过建立数据所有权与数据用益权的两权分立模式来协调多方利益诉求。此种权利路径使得数据在原有《物权法》框架之内实现对权利的配置，在肯定数据主体原创者身份的同时，尊重了数据企业在数据增值利用过程中的作用。数据用益权的客体是能够在较长时间存储，在财产上具有可分割性，是基于原发者的身份、财产或者行为而产生的相应数据。本报告亦持有此种观点。此外，还有观点将数据权利构建分为两个阶段：第一阶段是数据的生成阶段，在此阶段中数据主体拥有人格权益与财产权益；第二阶段是指在企业获取数据之后，基于企业对数据的处理和数据经营的需求，数据经营者拥有数据经营权和数据资产权。

综上所述，数据确权并非等同于数据所有权划分。传统所有权理论并不适用于数据的利用，网络用户产生的数据具有非损耗性、可复制性等特征，并随着数据经营者对数据的处理产生超出单个数据的价值。数据利用可以借鉴知识产权财产权益的属性，所有权客体可以是无形财产即知识产权的财产权益，通过分配数据的财产权益，实现数据在经济中的流通，建立起二元结构。应当明确的是，数据用益权是基于数据自身特点的新型用益物权，而个人数据信息中的人格权益保护可以诉诸个人信息保护等相关法律。

三、域外主要国家涉及数据确权的法律与实践

域外各国对大数据权属依然没有明确的规定。对于大数据企业收集的数据资源中，个人隐私保护始终是欧美国家关注的焦点。

（一）美国

美国关于数据的相关法律并未积极赋予数据财产权，而是侧重于数据控制权和隐私保护。最初美国通过了"额头汗水"原则（sweat of the brow，或称辛勤原则），根据这一原则，作者通过创建数据库或通讯录，只需要付出劳动并不一定需要真正具有创造性或者原创性，就可获得著作权。基于"额头汗水"原则，美国将数据库纳入著作权法的保护范畴，其后在 1991 年美国联邦最高法院通过的"Feist"案中否定了"额头流汗"原则，认为原创（originality）不是"汗水的积累"，著作权（Copyright）奖励原创，而不是努力，作品需要最低分量的创造性（at least a minimal level of creativity）。此后美国不再对无原创性的数据库予以保护，而后美国通过多个提案以不当使用侵权原则（Tort of Misappropriation）最终确定了数据侵权的救济方式。该方式对数据库财产权进行模糊化处理，对个案中数据库制作者的投入与收益进行综合考虑并予以保护，这是美国采取以较弱的财产权利方式对数据财产利益予以调整，其体现了数据公共化的倾向。

美国对于个人信息的保护来源于隐私权，在个人信息之上产生了数据隐私权。其后美国立法承认了个人信息的自决利用功能，并确立了知情同意原则。而后出于数据流通以及公共管理的现实需要，美国采用行业自律与分散立法的形式对个人信息加以保护。例如在消费方面，《消费者隐私权法案》规定了企业在收

集、处理消费者个人信息时负有告知义务，赋予消费者可以要求企业披露、删除所收集的个人信息的权利。《公平信用报告法》要求调查报告机构采取不利于消费者的措施时需尽到告知的义务，赋予消费者个人访问与修正个人信息的权利。在教育方面，《家庭教育权和隐私法案》、《保护学生权利修正案》（Protection of Pupil Rights Amendment of 1978，本文简称"PPRA"）、《儿童在线隐私保护法》规定，只有满足法案要求，学校或学区才可与第三方机构签订学生数据使用协议。

综上所述，美国没有制定统一的数据权利保护法，认为数据权利来源于隐私权，并采用分散立法的模式对个人隐私进行保护，具有较强的灵活性和适应性，但缺点是容易造成法律适用的混乱。

（二）欧盟

欧盟对于数据保护的规则与美国有所不同。欧盟针对个人数据与非个人数据出台了不同的规定予以保护，分别是《一般数据保护条例》（GDPR）与《非个人数据在欧盟境内自由流动框架》。

针对个人数据：欧盟 GDPR 确认了数据主体对数据的支配权，数据控制者和处理者对数据使用的收益权，国家（地区）的数据主权，该条例构建了数据主体权利，将类型化数据保护前置到数据收集、处理阶段，确立了数据可携权、删除权等非绝对性权利，并在此基础上协调各成员国立法的规定。

针对非个人数据：《非个人数据在欧盟境内自由流动框架》主要针对数据本地化、向主管部门提供的数据可用性及数据移植等问题作出规定，并未针对数据控制者的权利和义务作出详细规定。目前，关于数据权属的讨论多集中在具体的保护方式、权利类型等方面，关于数据确权的理论依据及确权路径的讨论则相对较少。

（三）其他国家

澳大利亚对于数据保护的立法是 1988 年颁布的《隐私权法》。《隐私权法》适用于"个人信息"，并对收集、使用、存储和信息披露进行了系统的规范，还为个人提供访问和更正信息的权利。从这一方面看，《隐私权法》与欧盟 GDPR 的规定有一定的相似性。与欧盟一样，澳大利亚也有可适用于数据问题的《消费者和竞争法》，其赋予了消费者数据的全面性权利，与美国相比，此种权利在保护模式上比较严格并规定了具体的保护方式。

日本在数据权利保护方面的立法晚于美国与欧盟。日本于 2014 年开始修订《个人信息保护法》，旨在进一步加强数据权利保护的同时，充分利用、发挥数据资源的社会价值和经济价值，从而促进大数据行业的发展。日本现行的数据权利保护立法在形式上趋近于欧盟的统一立法模式，在内容上又兼具美国模式的特色。因此从整体上看，日本既注重国家统一立法对数据权利规制的必要性，又强调发挥国内行业自律机制的积极作用，其所采取的立法模式是对欧盟模式和美国模式的折中与整合。

四、中国涉及数据确权的法律与实践

当前，在理论界与实践中均表明个人信息与数据并不是同一概念。参照国际标准化组织的定义，关于数据的国家标准认为，数据是指信息的可再解释的形式化表示，以适用于通信、解释或处理。《数据安全法》第 3 条规定：本法所称数据是指任何以电子或者其他方式对信息的记录。

（一）在立法层面，我国对个人信息与数据的立法采用分立的模式

在《民法典》中，个人信息保护规定在第四编人格权中，其中第六章是隐私权和个人信息保护，同时关于个人信息的特别立法，我国正在制定《个人信息保护法》，目前该法案尚处于草案审议阶段。对于数据保护，2021 年 6 月，《数据安全法》由中华人民共和国第十三届全国人民代表大会常务委员会第二十九次会议通过并公布，其中第 19 条规定，国家建立健全数据交易管理制度，规范数据交易行为，培育数据交易市场。由此可知，我国正在积极探索安全的数据交易制度，数据确权是其重要的环节。

（二）在法律实践方面，我国法院相关判例已承认数据特有的财产权益

2021 年 6 月 1 日，杭州互联网法院发布了十大典型案例，其中有三个典型案例涉及数据权属与个人信息保护，并且在电子商务领域对个人信息保护的案件呈现增长的趋势。其中，有关数据权属的新型案件主要有：淘宝（中国）软件有限公司诉安徽美景信息科技有限公司不正当竞争纠纷案、深圳市腾讯计算机系统有限公司等诉浙江搜道网络技术有限公司等不正当竞争纠纷案和 杭州市下城区人民检察院诉孙某个人信息保护民事公益诉讼案。淘宝（中国）软件有限公司诉安徽美景信息科技有限公司不正当竞争纠纷案是第一例有关数据资源开发应用与权属判定的新型不正当竞争案件。

（三）个人数据信息安全成为法律与社会关注的重点

我国第一例适用《民法典》个人信息保护条款的案件是杭州市下城区人民检察院诉孙某个人信息保护民事公益诉讼案，该案明确了个人信息保护不仅涉及自然人个人的权益保障，同时也具有社会公共利益的属性。随着对《个人信息保护法（草案）》讨论的深入，有学者认为过于严苛的个人信息保护制度不利于数据的流通，认为可以借鉴欧盟 GDPR 第 6 条中的"正当利益规则"（legitimate interests）对个人信息进行保护，该规则包括四个方面分别是：目的测试、必要性测试、权衡测试和方式测试。通过正当利益规则，平衡数据自由流通与个人数据安全保护的关系，让个人数据流通更加安全高效，从而便利数据产业的发展。

综上，我国立法与司法实践均表明，数据保护在个人与企业主体之间都十分重要且具有紧迫性，我国目前的立法尚未确定数据权属，这不利于数据的利用与流通，也不利于个人信息的保护。

第三部分　数据确权的可能性路径研究

从上文的分析可知，数据确权不仅在立法层面存在法律缺位情况，在实践层面和技术层面上同样存在种种困难和障碍，针对以上问题，本研究拟从法律、监管和技术路径分析并探索可行性的解决方案。

一、法律路径

立法方式是解决数据产权制度问题最根本的路径。无论是实务界还是理论界，目前大多数观点仍然寄希望于从法律法规的角度来建立一套完整的数据保护和规制的规则体系，从而用于确定数据权利的归属和内容。但从客观上讲，学界对于数据权利的性质、主体和归属问题仍存在激烈的论争。首先，关于权利性质，从目前大量已生效的判例中可知，法院普遍确认了数据主体对数据拥有财产性权益，但无论是法院判决还是国家立法都回避了数据具体的权利性质。结合司法实践和学界理论，主要包括了适用物权法、债法、知识产权法、竞争法、个人信息保护法和综合适用多种法律规范等 6 种路径，但各种路径均各有优长与劣势。其次，关于数据权利的主体，由于主体的多样性，以及数据生产过程中存在产业链长、参与主体多、主体交叉及互斥的情形，导致"数据生产者"难以界定。最后，关于数据权利的归属，在既无法确认权利性质又难以确定权利主体的基础上，不同的权利范式必然导致不同的权利以及不同的归属逻辑。综上，课题组关于数据确权的法律路径有如下建议：

目前，我国与数据管理密切相关的《民法典》《网络安全法》已开始施行，《数据安全法》也已正式通过，《个人信息保护法（草案二次审议稿）》公布，《数据安全管理条例》已被列入《国务院 2021 年度立法工作计划》，以《数据安全法》为核心的数据管理法律体系正在逐步形成。尤其是，2021 年 6 月 10 日第十三届全国人民代表大会常务委员会第二十九次会议通过《数据安全法》，虽然没有明确规定数据权属问题，但规定国家建立健全数据交易管理制度，规范数据交易行为，培育数据交易市场，这为未来解决数据确权问题奠定了基础。

二、监管路径

当前，数据产权属性和权利内容不明确导致监管无力，大型企业数据垄断问题日益突出，企业间关于数据开发使用争议不断，严重影响了数字市场秩序。从政府更好地做好宏观调控、市场监管或公共服务的角度上来讲，需要掌握市场主体的基本数据、经济社会运行状态以及市场主体对监管和服务的需求，但现实情况是，政府在事前、事中和事后的全周期监管体系中，往往缺乏必要的数据，为此需要市场主体向政府提交或共享部分数据。与此同时，实践中企业往往通过格式条款或者一揽子授权等方式获取用户授权，这导致企业超范围、超目的收集用户个人信息，严重侵害用户个人信息权益。因此笔者建议通过强化监管的方式，有效解决目前数据市场的乱象。除了完善相关法律制度解决数据产权属性和权利内容不明确的问题，还需要积极发挥行政监管的作用。

三、技术路径

数据要素具有数字化、网络化和智能化等较强的技术性特征，在解决数据权属相关问题时，区块链、时间戳、隐私计算、算法等技术手段也可以发挥积极作用。

（一）区块链技术及在确权中的应用

区块链是一个分布式数据库，也是一种数据共享机制，通过区块链技术存储的数据或信息，具有"不可伪造""可以追溯""全程留痕"和"公开透明"等特征。区块链的特征使其在信息溯源和大数据确权方面得以发挥作用，版权交易、智能汽车、高效率数据交易、低成本数据存储等均需要信息溯源及大数据确权的支撑。每个以区块链技术生成的数据都可被准确记录权属关系，数据确权使其具有了真正的价值，并可在区块链网络上实现数据资产的流转和交易。

（二）时间戳技术及其在确权中的应用

时间戳是一种能够表示一份数据在一个特定时间点已经存在的技术。它为用户提供一份电子证据，以证明用户的特定数据产生的准确时间。通过时间戳可以确保数据存储时的连续性、完整性和不可修改。目前时间戳技术在司法存证领域应用最为广泛的是"可信时间戳"。时间戳最主要的特点是固化一份数据产生的时间并使其具有完整性，一旦盖上时间戳就难以对这份数据进行任何形式的篡改，所以其最主要的用途是认证数据。时间戳技术能够解决数据确权中的动态性难题，但在隐私保护、防复制、监控和规制方面尚难保证数据确权的需要，故时间戳技术也难以单独作为数据确权的可行性路径。

（三）隐私计算技术在确权中的应用

隐私计算（Privacy Computing）是指在保护数据本身不对外泄露的前提下实现数据分析计算的一类信息技术，主要分为密码学和可信硬件两大领域。隐私计算技术以其自证安全、对原始数据严格保密和引入第三方评测为主要特点，在安全性和保密性上完美符合了数据确权中关于个人隐私以及数据来源、流通和交易安全的要求，但对于准确定位数据所处阶段、明确何主体对数据进行了何种操作，以及溯源和防篡改复制问题上则付诸阙如，仍需搭配其他工具来实现对数据权属的厘清和流通交易过程的监控。

第四部分 关于中国数据确权的具体建议

一、数据确权基本原则

对数据进行确权是补齐数据资产运营最后一公里的必要工作，通过确权的方式进一步完善数据资产运营，盘活数据资产价值。要从构筑国家竞争新优势的战略高度出发，把握大数据发展的规律和特点，进一步明确数据权属，维护用户、企业和社会公众利益，确保国家数据安全。为此，在数据确权过程中，应当坚持以下基本原则：

一是要坚持发展和规范并重原则。习近平总书记强调，要坚持鼓励支持和规范发展并行，坚持政策引导和依法管理并举，依法加强对大数据的管理。[1]正如前文所述，在没有数据权属规范的情况下，产生了特斯拉事件等一系列"乱象"，影响了数字经济发展。因此，通过数据确权的方式，一方面要解决企业数据垄断和无序扩张等现实问题；另一方面也充分发挥了我国数据规模优势，实现数据合理有效利用，推动数据经济为高质量发展和高品质生活服务。

二是要坚持底线原则。大数据中包含大量公民个人信息，虽然近年来我国个人信息保护力度不断加大，但在现实生活中，一些企业、机构甚至个人，从商业利益等方面出发，随意收集、违法获取、过度使用、非法买卖个人信息，利用个人信息侵扰人民群众生活安宁、危害人民群众生命健康和财产安全等问题仍十分突出。因此，在数据确权过程中，要明确个人信息保护红线，特别是在权衡商业利益和用户权益时要正确取舍，坚持个人信息保护优先，不断提升用户安全感和信任感。

三是坚持分级分类原则。数据资源类型庞杂，来源多样，需要分门别类、细化理清对应的管理规则。在数据确权过程中，也要区分不同数据类型针对性地作出制度设计。特别是在数据产权制度设计中，要兼顾不同类型数据的管理和使用需求，因类施策。

二、数据确权的具体建议

数据确权或者数据产权制度的建立和完善，是一项复杂的系统性工程，既涉及用户、企业、平台等多方主体，又涉及个人信息保护、数据垄断、平台竞争等多重法律关系，需要发挥法律、技术、监管等多种路径的作用，从而构建有活力、有创新力的制度环境。结合目前实践来看，数据确权可以通过以下三种路径配合进行。

---

[1] 2016年4月19日，习近平在网络安全和信息化工作座谈会上的讲话。

（一）关于法律路径的建议

1. 将数据进行分类分级管理

分类分级是完善数据管理的必然要求，也是破解数据权属难题的重要前提。《数据安全法》第 21 条明确指出，国家建立数据分类分级保护制度，要求各地区、各部门应当按照数据分类分级保护制度，确定本地区、本部门以及相关行业、领域的重要数据具体目录，对列入目录的数据进行重点保护；2021 年 5 月份发布的《汽车数据安全管理若干规定（征求意见稿）》中也对个人信息、重要数据、敏感信息和生物特征等类别进行了细化和进一步明确其内涵。未来，可以按照不同的切分维度对数据进行分类，例如，根据主体不同，将数据分为个人信息数据、企业数据和政务资源数据。其中，个人信息在相关立法中已经有明确界定，《网络安全法》规定个人信息是指以电子或者其他方式记录的能够单独或者与其他信息结合识别自然人个人身份的各种信息，包括但不限于自然人的姓名、出生日期、身份证件号码、个人生物识别信息、住址、电话号码等，正在审议的《个人信息保护法（草案）（二次审议稿）》则规定个人信息是以电子或者其他方式记录的与已识别或者可识别的自然人有关的各种信息，不包括匿名化处理后的信息。对于政务数据，国务院《政务信息资源共享管理暂行办法》中作过相关界定，是指政务部门在履行职责过程中制作或获取的，以一定形式记录、保存的文件、资料、图表和数据等各类信息资源，包括政务部门直接或通过第三方依法采集的、依法授权管理的和因履行职责需要依托政务信息系统形成的信息资源等。相比个人信息数据和企业数据，政务资源数据主要利用国家资源进行采集管理，具有明显的公共产品属性，因此可考虑将其权属归为国家或集体所有。对于企业数据，其数据内容和产权结构相对比较复杂，包括生产经营数据、匿名化数据、商业集合数据、基于用户信息分析产生的数据以及通过算法产生的数据等，虽然目前很难对企业数据权属进行明确的界定，但可以考虑暂时回避企业数据的所有权争议，在一定范围内认可相关主体的数据权益，例如赋予企业主体在特定条件下对相关数据的使用权和收益权。

2. 设立"基础数据"或"必要数据"管理制度

探索设立"基础数据"或"必要数据"管理制度，强化国家数据治理能力。参考国外"必要设施"原则，研究将该原则延伸适用于数据管理领域，创设"基础数据"或"必要数据"的概念，鼓励企业将提供基础服务的数据或具有准公共属性的数据共享出来，并将其纳入"基础数据"或"必要数据"进行管理，确认国家基于特定目的享有对于该类数据进行管理和使用的权力；同时可要求向所有市场主体开放此类数据，从而破解平台数据集中和垄断行为。

3. 暂时回避所有权争议，对数据拥有所有权或产权也并不是行使权利的必要前提，要优先解决相关主体对数据的使用权和收益权

在规定个人和企业对于数据的权利时，建议参考欧美的做法，采取"识别+关联说"，将"个人数据"界定为能够直接或间接"识别"特定个人的数据，或能够"关联"到特定个人的数据。对企业数据采取"控制说"，将企业数据定义为企业"控制"（control）下的数据，而非企业所"拥有"的数据。这样就可以在一定范围内认可相关主体的数据权益。

4. 赋予用户更多的数据控制权利

数据确权要解决企业、用户、国家等主体之间的权利关系，但包括数据管理在内的法律制度设计，最核心的目的还是要实现对"人"的保护以及对"人"的权利的维护。建议参考国际上的《个人数据保护法》，数据主体对于个人数据具有完整的控制权利并享有和控制个人数据所体现的财产价值。建议在我国《个人信息保护法》等相关立法中规定类似"数据可携带权"等权利，从而提升个人在数据产权中的地位和话语权，并且该项权利已在欧盟实践中广泛存在，具有现实可行性。

（二）关于监管路径的建议

1. 提高企业处理数据的透明度

强化对企业数据收集活动的监督检查，要求企业以公开、透明的方式进行数据处理活动，不得以默认、强制等方式对用户个人信息进行强制确权，充分保障用户的知情权、选择权；同时明确对企业数据共享活动的管理要求，要求企业在相关协议中明确告知用户其数据共享的主体和范围，并且不得超出用户授权的范围。

2. 防止平台企业的数据集中行为

随着经济社会各领域数字化、网络化进程的快速推进，大型平台企业聚集了海量数据，并在企业内部和关联方之间进行共享。建议审查企业的实际数据共享范围，避免企业通过收购、合并等方式集中大量个人信息，减少数据垄断。

3. 探索通过"数据黑箱"机制实现企业向政府的数据共享

在确保数据安全和隐私保护的前提下，可要求企业将关系到公共利益的数据保存到"数据黑箱"中并向政府提供查询端口，为政府实现数字化治理搭建有效的机制。

4. 结合数据应用的具体场景，在实践中逐步完善数据权利制度体系

鉴于在数据权利体系建立的过程中，理论形成以及相关法律框架的构建远远落后于实践的发展这一问题，使得在构建新的数据权利体系时，应充分结合第一手的实践经验，发挥创新精神和行业能动性，构建顺应大数据行业发展所需的合

理制度体系。

（三）关于技术路径的建议

由于构建在实物基础上的传统产权制度对于数据权利的划分不能完全适用，因而可以充分发挥区块链等信息技术的作用，通过数据安全、数据共享等技术手段建设，逐步完善数据权利生成、数据权利计算、数据资产赋值等体制制度，合理平衡各方权益，促进数据权利保护与数据价值开发的双赢，从而解决需要通过数据确权方式解决的问题。

第一，针对数据流通中数据真实性和安全性难以保障的问题，可利用区块链技术难篡改、可追溯、链上数据密文可验证的属性，增强数据本身的可验真性和隐私性，在数据流通中确保数据安全和隐私。

第二，针对数据流通中数据泄露的问题，可利用隐私计算、多方安全计算、联邦学习等技术，通过数据加密、数据集切分等方式，在不转移原始数据的前提下实现对数据的开发利用。

第三，针对数据流通中标准不统一的问题，可借鉴德国、日本构建"工业数据空间"的经验，在具体应用场景下通过技术标准和数据流通认证体系解决工业数据的流通规则、数据产权等问题，构筑数据共享流通的开放生态。

第四，构建数据权利生成模型，从算法规制的角度构建权利生成的底层逻辑，根据在数据原始生产、加工、处理过程中付出的劳动时间、生产成本等变量，构建数据权利生成的基本理论模型，计算各类不同主体对数据权利的占有权重。建立数据授权使用许可制度，依据数据所有权占有份额确定数据授权使用许可的份额，构建数据授权使用许可的计算模型。

第五，建立数据认证赋权制度，引入类似"可信时间戳"的服务提供方，依托"可信时间戳"服务中心这样的第三方数据权利认证机构，推进数据认证、授权及管理，判定用户数据收集、使用是否存在可信的授权许可。

面向公共卫生健康的野生动物管理法制研究

于文轩*

21世纪以来发生了多次与野生动物不当利用和非法交易相关的疫病传播。我国目前已基本形成"一体两翼"的动物疫病防控法规体系，但在公共卫生风险治理方面，还存在调整范围不合要求、动物防疫同传染病防控的衔接不畅等问题。为此，有必要基于风险预防的原则，出于公众卫生健康保障之目的，预防因野生动物管理不当而带来的一系列风险，从源头出发进一步完善野生动物管理相关的法律制度。

一、面向公共卫生健康的野生动物管理法制现状

我国目前涉及野生动物保护和管理的立法，除了《野生动物保护法》（2018年最新修订）之外，还包括《渔业法》（2013年最新修订）、《畜牧法》（2015年最新修订）、《濒危野生动植物进出口管理条例》（2019年最新修订）、《陆生野生动物保护实施条例》（2016年最新修订）、《水生野生动物保护实施条例》（2013年最新修订）等。与此相关的涉及公共卫生健康管理的立法还包括《传染病防治法》（2013年最新修订）、《动物防疫法》（2021年最新修订）、《濒危野生动植物进出口管理条例》（2019年最新修订）、《实验动物管理条例》（2017年）、《重大动物疫情应急条例》（2017年最新修订）、《关于依法惩治非法野生动物交易犯罪的指导意见》（2020年制定）等。根据这些立法，我国面向公共卫生的野生动物管理法制的内容既包括野生动物管理的一般规定，也包括人工繁育管理、疫源疫病监测、检疫、食用管理以及生物入侵管理等方面。

关于野生动物管理的一般规定，主要包括权属制度、名录制度、经营利用管理制度、猎捕管理制度以及与野生动物相关的刑事法律规定。野生动物人工繁育管理制度，是指野生动物保护部门对人工繁育许可证的申请发放、人工繁育国家重点保护野生动物活动、人工繁育野生动物及其制品的出售和利用进行监督管理的一整套措施。《野生动物保护法》对野生动物人工繁育管理制度作出了规定。

* 课题主持人：于文轩，中国政法大学教授。立项编号：BLS（2020）B017。结项等级：优秀。

野生动物疫源疫病监测和管理制度，是指有关部门对野生动物疫源疫病、人畜共患传染病进行监测，加强野生动物疫病防控并在疫情突发时进行应急管理的一整套措施。《野生动物保护法》《生物安全法》《传染病防治法》《重大动物疫情应急条例》等法律、法规对野生动物疫源疫病监测和管理制度作出了规定。野生动物检疫制度，是指有关部门对野生动物、人工繁育的野生动物以及野生动物制品在研究、利用、运输、进出口等环节进行疫病检验和监督管理的一整套措施。《野生动物保护法》《传染病防治法》《动物防疫法》《农产品质量安全法》等法律对野生动物检疫制度作出了规定。野生动物食用管理制度，是指野生动物主管部门对生产、经营、购买、食用野生动物及其制品制作的食品等活动进行管理的一整套措施。《野生动物保护法》《畜牧法》《全国人民代表大会常务委员会关于全面禁止非法野生动物交易、革除滥食野生动物陋习、切实保障人民群众生命健康安全的决定》《国家林业和草原局关于规范禁食野生动物分类管理范围的通知》《国家畜禽遗传资源目录》等规定了野生动物食用管理制度。

二、公共卫生健康视角下野生动物管理法制面临的挑战

在公共卫生健康视角下，野生动物管理面临的挑战既体现于野生动物管理法制本身在保护与利用关系上的模糊性甚至矛盾性，也体现于检疫制度、人工繁育制度、食用管理制度和生物入侵管理制度等方面存在的问题。

野生动物管理法制存在诸多方面的问题，其原因主要体现在保护范围、监管职责和监管能力等三个方面。在保护范围方面，目前最为突出的问题是对受法律保护的"野生动物"的界定范围过窄。《野生动物保护法》将保护范围限定为珍贵、濒危的陆生、水生野生动物，以及有重要生态、科学、社会价值的陆生野生动物。这使得大量非珍贵、非濒危和非"重点"保护的野生动物都难以得到应有的保护。在监管职责方面，不同部门之间存在职责重叠的问题，有部门既承担管理又负责监督，出现"既做运动员、又做裁判员"的情形，这在很大程度上影响了《野生动物保护法》的有效实施。在监管能力方面，野生动物管理所涉环节众多，具有显著的跨地域性和很强的专业性。在实践中，专用标识制度并未得到有效实施，溯源管理也难以真正落实。发生此种状况，其中重要原因之一是监管能力不足。

野生动物检疫制度存在的问题主要体现在检疫对象、检疫标准、检疫方式和执法主体等方面。在检疫对象方面，首先根据《动物防疫法》和《动物检疫管理办法》等规定，检疫制度的适用对象主要包括国家、地方重点保护的野生动物、"三有"动物、人工饲养、合法捕获可能传播动物疫病的其他部分野生动物，由此可见，检疫制度的适用对象具有一定局限性；现行立法仅就染疫及实验室动物及其排泄物、染疫动物产品进行无害化处理作出规定，但由于部分动物的检疫空白以及来源不明，动物尸体存在乱丢乱抛和随意处置的情况，这可能成为引发疫情扩散的潜在隐患；在人工繁育等环节，很可能因管理不善而造成动物疫病的发生；在检疫标准方面，目前缺乏详细的野生动物饲养、防疫、运输、利用技术规范或标准，大多数野生动物（特别是陆生野生动物）的检疫缺乏专门的标准和方法，只能参照适用其同种类家畜家禽的检疫规程进行。在检疫方式方面，目前我国检验检疫部门对于如生鲜、肉类市场检疫往往采取抽查方式，对野生动物及其制品的抽检率较低，容易出现监管漏洞，且检疫制度尚未形成常规机制，采用事后监督方式，在问题出现时才进行检疫核查，导致产品安全性难以保障。在执法主体方面，根据《动物防疫法》，主管部门任命官方兽医是否坚持应为"在编在岗"人员以及"协检员"是否纳入兽医队伍，这些问题有待进一步明确。

就人工繁育而言，一方面是对野生动物人工繁育的种源管理规制不足。比如《野生动物保护法》规定，因物种保护的确需要采用野外种源的，经国家林草局或省级林草部门颁布特许猎捕证后可以猎捕野外种源。但仅以目的作为利用野外种源的条件，并不足以遏制非法利用野外种源的现象。现行法律并未明确规定物种保护目的的证明要求以及后续监督等内容，这为野外种源的非法利用留下可乘之机。另一方面是未建立人工繁育野生动物的全方位监管体系。对于人工繁育野生动物的产地、繁育方式、专业标识的颁发以及具体流向等事项，目前均未作出明确规定，这使得对非法利用人工繁育野生动物行为的规制力度大打折扣。

在食用管理制度方面，药用与食用之间存在不清晰的界限，药用与食用都是野生动物的商业利用方式，因此如不加强对野生动物药用活动的规制，则会带来较大的公共卫生风险，这与规范野生动物食用的理念有所背离。同时，目前关于规范野生动物食用的名录制度旨在防范公共卫生风险，保障公众生命健康安全，而其他的野生动物利用方式同样会存在该类风险。

关于生物入侵防范。在防控方式方面，对于有意引种的控制，我国尚未给予足够的重视。在监管制度方面，目前的侧重点在于防止动物传染病、寄生虫病和植物危险性病、虫、杂草传入或者传出国境，并非旨在防范生物入侵和保护生物多样性。即便是针对无意引种的检疫检验，在其中起到基础性作用的名录制度也存在局限性。在法律责任方面，缺少应有的法律责任约束，这使得法律的实施难以取得预期的效果。

三、基于公共卫生健康管理需求的野生动物管理法制之完善

以加强公共卫生健康管理为主旨，完善野生动物管理法制可主要从优化法律目的和原则、健全检验检疫制度、加强人畜共患疫病防控、健全人工繁育制度、完善野生动物食用管理制度、健全生物入侵防控机制、健全常态化监管机制等方

面展开。

（一）优化法律目的和原则

优化法律目的，应将保护优先、维护公共卫生安全的理念融入《野生动物保护法》的立法目的之中。在"生态文明"入宪的背景下，生态保护或者生物多样性保护的概念正逐步取代自然保护的概念，生态系统、生物安全和公共卫生安全受重视的程度与日俱增。在此背景下，野生动物保护法规体系亦需要适应生态文明法治的发展要求，除确立"保护优先""全面禁止滥食野生动物"等原则外，"生物安全"与"公共卫生"等观念也应当在立法中得以体现。此外，人类活动应当尽量避免对野生动物的栖息和生存造成影响，因此可以在野生动物食用的法规体系中增设"不可替代原则"，即"凡是可以有替代方案的，以商业生产为目的加工活动就不应当染指野生动物，例如在皮革加工、保健品及中药材行业"中，杜绝以牟取利益为导向的违法野生动物利用活动以及受食用野生动物陋习影响的野生动物滥食行为。因此，可以在立法目的中加入关于保障生物安全和防范公共卫生风险的内容，将《野生动物保护法》第1条修改为"为了保护野生动物，拯救珍贵、濒危野生动物，维护生物多样性和生态平衡，防范公共卫生风险，保障国家生物安全，推进生态文明建设"。

（二）健全检验检疫制度

健全野生动物检验检疫制度，应着重完善野生动物检疫法规体系，明确检疫方式与检疫标准，同时强化信息共享机制构建。应完善《野生动物保护法》《动物防疫法》《传染病防治法》《进出境动植物检疫法》等法律中的动物检疫制度，加快制定具有较高的科学性和较强的可操作性的检疫标准。应基于类型化方法，针对国家重点保护野生动物、地方重点保护野生动物、"三有"动物、人工繁育野生动物和普通野生动物分别制定检疫防疫规程。同时，野生动物主管部门应发挥牵头职能，建立野生动物疫病防控信息共享平台，相关部门通过平台及时更新并且查看最新的防疫信息。对不涉及保密内容的信息，应当向公众公开，以便更好地发挥公众监督的作用。

（三）健全人畜共患疫病防控机制

健全人畜共患疫病防控机制，应着重完善疫病疫源监测与报告，加强染疫动物扑杀管理，同时健全市场监管与应急措施。建议明确与野生动物疫源疫病监测防控体系有密切联系的国家机关的法律地位，赋予疫源疫病监测防控体系中的重要单位以检疫职权，例如可赋予熟悉野生动物的林草部门以检疫职权。同时，还应推动陆生野生动物疫源疫病监测制度与较为成熟的进出境动植物检疫制度、家禽及人工饲养动物检疫制度进一步衔接，细化陆生野生动物疫源疫病监测站与动植物检疫机关、动物疫病预防控制机构的法定职能，形成覆盖野生动物疫病调查监测、人与野生动物接触界面检疫监管、易感人群、免疫防治等多环节、全流程的疫病疫源监测制度，实现监控、处置与预警制度的衔接。应严格禁止单位及个人未经许可的扑杀行为。在扑杀措施施行过程中，野生动物主管部门、兽医主管部门及其所属的动物防疫监督机构应当提供行政指导和技术辅助。在人畜共患疫病暴发后，野生动物主管部门应当联合公安部门对疑似或确认为疾病源头或疾病传播中介的动物种群实行控制，并与人群隔离，但是不得对疑似对象进行滥杀。对于确认感染的野生动物，应当由专业人员在防护到位的情况下对其进行逮捕、医治，将诊疗、救治、免疫接种作为前置程序，在确认无法救治且采取扑杀之外的方式导致无法控疫的情形出现时，应向上一级行政主管机关报告，县级以上行政主管机关负有审查扑杀行为是否必要，防疫监督机构指导扑杀种类及确定扑杀范围。报告期间如出现应急状态，报告地主管部门可以采取扑杀、销毁等紧急措施。在人畜共患疫病出现后，应当根据具体情况，暂停可能成为传染或被传染对象野生动物相关的产业项目，并设定观察期，核验相关野生动物及相关人员的健康状况。在人畜共患疫病传播期间，暂不允许新产业项目进入市场，同时实行紧急状态下的特别许可制度。因人畜共患疫病暴发而暂停运营的产业项目，如因特别原因需要重新启动，适用特别许可制度的规定，缩短审批时限，并明确特别允许的几类事项。建议此类情形的适用范围包括：涉及人畜共患疫病科研的产业项目、涉及人畜共患疫病控制的产业项目和涉及一般药物生产的产业项目。对于因疫病控制原因，停工停产的产业项目，国家对停工期间的损失进行补偿，并设定相应的补偿标准。

（四）健全人工繁育制度

健全人工繁育制度，应加强野外种源利用管理，完善标识制度，加强科研及公益用途野生动物利用管理，同时明确许可申请人健康条件审查。应限制商业目的的人工繁育，强化对人工繁育野生动物野外种源利用的管理。只有在不存在人工繁育子代种源或是因技术等客观原因无法获得人工种源的情况下，方可允许凭借相应许可获取野外种源的方式。同时，还应当对因管理而受到影响的、已经取得人工繁育许可证的相关产业人员的补偿以及遗留野生动物的收容问题作出具体规定，尽量减少对相关产业者的损失。可以根据人工繁育野生动物的属性将其分配至有需求的科研机构、动物园，在不引发生物入侵的前提下，可在科学评估后放回自然。养殖产业如需转型的，应当逐一合理确定转型的时间表，必要时应给予相应的技术援助和资金援助。同时，应尽快推进实行名录中其他物种的标识制，已推行标识制度的先进经验可以在后续标识制度中得到应用，同时亦应关注不同物种繁育与利用存在的差异并做出个性化的设计。另外，建议在许可审批过程中，着重确保科研活动具有合法目的，不应具有商业目的；人工繁育种群数量应与科研目标保持一致。针对公益型野生动物人工繁育活动，则应采用野生动物原料及其制品的双重强制性标记化管理模式，保障采取原料的过程，不会危及野生动物种群利益，不会使野生动物群体被动增加被感染的风险，不具备成为疫源或疫病传播源的可能性；野生动物制品具有公益价值，且不具备成为疫源疫病传播源的可能性。同时，建议增加"许可申请人在申请时提交未患人畜共患病的检查报告，主管部门可对检查报告真实性进行核验。若未提交报告，罚款金额可以实际获利额度为标准进行确定。对于公益、科研性质的活动处以较低额度的处罚，对于经营获利性活动，处以较高额度的处罚。对因恶意隐瞒健康状况、未按要求进行检疫进而造成严重后果的行为，应依法处罚，并责令支付损害修复所需费用"的规定。

（五）完善野生动物食用管理制度

完善野生动物食用管理制度，应着重完善法规体系，理顺管理体制，完善问责机制和法律责任的规定。首先，应完善相关立法，明确法律责任。其次，在管理体制上，一方面落实"管监分离"的监管原则；另一方面需要建立统一协调的全范围监管体系。在法律制度方面，应建立全过程规制的野生动物行政许可法律机制，同时适度提升重点行政许可审批级别。各部门执法清单出台后，为维护清单的权威性、严肃性，保障其可实施性，可以引入定量化问责办法，完善野生动物保护方面的评价指标体系，明确地方政府及各级林业和草原部门、公安部门、海关部门、市场监督部门、生态环境部门的职权清单，健全行政追责机制。

（六）健全生物入侵防控机制

健全生物入侵防控机制，应着重健全名录制度，完善风险评估制度，优化引进许可制度。在进一步的立法及其实施过程中，应尽早形成一套完整的外来入侵物种名录。对外来物种进行科学鉴别，由专业机构确认外来物种归属的科目属种、生活环境、生长习性等；通过对外来物种的繁育能力、自然延续能力等因素进行分析，评估其引进、立足和扩散的可能性；分析物种引进可能引发的生态、社会和经济后果。引进许可制度应当包括申请材料、许可的形式、许可的内容、审批程序等方面。对现阶段有意引进外来物种的许可形式应当是审批，不宜采用备案形式。对于有意引进，应当实行严格的引进许可，只有对经风险评估能够排除入侵危险的外来物种，引进行为方可颁发引进许可证。

（七）健全常态化法律机制

优化实验用野生动物管理，加强动物园和养殖场野生动物管理，规范野生动物贸易活动，这是以加强公共卫生健康为主旨、加强野生动物管理法制的重要的常态化法律机制。对于实验利用后的野生动物，对于健康情况符合生存条件且放生不会对公共健康、其他动物健康或环境构成危险的实验动物，可以放生。在实验结束后，应当对实验动物进行救治，尽最大可能使之恢复健康状态，对于无法救治的野生动物，实行无害化处理，将实验动物隔绝在市场和自然环境之外，防控实验后可能存在的安全风险。实验后无害化处理的责任主体应当是实验室。建议对无害化处理的检验标准作出规定，在无害化处理完成后及时检验，对检验不合格的野生动物进行二次无害化处理。应明确要求保证设施与场所符合卫生健康预防的基本要求；未设置隔离场所的动物园区及养殖场，规划行政主管部门及城市人民政府园林行政主管部门不予通过动物园新建申请。应进一步完备野生动物园及养殖场建立野生动物养殖档案和统计制度。对于野生动物园或养殖场的野生动物，应进行备案，并由野生动物园或养殖场提供给地方野生动物行政管理部门该野生动物的常见疾病、传染可能性、治疗预案、医学处理方案等；地方野生动物行政管理部门需掌握备案野生动物检疫防疫标准，定期开展检查工作；畜牧兽医管理部门应当配备相应药物与医疗器械，定期开展应急演练。野生动物园或养殖场无法提供医学治疗、处理预案，或地方野生动物行政管理部门、畜牧兽医管理部门不具备能力掌握检疫标准、开展应急工作的野生动物的动物园或养殖机构暂不能引入养殖，以防止养殖过程中出现的意外情况。动物园和养殖机构应采取措施，防止动物逃离。同时应形成全方位、全链条的监管体系，重点加强对贸易终端的监管。对于合法经营销售的野生动物、野生动物制品或科研用途的野生动物，应当标明猎捕地或人工繁育地、运输及加工场所、主要经手人。由于野生动物非法贸易多为跨境行为，可以依托国际打击野生动植物犯罪联盟，建立国家、区域之间的执法合作联盟，共同应对非法野生动物贸易活动。

疫情防控中城市交通的作用和应对措施

郑　翔[*]

城市公共交通是为社会公众提供基本出行服务的社会公益性服务和重大民生工程。当下，我国应对新冠疫情的态度方式，已从疫情暴发之初的非常态应对，转变为常态化防控，再到"十四五"规划下总结强调的常态应急管理，"常态"思维已被认可接受并充分应用于实践之中。《"十四五"规划纲要》中提出，加快构建以国内大循环为主体、国内国际双循环相互促新发展格局，可见国家对我国未来五年发展的谋篇布局是建立在预测新冠肺炎将在未来一段时间内持续存在影响的基础上的，因此我国应将疫情防控纳入到全民生产生活的各个领域。

从城市治理的角度来看，新冠疫情属于突发公共卫生事件。一方面，城市人流量大，使得交通领域的疫情防控措施变得更为重要和突出；另一方面，相较于国家综合立体的交通运输体系而言，城市交通领域具有特殊性。城市交通的本质要求不仅仅是车辆的移动，而是服务于人的需求和支持城市的可持续发展。公共交通具有人流聚集、环境复杂的特点，与城市私家车出行方式相比，疫情时期易产生较高的病毒传播风险。城市交通疫情管控是整体疫情防控行动的一部分，也是疫情防控组织指挥的重要内容。

一、疫情防控中城市交通的作用

城市交通运输作为促进城市经济社会发展的重要公共服务产品，除了必须具备一般情况下保障人员出行、物资通畅运输的作用外，疫情时期还须承担阻断疫情传播的责任，且在必要时应对特殊区域（如疫情严重区域、边境口岸等）采取封闭控制措施。而二者在疫情突发的条件下可能具有一定的矛盾性，如交通虽然正常运行，但是有可能引发疫情传播、交叉感染的风险。因此，交通管理者必须统筹好疫情防控与满足正常交通需求的责任，使其形成均衡机制，保障城市正常的生产生活秩序。疫情防控中城市交通运输活动具有综合性：从运输指挥来看，应急指挥系统涉及的部门和领域多，职责分工复杂；从运输物资来看，既要

　　* 课题主持人：郑翔，北京交通大学副教授。立项编号：BLS（2020）B018-1。结项等级：合格。

保证疫情防控期间物资的紧急运输，也要保障普通民众生产、生活必需物资的正常运输；从运输流量管控来看，既要保证疫情防控人员、物资的急迫运输流（绿色通道）的通畅，还需要针对疫情防控特点实施果断的交通管制措施。这些特征使得城市公共交通的疫情防控工作难度加大，相关交通管控措施也会对现有的制度与理论基础提出挑战，现有相关交通管理规定必须做出必要调整。城市交通疫情防控的特殊性问题是研究的难点。

（一）城市交通的基本作用

城市交通是城市要素集聚与扩散的重要渠道与载体，城市群发展以高质量的城市交通体系为支点，主要体现如下：一是支撑经济运行，降低城市群空间组织的成本。城市交通作为紧密连接出行和物流的起终点与对外交通枢纽的终端环节，与整个城市群的发展水平和综合效益息息相关。二是服务城市主体的流动，支持人口出行与人才齐聚。城市的发展不仅受资本、技术、投资环境或者劳动力成本的影响，未来城市群的竞争更多强调人才的吸引。因此，便捷高效的城市交通支撑下的人力资本集聚，对重塑未来经济发展的空间格局至关重要。三是推动枢纽经济，优化城市群发展格局。交通枢纽是各种流的空间汇合体，支撑着聚流、引流、驻流和扩散辐射，优化区域经济要素时空配置，重塑产业空间分工体系，推动枢纽与周边地区融合发展，实现从"城市门户"向"城市客厅"的转变，带动城市群运行效率的提升。

城市与城市交通的目标是满足不同人群的需求、实现人民对美好生活的向往。人的多样化需求（以就业需求和生活需求为核心）是人口向城市集聚的必然结果。而城市交通是保障居民获得就业机会和生活服务的支撑，其质量高低直接关系到人民的生活质量。

（二）疫情防控中城市交通的作用

在疫情防控中，交通应发挥三大基础性作用：

1. 保障正常的交通秩序和疫情防控应急物资的通畅运输

在疫情防控特殊时期，应将重要生活物资纳入应急运输保障范围，落实"绿色通道"政策，确保物资运输车辆优先便捷通行，充分发挥交通运输对社会生产、生活秩序的支撑作用。履行确保医患人员运输车辆快速通行、医护人员及防控人员运送工作有序进行的义务，及时将患者、疑似感染者、境外人员闭环安全运送至医院或隔离点隔离、检查、治疗。应事先备置妥当运输的专用车辆，并在每次运送后进行全方位的消毒杀菌通风，将医护及防护人员、隔离人员、确诊患者、疑似感染者的运送车辆应区分开来，做到"专车专用"。尤其在运输过程中，疫情交叉感染的风险较大，须保证全程闭环无传染性。从疫情下应急保障运输的角度来看，城市交通相关管理者必须优化完善运输与物流系统，保障医疗防疫物资及时、充分供给，满足疫情时期的特殊需求。

2. 维护公共交通安全阻断病毒传播渠道

城市交通除了承担基本运输任务以外，不得不增加许多防控疫情的相关措施。针对本次疫情高风险性、高传染性的特点，公共交通应以防控病毒交叉感染，保障市民的生命健康为重点。在现有安检程序外，增加感染人员筛查措施，完善旅客体温检测措施，对交通工具及时通风消毒，为交通运输工作人员提供防护设备。在有条件的服务区、车站和机场等地应设置留观区和隔离区，一旦发现有感染迹象的人员，应严格按照防控程序第一时间留观、隔离和移交。

3. 采取交通管制措施应对疫情防控紧急情况

疫情防控中的交通管理，是一种特殊情况下的交通管理措施，必要情况下可以采取交通管制措施。采取交通管控措施，是在防控需求与交通需求二者矛盾性凸显之情境下，短期选择防控需求为主要目标，以保证交通秩序正常运行和有序运作。

二、疫情防控对城市交通运输的影响和现存问题

（一）新冠肺炎疫情对城市治理能力的影响

1. 对信息能力的影响

信息能力主要是指信息的收集能力、研判能力、传播能力和回应能力。在防控新冠肺炎疫情早期，在疫情研判预警、疫情信息发布方面显示出城市治理能力中信息能力还存在不足。信息能力考验着基层部门工作的扎实性、考验着政府层级部门之间信息传导机制的通畅性和及时性、考验着社会治理主体对社会信息正向反馈机制的有效性。

2. 对决策能力的影响

面对复杂局面进行科学决策是城市治理能力中极其重要的一环。科学决策需要符合社会经济发展的基本规律，需要提供让人民满意的公共政策。城市决策制定机制的科学性，决定着公众对城市治理的满意度和相关政策调节功能的有效发挥。科学决策能力，包括建立整体性、协调性、关联性的决策思维，避免随意性和碎片化的决策，决策部门之间需要分工协作，并完善重大政策风险评估机制和责任追究机制等内容。

3. 对实施能力的影响

现代社会领域逐渐细化，使得政府更强调部门之间的分工合作，社会和政府发展方向是更为精细化和专业化，因而实施城市治理决策需要面临更为复杂的问题。科学的决策需要及时的落实，决策实施过程考验着政府的管制能力、协调能力。在疫情防控治理常态中，不同治理主体必须能够迅速从"共建共治共享"转化为"联防联控联动"，形成共克时艰的强大合力。

4. 对监督能力的影响

完善的城市治理体系中应包括科学的问责机制和监督机制。在疫情实践中，出现了一些形式主义、官僚主义的监督，对基层防疫工作造成了干扰。需要健全监督制度，明确监督主体、监督程序和监督方式，形成完善的问责追责机制。问责机制和监督机制的设定，核心价值强调其强制威慑作用促使参与城市治理的主体积极地、全面地、妥当地履行其义务，重点不是对违反义务者施以制裁。

（二）疫情防控常态化城市公共交通运输存在的问题

1. 公共交通运营成本显著增加

公共交通运营成本显著增加，原因在于：一方面，在疫情防控常态化趋势下，人们选择在家工作或者需要居家隔离，城市人口的流动性会明显减弱。另一方面，出于安全考虑，会有较多人放弃使用公共交通，更多采用私家车或者使用自行车出行来避免和人群接触，导致公共交通使用人数减少。因为公共交通具有公益性，必须保障普遍服务，不能停止或减少运行以降低成本，而且还要增加对疫情防控措施的必要投入，这必然会增加运营成本。

2. 限制公共交通载客率难以满足城市居民节假日出行需求

在节假日，城市居民娱乐、旅游的出行需求暴增，这与因疫情防控需要而压缩的公共交通运力的差距较大，使得需求远远大于供给。例如在限制公共交通载客率的措施中，产生了车辆频次少，等候时间长等问题。因此，目前亟需解决的是在避免乘客相互传播病毒风险的前提下，适当增加地面公交和轨道交通的运输能力，满足居民特定时期的出行需求。

3. 公共交通的正常运转可能引发疫情扩大的风险

公共交通由于乘客的近距离接触和环境的相对封闭，如果管控不力，会增加疫情大面积扩散的风险。如何在有序流动中做好动态防控和科学管理、在确保公共安全的前提下，努力把疫情对公共交通的影响降到最低，稳步推进城市公共交通恢复正常运行是当前面临的重大挑战。

（三）城市新冠疫情防控中城市交通治理的主要措施

1. 落实城市公共交通防控措施

在疫情比较严重的时期，为有效防止疫情通过公共交通工具扩散传播，城市交通主管部门统筹公交、地铁运营企业严格落实防疫措施，并采用增加车辆投放、开行区间车、大站快车、压缩站停时间、缩小行车间隔等方式加强运力保障，对地面公交，轨道交通等客流情况实时监测，做好保通保畅。

当疫情防控转向常态化阶段，因逐步实现复工复产而导致城市客流量增加，为降低列车拥挤情况，提高乘客乘车的舒适度和安全性，通过创新网络化运营思路，优化网络资源配置和网络客流分析调度，制定出超常超强应对措施。

2. 根据疫情发展情况调整进出城市的交通管理措施

城市交通需要根据疫情发展情况调整相应的管理措施。特别重要的是，城市需要多措并举，做好境外疫情输入防控工作，全面筑牢疫情严密防线。城市交通管理者需要迅速行动，积极参与运输、组织保障及调度协调工作，担负起从境外返还境内的旅客运输保障任务，将疫情防控工作前移到国际机场国际码头、传染病隔离医院等地。

3. 在疫情防控常态化阶段做好疫情防控及复工复产货运保障工作

城市交通应全力支持重点地区物资保障，为运输医疗废物企业开通"绿色通道"，及时办理车辆登记和营运手续，提升运力，确保疫情期间医疗废物及时清运。积极推动货运企业复工复产，将各类工程所需建设材料纳入重点物资保障序列，享受高速公路免费通行等优惠措施。

4. 运用智能交通技术帮助疫情防控

为提高疫情防控措施的效率，城市交通领域广泛应用"互联网+"、大数据、人工智能、无人技术（无人驾驶、无人配送）等现代科技手段，例如使用健康码、客流实时监测系统，为掌握公众出行全程溯源和疫情防控精准施策提供技术支撑。

同时，有些交通业务在疫情期间采取"互联网+政务服务"的模式，进行"不见面"的审批工作，必须线下办理的业务，也通过采取网上预约的方式减少人员聚集。

（四）疫情暴发阶段对城市交通法律制度的立法需求

1. 城市交通疫情防控工作复杂需要协调规范

城市公共交通是一体化的复杂系统，从运输流量管控来看，既要保证市民的出行需求又要降低疫情传播的风险，还需要针对疫情防控特点实施果断的交通管制措施。从运营指挥来看，城市公共交通体系必须与复工复产、与疫区及社区防控等城市公共安全保障相一致，服从城市整体防控的需要，这使得公共交通疫情防控工作的难度加大。

2. 城市交通限行规则需要适当调整

一方面，城市交通管理部门应根据疫情因时制宜，变更交通管理策略，动态化调整城市交通出行供给能力，尽量保证居民出行的刚性需求。比较突出的问题就是在公共交通和私人自驾车出行方式之间进行平衡。

另一方面，在疫情暴发时期，由于人们出行减少，城市道路状况较平常道路状况良好。因此，就需要调整相关的交通管理措施，应放开私家车限行时间与限行路段的相关政策，满足居民出行的刚性需求。

3. 城市交通防控措施具体落实需要明确的制度保障

在城市尤其是特大城市中，新冠疫情的传播具有高度风险性和不确定性。关于防疫特殊时期拒不佩戴口罩等行为是否违反法律、违反何类法律，仍处于模棱两可之地带。实践中虽然已经基本实行"不佩戴口罩，将不得乘坐公交车、地铁、出租车等交通工具"的规定，但如何在相关法律制度中加以规范还需要探讨。

4. 疫情防控应急运输缺乏相关激励补偿机制

在城市封控状态下，疫情防控应急运输需要整合社会车辆资源及人才资源，并合理充分利用，以满足疫情时期的特殊运输需求，因此需要建立相关激励补偿机制，明确对征用的交通工具以及相关设施、设备给予补偿。为鼓励社会力量投入城市交通疫情防控活动中，还应该建立激励机制，给予相应的名誉和物质奖励。对配合交通防控措施，主动不使用城市公共交通工具，减少出行甚至不出行的个人，以及承受了其他财产损失的个人，也应该给予适当补偿。

三、疫情防控城市交通的治理机制和法律基础

（一）疫情防控城市交通的治理机制

1. 城市交通治理内涵

城市交通治理是城市治理中的重要组成部分，推进城市交通治理现代化是现实需要也是战略需要。城市交通治理是工程技术与社会问题的综合。城市交通问题要厘清政府、市场与社会在城市治理中的基本关系；关注由于金融、资本参与基础设施建设、信息技术革新，从而导致信息平台和网络支付等形式的建立和应用对公众交通需求、出行方式选择及交通工具使用的影响；除此之外还应重视，在无人驾驶技术发展的背景下，公众的出行行为以及交通组织模式的变化趋势等。

城市交通治理的基本思想是提高共建能力和共享水平。面向共建能力和共享水平提升，城市交通治理主要体现在三个层面：全民参与，构筑新型社会治理主体关系；共建机制，塑造新型社会治理结构模式；共享成果，追求新型社会治理目标。新时代城市交通治理应坚持政府主导下的合作协商、共建共享，推动政府职能转变，其实现途径可以归纳为：遵循城市发展的客观规律（包括城市发展规律、城市交通发展规律、交通科技开发应用规律等），建立价值导向的城市及城市群交通治理顶层框架设计理论；应用城市交通治理现代化理论和方法，采取信息化、法治化以及道德教育等手段，构建政府、企业、社会、公众等多元主体间价值—信任—合作新型权责关系；建立政府主导的交通服务提供与市场机制下交通服务生产的合作机制，以及保障服务质量的反馈机制；建立多元价值导向下交通治理绩效评估与公共利益调控、补偿机制。优化资源配置，促进交通服务公平

高效，以城市交通服务的均等化引导城市发展，最终构建全民共建共享的治理格局。

2. 城市交通治理模式

当前世界正面临着百年未有之大变局，在如此复杂和快速的发展变化形势下，单一的行政管理手段难以面对现实和未来问题的挑战，多主体参与的合作治理势在必行，城市交通治理模式正在由行政管理向合作治理转变。

我国行政边界在功能上是地方政府公共权利行使的绝对空间边界，在传统的城市考核体系及财税体制下，跨行政区的交通设施建设和服务对接协调难度极大。都市圈、城市群交通具有多利益主体、差异化诉求、多模式竞争-合作的特征，需要基于跨区划、跨系统的协调机制来应对利益诉求差异。在此背景下，应发挥市场逻辑，打破行政分割和方式界限，综合运用政府力量和市场力量推动交通共联、市场共构，实现城市群、都市圈范围内生产要素的高效运转和资源的合理配置。

3. 城市交通治理体制

城市交通治理体系和治理能力的现代化发展要放在国家发展和治理模式的改革中，特别是"央地关系"改革的大背景中，优化调整中央和地方的事权划分，建立规范化、法治化的央地权责关系。法治化是城市交通治理的重要保障，是合作治理模式中的重要依据和准则。城市交通治理的重点任务主要包括两个部分：

一是满足《交通强国建设纲要》"四个板块"在城市行政区内融合的相关要求。具体包括：①建设现代化高质量综合立体交通网络。地方相关主管部门应积极落实国家及省、直辖市的相关法律法规，做好综合交通体系的规划，促进铁路、公路、水运、民航等各种运输方式在行政区域内与城市发展进行融合；②构建便捷顺畅的城市（群）交通网。地方发展改革、交通等相关主管部门应积极在区域层面开展立法协作，更好地通过制度设计来协同解决区域交通一体化发展中的问题，促进城市（群）交通网的构建，从而带动区域经济的发展；③形成广覆盖的农村交通基础设施网。地方相关主管部门应从城乡一体化、城乡融合发展的角度出发，统筹处理好行政区域范围内建成区与农村地区设施与服务的衔接并注重公平性，以提升基础设施建设在乡村振兴中所产生的效益；④构筑多层级一体化的综合交通枢纽体系。位于城市行政区域内的区域性交通枢纽，往往涉及多层次行政权力（中央、省级政府和地方政府）、多地域市场主体和社会力量，在这类枢纽体系的形成和发展过程中，需要通过相互之间的互动和协作，制定相应的法规、建立相应的管理机构（管委会）来对其进行治理，以充分发挥综合交通枢纽与城市发展相辅相成、互相促进的正向互动作用。

二是根据城市自身发展特点，制定相应的法规保障并提升治理主体间的合作治理效能。地方立法权要在满足"不抵触"上位法的基本原则上，其行使需要与地方事权相匹配。

（二）疫情防控城市交通法律制度

1. 应对突发公共卫生事件的一般规定

自 2003 年"非典"疫情后，有关部门相继发布实施了《突发公共卫生事件交通应急规定》（2004 年）（以下简称《交通应急规定》）、《国家突发公共事件总体应急预案》（2006 年）、《国家突发公共卫生事件应急预案》（2006 年）（以下简称《卫生应急预案》）、《突发公共卫生事件应急条例》（2011 年修订）（以下简称《卫生应急条例》）等处理应急事件的规定；交通运输部等国家机构陆续制定并修改了《公路交通突发事件应急预案》（2009 年修订）、《关于道路运输应急保障车队建设的指导意见》（2011 年）、《国家城市轨道交通运营突发事件应急预案》（2015 年）（以下简称《城市轨道交通应急预案》）、《中国民用航空应急管理规定》（2016 年）、《国家邮政业突发事件应急预案》（2019 年修订）等交通领域应急管理的规定，逐步构建起我国应急交通预案规划体系。

2. 应对本次新冠疫情的针对性规定

为应对本次新冠疫情，国务院、交通运输部、商务部等多部门先后发布了相关文件，例如国务院《关于压实"菜篮子"市长负责制做好农产品稳产保供工作的通知》（2020 年 2 月）、交通运输部发布《关于切实保障疫情防控应急物资运输车辆顺畅通行的紧急通知》（2020 年 2 月），文件强调要切实履行好重点生产生活物资、应急物资等的运输保障工作职责，严格落实"三不一优先"和"一断三不断"的政策部署，对应急物资车辆实行"绿色通道"，第一时间协调解决应急运输车辆通行过程中面临的问题，保障应急物资车辆的快速通行。随后，交通运输部、国家卫健委发布了《关于切实简化疫情防控应急运输车辆通行证办理流程及落实对应急运输保障人员不实行隔离措施的通知》（2020 年 2 月），强调简化应急运输车辆通行证办理，力求保障"绿色通道"。

随着疫情发展态势的不断变化，交通领域相关安全防护措施的官方文件也同步建立更新。自 2020 年 3 月至 2020 年 6 月，在疫情的艰难攻关时期，交通运输部每隔一个月更新调整发布后的防控指南，例如，其印发的《客运场站和交通运输工具新冠肺炎疫情分区分级防控指南（第四版）》（2020 年 6 月）中详尽规定了城市公共汽电车、城市轨道交通、出租汽车和互联网租赁自行车关于消毒（频次与区域部位）、通风（间隔时长与方式）、运输拥挤度、人员防护（佩戴口罩与体温测量，以及工作人员使用防护手套）和宣传教育的标准与要求，便于各交通运输主管部门按照标准与要求认真贯彻执行。

国务院疫情联防联控机制综合组发布《关于进一步做好应对新冠肺炎疫情交

通管控与运输保障工作的通知》（2021 年 2 月），提出应及时向社会公众发布管控信息，分级分类做好交通管控工作，对中高风险地区严格交通管控，视疫情发展情况迅速暂停城市公共交通等运输活动，同时注意管控措施的规范合理性。若地区风险等级降为低风险，应及时解除交通管控措施，有序恢复通行秩序。

此次疫情应对更为突出强调科学防控的思想，工信部发布《关于运用新一代信息技术支撑服务疫情防控和复工复产工作的通知》（2020 年 2 月）提出，在疫情应对方面，应全方位、多层次利用大数据等信息技术，对疑似新冠患者、密切接触者进行科学追踪、监测与分析，对应急防疫物资进行统一调配、统筹优化等；在民生保障方面，应完善智慧交通物流配送体系，保证居民生活必需品的足量供应。国家卫健委发布《关于加强信息化支撑新型冠状病毒感染的肺炎疫情防控工作的通知》（2020 年 2 月），强调应加强部门间的信息共享与信息沟通，从而形成多方数据的汇集、分析与反馈机制。国务院发布《关于做好新冠肺炎疫情常态化防控工作的指导意见》（2020 年 5 月）明确要根据疫情不同发展阶段、不同地域，调整完善应急防控预案及相关配套方案，提升应对能力；工信部《关于进一步做好新型冠状病毒肺炎疫情防控工作的通知》（2020 年 2 月）亦强调对于已制定的应急预案，要组织好相关技能培训与演练，从而能在突发卫生事件发生时，及时采取应急措施，迅速、准确切换城市交通运转模式，实施精准防控，增强城市交通韧性。

（三）疫情防控中城市交通治理的经验

在疫情防控期间，城市交通治理体系在应对突发卫生事件带来的挑战时，发挥了重要作用并为实现交通治理现代化积累了经验：

1. 坚持以人民为中心的治理理念

在党的集中统一领导下，以人民为中心的发展思想在城市交通中也得到贯彻。从交通疫情防控措施中可以看出，所有防控措施的出发点都是为了保障人民群众生命安全和身体健康。在疫情严重阶段，采取必要的交通管制措施有效地防范了病毒在城市中的扩散，提供及时有效的交通服务运输防疫物资，在保护人民生命安全的同时，及时满足人民正常的生活需求；在疫情进入常态化时期，交通运输部门从公众的交通服务需求出发，设计交通服务内容、优化交通服务供给，提高人民群众的满意度。

2. 采取共商共建、共治共享的治理结构

城市交通部门深刻领会国家疫情防控工作的重要精神，服从国家疫情防控的统一安排，充分发挥交通管理的自觉性，认真落实疫情防控各项工作，形成了疫情防控的有效机制。城市交通部门动员并协调公交、轨道交通、出租车、长途客运、货运等多方面社会力量，配合公安、卫生等部门工作，鼓励货运企业复工复产，组建包括社会力量在内的应急保障队伍，将政府力量和市场力量有机结合。另外，还应注重发挥行业自律、智库咨政、公众参与等方面的积极作用，形成共商共建、共治共享的交通运输治理结构。

3. 形成系统科学、协同顺畅的治理机制

为保证疫情防控措施在法治轨道上正常运行，交通运输部门不仅依据我国已有的疫情防控相关法律制度进行交通运输治理，同时在疫情防控过程中注重及时制定地方相关规范性文件。通过依法决策、科学决策，将疫情防控和交通运输保障措施上升到制度和法律政策层面，形成了系统科学、相对协同通顺的治理机制，使得参与疫情防控的各个主体能够在法治轨道上有条不紊地开展工作。

4. 运用高科技技术提高治理能力

为交通基础设施数字化建立统一的标准体系、提高数据云脑能力、提高智能化水平，逐步推动"标准统一、设施统建、数据统合"三个统筹，建设"智慧交通基础设施、智慧交通数据云脑、智慧交通应用场景"三大体系，促进城市智慧交通由传统要素驱动向数字创新驱动转变，由服务单一行业发展向服务综合交通发展转变，由服务运营管理向服务公众出行转变，构建更安全有序、更精准高效、更便捷舒适的城市交通运行体系。

四、疫情防控中城市交通的应对措施

（一）提升城市交通治理能力

1. 明确不同价值目标冲突时城市决策的考量标准

城市治理重大决策往往需要在极其复杂的情况下做出，需要在掌握尽可能多的信息基础上形成科学、合理、有效的对策方案，压力之下的决策需要高瞻远瞩的大智慧，还需要透过现象看本质的洞察力，需要敏锐掌握事物发展规律的理性。在多个决策方案进行取舍时往往涉及城市治理基本目标的冲突，疫情防控就是在经济发展和生命健康两个最基本目标之间进行权衡。要提高决策能力，应形成科学决策的理性标准，考虑决策的相关因素，特别是价值理念的考量的权重标准，折算成科学的数据比较，"用数据说话、靠数据决策"。并且建立对应的关键数据，如死亡人数、环境污染指数等达到标准后就可以自动启动应急保障机制，避免人为操作的失误。

2. 完善共商共建、共治共享的多元共治理结构

城市公共事务治理的主体包括政府组织、市场组织和社会组织。城市治理包括狭义上的三个层面治理，即政府治理、市场治理和社会治理。推进城市治理结构合理化，从宏观社会治理结构来看，应合理划分政府组织、市场组织和社会组织在社会治理中的权责边界，构建现代社会治理主体的组织结构。

3. 在平时常态化机制和战时机制之间建立有效转换机制

城市运行体系是一个复杂的巨系统，集成不同结构与功能、不同系统与要素、不同矢量与变量，其功能和性质都日趋复杂而精微。城市治理机制需要形成全周期的治理理念，把握现代社会系统化运行的特点。治理主体必须建立全过程、全要素的观念，对治理对象初始生成、成长演进直至终结退出全方位进行治理。将理念、目标、组织以及规则进行统一，由此建立集成化的治理体系，形成平时常态化机制和战时机制之间的有效转换机制。

4. 运用高新技术推动城市治理能力的创新

推进城市治理体系和治理能力的现代化，运用大数据、云计算、区块链、人工智能等前沿技术推动城市管理手段、管理模式、管理理念的创新，创新是必然要求，从而推动城市治理从数字化到智能化再到智慧化。因此，应打破传统城市管理部门和行政区划之间的界线，推动政务数据资源整合和开放共享，建立信息资源目录体系和政府数据采集机制。

（二）疫情暴发阶段城市交通法律制度的设计

1. 明确紧急情况下的交通救助原则

（1）就近救助原则。当发生需要临时封闭疫区等交通紧急情况时，应通过实时监控可视化的交通应急指挥调度平台，指派附近路面巡逻的交通警察在第一时间赶赴现场进行先期处置，采取转移病患、疏散公众、保护现场、设置警示区、交通管制区和终止区等措施。通过智慧交通系统，对相关信息实现实时记录和技术反馈，为事后追踪感染人员提供有效依据。

（2）协调联动原则。在疫情防控中心体系中，要在组织指挥、信息共享和任务行动等方面实现高度联合、整体互动。城市疫情应急处置往往涉及公安、交通、卫生等相关政府的职能部门，当遇到需要协调联动的情况时，交通部门除依职责指挥先期处置外，还应当申请启动相应的应急指挥预案，由应急指挥系统向各联动协调部门发出指令，具有处置该类突发事件职责的相关职能部门和应急联动单位，在指挥中心的统一指挥、调度下，按照"谁分管，谁负责"的原则，迅速指挥、调度本单位应急力量和资源，密切配合、协同应对，快速、高效地处置疫情。同时应发挥交通信息平台作用，实现道路交通信息的实时传输，掌握全市主要节点的交通状况。明确任务分工，合理疏导交通流向及流量，维护交通秩序。

2. 依法制定全面性的应急交通规划

城市交通要发挥疫情预防先行官的作用，迅速与国家相关机构实现信息互助共享，绘制疫情感染分布图，鼓励引导居民在感染者病情未明的情况下，减少出行，缩小出行范围，避免人流过度聚集，引发病毒传播和交叉感染的风险。对于居民出行的刚性需求，除引导居民尽量选择私人交通工具或慢行交通方式外，应提供必要的公共交通出行方式，变被动防疫为主动防疫。

应于疫情暴发时构建好疫情风险指标评价体系。在保护个人隐私的原则下，利用大数据技术，通过移动网络与随身通信设备收集、分析、甄别感染者的数量、活动轨迹、长期生活住所、病情变化情况等疫情指标，精准定位、追踪防控对象，高效传递防控信息，实施疫情动态数据精细化管理。合理动态评估疫情高风险人群、社区和区域，经评估对不同地区划分不同风险等级，按照所评估风险等级对各地区实施差异化管理。

3. 对特定区域采取必要的封控措施

封控措施的施行，有利于短时间内大幅度减少疫情扩散的速度。疫情传播过程中，病毒扩散时长是一个重要因素，若通过实景演练、交通应急管制预案等方式，需要预先做好应对准备，尽可能缩短疫情反应时间，则在很大程度上能减少疫情传播的风险。应于重点地区完善疫情防控信息平台建设，对于已采取和将采取的封控措施，加强实时研判，动态调整封控措施，适时满足必要的防疫要求，一旦具备解封条件，应及时恢复城市基本交通运输服务，满足居民生产生活需要。

（三）疫情常态化防控阶段城市交通法律制度的设计

建立全方位管控网络实行流量管控；发展定制公交，优化公共交通运营组织；加强司乘人员的体温监测和车辆的消毒通风；建立疫情防控所需的信息追踪机制；制定多种应急公共交通运输预案，完善相关应急措施。

（四）建设智慧交通系统回应疫情防控需求

1. 应急状态的智慧交通指挥体系

交通运输在现代城市中呈现出多基点、多方向的立体辐射状态，应对疫情的紧急运输流不可避免地会出现与社会车辆、民众出行等交通流交织融合的情况。因此交通部门应统筹考虑防控网络，协调统一疫情交通管制力量与应急系统，促进应急指挥、保障计划与决策、信息掌握与处理等各个环节形成有效的协同机制，确保信息完整透明、决策及时科学、指挥控制高效。

2. 疫情常态化阶段发挥智慧交通的作用

打破数据壁垒，保持城市间数据资源共享，构建"十四五"规划下"城市—都市圈—城市群"的协调联控机制，保障居民健康出行及复工的便利性与安全性。进一步升级交通运输信息系统的数据收集、分析技术，以便有效预测疫情未来发展趋势，健全与国家卫健委、疾控中心、公安系统以及各大通信运营商的信息共享与信息沟通机制，与民生企业建立长期良好合作机制。

（五）建立适当的交通管制补偿措施

疫情防控交通管制的实施，依靠的是全社会被动无条件接受，受到影响的民众不得不自我承担相应损失。为提高市民遵守交通管制措施的积极性，可以考虑建立适当的补偿机制，如对利益受损人或组织给予保险优惠、减免车船税等适当补偿，同时明确补偿人群、补偿标准和相应的补偿程序。

五、结论

在疫情防控常态化下，为保证城市出行的畅通与安全，需要在总结疫情防控经验的基础上，由政府和社会共同行动，推动完善城市交通的应对措施，最终定型上升为相关法律制度，从而促进城市交通法律制度在新态势下的新发展。

疫情防控中城市交通的作用和应对措施

丁海俊*

一、研究背景

2020年初暴发的新冠肺炎疫情是对我国治理体系和治理能力的一次大考。城市交通在出行特征和出行需求方面均出现了变化，并在疫情不同阶段承担着重要作用。城市交通在疫情高发期，既要阻断疫情传播，又要保障必要出行和重要物资运输；复工复产后，要保障复工复产通勤需求，同时继续防止聚集感染；疫情稳定后在保障必要出行需求的同时还要通过刺激弹性出行需求等形式支撑和服务城市经济恢复。习近平总书记多次对疫情期间城市交通系统运行及管理、法律法规建设等方面提出明确要求。习近平总书记于2020年2月21日在中共中央政治局会议上指出：复工复产，交通运输是"先行官"，必须打通"大动脉"，畅通"微循环"。2020年2月23日在统筹推进新冠肺炎疫情防控和经济社会发展工作部署会议上指出：建立交通运输"绿色通道"，多措并举保障重点地区医用物资和生活物资供应。2020年3月4日在中共中央政治局常务委员会研究新冠肺炎疫情防控和稳定经济社会运行重点工作时指出：在人员流动引导、交通通道防疫、企业复工复产等方面加强协调联动。2020年2月5日在主持召开中央全面依法治国委员会第三次会议时指出：从立法、执法、司法、守法各环节发力，全面提高依法防控、依法治理能力，为疫情防控工作提供有力法治保障。随着《民法典》和《交通强国建设纲要》等交通行业一系列纲领性文件的颁布，法治交通建设已经提上日程，建立疫情期间的城市交通法律法规体系十分必要。

本研究通过分析疫情各阶段城市交通运行特征和出行需求，梳理疫情防控中主要城市交通运行管理措施，研判在突发事件下城市交通系统各阶段作用及主要措施。同时，随着《民法典》的颁布和《交通强国建设纲要》等交通行业一系列纲领性文件颁布，法治交通建设已经提上日程，梳理既有城市交通和疫情防控

课题主持人：丁海俊，北京航空航天大学教授。立项编号：BLS（2020）B018-2。结项等级：合格。

法律法规体系，结合本次疫情防控中城市交通在法律法规和应急保障方面的问题，研究突发公共事件下城市交通法律法规和应急体系保障，从立法、执法、司法和守法等方面提出建议。

二、国内外研究现状

疫情下主要城市交通出行特征及主要措施：作为疫情防控的重要组成部分，各个城市的交通系统采取了一系列应对措施，抑制疫情的迅速扩散。通过梳理国内主要城市和一些国际城市的经验，主要措施集中在实施交通工具的疫情防控、通过交通需求管理、调整运营、价格调节等方式引导居民选择出行方式，减少不必要出行，同时为医务人员和物资运输等必要出行提供保障。

疫情下城市交通法律法规及相关规章制度：已发布的与疫情和城市交通相关法律法规主要有 19 项，共涉及 5 类。其中法律 4 项、行政法规 7 项、地方性法规（以北京市为例）2 项、部门规章 3 项、规范性文件 4 项。发现我国城市交通在疫情防控方面的法律法规体系已基本建立，这些法规制度为城市交通管理部门、运营企业做好疫情防控，保障必要出行提供了相应的法律依据。但在此次疫情防控中，也体现出需要加强城市交通的法律顶层设计和部分法律法规需要制修订这两项问题。其中，在加强城市交通的法律顶层设计方面，从梳理出的法律法规中可以看出，现状法律法规主要集中在交通运输各行业，涉及城市交通的法律法规主要集中在车辆和场站等方面，且均为部门规章，法律效力有待提升。另外，在法律法规内容方面，虽然北京等地针对停车等发布了一些地方性法规，但由于发布时还未有疫情发生，其中不涉及疫情等相关内容。因此，亟待研究城市交通各行业疫情期间应急体系的相关内容、各行业疫情稳定期法律法规内容，并在此基础上，需加强城市综合交通体系法律法规建设。部分法律法规需要补充更新完善两个方面：一是现行法律法规和规章制度制修订年限较早，在交通运输大部制改革和地方交通主管部门机构改革下，部分条文在体制机制方面仍然采用机构改革前的划分模式，需要明确改革后各主管部门的责任和义务。如《突发公共卫生事件交通应急规定》（2004 年修订），随着机构改革调整，新技术和新形势的不断变化，预案内容需进行更新调整，相应的部门和配套保障措施需全面考虑。二是针对本次疫情防控中形成的相关指南以及出现的现状未有法律法规支撑的具体问题，有待梳理完善形成明确的法律法规体系。

三、疫情期间城市交通系统运行特征分析

城市对外交通出行总量减少，航空、铁路、公路对外客运量下降，疫情期间，城市对外交通航空、铁路、公路等出行总量呈现下降趋势。以北京市为例，2020 年 2 月全市对外客运总量为 1015.2 万人，而 2019 年 2 月全市对外客运总量为 5206.3 万人。公路、铁路和航空降幅分别为 44.5%、47.8% 和 43.3%。城市内部交通出行特征呈现变化：一是公共交通出行量锐减。受防疫要求和乘客出行的心理影响，北京市轨道交通最大满载率控制在43%，公共汽电车2020年3月同比下降70.03%。二是步行、自行车出行比例上升。由于步行和自行车出行的独立性，受到了短距离出行者的青睐。以北京市自行车专用路为例，2020年3月，自行车专用路恢复至常态值的80%。2020年5月中下旬，早高峰骑行量突破常态，达到2000辆。受多个因素影响，道路交通运行压力面临挑战。以北京市为例，疫情初期（2020.2—2020.3）和二次疫情期（2020.6—2020.7），出行量减少，道路拥堵指数下降，拥堵持续时间下降。而在疫情稳定期（2020.4—2020.5），防疫措施步入常态化，生产生活逐步恢复，通勤和弹性出行需求增加，加之受不限行措施和出行者疫情期倾向选择小汽车出行等因素影响，高峰期道路交通指数迅速增长，拥堵时间增长。疫情期间城市交通面临的挑战分析：通过梳理北京、武汉等主要城市疫情期间小汽车限行，优先发展公交城市交通系统运行特征，全面系统总结疫情期间城市交通面临的问题与挑战，主要体现在以下几个方面：出行保障与防疫双重任务对公共交通服务水平提出了更高的要求、个体出行方式的变化对缓解城市交通拥堵的挑战、步行自行车出行比例的提升对推进绿色出行服务提供机遇、居家远程办公对交通需求管理提出新的要求、社会经济恢复推动新基建和智能交通发展、非常态下城市交通管理对法治交通和交通应急体系建设带来机遇。

四、法律法规保障

基于城市交通在疫情防控期间的作用和应对措施，梳理本次疫情期间城市交通在应急体系和法律法规方面的经验与不足，分别从立法、执法和司法、守法几个方面提出法律法规的保障建议。

（一）立法建议

需要加强疫情防控期间城市交通法律法规层面的顶层设计：一是制订和修订城市交通相关法律法规。针对不同城市交通方式以及综合交通体系建设，梳理总结现有法律法规，研究建立法律法规的必要性，对于确有必要制定法律法规或采用专门制定部门规章的需要予以规定。二是建立健全城市交通应急管理法律法规体系。从疫情防控、出行保障、复工复产等方面综合考虑疫情期间出现的问题，同时结合本次疫情中发布的各项交通疫情指南、流程等文件，进行城市交通应急法律法规顶层设计。三是补充完善自然灾害、重大事故、社会安全事件等不同类型突发事件的城市交通应急管理法规制度。补充完善既有法律法规内容：梳理现有的《国防交通法》《突发公共卫生事件交通应急规定》等法律法规，研究疫情各阶段保障必要出行、行政征用流程、机制和补偿以及应急管理机构工作机制、行政赋权、科技支撑人物溯源等问题，对切实可行的措施建议制修订相关法律法规。建立健全城市交通热点问题法律法规体系：一是为各种交通新模式提供法律法规保障；二是加强数据共享的法律法规建设。

（二）执法监督和司法建议

依据需求平衡刚性与弹性执法：分析疫情各阶段城市交通治理中呈现的新变化、新需求，研判特殊需求下行政执法可能存在与平日执法的矛盾，明确刚性执法与弹性执法的适用条件和范围，对于确实需要弹性执法的领域适当放宽执法力度。实现行政执法力度与温度的协调统一，推进城市交通治理体系和治理能力的现代化。如在疫情期间，应适当鼓励个体化出行，增加停车位，需适当保障出行停车需求，与平日严格的刚性停车执法存在矛盾，疫情期间需适当放宽停车治理的刚性执法，在确需保障临时停车位的区域上，需要在保障法律权威的基础上，适当采取弹性执法。司法层面保障合法和权威，梳理总结城市交通在疫情期间出现的需要司法程序支撑的问题，研究在疫情紧急状态下对违法行为实施有效控制的司法程序和措施。包括司法机关参与处置突发事件的授权，对行政权力的监督，以及突发事件下司法保障等内容。

（三）守法建议

探索建立疫情信用系统，基于交通大数据对高风险人群进行实时监测，将监测结果与居民及车辆在疫情期间的出行申报进行比对。研究建立信用等级评价指标和评价体系，基于比对结果，对居民及车辆的信用等级进行评级和更新，并实时反馈给疫情信用系统。建立健全褒扬诚信、惩戒失信的机制，通过信用记录和信用信息，对参与信用评价的个人、车辆及企业等实行信用奖惩。

疫情暴发对物业管理带来的挑战及立法建议

高喜善*

一、研究背景与研究意义

（一）研究背景

1. 新冠肺炎疫情暴发且当前疫情进入常态化时期

2020年初，新冠肺炎疫情在武汉暴发，肆虐全国。新冠疫情的暴发对全国经济造成了巨大冲击，对各行各业以及人民的日常生活和身心健康也造成了重大影响。为避免病毒传播，北京市各相关单位及时发布了战时状态令，各小区严格实施封闭管理，小区物业服务的重要性凸显。疫情暴发初期，物业服务企业也面临着前所未有的挑战，由于正值春节放假期间，部分物业人员均已休假回家，在严重缺乏人手的艰难情况下，实施小区封闭管理，需要定点加班进行体温检测，帮助业主采买生活用品、药品等工作，疫情期间非常态的封闭管理，不间断地对环境进行消杀，不论是从工作量，还是在人力、物力及管理能力、管理机制等方面，物业服务企业都经受着严峻的考验。当前，各地新冠疫情进入常态化时期，物业服务企业仍然经受着更多的挑战。

在新冠疫情常态化情况下，物业服务企业防疫工作已经常态化。主要有以下几个工作要做：首先，加强小区门禁管理，采用了人脸识别系统出入小区，部分小区利用红外线测量出入人员的体温，并利用大数据系统实时追踪出入人员行迹。其次，定期对小区所有公共区域进行酒精消毒，在电梯内安放卫生纸和废纸篓，坚决避免电梯内人员的间接接触。最后，协助业主利用生活APP进行线上采买，服务人员进行送货上门。

2. 北京市政府出台了新的《北京市物业服务条例》

2020年3月27日，北京市第十五届人民代表大会常务委员会第二十次会议通过了《北京市物业服务条例》（以下简称《条例》），并已于2020年5月1日

---

* 课题主持人：高喜善，北京市房地产法学会副会长。立项编号：BLS（2020）B019。结项等级：合格。

起施行。

首先，把物业服务纳入社区治理体系。《条例》第3条规定：本市物业服务纳入社区治理体系，坚持党委领导、政府主导、居民自治、多方参与、协商共建、科技支撑的工作格局。建立健全社区党组织领导下居民委员会、村民委员会、业主委员会或者物业服务委员会、业主、物业服务人等共同参与的治理架构。

其次，创新性地提出了物业服务委员会的设立及其职能。《条例》第三节专门对物业服务委员会的成立及职责进行了规定。第52条是关于物业服务委员会组建的规定；第53条是关于物业服务委员会建立条件的规定；第54条是关于物业服务委员会如何产生的规定。

3. 北京市发布了《关于加强北京市物业服务工作提升物业服务水平三年行动计划》

2020年11月3日，国务院明确了"十四五"时期的社会治理目标，要求完善共建共治共享的社会治理制度，加强和创新社会治理。化解纠纷、解决矛盾是社会治理的应有之义，是社会治理不可或缺的内容。要加强和创新社会治理，必须加强纠纷解决机制的构建，形成具有中国特色的矛盾纠纷多元预防调处化解机制。

为构建党建引领社区治理框架下的物业服务体系，切实提升物业服务水平，建设和谐宜居社区，北京市发布了《关于加强北京市物业服务工作提升物业服务水平三年行动计划》（以下简称《提升物业服务水平三年行动计划》），提出了物业服务工作提升服务的目标，物业服务体制机制基本健全、政策标准体系基本完善，使得物业服务领域的突出问题得到有效治理，党委领导、政府主导、居民自治、多方参与、协商共建、科技支撑的工作格局基本形成，物业服务水平显著提高，群众满意度大幅提升。《提升物业服务水平三年行动计划》要求2022年业主委员会（物业服务委员会）组建率、物业服务覆盖率、党的组织覆盖率都达到90%以上。

当前各小区都遵循《提升物业服务水平三年行动计划》的规定，进行物业服务体制机制的改革，各小区在街道社区、党建引领下，都成立了业主委员会或物业管理委员会，使得小区业主无人维权的状态得到改善，也使小区环境大有提升。

（二）研究目的及意义

本项课题研究的目的在于分析疫情暴发对物业服务行业造成的影响，分析由此带来的问题与挑战，并提出相应的立法建议。该研究的目的主要有：

1. 有效应对疫情暴发等突发公共事件，保证人民群众生命财产安全

突发公共事件暴发给物业服务带来很多问题和挑战，作为物业服务企业，如何及时应对、从容应对，需要有一套相应的体制机制。通过此课题研究，设计相应的体制机制法规，从而保证物业服务企业能够从容应对突发性公共事件，保证人民群众的生命财产安全。

2. 提升物业服务水平，使小区更和谐宜居

物业服务问题一直是投诉最多的领域。物业服务企业与小区居民的矛盾层出不穷，装修监管不到位、绿化保障不到位、车位收费、公共收益等矛盾时有发生，物业服务企业的经营也举步维艰，通过课题研究，结合疫情期间党建引领的经验，提出一系列相关政策建议，有助于提升物业服务水平，营造和谐宜居的住宅环境。

3. 完善相关法律法规，规范物业服务行为

通过课题研究，梳理当前新冠疫情应对下，物业服务中存在的问题，提出相应的政策法规建议，形成物业服务的长效机制，为进一步规范物业服务行为打下基础。

二、疫情期间北京市物业服务现状

（一）相关物业服务的立法现状

我国物业服务始于 20 世纪 80 年代，这意味着我国真正开启了物业服务发展的新时代。随着市场化经济与城市建设的快速发展，住房管理体制也相应做出了重大改革，《物业服务条例》《前期物业服务招投标管理暂行办法》《物业服务收费管理办法》和《中华人民共和国物权法》等法律法规相继出台。

近年来，业主群体自治能力明显增强，一些地区开始尝试业主大会法人化，加之政府放开物业服务价格以及取消资质审批等政策的实施，都对行业市场化进程产生了重要影响，进一步推动了物业服务模式演变升级的进程。

北京市政府于 2010 年 4 月颁布《北京市物业服务办法》，旨在规范物业服务活动，维护各方合法权益。自 2012 年以来，北京市先后发生海淀区西山美墅、海天中心，东城区本家润园，朝阳区大西洋新城等因新老物业服务企业交接产生的业主集体上访事件，严重影响社区稳定。北京市物业服务行业存在以下问题：①物业服务企业数量多、规模小、素质低；②业主大会成立难、运行不规范；③专项维修资金管理体制不顺；④物业服务费用受指导价刚性影响，市场调价难以进行，物业服务企业经营困难；⑤物业项目接、撤、管不顺；⑥部分房改房等老旧小区无人管理。

2020 年北京正式将物业服务条例列入地方五年立法计划。北京市第十五届人大常委会第二十次会议表决通过了《北京市物业服务条例》（以下简称《条

例》),开启了"党建引领+社区融合"改善小区物业服务的时代。

(二)疫情期间北京市物业服务现状

本次疫情属于突发公共卫生事件,具有突发性、复杂性、难以预测性等特点。疫情事发突然加之正值春节假期期间,无业人员返乡后难以复岗,使得物业公司面对疫情显得措手不及,物资储备不足,防控手段也不够规范。

面对新冠疫情,党中央高度重视,采取了最严格、最全面、最彻底的防控措施,有效防止了疫情扩散。社区是"内防扩散、外防输入"的重要防线,让社区网格化管理的效果有效发挥,离不开直接服务小区的物业。物业公司也立即响应号召,经受住了疫情的考验,涌现出不少可歌可泣的"物业英雄"。

抗疫取得阶段性成果得益于北京市出台《关于加强北京市物业服务工作提升物业服务水平三年行动计划》,使得物业服务公司与社区、街道密切配合,尤其在《北京市物业服务条例》中将物业服务纳入社区治理体系,形成党委领导、政府主导、居民自治、多方参与、协商共建、科技支撑的工作格局,建成了包含居民委员会、村民委员会、业主委员会或者物业服务委员会、业主、物业服务人等共同参与的社区治理体系与治理架构。

在此次抗疫过程中,北京市物业服务工作在如下几个方面可圈可点:

1. 积极做好宣传工作

新冠肺炎疫情暴发让物业服务行业在突发事件中应急响应能力得到提升,专业服务价值得到提高,舆论宣传工作得到了检验。突发公共卫生事件出现以后,健康教育和预防治疗显得非常重要。为了避免居民恐慌,需要及时疏导群众,对其进行疫情知识的宣传,普及防疫知识。因而做好宣传工作是抗疫工作中的重中之重。

一方面,加大疫情防控的宣传力度,这有利于科学宣传疫情防护知识、避免群众恐慌;另一方面,大力宣传物业服务人员投身抗疫一线的典型事迹,凸显物业服务人员的使命担当,让全社会更加深刻认识和理解物业服务行业在抗疫中的重要贡献和专业价值。

物业服务企业在出入口及显著地点张贴温馨提示,利用业主群发布疫情最新信息和防疫提示,制作社区疫情防控日报和物业美篇发布。对外来车辆及人员进出进行及时登记并记录测温情况、今日消毒等动态;通过互联网大数据、询问物业门卫和群众等多种方式查看有无从中高风险地区返回的居民,确保防控疫情宣传全覆盖、摸排无遗漏。

朝阳区管庄东里社区的物业工作人员上门进行登记排查,发放宣传资料,做好登记,及时上报,并将宣传资料张贴至各楼栋及居民楼门,有效做到社区全覆盖。保利物业通过公告栏、微信群、公众号、街道形成全方位的"四次宣传",

新旧方式结合，让居民充分掌握到疫情的最新动态，做好防范，并引导社区居民尽量不外出、不聚餐，不到人多拥挤和空间密闭的公共场所，务必佩戴口罩，切实做好个人卫生防护，增强体质和免疫力。

2. 强化小区公共卫生服务

疫情期间，物业服务企业对小区环境卫生服务，特别是电梯、楼道、生活垃圾、废弃口罩等防疫垃圾进行及时消杀。按规定每日都要进行若干次的消杀工作，这有效控制了病毒传播。以保利物业服务下的小区为例，病毒消杀工作实行小区大门、单元门和电梯"三道防护"。同时在各个门口铺设了消毒地毯、喷洒消毒液、放置免洗消毒洗手液等，将病毒层层阻隔在外。

除此之外，各小区物业还积极响应北京市关于生活垃圾分类的政策，这对防范疫情传播起到了重要作用。

3. 党组织带头抗"疫"，建设"红色物业"

党员坚持在第一线，党组织充当了"指挥棒""冲锋队"和"质检员"的角色，成为抗击疫情的主力军。党员同志带头做好人员登记、入户排查可疑病例、进行病毒消杀和分发物资等工作。在北京市密云区果园街道辖区，各"红色物业管家"积极发挥先锋模范带头作用，带动600余名物业工作人员积极投身防控工作，全力配合社区开展卡口值守、消毒消杀、防控宣传、协调保障等工作。同时，协助社区定期开展爱国卫生整治运动，打造干净、卫生、整洁的社区环境。

"红色物业"坚持以党建为引领，扩大物业服务领域党组织和工作覆盖面，着力解决居民群众反映突出的物业问题，构建起居民委员会、业主委员会、物业企业等多方协同、一体服务的体系，从而推动基层治理体系和治理能力的现代化。"红色物业"是中国共产党基层党组织在社区治理网络的融入与延伸，为党建引领社区治理提供了新的路径，为多元化主体参与小区治理提供了平台，为构建"共建、共治、共享"的社会治理体制提供了有益借鉴。

4. 积极打造"智慧物业"，让科技为防疫工作保驾护航

疫情期间，以智慧物业平台为技术支撑的"非接触服务"不胜枚举。长城物业运用了配送机器人、送菜车等高科技智能化设备，进一步减少人员接触，保证了居民安全。绿城物业通过其智慧园区服务平台，对1000余个小区启动了"封闭式"管理，"园区住户行程收集"线上调查工具累计收集近两万份反馈问卷，有效助力一线服务人员的排查工作，极大地降低了园区业主的感染率，也确保了其数万名在岗员工零感染。碧桂园物业服务借助智能安防监控云平台、智能门岗系统、物业信息化管理系统、业主 APP 等新应用，自动监控社区防疫消毒数据，并对车辆进行追踪管控，实现防疫智能化。恒大金碧物业同时与全国近

200 家蔬菜供应商合作，线上为近 75 万户业主提供新鲜蔬菜瓜果订购。

对物业服务行业而言，智慧物业普遍被认为将助力物业服务的转型和升级。长城物业负责人表示，过去几年智慧物业建设至少对行业产生了三个方面的影响：一是物业服务线上线下一体化；二是物业服务的范围和边界发生变化；三是改变了物业服务企业的组织方式。

三、疫情给物业服务行业带来的影响及困境

（一）疫情给物业服务行业带来了正面影响

1. 物业服务企业与业主之间的亲密度提升

为落实防疫工作要求，各物业服务企业根据小区特点采取针对性的防疫措施，这也得到了广大业主的充分认可和配合；疫情期间物业加强特约委托服务，企业员工主动为业主提供代购物服务；物业服务企业采取的防疫措施成为业主理当配合的内容，服从、尊重和融洽增加。即使物业服务企业有工作不到位的地方，业主也以宽容礼貌的态度或以委婉的语气提出。

根据保利物业北京区域公司提供的样本比例为 8% 的年度业主满意度调查，该调查表明，该年度业主对保利物业的满意度为 93 分，这足以说明物业服务企业和业主勠力同心，在一同抗"疫"的过程中，物业服务企业的作为得到了广大业主的认可，物业服务企业与业主的和谐关系得到进一步提升。

2. 物业服务得到业主和社会的广泛认同

在我国抗疫工作中，物业服务行业发挥了重要作用。安保、卫生、出入管理、宣传和保障民生需求等环节受到了极大重视和肯定。物业服务企业积极配合街道社区基层组织，在小区进出把控、体温测量、小区内消毒杀菌、防疫口罩药品发放、疫情登记上报、知识科普、广泛宣传协调沟通等方面承担了诸多基层组织的工作，在较大程度上减轻了基层政府的压力。疫情过后，政府及社会各界对物业服务领域的重视程度将进一步提升，行业的发展或面临新的机遇。如政府给予行业政策以倾斜、增加支持力度和对其进行正面宣传等，这些将有利于提升行业的社会形象和地位。

3. 疫情期间多元化服务为将来物业的可持续运营打下了基础

物业服务企业不仅针对此次疫情投入了很多的人力和物资，同时也让对物业服务企业的管理能力和应变能力得到了充分检验。很多物业服务企业在疫情期间调整自己的业务方向，生活类增值服务的比重在快速增加，如整合多方资源推广团餐、保险和贷款等线上业务。疫情为生活类增值服务带来新的发展机会，今后也很可能会形成消费习惯依赖，带来业务上的长期增长。

此次疫情是对物业服务行业管理能力的一次大检阅。物业企业的抗疫成果是不争的事实，这足以让优秀的物业企业得到民心，得到市场，占领更多的市场份

额，从而实现持续收益。

4. 智慧物业使民众重新审视物业服务的科技水平

由于用工成本的上涨和社会公共安全管理要求的提升，在疫情期间，一些物业服务企业只能通过人工智能产品来提供服务。智慧科技在消杀管理、出入管理和外来人员管控等领域上发挥了重要作用，也让居民刷新了对物业服务的认识，尤其对物业服务的科技水平有了重新认识，进而对物业成本的涨跌形成一个客观认识。

（二）物业服务行业面临的困境

1. 疫情期间物业服务企业运营成本上升

参与新冠肺炎疫情防控工作使得物业服务企业支出明显增加。物业服务企业身处防疫第一线，防疫人工、购买服务以及防疫物资采购等产生了很多额外成本。据调查，百家企业疫情期间综合总成本上涨为33.4%。

疫情对娱乐、餐饮、旅游等第三产业带来较大冲击，非住宅类物业服务收入将受到相应影响。疫情期间公共交通工具及餐饮企业运营受影响，直接影响员工的出行、用餐。餐饮成本和出行成本的增加，也增大了物业服务企业的成本开支。

作为劳动密集型的微利物业企业，在工作协调和资金落实上，均处于被动地位。例如，保利物业北京区域公司在地区40个项目投入了200万元；长城物业在地区70个项目中投资入了600万元；城佳物业在地区29个项目投入了290万元。

物业服务本身就是微利行业，成本激增对本就属于微利行业的物业服务企业带来了严峻的考验，而物业费水平受疫情影响，出现不同程度的降低。成本迅速上涨给企业带来明显的经营压力，62%的企业反映出现资金不足，现金流运转困难等问题。物业服务企业普遍反映，在防控工作中承担的工作与得到的政策及物资支持不成正比。

2. 疫情期间物业人员面临风险增大，人员流失严重的问题

调查显示，有26%的物业服务企业反映出现了人员流失的状况。物业服务企业除了要维持日常物业服务和企业经营工作的正常进行，还要完成额外的消杀、人员登记和测温等大量工作，特别是针对大量隔离户提供的送物资、扔垃圾等服务。由于春节放假及交通管制，员工无法及时复工，在岗人员超负荷运转。疫情蔓延和传播速度加快，员工面临的风险和内心的恐惧也大大增强。此次疫情中物业服务行业长期隐而未现的高危性得到充分显现。亲属不支持工作和自身压力与日俱增导致部分员工辞职，物业服务行业逐渐缺员。

人们在择业中对物业服务职业的认识更加全面，因而在抗击疫情中晚期和结

束后，许多物业服务企业可能会面临员工短缺的现象，其中影响最大的岗位是一线保洁和秩序维护人员，这势必给企业带来更高的经济成本，无论是加薪留人，还是高薪聘人，或是多渠道找人，以及后续的培训养人，这些显性和隐性成本必将大增。

3. 物业服务缺少政策支持和法治保障

面对疫情，各级政府部门对疫情防控、金融服务支持、减免税收、稳岗、中小企业扶持等发布了诸多政策和措施，但物业服务企业不在上述范围内，如物业服务企业不能享受"生活服务"免征增值税的税收优惠。虽然部分省市出台了物业服务行业的相关扶持和优惠政策，但仍尚未形成全国性的联动扶持政策。《北京市物业服务条例》中也没有明确在疫情期间对于物业服务企业给予政策上的支持。

疫情期间，物业服务企业承担着联动街道、管委会、派出所开展疫情防控宣传、公共区域防护、人员排查登记、车辆管控、体温测量、信息报送等联防联控工作，但物业服务企业实际上并不具备相应的法律法规支持或授权，难免遭遇部分业主质疑其行使权合法性等问题，从而引发矛盾冲突，加大工作开展和后期服务拓展延伸的难度。

垃圾分类及垃圾的管理对抗疫成功举足轻重。在非典型肺炎期间，某小区因垃圾道问题导致整栋楼住户感染了非典型肺炎。因此，现在的楼房都不再有垃圾道的设计，居民需自行投放垃圾。

2020 年 5 月 1 日起施行的《北京市生活垃圾管理条例》对物业服务企业提出了更高要求。生活垃圾未经及时清理会滋生更多病菌，不利于居民身体健康。物业服务企业要及时清运生活垃圾，在分类垃圾桶处安排值班人员，进行分类指导及监督垃圾投放是否符合要求。不符合要求则物业须进行二次分拣，增加了物业服务企业的成本。

四、应对突发性公共事件物业服务行业立法建议

（一）总结物业服务抗"疫"经验，建立共建共治共享社区治理体系

北京市的防疫工作得以有序进行并取得的显著成就，得益于在党的领导下政府联合社区、物业服务企业和居民，形成共同治理的体系。单一主体抗击疫情必定独木难支，必须形成一个上下互动的良性治理体系。在疫情防控期间，北京市政府积极发挥统筹协调作用，汇聚调动多方力量，筑牢社区疫情防控的坚实防线。

第一，要党组织领头，积极引导社会组织、社会工作者和社区志愿者更好地链接社会资源、提供专业服务、参与社区治理。全面推行网格化管理，推动服务、管理、资源、力量下沉，把基层各类网格整合成社区治理"一张网"，推进

社区治理向小区治理、楼门治理延伸。

第二，要总结疫情期间表现好的物业服务公司的经验，通过行业协会交流经验，探讨共建共治共享的社区治理模式，帮助物业服务公司提高服务水平。

第三，要严格按照国务院《关于加强和完善城市社区治理的意见》的要求，进一步探索、明确物业服务企业在社区治理中的功能定位、目标要求、责任权利、实现路径等，进一步压实社区对物业服务企业的属地管理主体责任，并配备专人负责指导物业服务工作，在物业服务企业建立基层党组织。将物业服务纳入社区应急管理体系，物业服务企业需要加强应急演练，加强传染病防护、环境消杀等方面专业知识和技能的培训。强化应急人财物的统一调配、统一组织、统一保障等。明确社区的主体责任、物业的配合责任，明确物业服务企业在社区管理中的功能区分、服务边界和责任清单。

（二）加大宣传力度，及时公开信息

北京市抗击疫情成效显著，社区的有效宣传工作起了很大作用。宣传人员及时科普，使居民能够正确认识到新冠病毒的传播途径。海报、手册、宣传标语、公众号、人员宣讲等宣传方式都能让居民掌握最新的疫情动态，从而加强自身防范。调查显示，超过90%的市民能够正确认识新冠肺炎的传播途径，95%以上的市民能够采取正确的防护措施，85%的市民对战胜此次疫情充满信心。这些成果的背后都是宣传人员的默默付出。从舆情研判到宣传定位，从材料开发到社会动员，从媒体传播到社区指导，他们用通俗易懂的形式引导全社会正确抗"疫"。结合疫情防控需要，紧跟舆论导向，博弈误区谣言；创造科普新模式、传递公卫正能量。广泛传播、精确传播，确保宣传工作无死角，公开透明，防止出现信息不对称的问题。

但是，疫情期间，因为小区封闭，信息不公开透明，民众频繁向12345投诉，这有损政府和物业服务公司的形象。应让居民掌握更多的公开透明信息，比如何时解除封闭、何时授予健康码、何时能返工等民生问题，这些都需要一一通知小区居民，拒绝遮遮掩掩从而影响政府和物业服务企业的信用。

（三）积极开展线上业务，打造智慧物业

疫情期间，无接触服务成为业主与工作员工安全的重要保障。许多业主迫于居家隔离难以保证基本的生活物质需求，此时物业服务企业的大数据平台、物业智能化互联网平台起到了关键作用。物业智能化互联网平台具体包括常住人员识别、电子通行证、出入扫码登记、核销体温测量、红外双目温感、体感设备、智能闸机通行测温设备、网上填报自身健康状况信息、口罩预约登记、疫情上报、项目排查、数据结果填报等项目。通过大数据平台，能够全面掌握较为精准的业主基础信息，对社区居民基本情况的摸排采集工作起到了极大的助力作用。这不仅减少了物业人员接触感染概率，也大幅提升了社区防控的工作效率，形成物业服务企业与社区的联防联动。未来随着疫情的常态化，我国老龄化不断加快，智慧物业必将有大的发展。

（四）尽快出台针对物业服务企业的补贴政策和减税政策

为打造良好的企业口碑，增加企业与居民之间的黏性，物业服务企业开始免费向居民提供增值业务，但却难以实现其经营目标。在疫情期间，相关防疫的物业服务收费也没有政策上的支撑。企业的物资采买成本、员工的加班费以及员工人数和员工通道的增设等各种成本增加，但没有得到政府的财政支持。

当前在北京市的《北京市物业服务条例》中，没有针对突发性公共事件补贴的具体标准，这不利于调动物业服务企业的积极性。而深圳市及杭州市政府已制定的物业服务补助政策规定，住宅小区物业服务企业可以得到为期 2 个月、0.5 元/平方米在管面积的财政补助，另外还增加了对老旧住宅小区及疫情防控中表现优秀的住宅小区物业服务企业额外的奖励。因此建议北京市政府按照此标准对物业服务企业进行补贴，这些补贴可以弥补物业服务企业的一部分防疫支出。

另外，因为物业服务企业是民生行业，是微利服务，建议对物业服务企业减免税收，减少企业缴纳社保的部分，以降低物业服务企业的运营成本，调动物业服务企业的积极性。

（五）编制紧急预案，将突发性公共事件措施常态化

虽然新冠疫情暴发于 2020 年，但此类突发性公共事件的范围应当扩大。政府应编制紧急预案，在面临洪水、地震等自然灾害及人为灾害时，物业服务企业需要明确知道该如何应对，提高处理的专业性，将处理突发性公共事件的应对措施常态化，定期组织灾害演练。并且政府应当交由物业服务企业一部分执行权力。

常态化应对突发性公共事件，需要将一部分应对支出纳入物业服务费用。物业服务企业的成本不仅靠政府的补助，也需要充分发动居民力量。政府可通过完善业主大会议事规则范本、物业服务合同范本等措施，引导业主在管理规约及年度计划和预算方案中，将疫情防控支出予以列明，合理使用业主共有资金，当业主或物业使用人缴纳的物业服务预付金不足时，应由业主及时补足，为防疫措施的落实提供坚实的物质保障。同时，完善物业服务费调价机制，促使物业服务费和物业服务费价格回归市场均衡水平，推动物业服务朝优质优价的市场化方向发展，增加行业活力，促进物业服务质量的提升和行业的深入发展。

（六）促进科技同物业服务行业进一步融合，及时补充物业服务人员

本次疫情发生后，中国物业服务协会及时发出倡议，号召博览会供应商企

业，发挥科技优势，助力物业服务企业，积极参与疫情防控工作。大数据、云计算、人工智能、移动协同办公等智慧科技，在抗击疫情中发挥了重要作用。

2020年民政部办公厅、中央网信办秘书局、工业和信息化部办公厅、国家卫健委办公厅联合印发《新冠肺炎疫情社区防控工作信息化建设和应用指引（第一版）》，强调发挥互联网、大数据、人工智能等信息技术优势，依托现有信息平台，开发一套社区防控工作全流程和各环节的系统，提升社区基层疫情防控工作成效。相关责任方应通过智能化手段的技术优势，构筑起人防、物防、技防、智防相结合的社区防线，形成立体式社区防控数据链路和闭环，提升城乡社区疫情防控工作成效。

北京市政府可以出台相关政策，联合物业服务企业及各大高校、中关村科技园，通过政策扶持实现物业服务的科技创新，进一步促进防疫工作效率的提高。

另外，在突发疫情期间，物业服务人员缺乏，不能及时补充的难题也需要通过科技的力量去解决。比如，线上培训，线上招聘，有些工作是否可以线上办公，这样也能从源头上解决物业人员缺乏的问题。在疫情期间对医生护士给予特殊补贴，物业服务人员在抗疫工作中发挥了重要作用，因此对物业服务人员也应考虑增加待遇，启动战时补贴。同时还要进行物业抗疫英雄评比工作，旨在为社会树立正面的物业英雄形象，也为解决长期以来的物业服务与业主的冲突奠定良好基础。

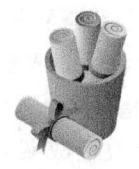

基层政府在突发公共卫生事件防控中的行政应急权研究

李树东 *

一、问题的提出

2020年新春伊始，新型冠状病毒肺炎疫情（以下简称"新冠肺炎疫情"或"疫情"）肆虐全球，并在我国蔓延。一时间，疫情防控成为世界各国需要共同应对的课题，中国强有力的防控体制机制较早地控制了疫情，为世界各国的疫情防控提供了有益的经验借鉴。这种防控体制的核心在于党中央集中统一领导下的行政应急权力的行使。

疫情是在全国范围内发生的公共卫生事件，疫情防控中一个核心问题是政府公共权力行使的法律规制以及对公民权利的保护问题。尤其是作为基层行政机关的乡镇政府、街道办事处，往往面临的是相对较差的法治环境、相对弱化的行政职权，而且其本身并无法定的行政应急权力，由其所实施的应急性行政措施在法律上也受到了质疑，但其又必须执行上级政府的行政命令、决定，往往造成无法可依、无所适从的状况。因而笔者认为，基层政府的行政应急权存在立法滞后问题，本文将对此问题进行梳理并提出相应建议。

二、突发公共事件的定义、特点及公共卫生事件的特殊性

（一）突发公共事件的定义、特点

突发公共事件是在公共领域突然发生的事件，根据《中华人民共和国突发事件应对法》（以下简称《突发事件应对法》）第3条的规定，突发事件是指突然发生，造成或者可能造成严重社会危害，需要采取应急处置措施予以应对的自然灾害、事故灾难、公共卫生事件和社会安全事件。按照社会危害程度、影响范围等因素，自然灾害、事故灾难、公共卫生事件分为特别重大、重大、较大和一般四个等级。法律、行政法规或者国务院另有规定的，从其规定。

根据上述定义，"突发公共事件"一词包括"突发""公共"和"事件"三

---

* 课题主持人：李树东，北京市通州区宋庄镇人民政府人大主席。立项编号：BLS（2020）B020。结项等级：合格。

个部分，其特点亦可用上述三个词语概括，即突发性、社会危害性、公共性。第一，突发性。突发是指突然暴发的、出乎人们惯常预料的。任何事件的发生发展都是质变与量变共同作用的结果，如疫情暴发，表面看是传染性病毒的瞬间传播扩散，深层次的原因还是公共卫生体制出现了漏洞。正确识别事件发生的偶然与必然因素，有利于有效防控和应对事件。第二，公共性。公共性是指事件发生的广度，突发事件涉及面广、波及人口多，对社会公共安全和公共利益造成威胁。根据事件公共性范围的大小，突发事件也分为地区性事件和全国性事件，全国性事件由国务院应急协调机制负责处置，地区性事件由各级人民政府负责处置。第三，社会危害性。社会危害性是指事件给人民的生命财产安全带来威胁和破坏，直接体现为人身伤亡和经济损失的数字。有些事件的危害性还会带来社会心理的创伤、社会消费的低迷、人民安全感的下降等间接影响。

（二）突发公共事件的分类、分级以及突发公共卫生事件的特殊性

1. 突发公共事件的分类、分级

根据前述《突发事件应对法》第 3 条的规定，突发公共事件包括"自然灾害、事故灾难、公共卫生事件和社会安全事件"。按照社会危害程度、影响范围等因素，自然灾害、事故灾难、公共卫生事件共四级分别为特别重大、重大、较大和一般。

自然灾害是指由于天气、水文、地质等自然条件突然发生变化，出现的灾害性事件；事故灾难是指生产生活中由于人为原因出现的灾难性事件，如矿难、重大交通事故等；社会安全事件是指群体性上访、集体闹事等影响社会安全的事件，公共卫生事件是指威胁人民群众卫生健康安全的事件。事实上，各类突发事件并非相互独立存在，在"天灾"发生过程中，往往也会夹杂"人祸"。对事件进行分类，有利于厘清行政机关横向的职权划分，将职责落实到人。

2. 突发公共卫生事件的特殊性

按照上述关于突发公共事件的定义，突发公共卫生事件属于突发事件的一个类别，其发生领域为公共卫生领域，影响的对象为人民生命和健康安全。2003年"非典"发生后，我国制定了《突发公共卫生事件应急条例》，该条例第 2 条规定，突发公共卫生事件（以下简称"突发事件"）是指突然发生，造成或者可能造成社会公众健康严重损害的重大传染病疫情、群体性不明原因疾病、重大食物和职业中毒以及其他严重影响公众健康的事件。

根据上述定义及类别，突发公共卫生事件具有突然发生（突发性）、对社会公众健康造成损害（社会危害性、公共性）的特征，事件的范围为与社会公众身体健康有关的传染病疫情、疾病、食物中毒等。笔者认为，涉及卫生健康领域的突发公共事件，具有下述特殊性：第一，事件的发现较之于事件的发生存在一

定滞后性。由于病毒藏匿于人体内部，事件的暴发是以人的身体反应为标志的，如人的身体不出现一定症状，则不会察觉出病毒对人体的危害，即使察觉，对于症状的分析判断也需要一个过程。往往一旦确诊，病毒可能已经蔓延开来，造成了公共事件。这就决定对于公共卫生事件的控制，一经发现即应当采取果断的应急处置措施，晚隔离一个，就会导致成百上千个传播者出现。而基层政府和基层组织往往是发现疫情或接到疫情报告的第一人，在其发现疫情时即采取有力的处置措施至关重要。第二，事件影响范围广且不可控。卫生健康领域的公共事件（主要指传染性疾病）由于其隐蔽性和传播性，也导致了对于病毒传播范围的判断和控制具有一定难度，局部事件往往发展为全国性甚至全球性事件。为了将疫情控制在一定范围内，群防群控和物理隔离措施成为必然选择，这就要求基层政权组织积极发挥和动员广大人民群众的力量。第三，事件发展周期长、反复性大。公共卫生事件的发展和控制是一个长期过程，由于病毒的隐性存在，其对社会公众健康的威胁也是长期存在的，只要没有将病毒控制在人类可以控制的范围内，仍然有病例出现，这意味着突发事件的应对没有结束，仍存在传播扩散的可能性。

三、突发公共卫生事件中行使行政应急权的必要性

（一）行政应急权的正当性和目的——保障公民权利

通说认为，"权利"是指人生而为人，应当具有的和享有的某种利益，这种利益保障人的各种需求得以实现。当国家出现的时候，人权即有了法律上的意义。人权保障是一切国家制度设计的出发点和落脚点。权力来源于权利，国家权力的正当性来源于公民对自身权利的让予，保障公民权利是国家权力运行的基本原则。而公民基本权利是公民权利中最为重要、位阶最高的那部分权利，这部分权利来自人权，是法律对人权的确认，体现了一个国家的人权保障和实现程度。

我国现行《宪法》第二章"公民的基本权利和义务"规定了公民享有的各项基本权利，主要包括公民的平等权、人身自由权、政治权利自由权、宗教信仰自由权、批评建议权、申诉控告权、检举权、获得赔偿权、社会经济权利、受教育权以及科学、文化自由权等。《宪法》第33条规定，国家尊重和保障人权。第51条规定，中华人民共和国公民在行使自由和权利的时候，不得损害国家的、社会的、集体的利益和其他公民合法的自由和权利。上述规定涵盖了三层意思：第一，我国公民享有的人身自由、人格尊严等权利是受到宪法确认和保护的，体现了人权原则在我国法律上的实现程度；第二，国家负有尊重人权的义务，并通过立法、行政、司法的手段保障公民人权的实现，即权力存在的目的是保护和实现权利；第三，公民权利行使的边界是国家、社会、集体利益和他人的合法权利，超过这个限度，就是违法甚至犯罪行为，法律就会以国家强制力的形式进行干预。

通过上述权利与权力关系的分析及我国《宪法》的规定可以看出，权力存在的目的是对内维护组织内部的秩序，对外保护组织的安全，从而保护权利并进一步提升权利的实现程度，这就是国家权力正当性的基础。

（二）突发公共事件中行政应急权力的必要性

由于突发事件的特殊性，处置的过程中涉及对原有的公民权利的克减，这也是行政应急权力的一个特点。目前，有相当部分学者论述行政应急权的必要性，也是从公民权利克减的角度来论述。

有学者认为，首先，这是由国家的基本职能决定的。国家存在的基本或最大的理由是保护全体人民的生命健康和财产安全，当全体人民的生命健康和财产安全受到威胁时，国家有义务采取可能采取的手段给予救助。其次，这是利益权衡的必然选择。当紧急状态出现的时候，采取异常的应对措施所带来的利益远远大于遵守正常的法治秩序所带来的利益。为了人民长远的、根本的和整体的利益，可以并且有必要采取牺牲短暂的、眼前的、局部的利益。最后，这是公共利益优先原则所决定的。在紧急状态下，用紧急行政权限制个人某些权力，是维护公共利益所必需的手段，就如同遇难的船舶为了防止船舶下沉而抛弃船舶上的货物一样。

行使紧急公共权力，实现对个人权利的限制，有学者认为，紧急状态下对公民基本权利限制的正当性和必要性的理论基础包括两个方面：第一，权利的冲突和相对性。主要是指，紧急状态下凸显公共利益的重要性和优先性，当个人利益与公共利益相冲突时必然是个人利益受到限制或克减。权利限制的直接目的是保证紧急权力和措施更快、更好地实施和落实，从而及时控制和制止紧急状态带来的严重危害。第二，权利限制的人权目的。主要是指权利限制的最终目的和根本宗旨在于更好地保护个人自由和权利，人权的终极目的决定了权利限制的实质正当性。

权利与权力是一对相对的概念，从相反方向而言，权力不受制约、任意扩张、随意行使都会导致对公民权利的伤害。突发公共事件出现时，社会秩序不同于一般的社会状态，社会秩序的混乱可能威胁到统治阶级的统治甚至是国家的生死存亡，这种不安定的状态进而会影响到国家对基本人权的保障。"在一个社会里保障人权，首先要保证国家安全和领土完整，即国家政权的稳定性。当发生国际国内危机时，正常的宪法秩序受到破坏，人权失去其可靠的基本。从这种意义上讲，维护国家安全是人权保障的前提。"如果作为整体的国家，其存在受到威胁或成为不可能时，作为个体的公民也就失去了保障的主体，宪法规定的"国家尊重和保障人权"即无从谈起。因此，国家为了保障人权，在发生突发性公共事件时，就需要对一些宪法规定的基本权利进行限制，这种限制同时也是对公民最基本权利的保障。因此，笔者认为，紧急状态或突发公共危机下权利限制最根本的正当性与合理性基础，这与正常宪制状态下的权利限制并无本质区别。个人自由的边界为他人的自由，每个人在行使其自由权利的时候，不应影响和破坏他人的自由和权利，这也是法律所要调整的公共利益中蕴含的秩序价值。正如英国思想家约翰·密尔所言，"生活在社会中这一事实本身，必然要求每个人为了其他人而要遵守某些行为准则。这些行为准则包括：第一，不能互相损害对方的利益（这种利益包括由法律条文明确规定的利益，以及基于公众的默认，应当被视作权利的某些确定的利益）；第二，根据衡平原则，分担自己的劳役以及必要时做出牺牲，以保护社会及其成员免遭伤害和妨碍。"简而言之，一个人享有言论自由权，但是其不能够发表危害国家安全、侮辱诽谤他人的言论，这就是其自由应有的边界。在疫情肆虐之时，为了防止疫情扩散，国家采取了限制公民出行自由的措施，而如果允许任意出行，公民出行自由权利的行使就可能导致对自身和他人人身健康权利的威胁，这就触碰到了公共利益和他人权利的边界。无论何种情况下，一个人自由权利的行使只要不影响他人，国家不会干预，一旦影响他人，国家就要行使其应当行使的公权力进行干预，这是公权力存在的必然要求。当某人的行为对个人或公众造成了确定的损害，或者有造成损害的确定危险时，事情就超出了自由的范围，而进入了道德或法律的范围。权力限制的正当性来源于对权利的保障，紧急状态下更是如此。"在一个正常的社会里，除了权力的滥用，权力的强制性是以正当目的为限的，而正当的根基就在于它的直接或间接目的是保障权利。"

（三）突发公共事件发生时对公民权利限制的内容

按照各国宪法对公民权利内容的规定，突发公共事件发生时，由于行政应急权力的行使，对公民基本权利的限制可以主要分为以下四个方面：

第一，对公民人身自由权的限制。在突发性公共事件发生时，限制公民自由出行，按照限制的程度可以分为：在出入路口设卡检查、实行交通管制、限制一定范围内居民自由流动、将居民限制在一定区域或其住宅内，进入或搜查公民住宅。

第二，对公民财产权的限制。主要是指在突发事件发生时国家对公民财产的征收或征用，该财产或财物一般为国家应对紧急状态所需要，如粮食、药品、衣物、车辆等。新冠疫情期间，国家对企业口罩、防护服等疫情防控物资的征用也体现了对财产权的限制。

第三，对言论自由、通信自由和政治权利的限制。发生突发性紧急事件时，需要防谣止谣。

第四，非法集会扰乱秩序，国家一般会对这些权利加以限制。在必要情况下，甚至会采取限制公民通信自由和通信秘密的措施。在发生动乱、暴乱、战争等紧急状态情形，政府首要的任务是止暴制乱，国家正常的政治生活往往无法进行，因此公民的政治权利也无法得到实现，这是由于紧急状态所带来的客观事实和为应对紧急状态的主观需要决定的。

（四）行政紧急权力与行政应急权力

考察突发公共事件处置中的行政权力，还需厘清行政紧急权力与行政应急权力的概念。有学者认为行政紧急权力与行政应急权力并非同一概念，笔者认同这种说法，在一般性的突发公共事件发生时，社会秩序还没有进入到紧急状态的程度，行政机关采取的应急性行政措施应当是临时性的应对措施，而当社会秩序到了可以认定为"紧急状态"的程度时，临时性的应急处理措施不足以应对复杂局面，需要立法机关宣布全社会或局部地区进入紧急状态，此时的宪法状态也是一个非常时期的状态，公民的权利义务迥异于正常社会状态下。也就是说，突发公共事件是一种事实状态，是一种自然发生的社会秩序非正常状态，而紧急状态是一种法律状态，是由法律确认的非常状态。

对于行政紧急权力，杨海坤教授认为，所谓行政紧急权力是指政府针对战争、叛乱、经济危机、政治骚乱、严重自然灾害以及重大突发事件等紧急情况，根据《宪法》《突发状态应对法》《戒严法》《战争法》《警察法》《行政强制法》等作出各种紧急处理措施的权力。《突发事件应对法》第69条规定，发生特别重大的突发事件时，对人民生命财产安全、国家安全、公共安全、环境安全或者社会秩序构成重大威胁，采取本法和其他有关法律、法规、规章规定的应急处置措施不能消除或者有效控制、减轻其严重社会危害，需要进入紧急状态的，由全国人民代表大会常务委员会或者国务院依照宪法和其他有关法律规定的权限和程序决定。紧急状态期间采取的非常措施，依照有关法律规定执行或者由全国人民代表大会常务委员会另行规定。该法律区分了一般突发事件和特别重大突发事件发生时需要宣布的紧急状态，相应的行政措施分为应急处置措施和紧急状态期间采取的非常措施。笔者认为，行政紧急权是指在国家出现了紧急危险局势时，由有关国家机关和个人依照宪法、法律和法规规定的程序、方式采取紧急性措施，以迅速恢复正常社会秩序和法律秩序，尽最大可能维护人民生命财产安全的权力。

由于国家紧急权的行使能够超过宪法和法律对国家权力行使的限制，因此，法律要求只有特别重大的突发事件致使国家进入高度危险的局面时，才能决定进入紧急状态。然而并非所有的突发事件都必然导致紧急状态的出现，而我国当前面临的一般性突发公共事件虽然也可致社会处于不同于正常时期的秩序，造成的损失也很大，但没有严重到必须经过特定的程序宣布进入紧急状态，而采用和平时期的应对方法即可处置。笔者认为，应当是行政机关为处理突发公共事件时所行使的，促使社会秩序恢复到正常状态的一种行政性权力。本文讨论的是未进入紧急状态情况下的突发公共卫生事件，所对应权力为行政应急权力。

（五）行政应急权力的特点

无论在何种状态下，公民的生命健康权均应放在首要位置考虑。公民的个体利益构成了社会公共利益的重要内容，在出现突发公共卫生事件时，作为生命健康利益的社会公共利益应当放在绝对优先的位置，这使得公民的部分权利会受到一定限制，限制的手段即为行政应急权力的行使，笔者试将其权力特征归纳如下：

第一，行政应急权力的合法性与超法性。行政应急权力的合法性是指，权力的设定和行使程序在法律规定的框架内，在一国现行实体法律文本中能够找到权力行使的依据。国家出于对突发事件处置经验的总结和对可能发生的突发事件的预判，将在突发事件应对中对需要发生作用的行政应急权力用法律的形式加以确认和规定，让权力在法律的框架内运行，这使得应急行政权力便有了合法性基础。但是，有些问题依靠现有的应急性行政权力无法解决。英国思想家洛克指出，在某种场合下，法律应该让位于执行权，因为世间常能发生许多偶然的事情，遇到这些场合，严格呆板地执行法律范围反会有害。一个法治国家的现有法律如果没有为紧急情况提供必要的救济，应允许行政机构主张广泛的决定权以应对危机并且这种权力不限于战时或其他紧急情况。只要这种权力的运用是有利于增进"公共福利"的，它就是有效的。因此，为了遏制事件的发展，行政权行使空间可以扩大，甚至超越现行法律的规定。比如，法律规定在火灾发生时，行政强制措施包括强制征用水源、关闭加油站等，但不得损毁他人的财产，比如房屋等。但是，如情况紧急，需要拆掉一栋房屋以阻止火势的蔓延时，这种处置方式就是合理的，尽管超越了当前的法律规定，但仍不失为有效的行政应急措施。由于应急处置的专业性和复杂性，在行政权力行使的过程中，不得不赋予行政机关一定的应急处置权力，这种权力应当是灵活的、自由裁量程度更高的。权力行使的核心在于应遵循比例原则、公平原则和合理原则等基本原则。

第二，行政应急权力的劣后性与优先性。行政应急权力的劣后性是指，该权力应当尽量是一种备而不用的权力，不到万不得已时应尽量避免使用，否则就会造成对公民权利的肆意侵犯。一旦政府通过公告宣布公共事件的发生，行政应急权力即应优先于其他行政权力行使。行政应急权力与一般性行政权力不同的是，其采用非常态下的工作程序和方法，其行使起来比一般行政程序更为简单、高效和快捷，比如，在突发事件发生时，地方政府可以越级上报。行政应急权力的优先性还体现在立法权、司法权应当适当让位于行政应急权力，立法和司法上对行政权力合法性的判断，应当结合事件发展的环境和处置事件的客观要求，在保持其独立性的同时，为突发事件的处置和行政应急权力的合法有效行使提供解决方案。

第三，行政应急权的集中性与扩张性。行政应急权的集中性是指，为了应急处置程序的高效统一，行政应急权应当集中统一行使，成立突发事件应对处置指挥部，统一行使行政机关和与事件应对处置有关的各个部门的职权，统一对外发布信息。我国《突发事件应对法》第8条第1款和第2款规定了国务院及县级以上政府的突发事件应急指挥机构统一领导本级政府和下级政府的突发事件应对工作，即体现了行政应急权力的集中性。

由于行政应急权力集中统一行使，也会导致行政权力的扩张，包括对立法、司法领域的侵入，如原本属于立法机关的权限范围，立法机关通过授权立法的形式，授权行政机关通过制定行政规章的形式制定法律。行政权力的扩张还表现为对基层群众性自治组织的强制性约束，在突发公共事件发生时，基层群众性自治组织有义务协助行政机关的一些应急处置行动，如对于社区、村庄的物理隔离措施。由于行政应急权力的扩张性，导致应当为其权力的扩张设置一个明确界线，这个界线就是处理危机的客观需要。

（六）小结

由上文分析可见，突发公共事件发生时，行政权力的行使不同于一般状态下，但应急性行政权力行使的必要性和基本原理与一般的行政职权并无区别，均是为了维护社会公共利益，进而保证公民权利的实现，行使过程均需遵守比例原则、合法性原则等行政法的基本原则。但是，由于行政应急权力的特殊性，仍需在法律的框架下对其作出规定，对于法律规定的空白领域仍需进行立法和完善，本文将在接下来的章节进行论述。

四、我国现行法律中对于突发公共卫生事件中行政应急权力的规定

2003年"非典"暴发后，我国以行政法规的形式制定了突发公共卫生事件应急处置的法律，即国务院颁布的《突发公共卫生事件应急条例》，初步建立了突发公共卫生事件的应急机制。2004年、2013年，全国人大常委会对《传染病防治法》进行了修订，2007年，全国人大常委会又通过了《突发事件应对法》，这是我国制定的第一部突发事件处置的专门性法律，以法律的形式明确了突发事件应急处置的主体、程序、权限等内容。其他与突发公共性卫生事件应对有关的法律还包括：《中华人民共和国食品安全法》《中华人民共和国动物检疫法》《重大动物疫情应急条例》《疫苗流通和预防接种管理条例》以及国家卫计委等部门制定的行政规章等。根据上述法律、法规的规定，突发公共卫生事件处置中，行政机关的行政应急权力可归纳如下：

（一）警报发布、预案启动权

《突发事件应对法》第43条规定，可以预警的自然灾害、事故灾难或者公共卫生事件在即将发生或者发生的可能性增大时，县级以上地方各级人民政府应当根据有关法律、行政法规和国务院规定的权限和程序，发布相应级别的警报，决定并宣布有关地区进入预警期，同时向上一级人民政府报告，必要时可以越级上报，并向当地驻军和可能受到危害的毗邻或者相关地区的人民政府通报。根据《突发事件应对法》第44条第1项的规定，县级以上地方各级人民政府有权根据即将发生的突发事件的特点和可能造成的危害，启动应急预案。

根据上述规定，县级以上人民政府有权发布事件警报和启动应急预案，决定并宣布预警期，并且应当按照国务院规定的发布警报、预案启动的权限和程序。警报发布、预案启动后，对所在地区起到预警、宣告作用，该项权力的实施，并不会对公民的权利义务施加强制性的影响和措施，不属于行政强制权力。是否宣告突发事件及是否启动应急程序，关系到整个事件处置的进程、节奏，虽然权力本身对行政相对人并无直接的强制性，但其行使的后果与公民生产生活息息相关，应当谨慎行使。

（二）信息收集和发布权

《突发事件应对法》第44条第2项、第4项规定，县级以上地方各级人民政府有权责令有关部门、专业机构、监测网点和负有特定职责的人员及时收集、报告有关信息，向社会公布反映突发事件信息的渠道，定时向社会发布与公众有关的突发事件预测信息和分析评估结果。《传染病防治法》第38条规定，国务院卫生行政部门负责向社会公布传染病疫情信息。发生突发事件时，应当由官方统一收集和发布消息，其他任何单位和个人不得自行收集、擅自发布突发事件信息，否则，可能导致违法甚至犯罪行为。该项权力也不属于行政机关的行政强制权力，但该权力的行使也会影响和决定突发事件应对的全局性工作。

（三）物资征调权

根据《突发事件应对法》第12条、第45条第2项，《传染病防治法》第45条等规定，突发公共事件发生时，县级以上地方政府有权征用、调集房屋、交通工具等物资、设备，有关单位和个人应当予以配合，该项权力源自我国《宪法》规定的国家对个人财产的征收征用权。对私有财产的征收征用与私权绝对神圣的原则看似矛盾，但是，从社会公共利益的角度看，这也是每个公民对社会应尽的义务。该项权力会对公民的财产权利造成强制性影响，属于行政机关的强制权力，法律应当进一步对其行使的范围、条件、程序、补偿条款等作出规定。

（四）场所封闭、活动限制、交通管制权

《突发事件应对法》第45条第7项规定，宣布进入预警期后，县级以上人民政府有权关闭或者限制使用易受突发事件危害的场所，控制或者限制容易导致危害扩大的公共场所的活动。第 49 条第 2 项规定，履行统一领导职责的人民政府有权迅速控制危险源，标明危险区域，封锁危险场所，划定警戒区，实行交通管制以及其他控制措施。第 4 项规定，履行统一领导职责的人民政府有权禁止或者限制使用有关设备、设施，关闭或者限制使用有关场所，中止人员密集的活动或者可能导致危害扩大的生产经营活动以及采取其他保护措施。

根据《传染病防治法》第 42 条的规定，传染病暴发、流行时，县级以上地方人民政府有权封闭或者封存被传染病病原体污染的公共饮用水源、食品以及相关物品；控制或者扑杀染疫野生动物、家畜家禽；封闭可能造成传染病扩散的场所，有权限制或者停止集市、影剧院演出或者其他人群聚集的活动，有权停工、停业、停课。《国家突发公共卫生事件应急预案》第 4 条、《国家突发重大动物疫情应急预案》第 4 条规定了发生重大疫情后，政府可以采取的划定控制区域、隔离等疫情防控措施。

根据上述规定，发生突发性公共卫生事件时，县级以上人民政府有权关闭危险场所、划定警戒区、实施交通管制、封闭水源、限制人群聚集性活动。突发公共卫生事件一个很大的特点就是传染性和扩散性，控制传染源、减少人群聚集是必须采取的防控措施，同样，上述权力的行使会对公民的权利义务造成强制性影响，属于强制性权力，所以应当对权力行使的条件和程序等作出规定。

（五）强制隔离权

《传染病防治法》第 39 条规定，医疗机构有权对医疗机构内的病人、病原携带者、疑似病人分别采取隔离治疗、医学观察的措施，公安机关有权协助采取强制隔离治疗措施。

《传染病防治法》第 41 条规定，对已经发生甲类传染病病例的场所或者该场所内的特定区域的人员，所在地的县级以上地方人民政府可以实施隔离措施，并同时向上一级人民政府报告。

《突发公共卫生事件应急条例》第 41 条规定，对传染病暴发、流行区域内流动人口，突发事件发生地的县级以上地方人民政府应当做好预防工作，落实有关卫生控制措施；对传染病病人和疑似传染病病人，应当采取就地隔离、就地观察、就地治疗的措施。对需要治疗和转诊的，应当依照本条例第 39 条第 1 款的规定执行。第 44 条规定，在突发事件中需要接受隔离治疗、医学观察措施的病人、疑似病人和传染病病人密切接触者在卫生行政主管部门或者有关机构采取医学措施时应当予以配合；拒绝配合的，由公安机关依法协助强制执行。

根据上述规定，在突发公共卫生事件中，为防止疫情蔓延和扩散，县级以上政府及公安机关有权对病人、疑似病人和密切接触者采取强制隔离措施，《突发公共卫生事件应急条例》赋予突发事件应急处理指挥部在必要时对人员进行疏散或者隔离、对传染病疫区实行封锁的权力。该措施属于医学性强制性措施，措施的目的、对象均是特定的，会对公民的人身自由构成影响，但是规定并未明确隔离措施的启动程序、撤销程序与救济程序，所以应当在立法上作出规定。

（六）地区封锁权

《传染病防治法》第43条规定，甲类和乙类传染病暴发、流行时，县级以上地方人民政府报经上一级人民政府决定，可以宣布本行政区域部分或者全部为疫区；国务院可以决定并宣布跨省、自治区、直辖市的疫区。县级以上地方人民政府可以在疫区内采取本法第42条规定的紧急措施，并可以对出入疫区的人员、物资和交通工具实施卫生检疫。省、自治区、直辖市人民政府可以决定对本行政区域内的甲类传染病疫区实施封锁；但是，封锁大、中城市的疫区或者封锁跨省、自治区、直辖市的疫区，以及封锁疫区导致中断干线交通或者封锁国境的，由国务院决定。疫区封锁的解除，由原决定机关决定并宣布。

根据上述规定，甲类、乙类传染病暴发、流行时，政府可以宣布所辖行政区域为疫区，在疫区内实施封锁措施，该措施与前述活动区域限制、隔离等措施属于同一类措施，该措施是对上述措施的强化，在个别场所关闭、交通管制和病毒携带者的隔离不足以应对流行性传染病时，有关政府可以采取局部性的地区封锁措施，如本次新冠肺炎疫情发生后，武汉、石家庄等地均采取了封城措施。该措施属于限制性较强的行政措施，措施影响面广，不到万不得已不应采用，法律上应对该项强制性措施的行使条件、程序等作出规定。

（七）小结

结合我国现行法律的规定及其他学者的论述，笔者认为，在突发公共卫生事件中，行政机关的行政紧急权力应当包括：①事件宣告权：即行政机关有权宣告突发事件的发生，确定突发事件的性质；②信息收集与发布权：即行政机关有权统一收集与发布与突发公共事件有关的信息；③物资征调权：即行政机关有权征收、调用与突发事件处置有关的物资；④场所及活动的限制权：即行政机关有权关闭公共场所，限制活动区域和范围；⑤交通管制权、地区封锁权：即行政机关有权封锁区域进出通道，实施交通管制，限制人员流动；⑥强制隔离权：即行政机关对于病毒携带者和密切接触者，有权采取强制隔离措施，切断传染源。

从上述法律的明确规定中也可看出，突发公共事件的行政处置权在县级以上人民政府，乡镇政府及街道办事处并无法定的行政应急权，但是，乡镇政府、街道办事处在突发公共事件的处置中发挥着生力军的作用，笔者将在下文详述。

五、基层政府在突发公共事件中的作用及现行立法缺失

（一）基层政府概念的厘清

在理论界和实务界的论述中，"基层政府"有时指向县级人民政府，有时指向乡镇人民政府,笔者尝试在本文中对此作出区分和界定。"基层"意思应为底座、地基,原意应为一座建筑物的地基层面,是支撑该座建筑物的基础层,将其拟人化用于管理体制,应是指构成一个行政管理体制的基础,如"基层干部""基层政府""基层部门"等。从政权体制的角度,笔者认为,基层政府应当是指构成我国最基层政权的一级政府,其管理对象直接面向人民群众,而不是通过对下级政府的领导和指挥体现其管理职能。从这个意义上来讲,基层政府应当是指乡镇人民政府,乡镇政府即直接面对人民群众,其下再无任何一级政府。根据《宪法》规定,我国的政府分为中央政府和地方政府,由中央到地方共分为五级,分别为国务院,省、自治区、直辖市,市,市辖区、县,乡镇。国务院2021年4月28日印发的《关于加强基层治理体系和治理能力现代化建设的意见》指出,"基层治理是国家治理的基石,统筹推进乡镇(街道)和城乡社区治理,是实现国家治理体系和治理能力现代化的基础工程"。因此,乡镇(街道)位于政府组织体系的最基层,基层政府即为乡镇政府。在现行政治体系中,街道办事处并不是一级人民政府,在法律上,街道办事处是区县人民政府的派出机关,但是其在城市管理、基层组织运行中却承担着一级政府组织的职能,因此,本文所指向的基层政府包括乡镇政府和街道办事处。"政府"也有广义和狭义之分,广义的"政府"是指包括立法、司法、行政机关在内的所有机构构成的国家政权,狭义的"政府"则指国家行政机关,本文使用狭义概念。

(二)基层政府在突发公共卫生事件处置中的作用及现行立法缺失

作为最基层政府的乡镇人民政府,其向上要对上级国家行政机关负责,接受其领导并报告工作,是上级政府政策的执行机关,基层政府的行政权具有很强的从属性,即其需要执行本级人民代表大会的决议,执行上级政府的决定和命令。但同时,基层政府亦具有一定的自身能动性,要通过其管理行为领导本级行政区域内的经济发展和其他社会事务,还要直接面对基层群众性自治组织和广大的人民群众。

在突发公共卫生事件的应对工作中,基层政府担负着不可或缺的"群防群控"职责,基层政府组织各村民委员会、居民委员会所采取的物理隔离措施,包括对所辖区域内街道进行封堵,在路口、村口设卡,对过往人员进行强制检查。一方面,在一个社区、一个行政村内部,可由居民、村民采取自治行动进行防控,另一方面,涉及居民、村民内部自治措施管理的真空地带,社区之间、各村之间需要协调解决的事项,以及乡镇范围内公共道路、公共场所的管理,均需要纳入乡镇政府行政权力的管理范畴。即在基层群众自治失灵、缺位以及其他公共领域,乡镇政府需要发挥行政管理职能。笔者认为,这是突发公共卫生事件与乡镇政府行政权力行使的联结点。

第一，作为公共卫生事件处理领导主体的基层政府。我国的政治体制是一个行政权居于核心地位的权力运行体制，在突发事件的处理上，体现为政府居于主导地位，政府负责制定应急处置方案，制定及实施应急措施，这种体制保证了行政效率和效果。基层政府处于行政体制的末端环节，需要将上级政府制定的应急措施在本行政区域内贯彻落实，基层政府无权改变上级政府的命令和决定，但对本行政区域的具体特点，需要制定相应的工作实施方案。其实施方案不可避免地带有行政管理色彩。比如，在疫情发生时政府制定的封闭村庄、封闭社区措施，涉及具体每个村庄、每个社区如何执行，需要基层乡镇、街道与各群众性自治组织制定详细的方案，方案应当由基层政府备案和监督。

第二，基层自治组织失灵情形下的基层政府。当一个社区、村庄内部出现群众性自治行为无法解决的事项，当一个基层群众性自治组织出现集体失灵或组织软弱、瘫痪的情况，而突发事件的紧急程度又需要立即对事件进行处置的，乡镇、街道应当发挥起行政职能，立即控制住失灵局面，这种情况下，也需要基层行政权力的行使。

第三，公共领域管理缺位情形下的基层政府。政府自身承担着社会管理和公共服务的职能，为社会提供产品，如学校、医院、公共文化设施等。公共卫生事件尤其是疫情发生时，公共区域是防控的重点区域，学校停课、商场关闭、饭店关门，这些领域的管控需要政府采取一定的行政强制措施，否则单凭个人自觉和社会监督无法达到管控效果。处理突发性公共危机事件，最大限度减少危机的危害性并控制住危机扩大的局面是行政机关面临的首要和最重要的任务。基层政府往往位于事件的第一现场，危机的突发性、紧迫性和信息的不对称决定了基层政府应当是处置危机的第一主体。由第一现场的政府当机立断，采取及时有效的应急处置措施对危机的扩大至关重要，本次疫情的发生更是凸显了基层政府第一时间处置的重要性。同时，这也要求赋予基层政府行政应急处置权，在实践中不断积累应急处置经验，提升预警和处置水平。

基于以上几点，在突发公共卫生事件的防控中，基层政府的行政权力行使不可或缺，而且是群防群控中的关键环节，发挥着中枢纽带作用。从这次新冠肺炎疫情的应对来看，无论国家层面还是地方层面，均将村庄社区作为疫情防控的基础性防线，基层政府在其中发挥着不可替代的作用。如《北京市新型冠状病毒感染的肺炎疫情防控工作领导小组办公室关于进一步加强社区（村）疫情防控工作的通告》第1条指出，进一步严格小区（村）封闭管理，在出入口设置检查点，居住人员和车辆凭证出入，进入人员必须佩戴口罩并进行体温检测。无物业、无安保、开放式小区由属地街道（乡镇）负责落实封闭措施。

但是，通过对我国现行突发事件处置的立法可见，我国突发公共事件的应急处置以"属地原则"为主,但是,涉及行政应急处置权在中央和地方的权力分配上,还是由中央政府行使权利为主,地方政府的应急处置权属于县级以上政府,基层政府的行政应急权力在法律上属于真空地带。目前而言,有理由也有必要对基层政府的行政应急权作出规定。国务院 2021 年 4 月 28 日印发的《关于加强基层治理体系和治理能力现代化建设的意见》也指出,要增强基层政府的行政执法能力,赋予基层政府应急处置权,增强基层政府的应急管理能力。这就要求立法环节对基层政府的行政应急权作出回应。

六、对突发公共卫生事件中基层政府行政应急权的规范与规制建议

(一)基层政府行政应急权设定的基本原则

行政应急权的基本原则是各种价值碰撞后权衡的结果,它指导行政应急权的产生、贯穿行政应急权行使的全部过程,在"法无明文规定"时为行政应急权设立一道正当的、科学的"屏障"。

1. 权限法定原则

权限法定原则是行政法的基本原则之一,是指政府行政权力的设定、权限范围、行使程序均由法律明确规定,权力行使的过程应当受到法律的监督,违反法律规定行使权力的,要受到法律的制裁。

在对基层政府行政应急权的设定上,权限法定原则首先体现为法律保留原则,法律保留是指在国家法秩序的范围内,有某些必须保留的事项给法律来加以规定,不可由其他国家机构,特别是行政机关代为规定。涉及对公民基本人身自由权、财产权限制的行政征用、行政强制行为,应当由全国人大或全国人大常委会以法律的形式作出规定,授予基层政府该项权力,否则,基层政府行使权力将无法律依据。权限法定原则还体现为法律的位阶性原则,即下位的行政法规在对基层政府行政应急权作出具体规定时,应当服从上位法的规定,基层政府为行使行政应急权需要制定规范性文件、决定、命令的,要服从上位的法律、法规和规章的规定,这是对立法的位阶性要求。

2. 比例原则

比例原则的基本含义是行政机关实施行政行为所欲达到的目的和所采取的手段之间的关系必须具有客观的对称性;禁止任何国家机关采取过度的措施;在实现法定目的的前提下,国家活动对公民的侵害应当减少到最低限度。比例原则包括三层含义:一是适当性原则,二是必要性原则,三是均衡性原则。

比例原则是行政机关在行使自由裁量权时应当遵循的基本原则,我国《突发事件应对法》第 11 条规定,有关人民政府及其部门采取的应对突发事件的措施,应当与突发事件可能造成的社会危害的性质、程度和范围相适应;有多种措施可供选择的,应当选择有利于最大程度地保护公民、法人和其他组织权益的措施。

对基层政府而言，一方面，其在专业知识、人员储备、应急经验上存在不足，限制了其自由裁量权的空间；另一方面，其往往处在突发公共事件发生的最前端、第一现场，有必要赋予一定的权限对事件采取紧急处理措施。因此，笔者认为，基层政府在发现紧急情况时，应当有权采取紧急性的处置措施，但该措施的实施应当符合比例原则。在偏远地区，县级以上政府的行政力量无法在短时间内到达时，乡镇政府的处置权限应当相对更大一些。

3. 人权保障原则

在突发公共卫生事件中，由于应对突发事件的需要，不得不对公民的基本权利进行限制，产生了公民的克减义务，因此，笔者认为，人权保障原则在突发公共卫生事件中体现为不同法律价值的权衡和公民权利克减的限度。行政应急权的终极目标是最大程度保护人民群众生命财产安全不受损害，为实现这一目标不得不实施对个别主体的权利限制时，也应该以实现人权保障为目标，且以侵害的最小方式实施。

（二）基层政府行政应急权的内容及程序控制

目前，我国法律对基层政府的行政应急权并无规定，从本次新冠肺炎疫情应对来看，基层政府的作用主要体现在群体性防控中，组织和发动基层群众性自治组织，对所在社区、村庄实施封闭性措施。除此之外，笔者认为，应当赋予基层政府一定的行政应急处置权力，具体内容可如下述：

1. 暂时性的行政隔离措施

隔离措施是将对传染病病例、疑似病例隔离在一定物理空间内，在一定时间内切断与外界的联系，以防止病毒的扩散。在疫情防控中，隔离的主体包括医疗机构、卫生行政部门、政府、单位、公安机关等。这里需明确，采取隔离措施与强制隔离并非同一概念，限制人身自由的强制措施只能由公安机关实施，在行政相对人不服从隔离措施的情况下，应当由公安机关采取强制隔离措施。

实践中，隔离措施一般由专业性的医疗机构采取，乡镇政府、街道办事处由于不具有专业知识和设备，不宜直接对病例进行隔离治疗，但是，农村地区是疫情防控的薄弱环节，卫生条件和防控意识均较为落后，一旦发现病例，应当立即采取隔离措施。在基层政府辖区内发现病例或疑似病例后，应当允许其有权力采取暂时性的监控及隔离措施，同时立即通知医疗机构并上报。立法上明确该项权力的同时，应当在具体的突发公共卫生事件防控指南中，对基层政府有权采取隔离措施的条件、程序、时限等作出具体规定，建立更为具体的隔离执行规范，以为基层政府的执行行为提供依据和指引。

2. 村庄、社区封闭管控权

对于流行传染性疾病控制的最有效措施是限制人员流动，对于有必要外出的采取登记和报告制度。在本次新冠疫情防控中，乡镇政府、街道办事处对发现病例的小区、村庄采取封闭式管理措施，对未发现病例的村庄社区采取限制人员进出和登记出入制度，即体现了行政应急权力的行使。这种措施为以后的突发性公共事件处置提供了经验，但同时也会对公民的出行自由构成一定影响，应当在立法上作出规定。

3. 物资征集调用权

物资是突发公共卫生事件处置的基础性条件，在突发紧急情况下征用物资可以有效弥补政府物资的不足，但同时也会对相对人的财产权产生直接影响。正常状态下，行政征用具有强制性、损害性、公益性、法定性、补偿性等特征。基层政府处于防控一线，对物资的需求迫切且需求量大，应当赋予基层政府对其辖区内单位、个人征用物资的权力。

（三）基层政府行政应急权的行使程序

行政应急权的程序不同于一般的行政程序，它具有自由裁量空间大、处置灵活、程序简单快捷、事后性、即时性的特点，应当坚持在县级以上政府统一领导事件处置工作的基础上，赋予基层政府较大的执行自主权。以突发公共卫生事件中基层政府采用的对公民权利义务影响最大、使用频次最多的措施为对村庄、社区的封闭管控措施为例，笔者认为，在该措施的实施中，主要应遵从下述程序：

1. 措施的启动

措施启动的核心在于措施的批准确认权力，即谁有权决定村庄、社区的封闭性管理。笔者认为，在我国目前体制下，基层政府仍主要作为县以上政府命令、决定的执行机关，其管辖范围、机构设置、权限配置、人员配备等仍不足以对采取一项对不特定多数人的人身自由构成较大影响的措施进行决策，否则，也将会导致行政权力的滥用，对公民人身自由造成不当影响。如需采取封闭措施时，可由基层政府将采取措施的原因、时限、范围、必要性等上报上级人民政府，由上级政府决定是否采取该项措施，上级政府也可以主动决策后要求由基层政府实施封闭措施。在上级政府的决定中，应当对措施的实施范围、主体、时限等作出规定。

2. 措施的实施

村庄、社区的封闭措施主要涉及出入口的设置、出入时间、出入检查登记、证件制作、应急值班等事项，在县级以上政府批准采取封闭措施后，具体执行和实施的权力应在基层政府。基层政府在执行过程中，为了应急工作需要，可以具有一定的执行自主权，但同时应当考虑行政应急权行使的必要性、比例性原则。比如，基层政府有权根据具体情况，制定封闭的标准、时间，对于比较大的小区、村庄，应当根据事件防控的需要、人员进出数量、交通状况等确定，不能为了管理方便仅开设一个出入口。

3. 措施的时限

所谓时限制度，主要是指行政机关实施具有时间持续性的行政紧急强制时应遵守的最大时间期限的制度。在限制人身自由的行政强制措施中，应当设置一定的时间限制，超过时限的，应当及时恢复公民的人身自由。笔者认为，如决定采取村庄小区的封闭措施，则相对应的事件一定也不是较小的事件，因此，封闭措施的时限也应当由县级以上政府设定。

（四）基层政府行政应急权的外部监督

行政应急权外部监督包括权力机关的监督、国家司法机关的监督、社会团体的监督、公民监督和新闻媒体监督等五个方面。前已述及，在突发公共事件应对中，行政权力有一种天然的优势地位，会扩张到立法、司法的领域，为应对突发事件，立法、司法还应当通过授权立法、应急立法、审判案例的形式保障行政权力的行使。但同时行政权力也不能不受到立法和司法权力的控制，笔者认为，这种控制主要是通过人民代表的质询权、建议权、监督权，以及通过行政诉讼中的个案裁判得以实现。比如，行政机关在疫情防控中征用了公民的物资而没有给予补偿，公民即有权通过行政诉讼的方式要求国家赔偿。

七、结语

行政应急权是一种特殊的行政权力，是在非常态下不得已而行使的权力，该项权力鲜明地体现了行政权与公民权之间的冲突与统一，如何有效规制行政应急权力，以更好地保障公民权利，是行政应急权研究的一个永恒主题。在新冠肺炎疫情防控中，作为乡镇政府、街道办事处的基层政府在群防群控中织牢防控网，发挥了生力军的作用，应急防控中也涉及行政应急权的行使，因此，应当通过法律的形式对基层政府在突发公共卫生事件中的行政应急权予以确认。本文认为，基层政府在行使应急权的过程中，应当遵守的原则有权限法定原则、比例原则、人权原则等，其应当具有的强制性行政应急权力包括采取隔离措施权、场所封闭实施权、物资征调权，同时，应当制定基层政府在突发公共卫生事件中行政应急权的指引性规定。

附　录

青年课题核心成果

生物安全法律问题研究

祝远石*

生物安全是当下人类必须共同面对的挑战性命题，由于生物科技的迅猛发展，使得人们对于生物的观察从肉眼可见的视角发展到通过技术与设备探知。随着观察能力与思维方式的革命性突破，使得人类对生物有了颠覆性的认知，并激发其持续性地对生物资源进行探索与利用。当生物结构被不断解构，基因、细胞和微生物等极大地丰富了人类脑海中的生物知识，这些逐渐成为人类组建生物工程的基本材料。经济与社会的加速运行，推动科技迅速发展，使得人类在全球化浪潮下迈向了一个新纪元，这也导致自然资源中的生物因子日益受到重视，渐次显现出其潜在的、巨大的经济价值、商业利益与社会效益。生产创造活动日益繁荣，并且随着科技"脱缰式"的迅猛发展，使得以生物因子为原材料加工或创造出的"生物商品"不断丰富。对经济与社会目标的追求，激励着作为市场主体的个体与组织，加速了对自然资源的开发和利用，让人类对生物与自然的需求变得复杂。随着科技普及与医学的发展，激化了生物因子中的潜在威胁，也导致基因污染与基因释放变得常态化；微生物耐药性与生物实验室泄漏发生的概率增大；生物武器变得更容易被恐怖组织或不法之徒获得与使用。在自然与人为因素的相互作用下，生物领域的"传统"风险与"新兴"风险并发。在已知经验之外，巨大风险正悄然而至。生物技术与人类活动在创造巨大经济与社会价值的同时，生物因子中隐含的负面效应逐渐开始显现，生物风险从偶然发生到呈现频发趋势。而《生物安全法》正是基于上述宏大的背景下产生的。

一、法律现实

随着法治的发展步入了一个新的纪元，经济、社会、科技、自然成为法律现实中的关键词，经济与社会快速发展，科学与技术突飞猛进，人与自然生态密切联系，这些外部环境推动着法治产出内在的"基因突变"，使得法律正在发展出新的特征，而伴随而来的负面性问题是，面对新发新兴问题，法律并不总能表现

---

* 课题主持人：祝远石，中国政法大学讲师。立项编号：BLS（2020）C001。结项等级：优秀。

得令人满意。法律不断被形式化，以满足其外衣式的"法治"形象。

(一)"经济与社会"塑造的法律

法治发展的核心主轴之一就是法律的设计、制定、运行以及法治建设受到经济与社会发展"引力场"的强烈作用。在国家的发展中，经济与社会因素的权重日益增加。作为治理重要手段的法律，也愈发呈现出经济性与社会性。经济与社会的发展正在塑造着法律。法律与经济、社会越来越被一种不断相互作用的机制所左右。为了保障经济活动更加"经济"，提高总体福利，法律必须遵循和体现相关的经济规律，包括价值规律、竞争规律、投入产出规律和本益分析规律等。这些规律本身也是法，是超越世俗法的自然法，具有更高的效力。使得国家经济政策也不断被转化成法律。为了提高社会总体的经济效益与社会效益，法律不仅降低私人成本，也努力降低社会成本，从而实现总体上效益的最大化。面对着经济与社会的不断发展，法律在结构、范式和功能上不断经受挑战——法律的目的性与有效性之间的紧张关系越来越突出显著。"随着国家越来越多地卷入经济和社会进程中，随着经济和社会进程越来越具有复杂性、变异性和系统性，普遍的、抽象的和形式的法律便向语境性的、特殊性的特别法让步。"

(二)"科学与技术"参与的法律

科学与技术的飞速发展，将人类经济社会推向了一个新的时代。科学与技术参与到国家治理和法律设计的诸多面向上。科技与知识的更新产生了巨大的推动作用，也带来了前所未有的国家治理局面。科学技术是第一生产力，科学带来知识的革新，成为认识与决策的前提性要素。在科学越是迅猛发展的时代，人类对于未知领域的探索越积极，对于已知领域的知识更新速度就越迅速。科学重塑了人们对于自然界和人类自身组织系统（包括政治系统、经济系统、社会系统）等的认知，并成为行为的一部分。科学在成为国家重要实力与力量的同时，必然会参与到法律之中。法律或主动或被动地参与到科学与技术的发展进程中，产生了从结构到功能的调整。科学代表着专家型决策在整体国家治理中的重要地位，而技术则代表着经验性决策日益发挥着举足轻重的作用。专家型决策和经验性治理成为法律规制中重要的组成内容。一方面，科学性成为法律自治的一个关键性砝码。"法律作为国家制定法而完全政治化了，它也变成了科学的法律。同时，法律通过对国家的科学重构从而有助于国家本身的去政治化：法律统治作为一种技术——法律的统治而被正当化了。"在获得科学性后，法律在国家治理中获得更加正统的地位。另一方面，科学作为要素参与到法律规范中。法律系统的内部发展出一套自身适应的逻辑，并以"合法/非法"作为检验符号，而法律在外部上越来越强烈地要面对"真/假"的检验。当科学成为国家结构的一部分，就要将科学要素转化成法律的规范性要素。由此机制，法律与科学就互通了。

（三）"人与自然"关系的法律再造

法律成为"人与自然关系"关系再造中的重要手段。人与自然关系正在从人类挣脱自然束缚到人与自然的深度再融合。在人类文明的初始阶段，人类在大自然面前尽显卑微，既生于自然环境，又无时无刻不面临着自然所带来的危险。于是，人类开始了对自然的"抗争"。"动物仅仅利用外部自然界，简单地通过自身在自然界中的存在引起变化；而人则通过他所作出的改变来使自然界为自己的目的服务，来支配自然界。"不断地，人类通过外部改造和内部改造，不断提升对自然的征服，人与自然的关系也逐渐变得更加复杂，需要法律加以调整。法律作为调整行为的重要手段，承担着人与自然关系重塑的重要使命。随着生产力水平的不断提升，使得人类在一定程度上，建立起一个相对独立的王国，进而在"征服"自然的过程中宣告自己的胜利。但是"对于每一次这样的胜利，自然界都对我们进行报复。每一次胜利，起初确实取得了我们预期的结果，但是往后和再往后却发生完全不同的、出乎预料的影响，常常把最初的结果又消除了"。人与自然关系的再造需要法律部门协同调整。随着对自然规律的认知和对自身行为导致的反自然规律后果的认识，使得人类开始寻找与自然重新塑造和谐的关系。特别是随着自身生产力水平的突飞猛进和对自然破坏的深度、强度、广度的迅速扩张，人类必须尽快寻求途径调整自身的行为以及与自然的关系。调整人的行为，正是法律的核心任务。法治国下，法律通过调整人的行为，实现人与自然关系的和谐共生。

二、日益重要的法律问题

生物因子引发的安全法律问题，成为观察法律现实发展和运动极为重要并且非常典型的样本。生物安全是国家安全的重要组成部分之一，主要指防范与生物有关的各种因素对社会、经济、人类健康及生态环境所产生的危害或潜在风险。最早对生物安全问题的关注源起于现代生物技术的研发应用对农业安全、食品安全、人体健康和生态安全产生的负面影响，后来扩展至生物多样性保护与公共卫生安全等领域。

（一）生物安全：法律关注的新领域

生物安全，这个在传统法学话语中的边缘话题，成为一个需要被不断提及且被强烈关注的热点话题。随着经济全球化持续推进，发达的国际交通网络加快了自然原因导致的传染病与疫情的传播速度与蔓延范围，使得生物因子在全球化趋势下不断交融与反应，所以生物安全问题的技术性更强。科技进步使得人对自然的认识突破宏观维度，对于生物的观察也从肉眼可见的视角发展到通过技术与设备探知。以生物因子为原材料加工或创造出的"生物商品"不断丰富。自然资源中的生物因子日益受到重视，生物科技是人类改造自然的深度化技术，呈现极强的技术性特征。生物安全问题的风险系数高。人类活动与交往的日益频繁、生物科技科技"脱缰式"地迅猛发展，"常规与非常规"的生物问题层出不穷。在已知经验之外，隐藏着巨大风险。生物技术与人类活动在创造巨大经济与社会价值的同时，也使得其隐含的负面效应逐渐开始显现。生物安全问题的认知难度大，生物结构被不断解构，基因、细胞和微生物等极大地丰富了人类脑海中的生物知识与生物信息，但也加剧了人类对生物安全的认知难度。对于重大的新发突发传染病，重大新发突发动植物疫情，病原微生物以及人类遗传资源等方面，需要以专业化的背景作为依据，并在理论与经验的积累中，不断提升对其的认知。

（二）生物技术的法律问题

生物技术包含发酵工程、酶工程、细胞工程以及基因工程四类，而细胞工程和基因工程（尤其是转基因技术）被称为现代生物技术。科学技术不断和经济结构与社会结构融合，成为制度构造不可或缺的一环，新的科学成果不断进入到生产与生活的环节，改变着人们的生存生活方式。在利益的驱动下，科学技术的研发与运用按照商业逻辑和市场运行的逻辑前行，试图从法律控制中逃逸，离开了法律的控制，人类社会成为科学技术的"实验室"。科技成为财富增长的工具之一，在与市场和资本融合后，生成巨大的利益。生物技术安全成为生物安全法律研究中的核心问题。不同的人群对待生物技术，可能表现出截然不同的态度，有的强烈支持，有的极力反对。由于生物科学的进步比以往任何时候都大，所带来的破坏能力也比以往要大。"俄罗斯生物学专家沙瓦耶夫将全球性危险源分为三类：大自然、人类社会以及人类创造的技术和工艺世界。而生物技术威胁却能横通于三者之间。"因此，对于生物科技必须认真对待，有些看似不起眼的行为，可能会招致巨大损害。"人类对自然的干预就已经成了实验科学中一种非常关键的要素。"自然被干预，会对诸多领域产生影响。生物技术的滥用既可怕又隐蔽，因此国家必须构建一套有效的规制体系，对生物科学技术的研发与运用进行规制，调整由于技术革命给国家、社会和个人带来的后果，从而让生物科技更好地增进人类福祉，改善生存和生活环境，让国民活得更为尊严。"生物技术涉及中国粮食安全、农业安全、人口安全、生物安全、生态安全、环境安全、军事安全以及政治安全，事关国家战略利益"，因此要尽可能避免那些损害国家利益与国民权益的生物技术转化为生物威胁与危害。

（三）生态安全的法律问题

生态是指在自然中生物的生存状况以及它们之间和它与环境之间环环相扣的关系。生态安全可以被理解为人的生活、健康、安乐、基本权利、生活保障来源、必要资源、社会秩序和人类适应环境变化的能力等方面不受威胁的状态。法律通过调整人与人的关系以及人与自然的关系实现生态安全的目的，满足人类对自然的多元化需求。通过科技，改造自然；在某种程度上，通过对基因的认识，人类正在"创造"新的自然。通过对生物因子在更微观层面的改造，可能遭遇来自自然在更宏观维度的"报复"。人与自然的关系产生了新的内容，使得自然环境在这一意义上被嵌入了人类的深刻印迹，并展现其隐藏的风险。自然变得更复杂，生物风险将会成为未来一个极具挑战性和迫切性的问题。随着科学与技术逐渐成为人类国家治理与社会结构中不可或缺的一环。生物技术的发展影响着人类的物质构造与自然环境，从而造成严重后果的生态问题，环境破坏日益成为全球化的问题，受到各方关注，尤其是成为政府关注的焦点。科学技术的常态化和纯粹化引发了生态风险，生态风险又激发了社会与经济风险。由于生态利益常常与经济和社会利益相反，为了生态利益，在一定程度上就要牺牲生态利益，而罔顾生态利益，又会招致自然法则的"报复"。所以，在历史上，人们更重视工业生物安全与农业生物安全，相较于前两者，环境生态安全，对经济的影响并没有那么地显而易见。因此，人与自然的关系，在实质上，是人与人的关系，正因为是社会关系，所以急需要法律调整，因而加强生态环境安全显得更为必要和迫切。

三、理论视角的分析

生物安全法律受"经济与社会"塑造，"科学与技术"的参与，"人与自然"关系的再造，在不断扩展和深化控制的同时，也使得生物安全法律被它所规制的亚系统"俘虏"，不断经济化、社会化与科技化，这个时候法律规范性要素的自我生产变成过度应变外界系统的应对性生产。法律系统产生了功能紊乱的问题，集中体现为法律失调和法律低效，即生物安全法律法规体系存在"相互之间有机协调不够，存在规则空白与冲突，体制不衔接和法律实施效能不高"的问题，造成法律制度有效性缺失与权威性流失。处理好三个法律命题的关系，以此为逻辑脉络，并进行局部的改良和调适，有助于促进法律体系的实效提升和功能实现。

（一）法律失调：反应过度化与回应性不足

现代化推动着法律的发展与变化。经济、社会、科技、自然等要素刺激法律作出调整。随着法律到嵌入经济与社会发展中，受到"科学与技术"参与的影响，法律承担起重塑"人与自然"关系的任务，外部因素的变化和飞跃式的发展态势必然对法律内部的发展产生深刻作用。一方面，法律出现反应的过度化，法律系统的开放性决定了法律对外界的变化应当有所反应。当法律成了国家治理的工具，并随着法律现实的复杂化，法律自然而然、日益深度地融入经济、社会、科技、自然等要素中。在这个阶段中，法律理论与实践经验对新情况和新态势相对陌生，对于外部系统的反应时而失灵，法律过度被其规制的系统所影响。其中一个典型的例子就是法律变得过度经济化和社会化。"当法律不断扩展和深化其对社会的规制性控制，法律就被政治或者被它所规制的亚系统'俘虏'了，它变成是'政治化的''经济化的''教导化的'等，其结果就是，法律规范性要素的自我生产变成过度应变的自我生产。"在总体上看，法律对外界的要素反应过度化，容易导致法律的功能性紊乱，造成失调问题。当这种规范性要素的自我生产变成过度应变的自我生产之时，由于法律的反应过度，伴随着自身独立性的部分流失，使得法律的权威性受到损害。另一方面，法律出现回应性不足的问题。受外部复杂因素的影响，也会导致法律的回应性不足。法律机构无法放弃通过与外部隔绝而获得的安全性，因而法律选择一种"逃避式"的规制策略，面对需要调整的行为和社会关系，法律尽量采取保守的做法，而不是能动地、开放地面对社会治理挑战。法律系统催生出不断提升和革新的动力。一方面，法律需要更加具象。"随着经济和社会进程越来越具有复杂性、变异性和系统性，普遍的、抽象的和形式的法律便向语境性的、特殊性的特别法让步。"法律被要求从抽象中变得更具象，以便符合场景性和特殊性的要求。另一方面，法律需要更加抽象。法律自身的统一性要求其涵盖更多的情况。"在社会发展到高级复杂性的过程中，法律必须变得更为抽象，以维持针对情境多样性的概念的解释上的弹性，甚至必须由决定来进行改变。"法律在面对自身革新的矛盾性要求，既要变得更具象，又要变得更抽象，由于无法有效回应这些要求，使得法律功能变得紊乱与失调。

（二）法律低效：一种法律现象与超法律现象

法律的低效，既是一种法律现象，也是一种超法律现象。无论是从法律现象的视角还是从超法律现象的视角上看，在实践中，由于法律系统和外部系统出现兼容性问题，法律变得形式化，并可以观察到在形式化法律制度中所经历的"实质性去法律化"过程。制度产生合法性的"引力场"中逃逸的倾向，引发了潜在的"合法性"危机，造成了有效性缺失与权威性流失，这是一种法律功能的紊乱，"这种功能紊乱导致了法律的低效"。从法律现象的视角上看，法律低效源自法律机构对外部环境的不适应。在法律化和法治化的过程中，典型的法律机构介入，会强调和颂扬其独具特色的法律功能，这种法律中心主义的思路，缺乏"真/假"检验，而仅以"合法/非法"进行检验，在这种场景中，特殊领域的法治化反而导致制度整体的实效性不升反降。法律制度在构造上缺乏一种精心设计，适应现代化不断变化的模式，对于一些新兴的问题，对于什么样的模式以适合纾解短期困境，既缺少长效的机制和计划，也缺乏必要的考虑。对规则的关注缩小了对法律上相关事实的范围，使得法律思维和不断变化的多重事实相分离，在构建法律权威的同时，使得诸多迫切实际问题的有效解决反而被法律形式所代替，陷入法条主义当中。经济、社会、科技与自然都是强专业性的元素。这些元素的迅猛发展，在国家治理整体话语体系中的地位有所上升。经济学家、社会学家和科学家的声音越来越重要。以科学为例，在关于对科学与技术发展态度的诸多重要的辩论中，遵循严格的科学路径和指引成了关键的考量。特别是从公众意见的角度看，科学的论证和科学的声音往往从公众视角上来看，比起法学家要更有说服力和发言权，"赛先生"在公共决策中的分量有增无减。而技术往往高度复杂，除非接受专业的训练，立法者和法学家在专业科技方面的理解力，并不比普通民众要高明多少。为了避免有效性危机，经济、社会、科技、自然等元素被"塞进"了法律的形式之下，但其整体逻辑未能和法律系统的逻辑完全融合，在形式化法律制度中正在经历"实质性去法律化"的过程。

四、理论路径：处理好三个关系

生物安全法律系统存在法律失调与法律低效的问题，需要通过增强生物安全法律法规体系的开放性，以回应有关需求，同时增强封闭性，以尊重规则的正统性。"封闭和开放之间的区别指的并不是一种矛盾，而是一种相互强化的关系。"借由三个法学理论的命题，不断将讨论拉到法学"内旋式"的核心语境下进行，妥当处理法律封闭性与开放性的问题，并以此构建一个理论标尺，指导现实层面的制度革新，从而有效地对制度构建的实质问题进行有质量的回答，为复杂性的法律结构探索有效的一体化规整模式。

（一）法目的性与法权威性的关系

"法目的性"与"法权威性"主要处理法律目的实现与法律正统地位之间的关系。"法目的性"关注法体系的功能与目的，"法权威性"关注法体系的权威与规则的遵守。两者既有相互促进的时候，也有对立冲突的时候。生物安全法的"目的性"主要体现为在一系列价值平衡中实现安全。生物安全法的"权威性"主要体现为对生物安全法规范的尊重。生物安全具有治理的迫切性，生物安全变动性大、技术性强、风险系数高以及认知困难的事实导致法律滞后性的问题尤为突出，这增强了对于"实现安全目的"的追求。但是，由于法律思维与社会现实的分离难以完全避免。实现安全目的有可能在一定程度上与严格遵守规则相冲突。而"法权威性"要求，为确保法的正统地位，对于法律的立改废以及法律运行都要尊重法律自身的逻辑，尊重法律规范——即便——当规范不利于实际问题的解决。

在生物安全领域，法律系统与外部系统之间的紧张关系时有发生。外部要素复杂且多变，这种外部关系紧张会导致"法目的性"与"法权威性"之间的紧张，继而传递到法律系统内部。因此，要妥当处理好"目的性"与"权威性"

的关系，寻求构建一种开放性和独立性（封闭性）并存的生物安全法律法规体系结构。一种可行的方案是，通过设计更为精致的"法律原则与法律规则""法律与法规"机制，将法律系统与外部系统紧张传递到法律系统内部进行疏解。例如，让法律机构取得足够的独立权威，构建一个整体性的规范框架，对行政权力的行使进行妥当约束，以维护"法权威性"。同时，通过行政机构参与规则的制定，将行政积累的大量经验与治理策略纳入规范体系中，并扩大自由裁量权在法律判断中的范围，以此增强对"法目的性"的追求。需要注意的是，片面机械强调"法权威性"会引发法目标与法效果的流失与减损，而过度追求"法目的性"，在形势复杂多变的生物安全领域，会造成法律体系整体性的形式化与退出，不利于法治国下的生物安全实现。

（二）法律原则与法律规则的关系

法的内容是法律规范，法律原则与法律规则都是法律规范的要素。法律规则以一定的逻辑结构形式具体地规定人们的法律权利、义务以及后果。法律对人们行为的调整主要通过法律规则来实现。法律原则与预设具体事实状态和确切法律效果的法律规则不同，法律原则具有较法律规则更高的涵摄面和包容，是为法律规则提供某种基础或本源的综合指导性原理或进行价值引导的法律规范。作为一种规范，法律原则更倾向于指示问题对应的方向，要求其所规定的内容在相关的法律和事实可能的范围内得到最大程度的实现，而法律原则可以在不同程度上被满足，是立法者将其确定的基本价值规范化或法律化。

生物因子引发的经济与社会秩序的新问题层出不穷，法律体系容易产生漏洞与缝隙。因此，处理好法律原则与法律规则的关系，有助于实现法律规范的合理运行与法律系统的整体完善，更灵活地填充生物安全体系中的漏洞，促使生物安全法律体系更加能动与包容。然而在一些场景下，生物安全法律原则难以为法律规则提供综合性和指导性的准则。法律原则在生物安全法律体系中的指导作用存在效果差异。以风险预防原则为例，存在"强指导性"与"弱指导性"的"效果差异"。"风险预防原则的适用机理在于实施预防措施以防止危害结果的发生，预防措施所针对的对象既可能是尚未得到科学证实的潜在风险，也可能是已被证实存在致害性的现实损害，其都有可能转化成最终的危害结果。"由于对风险的预测与评估是一个具有挑战性的话题。信息不足以及认知局限，导致"风险预防"在逻辑上并没有问题，但是落实到法律运行层面，在处理不同情况的事件和事实时，会存在效果的差异。这个时候，需要通过法律规则配合法律原则一起进行法律规制。倘若当这种关系处理不妥当，会加大生物安全有效性与合法性之间紧张的关系。

（三）法律与法规的关系

生物安全法律是生物安全机制合法性力量的来源与基础。法律的主要任务是通过权利、义务实现生物安全的社会控制，通过法律的制定发挥法律秩序的典型功能。而生物安全法规的任务倾向于目标实现，是行政机关使命意志的表达。由于法律系统无法通过与外隔绝而获得安全性，使得法规体系在生物安全领域调整中就需要发挥更积极的作用和变成更能动的工具。法律的规则约束性与法规的任务实现性既存在统一的合力又存在张力与矛盾。特别是当生物安全突发事件发生和社会经济环境发生突变时，生物安全立法对稳定性的黏性和生物安全行政机关对生物安全任务实现之间的关系就会转化成"法律"与"法规"的紧张。

生物安全是国家安全的重要组成部分，安全领域的立法，面对的问题多，既有低概率、高损害的巨灾风险与突发的疫情，又有常态化的微生物耐药性与生物食品安全等日常管理。对法律法规有效性要求较高，因此为了追求有效性，法律体系变得"置于高阁"，法规体系变得"科层化"与"去法律化"。这种法律制度与既有制度之间的外部紧张关系就转化成了法律体系与法规体系之间的内部紧张关系。建立"分离与融合"式的"法律—法规"机制，使得法律体系更注重构建长效机制、常态化问题以及对应急机制的授权和生效条件作出规定。通过厘清公权界限，构建"促进"式的体系。与此同时，"法律"要尊重"法规"体系的"自改良"，给法规体系留下规制的空间，以加强行政机构内部的激励与协调。当处理新情况、新问题的"应急事件"时，要以纾解短期困境为要旨，"法规"需要进行适时变动，虽然客观上会引发与法律关系的紧张，但也应当适度"容忍"。但此种情况下，要避免由于寻求灵活性所带来的自由裁量权扩张后，陷入过度放松与约束空白的场景。

五、法律制度：立法、行政与司法

立法、执法与司法机关在分析模式的适用上存在明显的差异，导致在同一规则与事实的结合下，立法、行政与司法类似情况不同处理以及同样的事例会招致不同的对待和结果，这有悖于法治的基本要求，有损法制的统一性。在统分结合的思路指导下，构建分体系的架构并置于法治整体逻辑与思维下观察生物安全中的法律问题。根据立法、行政和司法不同的公权性质，进行分类的法律制度设计。

（一）立法视角：注重对"法律—法规"体系的整体构建

在生物安全法律制度中，立法的核心是对"法律—法规"体系在整体上进行构建。关于生物安全的新问题层出不穷，人类活动日益频繁，生物科技迅猛发展，使得自然生态状况异常多发，来自动物、植物、微生物、生物毒素及其他生物活性物质中的危险时有发生，难以从空间维度全部穷尽生物安全细枝末节的问题，也无法对未来的生物安全问题设有准确的"前瞻性"。因此，"法律—法规"

的整体配合十分必要。立法层面对"法律—法规"系统的整体构建，有助于动态地构建相对全面和以逻辑统一为目标的生物安全法律体系，实现正义和生物安全的价值，因此，应当加强生物安全法律的"立改废"。适时地从生物安全法律体系的运行中发现问题、提炼规范并将各地行政、司法经验和具体情况融入立法，并"淘汰"不合时宜的相关规范。通过法律的"立改废"，对行政执法案件与司法案件进行"案例群"的简化与抽象，从中发现一般条款具体化与具体案件事实与问题的差异与联系，以提升法律质量，从而确定生物安全"立法授权"。鉴于生物安全领域广泛、门类众多，立法难以涵盖细枝末节，因而需要授权行政机关"特事特办"的一定权限，但要限制从事概括的、空白的授权行为，并加强对"所授权限"的监督。例如，行政机关在执法过程中，在什么情景下以及在多大程度上，可以用何种方式和手段。通过怎样的具体程序，可以保障公民的健康权与生命权。以及在紧急状态下，让渡公民权利的界限与方式在哪里，在授权的同时，如何采取严格审查与宽松审查的方式等。对于生物安全类的立法授权，采取宽松审查的方式进行，但是涉及基本价值与人民基本权利保护问题上需要采取严格审查。

（二）行政视角：以经验为中心，优化"法规"体系

行政层面以经验为中心，优化"法规"体系。行政法规是生物安全制度目的实现的重要载体，行政机构是生物安全规则的实施主体，执法环节是生物安全制度运行的核心。行政权的行使要注意以下几点：第一，准立法权的界限。作为准立法权的主体，需要在立法机关厘定的框架内行动。行政机关在行使准立法权时，其权限不能超越法律，在上位法规定不清晰的情况下，应当遵循生物安全的立法精神与意旨，以安全价值为中心，以风险预防和谨慎发展为原则。第二，执法上的限度。基于生物安全的特殊性，事件的暴发常以突发事件的形式加以呈现。突发的重大生物安全事件往往打破既有的秩序，但行政机构在采取具体措施时必须采取比例原则与最小干预原则。对于公民信息的使用应当以维护生物安全价值为中心。第三，机构间的协调。生物安全问题以生物因子为链接的问题束，多部门的管理既必要，也难免。以中央行政机构为例，目前涉及生物安全的国务院组成部门、直属机构、直属事业单位以及国务院部委管理国家局多达 12 个。即便是对于生物安全的子领域，往往也由数个不同职能的行政部门予以负责。要通过工作协调机制与明晰的责任分工机制，避免"有组织的不负责任"与"管与不管两难"情况的发生。

行政机关以行政为主要职能并兼有立法功能，这种立法可以称之为准立法活动。对于行政机关的准立法活动，以更好地行使行政权和行政管理为标准，应当明确其界限和定位，需要在立法机关厘定的框架内进行。作为准立法机关，行政

机关并未改变其机关性质，行政立法的主要目的是更好地、更有效地行使行政权、实施行政管理，行政机关所立之法的主要目的是更好地、更有效地行使行政权、实施行政管理，这是为了解决行政事务问题。生物安全执法，是生物安全法律运行的核心环节。特别是在应对生物安全的重大突发事件中，执法是关键。执法有利于经验的积累，也有利于通过事件和行为检测规则的有效性，并从中发现可能存在的问题。通过经验，可以缓解生物安全法律规则稳定性与决策管理中面对的不确定情形之间的紧张关系。在加强执法经验的同时，要注重专家意见的引入。特别是结合专家与专业预测，对于未来可能发生的大规模生物威胁事件，在下一次危机来临前，制定资源极度稀缺情况下的谨慎标准，以进行有效应对。明确各执法主体的执法责任，相互配合协调，严格执法，才能对各类违反生物安全法律法规的行为进行有力规制。行政机关要将"分治与共治结合"，避免"有组织的不负责任"与政府陷入"管与不管两难"。行政机关需要建立法律实施的协调机制，针对不同的子领域，明确牵头主管部门，集中地方政府和其他部门的管理职权，建立综合性的分部门管理体制行政机构，并构建生物安全监督管理体制。

（三）司法视角：以事实和规范为中心，促进法律完善

司法是法治的守护者。"人们把焦点集中在司法制度上，这种关注的一个最为显著的特征是，它有时是因为我们认为法院是法治的终极守护者，有时却是因为我们谴责法院没有实现这项功能。"最高司法机关可以制定司法解释，对具体的生物安全法律适用问题进行规定。立法在前端的问题，可以通过司法在法律运行的终端加以补充解决。对生物多样性损害的补救和赔偿责任，可以依据民事侵权、行政追责、刑事定罪三条主线进行。根据行为与损害结果的程度，明确行为的责任界限，制定补救规则，完善补救机制，使各责任形式之间相互衔接和呼应，从而形成较为完整的法律责任体系。检察机关在生物安全上应当积极主动担当，发挥检察机关的能动性，主动地行使法律监督职能。

检察机关具有检察环境公益的职责，通过主动提起公益诉讼的方式，对生物安全进行保护。人民检察院在履行职责中发现破坏生态环境和资源保护、食品药品安全领域侵害众多消费者合法权益等损害社会公共利益的行为时，检察机关应当履行法律职权，积极探索生物安全子领域的检察参与。人民法院应当熟悉规范，创新工作机制，提高办案质效，提升应对生物安全案件的整体司法能力，积极探索并充分发挥环境公益诉讼对生物安全整体性政策的形成以及生态修复功能。人民法院对于部门的重大复杂案件，需要探索民事、行政、刑事法律规范协同治理，统一法律标准。在裁判过程中，关注安全价值与其他价值的冲突与平衡，并防止由于价值失衡，影响个人层面的健康权、生命权与群体层面的公共健

康权。在疑难案件中，现有的具体规范难以直接适用于具体案件，需要法院依据生物安全构建"以安全为中心"的价值和基于"风险预防原则"对个案公正做出全面考量，从而确保整个生物安全法律体的整体性与连贯一致性，在正义、公平、效率、安全等诸多价值中，寻找最佳的法律结果。

突发公共卫生事件中公共安全的刑法保障研究

于 冲*

在公共卫生事件频发的背景下，国外对重大传染病疫情管控的立法和研究逐渐增多，对妨害重大传染病疫情防治行为的责任认定，以及公共卫生事件背景下公共安全的刑法保障逐渐强化，明确将妨害传染病疫情防治行为作为危害公共安全的类型化行为，并单独设定具体的罪名。当前，随着公共卫生事件中危害公共安全行为侵害法益类型的研究不断深入，尤其将妨害传染病防治犯罪侵害的法益定性为公共安全，这对我国的相关研究亦有启发和借鉴意义。公共卫生事件中对于危害公共安全行为如何实现行政法规与刑法之间的系统化治理，形成了较多的研究成果，对于危害公共安全的行为，按照主观意思进行区分，以不同轻重的犯罪论处，实现了基本的行政法和刑法在公共卫生事件的基本衔接。同时，在保障公共安全的同时，对于个人权利的保障始终受到重视，在制裁妨害突发传染病疫情防治的犯罪行为过程中，犯罪人利益平衡和权益保护研究受到关注。国内刑法学界在 2003 年"非典"（SARS）疫情以后，在公共卫生事件中对于危害公共安全的行为定性进行了较为系统的研究，围绕相关行为的定性，关于以危险方法危害公共安全罪、过失以危险方法危害公共安全罪的司法适用形成了一系列研究成果。2019 年新冠肺炎（COVID-19）以来，继 2003 年《最高人民法院、最高人民检察院关于办理妨害预防、控制公共卫生事件的刑事案件具体应用法律若干问题的解释》，最高人民法院、最高人民检察院、公安部、司法部联合制定了《关于依法惩治妨害新型冠状病毒感染肺炎疫情防控违法犯罪的意见》，随后最高人民法院、最高人民检察院、各地法院、检察院先后出台指导性案例、办案指导意见，为突发公共卫生事件中公共安全的刑法保障提供了规范性基础。

一、问题的提出

在司法实践中，妨害传染病防治一般表现为，在国家卫生健康委员会宣布对新冠肺炎采取甲类传染病预防和控制措施后，明知应当报告武汉等重点地区居住

* 课题主持人：于冲，中国政法大学副教授。立项编号：BLS（2020）C002。结项等级：合格。

史，却故意隐瞒其行踪轨迹、密切接触人员等情况，或者在就诊时故意隐瞒从重点地区返乡的事实，造成就诊时未采取防疫措施，或者在无经营许可的情况下，从事客运、餐饮等业务，妨碍流行病调查等预防、控制措施实施，引起病毒传播危险。在已公开的判例中，引发的严重传播危险主要体现为：造成医护人员、同病房病人被隔离观察，或者同村、同社区、同行等密切接触者被隔离。对于妨害传染病防治行为的定性问题，最高人民法院、最高人民检察院、公安部、司法部于2020年2月10日出台的《关于依法惩治妨害新型冠状病毒感染肺炎疫情防控违法犯罪的意见》（以下简称《意见》）明确指出，其他拒绝执行卫生防疫机构依照传染病防治法提出的防控措施，引起新型冠状病毒传播或者有传播严重危险的，以妨害传染病防治罪定罪处罚。以《意见》的出台为分界线，几乎具有相同性质的行为类型在《意见》发布之前大多以危险方法危害公共安全罪或者过失以危险方法危害公共安全罪立案；在《意见》发布后，大都以妨害传染病防治罪立案或者定罪处罚。对此需要思考的问题在于：妨害传染病防治罪一个罪名如何同时分流了《刑法》第114条、第115条两种不同主观罪过的罪名。从已公开判例中可以看出，司法认定几乎都回避了行为人主观罪过的审查问题，对于本罪主观罪过的描述主要体现为，强调对于违反传染病防治措施的明知。学界对此也有相似的观点，认为在疫情防控期间，对于拒绝执行疫情防控措施，一般对行为的危害性属于"明知故犯"。但是，不能仅仅因为大部分案件属于"明知故犯"，就直接将妨害传染病防治罪的主观罪过设定为"推定的过错"。对此，需要明确的问题有三：第一，妨害传染病防治罪主观罪过属于故意还是过失，对于违反《传染病防治法》的规定，其主观故意能否直接等同于本罪的罪过？第二，如果认定妨害传染病防治罪属于过失犯，其正当性根据为何，对于过失危险的处罚是否违背了我国二元处罚体系，是否颠覆了过失结果犯的传统刑法教义学理论，造成刑法的过度扩张？第三，过失危险犯中的"危险"该做何种理解，是否可以等同于具体危险犯中的"具体危险"，尤其妨害传染病防治罪作为典型的行政犯，在二元立法模式下如何处理刑法与行政法之间的关系，如何保证刑法的最后法和保障法的地位，防止刑法越位、防止刑法评价半径的过度前移。从客观层面上讲，妨害传染病防治罪在疫情防控中的司法应用，补足了以危险方法危害公共安全罪评价的空白，避免了《刑法》第114条、第115条第1款的口袋化扩张，但同时还要防范妨害传染病防治罪本身又沦为新的"口袋"。对此，有必要立足疫情防控期间妨害传染病防治犯罪的司法实践，重新审视妨害传染病防治罪的罪名构造，在我国刑法框架与过失犯的理论语境下，立足我国二元处罚体系，体系化地探讨过失危险犯的存在空间与适用边界。

二、公共卫生事件中妨害传染病防治罪的罪名解释与适用

从犯罪构造上讲，刑法对于妨害传染病防治罪设置了较高的入罪门槛，以列举的形式规定了四类妨害传染病防治的行为，但实施前述行为并不必然构成本罪，仍需要引发甲类传染病传播或者有传播的严重危险。在主观罪过上，应认为该罪是过失犯罪，且要求对引发甲类传染病传播或者引发传播严重危险具有注意义务和注意能力。概言之，在我国刑法关于犯罪过失的法律框架下，将妨害传染病防治罪解释为过失犯的危险犯具有理论自洽性，该罪在构成要件上可以分解为：引发传播的严重危险、违法前置法的注意义务，以及对造成危险状态的过失行为具有可归责性。

（一）主观层面中的"过失论"倡导

关于妨害传染病防治罪的主观罪过，曾经引发了学界关于我国刑法是否存在过失危险犯的理论之争，大体可以划分为"故意论"、故意论下的"客观超过要素论""过失论""混合论"共四种观点。"故意论"认为，本罪属于故意犯罪，《刑法》第 15 条第 2 款的规定只能适用于不纯正的过失犯，对于同时包含故意与过失心态的犯罪，如果法律未明确规定，就只能处罚故意犯罪。"客观的超过要素说"首先强调本罪属于故意犯罪，但却将'造成甲类传染病传播'作为客观超过要素，无需考虑行为人对该结果发生的认识因素或者意志因素。"过失论"认为，本罪属于过失犯罪，行为人对传染病防治法的违反虽然是故意的，但对其可能引起的传染病传播或传播的严重危险，却属于一种过失心态，对结果的发生依然采取一种回避的态度。"混合论"认为，本罪在主观方面是混合过错，行为人对传染病防治法的违反是故意的，但对危害后果既可以是故意心态，也可以是过失心态，均不影响该罪的成立。通过以上观点，可以发现"过失论"的观点更能契合我国刑法对于妨害传染病防治罪的法条表述，也更符合该罪设立的规范性目的。

1. "故意论"的悖论：将符合《刑法》第 114 条的行为"降格处理"，且同时走向"行为本位"

根据"故意论"的观点，将行为人对于引发传染病传播的主观罪过解释为希望或者放任，同《刑法》第 114 条以危险方法危害公共安全罪的边界出现模糊。尽管《意见》通过对行为主体进行类型划分，明确了以危险方法危害公共安全罪的适用界限，限制了以危险方法危害公共安全罪的"口袋化"，但"故意论"的观点在妨害传染病防治罪并非身份犯的情况下，仅通过主体类型来划分该罪与《刑法》第 114 条的界限，不具有理论的周延性。这就导致，原本属于以危险方法危害公共安全的行为被降格评价为妨害传染病防治罪，这不利于对公共安全的保护。同时，"故意论"在主观要件判定上的模糊性和混乱性，使得持"故意论"的观点普遍回避、淡化该罪名的主观罪过审查。从表面上看，将妨害传染病防治罪的主观罪过解释为故意，以主观故意要件堵截构成要件的实现，但事实上却将违反传染病防治法的"故意"直接等同于对造成传染病传播或者传播严重危险的"明知故犯",甚至不需要行为人明知该危险状态的发生,也不需要行为人希望或者放任其发生。从客观上讲,行为人违反传染病防治法,一般意味着对于发生传播或者传播风险具有一定的主观认识,或者应当有这种主观认识,但不代表这种认识等同于达到了构成要件中的认识程度。司法实践中将故意违反疫情防控措施的行为,对引起传染病传播或者造成传播严重危险,其主观心理状态往往是过失的,尽管对于行政违法行为属于"明知故犯",但不能因为对行政法规违法的故意直接等同于犯罪的故意。"故意论"的观点实质上将违反传染病防治法的故意直接等同于该罪构成要件的故意。同时,"故意论"实质上淡化了对危害结果的主观罪过审查,不仅不会防止刑法圈因为过失犯而过度扩张,反而将妨害传染病防治罪升格为行为犯,使得该罪中的具体危险被事实上作为抽象危险进行评价。

2. "混合论"或者客观超过要素论:回避引发具体危险罪过的同时走向责任主义原则的反面

混合论或者客观超过要素论的相似之处均在于,在实质上避开了罪过的问题,直接将引起传播严重危险的行为作为客观的处罚条件。混合论淡化了对主观罪过的审查,行为人对危害后果的主观心态不影响该罪的成立。客观的超过要素论认为,即对于造成传染病传播的严重危险,不需要存在主观认识。这种观点实则将该罪变为了故意的抽象危险犯,成为单纯保护传染病防治秩序的行为犯,将引发传染病传播或者将具有传播严重危险的罪过进行审查并予以剔除,具有扩大本罪口袋化适用的风险。当行为没有造成传播后果或者严重传播危险时,违反传染病防治的行为本身不具有刑事不法性;当违反传染病防治的行为造成传播后果或者严重传播危险时,即具有了刑事不法性。在此类观点下,只要行为人违反传染病防治法,并造成传染病传播或者传播严重危险,即可构成本罪。这种认定模式是结果无价值论的代表性观点,在很大程度上体现出极端的结果归责主义倾向,行为人是否构成犯罪决定于是否发生了危害后果或者具体危险,由此使得该罪实际上处罚的是违反《传染病防治法》的行为。对此应当明确,《刑法》第330条所规定的具体危险作为堵截犯罪成立的结果性要件,不应被解释为客观的超过要素,这一观点在很大程度上违背了罪过责任主义原则,应当予以限制适用。

3. 过失论的倡导

行政犯很多表现为前置法违反的故意+危害结果发生的过失,典型的例如交通肇事罪。妨害传染病防治罪作为典型的行政犯,对于传染病防治法的违反可能基于故意,但对其所造成的传播的严重危险则属于过失。从司法解释的变迁来看，2003 年最高人民法院、最高人民检察院《关于办理妨害预防、控制突发传染病疫情等灾害的刑事案件具体应用法律若干问题的解释》（以下简称《2003 年司法解释》）第 1 条第 2 款规定，患有突发传染病或者疑似突发传染病而拒绝接受检疫、强制隔离或者治疗，过失造成传染病传播，情节严重，危害公共安全的，按照过失以危险方法危害公共安全罪定罪处罚。对比前后两个司法解释，很明显可以看出《意见》的出台，使得妨害传染病防治罪几乎替代了过失以危险方法危害公共安全罪在司法实际中的适用。最高人民法院研究室主任姜启波、最高人民检察院法律政策研究室主任高景峰联合答记者问［以下简称《答记者问（一）》］中指出，妨害传染病防治罪危害公共卫生，实际上也是一种危害公共安全的行为，其与过失以危险方法危害公共安全罪，实际上是法条竞合关系。这一论点在某种程度上反映了司法实践对于本罪主观罪过认定的态度，即，妨害传染病防治罪同过失以危险方法危害公共安全罪是一种特别法与一般法的关系，在主观罪过上均属于过失。从司法实践来看，大多数妨害传染病防治的案件大多适用简易程序，刑罚集中在 6 个月到 1 年 6 个月，并且较多地适用缓刑，从刑罚配置和裁量的侧面反映出该罪的主观罪过应当属于过失。从体系解释的角度上讲，妨害传染病防治引发传染病传播或者具有严重传播危险的，处 3 年以下有期徒刑；造成严重后果的，处 3 年以上 7 年以上有期徒刑。与之相比，以危险方法危害公共安全造成严重危害后果的，处 10 年以上有期徒刑、无期徒刑或死刑；引发具体危险的处 3 年以上 10 年以下有期徒刑。从刑罚配置上看，妨害传染病防治罪属于比较典型的过失犯罪的刑罚配置，且与以危险方法危害公共安全相比，对于故意引发传染病传播严重危险的行为认定为妨害传染病防治罪，明显评价不当。

（二）客观层面传播"严重"危险的结果化理解

过失危险犯作为以行为人过失行为造成危险状态为犯罪构成要件的犯罪，对于过失所引发的具体危险应当进行严格的限缩解释。因此，关于具体危险的判断亦成为认定妨害传染病防治罪的关键要素。对于该罪具体危险的认定，有观点认为，"甲类传染病的传播危险就是'严重'危险，而其他传染病的传播危险则属一般危险。"这一观点事实上依然并没有明确指出何为该罪的具体危险，因为该罪的具体危险只可能是引发甲类传染病的传播危险，而非其他。因此，对于妨害传染病防治罪具体危险的认定，应当立足于该罪构成要件，将"严重危险"进行实害化限缩解释。从妨害传染病防治罪的罪名构造看，作为公共卫生的法益不能直接等同于公共卫生管理秩序，而是同时关涉公共卫生秩序及其背后不特定多数人的生命健康安全，具有公共安全的"公共性"和法益保护的"叠加性"。

1. 引起传染病传播、传播"严重"危险并列作为构成要件的立法旨趣

根据《刑法》第 330 条规定，妨害传染病防治罪的成立，需以引起甲类传染病传播或者具有传播的严重危险为要件。其中，引起甲类传染病传播即引发实害结果，属于过失犯的实害犯；有传播严重危险即具有甲类传染病传播的具体危险，属于过失犯的具体危险犯。在此种立法模式下，使得妨害传染病防治罪一个罪名同时具有实害犯和具体危险犯两种犯罪形态。从我国刑法关于具体危险犯的规定来看，一般以具体危险犯为基本犯，以实害犯作为结果加重犯。例如，我国《刑法》第 143 条规定，生产、销售不符合安全标准的食品罪以具体危险犯作为基本犯，以实害犯作为结果加重犯。但是，《刑法》第 330 条同时将实害结果、具体危险作为基本犯的构成要件，并设置相同的法定刑，似乎违反了罪责刑相适应原则。从刑法规范的保护目的来看，《刑法》第 330 条保护的法益是公共卫生，背后也涵盖了不特定多数人的生命健康安全，同时鉴于传染病防治具有特定的医学规律，在综合考虑法益的重要性、犯罪预防的必要性和妨害传染病防治犯罪的特殊规律性的基础上，刑法以具体危险犯的形式提前介入评价。通观我国刑法中关于具体危险犯所有条文的规定，仅第 330 条、第 331 条对具体危险设置了"严重"的限定。因此，具体危险同实害后果同时作为妨害传染病防治罪基本犯的构成要件，具有刑法评价合理性，也具有犯罪预防的必要性。

2. 《刑法》第 330 条中具体危险实质应为"虚化的结果"

《刑法》第 330 条将引起甲类传染病传播或者传播严重危险，并列作为犯罪成立的选择性要件。根据同位解释原理，引起甲类传染病传播与引起传播严重危险的行为在类型应当是相似的，在法益侵害性上应当是相当的。换言之，《刑法》第 330 条中"严重危险"并不同于一般的具体危险，而是介于具体危险和实害结果之间的一种危险状态，其虽然仍属于具体危险犯的范畴，但刑法给予了严格的限制。正如《刑法》第 114 条中的"以其他危险方法危害公共安全"，是与"放火""决水""爆炸""投放毒害性、放射性、传染性病原体等物质"危害性相当的行为。对于"有传播严重危险"也应解释为与实害犯侵害性相当的行为，即危险概率很高，且客观上造成了较为严重的危害后果。有学者认为，过失危险犯在客观上的危害程度，与犯罪的未完成形态做比较，其危害性与未遂犯大致相当（更接近于实行终了的未遂）。从这个层面讲，"严重危险"应当理解为一种"虚化"的实害结果，即虽然没有引起实际传播的结果，但也造成了较为严重的损害结果，与实害结果的发生具有极其紧密的联系与相似性，较寻常的具体危险犯危害性更大，法益侵害的紧迫性更加显著。因此，妨害传染病防治罪中的严重危险，一般应具有以下特征：①所谓具体危险是具体的、迫切的、现实的一种直观的危险状态，能够通过事后的客观判断进行衡量，而不能是一种主观

的、非专业的判断。在类似具体危险的判定上，例如，虽然物业公司违反消防法规，对一些陈旧线路未进行及时更换，长此以往可能会导致火灾的发生，但只要短期内不存在显著危险，那此类行为就不能认定为存在具体的危险，而只能以行政违法行为进行处罚。②引发的具体危险一定是"严重"的、不同于寻常的危险。较之于一般危险，即便有导致个人生命法益遭受侵害的可能，也不至于采用过失危险犯的模式。通常导致个人生命法益侵害、财产损失、公共秩序破坏的行为，采用"过失犯+实害犯"或者"故意犯+危险犯"的模式即可进行刑法评价。只有对极其重要法益造成侵害，或者会同时威胁多个重要法益的行为，才可能构成过失危险犯中的"严重危险"，引起甲类传染病传播的严重危险既属于这一类型。③《刑法》第330条中的传播严重危险应当解释为具有造成传染病传播的危险，并且已经造成了较为严重危害后果。换言之，妨害传染病防治的行为导致实害结果发生的可能性极高，未发生实害结果是由于其他因素的介入。

三、公共卫生突发事件中对妨害传染病防治罪的限缩适用

（一）恪守刑法的补充法地位：把握刑罚与行政处罚的边界

根据《传染病防治法》第71条、第73条、第74条等的规定，传染病防治法的处罚范围，主要限于"造成传染病传播、流行以及其他严重后果"的行为。《刑法》将造成传播严重危险的行为进行处罚，实质上超出了行政法的处罚范围。不可否认，《刑法》具有法益保护的独立性，但仍然需要兼顾法秩序的统一原则。无论是法秩序的统一原则，还是刑法作为最后法和保障法的性质，均决定了刑法对法益的保护，尤其对行政犯法益的保护，应当恪守前置法优先适用的准则。根据《传染病防治法》第1条的规定，传染病防治的目的是预防、控制和消除传染病的发生与流行，保障人体健康和公共卫生。因此，《刑法》对于妨害传染病防治行为的介入，也不应超出预防、控制和消除传染病发生和流行，保障人体健康和公共卫生的界限。对于仅仅造成传染病防治秩序受到侵害的行为，不应纳入妨害传染病防治罪的评价体系。例如，不遵守隔离措施、隐瞒接触史、重点地区旅行史，如果其在行为时未被诊断为疑似病人或确诊病人，事后也查明未感染新冠肺炎或携带病原体，便不具有危害人体健康和公共卫生的可能性。因此，妨害传染病防治措施的行政违法行为，不必然成立妨害传染病防治罪的构成要件行为，即使因为违反传染病防治措施造成密切接触人员隔离，在没有造成传播危害后果或者严重危险的情况下，也应当限缩构成要件的成立。例如，最高人民法院研究室主任姜启波、最高人民检察院法律政策研究室主任高景峰联合答记者问（二）[以下简称《答记者问（二）》]中明确指出，如果行为人虽有妨害国境卫生检疫的行为，但综合全案事实，认定其不可能引起新冠肺炎传播或者有传播严重危险的，不符合妨害国境卫生检疫罪的入罪要件，可由行政机关给予行政

处罚。

（二）客观层面限制：严重危险的"实害化"解释

在对妨害传染病防治罪的适用上，行为本身的危险性，不能直接等同于构成要件的"严重危险"。例如，对于在外务工、求学等因为生活困难违反规定离开疫区，只是违反相关规定而未造成疫情传播的情况下，不宜作为犯罪处理，予以行政处罚即可。此种情况下，便只有行为的危险，欠缺行为客体的危险。又例如，实施隐瞒行为造成密切接触人员被隔离，这一妨害传染病防治行为自身的危险性，并不等同于直接造成传播的严重危险。从妨害传染病防治罪的构成要件来看，造成密切接触人员被隔离是妨害传染病防治行为造成的实害后果，但这种实害后果并非构成要件性的危害后果，是判断传播严重危险的外在化表征。问题在于，是否只要接触者被隔离便可以径直作为判断是造成传播严重危险的根据？例如，江苏省高级人民法院 2020 年 2 月 14 日发布的《关于妨害新型冠状病毒肺炎疫情防控相关刑事案件的审理指南》指出，因行为人的行为造成共同生活以外的多人被隔离进行医学观察的，属于"有传播严重危险"。对此应当明确，造成密切接触人员被隔离不当然意味着被传染，14 天隔离期结束后绝大多数没有感染，隔离或者医学观察只是防疫措施之一，并不能等同于具有传播危险，更不能直接等同于传播严重危险。这是因为，本罪所保护的法益为公共卫生，并非公共卫生秩序，单纯扰乱公共卫生管理秩序或者疫情防控措施的行为，不应成立本罪。因此，在妨害传染病防治罪的认定上，应当严格限缩"严重危险"的成立条件，对此甚至有学者建议在对严重危险的认定上，应当"组织由有关从事传染病防治工作的专家组成的鉴定委员会来作出科学的鉴定结论，以免司法人员单凭主观臆断来判决行为人有罪。"

对于该"危险"的判断，同样应当坚持综合考量原则，主要包括：第一，"危险"不属于生活中一般可被感知的危险。过失危险犯的存在范围一般限定为具有公共危险性质的犯罪，尤其以交通领域、公共卫生领域较为典型，但具有公共危险性质并不能当然成为过失危险犯的合理性根据。过失危险犯所引发的"危险"应当限于具有较高注意义务、注意能力的领域，诸如交通领域中的闯红灯等违规行为所引发的可能造成事故的危险，不属于过失危险犯中的危险。例如，妨害传染病防治罪中，传染病防治具有一定的专业性，行为人违反传染病防治的相关措施，需要对行为人的预见可能性进行严格把关，据此确定是否排除行为人责任。尽管在媒体对新冠病毒大范围报道的情况下，行为人欠缺预见可能性的情况不多，但并不能据此一概地如前述"故意论"的观点统一将行为人认定为"明知故犯"，这样就欠缺了对于行为人责任要素的判断。第二，严重的危险。此处的严重有两个层次的意思，一是要求该危险发生在关涉重大法益的领域，如涉及公共卫生安全；二是该危险的风险等级属于"严重的"，几乎甚至必然会引发严重的实害后果，其并非一般性的普通风险。第三，具有刑法前置打击和防范的必要性和迫切性。该危险具有引发后续实害后果的必然性，且几乎或者必然会引发的实害后果具有不可控性。对此，诸如发生在交通领域中发生的闯红灯等违法行为，其所引发的这种危险并不属于值得运用过失危险法理论去评价的"危险"，无论违法者主观心态是故意还是过失，在不属于《刑法》第114条的评价半径时，一般以治安处罚为必要。

（三）主观层面限制：注意义务与注意能力的严格审查

在新冠肺炎疫情防控初期，忽视主观罪过考量、弱化犯罪构成要件，使得妨害传染病防治罪具有了沦为口袋罪的风险。具体体现为，忽视了对行为人排斥隔离措施、瞒报行程等行为的主观罪过审查，对于行为人主观的明知、放任因素缺乏个案实质判断；同时在客观上对于妨害传染病防治引发传播的严重危险缺乏构成要件化的把关。对此，对于过失危险犯的认定，应当坚持主客观相统一的原则，不仅要看行为人是否造成了客观上的法益受到侵害的危险状态，还要看行为人是否具有主观上的罪过。对于过失犯的结果犯，传统教义学理论要求行为人应当预见实害后果发生的可能性而没有预见，或者已经预见实害后果的可能性而轻信能够避免。在过失危险犯的视角下，主观罪过的认定应当要求行为人具有预见行为并具有引发造成严重危险的可能性。"危险"预见可能性的判定，可以有效堵截客观要件认定的过度扩张。对于具体危险预见可能性的判断，学界主要有：一般人标准说、科学标准说、科学标准上的一般人标准说等学说。其中，一般人标准说认为，根据普通的一般人标准判断危险状态的有无及大小。科学标准说认为，应当以因果法则和经验法则为基础来判断危险状态的有无及大小；科学标准上的一般人标准说主张，应当具有较高科学知识的一般人判断为准，适当参考普通的一般人的认识水平和认知能力，来判断危险状态的有无及大小。笔者认为，对于行为危险性、行为客体危险性的认识，应当采用一般人标准，避免造成对行为人注意能力判断的过于严苛。

数字化教育下学生数据法律保护问题研究

付新华*

一、问题的提出：数字化教育[1]的全面推进与学生数据法律保护的缺失

党的十九大报告明确提出，优先发展教育，加快教育现代化，办好人民满意的教育。教育信息化是教育现代化的基本内涵和显著特征，是推动教育现代化的有力抓手。我国的数字化校园和智能化教育建设正在全面推进和展开，然而学生数据的法律保护却相对滞后。本文旨在从理论上厘清数字化教育背景下学生数据法律保护的问题与路径，探究数字化教育背景下学生数据法律保护面临的主要困境，比较考查学生数据法律保护的国际进展、经验教训，并立基于我国的具体国情，提出切实可行的学生数据保护方案，构建学生数据法律保护的规范体系，以期在一定程度上促进学生数据法律保护在实践中的制度化和规范化。

二、发展与现状：我国数字化教育的历史进程考评

我国的数字化教育事业已经经历了40余年的发展历程。本文依据我国有关改革开放等权威性社会时间的界定以及数字化教育领域出台关键政策的时间节点，把数字化教育发展历程划分为以下四个阶段：

（一）第一阶段（1978—2000年）：初步规划期

邓小平同志早在40年前就提出了"教育要面向世界，面向未来，面向现代化""计算机的普及要从娃娃做起""开发信息资源，服务四化建设"等重要论断。1995年党的十四届五中全会提出了"加快国民经济信息化进程"的战略任务，1996年第八届全国人大第四次会议把推进信息化纳入国民经济和社会发展"九五"计划和2010年远景目标纲要。从邓小平同志的论断到中央的战略部署，都明确指明和绘制了教育信息化发展的目标和基本蓝图。

从信息技术与教育的融合发展来看，这一时期主要是传统教育与内容信息化

---

* 课题主持人：付新华，北京交通大学助理教授。立项编号：BLS（2020）C003。结项等级：优秀。

〔1〕 数字化教育是指借助信息化技术和手段，实现教育的多元化、智能化，与"教育数字化""教育信息化"同义，本报告视情况交替使用这几个概念。

的融合，主要表现为函授、广播/电视讲座、录音带/录像带、幻灯/投影，以及后来的多媒体课件、计算机展示、在线教育试点。总体来看，这一阶段教育信息化的发展受限于信息技术的发展和普及，主要表现为传统教育与电化教育的初步融合。

（二）第二阶段（2000—2012年）：稳步发展期

2000年以后，我国的数字化教育进入了稳步发展期。从信息技术与教育的融合发展来看，这一时期互联网、PC开始普及，新东方在线、沪江网校等远程教育兴起。教育信息化的快速发展期为下一阶段教育信息化的全面推进奠定了一定的政策环境和软硬件基础。此阶段的重要政策规范性文件参见表1。

表1　稳步发展期（2000—2012年）的相关政策

发布时间	发布单位	相关政策
2002年	教育部	《教育信息化"十五"发展规划（纲要）》
2007年	教育部	《国家教育事业发展"十一五"规划纲要》
2010年	中共中央、国务院	《国家中长期教育改革和发展规划纲要（2010—2020年）》
2012年	教育部	《教育信息化十年发展规划（2011—2020年）》

（三）第三阶段（2012—2018年）：全面推进期

2012—2018年是全面推进数字化教育的关键时期。2012年，教育部印发《国家教育事业发展第十二个五年规划》，提出要以建设好"三通两平台"。2015年，习近平主席在致首届国际教育信息化大会的贺信中指出要"积极推动信息技术与教育融合创新发展"，"坚持不懈推进教育信息化力以信息化为手段扩大优质教育资源覆盖面"。2017年，党的十九大报告明确提出，优先发展教育事业，加快教育现代化，办好人民满意的教育。此阶段的重要政策规范性文件参见表2。

表2　全面推进期（2012—2018年）的相关政策

发布时间	发布单位	相关政策
2012年	教育部	《国家教育事业发展第十二个五年规划》
2015年	教育部	《教育2015年工作要点》
2015年	教育部	《2015年教育信息化工作要点》
2015年	教育部	《职业院校数字校园建设规范》
2015年	教育部	《职业院校管理水平提升行动计划（2015—2018年）》

续表

发布时间	发布单位	相关政策
2016 年	教育部	《教育信息化"十三五"发展规划》
2016 年	教育部	《2016 年教育信息化工作要点》
2017 年	国务院	《国家教育事业发展"十三五"规划》
2017 年	教育部	《2017 年教育信息化工作要点》
2017 年	教育部	《关于数字教育资源公共服务体系建设与应用的指导意见》

从信息技术与教育的融合发展来看，第三阶段（2012—2018 年）是教育信息化的全面推进期。这一阶段是 3G、4G、Wi-Fi 快速发展期，进入移动互联网教育时代，更多优质在线资源开始涌现，如 MOOC、作业帮、流利说等。这一阶段，校园的数字化建设逐步展开，教师和学生的数字化素养不断提升。以上政策指明了数字化教育未来的发展方向，为数字化教育的发展奠定了政策基础。

（四）第四阶段（2018 年至今）：蓬勃发展期

2018 年是教育信息化发展的关键一年。在这一年中，教育部印发《教育信息化 2.0 行动计划》，提出到 2022 年，基本实现"三全两高一大"。在此之后，中共中央、国务院、教育部等部门密集出台一系列文件。教育部分别在 2018 年、2021 年相继发布《中小学数字校园建设规范（试行）》《高等学校数字校园建设规范（试行）》，全面推进中小学和高校的数字校园建设。此阶段重要政策规范性文件参见表 3。

表 3　蓬勃发展期（2018 年至今）的相关政策

发布时间	发布单位	相关政策
2018 年	教育部	《教育信息化 2.0 行动计划》
2018 年	教育部	《中小学数字校园建设规范（试行）》
2019 年 1 月	教育部	《教育部关于加强网络学习空间建设与应用的指导意见》
2019 年 2 月	中共中央、国务院	《中国教育现代化 2035》
2019 年 2 月	国务院	《加快推进教育现代化实施方案（2018-2022 年）》
2019 年 3 月	教育部	《2019 年教育信息化和网络安全工作要点》
2019 年 4 月	教育部、财政部	《中国特色高水平高职学校和专业建设计划项目遴选管理办法（试行）》
2019 年 8 月	教育部等八部门	《关于引导规范教育移动互联网应用有序健康发展的意见》

续表

发布时间	发布单位	相关政策
2019 年 9 月	教育部等十一部门	《关于促进在线教育健康发展的指导意见》
2019 年 10 月	教育部	《关于开展 2019 年度网络学习空间应用普及活动的通知》
2020 年 2 月	教育部、工信部	《关于中小学延期开学期间"停课不停学"有关工作安排的通知》
2021 年 3 月	教育部	《高等学校数字校园建设规范（试行）》

此阶段还有一个非常重要的意外因素，那就是 2020 年突如其来的新冠肺炎疫情，成为推动数字化教育落地实施的催化剂。从信息技术与教育的融合发展来看，第四阶段逐步实现了信息技术与教育的深度融合。这一时期，结合大数据、人工智能、云计算等技术的发展，我国教育信息化产业发展迅速，已形成从技术支持、内容提供、内容平台、营销推广到用户的一条完整的 B2B2C 产业链。

三、问题与挑战：学生数据的多重隐忧与保护困境

（一）教育信息化下学生数据的多重隐忧

1. 教育学习类应用良莠不齐，学生数据泄露案件频发

从 2018 年开始，教育学习类应用的负面新闻屡见报端，许多教育类应用内置了游戏、小说和交友等与学习无关的功能。2019 年年初教育部办公厅发布了《关于严禁有害 APP 进入中小学校园的通知》，要求各地严格审查进入校园的学习类 APP，建立学校及其上级教育主管部门的"双审查"责任制。遗憾的是，审查的主要内容是产品设计是否科学，能否体现素质教育要求，是否存在强制或恶意扣费，是否有护眼功能以及是否有客服、问题反馈渠道等，对于学生数据保护方面涉及较少。[1]近年来，教育机构及其工作人员侵犯学生数据现象多发，学生数据隐私隐患不断被曝光。2016 年的"徐某玉案"即典型的因学生数据泄露而引发的惨案。2020 年，多家媒体报道了部分企业违法冒用在校大学生身份信息，虚假申报、偷税漏税，陕西、江苏、重庆等多地大学生"被入职"，引起了社会各界的广泛关注[2]，这些案件的发生凸显了保护学生数据的现实紧迫性。

2. 由私人企业掌控大量的学生敏感数据，严重威胁学生及其家庭的隐私

我国数字校园及智能化教育正处于快速发展阶段，对学生数据的收集和分析

---

〔1〕《广东省教育厅已公布同步学等 100 款校园学习类 APP 白名单》，载搜狐网：https://www.sohu.com/a/328980621_100205222，最后访问日期：2019 年 7 月 24 日。

〔2〕《学生"被入职"凸显信息保护紧迫性》，载法制网：http://www.legaldaily.com.cn/Education_Channel/content/content_8274602.html，最后访问日期：2020 年 8 月 12 日。

正处于快速扩张时期。2019 年，南京信息工程大学发布消息称，该校正实施"云中信大"智慧校园 3 年行动计划及无卡化校园建设工程，将利用大数据分析包括上网时长、时段、网站在内的学生上网行为数据，还将对学生消费数据、成绩数据、社群数据进行大数据分析。方案一出便引发热议，校方行为是否侵犯学生隐私？如何保证学生数据安全？美国学生数据存储机构 inBloom 也曾发生同样的问题，最终在运行了短短 15 个月后宣告关闭[1]。inBloom 的巨大争议充分表露了美国民众对私营企业收集使用学生数据的深度忧虑。

3. 人脸识别应用扩张，关键问题和疑虑亟待解决

近年来，人脸识别技术的准确性大大提高，大量公共和私人组织使用人脸识别进行相关人员的登记和验证。2019 年，中国药科大学在校门、图书馆等安装了新的人脸识别门禁，教室内也装上了人脸识别系统，学生发呆、玩手机都能被识别到。人脸识别技术与个人永久相关，必须保障人脸识别数据的安全性和完整性。欧盟数据保护机构认为，人脸识别技术允许对人员进行自动跟踪、追踪或剖析，因此它们对隐私和个人数据保护权的潜在影响很大。正因如此，欧洲数据保护机构建议人脸识别技术"仅应用于严格限制的用途以验证用户的同意"。

4. 对学生数据的持续监测，会对学生造成一种"监视效果"

在线监控在前大数据时代即已存在，但大数据时代使在线监控演变为数据监控（Dataveillance），监控更为隐秘和难以察觉[2]。面对监视，最常见的对策是对隐私的保护，但是隐私并不是监视的唯一问题，监视者具有掌握和控制信息的能力[3]。监视的好处还被宣传为改善学生的学习成绩，但是，即使是这一主张应当慎重对待。教室里的面部识别通过对某些正常行为进行评价，并惩罚那些被识别为在溜号的学生，可能会造成潜在的危害。该技术假定注意缺陷处于有意识的控制之下，事实并非如此。即使一个人专心致志，心理学家也发现正常情况下会无意间徘徊。技术监视带来的心理伤害对儿童的影响可能比对成年人的影响更大、更持久，这是由于"这一生命周期的许多社会，生物学，认知和心理变化。"[4]实践中，这种数据监控在教育领域较为普遍，已经嵌入到针对学生的数字化教学过程中，而这一方式如果运用不当，将限制学生的言论自由、思想自由以及创造力。

---

[1] See Alarcon, Andrea and Zeide, Elana, et al., "Corrine, Data & Civil Rights: Education Primer", Data & Civil Rights Conference, October 2014, https://ssrn. com/abstract=2542268, last modified July 5, 2019.

[2] 参见涂子沛：《大数据》，广西师范大学出版社 2015 年版，第 161 页。

[3] Nila Bala, The Danger of Facial Recognition in Our Children's Classrooms, 18 Duke L. & Tech. Rev, 249 (2020), p. 251.

[4] Nila Bala, The Danger of Facial Recognition in Our Children's Classrooms, 18 Duke L. & Tech. Rev, 249 (2020), pp. 255-256.

5. 长期的学生数据跟踪、挖掘与算法自动化决策，会导致新的歧视形式

数据驱动的教育系统虽然看起来中立，但数据挖掘的技术过程会模糊对受保护成员有意或无意的差别处理，算法工程师可以通过操纵统计数据来支持或掩盖歧视倾向，算法分析的复杂性使得对偏见和歧视的检测变得更加困难。[1]对学生数字身份的知识建构被用于学生的行为预测，为相关机构提供决策支持，算法的非透明性导致这种预测很可能存在歧视倾向，并且很难被发现和评估。在信息不对称或数字鸿沟日益扩大的时代，采用不透明的算法、有偏见的分类及无代表性的数据均可能导致歧视或不公平待遇，[2]这种新的歧视形式会以非常隐蔽的方式加剧现有不平等，影响学生的未来发展甚至人生际遇。

（二）数字化教育下学生数据的法律保护困境

（1）数字化教育模式下仍将学生数据囿于学校收集并保存的教育记录，忽视了数字时代学生数据范围本质上的转变。在大数据驱动的教育模式下，数据控制者从多个来源收集大量学生数据，远远超出教育记录的范围。在这样的背景下，是否应当扩大学生数据的涵摄范围，应当如何划定学生数据的边界，学生数据是否包括社交媒体等校外来源以及学生与教育数字平台互动的"数据痕迹"和元数据，[3]这是在线教育背景下学生数据法律保护面临的首要困境。

（2）数字化教育模式下控制和管理学生数据的实际权力正在逐渐由学校转移到数据控制者，仍由学校承担保护学生数据的全部责任，与学生数据使用实践明显不符。学校在与大数据技术服务商等数据控制者进行合作时，对于学生数据的使用和管理往往缺乏明确的约定，授权商业公司履行学校的核心职能会侵害学生的数据和隐私权利。[4]数字化教育时代，是否仍然坚持学校在管理学生数据方面的主体责任，还是将学校管理学生数据的部分责任转移到数据控制者身上，应当如何确定学生数据的责任主体，及其相互之间的职责划分，是学生数据治理面临的重要挑战。

（3）数字化教育模式下学生数据权利体系缺失，学生家长或符合条件的学生无法控制或决定学生数据的使用情况。学生教育记录对学生的未来发展具有重

---

〔1〕 See Alarcon, Andrea and Zeide, Elana, et al, "Corrine, Data & Civil Rights: Education Primer", Data & Civil Rights Conference, 2014, https://ssrn.com/abstract=2542268, last modified Jul. 5, 2019.

〔2〕 See S Barocas, "Data Mining and the Discourse on Discrimination", Proceedings of the Data Ethics Workshop: Conference on Knowledge Discovery and Data Mining, 2014, https://dataethics.github.io/proceedings/DataMiningandtheDiscourseOnDiscrimination.pdf, last modified Nov. 13, 2018.

〔3〕 See Williamson, B., "Governing software: Networks, databases and algorithmic power in the digital governance of public education", *Learning, Media and Technology* 83, 2014, pp. 83–105.

〔4〕 See Har Carmel, Yoni, "Regulating Big Data Education in Europe: Lessons Learned from the US", 5:1 *Internet Policy Review* 1, 2016, pp. 1–10.

要意义，然而自学校教育记录创建以来的较长一段时间内，学校授权外部机构使用学生记录，却拒绝家长或学生查阅教育记录。这无疑会对学生的隐私和未来发展造成不利影响，严重违背学生的个人利益。数字化教育时代，应当确立学生家长或符合条件的学生相应的数据权利。

（4）数字化教育模式下学生数据种类繁多、数量庞大，亟需对学生数据进行分级分类管理。学生数据种类庞杂，既有人脸识别数据等敏感数据，亦有学生的身份数据、学习数据、健康数据、家庭数据等数据，不同类型的学生数据应当设定不同的访问权限和保护措施，以保障学生的隐私和数据安全。由于当前关于人脸识别技术应用到教育教学环境的优势与弊端尚未达成共识，需要进一步研究并权衡人脸识别技术对校园安全和教育质量的促进作用及其与对学生的数据隐私、自由、免受歧视、创造力的潜在威胁，对这类数据的收集、使用、存储、共享和处理应当严格限定其条件。

（5）数字化教育模式下为了保障学生数据安全，亟需建立学生数据的访问管理和共享控制机制。数字化教育能否持续健康发展，在一定程度上取决于能否确保学生数据安全。当前的学生数据存在一定的访问和共享乱象，尤其是学校与企业或者政府、司法机关共享数据，可能对学生未来发展产生深远影响。企业为学校的数字化管理和智能化教学提供技术支持，这在一定程度上方便了企业随时访问数据；学校可能在未经学生或其父母知情同意的情况下，将学生数据与政府执法机构或司法机构共享，加剧由于人工智能算法所导致的潜在偏见或歧视。

四、审视与借鉴：学生数据法律保护的域外经验

美国通过联邦和各州颁布学生数据保护法案，构建起了较为强大的学生数据隐私和安全法规体系，以及较为清晰的学生数据治理框架，但仍然存在学校与网络服务提供者之间职责不清等问题。欧盟数据保护机构以普遍适用于所有自然人的数据保护规则为基础，考虑到学生数据的特殊性，发布了保护学生数据的相关意见，但对于如何将适用于所有自然人的《一般数据保护条例》，适用于教学环境仍然不甚明晰。在校园人脸识别技术的应用方面，无论是美国还是欧盟，都持非常审慎的态度。美国多个州通过法案，明确禁止学校使用人脸识别；欧盟发布的人工智能技术监管法规草案也表明，人脸识别技术在公共场合的应用被高度禁止。

（一）美国学生数据法律保护的规范构造及其检视

1. 美国联邦层面学生数据保护的法律构造及其检视

20世纪70年代，美国国会颁布了《家庭教育权利和隐私法案》（Family Educational Rights and Privacy Act，以下简称"FERPA"）和《保护学生权利修正案》，确立了父母或符合条件的学生访问教育记录的相关权利，这是学生数据保护的基础性法律。FERPA 旨在保护学生的"教育记录",禁止地区和州等受联邦资助的教育机构未经父母同意或授权向其他任何组织或个人披露学生的"教育记录"[1]。PPRA 确立了未成年人家长和符合条件的学生对教育部资助计划所进行的调查、分析或评估的相关权利。上述法案虽经修订,但仍然与大数据时代学生数据保护需求的脱节。

美国联邦层面在积极推进制定学生数据保护法案。2014 年和 2017 年参议员爱德华·马基和奥林·海奇两次向国会提交了《保护学生隐私法案》,2015 年,奥巴马总统积极推进《学生数字隐私和父母权利法案》的出台。虽然目前尚不清楚上述法案何时会被制定,但可以预测,待定的美国联邦学生数据保护法案将不会平息或减少私人企业在教育中不断扩大的作用及其应当承担责任的相关辩论,家长和学生数据隐私倡导者已经充分表达了相关法案不足以保护学生数据权利的担忧[2]。

2. 美国州层面学生数据保护的法律构造及其检视

正是在上述背景下,美国各州通过了诸多法案解决学生数据隐私问题,包括建立治理框架以监督学生数据使用的透明度,禁止特定用途和共享,保护学生数据隐私[3]。截至 2015 年 9 月,美国已有 46 个州推出了 182 项针对学生数据隐私的法案,这些法案主要侧重于限制校外机构或私营公司访问学生数据,要求私营公司将学生数据仅用于教育目的,限制以广告和营销为目的使用学生数据,侧重于为父母提供更多通知和选择机会,以便同意或退出特定的学生数据收集和使用实践[4]。

在学生人脸识别数据方面,2020 年 7 月,美国纽约州立法机关通过了一项法令,明确禁止学校在 2022 年前,使用人脸识别和其他生物特征识别技术。该法案是对当地洛克波特市学区此前计划使用人脸识别技术的回应。在发生"弗洛伊德"事件后,人脸识别在美国遭遇了前所未有的争议,包括微软、IBM、亚马逊等公司都纷纷表示将暂停向政府部门提供该技术产品。同年,马萨诸塞州首府、最大城市波士顿市议会以 13：0 的投票结果通过了《波士顿禁止人脸监控技术条例》。此前,美国旧金山、马萨诸塞州萨默维尔市等多地也已正式通过了在公共

〔1〕 关于 FERPA 的详细解读可参见 Ritvo, Dalia, "Privacy and student data: An overview of federal laws impacting student information collected through networked technologies", *SSRN Electronic Journal*, 2016.

〔2〕 See Har Carmel, Yoni, "Regulating Big Data Education in Europe: Lessons Learned from the US", 5: 1 *Internet Policy Review* 1, 2016, pp. 1–10.

〔3〕 See Sunny Deye, "Protecting Student Privacy in a Networked World," http://www.ncsl.org/Portals/1/Documents/educ/DataPrivacy_2015.pdf, last modified Jun. 26, 2019.

〔4〕 See Har Carmel, Yoni, "Regulating Big Data Education in Europe: Lessons Learned from the US", 5: 1 *Internet Policy Review* 1, 2016, pp. 1–10.

场所禁用人脸识别软件的法案。

（二）欧盟学生数据法律保护的规范构造及其检视

欧盟没有关于保护学生数据的专门立法，但普遍适用于所有自然人的《一般数据保护条例》为学生数据的法律保护奠定了基础。在《一般数据保护条例》生效以前，欧盟保护学生数据的法律依据主要是《个人数据保护指令》（95/46/EC）和《电子隐私指令》（2002/58/EC），以及数据保护机构发布的关于儿童数据保护和学生数据保护的意见、指南或工作文件。在所有相关的法律规范性文件中，专门用于规范学生数据使用的是第 29 条数据保护工作组《关于保护儿童个人数据的第 2/2009 号意见》（以下简称《意见》）。[1]《意见》专门以学生数据的保护为主体内容来说明儿童[2]个人数据保护需要注意的各方面内容，原因正如第 29 条数据保护工作组所言，一方面学生数据是儿童数据的重要组成部分，另一方面学生数据较其他儿童数据往往更为敏感和集中。[3]《意见》要求学校应告知学生的父母或符合条件的学生他们的个人数据出于何种目的被收集、数据控制者的相关情况、个人数据的披露对象，以及如何行使访问权、更正权等权利。《意见》主要对学生档案及学生数据保护的基本原则、学校生活中的学生数据的分类进行了较为详细的规定。

2016 年欧盟《一般数据保护条例》生效后，学校应当如何将欧盟最新制定的适用于所有自然人的《一般数据保护条例》适用于教学环境，在一段时间内不是很明晰。2019 年，瑞典一所高中采用人脸识别技术记录学生的出勤率，瑞典数据监管机构最终认定学校董事会对学生个人信息的处理违反《一般数据保护条例》，并对其开出 20 万瑞典克朗（约合人民币 14.8 万元）的罚单。[4]2021 年 4 月 21 日，欧盟首次发布了针对人工智能技术的监管法规草案，探讨了企业与政府应该如何使用人工智能技术。人脸识别技术在公共场合的应用被高度禁止，除非是用于寻找失踪儿童、防止恐怖活动威胁或识别刑事犯罪人员等特殊情况。即使有特殊情况，在公共场合应用人脸识别技术，也需要获得司法机构或其他独立机构的授权，并有时间、地理范围和所搜索数据库的限制。

---

[1] 关于该《意见》的详细规定，参见 Article 29 Working Party, Opinion 2/2009 on the protection of children's personal data (General Guidelines and the special case of schools), https://ec. europa. eu/justice/article-29/documentation/opinion-recommendation/files/2009/wp160_ en. pdf, last modified Nov. 13, 2018.

[2] 这里的儿童主要是指未满 18 周岁的未成年人。

[3] Article 29 Working Party, Opinion 2/2009 on the protection of children's personal data (General Guidelines and the special case of schools), https://ec. europa. eu/justice/article-29/documentation/opinion-recommendation/files/2009/wp160_ en. pdf, last modified Nov. 13, 2018.

[4] 《瑞典人脸识别进校园被判违反 GDPR，欧盟半年内或将迎来立法》，载 https://www. secrss. com/articles/13239，最后访问日期：2021 年 5 月 21 日。

五、体系化构建：学生数据法律保护的应对之策

数字化教育时代亟需扩大学生数据的涵摄范围，确立学生数据法律保护的基本原则，阐明学生数据的权利构造，明确学生数据保护的责任体系，构建学生数据分级分类安全管理制度，建立学生数据的访问和共享控制机制，对学生数据法律保护进行体系化的规范构建。

（一）扩大学生数据的涵摄范围

学生数据不仅应当包括传统意义上学校为了教育管理目的而收集整理的教育记录，还应当包括任何与学校进行合作的数据控制者在为学生提供教育学习服务的过程中所收集和获取的全部学生数据。与学校进行合作的数据控制者不仅包括应学校的要求专门为学校的教学目的进行设计的应用程序运营商，还包括虽不是应学校的要求而设计，但是被学校官方认可，可以进入学校课堂教育教学环境的全部学习类应用程序运营商。

（二）确立学生数据法律保护的基本原则

在数字化教育的背景下，学生数据法律保护除应当遵循适用于所有自然人的一般个人信息保护原则外，还应特别注重落实以下原则：

（1）学生数据的收集使用应当严格遵循目的限制原则，学校及与学校合作的数据控制者应当以特定、明确、合法的目的收集使用学生数据，严禁学校及与学校合作的数据控制者以教育目的以外的目的收集使用数据。

（2）学校及与学校合作的数据控制者收集使用学生数据应当严格遵循数据最小化原则，收集使用学生数据应充分、相关且应限于为实现特定目的所需的最小限度内，必须始终从学生的最佳利益出发。

（3）学校及与学校合作的数据控制者收集使用学生数据应当严格遵循比例原则，收集使用学生数据所采取的手段应当与所欲达到的目的成比例。例如，学校为了控制学生进出校园或者校园内部的图书馆、宿舍楼等场所，采用指纹识别、人脸识别等生物识别方式验证学生身份，则属于明显的手段与目的不成比例，其实采用刷校园卡的方式足矣。

（4）学校及与学校合作的数据控制者收集使用学生数据应当严格遵循不歧视原则。学校为了向家庭经济困难的学生提供帮助，往往会收集学生家长的职业学历、经济收入、宗教信仰、健康状况等家庭敏感信息，这些信息可能会导致学生歧视的发生，因此，学校应当谨慎收集、处理此类数据，且应当严格保密。

（5）学生在校期间的数据可能会影响学生的未来发展，学校及与学校合作的数据控制者收集使用学生数据应当严格遵循准确性原则。从小学到初中、高中、大学是一个成功的过程，学校及与学校合作的数据控制者应当特别注意确保学生数据的准确性，且在必要的情况下不断更新数据，应当采取一切合理的手段

删除或修正不准确的、过时的未成年人数据。

（6）学校及与学校合作的数据控制者收集使用学生数据应当严格遵循安全保密原则。学校及与学校合作的数据控制者应当采取适当的技术和组织措施以安全保密的方式存储、使用和处理学生数据，防止未经授权或者非法的访问、使用和处理。

（三）学生数据法律保护的权利构造

大数据时代学生数据的法律保护，应当明确学生数据的权利主体、义务主体、权利客体以及权利内容。

（1）学生数据的权利主体是所有处于教育阶段的在校生，包括处于学前教育阶段的学生，小学、初中、高中等由于处在基础教育阶段的学生，也包括大学本科、研究生等处于高等教育阶段的学生。由于处于学前教育阶段和基础教育阶段的学生尚未成年，大多数学生数据权利需要学生的监护人代为行使。

（2）学生数据权利的义务主体不仅包括学校，还包括与学校进行合作的数据控制者。与学校进行合作的数据控制者，既包括应学校的要求专门为学校的教育目的设计的应用程序运营商，也包括虽不是应学校要求而设计的应用程序，但是被学校官方认可，可以进入学校教育过程的应用程序运营商。

（3）学生数据权利的权利客体既包括学校为了教育管理目的而收集存储的教育记录，还包括任何与学校进行合作的数据控制者在为学生提供教育学习服务的过程中所收集和获取的全部学生数据。

（4）待条件成熟，可考虑赋予学生家长或符合条件的学生以下权利：一是访问并检查学生数据的权利，了解被收集和处理的学生数据类别、处理目的、保存期限、安全保障措施等信息的权利。二是纠正或删除不准确、误导性或不适当的学生数据的权利。三是学生家长或符合条件的学生享有通过同意控制学生数据是否可以被披露的权利。四是学生家长或符合条件的学生有权选择退出涉及学生或其家长的政治背景或信仰、心理问题、性行为、非法、反社会、自我贬低行为、宗教信仰、家庭收入等学生及其家庭的敏感信息的任何调查、分析或评估。五是学生家长或符合条件的学生享有向监管部门提出申诉的权利。

（四）学生数据法律保护的责任体系

（1）规定学校与数据控制者的共同责任，明确要求与学校合作的数据控制者承担保护学生数据的法律责任，而不是把保护学生数据的责任全部施加在学校身上。

（2）规定学校在与数据控制者的共同责任关系中的主导地位，学校保留对学生数据的控制权。学校在与数据控制者的合作合同中，应当明确约定数据控制者应负有哪些保护学生数据的责任和义务，以及在哪些情形下数据控制者应当通知并获得学校的批准或同意。

（3）规定学校及与学校合作的数据控制者内部相关工作人员的安全保密义务与责任，严禁学校及与学校合作的数据控制者的相关工作人员泄露、转让、交易学生数据，杜绝"内鬼"现象。

（4）明确学生及其父母保留对学生数据的最终控制权，当学校或数据控制者的行为违背保护学生数据的基本原则，或损害学生的基本利益的时候，学生及其父母有权要求学校或数据控制者禁止处理相关数据，必要的情况下要求删除或销毁相关数据。

（五）构建学生数据分级分类安全管理制度

所有学校都必须提高对学生数据重要性和敏感性的认识。不同类型的学生数据应当设定不同的访问权限和保护措施，以保障学生的隐私和数据安全。学生数据可分为结构化数据和非结构化数据。智能化教育产生的学生学习和相关活动数据大部分属于非结构化数据，日常用于学生管理的大多数数据都是结构化数据。结构化数据又可分为学术数据和非学术数据，前者主要包括与学生相关的入学、个人身份、注册信息、学习数据等；后者主要包括学生住房、医疗、咨询和纪律处分等。

由于当前关于人脸识别技术应用到教育教学环境的优势与弊端尚未达成共识，需要进一步研究并权衡人脸识别技术对校园安全和教育质量的促进作用及其与对学生的数据隐私、自由、免受歧视、创造力的潜在威胁，对这类数据的收集、使用和共享应当严格限定其条件。

（六）建立学生数据的访问和共享控制机制

根据数据敏感度级别和所需的保护为每种类型的数据设置不同的访问权限：①公共数据，是广泛可供公共使用的所有数据，其访问不受限制。应根据透明性和数据可用性的原则，最大化此数据类别的数量。②受限访问数据，这是默认的数据类别，被相应的数据管理员认为不适合公共访问，仅供内部成员使用。③受限数据，受法律保护或被认为对大学运营至关重要的数据，如健康数据、个人身份数据等。

企业虽然为学校的数字化管理和智能化教学提供技术支持，但是应当规定其未经学校授权不可访问学生数据。同时，应当严格限定学校将学生数据与政府执法机构或司法机构共享的条件，以免加剧人工智能算法的潜在歧视倾向对学生的未来发展造成不良影响。

六、结语：以学生数据保护立法，促教育信息化健康有序发展

数字技术融入教育教学活动是一个不可逆转的时代趋势，学生和教育行业能否共享数字技术发展的红利，取决于能否构建科学合理的学生数据治理体系，从而实现为数据驱动教育提供有效的制度保障。从理论上厘清数字化教育背景下学生数据法律保护的问题与路径，有助于在一定程度上促进学生数据法律保护在实践中的制度化和规范化。这不仅是疫情之下全面网课时代在线教育持续发展的有力保障，也是未来学生大数据驱动教育健康长足发展的基石。

人工智能在互联网司法中的应用问题研究

郑 飞*

人工智能和网络技术的发展直接促进了互联网法院的发展，互联网法院不仅为诉讼活动提供了更加高效便捷的程序，还从制度上对诉讼制度发起了挑战。其中，类案推送、司法大数据和人工智能证据是人工智能技术在司法实践中运用的典型产物，其主要作用在于辅助司法工作，提高诉讼效率，保障公平正义，但其本身也存在不足，其产品与制度体系尚需完善。

一、国际和国内关于人工智能司法应用的情况

在 2016 年 2 月 22 日，最高人民法院通过了《人民法院信息化建设五年发展规划（2016—2020）》和《最高人民法院信息化建设五年发展规划（2016—2020）》，提出了审判体系和审判能力现代化建设的要求。2017 年 4 月 20 日发布的《最高人民法院关于加快建设智慧法院的意见》（法发〔2017〕12 号）强调运用大数据和人工智能技术。2017 年 7 月 25 日发布的《最高人民法院司法责任制实施意见（试行）》（法发〔2017〕20 号），明确要求法官审理案件应全面检索类案和关联案并制作检索报告。2019 年 2 月 27 日，最高人民法院向社会公开发布了《最高人民法院关于深化人民法院司法体制综合配套改革的意见》（法发〔2019〕8 号），即《人民法院第五个五年改革纲要（2019—2023）》提出要构建中国特色社会主义现代化智慧法院应用体系。截至目前，我国建有的三个互联网法院分别位于北京、杭州和广州，探索推进了"网上纠纷网上审"的在线诉讼新模式，并运用语音识别、图文识别、语义识别、智能辅助办案、区块链存证、常见纠纷网上数据一体化处理等科技创新手段于互联网审判中，其中类案检索是人工智能司法应用的创举。

澳大利亚是全球第一个采用远程视频审判的国家。1998 年澳大利亚的法律改革委员会便已提出了建设虚拟网络法院的构想，法官理事会对《电子上诉项目》实施的可行性进行考察，随后澳大利亚的各级法院开始大规模运用专业的电

---

* 课题主持人：郑飞，北京交通大学副教授。立项编号：BLS（2020）C004。结项等级：合格。

子案件法院管理系统。韩国于在 1995 年制定了电子法庭法案，施行《督促程序中对电子文件使用的法律》，建立起督促案件的电子文件系统，颁布了《远程视频审判规则》，规定了远程视频审判的主要目的以及审判设备要求。目前韩国已在民事审判中运用远程审判系统。1993 年美国的威廉与玛丽法学院启动了一项利用信息技术改革法院的研究项目"Courtroom 21"，提出利用信息网络技术的科技来建构虚拟法院（Mc Glothlin Courtroom）。2001 年 2 月美国密歇根州议会通过了《网络法院法》（The Cyber Court Act）。2001 年 3 月 28 日，密歇根州最高法院根据《网络法院法》，对《密歇根州法院规则》和《证据规则》进行了修订。英国 2011 年进行了家事司法审查，并自 2014 年实行家事审判改革，全数字化诉讼通过试点的方式在英国家事法院中试行，2015 年 11 月，西伦敦家事法院成为实行"全数字化"诉讼程序的首个试点法院。2016 年 10 月，伦敦的瑟萨克区为伦敦中央家事法院成功引入了无纸化电子法庭技术，确立了标准的运作方式。德国以"2022 年建成电子司法"为目标分步骤进行了法律修订：2013 年，对民事诉讼中的电子送达、电子案卷和电子视听会议进行改革；2016 年对消费者领域内的替代纠纷解决（ADR）和在线纠纷解决机制（ODR）进行规制；2017 年对公证进行电子化改革。

二、人工智能在互联网司法应用中的问题分析

（一）司法算力与法律方法论之间的关系问题

1. 司法算力是法律方法论之争的起点

法教义学与社科法学为何争论不休？2020 年郑戈教授在《再问法学是一门社会科学吗？》一文中尝试再次解构"法教义学"与"社科法学"，并提出"法教义学"其实是为法官不得已的选择提供了一个很好的包装……由于算力局限而被迫专注于法条。尽管算力一词在此文中少有泼墨，但却是惊鸿一瞥，为回答这个问题提供了答案指向。郑戈教授认为"法教义学"的体系设计在一定程度上是基于算力不足的假设为出发点的。现实中几乎不存在纯粹的法律争议，所有法律争议都以一定的社会问题为基础，这些问题或来源于经济、科技或政治领域，尤其在经济、科技高速发展的今天，不了解一定的其他学科知识恐怕很难准确处理前端疑难案件。但在过去，计算科学不发达的年代，要求法官精通各类学科的知识体系并将其他非法律因素纳入司法考量中是不现实的，因此，让法律活动本身纯粹化，法律方法独立化，就有了现实需要。基于人认识的有限性与人算力的局限性，对法律适用与解释活动需要进行必要限缩的"缺省"改造，这不仅让法官独立运用法律方法解决各领域复杂争议的问题成为可能，更给这种可能添附了合理性与正当性。当前人工智能技术飞速发展，人工智能正在走出深度学习的浅水区，社会的算力正在发生着千年未有的深刻变革，算力必将对"法教义学"

和"社科法学"的发展产生影响。

2. 司法算力扩张导致"社科法学"向"法教义学"发难

（1）"社科法学"发展的内在原因：算力需求扩张。"社科法学"能快速从法学的边缘领地兴起，绝不是因为"法教义学"有其自身局限性这么简单，任何学说理论都有其局限性，作为尚不成理论的新兴学说，"社科法学"的不足之处恐怕是有过之而无不及。"社科法学"能够崛起是因为其一定程度匹配了21世纪以来中国政治、经济与社会发展的需要。中国作为一个后起的现代化国家，需要走过的是压缩的现代化之路，需要面对更为多变与复杂的发展问题，法律作为统治阶级意志的体现，本身是为了国家的稳定与发展服务的，从这个角度来说，无论是立法还是司法都需要为一定的发展政策所服务，而且在过去的一段时间里，也确实是这样的。中国的建设进程，包括法治，都是在党中央集中统一领导下，多方面调研，综合实际发展需要而制定的，其本身就考虑了法的社会效果、经济效果，尤其是法政策的经济社会效果。中国是发展中的社会主义大国，经济、政治、文化、社会发展必然不平衡，这使得中国法治必须从不同方面回应社会需求。中国所面临的复杂国情要求作为经过之策的法律能够多元化处理复杂问题，这就对中国的法治建设提出了复杂性要求，"社科法学"正是具备了这一复杂性。但是，如果"社科法学"仅仅作为一个复杂算法而存在，恐怕很难嵌入到中国的发展系统中去，而急剧扩张的算力，为这一复杂算法的运作提供了更多可能。

（2）算力扩张推动"社科法学"扩张的外在原因：社会现实需要。"社科法学"得以扩张的外在原因之一是在复杂多变的风险社会中，恪守"算力局限"前置假设的"法教义学"在其传统理论重镇的失灵。法教义学难道不会让犯罪界定陷入"制定法主义"吗？这样的质问正不断抨击着"法教义学"的理论重镇——刑法学。近年来，随着社会发展，社会矛盾与社会问题呈现出复杂性的特点，抢夺公交车方向盘、高空抛物、买短乘长、爬虫等新兴问题步入刑法视野，将这些问题犯罪化、入刑法的观点更是甚嚣尘上，这不禁引起了一种反思，当前的制定法真的没有办法规制这些新生风险吗？一定要将其概念纳入刑法才能实现惩戒吗？事实上从一般法学理论角度出发，这些新生风险都可以被现行的罪名所规制，但是由于"法教义学"过于死板，其严格恪守制定法条文、过于注重形式的规定，使得"无法律即无犯罪"。显然"法教义学"正在其传统理论重镇的阵地上走向"制定法主义"的陷阱。也难怪基尔希曼说道："立法者修订半个字，半壁图书馆俱成废纸。"而另一个方面是大数据分析及人工智能辅助技术大幅加强了司法人员的算力，对信息的检索与分析能力，这为解决新生、复杂、疑难案件提供了可能，但这一可能仍然有可能被扼杀在"制定法主义"的陷阱里。

可以预见，随着算力的提升，人类法官在人工智能的辅助下得以处理海量的信息，检索海量的案例，甚至基于大数据分析事先预演裁决的社会效果，能否让人民群众在每一次判决中感受到公平正义。

3. 算力扩张推动"社科法学"向"计算社科法学"发展

"社科法学"承认了法学是一门社会科学的地位，同时在法学的围墙上也凿出了与其他学科交流的城门，越来越多其他学科的研究方法与研究思路走到了法的门前，其中就包括"计算社科学"。"计算社科学"来源于 2009 年 15 位教授在《Science》上的一篇联合发文《Computational Social Science》。一般认为，"计算社科学"兴起的背景是计算机技术及互联网技术的兴起，一种将技术科学引入对社会相像分析研究的假说被提出，通常是指运用计算科学方法，通过建立模型、采集数据、综合运用计量分析等社科分析方法解构社会相像的研究方法，其主要包括：计算社会学、计算政治学、计算经济学等。

（二）人工智能形式逻辑在司法活动中的问题

1. 人工智能所缺乏的"法感情"贯穿于裁判逻辑始终

裁判文书不仅是静态意义上法官精心打磨的作品，还是动态意义上的思维演出，属于法官对案件认知的整体反映。由于科班的法学训练和严谨的审判流程，使得法官思维体现出的强技术性，仿佛裁判活动的胎记般伴随全程的审判活动。而这种强技术性容易被泛逻辑化理解，导致很多人将裁判思维与形式逻辑推理完全等同奉为圭臬，忽视形式理性思维，只能依据已确定的前提才能推出必然结论这一缺憾。上述模糊认知与真实法官裁判思维之间的巨大鸿沟，加上对人工智能的盲目魅信，堆砌出一个法官直觉或经验尽少掺杂其中的逻辑世界，恰恰沦为形式逻辑型类案推送系统没有被有效设计和利用到司法裁判的制约因素。

（1）法官通过法感摆脱对裁判思维的泛逻辑化解读。美国实用主义法学创始人霍姆斯这样论述："对时代需要的感受，盛行的道德和政治理论，对公共政策的直觉知识，甚至与同僚所共持的偏见等，所有这一切在确定支配人们所依据的规则时，比三段论式逻辑推理具有更大的作用。"法感在裁判中的参与主线将思维轨迹勾勒为以下阶段（参见图 1）：

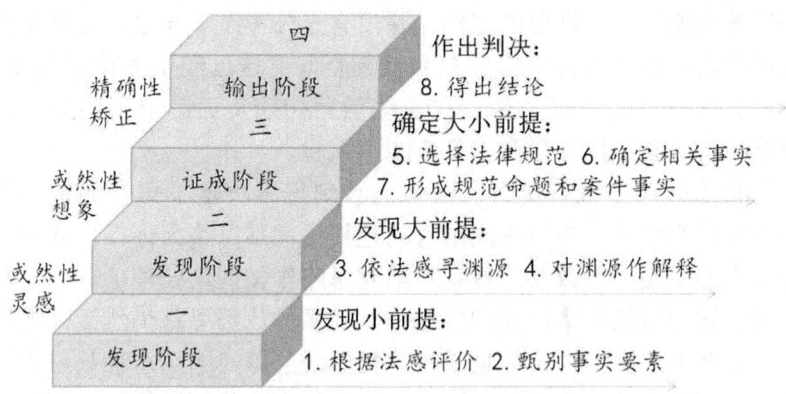

图1　法感参与司法裁判的思维阶梯

从图1中可以发现，发现与证成这两个阶段之间存在连接和跳跃关系，法感对实质理性的生成具有重要作用。当案情符合理想设定时，当前形式逻辑型系统可派上用场，法官对推送案例的思维阶梯过程一目了然；而在疑难案件中，思维阶梯各环节都有发生特殊情事之虞，法官经深层考量后可能陷入无法找到恰当参考案例的窠臼，只能把说理过程零碎化成各个难点，只能从不同案例中分别参考。

（2）法感指引浸润在裁判思维阶梯各环节。粗糙地判定法感没有丝毫理性可言，只是形式主义者的片面自信。实际情形是，法官在构建法律事实与法律条文之间的连接时，由法感起着先行作用，后面紧跟着"理性—分析"系统。正如波斯纳所言："法官对司法决定的法感前提看法一致，他们就可以按自己的方式推理得出结果，反映并扩张一个融贯的教义学说。"法官对新案留有基于直觉而生成的第一印象，法感不可避免地会融入法官对法律事实和条文的理解中，思维阶梯中的发现环节离开了法感无法顺利进行。

2. 人工智能的形式逻辑会消除法官法感的偏正作用

形式逻辑与法感在裁判思维中分别代表了显性智慧与隐性智慧，一份完整判决的作出需要法感和逻辑的共同推动。然而人工智能具备的逻辑为形式逻辑，这一逻辑与法律人的法律逻辑还有很大不同之处，更重要的是，人工智能不具备法感情。因此，人工智能在司法应用中的形式逻辑型系统实际上忽视了法感的存在，其形式逻辑的法语言读写也妨害了思维阶梯的正常生成。

（三）人工智能的司法实际应用中的若干问题

1. 形式逻辑下类案推送系统的弊端

（1）趋于削弱法官裁判地位。新一轮的司法改革突出了法官的裁判主体地位，类案推送系统作为智慧法院的一环，其价值之一在于法官独立审判地位被强化后，以辅助方式减轻法官结案压力。而当前以形式逻辑为底色构筑的推送算法，让法官被动地接受所推送的案例，并没有充分考虑不同法官处理案件的各种思路，有可能消解法官的自由裁量权和裁判空间，这已经引发诸多关于 AI 和法官话语权冲突的预见性担忧。这点在系统运营初期负面影响不明显，如维持不变，待深度运行后有主体异化和工具反噬的风险。

（2）未能有效区分裁判类型。法官的裁判思维决定了案件的裁判类型。相同案由的案件类型划分，应以不同法官的差异化裁判思路为标准。当前系统在模拟裁判思维上的缺陷，导致其不具备对裁判思路作类型化处理的能力，故而只能按法院层级、案件审级对案件作相应划分，不同的裁判思路仍然混杂在同一推送类型内，存在案例层次不清、数量随机、类型混杂等问题。这种只是为了显示系统页面丰富性而设置的类型区分，不利于同一案由下裁判思维的类型化规整，没有体现出类案推送相较于手动检索的智能性。

（3）无法准确模拟裁判思维。类案推送的本质在于通过海量数据分析，判断不同案例情境与对比案件的相似程度。法律事实和条文的结构性强于生活语言，从符号学的角度便于人工智能的编码处理，在输入至输出的进路连接上，以逻辑分析为基础的算法有结构化的优势。但仅以法律事实和条文的逻辑分析为基本指向而忽略不同法官的差异需求，容易造成情节摄取不全、图谱构建不准、匹配度不高的局面，法官只能不确定地往返于多个推送案例间推敲琢磨。当前模式下，系统对裁判思维准确模拟能力的欠缺，导致其对裁判工作的辅助效用有待优化。

2. 人工智能证据在司法活动中的可采性问题

（1）人工智能证据的相关性问题。人工智能证据相关性的判断关键在于是否满足有助于事实认定者准确认定事实的"适当"标准。而在审查内容上，应分别审查人工智能证据的技术相关性、数据相关性和结论相关性三个层面。

技术相关性是指人工智能证据所使用的技术与待证要件事实之间的相关性，即人工智能技术是否有助于争议要件事实的解决。数据相关性是指人工智能技术所依赖的数据与待证要件事实之间的相关性。以机器学习技术为核心的人工智能一般需要大量的数据以从中抽取特征值来进行不同预测任务，从而获取到与真实值近似或相同的值。结论相关性是指人工智能最终得出的结论与待证要件事实之间的相关性，相较于技术相关性和数据相关性，结论相关性是人工智能证据相关性审查的重难点。关于结论相关性的审查方式主要有两种不同的观点，第一种观点认为人工智能结论与其他证据在相关性问题上的判断差异并不大，可以依据已有相关性规则进行判断。第二种观点则认为，由于人类经验与"机器经验"的差异，人工智能分析的部分结论已超过人类经验范围，因此应探索基于"机器经验"或"数据经验"的新型相关性规则。本文赞成第一种观点，事实上，第二种观点混淆了人工智能证据的相关性与可靠性。以图像识别系统为例，如果一张关于行凶者的模糊照片被机器判定为该照片上的行凶者就是张三，那么在判断该证据是否具有相关性时，应审查这一结论与待证要件事实（行凶者是张三）之间的关系。显然，该结论与待证要件事实之间的相关性分析与传统科学证据的相关性分析并无实质差异，仅仅是作出结论的主体有所不同。至于图像识别系统基于何种经验产生的这一结论，则是之前的一个环节，即模糊照片与人工智能结论之间的关系，其并不影响人工智能证据相关性的判断，只可能因人类经验与"机器经验"的差异而影响该证据的可靠性判断。

（2）人工智能证据的可靠性问题。人工智能证据的可靠性同样涉及三个不同的层面，分别是技术可靠性、数据可靠性和结论可解释性。人工智能证据的技术可靠性主要是指人工智能证据所使用的理论、技术和方法的可靠性。对于人工智能证据而言，很多技术错误难以避免。以源代码为例，据有关研究表明，"在源代码包含的所有表达式中，几乎1%是错误的"。对于技术可靠性较为有借鉴意义的是美国多伯特案所确立的四项审查规则：①理论或技术是否能够或已经被检验；②理论或技术是否经过同行评审发表；③是否存在错误率；④理论或技术是否在该领域或科学界得到普遍接受。简言之，人工智能技术是否可以被检验、能否经过同行评议、是否被普遍接受以及是否存在错误率。

人工智能证据的数据可靠性是指人工智能证据所依赖的数据的准确性和真实性。就人工智能证据而言，其数据可靠性问题将主要发生在数据收集和数据标注两个阶段。在数据收集阶段，数据的来源和收集方式均可能影响人工智能证据的可靠性。从数据来源角度看，数据样本量的充分性至关重要。从数据收集方式的角度看，影响人工智能证据可靠性的因素主要有以下两个方面：第一，输入数据自身可能带有某种偏见，即因输入数据偏离标准而导致的"偏见进，偏见出"。第二，数据本身的质量可能存在问题。数据标注是将未处理的初级数据进行加工处理，并转化为机器可识别信息的过程。数据标注的实质是由"原始数据"向"训练数据"转化，目前实践中主要采取的方式是自动标注与人工标注相结合的方式。在自动驾驶、智能医疗、智能安全等领域，数据标注技术已经得到了广泛的应用。在人工智能证据数据可靠性的问题上，正确有效的标注同样至关重要。例如，"证据排除"一词就可以表述为"不具有可采性""不具有证据能力""不予采纳"等多种说法，此时就需要对文字的真实含义进行识别。

人工智能证据的结论可解释性是指人类可以对人工智能所产生的结论进行理解和解释。如前文所述，人工智能证据不同于一般的科学证据，其最终的结论判断由机器完成，这就可能引发人类对该结论的理解困境。造成这种困境的原因主要有两个方面：一是人工智能算法的黑箱性。所谓算法黑箱，多指算法技术的不透明性。二是人工智能算法的复杂性。很多时候，即使算法试图向人类解释其作出决策的依据，人类也很可能无法理解。据有关研究显示，人工智能往往能够开发出全新的观察方式，甚至是思维方式，而这些方式对人类来说可能无法理解。

3. 司法数据对接的弊端分析

（1）挑战传统举证责任的分配。我国民事诉讼中的证明责任分配遵循"谁主张，谁举证"的基本原则。我国《民事诉讼法》第 64 条规定，当事人对自己提出的主张，有责任提供证据。同时还规定，当事人及其诉讼代理人因客观原因不能自行收集的证据，或者人民法院认为审理案件需要的证据，人民法院应当调查收集。从这项规定来看，在没有当事人及其诉讼代理人因客观原因不能自行收集证据的前提之下，由互联网法院和电商企业形成合作关系，进行事前的数据接入，似乎缺少了上位法律依据。实际上，这种"证据一键式引入"的数据对接举措确实可能对传统的民事诉讼举证责任构成挑战。

（2）信息权利与数据开放的冲突。电商企业与法院之间的数据对接固然会为司法实践带来许多便利，也会为不同的诉讼主体提供很多帮助。但是我们还是要注意到，电商企业每年的交易量是巨大的，涉及的消费者群体也是巨大的，然而这一群体中会产生纠纷甚至涉诉的群体只占很小的比例。虽然其绝对数量可能很多，甚至会由于案件数量激增导致法院压力增大，但是相对于全部的消费者群体，这也只是其中的一小部分人。然而数据对接的过程却不会区分出这些数据对应的主体是否涉诉，只是基于这些消费者有涉诉的可能性，数据对接过程就会把所有平台数据进行司法对接。而且如果不采用这样的方法，数据对接似乎就不能正常运转。对于广大未涉诉的电商企业用户而言，其主体信息、消费行为信息都可能被接入到司法机关，所以坚持实行这一机制无疑需要客户信息隐私权对其的让步。

（3）法院与所开放数据的矛盾关系。法院作为中立的裁判方，无论是在哪一种证明责任的学说当中，其都不应该成为证明责任的承担者。即便是其有时候会调查收集证据，例如我国《刑事诉讼法》第 64 条规定，当事人及其诉讼代理人因客观原因不能自行收集的证据，或者人民法院认为审理案件需要的证据，人民法院应当调查收集，但是这种证据收集的举措也不代表法院正在承担证明责任，因为法院本身在诉讼中不会有自己的主张，自然也不需要去证明。法院会收集证据的情况往往都是出于其他的考量，保证诉讼的顺利进行。然而在面对证据一键式引入机制时，却很容易令人产生怀疑。因为数据对接使得电子商务企业中的数据直接进入了法院系统，当事人在进行诉讼时可以从法院系统直接把相关数据导出，整个过程就像当事人在直接从法院系统中获得数据作为证据。那么这样得出的电子数据证据举证责任是不明确的，甚至法院会成为证据来源。

三、人工智能在互联网司法应用中的问题对策

（一）算力扩张下的法律方法选择

就目前主流观点来说，"计算法学"可以说是"社科法学"在智能算力高速扩张的现实技术基础之下，在"计算社会科学"理论上开辟的最新疆域，是"社科法学"与"计算科学"相结合的最新形态。"计算法学"的本质仍然是法律科学，是一套基于计算科学和统计法学的法律方法论，其在理论内核上符合了当前司法算力扩张的大背景，计算科学注重数据分析和统计分析的逻辑路径在一定程度上与人工智能司法应用的机械逻辑吻合，同时，法学内核又赋予了其法律人的法思维与法情感，可以作为人工智能在互联网司法应用中的学说理论指导。

（二）构建交互性裁判程序

交互性裁判方式的本质，在于加权类案推送对单向逻辑的消除和交互逻辑法律推理的建构。为了便于诠释和理解，本文提出过滤、采集、筛选、索引、连接、转换六点覆盖全程的展现形式。所列要点只是贯穿其中的方法论参考，实际应用不应被要点框定，而是结合特定案件的具体案情进行灵活运用（参见图2）。

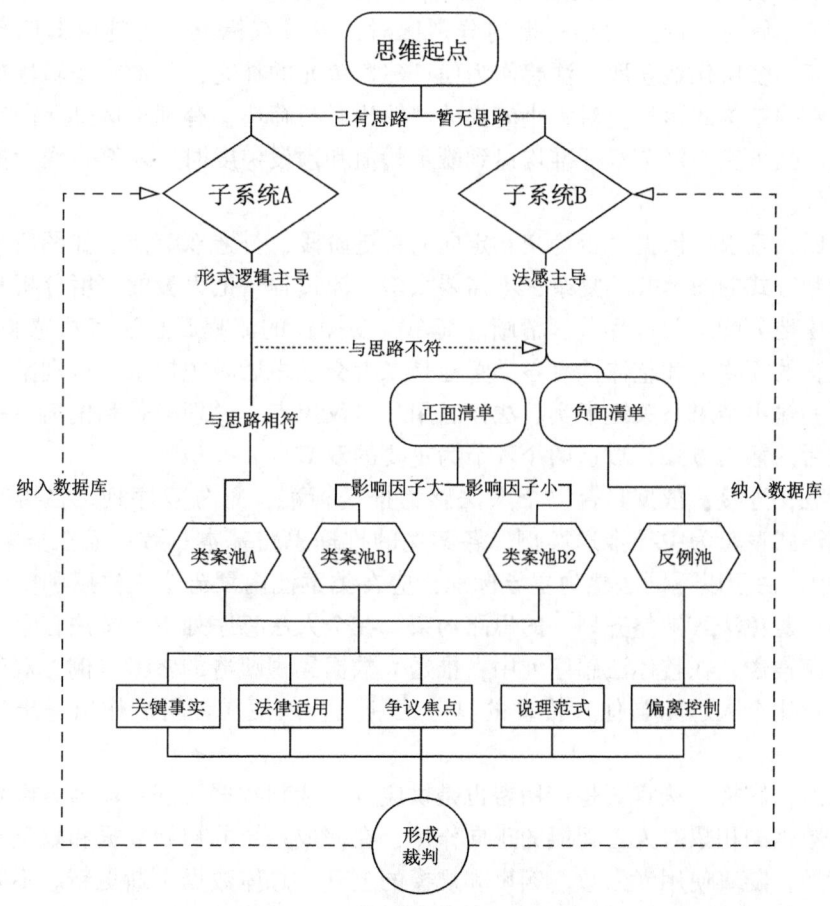

图2　交互性裁判方式运行逻辑

第一，过滤：依据法官是否已形成初步思路，呈现双系统。对案件已有初步思路的，点击进入子系统 A。由于已有初步思路，此板块推送案例在算法上更多依据形式论证逻辑，供法官直接进入大小前提的确定；若思路与推荐案例吻合，则径行判断，展开裁判文书说理；若思路与案例不符，则流转至子系统 B。如上所述，对案件暂无头绪或从子系统 A 流转而来的，法官点击进入子系统 B。

第二，采集：依据以往案例对案件处理的作用，设置双清单。在子系统 B，由于法官暂无思路或思路被子系统 A 验证失败，容易被法感牵引至不同方向。为限制此种随意性，子系统 B 在算法上吸纳不同法感形成的案例，分为正面清单和负面清单。正面清单中，该类案由下影响力较大的法感案例放置于先、影响力较小的法感案例放置于后，供法官形成思路；负面清单中，则显著标明思路误区，避免法官陷入错误方向。需要说明的是，双清单是为避免法感的随意干扰而设定，在子系统 A 中，以形式逻辑为主导，不必设置负面清单。

第三，筛选：依据大小前提的分别比对，形成双标准。为确保案例资源精准、确切、多层化地获取，法感作为信息建模单元的补充，与形式逻辑标准，促进链表数据结构的运作。对大小前提的双轮比对与筛选，有利于信息元向知识元的切换。当事实与规范双标准均达到既定阈值和预设梯度时，才符合作为推送案例的条件。

第四，索引：依据是否为交互走向的关键阶段，打造双节点。如图所列，交互性裁判方式的图示并不复杂，不需要太多分流过程，把大量的深度分析和计算任务集中地分配给关键环节，清晰、简单、易操作的流程凸显法官法感和 AI 的交互进程的简要性和整体性。各类案池是二者交互之后敏锐探求、识别案例与信息来源的输出结果，关键事实、法律适用、争议焦点、说理范式和偏离控制则是交互之后的输出方式，故这两个环节为重要的双节点。

第五，连接：依据是否以个人法感为推送标准，划分双序列。在类案池 A 中，以形式逻辑为主导推送案例，各案例的推理思路基本一致；而在类案池 B1 和 B2 中，由于以不同法感为主导标准，应在类案池内划分个人法感和整体法感双序列，避免法官被整齐划一的思路约束。在个人法感序列中，按法官个人之前办案思路推送；在整体法感序列中，推送大数据累积塑造的参考案例。双序列帮助法官对比个人思路与他人推理的具体区别点，以便在评析后作出适当的自我调整。

第六，转换：法官既是使用者也是供应者，裁判数据实现双流通。摩尔定律归纳了数据的积累对人工智能的正向作用，在完成系统的初始数据和权重衰减规则设置后，随着使用者人数、频率和规模的上升，总体数据不断更新。不同类型法感影响力也有起伏，输入和输出端均发生动态加权变更。对法官个人来讲动态效果明显，每个法官法感的牵引、运用和最终案件推理的结果都差别很大，随着使用次数的增加，循环往复，各个不同法官会形成极具个人特色但对整体明晰掌握的类案推送系统数据积淀。

（三）类案推送、人工智能证据、司法数据对接的完善建议

1. 构建"法感加权型"的类案推送系统

依托人工智能的深入学习路径和人机协同特质，对大量类案中不同法感参与司法裁判产生的判决结果及其影响力进行归类分析。按照"要素提取—类型构建—语境匹配—个性化类案推送"的思路，参考专利申请和其他资料的规则公式，形成加权规则和数据库后，以不同权重作为参考推送给办案法官，最终将类案推送系统嵌入到法官裁判的思维阶梯里。在这种模式下，类案推送系统既发挥对法感参与裁判的模拟学习优势，又具备对法感偏离的击中要害能力，为"法感加权型"类案推送系统。"法感加权型"类案推送系统是法感容纳纠偏器，用于辅助有感性思维的理性审判者：面对纠纷双方保持中立、面对案件事实保持严谨、面对法律条文保持细致，在裁判思维过程受法感理性部分的引导。

2. 构建人工智能证据审查体系

对于人工智能证据的审查应该根据不同的内容设计不同的规则和方法，而并非简单地将其作为一个整体看待，根据人工智能证据相关性和可靠性的不同层次设计不同的证据能力规则。具体而言，在相关性问题上，对于人工智能证据技术和数据的相关性，应分别审查其是否有助于待证要件事实的认定；对于结论的相关性，在审查结论与待证要件事实关联的同时，还要注意审查结论对于待证要件事实证明的有效性。在可靠性问题上，对于人工智能证据技术层面的可靠性，应审查所运用的技术是否可以被检验；是否经过同行评议；是否被普遍接受以及错误率的准确性。对于人工智能证据数据层面的可靠性，应审查数据来源是否充分和真实，是否存在偏见；数据标注是否准确。对于人工智能证据的可解释性层面，应审查人工智能证据的结论是否可以用人类因果性思维理解和解释或人工智能证据出示方提出的解释是否具有合理性。

明确人工智能证据审查的顺序。应审查人工智能证据的相关性。相较于可靠性，相关性的审查难度相对较小，且符合传统证据审查的顺序。而在相关性内部，根据审查难易程度，应依照技术相关性、数据相关性和结论相关性的顺序进行审查。在确认人工智能证据具有相关性后，应审查其可靠性。在人工智能证据可靠性的审查顺序上，应审查其技术可靠性。技术可靠性是人工智能证据可靠性的基础，也是该证据得以成立的前提，审查起来也有传统科学证据审查的经验加以参考；之后应审查人工智能证据的数据可靠性。数据可靠性是人工智能证据"绝对的可靠性"的另一个判断因素，审查难度也低于可解释性；应审查人工智

能证据的可解释性，作为一个"相对的可靠性"问题，人工智能证据可解释问题的危险性相对更小，但由于"可解释的人工智能"（XAI）领域研究尚处于起步阶段，该问题在人工智能证据可靠性审查中的难度最大。因此，应在可靠性三个层面中最后审查。

充分发挥专家诉讼参与人在人工智能证据审查中的作用。尽管人工智能证据与鉴定意见等证据具有本质区别，但人工智能证据的审查仍然需要专家的参与。换言之，专家的有效参与对于人工智能证据各个环节的审查具有重要意义。①在人工智能证据相关性审查阶段，专家可以就人工智能证据与待证要件事实之间的关系是否符合"适当"标准进行分析，并给出是否具有相关性的建议。②在人工智能证据技术可靠性审查阶段，一方面，专家可以就技术是否可以被检验、是否经过同行评议、是否被普遍接受等内容给出意见。例如，专家可以对人工智能技术的源代码进行检验，以判断其所使用的代码是否符合行业标准。这一方法目前已经在机器证据可靠性检验的问题上加以使用。在审查丰田凯美瑞（Toyota Camry）意外加速问题的诉讼中，一位软件专家审查了新泽西州使用的酒精呼吸机"alcotest7110"的源代码，发现该代码无法通过软件开发和测试的行业标准。他记录了 19 500 个错误，并认为其中 9 个错误"最终会影响呼气酒精检测仪读数"。而这一方法在人工智能证据的审查中也可能发挥同样的作用。另一方面，专家还可以对证据出示一方给出的错误率是否准确进行检验。例如，专家可以在机器中输入不同的假设和参数，进而验证既有的错误率是否准确。以前文所提到的面部识别系统为例，如果证据出示方只公布了单一的错误率而未公布针对性别、人种等分类的错误率，那么专家就可以对此进行检验，进而确认与案件事实相关的真正错误率。③在人工智能证据数据可靠性审查阶段，专家一方面可以对数据的均衡度、公平性和代表性进行判断，分析所运用数据偏见的可能以及数据自身的质量；另一方面可以对数据标注进行检验，例如数据标注质检员就是对数据标注进行检验的人员。在诉讼之中，其便可以作为专家，检验人工智能证据数据标注的可靠性。④在人工智能证据结论可解释性审查阶段，专家可以对人工智能证据结论进行符合人类认知的解释，也可以就人工智能证据出示方提出的解释进行反驳，以避免法官遭受误导。如前文所述，目前，"可解释的人工智能"已经成为新兴的研究领域，其目标是使机器以我们能够理解的方式解释它们所学的东西，即尝试机器的世界与人类的世界相匹配。而欧盟发布的《人工智能道德准则》（AI Ethics Guidelines）草案，将可解释性原则作为人工智能五项伦理原则之一，该草案指出："技术透明度意味着人工智能系统可以被人类在不同的理解和专业水平上审计和理解……可解释性是与人工智能系统交互的个体获得知情同意的先决条件。""可解释的人工智能正试图解决这一问题，以便更好地理解其潜在机制并找到解决方案。其不仅要向开发者或用户解释人工智能的行为，而且要简单地部署可靠的人工智能系统。"基于此，专家将在人工智能证据的可解释性问题上发挥重要作用。

3. 明确司法数据对接的定位

"一键式引入机制"可能带来的种种怀疑，以及其对传统原则的极大挑战，笔者认为，实践当中还是不宜将"一键式引入机制"置于过高的法律地位，特别是其中的数据信息，尤其不能直接被赋予"证据"地位，更不能直接被认定。"证据一键式引入"更适合表现为一种数据接口，而不是一种数据存储平台。因为如果表现为存储平台，就不可避免地会经由数据对接，将电商企业中的数据位置转移到法院平台中的数据位置，这种"位置"的转移就很容易产生对数据表现出的性质的混淆，也很容易过于抬高相关数据的法律定位。而如果是只提供接口，为电商企业数据与司法活动之间提供一个传输通道，这样就既能达到方便当事人、为诉讼活动提供便利的要求，又能尽量避免直接将导出的数据作为证据认定。

这一过程除了需要实践当中技术应用的配合，其实也需要制度层面更加详细、具体的规范。例如互联网法院的证据平台，在法律地位上更应当将其作为为证据审查、事实认定过程提供辅助的平台，而不应该作为存储非证据信息的平台，也就是将证据平台更加封闭化，作为互联网法院诉讼平台的内置平台。在数据进入证据平台之前的流程中，将"数据一键式引入"的接口置于证据平台之外更加靠前的位置，令其不具有诉讼地位，同时也能避免其中传输的数据直接具备证据地位。这样可以使互联网法院的证据平台更具存在的意义和必要性，否则其完全应该被其他第三方平台所取代。

总体国家安全观下转基因食品标识法律制度研究

李 响[*]

一、我国的粮食安全形势

俗话说得好"手中有粮、心中不慌",农业在我国国民经济中起到了"压舱石"和"稳定器"的作用,其中又以粮食安全为治国理政的重中之重。正如习近平总书记指出的,我们要牢牢把住粮食安全主动权,粮食生产年年要抓紧,无论到了什么时候,中国人的饭碗都一定要端在自己的手中。

事实上,党中央始终高度重视农业生产,历年来的一号文件都在持续关注"三农"问题,反复强调地方各级党委和政府应实行党政同责,一把手要亲自抓"米袋子",切实扛起粮食安全的政治责任,采取一切可行措施保障重要农产品的有效供给。由此可见,党中央把确保老百姓的基本口粮充足供应,从官员的工作职责上升到政治伦理高度,这的确是谋万世者的高瞻远瞩之举。

我国全年粮食产量连续 6 年保持在 1.3 万亿斤的水平,为经济社会大局稳定提供了有力支撑。从总体上看,我国粮食生产已实现"十六连丰",稻谷、小麦两大口粮库存可满足全国居民 1 年的消费需求,各种主副食品市场供给充足,粮食安全具备基本保障。

然而,欣喜之下也有隐忧:一是粮食增产的势头逐年放缓,受到耕地面积缩小、土壤肥力下降、农村劳力减少、农业用水匮乏、工业污染严重等问题的影响,过去依靠加大要素投入的方式实现增产越来越不具有可持续性;二是粮食生产的成本和终端商品的价格不断攀升,粮食丰收与粮价猛涨比翼齐飞已经成为近年来的常态,包括玉米在内多种农产品的价格突破历史峰值,传导到终端市场上自然令消费者们吃不消;三是粮食进口增长显著,由于国内农产品的生产增幅远远比不上消费增幅,其中日益扩大的缺口只能通过进口加以弥补,以玉米为例,仅去年前 11 个月,我国就进口了超过 900 万吨玉米,是前一年全年进口总量的 122.8%。

* 课题主持人:李响,中国政法大学教授。立项编号:BLS(2020)C005。结项等级:合格。

在今后很长的一段时间里，我国粮食供需仍会维持在紧平衡的状态，只有坚决依靠科技创新，才有可能在生产力方面取得质的飞跃。

二、生物安全政策下的应对之策

面对复杂严峻的粮食安全形势，党中央经过周密调研后指出，当前中国农产品保供表面上是流通问题，但本质上还是供给问题，故而进一步增强粮食生产能力是保障我国粮食安全的核心命题。为此，党中央因症施策提出了"藏粮于地"和"藏粮于技"的战略部署，前者要求实行最严格的耕地保护制度，坚决守住18亿亩的红线，后者则强调依靠科技进步实现粮食增产，尤应加强以育种为重点的基础研究和技术研发。

在2020年底召开的中央经济工作会议上，种子问题在历史上首次被作为年度经济工作重点任务单独列出，体现了党中央前所未有的重视。此次会议的公报，针对种子问题，明确了"尊重科学、严格监管，有序推进生物育种产业化应用"的关键任务，并且使用了"开展种源卡脖子技术攻关，立志打一场种业翻身仗"的措辞。

所谓"生物育种"，是指采用现代生物技术手段对农作物品种进行辅助选育，或者更直白而言，就是利用转基因或基因编辑方式进行育种。因此，这一表态被市场普遍解读为转基因产业的发展将迎来重大机遇：以转基因为代表的生物育种技术将得到更为广泛和深入的运用，相关品种审定办法等配套文件会密集出台，新转基因性状安全证书清单或加速公布，转基因种子商业化应用有望陆续落地。受消息面鼓舞，当天股市中的转基因板块集体应声大涨，像隆平高科、大北农、登海种业等转基因技术储备丰富、转基因性状研发领先、品种竞争力强劲的公司股价更是逼近涨停。

值得注意的是，党中央在"有序推进生物育种产业化应用"之前，还加上了"尊重科学"和"严格监管"的前提条件，这与我国一直以来的生物安全法治立场是一脉相承的：首先，尊重科学是指对转基因的安全性审查须建立在科学的检测和评估基础之上，即应确立以科学结论为依据的独立决策阶段，这不仅是一个行政管理流程，而且是一个实质性的判断和决策过程；其次，严格监管是指应将转基因产业化应用从研发到售后的全部环节纳入政府监管，并且在监管当中切实贯彻动态调整和多元共治的措施，尤其应注重建立面向公众的风险沟通机制，做到信息发布与交流及时有效。

三、我国转基因技术的发展历程

我国转基因作物培育始于20世纪80年代，是世界上最早开展相关技术研究的国家之一。这项研究得到了国家的大力支持，2008年党的十七届三中全会决定启动转基因生物新品种培育科技重大专项，力求尽快培育出一批抗病虫、抗逆、优质、高产、高效的转基因生物新品种，提高农业转基因生物研究和产业化整体水平。在"十二五"和"十三五"期间，转基因生物新品种培育重大专项在转基因动植物新品种培育、基因克隆与转基因操作技术、转基因生物安全技术和转基因生物新品种中试、推广及产业化等领域，先后启动实施了百余项重大与重点课题，提升了我国自主基因、自主技术、自主品种的研发能力。作为农业领域唯一的国家重大科技专项，我国现在已建立起涵盖基因克隆、遗传转化、品种培育、安全评价等全链条的完整转基因技术体系，抗虫水稻、高植酸酶玉米、抗虫玉米、耐除草剂大豆、节水抗旱小麦等原创产品打破了发达国家和跨国公司的专利垄断，为保障我国粮食安全提供有力的科技支撑。

在技术应用层面，我国已先后为包括水稻、玉米、大豆在内的多种转基因作物颁发安全证书，批准了抗虫棉和抗病番木瓜的商业化种植，以及允许转基因大豆、玉米、油菜、棉花、甜菜等 5 种国外研发的转基因农产品作为加工原料进入国内市场。据农业部门给出的统计数字，目前我国转基因农作物的种植面积约为290 万公顷，位列全球第 7 位。

四、完善我国转基因食品标识立法的建议

从宏观角度而言，眼下的当务之急是为转基因食品标识制度单独立法，尽快推出专门的《转基因食品标识条例》。

从中观角度而言，我国应用国际通行的阈值标准取代目录机制，从而切实减轻生产商的合规压力与消费者的购买成本，以便更好地体现出转基因食品的价格优势。

从微观角度而言，对于主责机关不明的问题，现在由于转基因食品标识制度大多借鉴的是农业转基因生物标识规定，农业行政主管部门出面规制的情况较为常见，待到单行法出台以后，还是交由市场监管部门进行日常管理为宜。对于什么是转基因食品这一基础性的问题，笔者建议把可检测性作为一个限定条件，从而遏制消费者知情权的扩张。对于转基因食品具体如何标识的问题，笔者建议引进二维码标识。

后疫情时代北京安宁疗护法律制度体系的构建研究

刘　建*

一、安宁疗护的制度内涵与立法缘由

要全面了解安宁疗护的发展和研究现状，首先要整理其确切的含义。此外，无论是从社会治理的维度还是从解决生命自主权和生命权的冲突的层面来看，安宁疗护立法具有紧迫性和可行性。

（一）安宁疗护的概念厘定与相似概念的界分

1. 安宁疗护的概念

安宁疗护是给处老年期的老者或疾病发展末期的患者[1]提供临终前的生理、心理、人文、精神等方面的关怀，以抑制身体上的不适和身心上的痛苦，提高生命"最后一公里"的生活质量，帮助患者舒适地死去，不失尊严[2]。

2. 与相似概念的界分

安宁疗护与临终关怀、尊严死、安乐死、预立医疗指示、成年监护、长期照护均有共同点，但也有显著的区别。

（二）安宁疗护立法的缘由

1. 安宁疗护立法的紧迫性

由于现行法律制度的不完善，安宁疗护在临床工作中并不能解决很多问题。例如，如何定义安宁疗护的适用对象？实施安宁疗护需要符合哪些法律条件。目前，相关立法还没有具体规定安宁疗护接受者的权益（如图1所示），部门管理责任不明确，在实际工作中不重视患者需求，不尊重患者需求，安宁疗护提供者在实际工作中存在很多后顾之忧。因此，亟需建立安宁疗护的法律制度来解决上述问题。

---

* 课题主持人：刘建，中国农业大学副教授。立项编号：BLS（2020）C006。结项等级：优秀。

〔1〕 崔檬、王玉梅：《老年安宁疗护准入标准的研究进展》，载《实用老年医学》2018年第1期，第23页。

〔2〕 陆宇晗：《我国安宁疗护的现状及发展方向》，载《中华护理杂志》2017年第6期，第659~664页。

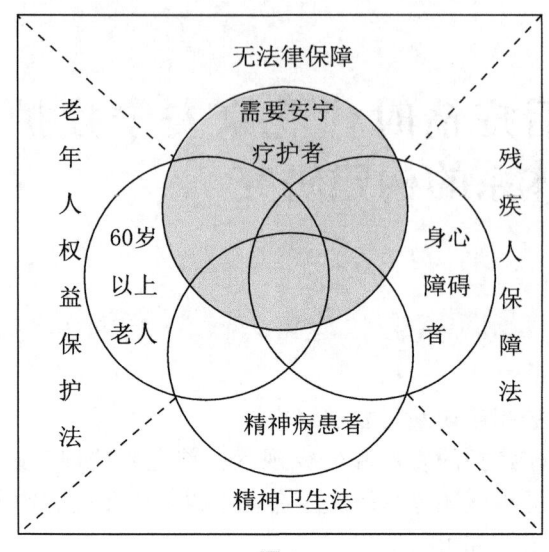

图1

2. 安宁疗护立法的可行性

一是为解决生命自主权与生命权之间的冲突提供可能；二是已有可供参照的规范性文件[1]。

二、安宁疗护制度的基础法理

制定保障安宁疗护开展的法律，首先需要探讨一些学理问题，这些问题主要包括安宁疗护的法理基础、安宁疗护各主体间的法律关系以及确保安宁疗护依法实施的规范等，这可以为将来北京市制定本土化的安宁疗护条例或办法提供立法依据。

（一）安宁疗护制度的相关理论

人性尊严的尊重与保护理论、社会保障理论、责任分担理论、社会支持理论、社会契约论对弱势群体保护的当然选择、法的效益价值的现实体现和中华传统孝道文化。

（二）安宁疗护制度的主体及各主体间的法律关系

1. 主体

（1）主管机关。安宁疗护的主管机关是指对申请安宁疗护者进行评估以及提供安宁疗护的机构进行监督管理的部门。

（2）安宁疗护机构或安宁疗护提供者。在居家安宁疗护中，安宁疗护提供

---

[1] 如上海市卫生局 2012 年 9 月 14 日发布的《上海市卫生局关于下发上海市社区卫生服务中心舒缓医疗（临终关怀）科基本标准的通知》（2012 年修改）。

者是指家庭中对生命即将结束者提供规律性照顾的主要亲属或家人。在各种安宁疗护的模式中，家庭照顾模式目前仍占最大比例。

个人看护者，指以个人身份受雇于需要接受安宁疗护者家庭从事安宁疗护的工作者。

值得注意的是，个人看护者受雇于谁？将涉及合同主体的不同，假如其受雇于受照顾者本人，则合同当事人为受照顾者与个人看护者；如果个人看护者受雇于安宁疗护机构，则并非直接受雇于受照者，这类似于劳动派遣，这种情况下，个人看护者就不是合同的当事人。

（3）安宁疗护机构的雇员。是指接受安宁疗护机构雇佣，并参加相应培训取得执业资格的安宁疗护人员。

（4）安宁疗护接受者。安宁疗护以临终患者为研究对象，指的是具体确诊、没有治愈可能性、推测寿命为 10 个月左右的患者，或因失去自我管理能力的老人，或溺水、触电、中毒等事故进入临终阶段的患者，包括个别婴幼儿。

2. 各主体间的法律关系

安宁疗护涉及三方主体，不同主体之间形成了公法或私法关系（如图 3 所示）。安宁疗护的主管机关与安宁疗护机构或安宁疗护提供者之间系监督管理与被监督管理的关系。安宁疗护机构或安宁疗护提供者、安宁疗护机构的雇员、安宁疗护接受者之间则因照护/护理/治疗事务的不同，而产生监护、扶养、劳动等多种类型的法律关系。

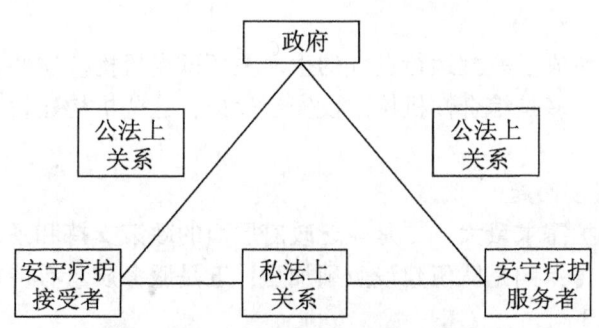

图 2　安宁疗护各主体之间的法律关系

三、域外国家和地区安宁疗护的相关政策、立法例与启示

英国、美国、澳大利亚、日本安宁疗护的相关政策、立法较为成熟，通过对上述国家和地区进行分析考察，总结其相关做法和经验，以为北京市制定相关政策和立法提供启示与借鉴。

（一）相关政策、立法例

英国：《国家卫生服务及社区关怀法》和《慈善法案》。

美国：《自然死法案》、《预立医疗代理人法案》、《病人自决法案》、《尊严死法案》和《选择结束生命法案》。[1]

澳大利亚：《澳大利亚临终关怀标准》、《澳大利亚临终关怀服务指南》、《基于人口学的澳大利亚临终关怀服务发展计划》和《澳大利亚国家临终关怀策略》。

日本：《老年人保健法》、《末期医疗的特别措施法》、《安宁疗护实施基准》和《尊严死法案》。

（二）启示

立法确权赋予临终者"优逝权"、服务多样化、服务费用多渠道和服务机构多元化。

综上所述，域外国家的安宁疗护有较为丰富的政策探索和多年的社会实践经验，其发展理念、相关政策和立法可为北京安宁疗护服务的建设与发展提供良好的素材和启示。

四、北京安宁疗护的发展现状、制约因素及法治建设中存在的问题

课题组走访调研了北京市多家开展安宁疗护的医院和机构，调研发现，安宁疗护经过多年的发展确系取得了可喜的成就，但总体来说，仍是步履维艰，这直接影响了北京市民众的死亡品质。因而需要急需探求安宁疗护在北京市开展不佳的原因并找出解决路径，这是提高民众死亡品质的必由之路。

（一）发展现状

1. 发展现状

北京市已经建成了一批运行良好的生命关怀试点机构。这些试点机构的性质是或公办或民营，多是综合性机构附设安宁疗护，这些机构建设有力地推动了安宁疗护的发展。

2. 存在的突出问题

一是安宁疗护需求量大；二是缺乏政府层面的政策支持和系统性制度；三是服务设施仍须改善；四是队伍建设亟须加强；五是服务质量有待提高。

（二）制约因素

主观因素：受传统文化死亡观的影响、存在忌死讳亡的观念而抵制安宁疗护服务的介入与发展；传统伦理道德与当代生活观念的冲突及中西方不同的社会伦理文化观。

客观因素：转型期多注重经济效应而忽视社会效应高的安宁疗护服务发展；缺乏顶层制度设计；社会福利结构存在缺陷与制度治理缺失、社会组织培育不足

---

[1] 李蓝：《我国安宁疗护立法的必要性和可行性研究》，江西财经大学2019年硕士学位论文，第13页。

与治理欠缺；城市空巢化与农村空心化导致家庭临终照料困难。

（三）法治建设中存在的问题

立法规定欠缺，重一般规定轻具体规定，重设施轻服务，重投入轻绩效和重过程管理轻结果管理。

五、北京安宁疗护制度的立法精神及原则、思路与内容

北京应尽快制定相关方面的法规政策，进而引导规范形成家庭和社会资源一体化的安宁疗护体系，推行统一且严格的安宁疗护需求评估制度，探索可持续的多元筹资模式，保障安宁疗护接受者善终的权益，促进医护关系和谐。

（一）立法精神

整合现行法规、阐明安宁疗护服务的定位及其范畴、促进安宁疗护资源发展与区域的均衡分布，完备机构及人员的管理规范，建立安宁疗护评鉴制度，确保安宁疗护服务的应有品质。

（二）基本原则

坚持尊重本人医疗自主权、关爱弱者原则、效率与公平原则。

（三）立法思路

遵循顶层设计与试点经验相结合的立法思路，重视域外有益的立法经验和北京实际的有机结合，处理好《安宁疗护条例（办法）》和宪法及其他法律的关系。

（四）具体内容

1. 建立健全法治保障，规范运作

鉴于个别部委和地方政府出台的法规和政策中已有安宁疗护等相关规范，为促使安宁疗护制度的尽快运作，建议近期规划可以比照加拿大"Continuing Care Act"、美国的"Patient s'Bill of Rights"先行制定安宁疗护条例，以宣示性的条文来保障处于生命末期的病人来接受安宁疗护服务的权益，在中长期规划养老服务与管理体系方面，比照德国与英国的机构基准法，整合为单一的命令规范。

2. 借鉴"在地老化"理念，并纳入立法

为确保安宁疗护品质与安宁疗护服务业的健康发展，促进安宁疗护服务接受者品质与尊严及建立自助人助观念，兼顾个人与社会责任而致力于形成以下安宁疗护服务制度和法律规范。

政府本着"在地老化"理念，重视安宁疗护服务，保护家庭功能，整合安宁疗护服务体系，加强专业结构，建立多元化安宁疗护机构，提供可持续的安宁疗护服务。政府积极整合民间资源提供社区化服务，包括康复服务、心理咨询服务、保健服务、日间养老服务、心理咨询服务、辅具服务、咨询和引导服务、法律服务、退休准备服务等相关社区服务。注重强化全人照顾、在地老化、多元连续服务为政策导向，让民众不同的需要可获得满足。[1]

3. 健全安宁疗护服务体系

英国是由主管医疗养老服务中央层级的国家健康服务部门（NHS）与地方政府社会服务部门（SSD）两大体系共同负责[2]，国家健康服务体系提供医疗服务，如家庭护理、社区卫生医院、初级保健、老年医院等；地方政府社会服务部门提供餐饮服务、家庭服务、敬老院等社会福利服务。因此，参照英国的养老制度、立法例及相关政策因应安宁疗护业务发展的过程可作为我国的重要参考。[3]

4. 确立安宁疗护服务的类型、服务方式与内容规范（如表1所示）

表1

服务类型	服务方式	服务内容
机构式	对病情严重、依赖度高、无家庭照护服务资源的群体，提供全天候的住院服务。	24小时生活护理、诊疗支持、心理关怀、精神慰藉。
社区式	将服务提供给安宁疗护接受者居住的社区。	技术性的医疗护理、一般性的家事服务、心理关怀、精神慰藉。
居家式	到安宁疗护接受者家中提供服务。	居家医疗、居家护理、家事服务、心理关怀、精神慰藉。

5. 建置安宁疗护管理中心和服务站点

政府在安宁疗护服务体系中应承担下列责任，包括：评估、安宁疗护服务管理、委托品质保证、辖区资源开发与信息发布。除了为安宁疗护服务接受者提供相关资讯与转介服务，包括喘息服务[4]、居家服务、居家护理、送餐服务、电话问安、关怀访视及相关社会福利措施之外，还应建置安宁疗护管理中心和服务站点，如果建置确有困难则必须建置安宁疗护的服务功能。此外，还应开展相关培训与教育活动。社区的安宁疗护服务站点是以社区营造及社区参与为基本精

---

[1] 叶至诚：《老年长照政策》，扬智力文化事业股份有限公司2012年版，第305页。

[2] 柴化敏：《英国养老服务体系：经验和发展》，载《社会政策研究》2018年第3期，第81页。

[3] 宋晓玖：《高龄化社会下长期看护风险与保险认知之研究》，中南大学2011年博士学位论文，第48页。

[4] 喘息服务是指政府花钱为失能老人家庭提供"喘息服务"，或是请专业人员去家中照料，或是把老人接到养老机构照看，既让家属喘口气，也让老人康复得更好。"喘息服务"在国内还是个新名词，在欧美一些国家则是常见的社会服务：由政府或民间机构牵头，成立专门的队伍，经过一定培训后，提供临时照顾老人的服务，给照料老人的家属一个喘息的机会。这项人性化的服务被比喻为"养老救火队"。2018年11月，丰台区老龄办在全区贴出公告，试点期间通过政府购买服务的方式，给长期照料失能、失智老人的家庭成员每月放4天，也就是所谓的"喘息服务"，有需要服务的家庭即日起可到居委会提出申请。

神，提供初级服务。站点服务内涵包括：关怀访视、电话询问及转介服务、餐饮服务、健康促进活动、精神慰藉服务等。[1]"在地老化"理念的落实不仅依赖社区养老服务网络的建构，更需要为安宁疗护接受者提供能维持尊严的生活环境。

6. 开发与运维安宁疗护服务资讯平台

安宁疗护需求群体的相关资料量庞大，数量增长迅猛，亟待建立安宁疗护服务资讯平台，以满足行政、管理与决策的需求。结合医院出院准备服务，建构持续性的安宁疗护服务资讯平台、安宁疗护服务网、安宁疗护服务资源通报系统、安宁疗护服务人力资料库系统、安宁疗护服务培训管理系统、安宁疗护服务单位管理系统、辅具管理系统、安宁疗护个案管理系统、安宁疗护构管理系统与便民网站。

建议可成立"安宁疗护管理示范中心"，以单一窗口制度，使安宁疗护病患者经过专业评估及个案管理方式，就近得到妥善的安排。以病人为中心提供不同体系间的服务与联动，同时结合社会工作人员、社区医生等，提供临终者与家属社会性、支持性、护理性、康复性的整合服务，是减轻家属负担，使安宁疗护病患者能在自己熟悉环境中取得专业性服务的可行措施。

7. 建立人才培养机制

安宁疗护服务人才不足是制约我国安宁疗护可持续发展的瓶颈。我们可借鉴日本建立完备的照护人员从业资格认定制度和照护人员培养体系。一方面，加强对安宁疗护照护人员教育的投入与支持，鼓励高校、职业学校开设相关的专业与课程，引导更多的年轻人主动投身于安宁疗护事业；另一方面，严控护理人员的专业素质，应进行入职前的专业水平审查和定期的服务能力考核，保障安宁疗护服务能够高质量进行。

政府应着力保障照护工作者受到应有的尊重，在此基础上通过社会财富的再分配提高照护人员的薪资水平和福利待遇。有必要在我国建立相应的照护人员职称评定机制，并以法律规范的形式固定下来，还应定期对从业者进行能力的评定。

8. 制定统一规范的服务评估标准

如何对患者的病情进行认定，来判定其是否能进行安宁疗护是一个难题。安宁疗护一般是指对中晚期病人、救助无望的病人及难以实施姑息疗法的病人采用一些医疗关怀措施，如果用"病人正在承担难以忍受的痛苦，病人的疾病依当时的医疗条件无法治愈且没有其他合理解决问题的方法"规定，则属于不确定的法律概念，除了依赖临床医学医生的专业与判断外，还应如何更进一步界定？医学

---

[1] 袁维勤：《政府购买养老服务问题研究》，西南政法大学 2012 年博士学位论文，第 146 页。

中有无相关更为精确的规定？因为这涉及病人生命法益的处分，主管机关应审慎思考。

安宁疗护服务评估分为两部分。一是安宁疗护服务对象的评价指标体系。要根据患者的能力、经济状况、住房状况和生活环境制定相应的评估标准，科学确定安宁疗护患者的服务需求类型和护理水平，明确护理和安宁疗护服务等补贴的资格。二是安宁疗护服务提供者的评价指标体系。根据患者的生活、医疗和精神需求，为安宁疗护服务体系中提供居家、社区、机构等不同服务的机构（企业）和社会组织制定评价标准[1]。

上述标准应作为各类安宁疗护服务的指引，对各类安宁疗护服务机构应进行鉴定和分类评级，定期进行考核，以确保安宁疗护服务的品质。

9. 增设程序保障性规范

如果自然人申请安宁疗护，应由当地的主管机关评估，若评估已达规定的程度，则进入下一阶段接受安宁疗护服务；评估未达相应程度，则尚不能接受安宁疗护服务。按照这样的立法规范，则不可避免地会有下列必经程序：①意思能力的评估程序；②申请评估程序；③对评估结果如何提出异议？谁是受理的机关？④谁是裁定机关？裁定的效力如何？

由此衍生的问题在于：①前阶段的"评估"，法律性质为何？若申请人"评估"未通过，可否申请救济？②评估如果需要委托专业组织或者机构办理，则该受委托者的法律上定位为何？该组织或者机构出具的评估结果在法律上的效果如何？申请人可否就该评估结果提出异议？并寻求救济？

基于对上述问题的回应，也系维护安宁疗护申请者及安宁疗护接受者的权益考量，宜制定程序保障性规范。

六、结语

本课题构建的安宁疗护模式、安宁疗护法律制度样态是一种来源于现实实践，但又高于现实实践的实际状态的探求。在具体实践中，由于目前民众大多对安宁疗护持漠然态度，缺乏对安宁疗护的热情，加之传统家庭伦理、生死伦理、护理伦理等因素对开展安宁疗护仍然产生着巨大的束缚，而传统伦理道德积淀成的不合时代节拍的民族文化心理结构的改变是非常困难的，再加之首都卫生资源比较有限，安宁疗护应占有的资源在分配上比例过低，更遑论相关法律制度保障安宁疗护的开展，这些社会状况对达到我们研究预设的"愿景"都会产生种种

---

[1] 童峰、刘金华：《浅谈养老服务评估指标体系的建构》，载《学术论坛》2015年第12期，第129～130页。

阻碍，因此本土化安宁疗护的法律制度研究仍然还有许多工作要去做。[1]但只要我们努力探求出适合安宁疗护发展的法律制度，必将会对我们社会不断涌出的众多老龄患者、晚期恶性肿瘤患者的照护起到积极指导作用，从而有利于提高民众的死亡品质，也必将对维护生命尊严、保证家庭和谐以及提高社会文明程度产生深远的影响。

---

〔1〕 尤吾兵编著：《中国本土化临终关怀伦理体系的构建》，安徽科学技术出版社 2014 年版，第 339~340 页。

北京市司法改革综合配套措施研究

刘炫麟[*]

一、法院司法配套措施改革

（一）现状

1. 电子诉讼平台建设现状

在电子诉讼平台的建设中，北京互联网法院建设取得了诸多进展。在技术应用层面，北京互联网法院采用大量新技术搭建电子诉讼平台，实现了全诉讼流程的在线化以及诉讼服务的一体化，为当事人和法院工作人员提供了诸多便利。在治理规则探索层面，北京互联网法院组建了多个"多元调解+速裁"法官团队以提升审判质效。在电子证据的审查认定方面，互联网法院建设了司法区块链存证平台，并建立了一整套电子证据全流程审查规范和认定规则。但电子诉讼平台毕竟是新生事物，在运行的过程中仍然存在很多问题。

2. 员额制改革的现状

最高人民法院发布了《人民法院第四个五年改革纲要》，建立"法官员额制度"是文件的核心内容之一。自此，员额制改革再次被提上议事日程，这成为新一轮司法改革的核心内容之一。员额制改革虽然取得了一系列的成果，如司法人员分级管理政策逐步实施、法官人数得到控制、法官业务水平不断提高、法官遴选制度不断完善，等等。然而，法官员额制的实施过程并非毫无阻碍，而是存在一系列问题需要解决。

3. 专门法庭（环境法庭）运行的现状

近年来专门法庭的建设取得了很大的进展，各地相继建立起了各类的专门法庭，例如环境法庭、金融法庭、成都大熊猫生态法庭等。但是专门法庭尤其是环境法庭也面临着很多问题，例如无案可审、程序机制缺乏特色等，这成为制约环境法庭发挥作用的障碍。

---

* 课题主持人：刘炫麟，中国政法大学副教授。立项编号：BLS（2020）C007。结项等级：合格。

4. 诉调对接（司法确认）的现状

不论是吉林省成功实现"总对总"在线诉调对接调解金融消费纠纷，还是知识产权纠纷在线诉调对接机制的建立，抑或是金融纠纷诉调对接机制的全面打通，这些都彰显着我国近年来越来越强调诉调对接的重要性。但不可否认的是，诉调对接机制仍然存在许多问题。例如诉前调解的案件范围仍然不明确、司法确认的启动也存在不合理之处、诉前调解的结果与后面诉讼程序的衔接不畅通等。

（二）问题

1. 电子诉讼平台建设中存在的问题

（1）在技术应用方面存在的问题。首先，案卷中图文清晰度不足，给审判和执行造成了新的困扰。其次，在线庭审场地容易失去法庭审判的庄严性，使得整体效果较差。再次，系统智能化水平仍然不足，许多重要信息离不开大量的人工校核。最后，执行机关与线下机构的在线联动仍然不足，许多环节仍然需要法官亲自前往对应机构进行办理，较为烦琐。

（2）在治理层面存在的问题。首先，在案件管辖方面，实践中普遍存在互联网法院与其他基层法院对于受理案件互相推诿扯皮的现象。其次，司法区块链虽然联合了大量司法机构和多家单位以提升其中立性和开放性，但是法院作为中立裁判者的地位仍旧不免受到质疑，而且其覆盖范围仍然有待进一步提升。再次，法官的办案压力仍然很大，案多人少的情况没有得到根本性缓解，存在进一步优化的空间。最后，在线庭审大大弱化了法官和当事人之间的沟通和交流，不利于落实直接言词原则。

2. 员额制改革的问题

（1）员额的确定标准不明确。最高人民法院发布的《关于全面深化人民法院改革的意见——人民法院第四个五年改革纲要（2014—2018）》中提出员额制应该考虑的几个因素：经济社会发展状况、人口数量、案件数量等，但是该规定不具有实操性。由于员额标准的模糊性，使得"案多人少"的现象并没有得到缓解。

（2）考评标准不统一。一些地区采取"笔试"的方式选拔法官，一些地区以"笔试+面试"的方式选拔法官。然而，优秀、专业法官应该具有以下几个品质：庭审质量优、审判效率高、文书写作能力强、思想品德高尚、生活作风优良。所以法官的考评标准应该有所改变并统一。

3. 专门法庭（环境法庭）的问题

（1）法律依据不足导致在体制层面缺乏充分的支持。在环境法庭的法院层级分布比例上，占据较大数量的是基层法院的环境法庭，其层级偏低，一方面专业性不强，不能真正解决环保纠纷，另一方面也缺乏必要的法律上的依据。从严格意义上来讲，人民法院并未明文授权基层法院建立独立编制的专门法庭，各地纷纷涌现的环境法庭并没有明确的法律上的层级规范与标准。

（2）缺乏有特点的专门制度。环保问题是一个区别于普通民事纠纷的案件类型，环保问题通常是原告掌握的资源不多、举证较为困难、诉讼能力较为欠缺，而且，环保案件的取证费用、鉴定费用等都比较昂贵，诉讼成本大于一般的侵权赔偿费用，但是反观我国环保制度上的设计，却并没有出台许多专门针对环保案件的特殊性规定。

（3）司法制度改革成了地方政府谋求政绩的产品。决策者们意在求新求变，但是在此过程中往往忽略了改革目的是要真正解决问题、为民谋福利，而不应成为在表面功夫做足了的地方政绩簿上添上浓墨重彩的一笔。司法改革过于活跃并不是一件好事，法律制度需要相对的稳定，需要在实践中摸索真理，需要不断地试点和论证才能探索出一套真正能解决纠纷的制度。

4. 诉调对接中存在的问题

（1）我国应不应该发展和强调司法确认制度。有学者认为，从调解之本质属性来看，司法确认制度将执行力供给作为吸引适用率和制度繁荣的主要资源，在相当程序上与调解的生命线即自愿性相抵触。通常来说，在调解之过程和结果完全符合自愿原则的情况下，当事人自觉履行其在意思自治基础上所达成的协议内容应属常态，而申请确认的行为本身是对调解协议之自愿程度的潜在质疑。

（2）司法确认的启动条件不合理。双方共同申请启动司法确认程序的立法要求，成为制约司法确认程序在实践中广泛应用的重要原因。根据《民事诉讼法》和《人民调解法》的规定，双方都同意共同申请才能启动司法确认程序，也就是说，仅有一方的申请不能启动程序。但是实践中更多的是双方无法达成一致意见，那么相应违约的概率也就更大，这种情况更应该通过司法确认的强制力来上一层保险。

（3）诉前调解结果与诉讼程序的衔接不畅通。法律并没有明确规定诉前调解工作后的结果应当如何与后面的诉讼程序过渡和衔接。由于人民调解协议只被法律赋予了普通民事合同的效力，而当事人如果想要强制执行必须通过司法确认，但是法律又给司法确认的启动设置了较高的门槛，这不利于真正解决问题、一次性解决纠纷。但是我们没有必要要求所有的调解协议都要经过司法确认，同时，也不宜一刀切地认为所有调解协议都只具有民事合同的效力。

（4）部分案件调停前置规定不清晰。我国设置了先行调解的制度，规定了对于起诉到法院的案件，如果符合先行调解的条件，那么应当先行调解。但是法律同时规定了这里的调解是以当事人的同意为条件的，其实严格来说，这并不是真正意义上的先行调解。而日本的家事调停的部分案件对于法律有明确规定，当事人如果没有事先向家事法院申请调停，就无权向法院提起诉讼，此做法对于我国有参考意义。

（三）对策

1. 电子诉讼平台建设的建议

第一，进一步完善平台功能。针对扫描件带来的识别问题，可以考虑强化图像识别、精修，避免二次扫描影响案件审理。互联网法院可以考虑利用云平台实现法律文书的在线编辑和协同接力，减少法律文书的烦琐传递。

第二，可以考虑利用地方司法所及律师事务所等机构，建立定点互联网庭审室。北京互联网法院可以尝试与地方的司法所等机构合作，利用场地搭建在线庭审室，鼓励当事人前往在线庭审室参加庭审。同时，围绕这些试点场所，可以尝试实现庭审现场的实时化和可视化模拟，进一步提升当事人的诉讼体验。

第三，可以考虑将司法区块链平台从北京互联网法院中独立出来，并接入更多用户。这也会进一步提高非平台方当事人的举证能力，保障其在诉讼中的地位和权利。

第四，在规则层面，制定出更明确的规定，便利司法实践。在管辖方面，有必要进一步厘清互联网法院与传统法院的管辖边界，避免双方出现反复扯皮的现象。同时，加强对双方当事人意愿的征求，真正维护当事人的程序选择权。而对于财产保全，有必要制定更为完善的财产保全细则，以更符合互联网办案规律。

第五，在创新方面，可以考虑拓展互联网法院的管辖范围，加强对于互联网犯罪的相关研究。互联网法院有必要加强对于互联网犯罪的相关研究，尝试解决互联网犯罪定罪量刑中的重点难点，在此基础上考虑设立互联网刑事法庭，开展互联网刑事案件的审理。

2. 员额制改革的建议

第一，员额测算事权力交由法院以外的主体来行使。

第二，员额的具体标准应该主要根据案件数量来确定，同时遵守中央政法专项编制的规定。这样既保证了案件审判的质量，也避免了法院过去司空见惯的"案多人少"的问题。

第三，行政岗位的人员不占名额，或者根据去行政化的目标，对兼具行政和审判职能的法官，去除其行政职能，使其全力以赴从事审判工作。

第四，法官考核的内容除了裁判文书写作，还应该包括庭审能力、道德品行。所以，除了"面试"和"笔试"之外，员额法官的考核方式还包括对信息化记录的庭审过程的评分，以及对生活作风和思想品质的调查。

3. 专门法庭（环境法庭）的改进建议

第一，应当完善环境法庭的设置及其层级建设的法律依据。我们应当在法律层面确定专门法庭的建制程序，赋予其充分的合法性，此外，应当在中级及更高级别的法院上设置环境法庭。

第二，应当结合法庭的特点，出台有针对性的配套措施。首先，要将生态文明理念融入案件的审理工作中；其次，在环资司法领域内适当能动司法，强化法院的调查取证权，强化诉前司法令的普及和运用。加强法律的释明，要求原告完成加害行为与损害后果之间的初步的关联性说明、损害后果的评估等初步的举证义务，同时在必要时依其申请或依职权进行调查取证；最后，要适应环境资源司法专门化创新责任方式。不仅要明确预防性保护或生态修复作为责任方式的优先性以及异地修复或损害赔偿的次优性，而且要通过执行方案的设计、替代责任进行兜底保障。

第三，将环境法庭解决案件的质量作为评判业绩的主要标准，应当改善地方政府业绩的评判标准。

4. 诉调对接的改进建议

第一，应当修改相关法条以放宽司法确认启动的限制。目前关于司法确认的启动规定过于严格，应当降低申请的门槛，将原来的规定更改为由当事人一方申请即可启动。

第二，应当根据不同的情况确定调解协议不同的效力。应当通过不同的具体情况作出不同的规定，依据法院对诉前调解工作的参与程度来作出具体认定。这样能在尊重当事人意愿的条件下强化调解协议的效力。

第三，应当确认部分适宜的案件真正意义上的先行调解。法定案件先行调停应当成为诉讼的必经程序。而我国目前并没有相关规定，先行调解也必须在征得当事人同意的情况下进行，将先行调解转变为部分案件调解前置是值得我们学习借鉴的。

二、检察院司法配套措施改革

（一）现状

1. 检察院员额制

针对员额制改革在试点过程中引发的问题，主要集中于检察官入额的条件和程序、对员额检察官的监督制约、业绩考评、职业保障以及退出机制等。例如，中央文件规定的39%的员额目标过低，如果严格执行不符合我国国情，将导致检察院人才流失迅速加剧、办案压力大幅上升等；行政化、属地化导致检察独立性受到质疑、司法属性弱化，等等。

我们对于员额检察官制度运行的认识，应延伸至员额检察官所置身的司法责任制实践中，以便从一个更开阔的视角探讨员额制下检察机关的权力运行机制。由此引发的问题，如由于权力清单的不明晰导致检察官的主体地位得不到凸显；辅助检察人员，即检察官助理的地位以及遴选与培养问题；员额制与行政化、属地化之间的联系与对抗等。为此下面主要介绍其中存在的具体问题并提出相关建议。

2. 检察机关公益诉讼

总体而言，检察机关公益诉讼还处于发展初期阶段，法律规定大多为原则性规定，欠缺操作层面的实施细则。此外，全市检察机关的公益诉讼案件中缺乏有针对性、典型性和社会影响力较大的案件。相较于行政诉讼，民事公益诉讼呈现线索少、成案少、诉讼提起少、未能充分运用社会组织力量的问题。

（二）问题

1. 检察院员额制

（1）检察官的主体地位不突出。员额制改革的目标就是通过赋予员额检察官更大的办案职权，确立其办案主体地位，这样可以有效减少层级审批程序，极大地提高诉讼效率。但是在改革的过程中，检察官的主体地位并不凸显。

（2）检察官助理的遴选与培养制度不健全。自从检察院员额制改革以来，就一直存在如何合理确定三类人员，即检察官、检察官助理和检察行政人员的员额比例。目前存在的问题主要有：一是检察官助理和检察官岗位在招录的原则和条件上基本相同，这并不符合循序渐进的培养思路；二是并未改变原来的在岗训练模式，也就是说将检察官助理作为检察官的前置训练模式。

（3）员额检察官的行动指南——权力清单不明晰。检察官的权力清单在一定意义上扮演了员额检察官的行动指南的角色。不同于前面提到的由于员额制的推行导致"案多人少"的情况，很多时候，往往由于检察官的主体地位没有得到很好的确立，从而导致人力、物力资源的重叠配置。

（4）员额制与行政化之间的联系与对抗。行政化、属地化等问题是检察人员管理中长期存在的，管理模式的行政化和属地化不断侵蚀着检察权的独立性。通过对改革的结果进行考察，尽管员额检察官的办案主体地位在权力清单的指导下总体上得到凸显，但员额制与行政化之间一直仍然不可避免地保有一定程度的关联。

2. 检察机关公益诉讼

（1）检察机关在环境行政公益诉讼中的定位不明。在环境民事公益诉讼中，检察机关以原告的身份出现。然而在环境行政公益诉讼中，检察机关的行为并不单纯是的诉讼行为，同时也发挥了《行政诉讼法》所规定的法定监督职能。检察机关发出诉前检察建议是提起环境行政公益诉讼的前置程序，此时检察机关充当了法律监督者的角色。而行政机关在收到检察建议未及时履行自己的职权时，检察机关充当了"公益诉讼起诉人"的角色。

（2）检察机关办理复杂环境公益案件的积极性不足。首先，因存在绩效考核的压力，检察机关会倾向于办理法律关系简单、事实清楚的案件。其次，环境行政公益诉讼的案由将趋于复杂。因此，受调查能力、案件数量、专业能力限制的基层检察机关普遍存在害怕自身办案能力不足而无法办理好环境行政公益诉讼的问题。

（3）检察机关办理环境公益诉讼案件存在取证难点。一方面，环境诉讼案件包括环境污染类和破坏资源类，需要调查人员深入掌握相应污染物的国家标准以及行业规定。同时，调查人员也应当有足够的专业知识判断排放性能为与污染结果之间的因果关系。另一方面，检察机关在办理行政公益诉讼案件时，无权采取强制措施，造成检察机关在取证环节面临重重阻碍。

（4）检察机关办理公益诉讼存在执行监督困境。检察机关办案人员数量不足，不能有效地全面跟踪判决执行进度与效果。这一问题在公益行政诉讼中更为突出，法院认定行政机关违法从而判令行政机关继续履职，此类判决大多属于宣告性判决，严重影响公益诉讼的诉讼效果。

（三）对策

1. 检察院员额制

强调检察官权力清单的确定，进一步凸显检察官的主体地位。办案责任制所要求的"谁办案谁负责、谁决定谁负责"属于一种较为抽象的原则，而只有通过一系列，包括检察机关内部的业务工作机制和管理机制的具体操作和运行才能够使得这一原则得到真正体现。一方面，我们可以根据"权责一致性"的原则强化员额检察官的办案主体地位。另一方面，需要再次强调和明确，司法责任制不同于法律责任或行政责任。

对于检察官助理的遴选和培养问题，应该从以下几点入手，第一，建立分类招录标准。第二，设置合理的成长路径。第三，进一步完善教育培训制度，提升培训经费保障等。

平衡员额制改革与行政化、属地化之间的对抗。对于这一问题，可以从以下几个方面入手：一是降低行政因素在入额条件中的占比；二是统一遴选方式增强客观性；三是适当发挥检察机关内部组织部门以外的力量开展专业评审工作等。

2. 检察机关公益诉讼

第一，调整检察机关的法律角色与定位。应当从检察机关的初始角色出发，与普通行政诉讼原告区别开，赋予其"公益诉讼公诉人"的地位。检察机关这一角色的重新定位，既能够与其以往的法律监督角色保持一致，又能够适应公益诉讼，对检察机关职责和权限作出针对性的立法。

第二，扩大提起行政公益诉讼的主体范围。应当更新检察机关在公益诉讼中的诉讼职能，重审其支持起诉的角色定位。同时，应当将提起行政公益诉讼的主体范围逐步扩大到具备专业知识的公民与社会组织、机构等非检察机关主体。

第三，内外兼顾，提高办案取证能力。针对检察机关内部而言，可以从人才引进与推动数字检察这两方面入手。在人才引进方面，应当打造一支具备环境调查取证专业素养的公益诉讼人才队伍；在推动数字检察方面，可以挖掘分析环境监测大数据，找出环境治理中的"堵点""痛点"，充分利用好高新技术，使其成为调查取证的得力助手。针对检察机关外部而言，应当重视与行政机关之间的统筹配合，加强检察机关与行政机关之间的技术交流。同时，应当加强公益诉讼宣传，让公众知晓检察机关在公益诉讼中调查取证的角色。

第四，跟踪监督、落实执行。应当通过立法使检察机关承担监督判决履行、落实执行监督的义务，对判决执行进行后期跟踪，并将检察机关的监督成效纳入到工作考核体系中去。

三、公安司法配套措施改革

（一）现状

1. 认罪认罚制度的实施现状

2019 年"两高三部"制定了《关于适用认罪认罚从宽制度的指导意见》（以下简称《指导意见》），对认罪认罚从宽制度的适用进行了明确。2016 年，北京市公安局制定出台了《北京市公安局关于推进以审判为中心的刑事诉讼制度改革工作实施方案》，推出全局加强刑事执法工作的十项措施，其中包括推进刑事案件速裁程序和认罪认罚制度试点工作。实务中，公安机关在推进认罪认罚从宽制度的工作中也遇到了一些问题。

2. 非法证据排除规则的适用现状

党的十八大以来，北京市公安局出台了《北京市公安局关于推进以审判为中心的刑事诉讼制度改革工作实施方案》，同时形成了"分局执法办案管理中心＋基层所队案件管理组"的两级执法管理新格局，这为非法证据排除规则的应用提供了有效路径，但是在实践中仍然面临诸多问题和挑战。

（二）问题

1. 认罪认罚制度存在的问题

（1）认罪认罚制度下值班律师角色的边缘化。目前我国律师参与刑事诉讼情况还不甚理想，其中值班律师机制作为弥补我国辩护制度不足的重要举措，在实际运行中其能够发挥的实质性作用仍然相对有限。另外，在认罪认罚这样一种先供后证的模式下，被追诉人认罪认罚的自愿性和真实性较难确定，容易产生刑讯逼供、诱供等行为，值班律师的缺位极不利于被追诉人的权益保护。

（2）防止公安机关从宽权力的滥用，造成角色混乱错位。就认罪认罚制度的规范设计而言，法院无从参与审前的认罪认罚协商，公安机关有角色混乱的可能性，例如强迫犯罪嫌疑人认罪，作出从宽承诺，等等。实务中，公安机关对案件从宽处理的底线可能很低，例如应当立案而不立案，或者立案后不应当撤销案件而撤销案件，或者立案后不移送审查起诉，等等。

（3）公安机关推进认罪认罚从宽制度缺乏积极性。在认罪认罚从宽制度下，侦查阶段公安机关权力行使较为有限且被动，并没有发挥主观能动性的空间。公安机关在认罪认罚从宽制度中仅仅是"记录在案"，这使得公安机关推行认罪认罚从宽制度的积极性大打折扣，也难以激励被追诉人在案件的第一阶段认罪认罚。在公安机关不能争取从宽处理的情况下，被追诉人容易形成"早认罪不如晚认罪"的心理。另外，在侦查阶段既有从宽处理的优惠，也能使被追诉人尽早脱离等待和不确定性的折磨。

2. 非法证据排除规则存在的问题

（1）侦查阶段非法证据排除规则的适用范围过于狭窄。部门规章《公安机关办理刑事案件程序规定》第 71 条第 3 款以及司法解释《关于办理刑事案件严格排除非法证据若干问题的规定》第 14 条第 2 款并不完全符合非法证据排除规则的实质。

（2）侦审一体化改革背景下基层公安机关从事案件管理的人力资源不足。基层公安机关的案管人员大都为年轻人，其办案能力不足，缺乏证据合法性审查的工作经验，由此导致执法办案管理中心难以高效运转。

（3）公安机关依职权启动非法证据排除工作落实不到位。公安机关追诉犯罪的职能与其证据合法性审查义务存在难以避免的利益冲突，因此其对执法监督的重要性缺乏深刻的认识，非法证据排除意识不强，强化监督能力有待提高。

（4）犯罪嫌疑人申请启动非法证据排除程序的权利难以获得保障

实践中，案件移送到检察机关进入到审查逮捕环节后，各地的检察机关并没有全部实施每案必问这一制度，这样，犯罪嫌疑人便无法在审查逮捕即侦查监督环节将侦查人员的非法取证行为向检察机关进行控告。

（三）对策

1. 认罪认罚制度的改善建议

首先，在值班律师职能有限的情况下，公安机关更应当保障值班律师的权利，为值班律师顺利开展工作提供支持，并根据《关于适用认罪认罚从宽制度的指导意见》第 22 条第 1 款的规定，听取犯罪嫌疑人及其辩护人或值班律师的意见，将值班律师的意见记录在案并随案移送。

其次，在推进以审判为中心的诉讼制度改革的当下，公安机关的职权应当法定化，其职权行使应当严格遵循认罪认罚从宽的规则，不能将权力触角伸向法院，行使法院的审判职能。要坚决贯彻认罪认罚制度在实施中，应当遵循"未经人民法院判决，对任何人都不得确定有罪"的原则以及"人民法院依法独立行使职权"的原则，认罪认罚具结书仅能作为量刑参考而不是差别对待的依据，更不能对法院具有直接的约束力，人民法院有独立的定罪量刑裁判权。各机关职能分明，各尽其职，共同推进认罪认罚从宽制度。

最后，在适应司法体制改革、公安机关推进认罪认罚从宽制度的进程中，有必要从立法上赋予公安机关对被追诉人的从宽权力，更好地推定该制度的施行。

2. 非法证据排除规则的改善建议

首先，系统解释侦查阶段非法证据排除规则的适用范围。公安机关侦查部门在需要对犯罪嫌疑人采取人身强制措施或者重大侦查措施时，均需要先报送至同级公安机关法制部门进行证据合法性的全面审查，对于不符合办案要求的案件，应退回侦查部门补充工作，补正瑕疵证据、排除非法证据、纠正违法问题等，由法制部门进行统一审核，排除非法证据后再报送到县级以上公安机关负责人审批或者向检察院提请逮捕、移送起诉等。

其次，重视两级案件管理机构工作队伍建设。公安机关应重视案件管理工作，加快两级案件管理机构人才队伍建设。目前两级案件管理机构尚处于发展阶段，应严格选人用人标准。案件管理工作人员应具有法学、公安学本科以上学历。另外，建立案件管理工作人员轮岗工作制度。应定期安排案件管理人员到一线办案部门轮岗，从事办案实践，积累办案经验，以提升审核案件，监督办案的能力。

再次，发挥检察监督作用。应重视发挥检察机关的外部监督作用，一方面督促公安机关进行主动审查，另一方面畅通犯罪嫌疑人向检察机关表达非法证据排除申请的渠道。近年来，"执法办案管理中心+检察室"工作机制的发展，有效扩大了侦查监督的范围。

最后，持续推进法律援助工作。可以从以下几个方面持续推进法律援助工作：第一，应在侦查过程中优化权利告知程序，明确告知犯罪嫌疑人享有的异议权，增强其权利意识，为非法证据排除规则的适用创造条件；第二，北京市公安机关应加快推进"法律援助律师工作站"建设，在执法办案管理中心全面设立，科学运转法律援助律师工作站或者法律援助律师值班室。

四、司法行政部门司法配套措施改革

（一）现状

1. 律师行业的管理现状

（1）律师行业的总体情况。截至 2020 年 12 月底，北京市共有域外、港澳律师事务所驻京代表处代表 196 人。截至 2020 年 12 月底，北京市共有域外、港澳律师事务所驻京代表处雇员 1133 人。

（2）机构增长相对平稳，人员增长幅度较大。横向比较 2016 年至 2020 年 5 年数据，北京律师行业律所新增年均保持在 150~175 家这一区间。近 5 年北京律师行业律师人数增长幅度较大，2020 年我市考核合格的申请律师执业人员 5297 人，预计今后一个时期内将还会有较大幅度的增长。

（3）资源集聚程度依旧较高。在全市律师事务所中，东城、西城、朝阳、海淀四区律师事务所占到全市总量的 74.51%。

（4）公职公司律师随政策出台而迅速发展。目前在北京，律师事务所平稳增长，律师人数增长幅度较大的特点；在资源聚集方面，北京市的东城、西城、海淀、朝阳四区无论是在律师事务所还是律师人数方面都占据了全市的绝对资源。

2. 公证行业的发展现状

公证具有社会治理与公众服务的双重属性。目前，公证体制的运行问题已超出司法的微观层面，上升至创新社会治理、提升国家治理水平的使命担当层面。在公证体制改革方面，主要的改革方向包括公证体制改革、公证参与人民法院司法辅助事务工作改革等。

（1）公证体制改革。截至目前，北京市的 25 家公证机构均已改制为事业单位性质，在财政上实行自收自支的运作方式，自主管理权得到了充分保障。

（2）公证参与人民法院司法辅助事务工作改革。北京市司法局与北京市高级人民法院于 2017 年共同启动了公证参与司法辅助事务试点工作，经过一年试运行以及两年深入开展，公证工作已广泛、深入地参与到调解、取证、送达、保全、执行等诉讼流程的各个环节，起到了有效减少和预防纠纷的职能作用。

（二）问题

1. 律师行业管理的现存问题

首先，律师行业准入门槛较低，律师群体个人素质参差不齐；其次，律师行业缺乏对行业新人的系统培养机制；最后，律师行业自律机制不完善。

2. 公证改革的现存问题

首先，公证行业活力不足，合作制公证处推进缓慢；其次，司法辅助职能发挥不足；最后，公证行业乱象时有发生。由于我国尚缺乏法定公证制度的"土壤"，且《民法典》等新法的出台进一步降低了公证文书的效力层次。近年来我国公证行业的发展略现颓势，公正乱象的出现会对整个公证行业的公信力造成重大的不良社会影响。

（三）对策

1. 加强律师行业管理

首先，把好律师入门关，提高律师执业的道德素质；其次，建立系统的律师行业新人培养机制；最后，以律师协会促进行业自律，促进我国律师管理体制进一步优化。

2. 推进公证行业改革

首先，推进合作制公证处的建设；其次，加强公证的司法辅助作用；最后，提高公证队伍的业务素质和道德素养。

面向新时代实践需要的首都社会信用法治问题研究

贾　茵*

一、导论

(一) 问题意识

中国自建立社会主义市场经济体制以来，信用缺失问题逐渐成为社会各界关注的热点问题。从深层次看，在社会转型的大背景下，间歇性、局部性的道德失序、行为失范等问题，根源都来自社会失信。一般的违法行为背后，藏着严重的失信问题。社会信用治理力图解决社会转型期的失信难题。针对规则意识的缺失，首要的工作是补齐规则。具体到重建社会信任的核心，是社会信用的立法和法治化制度方法。

(二) 研究对象

通过梳理文献，以往研究往往聚焦于国家层面信用治理的作用和发展等宏观问题，也不乏江苏省建设"信用交通省"、推动"信用广东"建设、"诚信冰城"（哈尔滨）建设等研究成果，但专门关注北京市社会信用治理理论与实践的研究不多。要深入学习贯彻习近平总书记关于"十四五"规划编制工作的重要讲话指示精神，牢固树立新发展理念，坚持首都城市战略定位，立足北京资源禀赋，聚焦首都实践需要，首先要看到迫切的现实需要，同时，也要发掘北京市社会信用治理的可行性和执行力等重要优势。通过有的放矢开展研究，有助于总结提升北京市社会信用治理法治化的样本，提出更加完善可行的"北京方案"。

(三) 研究方法

本文采取的研究方法包括规范分析和归纳方法，以及实证研究和比较研究的方法。规范分析法是指以文献分析为基础，法条对比为工具，充分吸取外地先进经验，为北京市地方信用立法完善提供参考。比较研究法，是指辨析国内国外研究资料，区分认识中国语境中的诚信与西方征信业的信用概念的区别，总结适合

* 课题主持人：贾茵，中国社会科学院法学研究所助理研究员。立项编号：BLS（2020）C008。结项等级：合格。

北京地方特色的社会信用法制。实证调研法，是指积极联系北京市经济、社会层面社会信用治理的重点领域和具体问题，有针对性地开展实证调查研究的方法。

二、社会信用治理的法理基础

（一）社会信用治理的基本概念

1. 何谓社会信用

在中国社会信用体系建设的语境下，社会信用指的是相关行为主体履约或守法的一种状态。社会信用最接近诚信，因为立法而进入法治视野，成为一个具有规范内涵的法律概念。

2. 社会信用治理

社会信用治理既是一种制度，更是一种技术。基于我国技术发展和大数据驱动的社会信用体系属于以"信用数据公有化为其核心特征"的数字技术公共基础设施。[1]

3. 社会信用体系建设

"社会信用体系"概念第一次出现在党的文件中是在 2002 年，党的十六大报告中正式提出，要求建立与现代市场经济发展相适应的社会信用体系。从"礼俗社会"、人情社会走向法理社会、法治社会，加强社会信用体系建设，通过立法来引领和保障社会信用体系建设，是诚信建设的有效途径。[2]

我国传统文化中的"诚信"更多的是指个体自我修养，强调个人自律、不自欺，属于道德范畴，体现为内在修养和思想境界。而现代语境中的"信用"则不同，侧重于经济交易和社会交往领域，属于社会和经济范畴，社会信用是一种状态，是无形的；社会信用信息是社会信用的载体，可以对其进行定性和定量评价。

（二）我国社会信用体系建设的特点

一是政府主导。我国社会信用体系建设过程中具体领域的制度与机制的发展源于党和国家公共政策的直接推动，进而展现出公共政策执行"自上而下"的特征。二是政策驱动。改革先行，立法滞后，体现了典型的政策驱动性。从立法看，由于全国性综合性的《社会信用法》暂缺，社会信用管理规定散见于部门规章、地方性法规等规定之中。三是部门分管。部门主导是指国务院及其组成部门按照开发区类型归口管理的模式。四是地方先行，在国家层面的立法滞后背景下，各省市积极出台地方《社会信用条例》。

我国社会信用治理的主要方式包括信用信息的归集行为，以北京市为例，公

---

[1] 虞青松：《算法行政：社会信用体系治理范式及其法治化》，载《法学论坛》2020 年第 2 期。

[2] 王淑芹：《社会诚信建设的现代转型——由传统德性诚信到现代制度诚信》，载《哲学动态》2015 年第 12 期。

共信用信息服务体系的总体架构是"一网四库一平台",而北京市公共信用信息服务平台尽管已经归集数亿条信用记录。信用信息评价分类是将复杂信息简化为可供利用的简明表现形式,用以作为判断相关主体信用状况的依据。从"守信激励和失信惩戒机制"来看,其机制设计的内容涵盖多个方面,包括"信用承诺制度""信用红黑名单制度""激励和惩戒措施清单制度""经营者准入前的诚信教育机制"和"失信联合惩戒对象认定机制"等。社会信用治理的方式还包括信用修复以及权利保护制度等。

(三)社会信用治理的意义

一是开创以信用为核心的监管模式。信用治理是一种"去中心化"的治理模式,解构了政府主导的"单中心"结构,改变了由政府"包打天下"做决定的旧模式,打造"解制型政府",最大限度地为基层体育社会组织增权赋能,探寻从行政管控到简政放权的治理新路径。

二是以信用为依托合理分配公共资源。无论是在政府采购、户口申办等授益性活动中,还是在行政许可、市场监管等行政检查和执法活动中,都应给那些正心诚意、崇法向善的民众以更多更好的公共服务,而信用状况则提供了一种正当且便利的群体区分度。[1]这是地方立法可以创新突破、形成特色的。[2]缔约资格排除措施属于基于信用评价而规避交易风险的信用应对措施而非法律惩戒,具备充分的实质合法性。[3]

三是信用治理开启事前、事中和事后全流程监管。传统的行政法理论中,审批式管理是事前监管,行政处罚则是典型的事后惩戒。信用监管是分类精准监管、系统综合监管、社会共治监管、贯穿于事前事中事后全生命周期。

四是信用工具有助于整合政府间合作和多元共治。制度化地共享与使用信用信息,有助于提升政府部门间的信息沟通能力,打破"信息垄断"和"数据孤岛"。[4]反映了数字信息时代下,行政执法手段与行政活动方式的转型,并且在执法成本、规制效能等方面体现出诸多潜在优势。[5]

三、社会信用立法:顶层设计与地方经验

社会信用立法作为社会信用治理法治化的内在要求,是社会信用体系建设的基础性工程,也是本课题研究关注的重点对象。一是要明确社会信用立法的国家

〔1〕 罗培新:《信用监管:构建新型监管机制的基石》,载《中国市场监管报》2019 年 11 月 5 日,第 4 版。
〔2〕 王宁江:《地方信用立法的思考》,载《浙江经济》2017 年第 17 期。
〔3〕 陈国栋:《缔约资格排除类信用惩戒的法治化路径》,载《现代法学》2021 年第 1 期。
〔4〕 参见王青斌:《社会诚信危机的治理:行政法视角的分析》,载《中国法学》2012 年第 5 期。
〔5〕 卢超:《事中事后监管改革:理论、实践及反思》,载《中外法学》2020 年第 3 期。

顶层设计、战略目标等中央要求；二是要充分了解全国各地社会信用立法现状。

（一）顶层设计：我国社会信用立法的基本环境

1. 社会信用法的立法定位

我国社会信用法的立法定位分为四个层次：①社会信用法是信用促进法。以促进信用主体诚实守信为主线，提升整个首都社会的信用水平。[1]②社会信用法是信用管理法。我国的信用建设渗透了强烈的政府主导及政府监管因素。③社会信用法着重于权利保护法。信用活动面临着信用信息披露与隐私权、个人信息保护、商业秘密保护之间的紧张和矛盾。④社会信用法是一部权利保护法，要对信用活动中所涉及的个人隐私和个人信息、商业秘密等进行严格保护。

2. 社会信用立法环境和时机成熟

尽管国家层面统一的社会公共信用立法仍处空白，社会信用立法环境和立法时机已经基本成熟。已有《反不正当竞争法》《电子商务法》等十余部法律法规，对特定领域的信用信息记录、失信惩戒等作出了规定，构成社会信用体系建设以及信用规制实践运行的规范依据。

3. 社会信用立法具有层次性

在中央立法暂时缺位的背景下，各地社会信用条例的立法工作纷纷启动，从省、自治区、直辖市等省级地方到"设区的市"等《立法法》的基本立法单元，都在针对现实中的具体问题，陆续制定相应效力层级的地方社会信用立法。

（二）各地社会信用法治建设的主要进展

在地方立法层面，地方信用立法蓬勃开展，上海、湖北、河北、浙江、陕西、厦门等地已制定信用信息管理条例或综合性的社会信用立法，广东、海南、贵州、江苏等地的综合信用立法工作也在不断推进。[2]地方立法的活跃，为我国社会信用法治建设提供了重要的实践基础（参见表1）。

表 1　省级层面已出台信用立法情况统计表

序号	省级	条例名称	公布日期	施行日期
1	陕西	陕西省公共信用信息条例	2011 年 11 月 24 日	2012 年 1 月 1 日

---

[1] 王伟：《社会信用法论纲——基于立法专家建议稿的观察与思考》，载《中国法律评论》2021 年第 1 期。

[2] 社会信用省级地方立法共有六部，广东省、陕西省、湖北省、上海市、河北省和浙江省已经分别制定了社会信用条例，但名称概念并不统一：《广东省企业信用信息公开条例》《陕西省公共信用信息条例》《湖北省社会信用信息管理条例》《上海市社会信用条例》《河北省社会信用信息条例》《浙江省公共信用信息管理条例》。市级地方信用法规共有三部，《无锡市公共信用信息条例》《泰州市公共信用信息条例》《宿迁市社会信用条例》；其他部分省市都进行到立法草案阶段。

序号	省级	条例名称	公布日期	施行日期
2	湖北	湖北省社会信用信息管理条例	2017 年 3 月 30 日	2017 年 7 月 1 日
3	上海	上海市社会信用条例	2017 年 6 月 23 日	2017 年 7 月 1 日
4	河北	河北省社会信用信息条例	2017 年 9 月 28 日	2018 年 1 月 1 日
5	浙江	浙江省公共信用信息管理条例	2017 年 9 月 30 日	2018 年 1 月 1 日
6	辽宁	辽宁省公共信用信息管理条例	2019 年 11 月 28 日	2020 年 2 月 1 日
7	河南	河南省社会信用条例	2019 年 11 月 29 日	2020 年 5 月 1 日
8	山东	山东省社会信用条例	2020 年 7 月 24 日	2020 年 10 月 5 日
9	天津	天津市社会信用条例	2020 年 12 月 1 日	2021 年 1 月 1 日

由于我国各地经济发展重点和发展水平不一致，各地在推进本区域信用体系建设过程中遇到的问题也各不相同，进而采取不同的立法策略，形成了不同的地方立法实践样本。[1] 总结这些地方立法，大致可分为三种类型：一是上海式的"社会信用条例"；二是湖北、河北式的"社会信用信息（管理）条例"；三是陕西、浙江式的"公共信用信息（管理）条例"。三种类型从侧面反映出地方立法者对信用法的定位存在不同认识。但对"社会信用"的内涵初步形成共识；都规定了信用信息的归集制度；体现了从政策思维向法治思维和法治方式的变革。

四、社会信用法治融入新时代实践的北京方案

北京市的社会信用体系建设在全国范围内开展较早，早在 2001 年就开始启动，并制定有《北京市公共信用信息管理办法》。2008 年就成立了由市信息办牵头的信用联席会议制度；2014 年调整为原市经济信息化委和人民银行营业管理部共同牵头、53 家联席会议成员单位。北京的社会信用体系建设可以说是"起步早、起点高"，但相比较于其他地方"步子慢"，立法进度在全国而言稍显滞后。目前北京市社会信用立法还远远不能适应信用建设的需要，各类社会信用立法呈现出"碎片化"的特点。因此应尽快从以下方面入手，建设新时代社会信用法治建设的北京方案。

（一）以《北京市社会信用条例》立法为主干

1. 坚持地方立法的基本原则

全国人大法律委员会乔晓阳主任曾总结，地方立法的三大基本原则是"不抵

---

〔1〕 王文婷：《地方信用立法的理论与实践反哺浅析》，载《中国信用》2020 年第 3 期。

触、有特色、可操作"。[1]《立法法》第72条规定，省级地方性法规不得与宪法、法律、行政法规相抵触。因此，既要处理好与中央立法的关系，也要解决好本地区的实际问题。一是坚持地方立法先行性。在国家层面法律法规的立法条件尚未成熟，而地方实际迫切需要的情况下，可以先行制定地方性法规，发挥"立法试验田"作用，为国家立法积累经验。二坚持地方立法的实践性。务必坚持问题导向，可以不必照搬上位法和其他地方的内容，而是聚焦本地社会治理的重点领域。三是坚持地方立法创新性。创新性是地方先行立法的本质要求，也是地方立法的生命力。[2]

2. 遵循我国《立法法》关于立法权限的规定

一是遵循《立法法》第八条的规定。我国《立法法》对于立法的国家保留事权作出了明确规定。民事基本制度只能由法律来设定，地方信用立法无权规定对于存在严重不良信用记录的人予以行政拘留；亦无权规定对于信用良好的企业和个人予以税收减免，因为财政、海关、金融和外贸的基本制度，属于国家事权。二是遵循我国《立法法》第82条的规定。即没有法律、行政法规、地方性法规的依据，地方政府规章不得设定减损公民、法人和其他组织权利或者增加其义务的规范。

3. 学习外地社会信用立法中的先进经验

2017年制定的《上海市社会信用条例》被称为"国内第一部社会信用建设的综合性立法"，立法过程受到高度重视，市人大常委会和市政府组成联合推动立法的"双组长"领导小组，还邀请有关领域专家成立"社会信用立法专家组"；坚持地方立法的审慎性谦抑性。信用治理作为新工具、新问题，上海市没有像其他地方那样把"闯红灯""欠缴水电费"等不分青红皂白一概纳入"失信行为"。《上海市公共信用信息归集与使用管理办法》规定了欠缴水电燃气费用必须是"催缴后六个月仍未缴纳的"才记入公共信用信息平台，避免以信用惩戒变相实施行政处罚。[3]

《广东省社会信用条例》自2021年6月1日起施行，聚焦服务民营经济，打造信用证明体系。第11条"守信信息"涵盖了奖励表彰、遵守信用承诺、慈善捐赠、志愿服务等信息，突出守信激励和正面促进措施；在个人信息保护方面设置一系列保障措施，明确禁止采集自然人的宗教信仰、血型、疾病、病史、生物识别信息。

---

[1] 乔晓阳：《地方立法要守住维护法制统一的底线——在第二十一次全国地方立法研讨会上的讲话》，载《中国人大》2015年第21期。
[2] 柳经纬、黄洵：《关于地方立法创新问题的思考》，载《理论与改革》2004年第3期。
[3] 崔凯：《上海社会信用立法：促进与路径》，载《地方立法研究》2019年第2期。

《山东省社会信用条例》于 2020 年 10 月 1 日起施行。该条例在个人信息保护和公共信用数据互联互通互认方面有较先进规定。

4. 注意地方立法上的技术问题

公开发布的《北京市社会信用条例》（征求意见稿）文本来看，存在以下立法技术问题：一是第 21 条"信用监管制度建立"太过笼统。应编制信用奖惩措施清单，明确守信联合激励和失信联合惩戒的依据、措施等。信用奖惩措施清单实行动态管理，并向社会公布。二是第 12 条"失信信息"程度区分不够精细。应将自然人失信行为按严重程度分为"一般失信行为、较重失信行为和严重失信行为三个等级"。以立法形式规范信用治理设定权和实施权，用负面清单的形式和比例原则做到公益和私益相平衡，保护公民个人信息数据权利。

（二）以北京市"十四五"规划为重点

结合北京市"十四五"规划，按照国家信用建设的新形势、新要求，北京市"建设数字经济和服务业开放新高地"的城市发展战略，北京市社会信用体系建设的重点应为以下几个方面：

1. 加强全流程信用监管，实现对守信者"无事不扰"，对失信者"利剑高悬"

在事前监管环节，将信用承诺纳入市场主体信用记录中，对履诺记录良好的市场主体给予优惠和便利，对失信违诺的加大追责和惩戒力度；在事中监管环节，对信用好、风险低的市场主体，降低抽查比例和频次，对违法失信、风险较高的市场主体，适当提高抽查比例和频次，列入重点信用监管范围；在事后监管环节，完善联合惩戒失信管理办法，明确认定依据、标准、程序、异议申诉和退出机制。

2. 正向激励促进为主，依法确立联动奖惩措施

在地方立法权限范围内实现联动奖惩，可行的做法是从行政管理措施方面入手。地方政府在市场监管和公共服务过程中，在同等条件下对信用状况良好的单位和个人提供"绿色通道"。

3. 善用信用修复，设置一定容错纠错空间

信用记录的有效期制度相当于信用自动修复制度，即有效期届满之后，失信记录将会被自动隐藏或被消除。因错误认定失信联合惩戒对象名单、错误采取失信联合惩戒措施损害市场主体合法权益的，有关部门和单位要积极采取措施消除不良影响。行政机关须公布信用修复的条件与程序，为相对人在一定期限内纠正失信行为提供机会。

4. 注重权利保护

信用工具对行政相对人权利能够产生重大的实际影响，因此更须将其置于法治框架下进行约束。信用活动面临着信用信息披露与隐私权、个人信息保护、商

业秘密保护之间的紧张和矛盾。社会信用法是一部权利保护法，要对信用活动中所涉及的个人隐私和个人信息、商业秘密等进行严格保护。[1]

（三）加强配套制度建设

社会信用治理体系不是孤立的规范，而是制度的"丛林"，需要统一的信息平台、统一的归集标准和统一的社会信用代码等一系列配套制度，才能综合发挥有机整体的作用。

1. 统一平台

我国社会信用体系建设依赖于统一的公共信用信息数据库，由社会组织或者有资质的企业承担，有助于解决信用信息"碎片化"的问题。

2. 统一标准

抓紧制定开展信用监管急需的国家标准以及符合地方实际的地方标准。统一社会信用代码管理办法等法规。建立健全全国统一的信用监管规则和标准。

3. 统一代码

《信用信息分类与编码规范》（GB/T37914—2019）分别界定经济领域与社会领域的信用信息范畴，表明我国社会信用体系将从经济与社会两个方面进行建设。

（四）充分发挥首都优势，建立健全各类机制

充分发挥首都在硬件条件和软件条件方面的巨大优势，注重城市社会信用建设发展的同时，也积极采取举措提升信用"软"实力。

1. 数字北京助力社会信用建设

北京市雄厚的科技实力是助力社会信用建设的重要基础条件。北京市企业信用信息网等数字基础设施发展迅速，信息归集能力强，可以与司法部门、社会组织实现信息共享。

2. 《北京市文明行为促进条例》形成治理合力

诚信是个人素质的体现，更是一个城市文明程度的体现。自从《北京市文明行为促进条例》实施以来，人们在公共生活各方面越来越规范自己的行为，社会文明环境大有改观。德治是个人诚信建设的根基，有助于形成治理合力。

3. 充分发挥党委领导和党建引领作用

北京作为"吹哨报到"和"接诉即办"制度的发源地，广大党员干部是文明实践的参与者，更是示范者。作为全国基层党建工作的标杆，党建引领的基层社会治理为社会信用建设把握正确方向，制定可行标准。

---

[1] 罗培新：《遏制公权与保护私益：社会信用立法论略》，载《政法论坛》2018年第6期。

4. 充分发挥政府在社会信用体系建设中的作用

政府应在建立健全社会信用法规体系；建立区域联合征信数据交换平台；推进行业信用建设；建立健全社会信用监管体系；培育信用市场需求，推动和规范信用服务行业发展；推进社会信用文化建设等方面发挥作用。

5. 坚持诚信环境营造服务"两区建设"

北京市服务业扩大开放综合试点进入全面升级新阶段，把信用建设摆在推动服务业高质量发展的突出位置，将营造首都诚信服务氛围，优化信用环境，为打造数字经济与服务业开放新高地贡献力量。

6. 坚持多元共治，发挥志愿服务优势助力诚信塑造

市十五届人大常委会第二十四次会议审议了《北京市志愿服务促进条例（修订草案）》。本市已将社会服务纳入社会信用体系，使志愿者成为诚信建设的中坚力量。

7. 坚持诚信榜样和示范建设

诚信榜样发挥榜样引领作用践行社会担当，传播诚信理念，弘扬诚信精神。诚信创建工作目标是"征集一批守信服务联合推进机构、制定一系列行业诚信自律规范、制定并推行百项守信激励措施、开展一批诚信服务自律活动、铸造一批诚信服务品牌、树立一批诚信服务典型"。

8. 坚持诚信文化培育和诚信教育并重

北京市个人诚信创建工作是北京市探索构建由政府引导、社会组织推进、社会力量共同参与的新型信用监管模式的有益尝试。

9. 坚持实现京津冀协同信用发展

充分发挥京津冀协同发展优势，实现京津冀信用协同发展。从根本上解决失信行为"反复出现、易地出现"的"流窜"问题，加快构建跨地区、跨行业、跨领域的信用治理机制至关重要。

（五）结合首都特色，加强社会信用重点治理

《北京市社会信用条例》立法定位是基础性、综合性的立法。需要搭配重点领域专业性行业性信用监管规制，形成"1+N"综合治理模式。充分高效利用执法力量资源，建立重点领域的个人诚信记录和诚信约束机制，是较为关键的一项措施。本课题选取了北京市实践中问题最为突出的五个领域进行分析。

1. 助力依法疫情防控和复工复产发展经济中的信用治理

在去年以来的新冠疫情防控期间，我国多地颁布地方性法规将"个人隐瞒疫情"、瞒报漏报破坏疫情防控以及利用疫情倒卖医疗物资犯罪等行为列为失信信息，并归集到公共信用信息平台，采取公示、列入黑名单、开展联合惩戒等措施，这成为疫情防控的重要手段。采取失信惩戒制度与守信激励保护制度，既要

严厉打击借疫情大发"国难财"的违法失信者，也有力保护受疫情影响经营苦难的企业与个人，这对于依法防控疫情提供了关键的抓手和工具。

2. 解决"一日游""低价团"中的失信问题

北京是文化旅游的明星城市，也常常爆发"一日游""低价团"欺诈等负面新闻，这些与首都形象极不相配。北京市文化和旅游局发布了《关于征求北京市文化和旅游行业信用分级分类监管管理办法（试行）意见》的通告，其中不仅明确了针对文旅行业进行信用分级分类监管的范围，也发布了信用评价的体系。对于信用较好风险较低的市场主体和从业人员，合理降低检查频率和频次，减少对正常生产经营的影响；而对于违法失信风险较高的市场主体和从业人员，适当提高检查比例和频次，依法依规施行严管和惩戒，以此来建立健全信用分级分类监管机制，规范市场秩序。

3. 加强科研诚信治理，服务文化创新中心建设

北京市科委、中关村管委会发布《关于开展首批北京市科技计划项目经费监督诚信典型管理单位申请及备案的通知》，试点启动科研经费诚信典型管理单位的申请及备案工作，尊重科技创新规律，激发广大科研人员的积极性、主动性和创造性。诚信典型管理单位申请及备案须同时满足单位内部审计机构建设、内控及财务管理、内部审计队伍建设、信用情况近3年承担北京市科委、中关村管委会项目验收及经费审计情况和单位承诺的内部监督举措等7个方面的条件。在科研机构中开展科研诚信承诺制，以信任和守信为前提推动承担单位"自己管"。诚信典型单位在拥有管理权的同时，强化了自我约束、自我担责，有利于单位内部监督力量的发挥和主体责任的落实。

4. 严把信用关，服务北京积分落户和人才引进的政策

课题组从北京市人力资源和社会保障局调研获知，北京积分落户始终坚持诚信申报，申请人及用人单位的严重失信信息将纳入北京市公共信用信息服务平台，涉嫌犯罪的移交司法机关依法处理。北京积分落户始终坚持诚信申报，相关部门将根据反映的情况进行查证，经查证申请人提供虚假材料的，取消当年及以后5年内的积分落户申请资格；对用人单位协助提供虚假材料的，当年及以后5年内不受理其积分落户申请事项。申请人及用人单位的严重失信信息将纳入北京市公共信用信息服务平台。涉嫌犯罪的，移交司法机关依法处理。截至目前相关部门已查明11名申请人在申报落户期间存在弄虚作假行为，并按规定进行了严肃处理通报，有力维护了申报秩序。

5. 对极为严重失信领域建立"黑名单"制度

一是坚持"房住不炒"，从严惩处炒作学区房"黑名单"。北京市住房和城乡建设委员会发布《关于进一步加强房地产市场秩序整治工作的通知》，明确进

一步加强房地产市场秩序整治工作。针对近期群众反映强烈的机构炒作学区房、经营贷违规进入楼市、群租房治理等问题，依法从严惩处，规范市场秩序。本轮专项整治还将强化市、区、部门统筹联动，多部门合力形成执法高压态势，对发现的违法违规行为坚决予以打击治理，建立机构和人员违规行为"黑名单"，加大处罚问责力度并定期披露，形成震慑态势。二是严管校外培训机构，设立违规培训"黑名单"。一些校外培训机构开展超前培训"贩卖焦虑"，为进一步加强对校外培训机构违反教育规律行为的持续治理，教育部发布《关于大力推进幼儿园与小学科学衔接的指导意见》，将根据有关线索，对接收学前儿童违规开展培训的校外培训机构进行严肃查处并列入黑名单，将黑名单信息纳入全国信用信息共享平台，按有关规定实施联合惩戒。

五、结语

"人无信不立，国无信不宁"。一个社会的文明素养，既是历史演进的结果，也离不开持续的教育、引导与实践。新时代的主要任务是落实党的十九大报告提出的"推进科学立法、民主立法、依法立法，以良法促善治。德治、法治共治理念有机融合，共同促进个人诚信建设"的政治目标。《社会主义核心价值观融入法治建设立法修法规划》明确提出，要探索完善社会信用体系相关的法律制度，研究制定信用方面的法律，健全守法诚信。古语云，"从善如登"，提升社会诚信程度殊为不易、难以速成，尤须找准方法、久久为功。信用监管兼具经济治理和社会治理的双重功能，信用是市场经济的基石，法治是最好的营商环境。北京作为首都，作为展现大国精神风貌的重要窗口，在党的领导和高度重视的政策环境中，也面临着千载难逢的发展机遇，在实现中华民族伟大复兴的中国梦这一历史进程中，首都北京责无旁贷，既要当标杆、作首善，引领风气之先，也要当先锋、打头阵，站在时代前沿。发挥"北京榜样"，实现崇德向善的精神传递，不断改革和完善与新发展格局下更高水平开放型经济新体制相适应的社会信用治理体系。

互联网庭审常态化研究
——基于疫情期间北京市各级法院的庭审实践

黄　果*

一、我国互联网庭审的发展

我国互联网庭审的发展可大致划分为三个阶段。

第一阶段是早期的探索阶段。根据现有的检索数据，最早的互联网庭审实践系 2006 年 4 月福建沙县法院高桥法庭审理的一起跨省离婚案件，在该案件中，法院运用 QQ 软件进行远程视频审理，初次尝试取得了良好的效果之后，该法庭又以相同的方式审理多起家事纠纷。受该法院的启发，苏州市工业园区人民法院、北京市海淀区法院复兴路法庭也先后在跨国离婚案件的审理中采用远程视频方式开庭。此后，互联网庭审也逐渐在刑事案件的审理中采用。随着这些成功案例的报道，一些地方法院开始了互联网庭审的试点工作。2010 年 9 月 1 日起北京市部分法院试行民商事上诉案件远程视频庭审工作，以方便家住北京远郊区县的当事人到中级法院开庭；2015 年浙江省高级人民法院开始了电子商务网上法庭的试点工作，以杭州市西湖、滨江、余杭三个基层法院和杭州中院作为试点，分别审理网络支付纠纷、著作权纠纷、网上交易纠纷及其上诉案件，尝试各诉讼环节的全流程网络化审理 。类似的早期尝试在全国法院中逐渐展开，构成一幅生机勃勃的互联网庭审的早期图景。这一时期互联网庭审实践具有以下特点：①行动上的自发性，多由法院自发进行的尝试。②范围上的特殊性，一般是对重要诉讼参与人不能到庭等特殊情形的应对。③方式上的试验性，在缺乏经验和规范的情形下，依靠审判人员的主观能动性推进。④系统上的多元性，大众社交软件以及各法院研发的各种视频系统都得到了运用。总体上，这些早期的尝试取得了较好的效果，为互联网庭审的未来发展奠定了良好的现实基础，也为互联网庭审的未来发展营造了多种可能性。

第二阶段以互联网法院的诞生为起点。2017 年 8 月 18 日，杭州互联网法院作为全球首家互联网法院，正式在杭州市挂牌成立，集中审理浙江省杭州市辖区

* 课题主持人：黄果，中国政法大学博士。立项编号：BLS（2020）C009。结项等级：合格。

内基层人民法院有管辖权的六类涉互联网一审民事、行政案件，开启了中国互联网案件集中管辖、专业审判的新篇章。该法院致力于通过制度创新和信息技术应用，依托专门的诉讼平台，实现起诉、受理、送达、调解、举证、质证、庭前准备、庭审、宣判和执行等一系列流程的全程在线办理。在杭州互联网法院成功建设之后，作为杭州互联网法院试点经验的推广，北京、广州互联网法院也相继成立，我国互联网法院形成"三足鼎立"之势。此阶段的互联网庭审发展的主要成就包括：实现涉互联网案件的全程在线办理；建设了专门的在线诉讼平台；初步阐释了互联网庭审的规则；提出了解决了互联网庭审中关于身份验证、诉讼行为效力、在线证据交换、证据真实性认定、庭审秩序维护等难题的解决方案。这一阶段的发展中，我国互联网庭审从自发性、特殊性、试验性、多元性的尝试阶段逐步向体制化、规范化、专业化、集中化的实施阶段转变。

第三阶段是扩大适用阶段。该阶段以新冠疫情的暴发为起点。2020年新冠疫情暴发后，各法院被迫停止了现场接待工作，线下开庭无法进行。随即最高人民法院发布了《关于新冠肺炎疫情防控期间加强和规范在线诉讼工作的通知》，要求各级人民法院在疫情防控期间推进在线诉讼。为了使案件不积压，各级法院只能通过互联网办理案件。这标志着互联网庭审的体制化、规范化、专业化、集中化适用开始从涉网案件推广至各类诉讼案件。为了进行疫情防控，全国各级法院积极适应线上开庭，造成了互联网庭审案件数目的急速增长，仅北京市各级法院（2020年2月3日至2021年2月2日期间）就进行33.4万次线上庭审，占全市总庭审次数的68%。这一阶段，我国互联网庭审的适用范围得到了扩大，体现在：适用主体从互联网法院扩大到全国各级法院；可适用的案件从涉网案件扩大至所有案件；适用程序从简易程序扩大至所有程序；适用情形从特殊变为了普遍。

总体上，我国互联网庭审在逐步走向一个适用范围更广、规范化程度更高的发展方向。根据该趋势，未来必将迎来一个互联网庭审常态化的阶段。

二、互联网庭审的未来：常态化

"常态化"一般用来指一项临时的、短期的措施成为一种长效机制而长期稳定地发挥作用的过程和结果。互联网庭审常态化，就是要让互联网庭审成为一种常规的审判方式而长期发挥作用。互联网庭审的常态化意味着：①互联网庭审成为一种普遍适用的审判方式，即在适用上突破适用主体、案件范围、实施期间、诉讼程序上的限制，成为可在各级各类法院、各类案件、各种诉讼程序中长期普遍适用的审判方式。②互联网庭审成为各法院自觉运用的庭审方式。由于互联网庭审具有提高审批效率的优势而受到审判人员的青睐，从而成为审判人主动、自觉适用的庭审方式。③互联网庭审成为常规的审判方式。在目前的主流观念中仍然认为线下审理才是审判的"正统",互联网庭审只作为线下诉讼的"替身",并未获得与线下庭审相同的地位。在互联网庭实现审常态化后,人们将在观念、习惯、制度方面认可互联网庭审作为一种常规审判方式的地位。

从社会的角度来看,互联网庭审常态化具有以下四重价值:第一,提升司法信息化水平,适应社会发展趋势。司法的信息化不能只停留在设施建设和管理方式等"内部信息化变革"上,还应注重法院同各社会主体进行的诉讼交往活动的"外部信息化变革"。推进互联网庭审的常态化,就是要将庭审这一集中体现法院同诉讼主体之间交往的诉讼环节彻底信息化,从而进一步提升司法信息化水平,使司法适应社会发展的信息化趋势。第二,提高审判工作效率,增加司法服务供给。根据 2020 年最高人民法院工作报告中公布的数据,互联网法院案件平均审理周期 42 天,比传统模式缩短 57.1%。效率的提升是因为互联网法院采取全流程网上办案模式,相比普通法院的办案模式效率更高。互联网庭审模式能够将一般案件的所有办理流程全部转移到线上,各流程的在线处理效应叠加能够大幅提升办案效率,从而间接增加司法服务供给。第三,降低诉讼成本,维护公平正义。司法是民众维护自身权利的有力武器,但这一武器的运用须投入巨大的成本。互联网庭审能够突破空间上的限制,免去了各诉讼参与人往返法院的诉累,节约了人力、财力、物力和时间成本。实现互联网庭审的常态化后,民众足不出户就能从事所有诉讼活动,有助于社会公平正义的实现。第四,转变诉讼交往方式,抵御环境变迁风险。互联网时代下人与人之间的交往方式和习惯从传统的面对面的交往转变为屏对屏、端对端的交往,这种交往方式的转变不仅为人们带来了便利,还显示出抵御环境变迁风险的能力,这在"新冠"疫情防控中予以充分体现。面对未来自然环境以及社会环境变化的不确定性,实现互联网庭审的常态化,能够在传统的线下审判模式之外又形成一种新的案件处理方案,能够提高司法的适应性,增强司法乃至整个社会抵御环境变迁风险的能力。

在当前推进互联网庭审常态化具备了现实条件:第一,技术条件。互联网庭审活动依托于一系列的技术,包括:进行远程交往的即时通信技术、云视频技术,用于身份认证的生物识别技术,用于诉讼材料传输的数据安全交换技术,进行证据存储的区块链技术,以及可进行文书自动生成的法律知识图谱技术,可进行庭审笔录自动生成的语音识别技术,可进行智能导诉的人工智能技术等。这些技术的应用大大提升了审判工作效率,能为互联网庭审的顺利进行提供技术保障。第二,物质条件。根据中国互联网络信息中心发布的第 47 次《中国互联网络发展状况统计报告》,截至 2020 年 12 月我国网民规模达 9.89 亿,互联网普及率达 70.4%,相较 2020 年 3 月增长 5.9%。根据目前的增长速度可预测未来三年内互联网普及率将超过 90%。且该报告显示,我国网民使用手机上网的比例为

99.7%，使用台式电脑、笔记本电脑、平板电脑上网的比例分别为 32.8%、28.2%和 22.9%。由此可见，我国当前在互联网和网络通信设备的普及程度已经基本具备实现互联网庭审常态化的条件。第三，社会观念。截至目前，在百度搜索引擎以"互联网庭审"为关键词可检索到相关资讯 15 万篇。一些重大影响案件的线上庭审直播也获得了高度的关注，例如短视频著作权案在线旁听超过 30 万人次，"网红坠楼"直播平台责任案在线旁听 185 万人次，"暗刷流量案"在线旁听 256 万人次，"教科书式耍赖"名誉权案在线观看 1500 万人次。另外，有的法院开放了在线诉讼体验活动，吸引了不少民众参观。通过新闻报道、庭审直播、在线诉讼体验等方式，民众获得了对互联网庭审的直观认识和亲身体验，为互联网庭审的推广积累了良好的群众基础。第四，实践经验。一方面，互联网法院率先在实践中对互联网庭审的规则进行了探索并进行了框架性的阐述，这些规则都是互联网法院线上审判经验的浓缩。另一方面，全国各级普通法院也在实践中积累了丰富的互联网庭审工作经验。例如，北京市朝阳法院尝试并探索了涉案房屋"云评估"，海淀法院运用线上庭审系统针对行为能力案件进行"云鉴定"，此外还有"云交付""云探望"等，都是普通法院在互联网庭审实践中积累的宝贵经验。

三、互联网庭审常态化面临的问题

虽然当前我国已基本具备推进互联网庭审常态化的条件，但从实践中来看，还存在一些阻碍互联网庭审进一步推广适用的问题。这些问题主要包括：

（一）法律规范方面的问题

以民事诉讼为例，我国现行有效的规范性文件中，与互联网庭审相关的法律规范存在以下问题：

第一，位阶上以司法解释为主，缺乏法律层面的规范。严格地说，我国现行《民事诉讼法》中并没有关于互联网庭审的规定，当前几乎所有对互联网庭审的规范都来自最高人民法院发布的司法解释。这可能是因为目前我国仍然处于对互联网审判的机理和规则的探索当中，制定相关法律的条件还不具备，故先以司法解释的形式将部分规则予以固定和阐述，待时机成熟之后再修改或颁布相关法律。

第二，适用范围上缺乏普通法院在一般案件中适用互联网庭审的具体规定。当前普通法院在一般案件的审理中采用线上庭审的根据是《最高人民法院关于新冠肺炎疫情防控期间加强和规范在线诉讼工作的通知》（以下简称《通知》），根据其文本内容可知，该通知仅在疫情防控期间有约束力，疫情彻底结束之后则普通法院在简易程序之外采用互联网庭审便需要其他的规范性文件作为根据。

第三，内容上对普通法院的互联网庭审的相关规定不够系统、全面、明确。

例如对线上开庭的适用条件进行规范，应当包括选择和决定线上开庭应考虑的因素与应遵循的原则性规定，和适用线上开庭的积极条件和消极条件的规定，以及关于申请和决定线上开庭程序的规定，此外还应包括线上开庭与线下开庭之间转换的条件与程序的规定，但上述规范性文件在线上开庭方面都没有完备地规定这些内容。此外，关于在线身份验证的规范，以及线上庭审纪律方面的规范也缺乏明确具体的规定。

第四，程序上缺乏独立于线下庭审的程序性规范。当前互联网庭审所依循的是线下庭审的程序性法律规范，只不过借助法律解释在线上庭审与线下庭审不同的方面进行了补充规定。这种做法从长远来看存在问题，因为互联网庭审在整个审判机理上有别于传统的庭审方式。一方面，线上庭审中原件和原物无法在审判人员、原告、被告面前同时展示，且远程视频传达出的当事人、证人发言的神态、动作等方面的信息都远不如线下庭审现场传达的信息丰富，这对质证和认证提出了巨大的挑战。另一方面，线上审理的言词辩论阶段，远程视频中原被告以及他们的代理人发言时在真诚度、感染力等方面也都大打折扣。这些区别说明互联网庭审需要诉讼法规则给予特别的对待。

（二）审判工作方面的问题

项目组以北京市各级法院为调研对象，从中抽取了7家法院作为样本，对这些法院中共44名审判人员进行了问卷调查。调查结果反映出当前北京市各级法院的互联网庭审实践中主要存在三个方面的问题：

第一，审判工作效率没有得到普遍提升。仅有38.6%的被调查者认为互联网庭审提升了他们的整体办案效率，而50%的被调查者反映他们的整体办案效率有所降低，还有11.4%的被调查者认为效率没有变化。在庭审耗时方面，只有11.4%的被调查者表示线上庭审与线下庭审相比耗时缩短，而68.2%的被调查者表示线上庭审耗时比线下庭审更多。当问到线上庭审是否增加了工作量时，88.6%的被调查者反映工作量增加，且其中超过一半的被调查者认为工作量增加了很多。可以看出，目前互联网庭审在提升审判工作效率方面并未发挥出应有的优势，在线上庭审过程中，审判人员普遍面临着时间和工作量方面的更大压力。

第二，庭审秩序得不到有效保障。调查中，38.6%的被调查者表示线上庭审的纪律不如线下庭审，56.8%反映线上庭审与线下庭审纪律上差异不大。当谈及当事人及代理人有哪些违反庭审纪律或不严肃的行为时，被调查者大多表示遇到过开庭时做其他事（如吸烟、接打电话等）、随意发言、有其他人在场偷听或提示、不按时上线或任意退出庭审、开庭场所随意、着装随意等行为。对于遇到违反庭审纪律或不严肃的行为时如何制止的问题，95.6%的被调查者反映只能口头制止，只有1位调查者认为可依法依规处罚，1位被调查者认为根本无法制止。

从调查结果中可以看出，当前线上庭审面临着当事人或代理人不遵守庭审纪律、不严肃对待线上庭审的行为，而审判人员无法很好地约束此类行为，致使线上庭审秩序得不到有效的保障。

第三，证据提交方式面临较大风险。被调查者反映，在当前线上开庭中，书证通常通过邮寄到法院，扫描电子版上传，拍照上传，或亲自送至法院的方式提交。物证的主要提交方式包括邮寄到法院，拍照上传到系统，或亲自到法院提交，特殊情况要求当事人线上展示物证并由各方当事人线下对物证进行核实。证人作证通常有以下几种方式：提交书面证言作证；提交视频音频等视听资料；与一方当事人同框线上作证；法院单独为证人注册账号由证人登录系统后线上作证；证人亲自到法院现场作证。这些证据的提交方式显示出以下问题：①以邮寄方式提交书证、物证有遗失的风险；②将书证以扫描、拍照等方式电子化后提交，可能面临着被篡改的风险；③要求当事人线上展示物证并由各方当事人线下对物证进行核实，面临着在证据认定方面的司法权让渡带来的风险；④证人与当事人同框线上作证，或证人登录专门账号线上作证，可能面临着证人违反出庭作证规则旁听案件审理的程序风险；⑤证人提交书面证言或视听资料作证，面临着庭审中无法对证人进行询问带来的潜在风险。

（三）配套设施、机制方面的问题

一方面，当前法院的计算机设备、网络、庭审系统等设施无法满足需要。问卷调查显示，北京市各级法院的审判人员主要运用笔记本电脑和台式电脑进行线上开庭，且约65.9%的被调查者反映线上庭审过程中经常出现网络卡顿的问题，36.4%的被调查者指出线上庭审中经常出现系统崩溃。迄今为止，全国范围内已经有多款用于网上开庭的软件被开发并投入使用，各地区法院也都有各自的庭审系统和线上诉讼平台，但这些系统之间互不关联，且界面和操作方式上具有差异，不仅无法实现系统之间的信息共享以免去信息的重复录入和账号的重复注册，也迫使一些常在不同地区法院进行诉讼的当事人和律师学习和适应多个系统的操作。

另一方面，与互联网庭审相关的配套机制还没有建立起来。互联网庭审需要相适应的配套机制来解决技术不能解决的问题，这些问题包括：①跨地域线下交往的问题。目前，受诉法院和原被告各方若要进行必要的线下的交往，则往往以当事人（或代理人）到法院处理为主，该方式虽能暂时解决问题，但背离了互联网庭审便利当事人、减少诉累方面的初衷。②风险防范和化解的问题。互联网庭审面临着诉讼参与人身份虚假的风险，书证、物证原件邮寄提交遗失的风险，电子化书证被篡改的风险，证据认定方面存在司法权让渡的风险，证人旁听案件审理的程序风险等。这些风险需要依靠配套机制进行防范和化解。③证据材料电子化的标准问题。目前实践中，书证、物证的电子化处理较为随意，对书证通常进行扫描或拍照，对物证则多以拍照和在镜头前展示的等方式，常面临拍照不清晰、不全面等问题，以致提交的电子化证据材料无法很好地发挥证据的作用。④强制措施的远程执行的问题。对于互联网庭审中的一些违法行为或违反庭审纪律的行为，通常无法依照线下庭审的做法进行制止和惩罚。例如法官在线上当庭的训斥就不如线下庭审中的训斥有力，法官也无法在线上庭审中对诉讼参与人采取强制措施。故需要建立一套与互联网庭审的特点相适应的强制措施远程执行机制。⑤人才培养的问题。互联网庭审常态化对审判人员运用计算机、互联网工具，驾驭互联网庭审的能力作出了要求。一是审判人员要熟练操作与审判工作相关的一切计算机软件、系统，能够用它们高效地处理审判中的各项工作。二是审判人员还要具有较强的综合、协调能力，能够很好地驾驭这些工具，形成一套有成效的互联网审判工作方式。

四、对策与建议

(一) 完善法律规范

第一，立法模式上，采取一般法和专门法相结合的立法模式。具体而言，可将原则性、一般性的规定写入诉讼法，在专门法中则进行具体的规定。立法时应当注意以下几点：①需修改诉讼法中已有的相关规定，使其在逻辑上能够调整线下线上两种诉讼模式，使诉讼法真正成为可调整不同诉讼模式的一般法。②构建互联网庭审的专门法体系。该专门法体系不仅包含框架性的庭审程序和规则，还涉及更细化的配套规范，如关于电子证据和证据电子化的规范，关于互联网庭审的礼仪和纪律的规范，关于跨地域司法协助的规范等。③要兼顾法律的安定性和适应性。可将已经实践验证过的具有稳定性、普适性的规范写入诉讼法，而对于现阶段可行但未来将调整和改变的规范在专门法中予以规定。立法语言上，既要注重规则的确定性，又要给予解释的空间，建议多采用列举加兜底条款的表达方式。

第二，规范内容上，总结现有经验并借鉴已有规则。立法框架可借鉴《最高人民法院关于互联网法院审理案件若干问题的规定》《杭州互联网法院网上诉讼平台审理规程》《杭州互联网法院网上庭审规范》3 个规范性文件，这些文件囊括了所有在线诉讼流程。关于身份验证，借鉴上述规范性文件，可分为验证方式、身份推定两个层面的内容。验证方式上，可以借助身份证件、生物识别、手机号进行实名认证，并对账号注册、账号登录、从事诉讼行为、开庭前准备时的身份验证方式进行区别；在身份推定上，原则上使用专用账号登录诉讼平台并作出的诉讼行为被视为本人行为，但例外情况（如系统错误，或者诉讼参与人能够证明账号被盗用等）除外。关于材料的提交，可分为线上提交和线下提交两种方式。线上提交的材料包括电子化处理的材料与电子数据两类。其中，如身份证明、营业执照副本、授权委托书、法定代表人身份证明等诉讼材料，以及书证、鉴定意见、勘验笔录等证据材料，可通过电子化处理后提交，经法院审核通过后视为符合原件形式要求。电子数据可直接上传诉讼平台。

第三，立法重点上，需重点针对证据的提交、交换、认定，庭审礼仪与纪律，责任与风险承担等问题。证据要以线上提交为原则，且对于各种法定证据都规定相应的提交方式；举证质证要以庭前在线证据交换为主；法庭调查中，应以适当的方式对证据进行在线展示；确有必要的，可安排线下证据确认或转为线下审理。在庭审礼仪方面，应当对开庭场所、着装的要求进行规定：各诉讼参与人的线上庭审场所应当选择相对独立且没有其他人在场的封闭场所，并确保环境安静、无干扰、光线适宜、网络信号良好，禁止在有损庭审严肃性的场所参加庭审；诉讼参与人当规范、文明着装，禁止着有损法庭严肃性的服饰参加庭审。在庭审纪律方面，应当对在线庭审中应遵守的行为规则进行专门的规定，并对违反该规定行为的法律后果进行规定。例如，诉讼参与人在参与线上庭审时，除遵守一般的法庭纪律之外，应当保持通信设备静音或关闭，并服从审判人员的指挥，举止得体，坐姿端正，不得实施与庭审无关的或妨害线上庭审秩序的行为。对于违反庭审纪律的行为后果也应具体规定。除了当事人无正当理由不按时参加在线庭审的，视为"拒不到庭"，庭审中故意脱离庭审视频画面，视为"中途退庭"，分别按照相关法律和司法解释的规定处理之外，还可以以罚款、拘留等方式对妨害线上庭审秩序的行为进行处罚。

（二）升级设施设备

互联网庭审的硬件设施的建设可从三个方面着手。第一，建设互联网庭审专用法庭。互联网庭审专用法庭须按照统一的标准配备设施：须配备 1 台登录庭审系统的计算机以及可与该计算机同屏的高清大显示屏，供审判人员观察各诉讼参与人的视频图像；法庭的视频摄像头应当清晰，麦克风等收音设备应当具备降噪功能；应当配备高速且稳定的网络并准备备用网络，最大限度地降低网络故障为互联网庭审带来的影响；还需配备可用来在线展示物证、书证原件等物品的高清实物证据展示平台，和可用来进行庭审直播的摄像设备等。第二，建设向公众开放的互联网庭审专用设施。向公众开放的庭审场所每间只需容纳 1~2 人，配备 1 台具有高清显示屏和高清摄像头、耳机的计算机，部分房间可再配备高清实物证据展示平台供需在线展示证据的当事人使用。设备和场所可以免费向公众开放，公众凭借案号和身份信息即可在线申请使用庭审设备。该场所还应有专业的人员辅助有需要的当事人使用设备。第三，检察院、监狱等机关，律所、企事业单位等也可根据需要建设专用的开庭场所和设备。

软件设施建设需实现三个目标：第一，建设全国统一的在线诉讼平台。建议由最高人民法院牵头，在对全国各地区的在线诉讼平台进行调研的基础上，建设全国统一的在线诉讼平台，实现操作方法、数据库、系统维护的统一。第二，推进在线诉讼平台的集成化。建议在线诉讼平台要逐步走向集成化，使诉讼的全部流程都能够在该平台集中处理，从而能够提高平台利用率，提升司法效率。第三，实现平台间数据的互通。一方面要实现诉讼平台与公共网络平台的数据互通，让一些存在于公共网络上的电子数据可以直接导入线上诉讼平台，方便举证和认证。另一方面，要实现线上诉讼平台与政府职能部门的数据互通，以方便政府职能部门和司法机关之间的数据调取，让当事人能够在线一站式解决证明的开具与提交。

（三）建立配套机制

第一，建立跨地域的司法辅助机制。确有必要在线下进行的诉讼环节，由当事人所在地法院辅助受诉法院完成。比如，要进行线下身份验证的，被验证人可向受诉法院申请到最近的法院进行线下身份验证，由该法院根据受诉法院的要求进行处理，并将处理结果以规范的形式反馈至受诉法院。再如，书证原件、物证的提交，也可由当事人向受诉法院申请提交到最近的法院，由该法院以司法专邮等方式移交至受诉法院。

第二，互联网审判风险的防范和化解机制。比如，一些法院将对原件真实性认定的权力让渡给了双方当事人，若二人达成一致意见就真实性没有异议则不再对原件进行审查。这种做法虽然体现了对当事人处分权的尊重，但面临着双方当事人恶意串通，导致法官对证据真实性认定错误从而造成错案的风险。这种情况的风险防范，可借助权利义务告知的方式，进行审慎的司法权让渡。一方面，要确保对真实性的认定不涉及他人利益和公共利益的情况下才能将对证据真实性的审查权让渡给双方当事人。另一方面，司法权的让渡要经各方当事人的同意，且在权利义务告知中提示各方当事人在审查证据真实性的过程中应当实事求是，不得串通骗取法院判决，否则将承担虚假诉讼的责任。

第三，强制措施远程执行机制。线下庭审中的一些妨害诉讼的强制措施不适宜在线上庭审中实施，例如线上庭审中采取的训诫在威慑力上较弱，责令具结悔过在缺乏干警的监督下很难有效实施，而司法拘留则因受诉法院无法对妨害诉讼的行为人产生实际控制而无法实现。故应当建立专门的强制措施远程执行机制，适应互联网庭审的特点。该机制可主要采用罚款这一强制措施，罚款做出后，妨害诉讼的行为人可以直接通过系统进行线上缴纳，若行为人不主动缴纳，则会产生滞纳金或者计入征信。此外，责令具结悔过和拘留就需借助跨地域司法辅助机制实施。

第四，在线诉讼操作指导帮助机制。该机制的设置可以分为几个层次：首先，对通过在线诉讼平台进行诉讼中的常规操作，可按流程划分的不同环节制作详细教程，在相应环节的操作过程中可以点击播放以供参考。其次，对于通常操作中出现的问题或故障，可以拨打在线客服进行针对性的技术帮助和处理。再次，对与诉讼程序问题或实体问题直接相关的操作问题，则需要联系承办案件的审判人员询问如何处理。最后，对于操作实在有困难的当事人，可以去其所在地的法院请求协助操作，此外还可以建立远程协助机制，请专门的志愿者或工作人员根据当事人的需要帮助其进行操作。该机制能够让在线诉讼的当事人得到更加专业和有效的指导和帮助，避免审判人员对当事人一端操作不熟悉造成的低效率和错误。

第五，互联网审判人才培养机制。互联网审判人才培养机制的建设要注意：①划分不同的培养方向。可分为互联网审判工作队伍，互联网诉讼法律服务队伍，互联网审判技术保障工作队伍，互联网审判事务辅助队伍等，对不同类型的人员进行不同技能的培训。②设立多层次的培训体系。对于系统操作的培训，在实现了在线诉讼平台的全国统一之后，可以进行统一的培训。对于互联网审判工作经验、技巧等培训，可以由各法院内部组织培训。③高校可开设网络信息技术与法学的交叉学科专业，培养兼具互联网思维和法律思维的实践型、研究型人才。

五、结语

2021 年 6 月 17 日，最高人民法院发布了《人民法院在线诉讼规则》，这是我国首部指导全国法院开展在线诉讼工作的司法解释，也是我国首个涵盖各审判领域、覆盖诉讼全流程的在线诉讼规则体系，全面总结体现了近年来人民法院在线诉讼领域探索成果。这一举措折射出我国人民对互联网审判的现实需求，也寄托了最高人民法院对我国互联网审判事业的深切期望，也从规范制定层面推动互联网庭审的常态化前进了一大步。期待未来将有更多的举措让我国的司法审判真正进入互联网时代！

北京市土壤污染风险管控和修复法律制度研究

刘飞琴*

一、问题的提出

土壤环境质量的高低，直接决定农产品的质量安全、公众健康和社会经济的可持续发展。最近几年，因土壤污染造成的极端危害事件频繁发生。如"江苏常州外国语学校的毒地事件""衡水农药公司农田排污和地下水污染事件""河北沧县小朱庄污染事件"等再次引起了公众对土壤污染防治的关注和重视。当前，我国土壤污染形势严峻。根据我国首次土壤污染状况调查（2005—2013年）的结果，我国整体土壤环境状况不容乐观，部分地区土壤污染较重。全面积极开展有效的土壤污染防治工作已经成为我国的环境保护工作中的重要问题。

2018年8月，全国人大常委会审议通过了《中华人民共和国土壤污染防治法》（以下简称《土壤污染防治法》），在传统"预防为主"以及"保护优先"等基本环保法律原则之外新增了"风险管控"原则，并对土壤污染状况调查及风险评估、具体风险管控措施、风险管控效果评估等活动内容进行规定。土壤污染风险管控和修复法律制度通过设置科学的土壤污染风险管理目标，对环境质量尚好的土壤优先保护，预防其受到污染，对已经受到污染的土壤加以安全利用及严格管控，以期实现源头预防、过程控制和末端治理的全过程管控。

根据公开信息显示，北京市耕地土壤环境质量总体稳定、城市土壤环境质量总体良好，但是工业污染地块的土壤局部存在潜在风险。北京市土壤污染防治工作存在的主要问题有：法规标准尚需进一步完善；土壤污染详查尚未完成，污染状况掌握不足，土壤环境监测网络尚不健全，土壤环境监测广度深度有待提高；污染地块及潜在风险问题依然存在；污染地块治理工作处于起步阶段，土壤污染防治领域的科研和污染治理修复技术储备不足，风险管控需进一步加强；在产企业的土壤污染预防工作有待加强。在土壤污染状况不容乐观、相关部门已积极采取行动的背景下，北京市应尽快制定《北京市土壤污染防治条例》，系统规制土

* 课题主持人：刘飞琴，北京理工大学博士。立项编号：BLS（2020）C010。结项等级：合格。

壤污染风险管控和修复制度，从而全面、深入规范和推进北京市及各区的土壤污染防治工作。

二、北京市土壤污染风险管控和修复法律制度现状及存在的问题

土壤污染防治是北京市环境保护体系重要组成部分，北京市在土壤环境监测、污染地块修复等领域开展了大量工作，污染地块修复管理、土壤环境监测体系不断完善，工作内容不断丰富，取得了一定成绩。通过梳理北京市土壤污染防治的立法现状，可知，现阶段北京市的土壤污染防治立法主要是以规范性文件为主，辅之以相关的土壤污染防治类地方标准。从法律体系的层级方面来看，现阶段以规范性文件为主的北京市土壤污染防治法律规范层级较低。

具体到北京市对土壤污染风险管控和修复法律制度的完善，可以结合自身土壤质量状况、土壤污染防治工作的具体实践等情况，参照已经颁布地方立法的省（区、市）经验，在以下方面进行完善。

（一）土壤污染状况调查及风险评估机制有待细化

我国土壤污染风险管控和修复法律制度重视前期调查评估，以提高风险管控效率。目前，土壤污染状况调查及风险评估体系中仍然存在以下问题。

1. 对调查评估专业机构的法律规制存在欠缺，调查评估市场化程度不够

《土壤污染防治法》等相关法规对评估机构监管方面的规定较为笼统，缺乏可操作性，仅第43条和90条规定，评估机构应具有相应能力，对报告的真实性负责，若出具虚假报告应承担相应惩罚。这就导致，专业机构调查评估结果的客观性和专业性难以保证，对土壤污染的调查评估过程仍然过于依靠行政力量。目前而言，土壤污染状况监测调查市场中的专业机构显然竞争力不足，参与度还远远不够。

2. 建设用地土壤污染风险管控名录缺乏规范性

一是纳入建设用地土壤污染风险管控名录的条件不明确。《土壤污染防治法》只对其进行初步规定，各地的建设用地土壤污染风险管控名录机制由省级人民政府生态环境主管部门会同自然资源等主管部门制定，依法向社会公开。但是，其中许多法律问题尚未明确，且实践中各地规定缺乏必要的统一性。如地方立法尚未对于纳入名录的地块范围及纳入方式予以规制。二是名录内容不尽完善。一方面，名录内容参差不齐。包括北京市在内的全国 29 个省（区、市）公布的建设用地土壤污染风险管控名录中，公开的内容并不统一，缺乏必要的规范性。另一方面，名录内容不具体。目前所公开的名录内容大都仅仅是地块名称、地址、四至范围、面积等基本信息，总的来看，通过这些信息并不能详细了解污染地块的污染状况、具体风险管控措施以及工作进展等内容，在此种机制下，建设用地信息仅仅停留在初步的静态层面上，而缺乏后续详细的动态跟踪。

（二）风险管控和修复标准及相关措施存在短板

在土壤污染风险管控和修复标准方面，虽然已经体现出根据用地类型分别确定风险管控和修复标准的趋势，但是尚未形成以土地用途为导向、以污染物项目类别为对象的标准体系。同时，从整体技术性规范体系来看，已经印发制定的技术规范文件更多地针对建设用地的调查、风险评估、监测以及效果评估等内容进行了技术指导，但是在农用地调查监测、风险评估等风险管控技术规范方面尚存空缺。

在风险管控技术措施方面，对有些风险管控措施规定的科学性针对性还有待提高，特别是种植结构调整和休耕，主要存在以下问题：一是立法不够细化具体，缺乏指导。目前全国也只有湖南省发布了种植结构调整推荐目录，其他省份还仅仅停留在方向性的指导层面。二是在法律制度的具体落实中，存在未能客观预估风控措施影响的问题。一方面，因盲目调整种植结构而导致农业歉收、农民受损的现象时有发生。另一方面，因不适当休耕导致出现了新的环境问题。如湖南省湘潭县云湖桥镇七里铺村、易俗河镇杉荫村、谭家山镇石垅村等，由于长时间不科学的休耕荒置，不仅导致杂草丛生、变成荒田，还出现了田埂裂缝较大、排灌不畅、水土流失严重等问题。

（三）土壤污染风险管控和修复责任机制不健全

土壤污染的责任承担关系到当事人的切实利益，是需要在实践中进行探索的难点。《土壤污染防治法》第六章第 14 条规定了"法律责任"，其中责任承担主体涉及行政机关、土地使用权人、污染责任人等众多主体；另外责任方式也较为全面，包括罚款、没收违法所得、责令关闭等。而在土壤污染防治地方立法中，关于法律责任的立法条款存在过于简单的问题。如《湖南省实施〈中华人民共和国土壤污染防治法〉办法》仅在第 25 条规定了行政责任，而对于其他更为复杂的土壤污染管控和修复责任，以及责任人的认定等问题均没有涉及。另外，责任人认定是《土壤污染防治法》实施中的一个焦点问题，其中又包括责任人范围、抗辩事由、连带责任、按份责任、例外情形等，地方立法关于责任人的认定上也没有相对《土壤污染防治法》有更细致的规定。所谓土壤污染责任人认定，即土壤污染责任人不明确或者存在争议时，谁应当实施土壤污染风险管控和修复的问题。根据《土壤污染防治法》第 48 条规定，农用地及建设用地的土壤污染责任人，分别由不同的政府部门认定。尽管生态环境部与自然资源部、农业农村部、国家林业和草原局于 2021 年初联合发布《建设用地土壤污染责任人认定暂行办法》和《农用地土壤污染责任人认定暂行办法》（以下简称两个《办法》），但仍有许多法律问题需要厘清。

（四）土壤污染风险管控和修复资金的法律保障不完善

资金问题是土壤污染风险管控和修复法律制度中急需解决的难题。目前，土壤污染风险管控资金机制主要面临以下问题。一是实施土壤污染风险管控所需资金主要依赖财政投入的现状依然没有改变，而在财政投入中，又主要依靠中央土壤污染防治专项资金。虽然部门省市也设置了配套资金，但其资金规模并不足以有效推进当地的土壤污染风险管控工作。

二是资金使用渠道不畅。主要体现在，在土壤污染中央专项资金的使用途径的法律规制上，很少涉及农用地污染的风险管控。具体来说，在各省关于利用中央财政土壤污染防治专项资金安排计划中，对于土壤污染风险管控的投入主要体现在，支持开展土壤污染状况详查以及农用地周边涉重金属企业排查整治等，而用于农用地土壤污染风险管控的支持投入力度很小。如 2019 年湖南省利用中央专项资金支持的 51 个项目中，仅有 10 个风险管控项目，且支持对象全部为污染场地，未涉及农用地。

三是土壤污染防治基金法律制度尚未完善。目前，从立法进程来看，《土壤污染防治基金管理办法》仅对土壤污染风险管控和修复基金机制做了初步性的规定，关于土壤污染防治基金的法律地方性立法也尚未成熟。而且，从立法内容来看，其仅针对基金制度做了顶层设计，在基金来源、基金使用以及管理等方面的具体规定尚不明确。具体来说，在基金来源方面，管理办法只是笼统地指出由财政单独出资或者财政与社会资本共同出资，但是基金来源具体包括哪些方面并未明确。在基金使用方面，仅仅概括了基金的用途，但是并未明确基金的具体使用范围。在基金管理方面，《土壤污染防治基金管理办法》第 5 条只是笼统地提出省级财政部门会同生态环境等部门根据工作实际，研究制定基金设立方案，明确基金管理模式、治理结构与基金管理机构确定方式等，也并未明确具体管理内容。

四是环境污染责任保险法律制度尚不成熟。虽然，相关立法都要求鼓励土壤重点监控企业购买环境污染责任保险，但是总体来看我国环境污染责任保险制度仍处于试点探索阶段。首先，环境污染责任保险领域的法律法规体系尚不完善，环境污染强制责任保险管理办法仍未出台，环境污染强制责任保险具体如何运作尚不明确，比如累积性的土壤污染损害是否应纳入赔偿范围问题、基于土壤污染的累积性和滞后性而导致的索赔时效问题等。其次，符合条件的承保机构也比较缺乏。由于有关土壤污染的责任保险对专业性和技术性要求很高，我国保险公司大都还没有能力提供有关土壤污染的责任保险服务。

（五）公众参与机制尚不成熟

《土壤污染防治法》明确将公众参与作为土壤污染防治的基本原则，但是就目前而言，我们在保障土壤污染风险管控和修复法律制度中公众参与方面还是远远不够的，主要存在以下问题。一是在保障社会公众的知情权方面，土壤污染风险信息公开制度尚不健全。目前国内立法都强调向社会公众公开土壤环境相关信息，但是公开的具体内容和方式并不明确，这直接导致相关主体在信息公开方面具有较大的选择性，难以满足社会公众知情所需。如截至目前，全国已开展的四次土壤环境调查监测中，也仅有第一次全国土壤污染状况调查向社会公布了调查结果，而备受关注且早已完成的农用地土壤污染状况详查至今未向社会公布相关结果；而且从目前各地陆续启动土壤环境基础信息数据库建设情况来看，只有北京市等个别省市明确规定了相关主体提供数据查询服务的义务。二是在保障社会公众的监督建议权方面，虽然相关立法大都提出社会公众享有参与土壤污染防治并提出建议进行监督的权利，但是这仅限于原则性规定，公众具体如何参与、防治过程中的哪些环节需要公众参与等内容尚不明确，这就很难从制度上保障在实施土壤污染风险管控的过程中社会公众能够真正参与其中提出自己的建议、享有监督的权利。

三、土壤污染风险管控和修复法律制度的理论基础

随着经济发展，土壤污染问题日益复杂。在土壤污染风险管控法律制度运行过程中，必须贯彻风险预防原则，并在充分成本效益分析的基础上，采取经济易行的防治路径逐步降低土壤环境的污染程度，做到及时发现风险和有效应对风险；而在落实风险管控措施的关键环节上，又必须依据污染者负担原则和政府环境责任理论，明确相关主体的责任承担，以确保土壤污染风险管控法律制度行之有效。

（一）风险预防原则

人类社会已然步入了一个风险时代，科技文明在提高我们生活质量的同时，其带来的潜在风险也与日俱增。例如 20 世纪 30 年代起，人类就观测到臭氧层空洞的出现，却一直到 50 年后才正式确认其形成的原因。在此背景下，当人们对某种危害存在合理怀疑却缺乏明确证据时，若一味等到危害严重到无法逆转时才采取措施，必将会带来灾难性的后果。为了顺应风险社会发展趋势，应对包括环境污染在内的社会风险进行及时预防和管控，风险预防原则（precautionary approach）应运而生。早在 20 世纪 60 年代，"风险预防"（vorsorgeprinzi）这一概念就已经出现在德国的相关环境法律法规中，该法规定社会应当阻止潜在的有害行为来避免环境破坏。1992 年，著名的《里约宣言》（Rio Declaration on Environment and Development）对风险预防原则作了权威表述。目前，风险预防原则已广泛应用于国际环境法领域中。为了贯彻风险预防原则，我们不仅要保护原有的良好环境免遭破坏，更要避免已被污染的环境再次遭受新的污染，即做到及时发现风险并有效应对风险，从而采取经济易行的措施逐步降低环境的污染程度。

（二）成本效益分析理论

成本效益分析（Cost-benefit Analysis）是当今社会制定和实施环境政策所依

据的一种重要方法。该理论最早适用于投资领域，而非政策评估。早在 19 世纪 40 年代，成本效益分析理论已现雏形。在工业化过程中，人类生产生活造成的环境污染、生态破坏问题也愈发严重，人们开始思考将成本效益分析理论应用于公共事务管理，逐步融入环境政策领域。例如，行政立法领域也开始引入成本效益分析方法，用来分析行政规制的效果。美国对环境政策较早地适用成本效益分析，例如美国前联邦贸易委员会（pre-Reagan FTC，1975—1978 年）要求，在一项行政规章在被采纳之前，就要求评估行政规章的效益能否超过它的成本。同时，美国在诸如规制影响指南等法规中明确了对环境政策进行成本效益分析应遵循相关程序，以提高环境政策的科学性。受美国影响，其他国家和地区也先后将成本效益分析理论应用于环境政策领域。例如，欧洲环境署于 1999 年开展了 REM（Reporting on Environmental Measures）项目，为欧洲各国开展环境政策成本效益探索提供了方向性指导，随后，许多国家和地区开始在成本效益分析理论指导下进行环境政策制定工作。该理论要求，将经济成本效益考虑纳入政策制定的全过程，只有在政策成本小于政策收益的情况下，该项决策才是理性科学的。风险规制机关应根据土壤环境风险程度，采取符合比例原则的防控措施，以减少风险决策的不确定性争议。

在我国土壤污染风险管控的过程中，我们逐渐将成本效益分析原则应用于相关防治实践，通过核算土壤污染防治成本，将其与防治效果相匹配。土壤污染具有潜在性、隐蔽性和滞后性的特点，如何从多种可选的技术方案中筛选出最优方案是土壤污染防治工作中经常面临的问题。由于传统方法周期长、费用大，同时存在较大的不确定性，专家学者基于成本效益分析理论，不盲目追求将土壤污染物彻底清除，而是在风险管控基础上，积极探索快速高效及成本低廉的新技术，如在污染场地调查方法选择上，地球物理方法能够精细化确定场地的污染范围。在土壤污染风险管控方案筛选上，探索微生物生理过程对石油污染土壤修复过程的影响、改良剂固化技术以及联合修复技术对国内外镉污染农田土壤修复的影响。

（三）污染者负担原则

污染者负担原则（polluter-pays-principle）是当前各国开展环境污染防治工作的一项基本原则，也是土壤污染风险管控法律制度的遵循的重要理论基础。该原则的提出与因环境问题而引发的国际贸易争端息息相关。随着工业化和城镇化的推进，环境污染事件也频频发生，过去一些国家在没有追究相关企业环境责任的情况下，便投入公共资金对受污染的环境进行修复治理。这种所谓"企业污染，政府买单"的做法，遭受到了许多国际组织的反对。因为这种模式直接导致污染企业减少了本应承担的成本，不利于国际贸易的公平。在此基础上，经济合作与发展组织（OCED）在 1974 年发布的关于实施污染者负担原则的建议中明确规定，污染者负担原则应为各国都遵守的一项基本原则。许多国际组织和国家积极响应，在法律上确立了污染者负担原则的地位，例如欧盟发布的《欧洲联盟条约》（Treaty of Maastricht）第 174（2）条明确，将污染者负担原则作为联盟环境行动必须遵循的环境法原则之一。污染者负担原则的经济学原理是将外部费用的内部化，即污染者应当为排污行为付出一定的费用，来弥补环境损害，其支付费用的行为属于履行一种恢复或填补义务。该原则宗旨在于，通过明确污染者对于环境污染风险防控及修复治理的首要责任，提高污染防治效率。

在污染者负担原则的演进过程中，其责任主体和责任范围也不断扩大。由于在风险社会中，间接因果关系增多，责任的分配逐渐分散化，使得传统法律责任理论无法囊括所有应然责任主体。为此，人们结合环境保护工作的需要，将该原则中的责任主体从"污染者"适当扩大到"使用者"和"受益者"，即所谓的"使用者负担原则"或"受益者负担原则"。域外国家对此种理论应用较早，如经济合作与发展组织于 1989 年至 1992 年间，发布系列政策文件，均详细规定环境资源的使用者应承担的环境污染责任。同时，日本在 1993 年颁布的《环境基本法》中明确，开发环境资源并获得实际利益者，都应当为环境资源价值的减少，付出必要补偿费用。

在土壤污染防治过程中，面对因土壤污染长期性及潜伏性造成的责任认定难题，土壤污染风险管控法律制度明确将"污染担责"作为贯穿土壤污染防治全过程的一项基本原则。在土壤污染风险管控责任人认定方面，《土壤污染防治法》第 45 条、第 46 条明确规定，土壤污染责任人是风险管控的首要承担者，要实施风险管控措施，并承担因实施或者组织实施相关活动所支出的费用。而如果出现土壤污染责任人无法认定的情况，由于土地使用权人是污染土地的具体受益者，因此其应当承担实施土壤污染风险管控的责任。

（四）政府环境责任理论

除了污染责任人和使用者、受益者等相关主体外，政府在生态环境保护和污染防治实践中发挥的作用越来越重要。社会契约论和公民环境权为政府承担环境责任提供了理论基础和行为依据。社会契约论主要对政府权力的来源、政府的性质及其职能等方面进行了探讨，从而明确了成立政府的目的以及政府所要承担的义务。根据社会契约理论，为了维护社会公共利益和公民权益，公民通过权利让渡的方式组织构建了政府，政府有责任和义务去正确履行职责，以保障公民自由和社会有序运行。具体到土壤污染风险管控法律制度中，遵循政府环境责任理论则意味着，政府有义务去及时应对土壤污染风险，降低土壤污染风险对生态环境和公众健康的损害。环境权是公民最基本的权利之一，其强调公民应享有在良好的环境中生活的权利。根据传统观念，环境属于无主物，公民无权就环境权益受损而提出请求。但随着人们对于该权利愈加重视，美国萨克斯教授提出了环境公共信托理论。1970 年的《东京宣言》进一步明确了环境权理念。1972 年，联合国人类环境会议发表了《人类环境宣言》，环境权首次得到国际社会的承认。由此，环境权理论开始为世界大部分国家所接受。与社会契约论不同，公民环境权不仅仅要求政府正当履职去保障公民环境权益，还明确了政府对于不利后果所要承担的环境责任。

《土壤污染防治法》明确规定，政府在土壤污染风险管控工作中应承担的相应责任。具体来说，在建设用地方面，按照其第 62 条、第 68 条的规定，对于建设用地土壤污染风险管控名录中的地块，以及政府收储地块，地方人民政府生态环境主管部门可以组织实施风险管控；在农用地方面，按照其第 52 条之规定，农用地土壤污染状况调查及风险评估责任由行政机关承担。对于安全利用类农和严格管控类农用地，作出这样的规定，是基于农用地使用权人大多数为农民的现状考虑。在资金保障方面，按照其第 70 条、第 71 条、第 72 条、第 74 条的规定，国家设立中央土壤污染防治专项资金和省级土壤污染防治基金，前者主要用于政府承担兜底责任时所支付的，采取土壤污染风险管控措施和其他事项的费用；后者在前述用途基础上，还包括用于农用地土壤污染防治等事项。

四、土壤污染风险管控和修复法律制度的域外经验借鉴

在土壤污染防治方面，域外有关国家也经历了由危害排除向风险管控模式的思路转变，并通过专门立法的方式对包括风险管控在内的土壤污染防治内容进行了规制，如美国颁布了《环境应对、赔偿和责任综合法》《超级基金修订与授权法》《小企业责任减免与棕地复兴法》，德国则颁布了《联邦土壤保护法》和《联邦土壤保护与污染场地条例》等，日本制定出台了《农用地土壤污染防治法》和《土壤污染对策法》，荷兰依靠其发达的保险行业，污染者或潜在责任者可通过多种方式实现财务担保，保证其修复、赔偿责任的履行。在有效管控和修复土壤污染的工作中，域外相关国家在土壤污染状况调查和风险评估、技术性规范及相关措施建设、责任承担、资金保障以及公众参与等方面积累了丰富的经验，为我国有序开展土壤污染风险管控和修复提供了借鉴和参考。

（一）域外土壤污染状况调查及风险评估机制

为及时掌握土壤环境质量状况，域外许多国家都建立了相对完善的土壤污染状况调查监测制度，其规定涵盖了启动条件、实施主体、调查监测对象范围、调查方法及程序，以及相关责任主体等。其中美国、日本、德国颇具代表性，主要特点有以下几个方面。

1. 形成分类调查评估体系

许多域外国家根据土地用途不同进行分类调查评估，例如日本在区分农业用地和建设用地的基础上开展调查，针对农业用地，日本《农业用地土壤污染防治法》规定，各都道府县知事负有监测调查义务，即实时监测掌握农用地土壤污染状况并及时报告，当辖区内农用地出现土壤污染时要实施调查研究。针对城市建设用地，《土壤污染对策法》明确了自行调查和依行政命令调查两种形式。对该区域加以指定并公示，即制定区域台账制度。德国《联邦土壤保护与污染场地条例》进一步细化了调查的相关规定，要求以土地用途为导向、围绕土壤对人类健康以及农作物的影响途径而开展，针对性地明确了样品采集、检测等具体调查方法。同时，德国法律也强调对调查监测结果及时公示，其规定主要体现在两个方面。一是规定相关主体的告知义务。《联邦土壤保护法》第12条规定，对污染场地负有调查和修复义务的主体，必须对受到影响的场地所有者、其他合法的使用者以及其他受到影响的主体，履行调查结果和相关措施的告知义务，但是涉及商业秘密的除外。二是规定建立污染场地数据库。所有与土壤保护相关的政府部门均有权使用该数据库，以对土壤保护进行有效的动态管理。

2. 加强调查评估专业机构的法律规制

日本重视对调查评估专业机构的资质管理，例如日本《土壤污染对策法》第30条规定，当土壤污染调查专业机构存在以下情形之一时，不得接受委托和指定开展调查：①违反本法律或者违反基于本法规定，被处以刑罚、其执行终结或者其未接受执行尚未满2年；②根据法律规定，其指定被取消且自取消日起计算未满两年；③高级管理人员中存在上述前两项所涉及人员。第34条要求调查机构的技术管理者应接受从事该土壤污染状况调查等的其他单位的监督。第36条规定当调查机构未能按照相关标准和规范实施土壤污染情况调查或者采用的方法不适当时，都道府县知事等环境大臣可命令其立即改进、规范调查。德国《联邦土壤保护法》第18条对开展调查的专家和机构提出了明确要求，要求执行调查任务的专家和检查机构必须具有执行这些任务所需的专业知识和可靠性，且拥有必要的技术设备，并要求各州根据本地实际细化相关管理，对其所要满足的资质条件进行公开披露。

3. 建立完善的风险管控优先名录制度

域外国家在对土壤污染进行调查评估基础上，根据污染程度及开发价值划分重点管控区域。以美国污染场地优先管理名录（National Priority List，NPL）为例，其主要做法有：

（1）明确了将污染地块纳入优先管理名录的参考途径。从20世纪90年代起，美国根据土地利用方式和受污染程度，对受污染场地建立风险评分模型并赋值计算，当污染风险超过一定标准时纳入，以确定风险管控和修复的先后顺序。此制度抓住土壤污染风险管控的主要矛盾，优先管理污染最严重、对公众影响最大的污染地块。

（2）从国家层面上建立了污染地块优先管理名录。与我国各省建立建设用地风险管控名录的做法不同，美国环保署在对各州污染场地进行评估的基础上建立了汇总各州相关信息的国家污染场地优先管理名录，并向全社会公开。这种集中统一公开的做法，既能够反映各州土壤风险管控工作成效，又为增进社会民众对污染场地的了解带来了极大的便利。

（3）标准化地规范公开内容。美国对污染场地优先管理名录内容进行了统一规制，主要包括场地名称、行政区划、ID编号、纳入名录日期、场地评估分值、附加信息以及地点坐标等，其中附加信息又要求包括场地清单叙述、工作进度资料以及联邦行政通知书等。通过这样的方式，美国污染场地优先管理名录详细记录了相关污染场地的风险管控措施、工作进展以及行政通知等具体信息，实现了对正在实施风险管控的污染场地的全方位的及时跟踪了解。

（二）域外土壤污染风险管控技术性规范及相关措施

在长期的立法和工作实践中，域外相关国家和地区逐步建立了较为完善的规范体系，探索出了经济可行的技术措施。

1. 合理确定风险管控标准

域外国家关于土壤污染风险管控法律制度强调，要秉持健康安全的理念，根据土地利用类型合理确定土壤筛选指导值。如德国《联邦土壤保护和污染场地条例》在构建确定和评估污染物含量的交错阈值框架时，着重考虑"土壤—人类"直接接触、"土壤—作物"接触及转移、"土壤—地下水"淋溶三种暴露途径，明确了工业、商业、农业、住宅、公园、儿童娱乐园等多种类型用地的风险管控筛选值。荷兰在秉持人体健康和农产品质量安全理念的同时，突出土壤生态安全，在全国建立了一套通用的标准土壤中污染物标准，包括目标值、干预值以及指示值，其中土壤污染物干预值的制定要求为，能保护与土壤相关的50%的生物物种和50%的生物过程。

2. 出台系列技术规范文件

为满足土壤污染风险管控所需，域外相关国家和地区大都出台了系列规范技术规范文件，建立了完善的技术规范体系。如德国《联邦土壤保护和污染场地条例》附件部分分别对调查监测采样、分析和质量保证，预防值、触发值、行动值，实施效果调查评估以及土壤有害变化调查评估等4个方面进行了规定，明确了技术要求，为开展风险管控实践提供了技术指导。日本在《农用地土壤污染防治法律》《土壤污染对策法》的基础上，还制定出台了等系列规范文件，对土壤污染调查监测、对策地区指定以及管制措施等具体要求和注意事项进行了细化明确。

3. 采取针对性的风险管控措施

综合考虑经济条件、污染程度、土地用途以及环境影响等因素，针对性地采取风险管控措施。如德国《联邦土壤保护和污染场地条例》规定，如果修复措施在技术和经济上可行，且符合对环境无害的基本原则，则可以在具体工程中实施应用。这就要求技术措施不仅在经济技术上可行，还要应考虑因采取某种技术措施而对环境带来的影响。因此，德国在充分考虑土地未来规划用途的基础上，因地制宜地总结出生物修复、隔离封闭法、污染源去除法、建筑隔离法、保护污染暴露受体等技术措施，并且实践时并不局限于单一技术的应用。日本则要求建立土壤污染对策区域，实施土壤污染对策计划。

（三）域外土壤污染风险管控责任承担机制

土壤污染风险管控责任承担决定着具体实施风险管控的责任主体，在此方面，域外一些国家和地区建立了较为完善的责任追究和认定机制。域外在遵循"污染者付费"的前提下大都确立了严格、溯及既往的归责原则。美国《超级基金法》明确了4类潜在责任人，对其以追溯既往的方式要求其承担法律上的连带严格无限责任。德国也详细列举了土壤污染风险管控责任主体，主要包括污染者及其概括继受人、土地的所有者或占有者、土地的前所有者、放弃财产所有权的主体等。其中，多方责任主体对外承担连带责任，而土地所有人所负担的土壤污染管控费用，可以依法向污染者求偿。

1. 土壤污染责任人的法律认定

一方面，明确土壤污染责任人认定结果的不可诉性。例如美国《超级基金法》授权政府环保部门对土壤污染责任人进行认定，并规定此种行政行为具有不可诉性。此种规定，目的在于优先保护公共利益，对土壤污染风险进行及时、快速的消减，防止因诉讼拖延土壤污染风险管控和修复进程。同时，对无辜的责任人设置了自我救济途径，即只能在履行了土壤污染修复义务或者支付了土壤污染修复费用后，才可提起诸如费用返还之诉、费用追偿之诉等民事诉讼，而不可对认定结果提起行政诉讼。

另一方面，域外国家一般有专业的认定机构和明确的责任认定流程。例如美国详细对潜在责任方（Potential Responsible Party，以下简称"PRP"）的认定工作进行了详细规制，列举了PRP认定机构收集和采集数据信息的多种方式，并要求编写数据并建立档案。

2. 相关法律主体的免责

严格责任并非绝对，为兼顾污染防治和经济发展，域外在坚持严格责任的前提下，也适当地对符合条件的责任主体进行了免责。如德国联邦宪法法院在关于土壤污染状态责任的判决中就明确指出，当如果不动产的所有者在购买土地不动产时，相信不存在土壤有害变化或污染场址，对其信赖应予以保护。美国《棕地法案》免除了部分小企业及某些特定财产拥有者的"超级基金"责任，涉及主体包括潜在责任方、小企业、场地利益方、不知情的购买者等。

3. 多个责任主体间的份额分配

土壤污染防治立法通常都只是强调，多个责任人之间承担连带责任，但并不涉及内部责任份额的分配，在一定程度上，并没有彻底解决因土壤污染风险管控责任产生的纠纷。但是，美德等国在坚持对外承担连带责任的基础上，对多个责任主体间的内部责任份额进行了立法探索。德国《联邦土壤保护法》第24条规定，连带责任人有权在彼此之间索赔，提供赔偿的义务和程度，应当根据《民法典》有关规定，按照各自造成污染危害或损害的程度来承担，在具体细节上可作必要调整。美国《超级基金法》第113条规定，法院应根据公平原则，对连带责任主体之间责任份额进行分配。

（四）域外土壤污染风险管控资金法律保障

域外相关国家和地区大都建立了完善的土壤污染资金保障机制，为实施土壤污染风险管控提供了强有力的支持保障，其主要做法有：

1. 建立完善的土壤污染防治基金制度

域外相关国家和地区的土壤污染风险管控法律制度中，大都构建了渠道多元、使用严格的土壤污染防治基金制度，如美国超级基金、日本土壤污染对策基金、荷兰加油站污染修复基金等。

首先，在融资渠道方面，域外基金的融资模式可大致分为以下几类：一是向高污染行业和高污染原料及产品征收税费，如美国超级基金的经费主要来源于生产石油和进口石油产品税、化学品原料税、环境税。二是向土壤污染修复相关企业收取适当比例资金，如日本《土壤污染对策法》明确规定，将企业捐赠资金作为基金的主要来源，其中，企业捐赠资金可采取购买污染土壤运出管理联单、实施土壤环境修复工程以及由认定调查机构实施调查等方式。

其次，在基金使用方面，域外相关国家和地区都明确了基金的具体使用范围，确保专款专用。美国在1980年《超级基金法》中明确规定，危险物质超级基金使用范围包括，政府因采取土壤污染防治措施产生的费用、对污染场地的调查研究费用等，并严格限定基金的禁止使用途径。

再次，在基金管理方面，主要存在两种模式。一是单级政府主导模式，例如美国环保署是超级基金最主要的管理机构。按照《超级基金法》规定，总统被赋予土壤污染防治相关的大部分权力，以行政命令的方式，指示美国环保署进行土壤污染风险管控。二是政府机构与社会团体相结合的管理模式。相关法规详细规定了污染整治基金管理委员会的人员构成情况，其中专管理委员会家学者人数不得少于总人数的 2/3。

2. 构建成熟的土壤污染环境责任保险制度

在域外国家土壤环境责任保险实践中，将以潜在性、累积性为特点的环境污染事故（如土壤污染事故）纳入承保范围，并据此对索赔时效予以相应调整。如美国政府在 1988 年出资设立了专门的环境保护保险公司，就将渐进性污染事故纳入承保范围。同时对保险公司保险责任的索赔时效予以限制（也称"日落条款"），即将环境侵权索赔案件的最长诉讼时效限制为 30 年。荷兰针对土壤污染专门建立了一种极具特色的直接保险（direct insurance），其保险对象为由土壤或水污染引起的发生在被保险地或从被保险地引发的环境损害。同时，域外还设立了专业的环境责任保险承保机构，主要存在以下几种：①承保联合体，如美国的污染责任保险协会，意大利由 76 家保险公司组成联合承保集团。②专门的政策性公办保险机构，如美国 1988 年成立的环境保护保险公司，其比一般的商业型保险公司具有更加强大的资金支持（如超级基金）。③跨国保险公司，如法国再保险联营。④大型公司设立的专属保险（captive insurance），即设立专门子保险公司的方式为土壤污染责任提供保险。

（五）域外土壤污染风险管控公众参与机制

1. 注重保障社会公众的知情权

域外土壤污染风险管控法律制度中，对社会公众知情权的保障主要体现在两个方面：一方面，要保障社会公众对相关信息的了解。正如域外土壤污染调查监测部分所述，德国、日本等国家都要求对调查监测结果予以披露公示。除此之外，在风险管控的具体工作环节中，也要保障社会公众的知情权。如日本《土壤污染对策法》规定了公众有权查阅污染土壤登记簿，了解某块土壤的受污染状况等。另一方面，也要对于公民提出的意见予以重视。如美国对于超级基金采取了公民监督的形式，鼓励普通民众、相关专家对基金管理、使用进行监督并提出改进建议。

域外许多国家都积极鼓励社会公众广泛参与到包括风险管控在内的土壤污染防治的各个工作环节中。如美国《超级基金法》规定，公众参与是场地污染管控和清理的重要部分，明确要求其每一个环节都需特定的社区参与。并且，该法还责令美国环保署及相关机构承担责任，平衡利益相关者间的关系，逐步为改善土壤污染风险管控中的公众参与提出相应建议。

2. 提高公众参与水平

为提高社区参与的能力和水平，美国环境保护署开展了社区参与培训与专业发展计划，要求设立超级基金社区参与大学（Superfund Community Involvement U-niversity，简称 SCIU）和开展超级基金职业培训（Superfund Job Training Initiative，简称 SJTI）。超级基金社区参与大学（SCIU）是一个培训平台，通过向超级基金社区参与协调员和其他相关人员提供必要的技能，技术和实践，以支持社区参与超级基金污染场地管控和治理流程。CIU 每年在地区办事处以及全国性会议和培训活动中提供各种课程，主要包括合作、公众参与、风险沟通、发言人培训等内容，以明确在组织进行社区参与过程中的工作方法和注意事项。

五、北京市土壤污染风险管控和修复法律制度的完善

综上所述，北京市的土壤污染防治状况不容乐观，在相关部门已积极采取土壤污染防治行动和一大部分省（区、市）已经颁布了土壤污染防治地方立法的背景下，北京市应尽快开展土壤污染防治的地方立法工作，系统规制土壤污染风险防控和修复法律制度，从而全面、深入规范和推进北京市及各区的土壤污染防治工作。

（一）地方立法的形式选择与框架结构

土壤污染防治地方立法中，无论是"办法"，还是"条例"，均由省级人大常委会发布，法律位阶均为地方性法规。根据《行政法规制定程序条例（2017年修订）》第 5 条第 2 款规定，国务院各部门和地方人民政府制定的规章不得称"条例"。但对于"办法"的制定主体没有做出限制，也即省级人大常委会制定的地方立法既可以称为"条例"，也可以称为"办法"。为了便于和行政规章相区别，本课题组认为，具体的立法表述应选择"条例"为宜，即应加快《北京市土壤污染防治条例》的制定。

根据我国立法惯例，地方性立法框架结构通常与法律进行衔接，并结合当地实践需求，根据法律框架结构逐步制定各章内容。同时借鉴地方立法先行省（区、市）的经验，《北京市土壤污染防治条例》应该专章规定土壤污染风险管控和修复法律制度，即采《土壤污染防治法》的立法体例，分为"一般规定""农用地风险管控和修复"和"建设用地风险管控和修复"三节。

综上，为了更好地贯彻落实《土壤污染防治法》的原则和各项制度，北京市在制定地方性土壤污染防治立法中，亦应借鉴先行省（区、市）的立法实践，延续适用《土壤污染防治法》的框架结构，确定为《北京市土壤污染防治条例》，具体章节内容分为"总则""规划""标准和监测、预防和保护""风险管控和修复""保障和监督""法律责任""附则"。从而更好适应北京市土壤污染防治工作的现实情况，同时与《土壤污染防治法》相衔接，实现北京市土壤污染防治地方性立法工作的最佳效果。

（二）构建完善具体制度

1. 充分完善污染地块名录制度

污染土壤实行修复往往需要较高的资金技术投入，且治理、修复耗时长、难度大。因此，全面建立土壤风险管控制度和土壤修复制度，成为土壤污染防治立法的必然选择。如上所述发达国家土壤污染防治立法，如日本和德国，均对土壤污染风险管控和修复进行了相应的规定。在纳入风险管控名录的条件要求方面，可学习借鉴美国污染场地优先管理名录纳入参考途径的做法，在鼓励各省自主决定本省相关建设用地名录纳入路径的同时，建议新增必要的条件限制，比如根据全国统一的风险评估方法对受污染场地进行打分评价并公示，听取公众意见，合理预估相关费用后最终决定此地块是否能够进入名录；针对严重威胁公众健康的污染地块，如果风险管控费用低于全部搬迁的成本，则将其纳入名录。

2. 高效开展土壤污染状况调查及风险评估

充分加强对调查评估专业机构资质管理，以高效开展土壤污染状况调查及风险评估。在"放管服"趋势下，政府不再大包大揽，而是对专业机构统筹管理，在扩大事前准入范围的同时，应加大事中事后监管的力度并增强惩戒机制。一是在准入管理中，应在地方性法规及规章层面，对调查评估机构委托行为予以限制，可根据项目工程规模不同，规定不同类别的申报条件和程序。完善评估机构的资质管理的相关法规。建立土壤污染状况调查及风险评估单位的红黑榜名录，利用市场竞争机制，提升相关专业机构的水平。二是在事中事后监管上，应重视发挥备案制度作用，根据《土壤污染防治法》第57条、第65条等规定，备案制度适用于编制建设用地风险管控方案，以及编制风险管控和修复效果评估报告等众多环节。在此基础上，更应强调对备案制度的形式审查、事后监督，因此应明确备案程序要求和审查方式，明确其程序性，使其涵盖污染土壤从调查、评估、风险管控方案的编制、风险管控过程的实施和验收的整个流程。三是推动风险监测社会化，当前国家土壤环境质量监测网络全面铺开的大背景下，推进土壤环境监测体系社会化是必然趋势，也是国家倡导的发展方向。在土壤污染风险监测领域，应当积极探索由政府购买土壤监测服务的新模式，建立土壤污染隐患排查制度，从而提高土壤污染防治效率。

3. 提高技术性规范及相关措施的科学性

土壤污染风险管控的基本思路是根据土壤污染程度和土地利用类型，有重点地对污染土壤实行针对性的分类管理，对污染风险有轻重缓急地进行管理控制，尽可能地实现受污染土壤的安全利用。因此无论是在技术标准的制定还是管控措施的采取上，都要具备一定的针对性和科学性。

（1）在技术规范方面，要加快制定出台相关技术文件，特别是农用地调查监测、风险评估等方面的技术文件。在风险管控标准制定上，建议借鉴德国的做法，在区分农用地和建设用地的基础上结合不同的土地功能类型进一步细化其土壤污染风险筛选值和管制值，以满足针对该地块高效实施土壤污染风险管控的需要，而不是简单地将土地分为两类进行概括性的规定，从而逐步构建以土地用途为导向、以污染物项目类别为对象的土壤污染风险管控标准体系。具体来说，可在《农用地标准》（GB15618-2018）的基础上，进一步细化耕地、林地、草地、园地等农用地的管控标准，而不是简单地分为水田和其他两种类型。在《建设用地标准》（GB36600-2018）的基础上，科学分析比较居住用地、医疗卫生用地、社会福利设施用地、公园绿地、工业用地、物流仓储用地等建设用地的差异，针对性地细化明确相关管控标准。此外，在制定标准时，在考虑公众健康风险以及科技水平等因素的同时，也要注重考虑生态风险。可借鉴荷兰的做法，根据土壤生物物种和生物过程活动状况确定风险管控标准。

（2）在具体风控措施方面，一是要细化管控措施的具体内容，对农民开展针对性的技术指导。要学习借鉴日本编制技术指导规程对农民进行指导的做法，在种植结构调整上，建议有关部门结合本地实际和产业状况，编制种植结构调整指南，告诉农民调什么、怎么调，力求在保证农民收益不减少的前提下，有效的管控农用地污染风险。在休耕方面，建议有关部门编制休耕手册，告诉农民休耕过程中的注意事项。二是要注重考虑采取某种风险管控措施所带来的环境影响。对此可借鉴德国的经验，要在综合考虑经济发展、技术水平以及环境影响等因素的基础上客观科学地采取风险管控技术措施，不能局限于风险管控的小格局，否则即便达到了风险管控的目的，也往往得不偿失。比如，作为农用地风险管控的一种重要措施，适当休耕对于土地休养生息具有重要意义。但是如果过度休耕导致撂荒，那么就往往会带来新的环境问题。这就需要综合考虑休耕的客观影响，科学决定休耕的期限和方式。三是要加强二次污染的管控力度。坚持源头预防和过程管控，对污染土壤处置设施的运行情况进行定期排查和临时抽查，对风险管控主体的资质进行审核并备案，同时加大对土壤风控中的违法处理行为的处罚力度，引入《环境保护法》中的按日连续计罚制度，提高持续性二次污染行为的违法成本。引入暂扣或者吊销违法者执照等惩罚方式，提高法律的威慑力。

（三）健全相关配套机制

1. 完善责任承担机制

公平高效的责任承担机制是风险管控和修复制度发挥时效的关键。复制上位法的行为不可取，而过于简化法律责任的做法也不值得提倡。在已经颁布的地方立法中，大部分有依据该法规定的行为模式设定相应法律责任的条款，值得肯定并为后续地方立法提供借鉴，如《广东省实施〈中华人民共和国土壤污染防治法〉办法 》第 48 条罗列了行政机关工作人员违反该办法规定的相关义务将受到处分的情形；第 49 条明确了农业生产者或者农业投入品生产者、销售者、使用者违反该办法规定将受到处罚的情形；第 50 条规定企业事业单位和其他生产经营者违反该办法相关规定将受到行政处罚。如此，结合地方实际情况设定地方立法中的具体行为模式，明确相应的法律责任，可以提高立法文本的可行性和有效性。另外，该办法对土壤污染责任人不明确或者存在争议情况下责任人的认定进行了规定，后续开展的土壤污染防治地方立法应该结合自身的实际情况，对土壤污染责任人不明确或者存在争议情况下责任人的认定作出规定。同时，还需要关注土壤修复责任与生态环境损害赔偿责任的衔接规则。

2. 健全资金机制

为保障土壤污染风险管控工作的有效开展，我国应当在用好财政资金的前提下，根据《土壤污染防治基金管理办法》尽快研究制定基金设立方案，加快启动建立市级土壤污染防治基金，重点细化基金来源、使用以及管理相关内容，充分发挥土壤污染防治基金和环境污染责任保险的作用，构建渠道多元、使用高效的风险管控资金保障机制。

一是要持续加大财政投入，畅通资金使用渠道。土壤污染风险管控是一个持续推进的过程，不可能一蹴而就。这就需要中央尤其是地方政府持续加大财政投入，为实施风险管控提供持续稳定的资金投入。对此，建议在有关资金制度的法规中，明确中央和地方在土壤污染防治资金的投入的合理比例，改变主要依靠中央土壤污染防治专项资金的现状。此外，面对实践中资金使用渠道不畅、农用地风险管控缺乏资金保障的问题，建议在后续下达中央土壤污染防治专项资金时，明确将农用地风险管控纳入中央土壤污染防治专项资金的重点支持范围，并将其作为中央土壤污染防治专项资金使用绩效考核的重要标准。

二是要加快构建土壤污染基金制度。北京市要根据《土壤污染防治基金管理办法》尽快研究制定基金设立方案，加快启动建立省级土壤污染防治基金。在研究制定基金设立方案时，重点细化基金来源、使用以及管理相关内容。在基金来源方面，建议采取企业融资和政府保障相结合的模式，将政府财政、土地出让收益、责任主体赔偿、环境污染罚金、基金孳息收入、社会捐赠等作为基金的来源。在基金使用方面，建议细化具体使用范围，严格限定基金用于支付农用地土壤污染防治，以及用于支付土壤污染责任人无法认定时，土壤污染风险管控和修复过程中产生的合理费用，包括对土壤污染过程中偶然发生的合理且必要的行政支出，严禁用于非必要的行政支出。在基金管理方面，建议在发挥财政、生态环境等部门作用的同时，也要注重发挥公益性组织、民众等社会主体的监督管理作用，实现行政部门与社会的良性互动，提高基金使用的效率。

三是要充分发挥环境污染责任保险的作用。研究探索环境污染强制责任保险制度，明确将包括土壤污染在内的累积性环境污染事件纳入责任保险的范围，并对索赔时效作出相应调整，进行适当延长。同时，从资金和技术等方面加大对承保机构的支持力度，引导保险公司进行联合，提高承保机构的专业技术能力，如成立政策性土壤污染保险公司或成立专门的土壤污染保险联合会等。

3. 推进公开透明的公众参与机制

土壤污染风险管控和修复必须注重发挥社会公众的作用，只有这样才能得到社会公众的认可和支持，营造全民参与土壤污染防治的良好氛围。为此，针对目前公众参与所存在的问题，我们应在借鉴域外经验的基础上着手从以下两个方面努力。

一方面，加快推进土壤环境相关信息公开，充分保障社会公众的知情权。在生态环境等相关部门的监管职责基础上，建议前述部门对土壤环境相关信息的具体范围予以明确，即清晰地界定依职权公开、依申请公开以及不予公开的具体内容；要明确土壤环境信息公开的期限，尤其在依职权公开信息方面，必须明确有关调查监测结束后多少时间内将相关调查监测结果予以公开；要明确告知社会公众获取土壤环境信息的具体途径，如各地在建设土壤环境基础信息数据库时可提供数据查询服务。另一方面，确保社会公众有效参与到土壤污染风险管控的每一环节，充分保障社会公众的建议监督权。要明确社会公众参与实施土壤污染风险管控的具体环节和方式，使社会公众有效参与到土壤污染风险管控的每一环节，比如在土壤污染状况调查中要向受污染地块周边群众了解相关情况；在制定风险管控和修复方案时要征求受影响群众的意见和建议；在采取风险管控和修复实施过程中接受群众的监督，并设置举报人保护条款等。

六、结语

当前，我国土壤污染防治面临着土壤污染形势严峻和修复治理成本居高不下的现实难题。在此背景下，我们立足现阶段的基本国情和技术经济条件，在强调土壤污染修复治理的同时，引入了风险管控理念，期望通过对污染土壤实行分类管理，从而对污染风险有轻重缓急地进行管理控制，尽可能地实现受污染土壤的安全利用，争取以较小的资金技术投入取得良好的防治效果。《土壤污染防治法》在传统"预防为主""保护优先"等基本环保法律原则之外新增了"风险管控"原则，并且在第四章"风险管控和修复"专章、系统构建了土壤污染风险管控和修复法律制度。但是综合来看，该制度仍处于初步探索阶段，在土壤污染状况调查评估、技术标准及相关措施、责任承担、资金保障、公众参与等方面仍存在一些问题。北京市应加快《北京市土壤污染防治条例》的制定，其中对于土壤污染风险管控和修复法律制度的构建，应结合要更多地采取灵活且可控的治理技术和手段，推进中央立法的宏观性、模糊性、强制性、名义性、等级性与地方立法的微观性、清晰性、灵活性、实质性、契约性之间的灵活转化，在中央立法的刚性之外注入具体治理所需要的弹性基因，从而实现立法的精细化和实效性，进一步切实加强北京市土壤污染防治力度，管控土壤污染风险，让人民群众"吃得放心、住得安心"，保障公众健康。